商业秘密保护法
原 理 与 判 例

TRADE SECRET PROTECTION LAW
PRINCIPLES AND CASES

孔祥俊 ◎ 著

法律出版社
LAW PRESS·CHINA
北京

图书在版编目（CIP）数据

商业秘密保护法：原理与判例／孔祥俊著.
北京：法律出版社，2024． -- ISBN 978-7-5197-9706-5

Ⅰ. D923.404

中国国家版本馆 CIP 数据核字第 2024L4B415 号

商业秘密保护法：原理与判例
SHANGYE MIMI BAOHUFA:YUANLI YU PANLI

孔祥俊 著

策划编辑 周 洁 林 蕊
责任编辑 周 洁
装帧设计 汪奇峰

出版发行 法律出版社	开本 787 毫米×1092 毫米 1/16
编辑统筹 司法实务出版分社	印张 26.75　字数 620 千
责任校对 王语童	版本 2024 年 11 月第 1 版
责任印制 吕亚莉	印次 2024 年 11 月第 1 次印刷
经　销 新华书店	印刷 三河市兴达印务有限公司

地址：北京市丰台区莲花池西里 7 号（100073）
网址：www.lawpress.com.cn　　　　　销售电话：010-83938349
投稿邮箱：info@lawpress.com.cn　　　客服电话：010-83938350
举报盗版邮箱：jbwq@lawpress.com.cn　咨询电话：010-63939796
版权所有·侵权必究

书号：ISBN 978-7-5197-9706-5　　　　定价：168.00 元

凡购买本社图书，如有印装错误，我社负责退换。电话：010-83938349

作者简介

孔祥俊

法学（民商法）博士，上海交通大学讲席教授，博士生导师，知识产权与竞争法研究院院长。曾获评"第五届全国十大杰出青年法学家""首届全国法院审判业务专家"，中宣部"文化名家"。多次入选"全球最具影响力的50位知识产权人物"（英国《知识产权管理》杂志评选），入选"2018年知识产权年度影响力人物"。长期从事知识产权和竞争法的行政执法与司法审判工作，曾任最高人民法院审判委员会委员、知识产权审判庭庭长等职务。

临江仙·再用前韵送祐之弟归浮梁

〔宋代〕辛弃疾

钟鼎山林都是梦,人间宠辱休惊。只消闲处过平生。酒杯秋吸露,诗句夜裁冰。记取小窗风雨夜,对床灯火多情。问谁千里伴君行。晓山眉样翠,秋水镜般明。

前　言

商业秘密是知识产权法中的一个"异类"（curious anomalies）。它们又是最重要和最多诉讼的知识产权类型。[1]但是，它们又被认为是"寄生的"，主导的经济分析认为"不存在商业秘密法"。[2]尽管理论上众说不一，现实中商业秘密成为越来越重要的知识产权类型。如美国学者所说，商业秘密对于美国公司和美国经济非常重要，当今其重要性更胜于以前的任何时代。"自从2011年修订了专利法，许多人相信商业秘密甚至比专利更重要，特别是在涉及隐藏的制作方法和计算机软件方面。在许多大型公司中，据估计商业秘密构成了其2/3的无形资产。即使在最小的公司，他们也许也都拥有商业秘密，即使也许它们并不知道。这是因为可受商业秘密保护的信息类型极为广泛……理论上任何'秘密的'和可能具有'独立经济价值'的信息，只要它是'通过合理的努力保持其秘密性'，都可以受商业秘密法保护。"[3]亦如美国第七巡回上诉法院法官波斯纳（Posner）在判决中所说："这是一个重要案件，因为商业秘密保护是知识产权的重要组成部分，是一种对于美国产业竞争越来越重要的财产形式。"[4]近年来无论是通过条约统一商业秘密的国际保护规则（如 TRIPs），还是欧美国家通过制定单独的商业秘密法保护商业秘密，均表明商业秘密保护的时代的和国际的重要性。

近年来我国商业秘密保护日趋重要，商业秘密甚至正在成为专利、商标和著作权以外的"第四类知识产权"。1993年《反不正当竞争法》构建了商业秘密保护制度，此后司法解释和行政规章进行了细化性规定，《刑法》在此基础上规定了侵犯商业秘密罪。2019年修订《反不正当竞争法》甚至专门为了完善商业秘密规则。我国由此形成了比较完善的商业秘密保护法律体系。商业秘密保护既是中美经贸谈判等中外经济交往中的重要议题，更为国内司法和行政执法等多个层面所重视。商业秘密保护越来越普遍地受到了经营者的高度重视。总之，商业秘密保护已成为当下中国经济生活和创新发展中的重要议题。

当然，与其他知识产权一样，商业秘密制度是一种利益平衡的制度。加强商业秘密保护只是商业秘密制度的一个方面，简单地或者单纯地强调加强保护当然是片面的。在加强商业秘密保护的同时，始终要注意相关的利益平衡，注重各种公共政策的协调。

---

[1] See Josh Lerner, *The Importance of Trade Secrecy: Evidence from Civil Litigation*, Harvard Bus. Sch., Working Paper No. 95-043, 1994.

[2] See William M. Landes & Richard A. Posner, *The Economic Structure of Intellectual Property Law*, Harvard University Press, 2003, p. 355; see also David D. Friedman et al., *Some Economics of Trade Secret Law*, 5 J. Econo. PERSP, 61, 62.

[3] Elizabeth A. Rowe & Sharon K. Sandeen, *Trade Secret Law: Cases and Materials*, 2nd edition, West Academic Publishing, 2017, p. 2.

[4] Rockwell Graphic Systems v. Dev Industries, Inc., United States Court of Appeals, 7th Circuit, 1991, 925 F.2d 174.

只有平衡的和协调的商业秘密制度,才是健康的和谐的商业秘密保护制度。

本书基于当前我国商业秘密保护制度及保护实践,结合比较法研究,对于商业秘密保护的基本原理和制度进行了较为系统的介绍和探讨。由于种种原因,本书探讨的内容还比较初步,还多有浅尝辄止,所涉内容和观点也未必允当,尚请方家不吝赐教。

目 录

第一章　商业秘密保护法概述 / 1

第一节　我国保护商业秘密法律概况 / 1
一、《反不正当竞争法》之前的立法 / 1
二、反不正当竞争法的商业秘密保护 / 2
三、商业秘密的刑法保护 / 5
四、制定"商业秘密保护法"的必要性 / 6

第二节　国外和国际商业秘密保护法 / 6
一、商业秘密保护的起源 / 6
二、国外商业秘密保护法的新动向 / 7
三、美国商业秘密保护法 / 9
四、《欧盟商业秘密保护指令》/ 15
五、日本商业秘密保护 / 16
六、商业秘密保护的国际条约 / 17

第二章　商业秘密的正当性理论与权利属性 / 25

第一节　商业秘密保护的立法基础与公共政策 / 25
一、商业秘密保护的法律基础 / 25
二、商业秘密保护的立法政策 / 30

第二节　商业秘密保护正当性的理论 / 31
一、商业秘密保护正当性理论概述 / 31
二、合同义务 / 36
三、信任关系 / 36
四、不当得利、侵占行为与不正当竞争 / 37

第三节　商业秘密的权利属性 / 38
一、商业秘密性质的学说 / 38
二、一些国家对商业秘密性质的看法 / 40
三、不正当竞争与知识产权之间 / 45
四、我国商业秘密成为一种法律上的权利 / 48
五、商业秘密不具有排他的独占性 / 50
六、商业秘密具有资格限定性 / 51

第三章 商业秘密的界定与构成要素 / 52

第一节 商业秘密的一般界定 / 52
一、商业秘密的称谓 / 52
二、商业秘密的国外及条约界定 / 53
三、我国商业秘密法律界定的变化 / 55
四、商业秘密的类型 / 56
五、商业秘密点 / 57

第二节 商业秘密的构成要件 / 61
一、条约和国外法中的商业秘密构成要件 / 61
二、我国商业秘密构成要件及其由来 / 63

第三节 商业秘密与其他知识产权的关系 / 67
一、商业秘密与其他知识产权的一般区别 / 67
二、商业秘密与专有技术 / 67
三、商业秘密与专利 / 68

第四章 商业秘密的秘密性 / 75

第一节 秘密性与不为公众所知悉 / 75
一、商业秘密的秘密性 / 75
二、我国法上"不为公众所知悉"的界定 / 77
三、商业秘密的客观性 / 88

第二节 商业秘密的不容易获得 / 90
一、商业秘密的不容易获得性 / 90
二、投资多少与商业秘密的关系 / 93

第三节 商业秘密的相对秘密性 / 94
一、相对秘密性的一般界定 / 94
二、我国法上的相对秘密性 / 102

第四节 "拼合"型商业秘密 / 104
一、不适用拼合标准 / 104
二、我国保护拼合性商业秘密 / 107

第五节 商业秘密的认定 / 113
一、秘密性的举证和认定 / 113
二、"为公众所知悉"的反证 / 114

第五章 商业秘密的商业价值 / 124

第一节 价值性的法律界定 / 124

一、价值性的法律含义／124
　　二、我国价值性的立法变化与解释／129
　　三、商业价值的具体性和确定性／130
　　四、价值性的证明／131
　　五、价值性的理论根据／133
第二节　价值性的多种形态／134
　　一、现实的价值和潜在的价值／134
　　二、积极价值与消极价值／135
　　三、持续的价值与短暂的价值／135

第六章　商业秘密的保密措施／136
第一节　保密措施概述／136
　　一、我国商业秘密构成要件中的保密措施／136
　　二、域外法中的保密措施／138
　　三、保密措施的价值／147
　　四、保密措施与保密义务的关系／152
第二节　合理的保密措施／154
　　一、总体的价值取向和政策选择／154
　　二、相应合理保密措施的要求／155
　　三、相应合理保密措施的界定／158
　　四、保密措施的合理、明确、具体与适当／163
　　五、常见情形与保密程度／174
　　六、保密措施的时间节点／182
　　七、数字网络环境下的合理保密措施／183

第七章　构成商业秘密的信息／190
第一节　技术信息和经营信息等商业信息／190
　　一、商业秘密是无体的商业信息／190
　　二、技术信息／197
　　三、经营信息／203
第二节　商业秘密中的客户信息／210
　　一、客户信息的界定／210
　　二、客户信息司法解释规定的比较／213
　　三、我国客户信息的认定／215

第八章 侵犯商业秘密行为 / 229

第一节 侵犯商业秘密行为概述 / 229
一、国外法和条约中的侵犯商业秘密行为 / 229
二、我国法律规定的演变 / 233
三、行为类型法定及行为之间的逻辑关系 / 234

第二节 各类侵犯商业秘密行为 / 235
一、不正当获取商业秘密行为 / 235
二、披露、使用不正当获取的商业秘密行为 / 242
三、违反保密义务的侵犯商业秘密行为 / 245
四、商业秘密的间接侵权行为 / 262
五、视为侵犯商业秘密的行为 / 264
六、相同或者实质相同的侵权判断标准 / 266
七、诉讼程序中的商业秘密保护 / 269
八、不可避免的披露问题 / 270

第三节 员工(职工)的侵权主体适格性 / 272
一、1993年法律施行时期的肯定态度 / 272
二、2017年修订法律的峰回路转 / 275
三、2019年法律修订的直接完善 / 276

第四节 侵犯商业秘密罪 / 277
一、商业秘密保护的刑事化 / 277
二、侵犯商业秘密的入罪 / 279
三、由结果犯到行为犯 / 279
四、商业间谍罪 / 285
五、侵犯商业秘密的刑民交叉问题 / 285

第五节 自行研发、反向工程与经授权取得 / 287
一、自行研发和反向工程的合法性 / 288
二、反向工程的正当性 / 289
三、经授权取得商业秘密的合法性抗辩 / 290

第九章 侵犯商业秘密的民事责任 / 292

第一节 停止侵害 / 292
一、停止侵害的适用 / 292
二、侵权物品的处置 / 295

第二节 赔偿损失 / 296
一、损失确定方法与"填平"原则 / 296

二、定额赔偿／303

　　三、参照商业秘密许可费用及综合考量多种因素／303

　　四、损害赔偿和惩罚性违约金的约定／306

　　五、惩罚性赔偿／308

第十章　商业秘密保护的限制／313

　第一节　商业秘密保护的限制概述／313

　　一、社会价值对商业秘密保护的限制／313

　　二、劳动力自由流动的公共政策／314

　　三、职工"跳槽"与商业秘密保护／317

　第二节　一般知识、技术和经验的排除保护／320

　　一、一般知识、技术和经验排除保护的由来／320

　　二、我国排除保护一般知识、技术和经验的司法实务／331

　　三、区分商业秘密与一般知识、经验和技术的方法／335

　　四、商业秘密与一般知识、经验和技能的一般区分／338

　第三节　竞业禁止与商业秘密保护／340

　　一、竞业禁止的含义／340

　　二、商业秘密保护中的竞业禁止／340

　　三、违反竞业禁止义务的法律后果与救济途径／345

　　四、劳动争议与侵犯商业秘密纠纷的交叉关系／346

第十一章　侵犯商业秘密的举证责任与事实认定／348

　第一节　侵犯商业秘密的事实认定与举证责任／348

　　一、侵犯商业秘密案件的事实认定／348

　　二、2019年《反不正当竞争法》修订以前的举证责任探索／348

　　三、举证责任的转换／357

　　四、侵犯商业秘密行为的推定／358

　第二节　举证责任倒置新规的适用／360

　　一、《反不正当竞争法》第32条规定的由来／360

　　二、美国和欧盟成员国的侵犯商业秘密举证责任／362

　　三、举证责任的一般性设定／370

　　四、《反不正当竞争法》第32条第1款的适用／374

　　五、《反不正当竞争法》第32条第2款的适用／386

　　六、初步证据及其证明标准的界定／391

　第三节　《反不正当竞争法》第32条法律规范设计的评价与完善／393

一、《反不正当竞争法》第 32 条第 1 款的评价 / 393

二、《反不正当竞争法》第 32 条第 2 款的评价 / 394

三、问题的症结 / 396

四、立法立场错位与制度设计缺憾 / 397

五、《反不正当竞争法》第 32 条的立法完善 / 403

第四节 侵犯商业秘密案件中的鉴定和质证 / 406

一、侵犯商业秘密案件中的鉴定 / 406

二、商业秘密案件中的证据质证 / 417

第一章　商业秘密保护法概述

第一节　我国保护商业秘密法律概况

一、《反不正当竞争法》之前的立法

（一）《民法通则》规定的"其他科技成果"

1987年1月1日施行的《民法通则》（已失效），其第五章第三节有关知识产权的规定列举了著作权（版权）、专利权、商标权、发现权，并在其第97条第2款规定了"公民对自己的发明或者其他科技成果，有权申请领取荣誉证书、奖金或者其他奖励"，其中"其他科技成果"是否包括商业秘密不得而知。而且，《民法通则》将发明权、发现权及其他科技成果权的权利内容规定为"有权申请领取发现荣誉证书、奖金或者其他奖励"，这些权利内容具有很强的行政属性，且其内容本身与商业秘密格格不入。因此，尽管《民法通则》规定了知识产权，但其第五章第三节所规定的知识产权类型并未涵盖商业秘密。[1]即使将商业秘密纳入"其他科技成果"之中，对于商业秘密的保护也没有多大的实际意义。

（二）《技术合同法》上的"非专利技术成果"与商业秘密

1987年11月1日实施的《技术合同法》（已失效）第7条、第32条、第39条、第41条等都涉及非专利技术成果、非专利技术转让等概念，如该法第32条第3项规定："委托开发或者合作开发所完成的非专利技术成果的使用权、转让权以及利益的分配办法，由当事人在合同中约定。合同没有约定的，当事人均有使用和转让的权利。但是，委托开发的研究开发方不得在向委托方交付研究开发成果之前，将研究开发成果转让给第三方。"该法虽然没有使用技术秘密、商业秘密之类的概念，但这里的非专利技术成果显然主要属于技术秘密（信息）。因此，《技术合同法》已开始从合同（债权）角度对技术秘密进行保护，也是我国保护技术秘密的第一部实体法律。1989年3月15日发布的《技术合同法实施条例》第6条对非专利技术作出如下规定："技术合同法第三十四条所称的非专利技术包括：（一）未申请专利的技术成果；（二）未授予专利权的技术成果；（三）专利法规定不授予专利权的技术成果。"这大致相当于技术秘密的三种类型。

当然，技术合同法上的非专利技术成果主要是技术秘密。因为，该法所规定的是技术成果的形式，至于非专利技术成果是否构成技术秘密，一则当时没有技术秘密的界定和法定条件，无从衡量是否为技术秘密；二则从后来《反不正当竞争法》对技术秘密的界定来

---

[1]　但是，有人认为，没有包括在专利保护范围以内以及没有取得专利保护的技术诀窍，就是《民法通则》第118条所称的"其他科技成果"以及《技术合同法》所称的"非专利技术成果"。参见汤宗舜编著：《专利法教程》，法律出版社1988年版，第47页。

看,仅仅有非专利技术成果形式只是符合了技术秘密的一个要件,商业秘密的构成还需有秘密性等其他条件。从后来法律规定的这些条件来看,技术合同法上的非专利技术成果泛指专利以外的所有技术成果,包括进入公共领域的技术成果和没有进入公共领域的技术成果。比如,1987年"国家科学技术委员会负责人就实施技术合同法若干问题答记者问"中,在回答"转让非专利技术是否一定要提供技术秘密"的问题时指出:"在国际经济贸易中,常常使用'技术秘密'或者'know－how'等用语,泛指仅为某企业或少数专家掌握、能使拥有者在竞争中占据优势的经验、技术和诀窍等。事实上,它只是一种习惯的提法,并没有明确的定义。我们开放技术市场,目的在于加强科技成果的应用和推广,既提倡转让最新的技术成果,也鼓励转让现有的适用技术。从我国实际情况看,不同地区、不同行业、不同单位之间,技术水平悬殊,对技术的需求不尽相同,吸收消化技术的能力高低不一。因此,在某些行业或单位已经公开的适用技术,只要受让方需要,允许转让。"那种公开的非专利技术就根本不是技术秘密了。

(三)商业秘密在程序法上的出现和保护

1991年4月9日修订并施行的《民事诉讼法》有两处使用了"商业秘密"一词,其第66条规定:"证据应当在法庭上出示,并由当事人相互质证。对涉及国家机密、商业秘密和个人隐私的证据应当保密,需要在法庭出示的,不得在公开开庭时出示。"其第122条第2款规定:"……涉及商业秘密的案件,当事人申请不公开审理的,可以不公开审理。"这是我国法律首次使用商业秘密的概念。但是,该法对于商业秘密的含义未做界定,而且,由于该法是程序性法律,也不可能对商业秘密有什么实体内容的规定。立法机关有关部门的学理解释是,商业秘密一般涉及企业以及经济部门的技术诀窍、商业情报等。[1]最高司法机关权威人士的学理解释是,"现在有些涉及商品生产和商品流通的案件在审理中会涉及企业的商业秘密,如产品的配方、生产的工艺过程、技术诀窍,以及有关资料、图纸、数据等"[2]。最高人民法院《关于适用〈中华人民共和国民事诉讼法〉若干问题的意见》第154条对商业秘密的界定是:"民事诉讼法第六十六条、第一百二十条所指的商业秘密,主要是指技术秘密、商业情报及信息等,如生产工艺、配方、贸易联系、购销渠道等当事人不愿公开的工商业秘密。"该解释对商业秘密的界定又进了一步,即将商业秘密的外延扩大到经营信息。当然,这种界定仍没有将商业秘密的本质性特征系统地描述出来。因此,可以说,商业秘密作为一个重要的法律概念的地位已经确立,只是其法律内含还有待于有关立法的进一步界定。

二、反不正当竞争法的商业秘密保护

(一)1993年《反不正当竞争法》的创始规定

《反不正当竞争法》对商业秘密的保护规定源于我国改革开放和经济发展的实际需要,但有关中美知识产权谈判所达成的协定或者文件在很大程度上对《反不正当竞争法》所规定的商业秘密制度起到了直接的催生作用。

1991年4月12日,中美两国政府签订的《关于延长和修改两国政府科学技术合作协

---

[1] 参见胡康生主编,全国人大法制工作委员会民法室著:《〈中华人民共和国民事诉讼法〉问题解答》,法律出版社1991年版,第137页。
[2] 马原主编:《民事诉讼法的修改与适用》,人民法院出版社1991年版,第128页。

定的协议》附件一第三章规定:"在本协定下提供或生产的信息被及时确认为商业秘密的情况下,各方及其参加合作者应当根据所适用的法律、法规和行政管理对其进行保护符合下列条件的信息应当确认为商业秘密:拥有该信息的人可以从中获得经济利益或者据此取得对非拥有者的竞争优势;该信息是非公知的或者不能从其他公开渠道获得;该信息的拥有者未曾在没有保密义务安排的情况下将其提供给他人。"[1]这一双边协定将商业秘密的要件或者说内涵引进到我国的法律保护之中。

1992年1月17日,中美两国政府签订了《关于保护知识产权的谅解备忘录》,其第4条规定:"(1)为确保根据保护工业产权巴黎公约第十条之二的规定有效地防止不正当竞争,中国政府将制止他人未经商业秘密所有人同意以违反诚实商业惯例的方式披露、获得或使用其商业秘密,包括第三方知道或理应知道其获得这种信息的过程中有此种行为的情况下获得、适用或披露商业秘密。(2)只要符合保护条件,商业秘密的保护应持续下去。(3)中国政府的主管部门将于1993年7月1日前向立法机关提交提供本规定保护水平的议案,并将尽最大努力于1994年1月1日前使该议案通过并实施。"[2]

此后不久颁布的《反不正当竞争法》对商业秘密的定义、侵犯商业秘密的行为类型都作出了规定。至此,我国竞争法上的商业秘密保护制度正式确立。此后,原国家工商行政管理局于1995年11月23日发布实施了《关于禁止侵犯商业秘密行为的若干规定》,许多地方性法规对于《反不正当竞争法》所规定的商业秘密制度进行了细化。

2007年最高人民法院《关于审理不正当竞争民事案件应用法律若干问题的解释》(法释〔2007〕2号,已失效)(以下简称《2007年反不正当竞争司法解释》),其中近一半条文是商业秘密保护规定。

(二)2017年《反不正当竞争法》的修订

2017年修订的《反不正当竞争法》没有受到太大的国际环境影响,对于商业秘密的修订多数是非实质性,甚至一度将员工、前员工排除于经营者之外("商业秘密权利人的员工、前员工,不属于经营者,对于其侵犯商业秘密的行为,权利人可通过其他法律途径获得救济",参见2017年8月28日原全国人大法律委员会关于修改情况的汇报),但这种意图并未体现为法律条文的改变,没有影响此后的法律适用(下文对此有专门论述)。

(三)2019年《反不正当竞争法》的修正

2019年前后中美经贸磋商期间,有关商业秘密民事、刑事保护的内容成为知识产权领域的一项核心议题,其间所进行的无论是法律修订还是司法解释、行政规章的拟定,都与此相关。2019年4月,《反不正当竞争法》进行第二次修正,对中美经贸磋商文本中的部分内容予以吸收并作出相应规定。

2020年最高人民法院《关于审理侵犯商业秘密民事案件适用法律若干问题的规定》(2020年9月12日开始施行,以下简称《2020年商业秘密司法解释》)涉及商业秘密保护客体、构成要件、保密义务、侵权判断规则、民事责任、民刑交叉、举证责任,以及有关程序规定。其中既有实体规定又有程序规定。特别是,与其他类型的知识产权不同,商业秘密的权利边界不具有公示性,在权利性质、侵权判断、法律责任、诉讼程序等方面有自身特

---

[1] 国务院知识产权办公会议办公室编:《知识产权法法规总汇》,中国法制出版社1995年版,第755页。
[2] 国务院知识产权办公会议办公室编:《知识产权法法规总汇》,中国法制出版社1995年版,第774页。

点。司法解释根据侵犯商业秘密案件的特点,聚焦审判实践中的突出问题,对商业秘密的构成要件,刑民交叉,诉讼中的商业秘密保护,与员工、前员工有关的法律适用,商业秘密的明确等问题作出规定。

2019年《反不正当竞争法》对于商业秘密的规定主要有如下变化。

1. 纳入新型侵权手段

2019年《反不正当竞争法》将通过电子侵入方式获取商业秘密的行为,列举为侵犯商业秘密的一种手段。非法获取商业秘密的传统方式主要是盗窃、贿赂、欺诈、胁迫等。随着互联网的发展,利用黑客技术获取他人商业秘密的情况越来越容易,因而法律修订增加了通过电子侵入方式获取商业秘密也属于侵权行为的规定。

2. 规定了间接商业秘密侵权行为

该次修改增加了教唆、引诱、帮助他人侵权的规定,2019年《反不正当竞争法》第9条第1款第4项规定,教唆、引诱、帮助他人违反保密义务或者违反权利人有关保守商业秘密的要求,获取、披露、使用或者允许他人使用权利人的商业秘密。此类教唆、引诱或帮助他人侵权行为被纳入侵犯商业秘密行为。

3. 增加惩罚性赔偿制度的规定

2019年《反不正当竞争法》第17条第3款增加惩罚性赔偿的规定,即经营者恶意实施侵犯商业秘密行为,情节严重的,可以在按照权利人因侵权所遭受的损失或侵权人的侵权所得数额的1倍以上5倍以下确定赔偿数额。赔偿数额还应当包括经营者为制止侵权行为所支付的合理开支。

4. 提高了法定赔偿的最高限额

2017年《反不正当竞争法》规定,权利人因被侵权所受到的实际损失、侵权人因侵权所获得的利益难以确定的,由人民法院根据侵权行为的情节判决给予权利人300万元以下的赔偿。此次修订将最高300万元的赔偿限额,增加到500万元。

5. 加大了行政处罚力度

此次法律修订加大了行政处罚力度,即其第21条规定,经营者以及其他自然人、法人和非法人组织违反本法第9条规定侵犯商业秘密的,由监督检查部门责令停止违法行为,没收违法所得,处10万元以上100万元以下的罚款;情节严重的,处50万元以上500万元以下的罚款。

6. 明确了举证责任制度

此次修订增设专条,就商业秘密保护中的举证责任加以规定,即其第32条规定:"在侵犯商业秘密的民事审判程序中,商业秘密权利人提供初步证据,证明其已经对所主张的商业秘密采取保密措施,且合理表明商业秘密被侵犯,涉嫌侵权人应当证明权利人所主张的商业秘密不属于本法规定的商业秘密。商业秘密权利人提供初步证据合理表明商业秘密被侵犯,且提供以下证据之一的,涉嫌侵权人应当证明其不存在侵犯商业秘密的行为:(一)有证据表明涉嫌侵权人有渠道或者机会获取商业秘密,且其使用的信息与该商业秘密实质上相同;(二)有证据表明商业秘密已经被涉嫌侵权人披露、使用或者有被披露、使用的风险;(三)有其他证据表明商业秘密被涉嫌侵权人侵犯。"

在2019年前后的中美贸易争议和谈判中,知识产权和强制技术转让一直是重要议题,商业秘密保护又是其中的一个焦点。美国频频要求中国加强商业秘密保护和完善保护制度,并在其国内多次以商业间谍和窃取商业秘密为名抓捕华人科学家和工程师。2019年中国仍被美国贸易代表办公室列入"优先观察国"名单中,并受到美国1974年贸易法第306节监测。美国贸易代表办公室发布的《2019年特别301报告》特别指出:"中国《反不正当竞争法》于2018年1月1日生效。修订后反法错失了解决关键问题的机会,存在的问题包括覆盖的行动和行为者范围过于狭窄,未能解决禁令救济适用的障碍问题,以及未能在适当情况下允许举证责任转移。""一个重点关注的问题是商业秘密和其他知识产权纠纷中初步禁令的适用问题。《最高人民法院关于审查知识产权纠纷行为保全案件适用法律若干问题的规定》于2019年1月1日生效。目前对在实践中这种司法解释能否保障权利人及时获得针对各类商业秘密侵权的初步禁令尚不清楚。""中国不仅要解决这些不足,还要发布指导性案例,以提高商业秘密司法判决的一致性。改革还应防止向政府监管机构、法院和其他主管机构披露商业秘密和其他机密信息,并解决刑事执法方面的障碍。"这些背景应该都与此次法律修订有关。此次反不正当竞争法修订应该是在完善商业秘密制度和加强其保护上彰显决心和力度,也是对正在进行的贸易谈判的一个重要回应。

当然,从更大的背景看,缘于商战不可无秘密,在以美欧为代表的西方发达国家,商业秘密一直是一种独特的、独立的和重要的知识产权,是市场竞争的利器。商业秘密不是专利制度的无关紧要的附庸和简单的补充,其具有独立的价值和重要性,甚至与专利相辅相成和唇齿相依,有时还会使专利如虎添翼。商业秘密保护一直受到包括跨国公司在内的权利人和西方国家的高度重视。在我国,近年来国内外经营者对于完善商业秘密制度和打击侵害商业秘密行为的呼声越来越高。保护商业秘密也始终是中美知识产权保护问题的重要议题。早在1992年1月17日中国在中美签署的《关于保护知识产权的谅解备忘录》即承诺:为确定根据《巴黎公约》第10条之二的规定有效防止不正当竞争,中国政府主管部门将制止侵犯商业秘密;中国政府主管部门将于1993年7月1日前向立法机关提交有关议案,并将尽最大努力于1994年使该议案通过并实施。可见,制定1993年《反不正当竞争法》的一个重要意图是保护商业秘密,至少美国当时敦促中国制定该法是这个意图。

三、商业秘密的刑法保护

1997年3月14日修订的《刑法》第219条规定了侵犯商业秘密罪。该条对行为类型的规定以及商业秘密的界定与《反不正当竞争法》的规定完全相同。该法的实施,加大了制裁侵犯商业秘密行为、保护商业秘密的力度。

2020年12月通过的《刑法修正案(十一)》对侵犯商业秘密罪进行了完善,并增加商业间谍罪。

首先,《刑法修正案(十一)》修改了侵犯商业秘密罪的罪状。修订之前的《刑法》规定,侵犯商业秘密罪的客观要件之一是"给商业秘密的权利人造成重大损失"。鉴于侵犯商业秘密罪的可罚性主要在于行为是否具有严重的社会危害性,给权利造成损失的数额仅是行为是否具有严重社会危害性的考虑因素之一,此次修改将"给商业秘密的权利人造成重大损失"修改为"情节严重"。据此,司法机关在判断侵犯商业秘密行为是否构成犯罪时,不仅考量损失的数额,还会考量侵犯商业秘密行为本身的性质等。

其次,增加了商业间谍罪。为了确保国家经济安全,本次修改新增了一个罪名,即为境外窃取、刺探、收买、非法提供商业秘密罪,也就是俗称的商业间谍罪。《刑法》第219条之一规定:"为境外的机构、组织、人员窃取、刺探、收买、非法提供商业秘密的,处五年以下有期徒刑,并处或者单处罚金;情节严重的,处五年以上有期徒刑,并处罚金。"商业间谍罪入罪门槛未规定类似于侵犯商业秘密罪"情节严重"的构成要件,增加该罪名更有利于国内企业保护商业秘密,打击商业间谍行为。

四、制定"商业秘密保护法"的必要性

制定专门的《商业秘密保护法》曾经列入过我国第八届全国人大常委会的立法规划,原国家经贸委受委托于1994年8月成立了由有关部门和专家参加的"商业秘密保护法"起草小组,着手该法的起草工作。起草小组曾经在大量调查研究的基础上,根据我国商业秘密保护现状,参考借鉴国外立法经验,先后拟出了《商业秘密保护法(征求意见稿)》和《商业秘密保护法(送审稿)》。但该法最终未能出台。

近年来,学界开始议论是否制定专门的"商业秘密保护法"。制定"商业秘密保护法"确有必要性。

首先,保护商业秘密的重要性。随着知识经济的来临,包括技术和管理在内的知识信息在社会生活中扮演着越来越重要的角色,经济发展中的技术和管理含量越来越大,其中商业秘密的财产价值和社会价值越来越大,侵犯商业秘密的现象将会越来越严重,商业秘密纠纷将会越来越多,因而建立一套完善的商业秘密保护制度的意义越来越重大。制定专门的商业秘密保护法,是完善商业秘密保护制度的重要选择。

其次,商业秘密保护制度需要向系统化和综合化方向发展。《反不正当竞争法》对侵犯商业秘密行为的归纳已比较系统,但商业秘密保护制度还可以更加体系化,或者作更加体系化的完善。例如,《反不正当竞争法》对商业秘密的保护是从禁止不正当竞争行为的消极角度着眼的,缺乏对商业秘密权属的确定等积极保护制度,且侵犯商业秘密作为不正当竞争行为的一种,《反不正当竞争法》也不可能单独对其作出全面的救济规定。《反不正当竞争法》对商业秘密的保护虽然比较重要,但毕竟有限。制定专门的商业秘密保护法,对于整合现有的有关法律规定、建立完善的商业秘密保护制度,都具有重要的意义。

此外,近年来美国和欧盟等均制定了商业秘密法,实际上体现了保护商业秘密的当代深层逻辑,值得借鉴。

第二节 国外和国际商业秘密保护法

一、商业秘密保护的起源

农耕时代并不需要系统地保护商业秘密。早期商人拥有商业秘密,但只是在紧密的家庭成员内或者法律承认具有忠诚或保密义务的工作关系中披露。随着商业经营规模的扩展和日趋分散,需要商业秘密所有人在更多的场景下向更多的人员披露,由此催生了保护此类信息的系列法律理论。

有学者认为商业秘密起源于 1 世纪,并认为与文学作品的剽窃同其来源。[1]整个古代法律均严格限制商业秘密的流传。罗马人通过使用奴隶制控制商业秘密的传承。奴隶向第三人泄密的,主人可以寻求罗马法救济。[2]中世纪随着吉尔特制度的演化,只有吉尔特成员可以受托掌握商业秘密。17 世纪以来,一些知识产权类的制定法开始保护商业秘密。[3]

现代商业秘密法是于 19 世纪初期在英国开始发展的,显然是适应工业革命时期日益增长的技术 know-how 和日益增加的雇员流动的需要。[4]美国商业秘密法来源于 19 世纪初叶的英国法,始于 1837 年的 Vickery v. Welch 案,[5]该案基于英国法院率先形成的法律和衡平原则。早期案件一般是,原告认为被告通过使用或者披露其商业秘密,对原告的经营造成损害或者有损害的危险。由于当时法院不愿意认定对秘密信息享有绝对的财产利益,早期案件的成功取决于存在明示或者默示的保密协议,或者违反诚信原则。[6]美国普通法自 19 世纪中叶开始承认商业秘密保护,至 19 世纪末期形成了现代商业秘密法的主要内容。[7]到了 1907 年,商业秘密被牢固地嵌入法律,[8]加州最高法院宣称商业秘密保护毋庸置疑。[9]在商业秘密普通法积累和总结的基础上,美国州和联邦逐步制定了商业秘密保护的制定法。

二、国外商业秘密保护法的新动向

国际范围内商业秘密保护得到了广泛的承认,只不过各国的具体做法不尽一致。例如,由于历史发展的原因,有些国家通过反不正当竞争法加以保护,如日本、奥地利、波兰、西班牙、瑞士等国家;法国、意大利、葡萄牙通过其工业产权法典进行保护;荷兰、卢森堡通过侵权行为法加以保护;瑞典早已有商业秘密保护的专门法。[10]而且,近十几年来,商业秘密保护的一个显著趋势是加强立法和进行专门立法,主要国家的立法接受了美国做法。欧盟、美国和日本等国家和法域采取重要措施,统一商业秘密保护,其中包括统一对于商

---

[1] See B. Bugbee, *The Genesis of American Patent and Copyright Law*, Public Affairs Press, 1967, p. 13.
[2] See Schiller, *Trade Secrets and Roman Law*, 30 Colum. L. Rev. 837, 838–839(1930).
[3] See *Trade Secrets and the Skilled Employee in the Computer Industry*, Washington University Law Quarterly, Vol. 61:823.
[4] 在知识产权家族中,商业秘密是一个后来者。专利和著作权法在欧洲建立共和之时即已确立,商标法则更多是普通法的渊源。现代英美商业秘密法是 19 世纪普通法的产物。英国和美国的法院分别于 1817 年和 1837 年承认侵犯(盗用)商业秘密的损害赔偿诉讼,而对于事实的和危险性的侵犯行为的禁令救济则更晚一些。尽管有人将商业秘密保护追溯到罗马法,但现代商业秘密法主要是英美国家的产物。See Mark A. Lemley, *The Surprising Virtues of Treating Trade Secrets as IP Rights*, Stanford Law Review, Vol. 61:311.
[5] See Vickery v. Welch, 36 Mass. 523(1 Pick. 1837).
[6] See Sharon K. Sandeen, *The Evolution of Trade Secret Law and Why Courts Commit Error When the Do not Follow the Uniform Trade Secrets Act 33*, Hamline L. Rev. 498–499(2010).
[7] See Restatement (Third) of Unfair Competition §39, cmt. a (1995).
[8] See Sharon K. Sandeen & Elizabeth A. Rowe, *Trade Secrets and Undisclosed Information*, Elgar, 2014, p. 207.
[9] See Empire Steam Laundry v. Lozier, 130 p. 1180, 1182(Cal. 1913).
[10] See the International Bureau of WIPO, *Protection Against Unfair Competition: Analysis of the Present World Situation*, presented by WIPO publication No. 725, Geneva 1994, p. 49. 该研究报告初稿系委托德国马普所两位研究人员撰写,并在听取来自 12 位成员方的 12 位专家的意见以后予以发布。该报告对于 20 世纪 90 年代世界范围内的反不正当竞争状况进行了比较分析。See also *Study on Trade Secrets and Confidential Business Information in the Internal Market(Final Study)*, April 2013, prepared by the European Commission, p. 4.

业秘密保护条件和范围的界定。[1]总体上看,当今国际范围内商业秘密保护日益受到重视,至少有三大明显的趋向,即美国法影响力的扩张、欧盟的专门立法及侵犯商业秘密的入罪化。这也被视为 TRIPs 以来国际商业秘密保护协调和加强的部分成果。[2]

2016 年美国国会通过《保护商业秘密法》(DISA),[3]建立了联邦层面的商业秘密民事保护,美国参议院议员甚至认为该法是"1946 年《兰哈姆法案》以来,联邦法在知识产权领域最为显著的扩张"。[4]2016 年,欧盟通过《商业秘密保护指令》,[5]旨在欧盟内部统一商业秘密保护标准,要求各成员国应在 2018 年 6 月 9 日之前在国内法中落实本指令内容(《欧盟商业秘密保护指令》第 19 条第 1 款)。此后,欧盟成员方将指令内容转化为国内法,如英国在其商业秘密普通法基础上,于 2018 年 6 月颁布《商业秘密(实施等)条例》;[6]德国于 2019 年 4 月颁布独立的《商业秘密保护法》。

美国商业秘密保护法具有独特的影响力,美国是当代商业秘密国际规则的最主要的推动者,深刻影响了商业秘密的国际保护。WTO 项下的 TRIPs 第 39 条"未披露信息"条款就是在其推动下制定并以美国商业秘密的保护制度为蓝本。美国是这一商业秘密条款的推手。TRIPs 第 39 条对于未披露信息的规定虽然与美国《统一商业秘密法》(UTSA)相关规定的具体措辞不尽一致,但其实质内容是一致的。[7]如美国学者所说,TRIPs 关于商业秘密的规定建立在 1979 年首次颁布的美国《统一商业秘密法》的基础之上。[8]缔结 WTO 的乌拉圭回合谈判伊始,1987 年美国的建议案即涉及商业秘密,随后又有欧盟和瑞士的建议案提出。巴西和印度反对将商业秘密引入谈判议程。例如,1989 年印度政府提出,商业秘密不是一种知识产权,此类财产性信息的许可不属于许可协议。而且,通过《巴黎公约》第 10 条之二的保护足以解决问题,通过合同法和民法的保护也优于知识产权规则。但是,这些主张并未被最后采纳的文本所接受。[9]美国积极推动了欧盟商业秘密立法。2016 年欧盟发布的商业秘密指令,深受美国商业秘密法的影响,甚至是美国《统一商业秘密法》的翻版。[10]我国 1993 年《反不正当竞争法》对于商业秘密的规定,也源于中美

---

[1] See Christoph Rademacher, *The Emergence of a Global Standard for Reasonable Efforts?*, Research Handbook on Information and Governance, Edward Elgar Publishing Limited, 2021, p. 135.

[2] See Sharon K. Sandeen, *Trade Secret Harmonization and the Search for Balance*, in The Internet and the Emerging Importance of New Forms of Intellectual Property, edited by Susy Frankel and Daniel Gervais, Wolters Kluwer (2016), p. 223.

[3] See Defend Trade Secrets Act of 2016, 130 Stat. 376 [codified at 18 U. S. C. §§ 1831-1839(2016)].

[4] Eric Goldman et al., Professors's Letter in Opposition to the Defend Trade Secrets Act of 2015 (S. 1890, H. R. 3326), p. 1.

[5] Directive (EU) 2016/943 of the European Parliament and of the Council of 8 June 2016 on the Protection of Undisclosed know-how and Business Information (Trade Secrets) against Their Unlawful Acquisition, Use and Disclosure.

[6] The Trade Secrets (Enforcement, etc.) Regulations 2018, 2018 No. 597.

[7] See Carlos M. Correa & Abdulquwi A. Yusuf, *Intellectual Property and International Trade - The Trips Agreement*, Kluwer Law International, 1998, p. 247.

[8] 参见[美]詹姆斯·普利:《商业秘密:网络时代的信息资产管理》,刘芳译,清华大学出版社 2023 年版,第 49 页。

[9] See Carlos M. Correa & Abdulquwi A. Yusuf, *Intellectual Property and International Trade - The Trips Agreement*, Kluwer Law International, 1998, p. 238.

[10] See Jens Schovsbo, et al., *The Harmonization and protection of Trade Secrets in the EU: An Appraisal of the EU Directive*, Edward Elgar, 2020, p. 40-45.

知识产权谈判达成的文件,且接受了其中对于商业秘密及侵犯行为的界定。在比较法意义上,我国学界和实务界通常对于美国商业秘密制度最为关注。

三、美国商业秘密保护法

美国商业秘密法有四个来源,即表达于《侵权法重述》(the Restatement of Torts)、《不正当竞争法重述》(第三版)[the Restatement (Third) of Unfair Competition]中的普通法,表述于《统一商业秘密法》中的制定法,及《2016年保护商业秘密法》。[1]

概括地说,从19世纪中叶到美国法律协会于1988年编撰制定的《统一商业秘密法》被绝大多数州立法普遍采纳,100多年间美国商业秘密由普通法调整。为保持法律重述序列在目的上的一致性,这些商业秘密保护的普通法最早在《侵权法重述》(第一版)中作出组织化的表述,后来又写入《不正当竞争法重述》(第三版)中,再后来又制定为大多数州采纳的《统一商业秘密法》。1996年美国国会制定"经济间谍法",将侵犯商业秘密纳入联邦犯罪,改变了此前商业秘密法属于州法的传统。2016年美国国会又以《统一商业秘密法》为蓝本,制定"保护商业秘密法",确立侵犯商业秘密的联邦民事救济制度。[2]

（一）早期的商业秘密保护

美国商业秘密法出现于19世纪中期,其发展恰与当时的工业革命大致巧合。与当时的其他反不正当竞争法和商业侵权一样,商业秘密保护原则起源于解决竞争者之间争议的诉讼。早期的判例涉及经营者起诉被告披露或者不正当使用其工艺、方法或者配方。[3]这类诉讼通常发生于有价值的员工或者学徒离职到竞争对手处工作的情形。[4]

在早期的商业秘密诉讼中,由于判例法较少,又无制定法,律师们依据包括侵权法、合同法、代理法、信托法和衡平原则在内的多种理论和诉求,请求救济。当时的普通法院和衡平法院是分开的,因诉请保护的法院的不同,有的商业秘密寻求商业秘密的财产性救济,[5]有的则寻求不正当竞争中的商业秘密侵占救济。[6]有些诉讼依据明示的或者默示的保密义务,使其请求立于违反合同或者违反保密条款。[7]

美国马萨诸塞州最高法院被认为是美国第一个全面描述商业秘密的法院,即Peabody v. Norfolk[8]案的判决成为开启美国商业秘密法的标杆。该案中,原告的先人成功地发展出一项独特的制造工艺,并雇用被告帮助实施该工艺。被告密切接触该工艺,通过合同承诺不披露该秘密工艺及附属的任何信息。后来被告又为其他雇主工作,在其工厂中使用该工艺。原告对该前雇员及新雇主提起诉讼,寻求禁令救济。法院讨论了商业秘密保护的几种基础,包括作为财产利益保护,作为雇佣合同限制披露的保护,以及在没有合同

---

[1] See Elizabeth A. Rowe & Sharon K. Sandeen, *Trade Secret Law: Cases and Materials*, 2nd edition, West Academic Publishing, 2017, p. 45.

[2] See Sharon K. Sandeen & Elizabeth A. Rowe, *Trade Secret Law in an Nutshell*, 2nd edition, West Academic Publishing, 2018, p. 2.

[3] See Peabody v. Norfolk[98 Mass. 452(1868)]. 该案涉及制作麻布的工艺。

[4] See Catherine L. Fisk, *Working Knowledge: Trade Secrets, Restrictive Covenants in Employment, and the Rise of Corporate Intellectual Property*, 1800–1930, 52 Hastings L. J. 441(2001).

[5] See Cincinnati Bell Foundry Co. v. Dodds, 1887 WL 469(1887).

[6] See Allen-Qually Co. v. Shellmar Products, Co., 31 F. 2d 293(1920).

[7] See Peabody v. Norfolk, 98 Mass., at 452.

[8] See 98 Mass., at 452(1868). 该案援引了许多英国判例。

时基于信任关系的保护。法院最终基于秘密工艺的财产利益加以保护,禁止两被告使用。在该案中法院讨论的法理当今法院均有作为保护依据的情形。[1]法院指出:"如果(一个人)发明或者发现一种制造方法,并保守其秘密,不论其是否符合申请专利的条件,他的确对其不享有对抗公众的专有权,也不能对抗善意获取此种知识的人。但是,他对其享有财产,即在他人违反合同或者违反信任自行使用或者向第三人披露时,可以寻求法院的保护。"[2]该案法官对于商业秘密保护正当性的讨论显然受到了洛克劳动价值论的影响,将该案保密的制造方法纳入可被销售的经营商誉的范畴,而认为可以作为财产加以保护。法官指出:"如果一个人设立一个企业,并通过其技术和吸引力使其具有价值,该企业的商誉应当被法律承认为财产。"法官认为秘密信息的保护超出了违反合同,并讨论了明示的和默示的合同以及默示的和明示的义务。[3]作为一个衡平问题,Peabody v. Norfolk 的被告受不披露机器和工艺信息的保密协议的拘束。[4]存在秘密信息且伴有明示或者默示的保密协议,使普通法法院易于对于违反协议的个人或者公司施加责任,原因是违反合同和违反信任是公认的不当行为。对于有些法院而言更为困难的问题是商业秘密是否实际存在。由此导致形成了有关受保护与不受保护的信息的不同原则,包括如何界定维持商业秘密的合理努力的概念。[5]如 Hamilton Manufacturing Co. v. Tubbs Manufacturing Co. 案[6]中,法院小心翼翼地区分秘密信息与公开信息及一般技术和知识。法院指出:"如果属于为世人所知的知识,对于一项工艺就不存在财产和受保护的权利。如果阻止前员工在其经营中使用在前雇主雇佣期间所获得的知识,就会侵犯员工的权利。的确,不使用此等知识的合同,可能因限制贸易而不得实施。"早期案件的另一个问题是对于第三人科以保密义务的范围。由于商业秘密案件的关键要素是存在明示或者默示的保密义务,不属于合同当事人而不受拘束的个人或者公司,或者不存在信托义务的情况,不因使用或者披露商业秘密而承担责任。这种对于保密义务的限制导致形成第三人责任理论,一般要求第三人知道存在商业秘密和他人之间的保密义务。如在 Stone v. Goss 案[7]中,法院首先认定原告的前员工 Goss 负有保密义务,然后认定 Goss 的新雇主因为故意获取原告的商业秘密,而负有类似的义务。早期的法院还受到原告资格的困扰,即如果所实施的行为是"不正当竞争",就不愿意对与不当行为人没有竞争关系的原告给予救济。如 1941 年联邦贸易委员会主席发表的文章所指出的,"我国早期的观点将(不正当竞争)主要限定于一个竞争者仿冒(passing off)其他竞争者的产品的案件。今天美国对于这一概念的广义观念,不仅包含针对竞争者或者经营对手的法律上认为不公平的所有经营行为,而且包括那些

---

[1] See *Trade Secrets and the Skilled Employee in the Computer Industry*, Washington University Law Quarterly, Vol. 61:823.

[2] See 98 Mass., at 452(1868).

[3] See 98 Mass., at 452(1868).

[4] See Sharon K. Sandeen, *The Evolution of Trade Secret Law and Why Courts Commit Error When the Do not Follow the Uniform Trade Secrets Act*, 33 Hamline L. Rev. 499(2010).

[5] See Sharon K. Sandeen, *The Evolution of Trade Secret Law and Why Courts Commit Error When the Do not Follow the Uniform Trade Secrets Act*, 33 Hamline L. Rev. 499(2010).

[6] See Hamilton Mfg. Co., 216 F. 401.

[7] See Stone, 55 A. 736.

被认为针对一般公众的不公平行为"。[1]

(二)《侵权法重述》的商业秘密条款

20世纪30年代中期,美国已形成了足够多的商业秘密普通法原则。[2]于是,美国法律协会于1939年在《侵权法重述》(第一版)中能够"重述"(restate)商业秘密法,由此形成其第757条、第758条和第759条。尽管其内容并不详细、具体,但概要地涉及商业秘密保护的主要方面,而《侵权法重述》(第一版)是旨在改善美国商业秘密法并进行州法律统一上进行的早期努力。[3]其第757条一般性地将主要侵权行为描述为在以下情形下披露(或者使用)他人商业秘密:(1)以不正当手段获取商业秘密;(2)违反保密义务(a duty or confidentiality)进行披露;(3)第三人(非原初侵权人)知道商业秘密由他人以不正当方式获取,而予以披露。

其第758条涉及的情形是,被侵占的商业秘密落入第三人之手,该第三人并不知晓原初的侵占行为,且存在商业秘密侵占侵权与基于合同保密义务的违约行为的差异。根据其第758条的规定,如果第三人及时获得存在原初侵权的通知,即承担侵犯商业秘密责任。及时通知是指第三人"善意给付商业秘密的对价"之前获得通知。

其第759条的规定已不同于现代商业秘密法的概念,即其涉及一般性的商业信息,而不仅仅是商业秘密。它承认为"取得优势的商业竞争利益"之特定目的,而不正当获取商业信息的行为,构成一种诉由。该条涉及的行为并无太多的实际涉诉,且该诉由并未进入《统一商业秘密法》。但是,它强调了一个商业秘密法反复出现的问题,即是否存在一种保护并不符合商业秘密保护要求的商业信息的责任理论。[4]

虽然该法第757条规定了侵犯商业秘密的情形,但商业秘密法的大多数具体内容仍留待法院决定。特别是,《侵权法重述》(第一版)并未给出商业秘密的界定。

《侵权法重述》(第一版)有助于改善美国商业秘密法的适用,但其内容并不具体和缺乏细节,也没有解决一些原则性争议。到了20世纪60年代,美国《统一商业秘密法》仍处于混乱状态。虽然商业秘密的非固定和灵活性明显有利于有些公司,但不能实现经营活动和律师所需要的确定性和可预见性。而且,商业秘密保护得过于宽泛使其及于公有领域或者授予太长的禁令救济,以至于产生了商业秘密法能否与专利法共存的担心。20世纪中期的一些发展,要求一种统一的、因而更有预见性的商业秘密规则。[5]1966年,受商业秘密法不确定性及美国最高法院两个判例质疑州不正当竞争法的能力的刺激,美国律师协会专利、商标与版权部对于商业秘密问题开展广泛的研究,并最终于1974年向统一州法律全国委员会提出了统一州法律的建议。1979年8月最终通过了《统一商业秘密法》。

---

[1] See Robert E. Freer, *Some Concepts of Unfair Competition at Home and Abroad*, 31 Trademar Rep. 51(1941).
[2] See Sharon K. Sandeen, *The Evolution of Trade Secret Law and Why Courts Commit Error When the Do not Follow the Uniform Trade Secrets Act*, 33 Hamline L. Rev. 500 – 501(2010).
[3] See Rochelle C. Dreyfuse & Katherine J. Standburg, *The Law and Theory of Trade Secret: A Handbook of Contemporary Research*, Edward Elgar, 2011, p.553.
[4] See Sharon K. Sandeen & Elizabeth A. Rowe, *Trade Secret Law in an Nutshell*, 2nd edition, West Academic Publishing, 2018, p.4.
[5] 在美国统一法律制定的过程与法律重述不同。统一法律制定是拟订州法律的建议稿,州立法机关必须予以采纳,以使其在州内施行。法律重述只是"重述"现有的普通法原则,不需要国会或者州议会通过。

(三)《统一商业秘密法》

1988年制定《统一商业秘密法》有多种原因。首先,推动者希望对于商业秘密的界定及侵害行为有更加统一和可预见性的规定。其次,起草者意欲澄清和拓宽可获得的救济范围,使获取禁令和损害赔偿更为容易。同时,也通过规定非直接侵权的商业秘密接受者承担责任的条件,解决好第三人责任问题。最后,起草者并不简单地期望加强和澄清商业秘密保护,还意欲确定将《统一商业秘密法》的范围进行恰当地限定,以便不干扰联邦专利政策;不保护此前联邦最高法院已明确任何人均可自由利用的信息;不过分地限制自由竞争和员工流动。[1]《统一商业秘密法》并非根本性改变普通法业已存在的商业秘密法原则,而是旨在减少商业秘密法原则适用的不一致性,以及对于商业秘密权的过度强调。为达此目的,《统一商业秘密法》的许多规定是强调商业秘密保护的有限范围,并试图以此实现保护有价值的商业信息与维护自由竞争和劳动者流动自由的平衡,也是为了避免与联邦专利法的冲突。[2]

《统一商业秘密法》是美国统一商业秘密法律规则的重要步骤,既具有承前启后的地位,又有重要的法律建树;既为绝大多数州立法采纳,又为此后的联邦商业秘密保护法提供了蓝本。[3]《统一商业秘密法》的首要目标是统一商业秘密的界定以及统一商业秘密侵犯行为,增强法律的预见性。《统一商业秘密法》还试图澄清和扩展法律救济的范围,使其更易于获取禁令和损害赔偿救济;试图界定接受商业秘密的第三人虽非直接侵占、但需要承担责任的条件。《统一商业秘密法》并非简单地强化和澄清商业秘密保护,还在于确保商业秘密保护范围受到适当的限制,目的是:不干扰联邦专利政策,确保联邦专利法的优先性;不过度限制竞争自由和雇员流动。与《统一商业秘密法》的普通法来源相比,它通过明晰商业秘密界定标准和扩展侵权行为的范围,扩张了商业秘密的保护。例如,在商业秘密的适格性上,普通法只保护实际使用中的信息,而《统一商业秘密法》并不以此为限,对于未投入使用的或者尚不具备使用条件的信息(有潜在价值的信息)也给予保护;普通法未将不正当获取商业秘密作为侵权行为,而《统一商业秘密法》规定了此种行为。[4]

1986年美国在《统一商业秘密法》的基础上,又制定了联邦层面的《商业秘密保护法》(DTSA),确立了联邦层面的侵害商业秘密民事诉讼。

《统一商业秘密法》和《商业秘密保护法》建立于普通法的基石之上,且旨在总结普通法积累的原则并将其"法典化"。因此,即使美国的法院想从《统一商业秘密法》和商业秘

---

[1] See Susy Frankel & Daniel Gervais, *The Internet and the Emerging Importance of New Forms of Intellectual Property*, Wolters Kluwer, 2016, p. 227-228.

[2] See Peter K. Yu, *Intellectual Property and Information Wealth: Issues and Practices in the Digital Age*, Patents and Secrets, Vol. 2, Praeger, 2007, p. 401-402.

[3] 这部法律来自美国各州过去150多年的法院判决。在150多年里判决的千起案件中,法官们试图回答这些问题:什么是侵犯商业秘密的行为?法院应该怎么做?法院的这些判决构成了"普通法",即一套类似案件的法官共识而确立的规则。普通法的规则往往与法典或法规形成对比,在后者中,立法机关或主管部门试图采用全面且充分灵活的标准应对不断变化的情况。参见[美]詹姆斯·普利:《商业秘密:网络时代的信息资产管理》,刘芳译,清华大学出版社2023年版,第49页。

[4] See Susy Frankel & Daniel Gervais, *The Internet and the Emerging Importance of New Forms of Intellectual Property*, Wolters Kluwer, 2016, p. 229.

密保护法中寻找一条既定的规则,对相关规则的解释几乎总是以普通法的判决为指导。[1]

（四）《1996年经济间谍法》

美国商业秘密保护传统上属于州法的范畴,除非跨州的案件向联邦法院提起。但是,《1996年经济间谍法》改变了这种状况,将侵犯商业秘密行为纳入了联邦犯罪序列。

起草经济间谍法的动因是国会容易担心针对美国经营者的国际和国内经济间谍,包括互联网在内的数字传输使信息传输更为容易,以及对于外国政府支持的间谍担忧。虽然当时已存在依据州和联邦法律对于侵犯商业秘密进行刑事起诉,但经济间谍法的推动者相信仍需要专门的商业秘密制定法。据立法资料记载,"美国公司和美国政府花费无数的金钱进行研发。但是,如果竞争者可以轻易地盗窃商业秘密而未付出成本……这些投入带来的收益可以轻易地化为乌有。多年以来,大量的证据表明,许多外国国家及其公司一直通过盗窃商业秘密寻求获取竞争优势,这种这个国家的发明者所拥有的无体的知识产权……自从'冷战'结束,外国国家增加其间谍投入,用于寻求盗窃美国的商业秘密"[2]。

（五）《2016年保护商业秘密法》

《2016年保护商业秘密法》的制定是美国商业秘密保护的重大事件,使美国商业秘密保护进入新纪元。例如,"在商业秘密史册上,2016年将被看作商业秘密成年之年,以及被承认与专利、版权和商标法齐头并进地保护知识产权的一种形式"[3]。该法创设了侵犯商业秘密的联邦诉由。而在此之前的180年间,美国商业秘密保护的民事法律专属于州法院和州立法机关管辖。保护商业秘密法修订了《1996年经济间谍法》。该法的制定也改变了商业秘密作为唯一未纳入联邦民事制定法的局面,使商业秘密法与专利、版权和商标并驾齐驱。[4]

20世纪60年代开始纽约州参议员约翰·林赛（John Lindsay）就建议制定联邦商业秘密法,但迟迟未能成功。可能的原因是,1939年《侵权法重述》(第一版)确定了商业秘密的普通法,且大多数商业秘密案件由州法院管辖,美国国会传统上也尊重州权。60年间制定联邦商业秘密法的呼声不断,几乎都得不到支持和关注。但是,2014年以后情况发生变化,国会将侵犯商业秘密民事诉讼首次引入联邦立法,并最终制定了《2016年保护商业秘密法》。该法规定了大体上与《统一商业秘密法》一致的内容,如商业秘密的界定、侵犯商业秘密行为的规定等均基本一致。当然,其也存在差异,如保护商业秘密法规定了可以授予单方民事扣押令及吹哨人豁免的新规定。保护商业秘密法并不优先于或者取代州法律(有少数例外),这意味着美国有《保护商业秘密法》《统一商业秘密法》《经济间谍法》三类商业秘密法并行。[5]

---

[1] 参见[美]詹姆斯·普利:《商业秘密:网络时代的信息资产管理》,刘芳译,清华大学出版社2023年版,第49页。

[2] 142 CONG. REC. S12207, S12208 (daily ed. October 2, 1996) (Statement of Sen. Specter).

[3] Sharon K. Sandeen & Christopher B. Seaman, *Toward a Federal Jurisprudence of Trade Secret Law*, Berkeley Technology Law Journal, Vol. 32:829(2017).

[4] See Elizabeth A. Rowe & Sharon K. Sandeen, *Trade Secret Law: Cases and Materials*, 2nd edition, West Academic Publishing, 2017, p.1. 据立法资料记载,制定保护商业秘密法的主要目标是像版权、专利和商标之类的知识产权领域那样,通过"诉诸"联邦法院保护商业秘密。See H. R. REP. No. 114-529, at 2(2016).

[5] See Sharon K. Sandeen & Elizabeth A. Rowe, *Trade Secret Law in an Nutshell*, 2nd edition, West Academic Publishing, 2018, p.17-18.

美国《保护商业秘密法》的制定有其特定的社会背景和现实原因。立法前夕发布的两份报告尤其引人注目,被立法者在立法听证和法案报告中加以参考,对立法产生前所未有的影响。2013年"盗窃美国知识产权委员会"发布的"来自私人部门以及国安对外关系、学术和政治的公共部门的精英人士独立与代表两党的倡议",声称盗窃包括商业秘密在内的美国知识产权给美国造成的巨大经济损失和对于就业的巨大影响。1年之后,"负责任企业与贸易中心"发布的报告讲述了盗窃商业秘密对于美国公司及美国GDP的巨大影响。这些报告提出的对策之一就是通过立法反盗窃。尽管传统上商业秘密保护由州进行,但在数字化和国际竞争日趋激烈的背景下,联邦必须介入商业秘密保护。《经济间谍法》是以刑事方式进行了部分联邦介入,但几十年后商业秘密盗窃问题大爆发,更广泛的商业共识已经形成,即州法和联邦执法已经不能满足需求。为此,需要制定保护商业秘密法,对于盗窃商业秘密创建联邦诉讼,以更有效率地应对盗窃行为。因为,商业秘密盗窃经常跨州和跨国发生,通过联邦诉讼代替多州诉讼对于权利人更为有效。[1]也有人提出此种立法将会确定商业秘密保护的"金标准",将来可以引进到对外贸易协定之中,或者用以说服其他国家创设类似的制度。[2]

具体而言,美国《保护商业秘密法》的发起者支持联邦立法的原因有多种。首先,他们认为此前的经济间谍法需要针对日益严重的美国经营者盗窃商业秘密行为,特别是后来技术发展带来的新的盗窃行为,有些是与外国组织和政府相互勾结的行为。其次,现行的州法律对于商业秘密保护的规定有重大的差异,通过《保护商业秘密法》可以创设"单一的全国基准",有助于统一美国法。再次,允许商业秘密所有人像专利商标那样在联邦法院获得救济,有利于保护商业秘密所有人。最后,单方扣押令可以加大对商业秘密的保护力度。[3]

除实体规则与《统一商业秘密法》的相关规定基本一致外,美国《保护商业秘密法》特别规定了如下内容:(1)允许"商业秘密所有人""提起民事诉讼",条件是"因侵犯商业秘密行为而受到损害,该商业秘密涉及用于或者意图用于州际或者国际贸易相关的产品或者服务"。(2)对此类民事诉讼授予联邦地区法院初审但非排他性的管辖权。(3)采纳《统一商业秘密法》的"侵犯行为"(misappropriation)的界定,并将《统一商业秘密法》注释中的反向工程和独立发明纳入法律条文,作为并非"不正当手段"。(4)授权基于单方申请"扣押财产,限于防止讼争商业秘密传播或者扩散所必要",且规定了多个要件。(5)针对"错误的或者过度的扣押"令遭受损害的受害人创设一种诉因,可以给付金钱赔偿、律

---

[1] 如美国制药公司代表EliLilly(伊莱利利)在国会听证时所说:"我们经常陷入一种境况,发现前员工已经离开,正在入职竞争对手,一旦上交伊莱利利配发的电脑,就发现有下载一些含有高度保密的伊莱利利商业秘密的文件。这些事情几乎都会在周五下午有所发生,正在审议的法案关于单方扣押的规定可以使我们向联邦法院提出申请,而不需要再一个向涉及的印第安纳州、新泽西州或者同时向两者进行申请,不但节省费用,更可以减少不能快速扣押被窃材料的危险。因此,一项联邦诉讼可以使我们选择单一的联邦法院和利用联邦法院系统扣押被窃材料,这将对于我们这种状况极为有利。" See *Economic Espionage and Trade Secret Theft:Are Our Laws Adequate for Todays's Threats?*, Hearing Before the Subcomm. On Crime and Terrorism of the S. Comm. on the Judiciary, 113th Cong. 20(2014).

[2] See *Economic Espionage and Trade Secret Theft:Are Our Laws Adequate for Todays's Threats?*, Hearing Before the Subcomm. On Crime and Terrorism of the S. Comm. on the Judiciary, 113th Cong. 20(2014).

[3] See Sharon K. Sandeen & Christopher B. Seaman, *Toward a Federal Jurisprudence of Trade Secret Law*, Berkeley Technology Law Journal, Vol. 32:829(2017).

师费和恶意情形下的惩罚性赔偿。(6)授权法院给予禁令救济,"在法院认为合理的情况下以防止任何实际的或者威胁的侵犯行为,且在避免实际的或者威胁的侵犯行为的前提下,禁令不能阻止他人接受一份新工作"。(7)授权法院判决类似于《统一商业秘密法》规定的金钱救济,包括"因侵犯行为造成实际损失的损害赔偿""在计算实际损失时未被计入的侵犯行为造成的不当得利损害赔偿",或者作为一种替代,"侵犯行为人擅自披露或者使用商业秘密的合理许可费"。(8)授权法院判决惩罚性赔偿,"其数量不高于判决的补偿性赔偿的三倍",条件是"商业秘密被故意和恶意地侵犯"。(9)对于胜诉的当事人给予合理的律师费,条件是"(a)侵犯行为诉讼出于恶意;(b)终止禁令的动议恶意提出或者反对;(c)商业秘密被故意或者恶意侵犯"。(10)规定了5年的时效期间,自实际发现侵犯行为之日或者在合理的勤勉之下应当能够发现之日起计算。(11)重申在联邦、州或者地区法之下,《经济间谍法》《保护商业秘密法》不"优先于或者替代侵犯商业秘密的任何其他救济,无论是民事救济还是刑事救济"。[1]

四、《欧盟商业秘密保护指令》

(一)《欧盟商业秘密保护指令》的由来

欧洲大陆法国家以前通常依据民法典而不是单独的商业秘密保护法,对于商业秘密进行保护。2016年《欧盟商业秘密保护指令》及其施行推动了欧美商业秘密保护制度的统一。

2010年起,欧盟经营者对于商业秘密侵权的威胁日益担心,尤其担心来自外国的威胁。这些担心推动了商业秘密保护的国际努力。当时三项因素加剧了这种担心。首先,2008年国际金融危机导致了经济下行,许多国家和公司相信创新是走出危机的路径。其次,2011年伊始中国开展的"十二五"规划提出了"科学发展",其中提出增强科技知识和能力。最后,2009年美国杜邦公司对一家韩国公司提起商业秘密诉讼,主张其商业秘密被窃取。[2] 这些情况的渲染被当作欧盟制定商业秘密指令的背景原因。

为防止窃取商业秘密的网络间谍及统一欧盟范围内的商业秘密保护规则以促进革新效率,欧盟委员会于2013年11月28日提出商业秘密指令的建议稿,此后经由欧盟理事会审议和修改,最终于2016年6月通过,于2016年7月5日生效,由成员国于2018年前履行实施义务。

《欧盟商业秘密保护指令》统一了欧盟商业秘密的实体规则和程序规则。其中,该指令第2~5条为实体规则,特别是界定了商业秘密的含义、商业秘密持有人、侵权行为人、侵权商品以及合法和违法的取得、披露和使用的情形与例外。该指令第6~15条规定了非法取得、披露和使用商业秘密的处置措施、程序和救济。当然,该指令对于雇员和前雇员的责任未作规定,且只是规定了最低标准,允许成员国作出更为详细的规定。

《欧盟商业秘密保护指令》起草过程中,对于商业秘密的保护范围和适当限制问题引

---

[1] See Sharon K. Sandeen & Christopher B. Seaman, *Toward a Federal Jurisprudence of Trade Secret Law*, Berkeley Technology Law Journal, Vol. 32:829(2017).

[2] See Jens Schovsbo et al., *The Harmonization and Protection of Trade Secrets in the EU: An Appraisal of the EU Directive*, Edward Elgar, 2020, p.41.

起了讨论和争论。令人担心的是，公共机构、记者、雇员、吹哨人、竞争对手和消费者会被过分地限制。为此，该指令第3条规定了"合法取得、使用或者披露"，其第5条规定了"例外"。这些条款引起较大的关注，特别是在欧盟议会审议过程中。[1]

（二）欧盟对于商业秘密指令的实施

欧盟成员国通过制定商业秘密专门法（如德国、西班牙）或者修订知识产权法等其他法律，落实《欧盟商业秘密保护指令》。

德国商业秘密保护几乎与美国有同样久远的历史。1896年《反不正当竞争法》将侵犯商业秘密规定为可诉的行为。在实施《欧盟商业秘密保护指令》之前，德国法对于商业秘密并无法定的界定，而由历史上的判例加以界定。德国法院采纳的商业秘密界定是1935年德国最高法院的界定，即符合如下要素的信息构成商业秘密：与信息所有人的营业相关；不属于公开知识；所有人有保密的主观意图；所有人因保持秘密信息而具有合法的经济利益。该界定并未明文要求采取合理的保密措施。为了实施《欧盟商业秘密保护指令》，德国制定了《商业秘密保护法》（Gesetz zum Schutz von Geschäftsgeheimnissen，GeschGehG）。该法于2019年4月26日生效，分为四章，共二十三条。第一章是"一般规定"，包括"适用范围""定义""允许的行为""禁止的行为""禁止行为的例外规定"。第二章是"侵权时的请求权"，包括"停止侵权和消除妨害""销毁或返还载体、召回侵权商品、永久禁售和收回在售侵权产品""侵权产品相关信息的披露义务、违反披露义务时的赔偿责任""违反比例原则时的免责情形""侵权人的赔偿责任""金钱补偿""超过诉讼时效时的返还请求权""禁止滥用"。第三章是"商业秘密纠纷的程序规定"，包括"管辖法院及地域管辖、条例授权""程序中的保密义务""罚款""程序结束后的保密义务""其他程序限制""第十六条至第十九条中措施的程序""判决的公开""诉讼相关费用减免"。[2]

德国的"商业秘密"包括专有技术知识（如建筑施工图纸、制造方法、成分和食谱）和商业信息（如客户数据、购买价格和市场研究）。根据德国《商业秘密保护法》，经采取实际和合理的措施保持其秘密性的信息，才可以作为商业秘密获得保护。允许反向工程，除非合同另有约定。除了永久禁令、损害赔偿和归还信息外，侵权者还须召回和销毁通过侵犯商业秘密而生产和销售的产品。

葡萄牙将实施《欧盟商业秘密保护指令》纳入知识产权立法改革的整体行动之中，即于2018年修订工业产权法典，将商业秘密指令和商标指令一并纳入其范围。同时，还修订了知识产权法院有关管辖的程序规则，以及制定新的知识产权仲裁新规则，以适应商业秘密保护。西班牙于2019年12月通过制定《商业秘密法》的专门立法，实施《欧盟商业秘密保护指令》。

五、日本商业秘密保护

日本商业秘密保护的法律起步较晚。直到1990年，商业秘密的所有人只能寻求一般侵权行为的救济，且很难成功。美国等贸易伙伴一直敦促日本政府进行商业秘密保护立

---

[1] See V. Abazi, *Trade Secrets and Whistleblower Protection in the European Union*(2016), European Papers 1061 at doi: 10.15166/2499 - 8249/75, 1066, https://www.consilium.europa.eu/en/press/press - releases/2015/12/22/trade - secrets - protection/ (last accessed 18/5/20).

[2] 王颖：《德国〈商业秘密保护法〉，这七点值得借鉴》，载微信公众号"知产力"2024年1月25日。

法,直到1990年才被接受。通常认为,日本迟延商业秘密保护的原因有两个:日本产业追赶西方竞争者而无须担心承担侵犯know-how责任的需要,以及尤其重要的是,日本雇员独特的忠诚意识。大多数侵犯商业秘密行为都是与前雇员或者商业合伙人之间,这些人离开时带走商业秘密并与前雇主或者商业合伙人进行竞争。这些情况在日本很少发生,因为日本企业普遍是终身雇佣,从大学毕业直至退休都受雇于同一家雇主。但是,经济泡沫破灭之后,这种情况有所改变。[1]

日本为赶超西方而迟迟不采纳商业秘密立法的情形存在于20世纪七八十年代。在这20年中,日本在专利申请和授权上超越了美国。日本专利局成为全球接受专利申请和授权最多的机构,其中多数为日本公司。与美国专利局的授权相比,其中有相当多的专利是"小创造性"(less inventive)的发明。虽然20世纪80年代日本公司进行日益增多的专利布局,但在大多数知识产权诉讼案件中,日本公司仍然是被告。在这种情况下,日本产业没有兴趣在其国内为境外的竞争对手再提供侵犯商业秘密诉讼。[2]

20世纪80年代末期以来,日本的商业秘密保护利益开始发生变化。亚洲邻国的竞争对手开始出现,开始比美国公司更多地接受日本雇员提供的know-how。终身雇佣制开始削弱,雇员开始流入竞争对手或者自行开业。TRIPs谈判也在进行当中。于是,1990年日本修订反不正当竞争法,首次将侵犯商业秘密作为不正当竞争行为。该法将商业秘密界定为"商业活动中使用的技术或者经营信息,如制造或者销售方法,其保持秘密性并不为公众所知悉"。其所包括的商业秘密范围是广泛的,不仅包括技术信息,还包括客户名单及其他有关客户或者商业合伙人的经营信息。保持不为公众知悉的秘密性的实体要求,也相当于美国《统一商业秘密法》中的合理努力。但是,对于何为秘密性,日本进行了几十年的争论。[3]

六、商业秘密保护的国际条约

《巴黎公约》第10条"反不正当竞争条款"并未对商业秘密作出列举性规定。但是,国际社会通常认为,鉴于商业秘密的反不正当竞争保护被普遍承认,商业秘密保护可以纳入该"反不正当竞争条款"的调整之列,即属于该条款未列举而又可以纳入其调整范围的行为。[4]以下着重介绍TRIPs第39条商业秘密条款的由来。

(一)TRIPs第39条规定的由来

国际范围内商业秘密的统一规则努力始于20世纪80年代后期,产生了WTO项下的TRIPs,商业秘密条款被纳入其中。[5]TRIPs第39条率先引入"未披露信息",即商业秘密

---

[1] See Christoph Rademacher, *The Emergence of a Global Standard for Reasonable Efforts?*, Research Handbook on Information and Governance, Edward Elgar Publishing Limited, 2021, p. 141.

[2] See Christoph Rademacher, *The Emergence of a Global Standard for Reasonable Efforts?*, Research Handbook on Information and Governance, Edward Elgar Publishing Limited, 2021, p. 141.

[3] See Christoph Rademacher, *The Emergence of a Global Standard for Reasonable Efforts?*, Research Handbook on Information and Governance, Edward Elgar Publishing Limited, 2021, p. 141-142.

[4] The International Bureau of WIPO, *Protection Against Unfair Competition: Analysis of the Present World Situation*, presented by WIPO publication No. 725, Geneva 1994, p. 48-49.

[5] 据称,TRIPs是包含商业秘密保护条款的第二个多边国际协定,此前有《北美自由贸易协定》(the North-American Free Trade Agreement)。See Susy Frankel, Daniel Gervais, *The Internet and the Emerging Importance of New Forms of Intellectual Property*, Wolters Kluwer, 2016, p. 223.

的规定。TRIPs 引进商业秘密条款被认为是一项重要革新,同时也被认为是商业秘密保护首次出现于多边条约之中。[1]美国是该商业秘密条款的始作俑者,有评论指出,"TRIPs包含了成员制定非常类似于美国商业秘密法的要求……鉴于 TRIPs 之前许多国家要么没有,要么存在不发达的商业秘密法的背景下,这一点尤其重要"。[2]当然,TRIPs 第 39 条未列举的商业秘密的信息类型,各成员对此可以作出程度不一的规定。美国业界也批评 TRIPs 第 39 条对于商业秘密的保护太过模糊,如 2014 年国会听证会上有人指出:"TRIPs 相关条款的核心是模糊的;它关注了商业秘密是否被'以违背诚实商业做法的方式'获取或者使用。其结果是,欧洲迄今尚未通过欧盟指令进行调整,是多种形式保护的大杂烩。在一国违背诚实商业做法的行为,在另一国可能没有问题。"[3]

TRIPs 旨在保护知识产权。"经过长期的实践,知识产权应当与其他用于贸易的商品一视同仁,知识产权以低于完全价值的取得或者转让,应当像任何其他低于价值的取得或者转让同样对待,不管是否禁止、补偿或者采取其他形式的经济资助。"[4]在某种意义上,整个 TRIPs 都与保护财产信息有关,不管是根据专利、版权,还是设计和模型保护。但是,只有其第 39 条涉及贴着知识产权标签的"财产信息"(proprietary informamtion),即不受专利、版权、设计和模型保护的秘密信息。该协议的措辞是"未披露的信息"(undisclosed information)。该协议之所以采用了该术语,是因为其他术语在不同的法律制度中没有相同的含义。迄今为止,用于表示此种信息的术语通常是"商业秘密",TRIPs 第 39 条的措辞应当并不影响该问题的理解。

在建立 WTO 的乌拉圭谈判伊始,由美国产业领袖组成的一个小组(知识产权委员会,IPC)认为应当将知识产权纳入国际贸易,并主张建立以美国法为基础的国际知识产权保护制度,该制度必须"具有向美国一样的强保护"。[5]1987 年至 1989 年末,涉及 TRIPs 的大多数对话都是围绕 TRIPs 谈判组(11 谈判组)的工作范围。美国主张强有力和可执行的知识产权保护对于自由贸易和经济发展是必要的,因而 TRIPs 应当包含保护知识产权的标准。[6]其他国家,主要是印度和巴西,主张 TRIPs 应当着重于知识产权如何影响贸易,而不应当用以确立或者强化知识产权标准的手段。实体性知识产权标准应当由世界

---

[1] Francois Dessemontet, *Arbitration and Confidentiality*, 7 AM. Rev. INT'L. ARB. 299, 307 (1996). 当然,有人认为《北美自由贸易协定》是第一次将商业秘密条款纳入的多边条约。See Sharon K. Sandeen, *Trade Secret Harmonization and the Search for Balance*, in The Internet and the Emerging Importance of New Forms of Intellectual Property, edited by Susy Frankel and Daniel Gervais, Wolters Kluwer, 2016, p. 223.

[2] See Andrw Beckerman – Rodau, *Patent Law – Balancing Profit Maximization and Public Access to Technology*, 4 Colom. Sci. & Tech. L. Rev. 1, 20 n. 108 (2002).

[3] *Trade Secrets: Promoting and Protecting American Innovation, Competitiveness and Market Access in Foreign Markets: Hearings Before the House Judiciary Comm.*, Subcomm. On Courts, Intellectual Property and Internet, 113th Cong. 2d Sess (2014) (Statement of David M. Simon, Senior Vice President, salesforce. com, Inc.).

[4] F. M. Abbot, *Protecting First World Assets in the Third World: Intellectual Property Negotiations in the GATT Multilateral Framework*, Vanderbilt Journal of Transnational Law 4, p. 739 (1989).

[5] See Peter Drahos, Pat Choate, Hor., *Property: the Stealing of Ideas in Age of Globlization* 223 – 4 (Afred A. Knopf, 2005), Information Feudalism chs. 7, 8 (Earthscan, 2002); Duncan Matterhews, *Globalising Intellectual Property Rights: Trips Agreement* ch. 1 (Routledge, 2002); Jayashree Watal, *Intellectual Property Rights in the WTO and Devoleping Countries* 14 (Kluwer, 2001); Gail E. Evans, *Intellectual Property as a trade issue: The Making of the Agreement on Trade – related Aspects of Intellectual Property Rights*, 18 World Competition (1994).

[6] See e. g. MTN. GNG/NG11/4, paras. 5 – 6.

知识产权组织确定。这种争论使谈判拖延了18个月,但最终回到谈判轨道以后,发达国家主导谈判,重点放在假冒、执法和商业秘密以外的知识产权,以至于各方几乎没有时间充分了解商业秘密保护的目的、范围和限制。[1]有关商业秘密的讨论分为三个阶段:(1)早期阶段涉及美国、欧盟和产业集团最初提出的建议。(2)中期阶段集中于商业秘密是否属于一种知识产权形式,还包括有关商业秘密标准的一些讨论。(3)草拟条款阶段,提出了条约措辞建议稿和多个文本,最终形成TRIPs第39条的措辞。[2]

概括地说,TRIPs谈判的早期阶段,发达国家和发展中国家对于商业秘密能否属于知识产权的范围并由此纳入TRIPs,进行了相当多的讨论。谈判记录显示,尽管美国代表强调商业秘密如何保护知识成果,由印度为代表的发展中国家认为商业秘密是反不正当竞争法的一个分支,不能视为财产。[3]鉴于存在是否加入商业秘密内容的争议,发达国家务实地推动讨论商业秘密条款的特定内容。同时,美国和欧盟也存在是将商业秘密作为知识产权,还是仅仅维护诚实的商业行为的争论。在1989年的讨论中,美国接受侵犯商业秘密也可以视为一种不公平竞争行为,并援引美国《统一商业秘密法》的规定对于哪些信息可以构成商业秘密进行界定。这种建议基本上为欧盟1990年3月提交的第一稿建议所接受,即将商业秘密界定如下:"(1)信息作为一个整体或者其内容的具体构造和组合不为广泛知晓或者易于获得而成为秘密;(2)因秘密性而具有实际的或者潜在的商业价值;(3)持有信息者采取了合理的保密措施。"美国和其他发达国家就其中的第二点进行讨论,最终同意通过删除"实际的或者潜在的"(actual or potential)字样,从秘密性中去掉保护潜在价值的内容。第一点、第三点基本保留未动,纳入TRIPs第39条之二。[4]

具体而言,可以分为如下三个阶段。

1. 早期阶段(1987年年初到1988年年末):描绘商业秘密保护的可能范围

在TRIPs谈判组于1987年召开首次会议之时,美国即主张形成一个全面的可执行的知识产权保护协定,包括"专利、商标、商业外观、版权、布图设计及商业秘密"。[5]1987年10月,美国贸易代表提出了详细的商业秘密谈判建议目标,内容如下:

"商业秘密应当广泛地界定为包括未披露的有价值的经营、商业、技术或者其他财产数据及技术信息。侵害行为,包括未经授权的获取、使用或者披露商业秘密,必须加以制止。

"为办理事务按照要求提交给政府的商业秘密,应当禁止披露,除非涉及国家紧急状态的极端情形,或者在涉及公共健康和安全的情况下,且此种披露不能损害提交者实际的或者潜在的市场或者所提交商业秘密的价值。"[6]

---

[1] 在1987年3月至1988年11月谈判小组举行的10次会议中,只有3次涉及商业秘密问题的讨论。See mtn. gng/ng11/4, mtn. gng/ng11/8 and mtn. gng/ng11/9.

[2] See Rochelle C. Dreyfuse & Katherine J. Standburg, *The Law and Theory of Trade Secret: A Handbook of Contemporary Research*, Edward Elgar, 2011, p.541.

[3] See Draft Agreement on Trade-related Aspects of Intellectual Property Rights art. 28(a), MTN. GNG/NG11/W68, March 29, 1990.

[4] See Christoph Rademacher, *The Emergence of a Global Standard for Reasonable Efforts?*, Research Handbook on Information and Governance, Edward Elgar Publishing Limited, 2021, p.140-141.

[5] See Statement by the United States at the Meeting of March 25, 1987 (MTN. GNG/NG11/W2) (April 3, 1987).

[6] Suggestion by the United States for Achieving Negotiating Objective (MTN. GNG/NG11/W/14) (October 20, 1987).

美国建议的第一段来自美国《统一商业秘密法》。1987年12月到1988年7月,几乎没有对美国的建议加以讨论。当然,1988年春天的会议上曾针对美国建议提出了三个问题,但并未解决。第一个问题是侵害行为及其构成要件的界定,第二个问题是是否将侵害行为扩展到商业秘密的无辜的(不知道后者非故意)占有者,第三个问题涉及限制使用提交政府的商业秘密问题。

1988年3月初,欧盟和23个工业化国家与多个产业组织的代表开会讨论知识产权保护的标准,并于1988年6月形成一份协议,被称为"基本框架"。与美国的建议相比,"基本框架"对于财产性信息提出了一系列基本原则并附有各自的理由,其中涉及的商业秘密范围比美国建议的范围要宽,这反映了产业界的担心。例如,产业集团担心有的国家会将披露财产性信息作为从业的条件,故基本原则2规定,"在强制或者自愿进行的专利许可时,政府不得要求专利权人披露或者许可信息"。担心在政府机关存在披露信息的正当理由时,政府机关会不保护此类信息的秘密性,故基本原则6建议创设一种针对所有数据的独立的数据专有权,作为申请核准产品的条件。

在欧盟"基本框架"提出的8项财产性信息(proprietary information)原则中,仅两项涉及美国商业秘密法的既有原则。基本原则5指出,"未经所有人同意,以违反工商业领域诚实做法的方式获取他人财产性信息的,应当有效地阻止其进一步使用或者披露"。基本原则7细化了已有的商业秘密保护范围的限制,包括不能扩展到可以公开获取的信息,或者可以反向工程获取的信息。[1]

欧盟根据"基本框架"提出了建议稿(被称为"欧盟指南"),但其内容比美国建议和"基本框架"更为简略,建议稿只是提出:"商业和经营秘密至少应当通过法律,给予权利人阻止他人以其他违反诚实商业做法的方式获取或者使用的保护。"

欧盟建议既将商业秘密纳入谈判中的国际协定的知识产权清单,又回避了谈判早期发生的商业秘密保护争议。在1988年谈判小组的会议上,欧盟代表解释其"欧盟指南"仅是一种原则,而不是一套实体标准,而两者的重要差异是,"首先,与诸如巴黎公约之类的确立实体标准的国际公约的典型实体标准相比,原则采取的是更为一般性的表达。其次,原则并不要求国内法逐字接受,甚至不需要接近其字面表达,而只是要求在遵循原则要旨的基础上进行转化,而国际条约和国内法律则需要更大的细化"。[2]

1988年10月,美国提出更为详细的新建议,涉及如下六项内容:(1)保护范围;(2)保护期限;(3)权利的维持;(4)侵害行为的界定;(5)授予的权利;(6)政府使用的条件。其还包括在执法程序中保护秘密信息。

2. 中期阶段(1989年年中至1990年年初):商业秘密是什么

这一时期谈判的内容涉及商业秘密是否为一种应当纳入TRIPs的知识产权,以及商业秘密条款应当规定到何种程度。

1989年7月,印度就商业秘密条款建议中的实体标准提出书面评议意见,主张商业秘密不是一种知识产权的形式,不应当纳入TRIPs。印度认为商业秘密保护属于反不正当竞

---

[1] 基本原则7规定:"获取或者使用能够从任何公开资料获取的信息,如可以是文件或者样品,含有信息的产品,且使用或者获取此种信息不违反保护知识产权的法律、规则或者合同约定,行为也不为法律禁止,此种情形并未违反充分有效的秘密信息保护。"

[2] See MTN. GNG/NG11/W/18(August 29,1988),para. 27.

争法的范畴,对于侵害商业秘密的请求不宜适用财产原则。《巴黎公约》第10条之二对不正当竞争的规定就足以保护商业秘密,而且,根据合同和民法的保护也优先于知识产权规则。

美国坚持商业秘密是一种财产,反对将商业秘密保护纳入反不正当竞争原则。在回应印度的主张时,美国代表使用了宽泛的、俗称意义上的"知识产权"一词,使其包含广泛的无体财产,即"基本事实是,商业秘密旨在保护一种知识努力(intellectual endeavor),在其他知识产权形式中得不到保护,或者寻求此种保护时会因为公开披露而丧失价值"。鉴于印度强调的重点是知识产权(intellectual property)中的"财产"(property),美国则将着力点放在"知识"(intellectual)之上,认为所有的知识努力都应该得到某种形式的法律保护,即"商业秘密保护的议题与其他知识产权相同,即不得不正当地从他人的成果和劳动中获益"。[1]

结果是,14个国家同意印度的立场,表示不同意商业秘密谈判,更不用说实体条款了。后来,加拿大和欧盟又提出折中意见,主张可以回到《巴黎公约》第10条之二的不正当竞争行为列举方式,将侵害商业秘密作为类似的列举条款。1990年1月,墨西哥作为第一个发展中国家赞同纳入商业秘密条款,主张确定商业秘密保护的一般条件,以鼓励企业之间的合作和技术转移。

3. 草拟条款阶段(1990年春天至1991年后期):商业秘密的具体标准如何设计

1990年3月欧盟提交的TRIPs草案中包含商业秘密条款,将其一般性地定位于防止违反诚实商业做法的行为,其中包括商业秘密的界定及限制政府使用实验数据。美国仍不愿意放弃其主张,虽然鉴于商业秘密条款包含三款内容,即第一款规定"商业秘密",与欧盟提出的建议条款内容基本一致,但取消了保护期限和脚注中使用的"违反诚实商业做法的方式"的界定;第二款规定了"许可",采纳了欧盟"基本框架"中的内容,即排除对于商业秘密许可的阻碍;第三款规定了"例外"以及政府使用商业秘密的问题。

如何在这些草案建议稿的基础上最终形成第39条,其具体细节不详,期间经过了诸多非正式的和秘密性磋商。在建议稿和磋商的基础上,所形成的"主席草案"["The Anell (or Chairman's) Draft"],在商业秘密的内容上仍有两点分歧:(1)商业秘密的经济价值是否包含潜在的商业价值(还不能使用或者许可使用的秘密)。欧盟、美国、瑞士的提案均有"实际或者潜在的商业价值"的语词。(2)涉及"违反诚实商业做法"的行为的列举(清单)。美国率先建议以注解的方式进行列举。美国最初建议当事人"知道或者有合理理由知道"以违反诚实商业做法的方式获取的信息,即对于侵害商业秘密行为承担责任。主席草案将"或者有合理理由知道"以纳入括号的方式呈现,供讨论。这就是不实际知道侵害商业秘密行为的个人或者公司是否承担责任的早期争议。

在商业秘密构成要件的表达上,美国《统一商业秘密法》和美国的建议草案使用了"一般知悉或者易于确定"(generally known or readily ascertainable)表达,欧盟和瑞士的草案采用了"一般知悉或者易于取得"(generally known or readily accessible)。两者之间是否有差异,并不清楚。

在主席草案的基础上,经磋商形成了较以前变化不大的"布鲁塞尔草案",但商业秘

---

[1] See MTN. GNG/NG11/16(December 4,1989),para. 61.

密条款有四个变化:(1)取消了"潜在的"商业价值。(2)在注解中规定侵害行为,其中第三人承担责任的条件改为"实际知道或者有重大过失"。(3)采用了"readily accessible"(容易获得)。(4)政府使用商业秘密的内容被删除,仅规定要求政府保护特定试验数据。

最后形成的"Dunkel草案"将第39条商业秘密条款分为三项,并最终获得通过。[1]

TRIPs第39条是对于商业秘密在产业中重要地位的首次多国家承认,是美国商业秘密制度的国际化,以此将未披露信息作为知识产权加以保护,且其背后的理由是商业秘密保护有益于产业发展。[2]当然,商业秘密保护有利于南北之间的技术许可贸易,且其背后也有制药企业的推进等因素。[3]

(二)TRIPs第39条规定的内容

TRIPs第39条包含三款规定和一个注解。

TRIPs第39条将未披露的信息界定如下:

"1.在保证针对《巴黎公约》(1967)第10条之二规定的不公平竞争而采取有效保护的过程中,各成员应依照第2款对未披露信息和依照第3款提交政府或政府机构的数据进行保护。

"2.自然人和法人应有可能防止其合法控制的信息在未经其同意的情况下以违反诚实商业行为的方式向他人披露,或被他人取得或使用,只要此类信息:

"(a)属于秘密,即作为一个整体或就其各部分的精确排列和组合而言,该信息尚不为通常处理所涉信息范围内的人所普遍知道,或不易被他们获得;

"(b)因属于秘密而具有商业价值;并且

"(c)由该信息的合法控制人,在此种情况下采取合理的步骤以保持其秘密性质。

"3.各成员如要求,作为批准销售使用新型化学个体制造的药品或农业化学物质产品的条件,需提交通过巨大努力取得的、未披露的试验数据或其他数据,则应保护该数据,以防止不正当的商业使用。此外,各成员应保护这些数据不被披露,除非属于为保护公众所必需,或除非采取措施以保证该数据不被用在不正当的商业使用中。"[4]

TRIPs第39条还有一个内容如下的注解:"本节中'违背诚实商业行为的方式',至少应包括诸如违约、泄密或诱使他人泄密,还应包括通过第三人以获取未披露的信息(该第三人已知,或因严重过失而不知该信息的获得将构成违背诚实商业行为)。"

根据TRIPs第39条第1款[article39(1)]规定,WTO成员保护"未披露信息"及"提交给政府的数据"的要求被明确地捆绑到在先的巴黎公约第10条之二的保护义务之中,而

---

[1] See Rochelle C. Dreyfuse & Katherine J. Standburg, *The Law and Theory of Trade Secret: A Handbook of Contemporary Research*, Edward Elgar, 2011, p. 541 – 552.

[2] 商业秘密权利人和产业集团在幕后积极协调和结谋推动TRIPs对于商业秘密的保护,包括为游说美国国会和欧盟议会而成立的两个联盟,即美国的保护商业秘密联盟和欧洲的商业秘密与创新联盟。这些联盟虽然声称以促进自由贸易和发展为目的,但通过商业秘密等知识产权条款实际上在限制发达国家与发展中国家之间的自由贸易。See Susy Frankel & Daniel Gervais, *The Internet and the Emerging Importance of New Forms of Intellectual Property*, Wolters Kluwer, 2016, p. 224.

[3] See Carlos M. Correa & Abdulquwi A. Yusuf, *Intellectual Property and International Trade – The TRIPs Agreement*, Kluwer Law International, 1998, p. 239.

[4] TRIPs第39条采纳了美国1995年《不正当竞争法重述》(第三版)的相关内容。Carlos M. Correa & Abdulqawi A. Yusuf, *Intellectual Property and International Trade – The TRIPs Agreement*, Kluwer Law International, 1998, p. 242.

该公约第10条之二则是要求成员确保有效地进行反不正当竞争保护。因此,相当于将"未披露信息"的保护置于该公约第10条之二第3项所列举的"违反工商业领域的诚实做法"的具体行为类型。[1]

根据 TRIPs 第39条第2款[article39(2)]旨在为个人和公司创设一种防止未披露信息被侵害(不正当获取、使用或者披露)的权利。其中,对于未披露信息的界定是以美国《统一商业秘密法》的商业秘密界定为蓝本。TRIPs 注解10规定了被认为违反诚实商业做法的行为的非穷尽性清单,类似于美国《统一商业秘密法》对于侵害行为的规定。[2]

TRIPs 第39条第3款[article39(3)]不属于个人和公司防止未披露信息被侵害的权利,而是给政府官员施加义务,使其保护未披露信息的一个分支,即"未披露的试验数据或其他数据,其系经过相当的努力而获得"。该规定并未改变 TRIPs 第39条第2款对于"未披露信息"的界定。在 TRIPs 谈判早期,由产业集团推动的美国建议将财产性信息的保护扩展到美国法所界定的商业秘密范围以外,但对此产生了争议。最后形成的 TRIPs 第39条第3款只是要求,限制政府对于提交的试验结果或者其他数据的披露和使用。而且有如下具体要求:(1)未披露的试验或者其他数据;(2)有关组织付出了相当大的努力;(3)作为药品或者农业化学品的上市审批条件而提交;(4)使用新的化学成分。TRIPs 第39条(3)显然不是为了创设一种一般性的数据专有权,而是作为一种有限的独特义务。[3]

TRIPs 中有关"未披露的信息保护"的规定是公约的成员折中调和的产物,其将商业秘密的构成要件规定为三个,即秘密性、具有商业价值及采取了合理保密措施[4]。

世界知识产权组织国际局拟订的《反不正当竞争示范条款》第6条规定了商业秘密,该规定实际上是该组织对 TRIPs 相关规定的解释。据世界知识产权组织国际局解释,该条规定是以 TRIPs 第39条的规定为基础的。对于商业秘密,TRIPs 第39条使用了"unclosed information"一词,而《反不正当竞争示范条款》则使用了"secret information"(秘密信息),对此 WIPO 国际局解释说,后者并没有实质内容的变化,采用"秘密信息"的本意不过是指明信息的权利人采取某种措施或以某种方式实施行为,以按照 TRIPs 的要求不让第三人知悉。

《反不正当竞争示范条款》第6条第3项对商业秘密本身的含义作出了如下界定:"[秘密信息的定义]就本条而言,具备下列条件的信息才被认定为'秘密信息':(i)作为一个整体或作为其组成部分的具体构造或组合,它未被通常从事该类信息工作的领域内的人们

---

[1] See Rochelle C. Dreyfuse & Katherine J. Standburg, *The Law and Theory of Trade Secret: A Handbook of Contemporary Research*, Edward Elgar, 2011, p.538.

[2] See Rochelle C. Dreyfuse & Katherine J. Standburg, *The Law and Theory of Trade Secret: A Handbook of Contemporary Research*, Edward Elgar, 2011, p.538.

[3] See Rochelle C. Dreyfuse & Katherine J. Standburg, *The Law and Theory of Trade Secret: A Handbook of Contemporary Research*, Edward Elgar, 2011, p.365.

[4] TRIPs 在世贸组织中具有特殊的意义:(1)它与多边货物贸易和服务贸易协议不同:前两个协议是就与贸易政策有关的一般规则和原则达成的协议,并取得了各国自由化的承诺,但并没有寻求各国政策的协调统一;知识产权协议包括所有成员都必须达到的知识产权保护的最低标准。(2)知识产权协议要求各成员积极采取行动保护知识产权,这与前两个协议只对成员的政策进行约束是不同的。这证明在多边贸易框架下可以寻求协调统一,即制定最低标准,以影响贸易的政策和管理制度。参见杨国华:《〈与贸易有关的知识产权协议〉的产生背景及在世贸组织中的地位》,北京大学法学院资料。

普遍知悉或者容易获得;(ⅱ)由于是秘密而具有商业价值;(ⅲ)权利人根据情况采取了合理措施以保持其秘密。"显然,其含义与前述 TRIPs 第 39 条的规定相一致,尽管个别措辞不尽相同,如第(ⅰ)点没有使用"secret",第(ⅲ)点使用了"权利人"。世界知识产权组织国际局对此解释道:(1)秘密信息由制造的或商业的秘密组成;它包括生产方法、化学公式、图样、原型、营销方法、分配方法、合同格式、经营计划表、价格协议细节、消费者群体、广告方案、供应者或顾客名单、计算机软件和数据库。(2)秘密信息可以是足够取得专利权的发明,但它的此种属性,尤其是其专利法意义上的新颖性和创造性,并非予以保护的前提条件。(3)就(ⅰ)点而言,并不要求绝对的秘密。只要该信息不是通常与其打交道的圈子里的人们普遍知悉或易于取得,该信息就被认定为秘密。(4)就(ⅱ)点而言,为具有保护价值,秘密信息必须因其具有秘密性而具有特定的商业价值。(5)就(ⅲ)点而言,为决定是否采取了合理的保密措施,必须考虑努力的程度、权利人保持秘密信息的花费、该信息的价值以及他人通过合法方式取得该信息的难易程度。但是,秘密信息必须是可辨认的,如记载在文件上或储存在数据库中。尽管通过合同约定义务并不是必需的,权利人必须表明他将信息作为秘密对待的意图。

(三)TRIPs 商业秘密保护规定的影响

TRIPs 第 39 条是对商业秘密重要性的第一次多国承认。它体现了美国和欧洲将商业秘密保护作为充分保护知识产权手段的观念。这种将商业秘密保护作为有益于工业和技术转让的观点的重新整合,是由当时的多种因素促成的。例如,在乌拉圭谈判中可能发生的一般性妥协,或者化学工业在整个过程中的影响。但是,其理论和实践的意义无论如何不因其起源问题而受损害。换言之,不管起初是如何将商业秘密引进 TRIPs 的,但在进入之后,其理论和实践意义是很大的。

TRIPs 第 39 条的意义也许在 1991 年墨西哥的改革中得到最好的说明。直到那时,墨西哥法律对商业秘密只有非常有限的保护,但 1991 年 6 月 28 日制定的新法代表了法律状况的根本改变,在该领域的变革正如化学、制药、农药和生物工程专利之类的其他相关领域那样。但是,在许多发展中国家,商业秘密并未得到充分的保护,其商业秘密的规范是支离破碎的,主要体现在法院的判决和反不正当竞争法的规定之中,缺乏统一性,没有专利法那样具体、详尽的规范。TRIPs 第 39 条有利于推动商业秘密保护的国际规则的统一,提高保护水平。

国际贸易的谈判都属于做交易,很少为了确保与国内法相一致。国际协定需要具有灵活性,便于各个国家在起草国内法时考量本国公共利益,而具有裁量余地。如果国际协定的要求过于具体,就存在国内法转化上的危险,即要么选择可能与国内意愿不一致的立法,要么无视国际协定的规定。TRIPs 被认为具体性超过了灵活性。与此前的知识产权条约相比,TRIPs 以细致著称。但是,与 TRIPs 其他条款相比,其第 39 条规定更为灵活。[1]

---

[1] See Rochelle C. Dreyfuse & Katherine J. Standburg, *The Law and Theory of Trade Secret*: *A Handbook of Contemporary Research*, Edward Elgar, 2011, p.566 – 567.

第二章　商业秘密的正当性理论与权利属性

第一节　商业秘密保护的立法基础与公共政策

一、商业秘密保护的法律基础

对于商业秘密保护的法律基础,不同国家、不同历史时期和不同的学者可能有不同的说法。例如,有学者认为现代商业秘密法是英美国家普通法的产物,而在普通法发展过程中曾经以多种普通法侵权行为作为商业秘密的原则,如违反信任、违反信任关系、普通法盗用行为(下文同时也翻译为侵犯商业秘密行为)、不正当竞争、不当得利、有关侵入的侵权行为(trespass)或者未经授权获取原告财产。商业秘密法的原则"从一系列相关的普通法侵权行为中演化过来:违反信任、违反保密关系、普通法侵占行为、不正当竞争、不当得利以及擅自侵入他人财产的侵权行为。它也是从调整雇佣关系的合同和普通法中演化出一系列规则"。[1]19世纪有时认为商业秘密是一种财产权,但是是否为现代意义上的财产权并不清楚。20世纪早期范式发生转变,盗用商业秘密(misappropriton of trade secret)被作为基于当事人之间信任关系或者被告不当行为的侵权行为。美国20世纪对于商业秘密法的解释可以归结为"义务论"(duty-based theory),或者如学者梅尔文·贾格尔(Melvin Jager)所称的"商业道德维护论"(maintenance of commercial morality)。[2]美国最高法院在E. I. Du Pont De Nemours Powder Co. v. Masland[3]中指出:"'财产'一词用于商标和商业秘密,是一种对于主要事实的特定次要后果的未经分析的表达,即法律作出诚实信用的某些初步要求。无论被告是否知道原告拥有任何有价值的秘密,它们是什么,他通过特殊的信任予以接受。财产并不存在,但信任不能否认。因此现在问题的出发点不是财产或者法律的正当程序问题,而是被告与原告或者原告之一存在信任关系。"侵权行为说(tort-based view)在20世纪初期大行其道,一部分原因是Masland案的判决,另一部分原因是变化了的财产观念。1939年美国商业秘密法律标准被汇集于《侵权法重述》(第一版),重述强烈注重商业秘密不是财产权利,而是基于恶意的竞争行为。20世纪80年代,美国最高法院和州立法机关的主流观点是合同与侵权行为的结合,《统一商业秘密法》反映了这种倾向。[4]美国商业秘密法律保护主要基于具有部分互补性的两种理论,即功利主义

---

[1] See Mark A. Lemley, *The Surprising Virtues of Treating Trade Secrets as IP Rights*, 61 Stanford L. Rev. 311, 316 (2008).

[2] See Melvin F. Jager, Trade Secrets Law(2007), §1:3, 1-4.

[3] See 244 U. S. 100(1917).

[4] See Mark A. Lemley, *The Surrpising Virtues of Treating Trade Secrets as IP Rights*, Stanford Law Review, Vol. 61:311.

（utilitarian）和侵权行为。根据功利主义理论，商业秘密保护是为了激励在商业秘密上的投资。这种观点有时与商业秘密为一种财产形式的观点联系起来。根据侵权行为理论，商业秘密法的目标是惩罚和防止非法行为，甚至是为了维护合理的商业道德标准。虽然侵权行为理论并不直接强调激励投资，但其具有激励投资的效果。因此，两种理论在许多方面可以殊途同归。[1]

这里列举几种最为典型的说法。

1. 诚实信用原则：尊重商业道德与维护竞争秩序

商业秘密背后的政策主要是关于商业道德的观念，即泄露商业秘密或者窃取他人有价值的想法是不道德的行为。[2]

有人考证，商业秘密保护的源流可以溯及古罗马时代。按照当时的法律，竞业者如果以恶意引诱或强迫对方的奴隶泄露对方有关商业事务的秘密，奴隶的所有人有权提起"奴隶诱惑之诉"（actio servi corrupti），请求双倍的损害赔偿。[3]此时，商业秘密的保护有尊重商业道德和维护竞争秩序的作用。

虽然知识产权说和侵权行为说主导了美国司法判决和学者评论，但有些论者及法院判决仍坚持以其他理论统领和支撑商业秘密法，其中最著名和最常用的是商业道德说，即商业秘密法是用来维护"商业道德标准"（standards of commercial morality）的。例如，Christopher案[4]法院拒绝接受丛林法则作为我们期待的商业关系的道德标准。Crampton案[5]法院认为，因为"维护商业伦理标准"的公共利益而鼓励商业秘密。

美国的学说和判例认为，给予商业秘密持有人的保护，是禁止受不能披露或者使用商业秘密的明示或者默示的义务限制而知悉商业秘密的人，对商业秘密的披露或者未经授权的使用。在不是基于所有人的意思，而是基于"不正当手段"取得商业秘密的情况下，法律也给予持有人禁止披露或者使用该商业秘密的保护。因此，一般所说的商业秘密保护背后的政策，是维护商业道德标准和鼓励发明。"诚实信用和公平交易的必要性，恰恰是商业界的生命和精神。"[6]在 A. O. Smith Corp. v. Petroleum Iron Works Co.[7]案中，法院强调，即使一项发现（discovery）不符合专利的条件（not be patentable），但并不"损害该发现对发现人的价值，或者竞争者自身并未付出劳动、金钱或者机器消耗的代价，而通过不正当手段或者作为违反信任的受益者取得所需要的知识的优势"。[8]这说明，即使通过不正当手段获取的商业秘密，也可以具有竞争优势，但法律出于维护商业道德的需要，对此应当禁止。在美国，侵害商业秘密的诉因，多为被告恶意违反其与原告之间的信任关系，而

---

[1] See Mark A. Lemley, *The Surrpising Virtues of Treating Trade Secrets as IP Rights*, Stanford Law Review, Vol. 61：311.

[2] 参见[美]詹姆斯·普利：《商业秘密：网络时代的信息资产管理》，刘芳译，清华大学出版社2023年版，第49页。

[3] 参见[日]土井辉生：《知的所有权——现代实务法棒讲座》，青林书院株式会社1977年版，第179页。

[4] See E. I. du Pont de Nemours & Co. v. Christopher, 431 F. 2d 1012, 1016 (5th Cir. 1970).

[5] See Jet Spray Cooler, Inc. v. Crampton, 385 N. E. 2d 1349, 1354 – 1355 (Mass. 1979).

[6] National Tube Co. 3 Ohio C. C. R. (n. s), at 462.

[7] See 73. 2d, at 539.

[8] See Fair Trade Act and Consumer Protection, p. 308. 转引自孔祥俊：《商业秘密保护法原理》，中国法制出版社1999年版，第2页。

将商业秘密泄露或使用。因此,布尔根(Burgen)法官曾认为,尊重商业道德和维护竞争秩序是保护商业秘密的基本政策。[1]而且,商业秘密保护并不禁止通过公平诚实的方式获得的发现,如独立的发明、意外的披露以及所谓的反向工程。反向工程是指从已知的产品着手,通过追溯的方式获知其开发或者制造的方法。[2]这从反面证明维护诚实信用是保护商业秘密的重要基础。

商业秘密是其原始持有人通过投入金钱、精力等所获得的信息,其目的是借此获得并维持竞争的优势地位。竞争法对于获取商业秘密的此种努力以及此种努力的结果持鼓励态度,因为这种状况有利于市场竞争的健康发展。如果员工、雇员以及其他人可以违背商业秘密持有人的意思,随意侵害其商业秘密,甚至用该商业秘密与原始持有人进行竞争,从道德上讲是不劳而获和破坏人与人之间的信任关系的;从竞争秩序上讲,不利于市场竞争的正常开展。因此,侵害商业秘密的行为是一种违反商业道德和危害竞争秩序的行为。无论是以竞争法还是以侵权行为法、合同法来保护商业秘密,其首要意图都是维护商业道德和正当竞争,而许多国家将侵害商业秘密行为纳入竞争法调整之列,更体现了这种意图。

从根本上讲,保护商业秘密是维护经济交往中的诚实信用原则。整个反不正当竞争法的主要基础就是诚实信用原则。大陆法系国家的反不正当竞争立法往往明确地将诚实信用原则作为反不正当竞争的基础,英美法系国家也以其特有的方式将诚实信用原则作为其反不正当竞争的基础,如英美法系国家反不正当竞争的一项基础原则就是 International News Service v. Associated Press 案所创设的"不正当得利"原则(unjust enrichment),或者更形象地说,是"在没有播种的地方收获"或者"不播种而收获",[3]这是以其特有的方式表述诚实信用原则。保护商业秘密作为反不正当竞争的一个重要的领域,它典型地体现和贯彻了诚实信用原则,通过不正当手段披露或者使用他人的商业秘密就是地地道道的"在没有播种的地方收获"。

我国《反不正当竞争法》第2条第1款将诚实信用、遵守商业道德规定为该法的基本原则,这些原则同样是商业秘密保护制度的基础和基本原则。

2. 保护智力成果、激励发明创造与提高经济效率

商业秘密保护法有其现实的和功利的一面,即通过对投资和冒险的保护来鼓励创新。两个世纪以前,当商业生产从村舍转移到工厂时,工业界需要一种能够让企业主与员工分享秘密配方的、设计或者机器的机制,同时让企业主知道有保护这些秘密的法律。从这种意义上说,商业秘密保护在工业革命的过程中具有必要性,并伴随工业革命的进步而发展。[4]商业秘密保护归根结底是经济发展的需求,所谓的商业道德无非为这种需求的正当性提供一种说辞。美国最高法院在其著名的 Kewanee Oil Co. 案[5]中认为,商业秘密法

---

[1] See Melvin F. Jager, *Trade Secrets Law*, Clark Boardman Company Ltd., Vol.1, p.1-7.

[2] National Tube Co. 3 Ohio C. C. R. (n. s)459, 462 (Cir. Ct. 1992), aff'd, 690 - hio St. 560, 70 N. E. 1127 (1903).

[3] Reaping without sowing, 最早由1918年美国的 International News Service v. Associated Press 案所创设, see Anselm Karnperman Sanders, *Unfair Competition Law*, Clrendon prers·Oxford, 1997, p.13-14.

[4] 参见[美]詹姆斯·普利:《商业秘密:网络时代的信息资产管理》,刘芳译,清华大学出版社2023年版,第49页。

[5] See 416 U. S. at 484-485.

的目的是激励创新和发展不能申请专利的有价值信息:"商业秘密法鼓励在专利法没有延及的领域进行创新,并促进独立的创新者进行发现和利用其发明。竞争得到促进,公众未被剥夺使用有价值的又不太可专利性的发明。"

商业秘密是其原始持有人通过投入时间、资金、劳力等所创造的劳动成果,法律对于商业秘密的保护实质上是允许原始持有人对于商业秘密进行事实上的独占,以此体现对其劳动成果的承认和尊重,并鼓励人们在市场竞争中通过诚实经营、发明创造等获取竞争优势。反之,如果任何人都可以通过投机取巧等方式轻而易举地取得他人的创造成果,则会挫伤或打击人们的创造性和积极性,必然会妨碍市场经济的活力,妨碍技术或经营的进步。许多国家保护商业秘密的立法和判例都体现了保护智力成果、激励发明创造与提高经济效率的目的。例如,在 Wexler v. Greenberg 案[1]中,美国宾夕法尼亚州最高法院还特别分析了商业秘密保护对于补偿研究开发的费用、通过分散创造性开发的责任以提高经济效率的重要性。[2]

《经济学》认为,技术变革是促进经济发展的根本性动力之一。专利制度是应促进技术变革而生的,而商业秘密又具有补充专利制度不足的作用,同样是为了促进技术变革。也许《经济学》的分析更能入木三分,美国著名的经济学家斯蒂格利茨的几段经济分析清晰地说明了这些问题。

"在现代工业经济中,竞争的形式大多是试图开发新产品,以及用新的方法生产老产品。厂商将大量的人力、物力投入到研究(发现新方法、新产品和新工艺)和开发(例如,完善某一新产品使其进入市场)方面,在那些技术变革(研究与开发)很重要的行业……竞争往往非常激烈……高昂的研究与开发费用是努力获取市场优势的结果。企业获取利润的方法是生产出比对手更好的产品,至少在某些消费者看来是如此。这样,该企业就可以抬高其产品的价格,而不会失去所有的顾客,或者,企业也可以开发更经济的生产方法使其产品价格低于对手的生产成本,从而可将对手挤出市场。采取这两种方法的任何一种,厂商都可获取市场利润。因此,至少争取暂时的市场利润是将资金用于研究与开发的主要动机之一。而且正是由于研究与开发成功地使发明者和创造者在一定程度上拥有市场力量,他们才致力于此项活动。由创新而获得的利润既是今后用于研究开发资金的来源,也是对以前研究与开发努力的回报。"

"促使厂商创新的动机是希望领先于对手。然而,若对手可以对厂商的创新迅速地加以模仿,则该厂商就不能维持其竞争优势。因此,该厂商承担创新风险的动力就会大大降低。例如,一家公司成功地开发了一种新产品,如果其他厂商也仿制出类似的产品,该公司的利润就会迅速消失。如果该公司开发新产品失败,它只能自己承担一切损失。这是一种没有胜机的局面。……尽管竞争在促进经济效率方面具有一般优点,但政府却通过专利制度限制竞争的程度。因为,没有专利制度,厂商就没有足够的动力从事研究。……在没有专利保护的世界里,厂商没有资助研究与开发的积极性。他们只是简单地照搬新的发明,就能享受他人的研究成果,并且不必支付任何开发费用。在这种情况下,发明者

---

[1] See 399 Pa. 569,578 − 579,160 A. 2d 430,435(1960).
[2] See *Fair Trade Act and Consumer Protection*, p. 308.

无法获取市场力量,因此没有理由从事探索新发现的工作。"[1]

那么,商业秘密又是如何发挥作用的呢?《经济学》继续分析到:

"专利制度是不完善的。它不允许发明者获得其创新活动的全部收益,但可以获得其中的一部分,以鼓励更多的研究活动。然而,使人感到奇怪的是,许多厂商并没有为其新产品和新工艺寻求专利保护。为了获得一项专利,公司不得不披露新产品或新工艺的细节,而这些信息可能会极大地帮助竞争对手进一步从事研究与开发。此外,授予专利和以一个个单独案例为基础的,诸如什么可以被授予专利以及如何确定专利涵盖范围等问题受到许多不确定因素和法律辩论的影响。

"由于存在这些与专利保护有关的问题,一些公司宁愿将其发明作为商业秘密。商业秘密是指一项厂商没有向外界披露的关于生产工艺的发明或知识。例如,可口可乐配方不受专利保护,该配方是被严加保护的商业秘密。

"创新无论是受专利保护还是靠商业秘密保护,收益的一部分源于最先进入市场。通常,推出新产品的厂商由于顾客对其产品的偏爱程度和信誉的增加,会拥有某种超过竞争对手的绝对优势,后继者要打破这种优势则常常要花费很大的精力。"[2]

商业秘密保护制度与专利制度在功能上异曲同工,即都是鼓励发明创造和促进技术进步,但其达到目的的手段却截然不同,最基本的区别是专利以公开为代价而换取了一定期限的独占保护,而商业秘密是持有人以保密的方式维持其秘密信息的价值、法律通过保护此种秘密持有状态而肯定和鼓励持有人的发明创造。正是这种区别的存在,衍生出一系列不同的保护制度和保护观念。例如,在专利制度中,独立发明(independent invention)、反向工程(reverse engineering)和公开披露(public diclosure)都不会也不能损害专利的财产权,但对于商业秘密就截然不同了。尽管披露或者使用他人的商业秘密必然增加竞争,从而给社会带来好处,但因诱发不对称的市场失灵(asymmetric market failure)而同时减少了对发明创造的刺激。商业秘密保护的作用就是减少社会成本,既包括保护商业秘密的费用,又包括"不投入用于促进财富流转的资源"的成本。为平衡维持商业秘密保护制度的成本与缺乏便利信息的交易和销售的市场结构的成本的关系,商业秘密的保护只限于对持有人商业秘密的侵犯行为,而不具有绝对性。如果他人通过独立发明获得了同样的商业秘密,持有人不得以自己的商业秘密对抗他人,也不能阻止他人申请专利,不但如此,如果他人获得了专利,甚至还可以将先发明者逐出市场。反向工程虽然不是一种独立发明的方式,但是,行为人在实施反向工程时有实质性的投入和创新,因而不会导致市场不对称,不应当承担责任。[3]

商业秘密具有现实的重要市场价值,这是具有保护必要性的客观基础。以商业秘密为基础的商业成功事例比比皆是。例如,可口可乐依靠其配方的商业秘密,经久不衰,成为保护和利用商业秘密的经典案例。又如,1881年美国的J. J. 劳伦斯博士将一种漱口水的秘方授权给乔丹·兰伯特(Jordan Lambert),这一秘方成为有史以来最成功的非处方药之一:李斯德林杀菌漱口水。乔丹·兰伯特后来成立一家公司,即后来的华纳-兰伯特

---

[1] [美]J. E. 斯蒂格利茨等:《经济学》(上册),姚开建等译,中国人民大学出版社1997年版,第402~403页。
[2] [美]J. E. 斯蒂格利茨等:《经济学》(上册),姚开建等译,中国人民大学出版社1997年版,第406~407页。
[3] See *Unfair Competition Law*, p. 103 – 104.

(Warner – Lambert)。在其一份只有两句话共计127个字的合同中,乔丹·兰伯特同意每卖出144瓶漱口水,就向J. J. 劳伦斯博士支付20美元。这笔交易使乔丹·兰伯特和公司均富裕起来。J. J. 劳伦斯博士和他的继承人收益也不错,在20世纪中期获得数百万美元的许可费。同时,在20世纪30年代,尽管任何一方均无过错,这个配方还是被大众知晓。两三天漱口水依然非常受欢迎,公司可以继续盈利。20世纪50年代,华纳–兰伯特公司起诉要求不再支付任何费用,理由是秘方已经公开。法院驳回其请求,认为乔丹·兰伯特已经订立合同,应当继续履行。[1]

3. 保护人格权

德国法上传统的秘密权是从一般人格权中衍生出来的个别人格权的一种。其目的在于防止以不正当方法披露或者使用他人的隐私,防止减损他人人格。因此,以不正当方法取得他人秘密的行为属于侵害人格权的行为。美国的判例也认为除经济因素外,商业秘密在于保护最基本的人权,即个人的隐私权,以惩戒工业间谍。[2]

二、商业秘密保护的立法政策

保护商业秘密是一项公共政策问题,[3] 而其又贯彻实现一些具体的立法政策。

在前工业经济时代,手工业的知识(手艺)通过家庭成员之间或者主人与学徒之间进行传授。技术的秘密性代代相传,使家族或者作坊赢得声誉和维持独家对生产的控制。工业化导致的生产集中消除了大部分手工作坊,师徒关系受到破坏,很快不再占主导地位,技艺的传授关系发生根本改变。[4] 在现代企业中,技术、知识和信息的实施需要依靠他人和多人,即需要向其他人披露技术、知识和信息,如果没有像专利那样的保护,又没有商业秘密保护,他人获得信息等之后即可以自由利用,这又会妨碍创造技术、知识和信息的积极性。商业秘密保护则提供了一种中间立场,即技术等信息如果满足商业秘密要求,其所有人可以与他人共享信息而又不丧失法律保护。为此,商业秘密法被认为能够达到如下目标:(1)促进商业伦理;(2)激励创新、发明和创造;(3)便利信息共享。[5]

虽然不一定为法律明文规定,但商业秘密保护始终贯彻一些立法政策或者公共政策。这些立法政策或者公共政策指引了商业秘密保护的制度设计、政策选择和法律适用。[6] 当然,一些相互冲突的政策的存在,为商业秘密问题的决断造成了难题。例如,"商业秘密案件难以裁决,因为它要求裁判者解决相反原则和政策目标之间的冲突,如工作权与保护重要商业资产权之间的冲突。还存在举证和维持秘密性的实际困难"。[7] 此时需要对于商业秘密的政策或者价值冲突进行取舍或者折中调和。

---

[1] 参见王瑞贺主编:《中华人民共和国反不正当竞争法释义》,法律出版社2018年版,第93~94页。

[2] See Kewanee Oil Co. v. Bicron Corp. 416 U. S. 470(1973).

[3] See Carlos M. Correa & Abdulquwi A. Yusuf, *Intellectual Property and International Trade – The TRIPs Agreement*, Kluwer Law International, 1998, p. 243.

[4] See Catherine L. Fisk, *Working Knoledge: Trade Secrets, Restrictive Covenants Employment, and the Rise of Corporate Intellectual Property*, 1800 – 1930, 52 Hastings L. J. 441 – 451(2001).

[5] See Elizabeth A. Rowe & Sharon K. Sandeen, *Trade Secret Law: Cases and Materials*, 2nd edition, West Academic Publishing, 2017, p. 1 – 2, 15.

[6] See Elizabeth A. Rowe & Sharon K. Sandeen, *Trade Secrecy and International Transactions*, Edwar Elgar, 2015, p. 60 – 61.

[7] William Van Caenegem, *Trade Secrets and Intellectual Property: Breach of Confidence, Misappropriation and Unfair Competition*, Wolters Kluwer, 2014, p. 1.

1. 促进信息公开

商业秘密虽以秘密性和保密性作为构成要件,直接的效果是减少信息的公开,但这只是表象。商业秘密法的最终目的是鼓励公开。如果没有商业秘密保护,特定行业的企业将会在保密上投入更多。商业秘密法是一种物理的或者合同的保密限制的替代,即在很大程度上替代了企业为防止竞争对手获取其秘密信息的保密努力。[1]而且,商业秘密以相对秘密性为必要,其目的也是鼓励和保障商业秘密的流动。

2. 信息与知识获取的自由

知识和信息以属于公有领域和自由利用为原则,以给予法律保护和加以限制为例外。在商业秘密保护中,众所周知或者特定领域一般知悉的信息和知识,不能纳入商业秘密的保护范围。这些知识需要被自由传播和利用。这也是知识产权保护中的公有领域原则的体现,即维持和共享丰富的公有领域,是一项重要的政策。[2]

3. 维护自由竞争的公共政策

维护自由竞争是整个知识产权领域的重要政策,商业秘密保护也不例外。例如,美国的《不正当竞争法重述》(第三版)开宗明义地指出:"从事经营活动和争取潜在客户惠顾的自由,是自由企业制度的基本前提。"在知识产权保护中,自由竞争是原则,知识产权(包括商业秘密)保护是例外。商业秘密保护不能妨碍正当的竞争自由,只能制止逾越界限而构成不正当竞争的行为。商业秘密保护法划定的各种保护标准和界限,构成了行为的边界。不属于法律禁止的行为,都属于可以自由竞争的合法行为。

4. 劳动力自由流动的公共政策

无论是商业秘密保护法还是劳动法,都不应该过度地限制劳动力流动自由,不应该限制劳动力谋求职业境况的改善和获取更好的工作和职业。竞业限制协议应当受到严格的合理性审查,除非限定合理的范围和期限,否则不能实施。[3]

第二节 商业秘密保护正当性的理论

一、商业秘密保护正当性理论概述

对于商业秘密法及其保护基础有各种不同说法,这是其他知识产权通常不存在的。例如,商业秘密是知识产权法中的一个异类(curious anomalies)。它们又是最重要和最多诉讼的知识产权类型。[4]但是,它们又被认为是"寄生的",主导的经济分析认为"不存在

---

[1] See Mark A. Lemley, *The Surrpising Virtues of Treating Trade Secrets as IP Rights*, Stanford Law Review, Vol. 61:311.
[2] 例如,美国最高法院在其一些裁判中强调了维持和共享丰富的公有领域,是一项重要的政策。See e. g., Bonito Boats, Inc., 489 U. S. 141, n11.
[3] 在美国有些州,此类协议自始无效,除非属于极为有限的几种情况。See Elizabeth A. Rowe & Sharon K. Sandeen, *Trade Secrecy and International Transactions*, Edwar Elgar, 2015, p. 61.
[4] See Josh Lerner, *The Importance of Trade Secrecy: Evidence from Civil Litigation Harvard Bus. Sch.*, Working Paper, No. 95-043, 1994.

商业秘密法"。[1]原因是,侵犯商业秘密的诉求大多基于独立于任何"商业秘密法"的不法行为(wrongdoing),包括违反合同和侵入行为(trespass)。"商业秘密法是一头雾水(puzzle)。法院和学者努力了一百多年,试图搞清楚我们为何要保护商业秘密。困惑不在于对于商业秘密法涵盖范围的理解,因为似乎对于该法的基本要义存在广泛的共识。也不是人们反对该法的效果的问题。尽管学者不时地对于该法的目标存在争议,且持续了几乎一个世纪,但是似乎同意侵犯商业秘密是个坏事,法律应该惩罚。他们困惑的是一个理论问题,即对于商业秘密法来自何处,或者如何将其纳入广泛的法律原则框架,则似乎是存在争议的。法院、律师、学者和论著的作者争论商业秘密是否为合同、侵权行为、财产或者甚至刑法的产物。这些不同的理论均未有完全的说服力。更坏的是,它们导致对于商业秘密诉因的基本要素的不一致对待,以及商业秘密法与其他诉因的关系的不确定性。"[2]美国学者罗伯特·伯恩(Robert Bone)甚至认为,这种理论上的不融贯表明,商业秘密法作为独立的原理毫无必要。无论商业秘密法服务的目的是什么,恰恰都是以普通法原理作为支撑,这就是其本来面目。[3]现代商业秘密法产生于使不存在相对性关系的第三方对其滥用信息行为承担责任的需求。这种需求导致了早期将商业秘密界定为财产。[4]随后法律又转向了不正当竞争理论。[5]这种法理基础的改变并未变更商业秘密的基础性质。随着《统一商业秘密法》的制定,商业秘密法有了广泛的制定法表达。当然,商业秘密是否为财产的争论仍在持续。这些历史并未为商业秘密法提供一个规范基础。商业秘密为什么受保护? 关键是商业秘密保护能够带来经济好处,特别是激励经营者以较少的金钱投入保护秘密信息或者获取秘密信息。洛克的"劳动价值论"也提供了正当性基础。而且,其还为奉行"商业伦理"的大众规范提供了一种方式。

  商业秘密保护的法理基础是一个颇有争论的问题,特别是在英美国家的学术研究和司法判例中,其争论尤为激烈。例如,英美法传统上是按照诉讼方式保护商业秘密的,商业秘密保护之诉的法理基础被学说和判例作出了不同的归纳,如归入合同、衡平、财产或者侵权等不同的法律类别之中。学者特纳(Turner)指出:"……在某些案件中,它被称为财产,在另一些案件中,又被称为合同,而在其他案件中,又基于信托和信任。"琼斯(Jones)指出:"对原告违反信任的判例进行粗略地研究一下,就可以发现存在极大的概念混乱。财产、合同、委托、信托、信任关系、诚实信用、不当得利。在这种或者那种场合,都曾被作为司法干预的基础。"[6]对商业秘密保护的理论基础的不同见解直接影响到此类法律和判例的归类,也反映了对所保护利益的不同强调。当然,还有种种历史因素在其中。

  美国商业秘密保护法经历了由制止不正当竞争到保护知识产权的转变。商业秘密保

---

[1] See William M. Landes & Richard A. Posner, *The Economic Structure of Intellectual Property Law*, 355(2003); see also David D. Friedman et al., *Some Economics of Trade Secret Law*, 5 J. Econo. PERSP, 61, 62.

[2] Mark A. Lemley, *The Surrpising Virtues of Treating Trade Secrets as IP Rights*, Stanford Law Review, Vol. 61: 311.

[3] See Robert G. Bone, *A New Look at Trade Secret Law: Doctrine in Search of Justification*, 86 Cal. L. Rev. 241, 243 (1998).

[4] See Peabody v. Norfolk, 98 Mass. 452, 458(1868).

[5] See Restatement (First) of Torts §757(1939).

[6] Jones, *Restitution of Benefits Obtained in Breach of Another's Confidence*(1970)86L. Q. R. 463.

护法的早期目的是维护商业伦理。例如，在涉及前雇员使用原告的商业秘密开展竞争性业务的一个诉讼中，法院指出："这不是法律总是促进和鼓励的政策所涉及的合法竞争，而是违反善良道德，并构成违反信任，法院而大多不是衡平法院则不应容忍。"[1]这是侵犯商业秘密的侵权行为，经常被归类为不正当竞争的一种，如《不正当竞争法重述》将其纳入在内。[2]

随着公司和商业的知识产权利益的增加，以及商业秘密开始被视为知识产权的一种，商业秘密法被赋予其他目的，即鼓励发明和创新。如判例所说，"商业秘密法在专利法未涉足的领域鼓励发明，且促进独立发明者继续对其发明进行发现和利用"。[3]关于商业秘密的这种激励理论和实用主义观点，与专利和版权法的主导法理一致，并基于激励个人发明创造的经济理论和假定。一些经济学家认为，商业秘密法补充专利法，并为内化创新利益提供路径。[4]没有知识产权保护，个人就会因物品的非排他性和非竞争性的"公共物品问题"，而缺乏发明创造的热情。例如，如果发明创造公开披露或者可以共享，就会使他人以极小成本或者无偿复制他人的发明创造。由于商业秘密能够避免他人知悉，只有在商业秘密所有人需要与他人共享秘密时，才会有公共物品问题。[5]

总体上看，在美国早期的商业秘密保护中，普通法法院对于不正当获取和使用竞争对手商业秘密的可诉性存在共识，但是对于此种诉求的原理基础（the doctrinal basis）一直存在争议。有时基于财产权，有时基于违反信任，还有可能基于违反明示或者默示的合同。大多数普通法法院不将商业秘密作为一种财产保护形式，而是作为不正当竞争的形式。如前文所述，在 E. I. du Pont de Nemours Powder Co. v. Masland[6]中，霍姆斯大法官指出："财产并不存在，但信任不能否认。因此现在问题的出发点不是财产或者法律的正当程序问题，而是被告与原告或者原告之一存在信任关系。"这是将当事人之间的信任关系作为商业秘密的替代性保护依据。但学者认为，这种信任关系的保护主张与财产保护特性并无不同，因为除非有财产权，否则法院没法给予持有人救济。

1939 年美国法律协会发布的《侵权法重述》（第一版）第 757~759 条首次尝试澄清商业秘密法的范围，但其未能解决商业秘密保护的原理之争。尽管早期的一些判例将商业秘密作为一种财产，但美国法律协会拒绝这种主张，其指出："通行的理论主张商业秘密保护只是基于诚信的一般义务（a general duty of good faith），责任则是基于违反这种义务；此即违反合同、滥用信任或者获取秘密的方式不正当。除了违反合同、滥用信任或者获取秘密的方式不正当外，商业秘密就像不是秘密的设计或者方法那样被自由获取。"《侵权法重述》（第一版）第 757 条将构成侵犯商业秘密的违反义务划分为：通过不正当手段发现商业秘密；违反信任披露或者使用商业秘密；知道他人以不正当方式或者违反义务获取而

---

[1] Eastman Co. v. Reichenbach, 29 N. Y. S. 1143 (Sup. Ct. 1894).

[2] See Sharon K. Sandeen & Elizabeth A. Rowe, *Trade Secret Law in an Nutshell*, 2nd edition, West Academic Publishing, 2018, p. 4.

[3] See Kewanee Oil Co. v. Bicron Corp. ,416 U. S. 470, 481 – 482(1974).

[4] See David D. Friedman, William M. Landes, Richard A. Posner, *Some Economics of Trade Secret Law*, 5 J. Econ. Persp. 61(1991).

[5] See Sharon K. Sandeen & Elizabeth A. Rowe, *Trade Secret Law in an Nutshell*, 2nd edition, West Academic Publishing, 2018, p. 5.

[6] See 244 U. S. 100, 102(1917).

从其了解商业秘密;被告知商业秘密的披露系因错误,而仍了解该商业秘密。

TRIPs 并未在这些不同的理论之间进行取舍。一般而言,贸易谈判者并不忙于学者津津乐道的理论方法,而学者总是要为赤裸裸的商业秘密保护现实编织一层法律理论。正如 TRIPs 注释 10 所表明的,谈判者并不想排斥任何理论,因而在该注释中也未提出侵占行为理论,但 TRIPs 第 39 条第 2 项却暗示了财产权理论,即认为商业秘密是合法控制的信息,这正是产生侵占行为的基础概念。事实上,贸易谈判希望的是达成确定的结果,即对商业秘密进行有效的保护,而保护的途径和方法由成员按照其传统进行确定。这种想法在瑞士的提案中就得到了说明,即成员保护《巴黎公约》第 10 条之二规定的"在国内法和实践中规定的"财产信息。[1]

我国学者和判例对商业秘密保护的理论基础并没有太大的争议。商业秘密是作为知识产权进行保护的,无论规定于《反不正当竞争法》,还是规定于其他有关法律;无论是认定为违反合同,还是构成侵权行为,其背后的基础都是将商业秘密作为知识产权。《民法典》更是直接将商业秘密作为一种知识产权的类型。而且,我国保护商业秘密不涉及对传统理论的冲破而必须给个理论说法,只需要在现有理论和立法中找个位置就可以了。因此,有关其法律属性的理论争论并不突出。

当然,在我国商业秘密保护正当性理论也有很重要。例如,侵犯商业秘密行为有违反保密协议(合同义务)与采取其他不正当手段之分,虽然其后果和行为都可以归结为侵犯商业秘密,但在刑事归责上却产生了是否区分两者的分歧,如认为违反保密协议不应当追究刑事责任。事实上,正是由于违反保密协议与采取不正当手段的侵犯商业秘密在其侵害性和后果上并无不同,且《民法典》《反不正当竞争法》已将商业秘密作为一种财产权利加以保护,因而在刑事追责上没有必要因违反保密义务或者采取其他不正当手段的不同而不同。

例如,在必沃公司与慈星公司技术秘密许可使用合同纠纷案[2]中,慈星公司起诉认为,慈星公司与必沃公司签署了《采购协议》,同时签署了《保密协议》,约定必沃公司依据慈星公司提供的技术图纸仅能为慈星公司生产加工横机设备零部件,慈星公司向必沃公司提供的涉案图纸未经慈星公司书面同意,必沃公司不能另作他用。慈星公司发现必沃公司生产并对外出售的横机设备及部件与慈星公司自主研发生产的横机设备部件外观及技术要求完全相同,而这些部件正是之前慈星公司与必沃公司签署的《采购协议》中涉及的横机部件。因此,慈星公司认为必沃公司在未经慈星公司允许的情况下,擅自将慈星公司的技术图纸用于自己横机的部件生产,违反了协议约定不得使用慈星公司的商业秘密的条款,必沃公司利用慈星公司要求保密的技术图纸,非法生产横机设备,给慈星公司造成重大损失。

原审法院经审查认为,最高人民法院《关于在审理经济纠纷案件中涉及经济犯罪嫌疑若干问题的规定》第 11 条规定:"人民法院作为经济纠纷受理的案件,经审理认为不属于经济纠纷案件而有经济犯罪嫌疑的,应当裁定驳回起诉,将有关材料移送公安机关或检察

---

[1] See Carlos M. Correa & Abdulqawi A. Yusuf Editor, *Intellectual Property and International Trade – The TRIPs Agreement*, Kluwer Law International, 1998, p. 246.
[2] 参见最高人民法院民事裁定书,(2019)最高法知民终 333 号。

机关。"最高人民法院《关于在审理经济纠纷案件中涉及经济犯罪嫌疑若干问题的规定》第12条规定："人民法院已立案审理的经济纠纷案件,公安机关或检察机关认为有经济犯罪嫌疑,并说明理由附有相关材料函告受理该案的人民法院的,有关人民法院应当认真审查。经过审查,认为确有经济犯罪嫌疑的,应当将案件移送公安机关或检察机关,并书面通知当事人,退还案件受理费;如认为确属经济纠纷案件的,应当依法继续审理,并将结果函告有关公安机关或检察机关。"在审理该案的过程中,宁波市公安局认为必沃公司的行为涉嫌侵犯商业秘密罪,于2019年5月13日立案侦查,其对立案理由进行说明并函告原审法院。原审法院于2019年5月30日收到甬公函[2019]31号《宁波市公安局关于立案侦查"宁波慈星股份有限公司被侵犯商业秘密案"的函》及附件。由于宁波市公安局审查的事实涵盖了本案慈星公司、必沃公司签订的《采购协议》《保密协议》,以及相关图纸的内容,与原审法院审理的案件事实具有重合之处,必沃公司具有侵犯商业秘密罪嫌疑,应移送公安机关处理。一审法院裁定驳回原告慈星公司的起诉,该案移送公安机关处理。[1]

最高人民法院二审认为,最高人民法院《关于在审理经济纠纷案件中涉及经济犯罪嫌疑若干问题的规定》第10条规定,人民法院在审理经济纠纷案件中,发现与本案有牵连,但与本案不是同一法律关系的经济犯罪嫌疑线索、材料,应将犯罪嫌疑线索、材料移送有关公安机关或检察机关查处,经济纠纷案件继续审理。该案中,必沃公司认为,本案系技术秘密许可合同法律关系,而宁波市公安局立案侦查的侵犯商业秘密案件系侵权法律关系,二者不属于同一法律关系,根据最高人民法院《关于在审理经济纠纷案件中涉及经济犯罪嫌疑若干问题的规定》第10条之规定,本案技术秘密许可合同纠纷应当继续审理。由此可见,本案当事人二审争议的核心在于判断本案所涉法律关系与必沃公司涉嫌侵犯商业秘密犯罪是否基于同一法律事实。根据本案查明的事实可知,本案必沃公司与慈星公司之间因履行《采购协议》及其附件《保密协议》产生争议,慈星公司以必沃公司违反保密义务,将其"被许可的技术秘密"用于合同约定事项之外为由提起本案诉讼,请求判令必沃公司承担相应违约责任。同时,必沃公司又因涉嫌侵犯慈星公司的商业秘密(包含涉案合同所涉技术秘密)犯罪与其他案外人一并被浙江省宁波市公安局立案侦查。可见,该案系慈星公司以必沃公司违反合同约定为由所提起的合同之诉,系技术秘密许可使用合同法律关系。而浙江省宁波市公安局所立案侦查的必沃公司涉嫌商业秘密犯罪,系必沃公司涉嫌侵犯慈星公司的商业秘密的侵权法律关系。二者所涉法律关系不同,并非基于同一法律事实所产生之法律关系,分别涉及经济纠纷和涉嫌经济犯罪,仅仅是二者所涉案件事实具有重合之处。本案为技术秘密许可使用合同纠纷,属于经济纠纷案件。尽管本案的案件事实与浙江省宁波市公安局立案侦查的商业秘密犯罪案具有重合之处,但慈星公司与必沃公司之间的涉案民事法律关系并不受影响。原审法院应将与本案有牵连,与本案不是同一法律关系的犯罪嫌疑线索、材料移送浙江省宁波市公安局,也应继续审理本案所涉技术秘密许可使用合同纠纷。因此,原审法院以"必沃公司具有侵犯商业秘密罪嫌疑,应移送公安机关处理"为由,裁定驳回慈星公司的起诉并将本案移送公安机关处理之结论错误。

---

[1] 参见浙江省宁波市中级人民法院民事裁定书,(2018)浙02民初2329号。

该案实际上涉及许可协议中约定的技术秘密与涉嫌侵犯商业秘密犯罪的技术信息之间是否重合,以及由此引发的合同许可中的保密义务与侵权行为的关系问题。最高人民法院二审裁定对于技术许可合同与涉嫌侵犯商业秘密以及违反合同和侵犯商业秘密之间的关系,进行了形式意义上的分析,据此认定两种程序可以并行不悖。

总体上说,有多种理论被提出来证明保护商业秘密的正当性,合同义务(contractual obligation)、信任关系(fiduciary relationship)以及不当得利和盗用(unjust enrichment and misappropriation)则是三种主要的理论观念。[1]

二、合同义务

不披露商业秘密的义务,一般是由商业秘密所有人与接受商业秘密的人之间通过合同确定的。这种合同可以是雇佣(劳动)合同、许可协议、委托加工合同(OEM)、联营合同和合伙合同等合同形式。法院常常根据合同保护商业秘密。[2]

保密协议既可以是单独的协议形式,又可以是其他协议中的一个条款。保密义务既可以在其中明示,在特定条件下又可以默示。该协议还可以预定损害赔偿金,甚至在法律允许的情况下规定罚金。

但是,合同理论不能适用于所有侵犯商业秘密的情形,如他人不正当地获得商业秘密,或者保密协议当事人以外的人不正当地使用商业秘密,就无法受保密协议的约束。例如,商业秘密所有人的雇员加盟其竞争对手,该竞争对手并无合同上的保密义务或者不使用的义务。又如,商业秘密的被许可使用人不正当地将商业秘密披露给第三人,也存在同样的问题。

此外,合同理论也无法解释诸如法国、德国、瑞士和美国对商业秘密给予的刑法保护。[3]

无论是基于合同关系还是其他保密关系产生的商业秘密保护义务,违反保密义务均产生侵犯商业秘密的法律后果。合同义务或者其他义务只是判断侵权行为的依据不同,均不影响侵犯商业秘密行为的定性。即便就构成侵犯商业秘密罪而言,违反合同义务与其他侵犯行为的定性不应该有所不同。也可以认为,这是将商业秘密作为一种财产或者权利的结果。

三、信任关系

信任关系作为保护商业秘密的基础,是指不管当事人之间是否存在合同关系,只要因具有信任关系而知悉商业秘密,就负有保密义务。例如,美国有的判例指出:"看起来确定无疑的是,商业秘密法本质上涉及抑制'违反信任和通过苛责的方式获取他人秘密'。"[4]

英国商业秘密保护所根据的观念是,在特定的情况下,法律暗含了保密义务。例如,如果将医药处方披露给兽医学徒,就产生了保密义务,即使没有相应的保密协议。[5]美国有

---

[1] See Carlos M. Correa & Abdulquwi A. Yusuf, *Intellectual Property and International Trade – The TRIPs Agreement*, Kluwer Law International, 1998, p. 243 – 246.

[2] See Carlos M. Correa & Abdulquwi A. Yusuf, *Intellectual Property and International Trade – The TRIPs Agreement*, Kluwer Law International, 1998, p. 243.

[3] See Carlos M. Correa & Abdulqawi A. Yusuf, *Intellectual Property and International Trade – The TRIPs Agreement*, Kluwer Law International, 1998, p. 243.

[4] Pachmayr Gun Works, Inc. v. Olin Mathieson Chem. Corp. , 502 F. 2d 802, 807 (9th Cir. 1974).

[5] See Yovatt v. Winyard, 1 Jac. and W. 394, 37 ER 425 (1820).

些学者在否定商业秘密为财产时认为,秘密的商业信息只有因保密关系(confidential relationship)而受商业秘密保护。[1]

瑞士采取了同样的方法。按照瑞士债务法的规定,雇员必须保护雇主的商业秘密,即使雇佣合同等没有约定保密义务。[2]

在根据具体情况认定默示保密义务的情况下,"暗含"是根据法律或者判例先例进行认定的,保密义务不是来源于当事人在当时的共同的主观意图,即不是来自对其产生约束力的合同,而是直接来自法律。

大多数普通法的判例都是基于信任关系保护商业秘密。只要有这种信任关系,就存在保密义务,就可能会产生违反信任行为。而且,正是存在这种理论,TRIPs注释10指出了"违反合同、违反信任和引诱违反"。[3]

四、不当得利、侵占行为与不正当竞争

美国法院对于商业秘密保护的法理基础是财产、信任关系还是其他存在不同认识,但一致认为"公平"是其基本观念,即法律不允许当事人"不播种而收获"。[4]

美国对侵占商业秘密进行衡平救济的早期案例就是基于商业秘密乃是其所有人的财产。[5] 现代仍然有判例主张财产理论,即承认商业秘密所有人"拥有以其喜欢的方式利用并排斥其他任何人干预的力量"[6]。但是,这些判例也承认对商业秘密的权利限制,即与赋予专利的绝对权并不相同。例如,通过正当手段获取商业秘密的,不会侵犯他人商业秘密权利;商业秘密被公开披露后,其商业秘密权利即告终止。不过,财产理论逐渐让位于其他商业秘密保护理论。其中最为流行的是不当得利理论。

由于美国法不像欧洲国家那样熟悉不正当竞争侵权行为,一些重要的判例业已确立,滥用商业秘密可以构成侵占行为(misappropriation),[7] 导致被告获取不当得利(unjust enrichment)。为反对这种不当得利,普通法确立了一种独立于合同或者引诱违反合同的诉因。[8] 换言之,保护商业秘密的前提是,他人通过违反信任或者其他不正当方式获取商业秘密而受益,是不公平的。《侵权法重述》也指出,财产理论"已经常常被推进并被拒绝

---

[1] See *Trade Secrets and the Skilled Employee in the Computer Industry*, Washington University Law Quarterly, Vol. 61:823.

[2] See A. Bucher & P. Y. Tschanz, *International Arbitration in Switzerland*, Basel and Frankfurt – am – Main, 1988, p. 65, 87.

[3] M. Kostecki, *Intellectual Property Rights and International Trade*, Faculté Droit et des Sciences Economiques, Neuchatel, 1994, p. 11.

[4] International News Serv. v. Associated Press, 248 U. S. 215, 239(1918)。霍姆斯大法官最早在Board of Trade v. Christie Grain Co., 198 U. S. 236(1905)案中提出了此种基本的公平观念:"原告有权持有其工作成果,并从中获得报偿。他人如果愿意,可以从事同样的工作,但不允许从原告处窃取成果。"

[5] See e. g., Peabody v. Norfolk, 98 Mass. 452(1868); Cincinnati Bell Foundry Co. v. Dodds, 10 Ohio Dec. Reprint 154 (Supper. Ct. 1887); Elaterite Paint & Mfg. Co., 105 Minn. 239, 117 N. W. 388(1908).

[6] See Microbiological Research Corp. v. Muna, 625 P. 2d 690, 696(Utah 1981).

[7] Misappropriation是指"不合法地动用属于别人的物品或者金钱"。参见李宗锷、潘惠仪主编:《英汉法律大词典》,法律出版社1999年版,第182页。

[8] 许多国家将引诱违反合同(inducement to breach a contract)作为不正当竞争行为,但由于这种情况仅仅是强大的合同相对性原则的例外,这种行为在很少被付诸实施。See Carlos M. Correa & Abdulqawi A. Yusuf Editor, *Intellectual Property and International Trade – The TRIPs Agreement*, Kluwer Law International, 1998, p. 245.

采用",而侵犯商业秘密的责任理论是建立在"诚实信用的一般义务"(a general duty of good faith)之上。事实上,保护商业秘密的规则已经发展成为确立公平竞争标准的一部分,[1]侵占商业秘密责任有时被置于州不公平贸易行为和消费者保护法之中。

因此,侵占行为理论为制止滥用商业秘密提供了更为牢固的根据。有论者认为,普遍采纳这种理论具有很多的好处,因为除侵占行为在美国被作为不当得利而被禁止以外,同时也属于欧陆国家反不正当竞争法、《巴黎公约》第10条之二以及TRIPs第39条第2项规定的违反"诚实商业惯例"的行为。侵占行为理论还正确地强调了商业秘密为经营财产(assets of business)、"财产利益"(property interests)。[2]

我国《民法典》和《反不正当竞争法》是基于商业秘密为一种知识产权,而对其加以保护。无论是基于财产的不可侵犯性、合同义务还是法定义务,最终均基于保护财产权而保护商业秘密。

第三节 商业秘密的权利属性

一、商业秘密性质的学说

如何认识商业秘密的性质,是一个众说纷纭的问题。人们从不同的角度有不同的说法,可以归纳为知识产权说、财产权说或者准财产权说、契约义务说和信任关系说。

(一)知识产权说

此说认为商业秘密是一种不同于传统财产的知识产权。赋予和保护知识产权的目的是激励发明创新。尤其是,给予商业秘密保护不仅有利于激励发明,还能够使发明者出售其思想。虽然专利法等激励发明,但商业秘密对于发明者有保护上的优势,如由于不需要政府批准,获取商业秘密的成本低和速度快,而且范围宽,可以将一些不能得到专利的技术和经营秘密纳入商业秘密保护的范围。[3]

(二)财产权说或者准财产权说

财产权说认为,商业秘密在性质上与专利权、商标权、著作权相同,都是人类智力活动的结果,是一种知识产权,可以成为信托、让与、继承、遗赠、课税的对象。由于所有人可以转让、买卖商业秘密,故其为一种具有财产价值的财产权。该说认为商业秘密是一种无体财产权,发明创造人等对其享有所有权,在商业秘密受到侵害时,所有人可以基于所有权的排他性,请求侵权行为人排除损害,禁止侵权行为人继续使用商业秘密,并可以要求损害赔偿。根据该说,商业秘密的持有人是基于所有人的地位进行诉讼,因而无须当事人之间有特定的法律关系或者存在保密契约。

---

[1] See, e.g., Kewanee Oil Co. v. Bicron Corp.. 416 U.S.470 at 481,181USPQ673(1974). 该案指出,维护商业道德标准……(是)商业秘密法背后的广义上的政策(之一)。类似的见解还见诸多个判例。

[2] See Carlos M. Correa & Abdulqawi A. Yusuf Editor, *Intellectual Property and International Trade – The TRIPs Agreement*, Kluwer Law International, 1998, p. 244 – 245.

[3] See Mark A. Lemley, *The Surrpising Virtues of Treating Trade Secrets as IP Rights*, Stanford Law Review, Vol.61:311.

准财产权说认为,商业秘密只具有类似于财产的性质(property like)。对于商业秘密的保护来自竞争法,而不是财产法,故否定其为财产权,只认定其为准财产权。而且,保护商业秘密的理论基础也不外乎被告违反其与原告之间的信赖关系,盗用原告的商业秘密,搭他人的便车,这是不公平的。[1]

将无体物作为财产的困难是,虽然信息载体可以占有,但信息本身却不能,因而只是一种没有占有的财产,而权利的客体纯属法律的创造物。知识或者信息并无固有的独立存在,并不能因消费而减损。总体上说,大多数国家原则上不将商业秘密作为财产,即使其有时具有财产的外观。因此,反对财产权说者又认为商业秘密法并不履行维护信息中的财产权的功能。

(三)契约义务说

契约义务说反对商业秘密是一种知识产权的说法,主张所有权必须由法律确定,像专利权、著作权那样,都是基于专利法和著作权法的规定而产生的。从法律上来看,商业秘密不过是处于秘密状态下的技术或者信息的组合罢了,与一般的技术或者信息的组合并无不同,如果不符合专利权、著作权等法定权利的资格,就无法获得现行法律的保护,除非另有法律依据,而契约正是商业秘密获得法律保护的依据。因此,将商业秘密作为一种财产权没有法律根据。

该说认为,一般人并无为别人保护商业秘密的义务,除非彼此之间已经或者打算建立某种关系而签订保密契约,保密义务根据此种保密契约而产生。例如,公司与客户之间,雇主与雇员之间,在其签订保密契约时即发生保密义务。反之,如果当事人之间不存在保密契约,就不存在保密义务。

由此可见,与财产权说的根本不同在于,契约义务说认为商业秘密只存在于特定的契约关系之中,没有对抗一般人的权利,也就是没有财产权所具有的排他性。

美国有些法院主张侵犯商业秘密案件可以按照契约法处理,但为加强对商业秘密的保护,根据衡平法原则拓宽了保密契约的认定范围,即在当事人并未签订契约的情况下,也以当事人之间的其他法律关系为基础,考虑是否拟制其存在默示契约或者准契约(quasi contract)。

(四)信任关系说

信任关系说认为,商业秘密的保护是建立在信任关系的基础上的,即由于行业或者工作的特殊性,从业人员的专业知识和职权在整个法律关系中始终居主导地位,对方必须单方面给予相当程度的信任,如委托人(本人)与代理人之间,患者与医生之间,储户与开户银行之间,都存在这种关系。基于这种信任关系,这些专业人员对其在业务上得知或者取得的秘密负有保密义务。而且,不论这些信息是商业秘密还是个人隐私,都不以当事人之间签订保密契约为必要。强制这些人员承担保密义务,是这些行业或者从业人员的社会责任和职业道德的必然要求。但是,对是否存在信任关系的认定,与契约义务说中的默示契约一样,是为了加强商业秘密的保护而进行的拓宽。对于没有保密契约而无法按照契约法解决的案件,美国法院可以按照侵权行为法处理,即未经同意泄露或者使用他人商业

---

[1] See Roman A. Klitzke, *Trade Secret: Impportant Quasi - property Rights*, Vol. 41, No. 2, The Busniss Lawyer, Feb., 1986, p. 561.

秘密的,应当承担赔偿责任,但其前提是当事人之间存在信任关系。而在实际的认定上,美国法院对信任关系的解释不再局限于上述狭窄的信任关系,而一般的法律关系,如雇佣关系、承揽关系、买卖关系等,都可以存在信任关系。这种学说成为美国侵犯商业秘密的侵权行为诉讼的重要理论根据。

契约义务说和信任关系说是美国、英国等普通法国家传统的司法见解。在美国,契约义务说和信任关系说都获得了司法判例的有力支持,反映了法院审理此类案件依据契约法和侵权行为法的两种态度。在具体的个案中,即使没有签订保密契约,法院可以根据具体的事实和情节,拟制当事人之间的保密义务。在保密协议的约定不明确时,可以拟制默示契约;在没有签订契约的情况下,当事人之间的关系可以视为信任关系。这些观点使商业秘密获得周密的保护。

当然,对于不存在一定法律关系中的商业秘密,或者当事人之间的关系不被认定为默示契约或者信任关系,商业秘密仍然无法得到保护。这种见解是该两种学说都不承认商业秘密是一种可以独立保护的财产权的结果。也正是由于根据这些学说在保护商业秘密上的局限性,以及商业秘密在经济生活中的地位和作用越来越重要,近年来财产权说逐渐有了市场,开始获得部分法院的赞同。美国近年来的少数判决开始采取商业秘密为财产的学说,或者有逐渐往这方面发展的趋向。例如,1984年美国最高法院在 Ruckelshaus v. Monsanto Co. 案的判决中认为,商业秘密可以成为继承、质押和拍卖的标的,实际上就是认可了商业秘密的财产价值。当然,该判决并未明确主张商业秘密是一种财产权而具有排他性。德国认为商业秘密是一种"不完全的财产权",或者"事实上的财产权",即一方面承认商业秘密具有经济上的价值在某些情况下可以视为财产,另一方面又不能像一般的财产那样具有排他性。[1]

二、一些国家对商业秘密性质的看法

国外对商业秘密的性质众说纷纭,迄今尚无定论。由于学说基础悬而未决,有关商业秘密的政策争论常常体现为在如下多种现存保护制度中进行最合适的选择:财产、[2] 侵权行为、衡平、[3] 不正当竞争、不当得利或者自成一体的保护。即使学说基础不是决定性作用,有关是否为财产的争论也能够为解决商业秘密的核心政策和原则问题提供辅助性支撑。当然,商业秘密是否为财产权,不过是有关信息以及知识产权是否为财产权的争议的一个分支。[4] 斯堪的纳维亚的法律现实主义者认为,是否被作为财产的问题无关紧要,甚至会有误导性,关键还是其实体内容是什么。

(一)美国关于商业秘密是否为财产的争论

自从商业秘密法于19世纪出现以来,美国的律师、法官和学者一直对其是否及何时

---

[1] 参见戴学文:《营业秘密保护的大趋势》,台北,中小企业联合辅导中心出版,第115~119页。
[2] 例如,美国将侵犯商业秘密纳入"misappropriation"(盗用)这一法定侵权行为之中,就有将其作为财产的弦外之音。See William Van Caenegem, *Trade Secrets and Intellectual Property: Breach of Confidence, Misappropriation and Unfair Competition*, Wolters Kluwer, 2014, p.15.
[3] 例如,英国普通法以诚信的衡平义务作为制止商业间谍等商业秘密保护的基础。See William Van Caenegem, *Trade Secrets and Intellectual Property: Breach of Confidence, Misappropriation and Unfair Competition*, Wolters Kluwer, 2014, p.15.
[4] See William Van Caenegem, *Trade Secrets and Intellectual Property: Breach of Confidence, Misappropriation and Unfair Competition*, Wolters Kluwer, 2014, p.15.

可被考虑为财产,存在争议。[1]

美国的制度和学说确实是亲财产权的。19世纪后期和20世纪初期,法院赞同财产思路,此间法院审理案件主要聚焦于原告采取的保护商业秘密的措施。"所有人"必须表明其占有,这是财产的核心要素,而表明占有的手段就是提供证据证明其采取了保障商业秘密不为竞争对手获取的措施。但这种情况到最高法院判决 Masland 案[2]之后就戛然而止。当时法院和学者受法律实证主义和现实主义的影响,开始拒斥以财产法为基础的自然法观念,否定商业秘密为财产。霍姆斯大法官在该案中指出商业秘密保护的出发点不是财产或者法律的正当程序,而是被告与原告之间存在信任关系。此案拒绝财产路径之后,案件的基点就转移到不正当竞争或者不正当侵占,审查的重点转变为是否存在被诉行为,以及其是否低于某种行为标准、是否违法或者是否违反信任关系中的固有义务。1939年《侵权法重述》(第一版)不再将财产作为商业秘密的基础,而将商业秘密置于"干扰优势经济关系"(interference with advantageous economic relations)的章节项下,也就是置于不正当竞争的框架之内并作为其一部分,重点是被告使用了"不正当手段"(improper means),[3]以至于后来的《反不正当竞争法重述》(第三版)仍将商业秘密纳入。当今不正当竞争和违反信任的商业秘密观点仍在延续,在很大限度上仍是现代商业秘密的观念。[4]"不正当行为"(the wrongful act)的方法逐渐不再排除诉诸财产方法(a property approach)。直至1980年《统一商业秘密法》产生,接着是1995年《反不正当竞争法重述》。大多数州又采纳了《统一商业秘密法》,该法反映了商业秘密法在美国起伏不定的历史。特别是,该法第1(4(ⅱ))条保持规定,原告要确定其已经付出"在具体情况下维护秘密性的合理努力"。该要求必须作为一个独立于实际秘密性要求的单独要求,且是经济价值的来源。多数论者指出,美国法院易于在更为财产的方法(a more property-style approach)与更为行为不正当式的方法(a more impropriety-style approach)之间摇摆,前者聚焦于秘密性(secrecy)和合理保密措施(resonable precautions),而后者聚焦于诚实的商业行为。[5]例如,在著名的 Christopher 案[6]中,法院因反对被告获取信息的诡计(trickery),而判决支持原告。但是,《统一商业秘密法》亦未确定财产方法。如博恩(Bone)所说,"它并未仅因侵占(appropriation)而施加责任,而是侵占者必须通过不正当方式获取、披露或者使用信息"。[7]亦如莱姆利(Lemley)所说,"只是因为个人的信息有价值,并不仅此而使他人的使用或者披露构成不正当"。[8]

---

[1] See Elizabeth A. Rowe & Sharon K. Sandeen, *Trade Secret Law: Cases and Materials*, 2nd edition, West Academic Publishing, 2017, p. 33.

[2] See E. I. Du Pont De Nemours Powder Co. v. Masland, 244 U. S. 100 (1917).

[3] 因为享有财产权有权而可以排斥他人使用其商业秘密的观念,经常被提出和否定。主导的保护理论是诚实信用的一般义务,以及责任是基于违反这种义务。Restatement (First) of Torts §757 CMT. A (1939).

[4] See Sharon K. Sandeen & Elizabeth A. Rowe, *Trade Secrets and Undisclosed Information*, Elgar, 2014, p. 208.

[5] See William Van Caenegem, *Trade Secrets and Intellectual Property: Breach of Confidence, Misappropriation and Unfair Competition*, Wolters Kluwer, 2014, p. 70.

[6] See E. I. Du Pont De Nemours & Co. v. Christopher, 431 F. 2d. 1012 (1970).

[7] See Robert G. Bone, *A New Look at Trade Secret Law: Doctrine in Search of Justification*, (1998) 86 (2) California Law Review 241, 244.

[8] See Mark A. Lemley, *The Surprising Virtues of Treating Trade Secrets as IP Rights*, 61 Stanford Law Review, 2008, p. 311, 317.

19世纪中叶商业秘密在美国出现以来,律师、法官和学者对于商业秘密是否为一种财产,一直存在争议。例如,《侵权法重述》(第一版)第757条注释指出:"某人因对其商业秘密享有财产权利而有权排除他人的使用的说法,经常被提出而又被否定。流行的理论是,商业秘密只是基于诚信的一般义务而受保护,且责任也是基于违反该义务……除了违反合同、滥用信任或者以不正当方式获取以外,商业秘密可以像不存在秘密的设计或者工艺那样被自由复制。"霍姆斯大法官在 E. I. Du Pont De Nemours Powder Co. v. Masland,244 U. S. 100(1917)案中的前引如下一段话,更加剧了这种争论:"财产可以否定,但信任不能否定。因此,现在问题的出发点不是财产或者法律的正当程序,而是被告与原告具有信任关系。"这段论述经常为争论各方所援引,进一步激发了关于商业秘密保护原理基于财产还是不正当竞争的争论。当然,该案霍姆斯大法官的议论基于案件的特殊背景。该案涉及盗用商业秘密诉讼请求,最高法院需要裁决的事实是,下级法院否决一项禁令救济是否错误,即"仅禁止被告披露原告请求保护的制造方法,包括在提供证据时向专家和证人披露,但被告的顾问除外"。被告马兰(Marland)意欲向专家证人披露原告所主张的商业秘密,并认为他的正当程序权利优于原告所主张的商业秘密权利。霍姆斯大法官对此未予支持,并选择不正当竞争作为诉讼请求的基础。[1]

霍姆斯大法官不愿意将商业秘密归为一种财产类型,或许反映的是他个人关于财产权范围和性质的观点,但这种观点与当时流行的观点一致。例如,"今天,一个成熟的律师被问到除不动产、地产和金融资产外的'财产'还有什么时,首先闪答的是版权或者商标。但是在19世纪早期,思想很难被归入财产的概念。有体物却是中心。直至19世纪后期,商业秘密才在法律或者日常的语境下被作为财产。直到20世纪,物化(thingness)被认为知识成为法律上的财产所必需……法院只会责令返还体现为物的商业秘密,而不会禁止使用体现于物中的知识。法官们强调义务的呈现方式,部分原因是他们不将未成形的知识作为企业的资产。南北战争之前的法院聚焦于保护有体物而不是思想。"[2]

当今经常被引用的 Ruckelshaus 案[3]反映了不同的观点,主张商业秘密是一种私人财产。美国最高法院认为一个人可以对其商业秘密享有财产利益(受美国宪法第五修正案征收条款保护)。该案涉及审查"联邦杀虫剂、杀菌剂和杀鼠剂法"是否合宪。孟山都(Monsanto)公司认为该法要求披露某些信息和数据的要求因相当于未经补偿而征收,构成违宪。在认定 Monsanto 公司对其数据享有财产利益时,美国最高法院指出:"尽管本院成为直接表明持有人对于显然具有无体性的商业秘密是否享有财产利益问题,但本院认定其他类型的无体利益属于可以适用第五修正案征收条款的财产。""商业秘密具有有体财产形式的许多特征。商业秘密可以转让。商业秘密可以作为信托财产,并且在破产时可以转给受托人。"因此,在适用美国宪法"征收"条款时可以作为财产。美国国会制定的经济间谍法对于商业秘密给予刑事保护,其保护的基础也被认为是国会将商业秘密作为

---

[1] See Elizabeth A. Rowe & Sharon K. Sandeen, *Trade Secret Law: Cases and Materials*, 2nd edition, West Academic Publishing, 2017, p. 34.

[2] Catherine L. Fisk, *Working Knowledge and the Rise of Corporate Intellectual Property(1800 – 1930)*, University of North Carolina Press, 2009.

[3] See Ruckelshaus v. Monsanto Co. ,467 U. S. 986(1984).

财产权。[1]

帕梅拉·萨缪尔森(Pamela Samuelson)教授对于 Ruckelshaus 案最高法院判决提出了如下批评:"就正在被作为财产的信息而言,清楚地需要对于如何划定能够与不能够作为财产保护的信息之间的界限进行一些严肃的思考。与(Ruckelshaus 案)一致的一种可能的界限是,秘密信息可以受财产保护,直至不再是秘密。另一种可能的界限是区分固定于某些媒介上的复杂信息类型与单个的或者非固定的孤立数据单元。我们必须审慎地处理区分方法,充分理解它们固有特征的后果。所有信息在任何情况下都是财产的世界,是不可想象的。但是,对于何时信息是财产及何时不是给出一个融贯的理论,是一项进行了极少的思考而必须思考极多的任务。"[2] 在 Ruckelshaus 案中美国最高法院显然将构成财产的信息限定于商业秘密,Pamela Samuelson 的上述评论是担心将财产授予不太重要的信息形式。

在 ALDERSON v. U. S. 案[3]中,一个人为了对其举报奖励争取更低的征税,主张向政府提交的医疗欺诈信息是他的财产。法院驳回其对于向政府提交的信息具有财产利益的请求,认为:"第九巡回法院已经提炼了决定一项财产权利是否存在的三步检验法:'首先,必须有能够精确界定的利益;其次,必须能够进行排他性控制(exclusive control);再次,假定的权利人必须确定正当的排他性诉求(a legitimate claim to exclusivity)。'在此,ALDERSON 显然无权排斥他人获取他的'秘密信息'和'know–how'。'秘密信息'和'know–how'不过是 ALDERSON 的雇主做了不当之事的知识。ALDERSON 的'信息'和'know–how'也为 ALDERSON 的雇主所知悉。"这是说,根据上述三步检验法,有些信息属于财产,有些不是,而他人做坏事的信息不是财产。

《不正当竞争法重述》(第三版)认为,公司可以通过采取合理的措施维持特定商业信息的秘密性,且"其具有足够的价值……而负有相对于其他人的实际的或者潜在的经济优势",而获取一种受保护的商业秘密财产权利。当然,正如《不正当竞争法重述》(第三版)的注释所说,尽管财产与非财产的争论一直持续,但对于商业秘密原理几乎没有实际影响。"商业秘密权利性质的争论对于追究侵犯商业秘密的民事责任几乎没有实际影响。案件一般要求原告根据本条规定的原则确定商业秘密的存在以及被告符合其第 40 条规定的不正当行为。许多案件承认,主要的问题是被告作为竞争手段的行为正当性。为此,商业秘密法承认的实质权利范围反映了多种利益的兼顾,包括商业秘密所有人针对被告的恶意或者不正当行为的保护请求,竞争对手的权利,其他人利用公有领域的信息和技术的权利,以及促进创新和保障有活力的竞争公共利益。"[4]

实际上,商业秘密是否具有财产的属性,经常取决于案件事实、寻求的救济及财产语境的权利等。法官和陪审员主张"不正当竞争"和不公平者居多。它还取决于商业秘密法是旨在(像大多侵权行为那样)救济实际损害和防止特定的不正当行为,还是旨在惩罚

---

[1] See William Van Caenegem, *Trade Secrets and Intellectual Property: Breach of Confidence, Misappropriation and Unfair Competition*, Wolters Kluwer, 2014, p. 19 – 20.
[2] Pamela Samuelson, *Information as Property: Do Ruckelshaus and Carpenter Signal a Changing Direction in Intellectual Property Law?*, 38 Cath. U. L. Rev. 365 (1989).
[3] See 718 F. Supp. 2d 1186 (1980).
[4] Rest. (Third) of Unfair Competition, § 39, cmt. b (1995).

商业秘密侵犯者。尽管财产权的说辞可能暗含所有形式的财产均为相同,实际并非如此。即使被归类为一种财产形式,在适用法律时该财产权的有限范围和易逝性必须加以考量。正如有的论者所说,商业秘密权是一种被称为"知识产权"的特殊类型的权利,与地产和不动产有相同或者不同的特点。[1]

总之,商业秘密可以买卖、许可使用以及用作贷款担保,因而经常被视为一种财产形式。[2]但是,与其他财产权不同,商业秘密权并不绝对,"信息"的无体性有时使财产性描述并不适当。[3]而且,从实用的角度来看,将商业秘密描述为财产并不总是必要,或者并不总是符合商业秘密所有人的最佳利益。[4]

(二)其他国家对于商业秘密财产性的讨论

英国和澳大利亚不承认商业秘密属于财产,即认为商业秘密是信息的一种类型,不具有有体物的特征,因而不是财产。如澳大利亚莱瑟姆(Latham)法官在 Federal Commissioner of Taxation v. United Aircraft Corp 案[5]中指出:"我不能将信息传播作为构成财产转让。在此类传播中,转让人仍拥有其此前所拥有的,而受让人继续拥有其所收到的……知识有价,但只是既不是不动产又不是动产。"

在日本,对商业秘密有财产价值说、财产权说和相对财产说。(1)财产价值说认为,商业秘密具有竞争财产的价值,即虽然不具有支配性,但其秘密性能够使持有人获取竞争上的优势,且能够转让以及为事实上的独占使用,类似于"事实上的财产"的性质。在日本的实务上,非法盗窃载有商业秘密的物品而进行复制时,即使归还该物品,仍以行为人有非法所有的意思而构成盗窃罪,此时所保护的财产价值中就有商业秘密存在。(2)财产权说认为,商业秘密是人们智力活动的结果,是一种无体财产权。但是,由于其一经公开就归于消灭,是一种不稳定的知识产权。而且,它是以财产权的形式作为交易对象的,应当是企业财产的一个权利客体。(3)相对财产说认为,由于商业秘密不具有独占性,不属于物权或准物权,但商业秘密的保护多是基于契约,是否构成不正当行为也多是根据行为人的主观状况及确保交易安全的需要,故应为相对性的债权。

德国法学历来以高度抽象见长,而其法学理论也以高度烦琐的精确或者精确的烦琐为特色,因而德国法学在许多问题的论述上用我们的观念很难思量。在德国,对商业秘密主要有人格权说和企业权说。(1)人格权说认为,不正当竞争行为所侵害的并不是与人格权相分离的存在于外部的权益,而是附着于人格的利益。当然,这里的人格并不是权利主体的人格,而是作为客体的人格利益,即具有人格性质的营业活动才是反不正当竞争法所保护的对象。营业活动的关键在于获得顾客。对于为获得并维持顾客所作出的努力应当作为特殊的利益,赋予其对不正当营业活动的排除权。(2)企业权说。所谓的企业权,是指企业设立和从事经营活动的权利,法律通过赋予其一定的法律地位,排除对其非法干

---

[1] See Mark A. Lemley, *The Surprising Virtues of Treating Trade Secrets as IP Rights*, (2008) 61 Stanford Law Review 311.
[2] See Ruckelshaus v. Monsanto Co., 467 U. S. (1984).
[3] See Alderson v. U. S., 718 F. Supp. 2d 1186 (9th 2010).
[4] See Sharon K. Sandeen & Elizabeth A. Rowe, *Trade Secret Law in an Nutshell*, 2nd edition, West Academic Publishing, 2018, p. 10 – 11.
[5] See (1943 – 1944) 68 CLR 525, 534 – 535.

涉。企业是一个有组织的经济单位,从财产法的观点来看,企业是结合动产、不动产、无体财产权、债权,并结合企业家的策划、组织与活动,建立有商誉、信用、劳动关系以及营业经验等的组织体。该组织所形成的总体价值,除构成企业财产的物或权利以外,还有基于企业家人格的策划活动所形成的无体营业价值。因此,企业财产是结合财产因素与人格因素、物资的与非物资的价值,所形成的更高单位的无体财产。商业秘密本身具有竞业上的客观经济价值,对于企业的存在和发展有莫大的影响,当然是所谓的无体意义上的企业财产的组成部分。"企业权"是相对"企业营业权"而言的,其在实际适用上有着相当严格的范围。商业秘密就属于企业权之列。

在英国,对于商业秘密是否属于财产存在争议。英国的法官和学者对于保护商业秘密是否以财产为司法基础费了很多笔墨。但是,英国法院的判例对于技术诀窍的性质和保护有着明确的说法,通常将商业秘密作为财产。英国法院在 1862 年 RollsRoyce Ltd. v. Jeffrey 案的判决中指出,技术诀窍是自成一类的财产,它是不容易和工厂、库房、机械或者和专利、商标、版权甚至信誉等独立的法律权利相比较的。1967 年英国法院在 Seeger v. Copydex Ltd. 案中明确指出,对技术诀窍的保护并不有赖于合同(明示的或者默示的),而有赖于衡平法的一条广泛的原则,即任何人不应将由于信任关系而得到的信息进行不公开的利用。换言之,他不能利用这种信息来损害信息所有人的利益,没有公开披露的技术诀窍适用该原则。但是,在英国的刑法上,商业秘密不被作为财产,不能成为盗窃罪等的侵害客体。而且,在理论上有人认为商业秘密的许多特征与财产不合。例如,信息的"取得"(taken)通常是信息的"共享"(shared),信息的丧失不过是排他以及市场上的竞争优势的丧失,不是占有的丧失。[1]

三、不正当竞争与知识产权之间

美国商业秘密法起始于普通法,被作为反不正当竞争法的一个分支。它的发展过程更类似于美国商标法而不同于以宪法为基础的专利和版权。正如商标法,美国商业秘密法的主要基础动因不是保护"财产"本身,而是公平经营行为(business practices)的发展和维持。尽管自由竞争的属性使竞争者在从竞争对手处吸引客户上具有宽泛的余地,但美国许多法院认为非法或者其他不正当获取秘密信息和 know - how 的行为,跨越了积极竞争(aggressive competition)与不正当竞争(wrongful competition)之间的界限。当然,划分单纯的积极竞争与不正当竞争的界限并非易事。美国早期的商业秘密判例有许多过分强调商业秘密权利,作为制止不正当竞争的一种手段。[2]

美国《统一商业秘密法》的起草人通常不将商业秘密权利称为"知识产权",并不寻求解决商业秘密诉求主要基于反不正当竞争还是财产权的持续争论。在《不正当竞争法重述》(第三版)中,因为商业秘密诉求兼有不正当竞争和财产权的内容,以至于解决争论变得没有实际意义。商业秘密形式的"财产权"必须存在,但唯有同时证明行为的不公平(或者不正当),[3]侵害行为才能够成立。商业秘密属于一种知识产权的说法要晚得多,

---

[1] See Allison, *The Legal Protection of Trade Secret*, p. 48.

[2] See Rochelle C. Dreyfuse & Katherine J. Standburg, *The Law and Theory of Trade Secret: A Handbook of Contemporary Research*, Edward Elgar, 2011, p. 553.

[3] See Susy Frankel & Daniel Gervais, *The Internet and the Emerging Importance of New Forms of Intellectual Property*, Wolters Kluwer, 2016, p. 231.

最初是美国谈判代表在TRIPs谈判过程中给商业秘密贴上知识产权的标签,此时才将其纳入美国对商业秘密的广义界定之中。[1]"商业秘密是以一种类似于私人财产的方式进行保护,但只是在通过不正当手段被披露或者使用之时才给予。例如,商业秘密不能享受像专利制造方法那样的绝对独占保护,且在所有人泄露或者被通过正当手段获取之时,商业秘密将失去其私人财产属性。""正是利用不正当手段获取商业秘密,而不仅是复制或者使用,才是产生责任的基础。"[2]

美国各州法院对于商业秘密的保护基础并不统一,有的判决基于商业秘密所有人的财产权,有的基于违反诚信义务,有的基于不正当竞争原则。虽然保护的基点不尽相同,但对于保护的最终结果通常没有实际影响。[3]因此,"商业秘密保护理论基础的不同,经常是学术意义上的,并没有实践意义"[4]。

欧盟则不认为商业秘密权利是一种知识产权,原因是并不涉及专有权(exclusive rights),也就是允许独立研发同样的信息,可以同时存在多个所有人。[5]《欧盟商业秘密保护指令》在是采取知识产权还是反不正当竞争法的立场上,存在观念上的矛盾和纠结之处。[6]这种观念的差异直接涉及如何设计和解释限制条款。以欧盟版权法为例,经济权利的侵权行为有"例外"条款,欧盟法院对此形成两种可能的解释方法。第一种是对于例外采取严格的和狭义的解释方法,而相应地对于权利采取宽泛的解释。第二种是对于例外的解释在观念上采取"公平的平衡"(fair balance),并按照这种观念行事。两种情形之下都是由被告证明其行为属于例外的范围。相比较之下,反不正当竞争法的重点是行为是否"违反工商业领域的诚实做法",这不属于侵权行为的例外,或许由原告对于不正当竞争进行举证。[7]

《欧盟商业秘密保护指令》似乎更像是偏离知识产权而属于反不正当竞争法领域。[8]《欧盟商业秘密保护指令》的序文部分指出:"为了促进创新和竞争,指令的条款对于作为商业秘密的know-how或者信息并不创设任何专有权"。该指令第2条第2项称商业秘密持有人而不是所有人,也说明不是作为知识产权的一种。2004年欧盟实施知识产权的指令拒绝涵盖商业秘密,理由是"商业秘密不是知识产权"。《欧盟商业秘密保护指令》序言2重申了这种观点,将商业秘密描述为"一种补充或者作为知识产权的一种替代

---

[1] See Susy Frankel & Daniel Gervais, *The Internet and the Emerging Importance of New Forms of Intellectual Property*, Wolters Kluwer, 2016, p.231.

[2] Chicago Lockco. v. FANBERG, United States Court of Appeals, Ninth Circuity, 1982, 676 F.2d 400.

[3] See Rochelle C. Dreyfuse & Katherine J. Standburg, *The Law and Theory of Trade Secret: A Handbook of Contemporary Research*, Edward Elgar, 2011, p.19.

[4] M. Jager, Trade Secrets Law §4:3(2010).

[5] 参见《欧盟商业秘密保护指令》序言。

[6] A. Ohly, Germany: the Trade Secrets Protection Act of 2019, in Schovsbo, Minssen and Riis (n 4), ch 7, describes trade secrets law as "hybrid" between intellectual property law and unfair competition. See also Jens Schovsbo and Thomas Riis, "To be and not to be an IPR – The protection of trade secrets in the EU" [2019] 41 EIPR 401.

[7] See Tanya Aplin, *The Limits of Trade Secret Protection in the EU*, Research Handbook on Information and Governance, Edward Elgar Publishing Limited, 2021, p.175.

[8] IIC: International Review of Intellectual Property and Competition Law: Max Planck Institute for Innovation & Competition Research Paper No.14-11 (MPI Comment), [16]-[17].

(alternative)"。而且,在提及合法的与非法的获取、使用和披露时,该指令第 3 条第 1 项(d)和第 4 条第 1 项(b),据以判断的标准是是否符合"诚实的商业做法",显然又属于《巴黎公约》第 10 条之二的概念。[1]在序言 17 中提及反向工程时,讨论了逼真复制(parasitic copying)或者原样模仿(slavish implication),这些问题在有些成员恰属于反不正当竞争法的范畴。而且,该指令进一步指出,"本指令无意于一般性地改革和统一反不正当竞争法,但在这些方面欧盟委员会认真审查欧盟行动的需求是适宜的"。也就是说,在商业秘密保护上统一欧盟反不正当竞争法。[2]

《欧盟商业秘密保护指令》第 6 条规定,"成员国应当提供必要的措施、程序和救济,确保对于商业秘密的非法获取、使用或者披露获得民事救济"。这些措施、程序和救济与欧盟知识产权实施指令具有明显的类似性,但也存在一些差异。首先,《欧盟商业秘密保护指令》未像知识产权那样要求提供侵权商品的来源和销售网络。其次,《欧盟商业秘密保护指令》未规定为侵犯商业秘密提供服务的中间商发布临时或者最终禁令。最后,司法机关决定采取临时或者最终禁令时,《欧盟商业秘密保护指令》未像知识产权指令那样明确指出评估所采取措施的比例性时应当考量的因素。尽管有这些差异,两者在临时或者预防性测试的获得、最终禁令、校正措施或者损害赔偿等方面具有广泛的共同性,以及该指令第 2 条第 3、4 项对"侵权行为人"(infringer)和"侵权物品"(infringing goods)的界定,这表明商业秘密保护的"类知识产权"(IP-like)性质。[3]

商业秘密保护在反不正当竞争与知识产权之间的观念纠结,还反映在限制保护的方式。在《欧盟商业秘密保护指令》建议稿[4]中,所有被允许的获取、使用和披露行为均包含于名为"合法的商业秘密获取、使用和披露"之中。最终通过的指令则分为两个条文,即欧盟商业秘密第 3 条规定的"合法获取、使用和披露",及第 5 条规定的"例外"(exceptions)。这种二分法旨在表明,欧盟商业秘密第 3 条界定了商业秘密的权利范围,而其第 5 条界定了权利的例外。这就兼有反不正当竞争法和知识产权例外的特点。[5]

TRIPs 第 39 条规定了"未披露信息",其第 1 条第 2 项规定"知识产权"是指第二章第一节至第七节规定的所有知识产权类型,其中包括纳入第二章第七节的第 39 条,据此可以认为 TRIPs 将商业秘密定性为知识产权。但是,另一种意见认为,TRIPs 只是在宽泛的意义上规定未披露信息属于知识产权,并不要求给予财产性保护。TRIPs 第 39 条第 1 项规定对于未披露信息依据《巴黎公约》第 10 条之二的反不正当竞争进行保护。尽管巴黎公约将反不正当竞争纳入工业产权,但并未给予商业秘密专有权性质的保护定位。据此,

---

[1] See Paris Convention for the Protection of Industrial Property 1883 (Revised Stockholm 1967).
[2] See Tanya Aplin, *The Limits of Trade Secret Protection in the EU*, Research Handbook on Information and Governance, Edward Elgar Publishing Limited, 2021, p. 176-177.
[3] See Tanya Aplin, *The Limits of Trade Secret Protection in the EU*, Research Handbook on Information and Governance, Edward Elgar Publishing Limited, 2021, p. 176-177.
[4] Proposal for a Directive on the protection of undisclosed know-how and business information (trade secrets) against their unlawful acquisition, use and disclosure, COM (2013) 813 final (Brussels, November 28, 2013) (Proposal).
[5] See Tanya Aplin, *The Limits of Trade Secret Protection in the EU*, Research Handbook on Information and Governance, Edward Elgar Publishing Limited, 2021, p. 177.

虽然可以将反不正当竞争纳入工业产权或者知识产权,但并不要求给予财产性保护,并不赋予专有权。[1]

四、我国商业秘密成为一种法律上的权利

(一)曾经的法律性质认识

1. 对商业秘密是否为财产权的肯定说和否定说

我国理论界和实务界曾对商业秘密的权属性质有争议,但争议对于商业秘密保护的影响不大。主要的争议是商业秘密是否为一种财产权,有肯定说与否定说两种观点。(1)肯定说认为,商业秘密是一种财产权,但对其究竟为什么性质的财产权,又有相对财产权和无形财产权的不同说法。相对财产权认为,商业秘密作为一种财产权虽然是对不特定的人主张权利,但这种不特定的人应当限于主观上出于故意、客观上实施或者利用不正当手段侵害他人商业秘密的人,只有同时具备该两个要件才能构成商业秘密的侵权行为。无形财产权认为,商业秘密具有无形财产权的性质,即商业秘密权人均享有完整的权利,包括占有、使用、收益和处分权,具有无形资产的共性,但又具有不同于传统的知识产权的独特的特性。(2)否定说认为,商业秘密不是一种财产权,因为,如果承认它是一种财产权,就意味着商业秘密的所有人可以对不特定的人主张这种权利,但由于商业秘密完全处于秘密状态,不特定的他人是不可能知道它所指的范围是什么,对这种看不见、摸不着的东西,他人是难以承担义务的。它与专利权、商标权、版权不同,它们都有明确的权利范围。从法理上说,财产所有权是直接对物行使的,而商业秘密是具有发明性的思想活动的产物,很难想象发明的思想可以作为物权的标的物。[2]

2. 商业秘密成为知识产权的一种类型

从形式上看,《反不正当竞争法》将商业秘密的主体称为权利人,无疑是将商业秘密作为一种权利进行看待的。较早的立法等也一直是将商业秘密作为权利对待。例如,《技术合同法》(已失效)虽然没有使用非专利技术成果权之类的字样,但承认权利人的转让权与使用权,是将非专利成果作为权利的。最高人民法院在《关于审理科技纠纷案件的若干问题的规定》也有"非专利技术成果的使用权、转让权"的规定。刑法直接将侵犯商业秘密罪纳入"侵犯知识产权罪"之中,显然是将商业秘密作为"知识产权"的一种,且《刑法》将权利人界定为"商业秘密的所有人和经商业秘密所有人许可商业秘密使用人",直接使用了"所有人"的概念,肯定商业秘密具有所有权。一些学者甚至指出,"商业秘密是一项知识产权……是生产者、经营者拥有的一种无形资产""知识产权中的禁止不正当竞争权,主要是指侵犯商业秘密行为而言的……侵害商业秘密权利人的合法权益,就是侵害了商业秘密权利人的无形资产所有权"[3]。从实质上看,《反不正当竞争法》对于侵犯商业秘密行为的规定非常宽泛,根据这些行为的性质,既有违约行为,又有侵权行为,甚至可以说,除违反约定侵犯商业秘密外,其他都是侵权行为。即使是违约行为,也可以成为构成不正当竞争的一种情形。因此,《反不正当竞争法》赋予商业秘密持有人以外的人一般性的不侵犯商业秘密的义务,实质上承认了商业秘密的排他性。

---

[1] See C. M. Correa, *Trade Related Aspects of Intellectual Property Rights* (OUP 2007), p. 36–78.
[2] 参见商业秘密法制丛书编辑委员会:《商业秘密法制现状分析及案例》,中国法制出版社1995年版,第50页。
[3] 高西江主编:《中华人民共和国刑法的修订与适用》,中国方正出版社1997年版,第501页。

《民法典》第 123 条第 2 款第 5 项更是将商业秘密规定为一类知识产权的客体,因而承认了商业秘密为知识产权的一种类型。

3. 对商业秘密构成权利的认识

商业秘密是一种权利、并且是无体财产权性质的知识产权。从法理及商业秘密的发展趋势来看,将其定位为权利比较合适。当一种新的权利置身于现有的权利格局之中的时候,总会有一个"排异"和"调适"的过程,总会有人拿现有的权利标准去衡量它,并以与现有的权利标准不同而否定它。其实,一种新的权利之所以被纳入某一权利格局,就是因为它与该权利格局中的权利有着相同的特征,可以"类聚";同时又有不同的特征,使其能够在该权利格局之中另立"山头",自成一种"子权利"。商业秘密与专利、商标、版权等现有的无体财产权有其共性,如权利标的都是智力成果(经营信息的智力成果色彩较技术信息为淡,更多的是劳动成果),都是无体的(处于信息状态),范围都有一定的不确定性(尽管程度不尽相同,但不过是"五十步"与"百步"之差),都有一定的独占性、地域性、时间性等,正是这些共性使其与知识产权以外的财产权判然有别,而使其能够归为一类权利。同时,商业秘密又与其他类型的知识产权具有不同之处,最为显著的差别是其具有比其他知识产权更大的不确定性。例如,权利标的处于秘密状态不为人知,他人难以判断权利的范围;存续时间取决于保密时间,而不为法律所预先确定;等等。但是,正是这种差异才使其能够成为有别于其他知识产权的一种知识产权。至于以其秘密性使不特定的相对人难以承担义务为由否认其权利属性,是大可不必的。《反不正当竞争法》所保护的权利(权益)大多具有很大的不确定性,这也正是该法具有补充性的主要原因所在。但是,《反不正当竞争法》也是力图明确权利的范围,如规定了商业秘密的构成要件,以使其范围尽量明确;划定范围后,又强调侵权行为的主观要件,不特定的相对人只有在存在故意或者重大过失而发生侵权行为时才为法律所追究,而不会动辄得咎。

从商业秘密保护的发展趋势来看,结合各国有关商业秘密的立法和实务,对于商业秘密的保护经历了由不保护到保护、由粗疏的保护到越来越周密的保护、从范围狭窄到范围宽泛的保护、从内国法保护到双边条约和国际公约的保护的历程,内国法和国际法对商业秘密的保护力度越来越大。之所以如此,是因为商业秘密在现代社会的技术和经济发展中的地位越来越重要,即其在促进技术革新、鼓励发明创造等方面的积极作用越来越大。而随着其地位的增强和保护水准的提高,明确其权利性质显然有利于加强对商业秘密的保护。特别是在我国,将其作为知识产权家族的独立成员,既不会有多大的理论障碍,在实务上也便于人们接受和操作。

从历史上看,商业秘密的保护确实首先源于债权(契约)的保护,但在现代社会,对商业秘密的侵权法保护的力度显然业已加大。这种趋势反映出商业秘密完全可以脱离纯粹债权意义上的相对权,成为独立的知识产权,再在独立的知识产权基础上受债权法和侵权法等保护。《民法典》将其作为知识产权的一种,可谓正当其时。

(二)《民法典》中的知识产权定位

在国际范围内,商业秘密是否为一种权利,是一个有争议的问题。通常认为,商业秘密不是一种权利。

我国《民法典》第 123 条第 2 款规定:"知识产权是权利人依法就下列客体享有的专有的权利:……(五)商业秘密……"据此,商业秘密是一类知识产权权利客体,因而商业秘密属于法律给予类型化的一种知识产权,属于权利的范畴。当然,商业秘密在概念属性上是否为权利,不影响其实际构成和保护。

1993年《反不正当竞争法》施行以前的专有技术或者技术诀窍等信息,因无相应的法律规定而不称为商业秘密,主要是受合同约定的债权保护,而缺乏侵权法意义上的法律保护。当时施行的《民法通则》第五章第三节关于"知识产权"的规定虽然包括了著作权、专利权、商标专用权、发现权以及其他科技成果,其第97条对于"其他科技成果"规定了"有权申领荣誉证书、奖金或者其他奖励",以及第118条规定"公民、法人的……其他科技成果权受到剽窃、篡改、假冒等侵害的,有权要求停止侵害,消除影响,赔偿损失"。但是,当时的知识产权观念必然是粗疏的,不太可能对权利类型和区别对待的立法政策有缜密的考虑。按照立法者的解释,"其他科技成果权主要包括合理化建议权、技术改进成果权、科学技术进步成果权。根据国务院1986年修订颁发的《合理化建议和技术改进奖励条例》和国务院1984年颁发的《科学技术进步奖励条例》,技术改进、合理化建议人、新的科技成果的发明人在其改进、建议、发明被采用后,可以获得相应的人身权利和财产权利,如享有荣誉证书、获取奖金等"。可见,至少就立法当时的情况而言,这里的"其他科技成果权"似乎不包括类似后来商业秘密的权利,而后来之所以在《反不正当竞争法》中对商业秘密保护作出专门的规定,一个重要的原因就是当时的法律缺乏商业秘密保护制度。因此,《反不正当竞争法》施行之前的"其他科技成果",难以享受类似技术秘密那样的法律保护。

随着商业秘密保护的日趋重要,《民法总则》(已失效)第123条第2款第5项将商业秘密规定为一类知识产权,承认其为权利人依法享有的专有的权利。《民法典》承继了该规定。

五、商业秘密不具有排他的独占性

商业秘密是通过权利人自己保护(保密)的方式而存在的权利,权利人并不具有排他的独占权。基于这种特性,不同的权利主体可以同时拥有相同或者实质相同的商业秘密;在没有法定的、约定的保密义务或者未提出保密要求的情况下将商业秘密告知他人时,倘若他人仍将商业秘密保持在秘密状态,该商业秘密并不当然丧失。但是,不论什么原因,一旦商业秘密公开,其权利即告终结。

例如,甲公司许可乙公司使用其技术秘密,约定保密期限为15年。15年期限届满时,乙公司将该技术秘密使用于与丙公司合作的一项技术项目中。有观点认为,15年保密期限届满以后,甲公司许可给乙公司使用的技术秘密即因为没有保密措施而不符合商业秘密的条件,成为公知技术而不再是商业秘密。乙公司在与丙公司项目合作中使用的该技术已属于公知技术。这种认识并不妥当。该技术信息只是因保密期限届满而不再约束乙公司,乙公司继续使用该技术不构成侵权,但并不当然构成公知技术。是否成为公知技术,取决于该技术信息事实上是否成为相关公众普遍知悉的信息。如果知悉该技术的相关主体(甲、乙、丙公司)均仍采取保密措施,相关公众并不知悉该技术信息,则该技术信息仍可以为甲、乙公司各自的技术秘密。甚至可以认为,乙公司因与甲公司存在保护商业秘密的合同,该合同届满之后仍可以认定其对于甲公司负保密义务,即因合同关系产生的合同期限届满以后继续保密和不侵害商业秘密的附随义务。以附随义务解释合同期限届满以后的商业秘密保护,更符合公平原则,也有利于维护交易安全,且因系不作为义务而并不增加乙公司的负担和责任。

六、商业秘密具有资格限定性

商业秘密必须符合特定的法定条件,符合条件的技术信息和经营信息才可以成为商业秘密。《反不正当竞争法》第9条第4款将这些条件规定为"不为公众所知悉、具有商业价值并经权利人采取相应保密措施的技术信息、经营信息等商业信息"。

一般的知识、经验和技能因为不具有商业秘密的资格和条件,不能受商业秘密的保护。例如,在宗宗公司与马某华、俊德公司不正当竞争纠纷案中,一审判决指出:"马某华在任职宗宗公司期间掌握和熟悉的工艺饰品企业或该行业的经营策略、管理模式等可认定为已构成马某华知识、经验和阅历的一部分,成为其人格的组成部分,马某华可以在离职后自由利用熟知原企业的经营策略、管理模式等知识从事与原企业的竞争业务,马某华与俊德公司的行为不违反法律规定。宗宗公司以诚信原则主张限制马某华对上述个人知识、技能的自由使用,无法律依据。"[1]商业秘密的情况很复杂。例如,开始使用时不符合商业秘密的法定条件,后来因符合条件而行为人仍负保密义务,此时另当别论,仍然可以给予商业秘密保护。

例如,在原告甲公司诉被告钟某、乙公司侵犯商业秘密案中,被告钟某系原告公司的销售人员,也是该公司的股东之一,长期从事原告产品的对外销售工作。2003年10月,原告公司发现被告钟某在原告公司的客户中多次为乙公司推销产品,遂于2004年1月12日,针对被告钟某的行为,作出了《关于钟某损害公司利益事件的处理通报》,对被告钟某作出行政处理。2004年1月29日,原告公司制定《公司商业秘密保护规定》等保密制度,将经营秘密纳入保护范围。被告钟某在有关保密文件上签字。此后,被告钟某又多次将乙公司的产品送往原告公司的客户处进行销售,在原告发现该行为之后,被告钟某于2004年4月向原告公司提出辞呈,原告于同月向法院提起侵犯商业秘密诉讼。就本案的损失计算而言,法院认为,"由于原告公司无证据证明其在2004年1月29日之前对其商业秘密的内容采取了保密措施,两被告此前的行为对其造成的损失部分,应不予保护,故对原告该部分请求本院不予支持"[2]。2004年1月29日之前,原告的经营信息因未采取保密措施而不构成商业秘密(或者不能约束钟某),钟某使用该信息不构成侵权。但是,原告公司制定保密制度以后,被告钟某接受其约束,自此该经营信息即构成商业秘密,被告钟某有保密义务。倘若在此之前被告钟某辞去原告公司的职务,在没有保密义务约束的情况下,他获取原告公司经营信息的行为无违法问题,仍可继续使用所获得的经营信息。

---

[1] 江苏省高级人民法院民事判决书,(2006)苏民三终字第0018号。
[2] 安徽省宣城市中级人民法院民事判决书,(2004)宣中民三初字第2号。

第三章 商业秘密的界定与构成要素

第一节 商业秘密的一般界定

一、商业秘密的称谓

我国惯常所称的商业秘密,在国外有多种相同或者类似的称谓。

英语中至少有四个与"商业秘密"相关的概念。(1)TRIPs 第39条中所使用的"未披露信息"(undisclosed information);(2)英美学者常用的"秘密信息"(confidential information);(3)商业秘密(trade secret);(4)诺浩,即"know-how"(技术秘密)。这些词语通常是同义词或者近义词。在一般意义上,"未披露信息"与"秘密信息"的字面含义较宽,可以包括构成商业秘密的秘密信息,以及个人隐私等不属于商业秘密的其他非公开的信息。但是,在商业秘密保护的语境下,这些词语通常就是指商业秘密。"know-how"则是商业秘密中的技术信息。TRIPs 谈判中曾因用语差异而遭遇商业秘密概念的选择问题。1989年TRIPs谈判初期,谈判小组先后使用了"proprietary information"(财产信息或者专有信息)、"trade secrets"、"acts contrary to honest commercial practice"(违反诚实商业惯例的行为)等概念,以针对商业秘密的讨论。[1]谈判过程中,谈判方有关建议稿使用了不同的称谓,如美国建议使用"商业秘密",瑞士建议使用"财产性信息"(proprietary information),欧盟建议使用"未披露信息"。[2]最后选定的"未披露信息"一词,实际上是妥协的产物。原因是其他可用的措辞在不同国家的法律制度中可能具有不同含义,唯有"未披露信息"不太会产生歧义。[3]国际上最为常用的词语是"trade secrets",TRIPs 第39

---

[1] Special Distribution, Negotiating Group on Trade-Related Aspects of Intellectual Property Rights, including Trade in Counterfeit Goods, 12 September 1989, MTN. GNG/NG11/14; Special Distribution, 2 February 1990, MTN. GNG/NG11/W/32/Rev. 2. 参见林秀芹:《商业秘密知识产权化的理论基础》,载《甘肃社会科学》2020年第2期。

[2] See Rochelle C. Dreyfuse & Katherine J. Standburg, *The Law and Theory of Trade Secret: A Handbook of Contemporary Research*, Edward Elgar, 2011, p. 550–551.

[3] See J. Cambeau, *Protection of Undisclosed Information*, in Intellectual Property and International Trade, ICC Publication 552(paris, 1996), p. 58. 还有一种说法认为,TRIPs 第39条第2项有意回避使用"商业秘密"一词,是为了回避"财产性信息"的概念。See Meeting, Document MTN. GNG/NG11/20 (24 April 1990). 但是,该条规定的未披露信息就是商业秘密,因为所指信息是具有商业价值的秘密信息,且谈判史也表明了这种意图。N. P. de Carvalho, *The TRIPs Regime of Antitrust and Undisclosed Information*, Kluwer, 2008, p. 207–224. See also S. K. Sandeen, 'The limits of trade secret law: Article 39 of the TRIPs Agreement and the Uniform Trade Secrets Act on which it is based', in R C Dreyfuss and K. J. Strandburg eds., *The Law and Theory of Trade Secrecy: A Handbook of Contemporary Research*, Edward Elgar, 2011, p. 537–567.

条的"未披露信息"与其别无二致。[1]而且,"未披露信息"的表达本身就显示了信息的秘密性,与"财产性信息"等表述相比,本身就突出了受保护信息的特点和要件,限定了受保护信息的范围。[2]

"trade secret"还可能有不同的解释。通常而言,它是指包括技术信息和经营信息在内的商业秘密。但是,有时又将"trade secret"与"know-how"并用,此时就意指与技术秘密相对称的"经营秘密"。或许为了避免这种概念上的歧义,2016年《欧盟商业秘密保护指令》的英文全称为"protection of undisclosed know-how and business information (trade secrets) against their unlawful acquisition, use and disclosure",用括号说明的方式明确"trade secret"概念包括未披露的"know-how"和"营业信息"。[3]

除术语上的差异外,还可能在商业秘密保护的信息范围上不尽相同。例如,欧盟国家商业秘密法所保护的信息范围差异很大。例如,法国《知识产权法典》原来只保护有关"产品制造"的商业秘密,且侵犯商业秘密的主体仅限于雇员和前雇员。但是,随着2018年6月9日起《欧盟商业秘密保护指令》实施,欧盟成员国商业秘密保护范围的差异将逐渐减少。例如,法国将扩大商业秘密的信息范围,包括符合秘密性、价值性和保密性的各种信息。英国普通法所保护的信息范围广泛。早期英国法院基于衡平原则和诚信原则,不加区分地保护各种各样的信息,既保护化学配方和技术诀窍等技术秘密,又保护客户名单和销售数据、营销和管理流程等商业信息,甚至保护具有政治意义和涉及个人关系的信息。更有甚者,有待明确的"思想"或"主意"(idea)也可以作为保密信息加以保护。例如,一个关于3个即将参演的女演员背景和历史的女性流行组合的电视剧的"主意",被法院认定为保护对象。当然,也有例外,如不保护"微不足道"的、没有经济价值的信息,后来发展到不保护丑闻性的、不道德的材料。[4]

尽管对于构成商业秘密的具体信息范围的认识不尽一致,但是当今国家对于商业秘密的构成要件则有广泛的共识,即普遍认为商业秘密由技术信息和经营信息所构成,并具有秘密性、价值性和保密性。

二、商业秘密的国外及条约界定

美国法院对于商业秘密保护的法理基础有不同说法,但大多同意《侵权法重述》(第一版)对于商业秘密的界定,即商业秘密是给予持有者一种针对竞争对手的"获得优势的机会",且不属于公知知识的方法或者信息。[5]当然,《侵权法重述》(第一版)的注释又认为,"精确界定商业秘密是不可能的"。[6]

一些美国法院对于商业秘密进行了界定。例如,"商业秘密实际上是一类信息(如客户名单、制造方法、软饮料的秘密配方),其持有人通过与员工或者其他人执行保密协议,

---

[1] See Carlos M. Correa & Abdulquwi A. Yusuf, *Intellectual Property and International Trade – The TRIPs Agreement*, Kluwer Law International, 1998, p. 237 – 238.

[2] See Rochelle C. Dreyfuse & Katherine J. Standburg, *The Law and Theory of Trade Secret: A Handbook of Contemporary Research*, Edward Elgar, 2011, p. 555 – 556.

[3] 参见林秀芹:《商业秘密知识产权化的理论基础》,载《甘肃社会科学》2020年第2期。

[4] 参见林秀芹:《商业秘密知识产权化的理论基础》,载《甘肃社会科学》2020年第2期。

[5] See Restatement of Torts §757 Comment B (1939). See also *Trade Secrets and the Skilled Employee in the Computer Industry*, Washington University Law Quarterly, Vol. 61:823.

[6] See Restatement of Torts §757 Comment B (1939).

以及通过围墙、保险锁、密码或者其他隐藏手段将其他人隐藏于信息之外,而进行保密,以至于泄密的唯一途径是违反合同或者侵权行为。"[1]是否属于商业秘密是一个事实问题,由陪审团决定。

2016 年以前,美国的商业秘密民事法律有三个法源,即《统一商业秘密法》所表达的制定法以及《侵权法重述》和《不正当竞争法重述》所体现的普通法。2016 年《商业秘密保护法》是商业秘密民事法律的第四个法源,而且是由联邦法院进行解释。

1939 年美国法律协会公布的《侵权法重述》(第一版)在改善美国商业秘密法并进行州法律统一上进行了早期努力,综合了当时的商业秘密普通法,但其条文并未界定商业秘密,其第 757 条的评论指出,"商业秘密可以包含配方、式样、设计或者信息汇集,其用于个人的商业之中,使其有机会获取对于不知道或者不使用该信息的竞争对手的优势"。

但是,对于商业秘密的最初界定相当狭窄,只包括具有秘密性、非暂时性和进行商业使用的信息。[2]

美国制定《统一商业秘密法》的一个重要动因,是担心有些法院在未首先认定是否存在商业秘密的情况下,就认定侵害商业秘密行为。这种情况典型地发生于这种案件,即被告的不当行为特别过分,而法院着眼于商业秘密法的反不正当竞争视角,而不是同时考量财产的更为平衡的视角。为解决这一问题,有必要对于商业秘密进行固定的界定,并使其兼有不正当竞争和财产两方面的内容。[3]

《统一商业秘密法》对于商业秘密的界定非常宽泛,只要满足三要件,几乎任何具有竞争价值的信息均可以作为商业秘密。该三要件即为秘密性(secrecy)、独立的经济价值(independent economic value)和维持秘密性的合理努力(resonable efforts to maintain secrecy)。《统一商业秘密法》将商业秘密界定如下:"'商业秘密'是指包括配方、式样、汇集、程序、设计、方法、技术和工艺在内的信息,其(1)因不广泛知悉和为能够从其披露或者使用中获取经济价值的其他人通过正当方式不容易获得,而具有实际的或者潜在的独立经济价值;(2)为维持其秘密性而根据具体情况采取了合理的努力。"构成商业秘密的信息的范围广泛,可以包括能够申请专利的发明,以及诸如客户名单、销售记录、定价信息等其他经营信息。[4]有些州法院将保密的合同条款、销售策略和产业研究纳入商业秘密保护。[5]"自我提升的技巧"和精神方法甚至也被认定为商业秘密。[6]

根据《统一商业秘密法》,商业秘密无须是使用中的信息。诸如失败的研发或者有缺

---

[1] Com Fold Pac. v. Polaris Indus. ,433 F. 3d 952,959(7th Cir. 2006).

[2] See Restatementment (First) of Torts § 757 cmt. b.

[3] See Sharon K. Sandeen, Robins Kaplan & Elizabeth A. Rowe, *Trade Secret Law in a Nutshell*, 2nd edition, West Academic Publishing, 2017, p. 21.

[4] See Lyn-Flex West, Inc. v. Dieckhaus, 24 S. W. 3d 693 (Mo. Ct. of App. 1999) (finding a "price book" consisting of a "detailed compilation of technical and non-technical data" to be a trade secret).

[5] See Pepsi Co., Inc. v. Redmond, 54 F. 3d 1262, 1265 (7th Cir. 1995) (recognizing strategic financial and marketing information as trade secrets); Cardinal Freight Carriers, Inc. v. Hunt Transp. Servs., Inc., 336 Ark. 143, 149-150 (Ark. 1999) (recognizing trade secret protection for methods, processes, operations, and marketing programs); ConAgra, Inc. v. Tyson Foods, Inc., 342 Ark. 672, 676-678 (Ark. 2000) (holding that certain terms contained in customer contracts may be trade secrets, but were not 23 protected because Plaintiff failed to maintain secrecy).

[6] See Religious Tech. Ctr. v. Netcom On-line Commc'n Servs., Inc., 923 F. Supp. 1231 (N. D. Cal. 1995).

陷的工艺之类的消极信息,也可以受保护。公知信息以新颖独特的方式进行的集合或者加入信息,只要满足商业秘密条件,也可以受保护。[1]

《统一商业秘密法》对于商业秘密的界定仍是经其修订之后的《1996年经济间谍法》中的界定(《美国法典》第1839条第3项),与《统一商业秘密法》的界定非常近似,主要差别在于增加了更为详细的受保护信息的清单。其对商业秘密界定如下:"'商业秘密'是指所有形式和类型的金融的、经营的、科学的、技术的、经济的或者工程的信息,包括式样、计划、汇编、程序设计、配方、设计、模型、方法、技术、工艺、程序、项目或者密码,不论有形还是无形,是否和如何进行储存、汇编或者以物理的、电子的、图像的、照相的或者书写的方式进行的记录,其符合以下条件:(1)所有人采取合理的措施(reasonable measures)将此等信息保密;(2)该信息因不广泛知悉和为能够从其披露或者使用中获取经济价值的其他人通过正当方式不容易获得,而具有实际的或者潜在的独立经济价值。"据国会制定保护商业秘密法的报告所称,该法保护的商业秘密包含三个部分:"(1)非公开的信息;(2)采取合理的措施保护该信息;(3)该信息因不为公知而具有独立的经济价值。与专利不同,这种秘密商业信息可以无限期保护,不要求注册程序。但是,一旦信息被披露,立即丧失其价值和财产权。"[2] 商业秘密实际上包含给予公司创造性竞争优势的任何信息,从革新性设计和配方到客户名单之类的数据。商业秘密经常是很有价值的公司IP资产(如可口可乐的配方或者肯德基炸鸡的"秘密酱汁")。[3]

美国《保护商业秘密法》对于构成商业秘密的信息类型的具体列举,被认为限制了其范围,也就是其范围与《统一商业秘密法》规定的"所有信息"相比,受到了限制。而且,商业秘密保护法适用于州与州及与外国之间的商品和服务有关的商业秘密,其适用受宪法商业条款的限制。[4]

《欧盟商业秘密保护指令》第2条对于商业秘密的界定与TRIPs第39条是一致的。该界定在2013年最初的建议文本中就提出了,此后一直未经修改直至通过,而该指令的其他条款充满争议。未引起争议的原因恰恰是采纳了TRIPs第39条的界定。

TRIPs第39条将"未披露信息的保护"界定为:"(a)属秘密,即作为一个整体或就其各部分的精确排列和组合而言,该信息尚不为通常处理所涉信息范围内的人所普遍知道,或不易被他们获得;(b)因属秘密而具有商业价值;并且(c)由该信息的合法控制人,在此种情况下采取合理的步骤以保持其秘密性质。"

三、我国商业秘密法律界定的变化

我国《反不正当竞争法》率先对于商业秘密进行了具体界定,这种界定构成《刑法》等对商业秘密界定的基础。这些界定具有一致和稳定的含义。

1993年《反不正当竞争法》第10条第3款规定:"本条所称的商业秘密,是指不为公众所知悉、能为权利人带来经济利益、具有实用性并经权利人采取保密措施的技术信息和

---

[1] See Sharon K. Sandeen Robins Kaplan & Elizabeth A. Rowe, *Trade Secret Law in a Nutshell*, 2nd edition, West Academic Publishing, 2017, p. 23.
[2] See H. R. REP. No. 114-529, at 2(2016).
[3] See H. R. REP. No. 114-529, at 2(2016).
[4] See Sharon K. Sandeen Robins Kaplan & Elizabeth A. Rowe, *Trade Secret Law in a Nutshell*, 2nd edition, West Academic Publishing, 2017, p. 24-25.

经营信息。"这是一条定义性规范，界定了商业秘密的构成要件和范围（外延、种类），即"不为公众所知悉、能为权利人带来经济利益、具有实用性并经权利人采取保密措施"是商业秘密的构成要件，"技术信息和经营信息"是商业秘密的范围。

2017 年《反不正当竞争法》第 9 条第 3 款规定："本法所称的商业秘密，是指不为公众所知悉、具有商业价值并经权利人采取相应保密措施的技术信息和经营信息。"此处只是将"能为权利人带来经济利益、具有实用性"修改为"具有商业价值"，以及将"采取保密措施"修改为"采取相应保密措施"。这些修改是在表达技术上的完善，不涉及实质性内容的改变，如"能为权利人带来经济利益、具有实用性"与"具有商业价值"应当具有相同含义，法律修订没有改变该要件含义的意图。2019 年《反不正当竞争法》第 9 条第 4 款将"技术信息和经营信息"修订为"技术信息、经营信息等信息"，在字面含义上似有扩展商业秘密范围（外延）的意图，即扩展到技术信息和经营信息之外的信息。当然，实际适用的效果未必有重大的不同。实践中可能有非典型的商业信息的情形，法律规定中有个"等"字概括规定比较易于纳入调整。例如，有些信息可能兼有技术信息和经营信息的内容，如一个商业保险模块中既有经营信息的比重，也有技术信息的比重，此种"非驴非马"的混合型信息可能面临商业秘密归类上的困难，归入"等"字就比较便利。当然，技术信息和经营信息只是表达商业秘密的范围和分类，在没有"等"字规定时也可以视为总括了所有商业秘密的类型，而仍可以将混合型信息纳入商业秘密的保护范围。

我国《反不正当竞争法》对于商业秘密的界定与 TRIPs 商业秘密条款相一致，且对商业秘密的界定比较周延和明确。如立法机关所说，"这个规定较为全面、清晰，它规定了商业秘密的范围和作为商业秘密的条件"[1]。我国的法学著作基本上都采用该定义。

商业秘密通常都是通过载体进行固定或者呈现，如百年梦公司、翔鹰公司与三六零公司、柳某、刘某某、金某某不正当竞争纠纷案，最高人民法院二审判决[2]指出，商业秘密的载体具有多样性，既可以存在书面文件中，也可以体现于利用商业秘密生产的产品或其他经营成果中，还可以蕴含在技术人员的技术实操行为中。

四、商业秘密的类型

1993 年和 2017 年《反不正当竞争法》对于商业秘密的划分采取了技术信息与经营信息的二分法；2019 年《反不正当竞争法》则将其规定为"技术信息、经营信息等信息"，字面上有扩张其保护范围之意。当然，此处不属于技术信息和经营信息的"等"外信息究竟是何意？究竟具体包括哪些信息？这些信息确实不易界定，且不易于与经营信息和技术信息划定一个清晰的区分界限，大概率只能笼统地说是一种具有市场竞争价值的其他商业信息，立法目的是保护上的周延和防止"挂万漏一"。但是，无论如何，技术信息和经营信息是商业秘密的两种最基本的形态。

对于技术信息和经营信息，立法机关解读认为，"商业秘密的范围，包括'技术信息和经营信息'。这里的技术信息，指技术诀窍、技术配方、工艺流程等；这里的经营信息，指经营决策、客户名单等。作为商业秘密的条件，首先是经权利人采取保密措施。权利人未采取保密措施的，不能视为商业秘密。权利人应当有把某种技术信息或者经营信息作为商

---

[1] 王瑞贺主编：《中华人民共和国反不正当竞争法释义》，法律出版社 2017 年版，第 28 页。
[2] 参见最高人民法院民事判决书，(2021)最高法知民终 814 号。

业秘密的意见,而且应当严加防范,采取措施防止外人(包括内部人员中和该项秘密无关的人员)轻易地能获取这种信息"。其次,该信息能为权利人带来经济利益,具有实用性这一点显而易见,如果不能为权利人带来经济利益,一般说来也不用保护。侵犯商业秘密的经营者看重的就是这一点,侵犯商业秘密的目的是掠夺他人的经济利益。最后,不为公众所知悉既然是商业秘密,只能是有限的一部分人才知道。一般说来,该领域的专家或者竞争者也不知道。通过公开的渠道如出版物或者其他资料轻易就能获取的信息,不能作为商业秘密。[1]这段解释反映了《反不正当竞争法》规定商业秘密的本意。

技术信息是用于解决科学技术问题的信息。根据《2020年商业秘密司法解释》规定,技术信息是"与技术有关的结构、原料、组分、配方、材料、样品、样式、植物新品种繁殖材料、工艺、方法或其步骤、算法、数据、计算机程序及其有关文档等信息,人民法院可以认定构成反不正当竞争法第九条第四款所称的技术信息"[2]。经营信息是涉及经营活动的商业信息。根据上述司法解释规定,与经营活动有关的创意、管理、销售、财务、计划、样本、招投标材料、客户信息、数据等信息,人民法院可以认定构成《反不正当竞争法》第9条第4款所称的经营信息。客户信息包括客户的名称、地址、联系方式以及交易习惯、意向、内容等信息。[3]

五、商业秘密点

商业秘密保护实务中经常使用商业秘密点的概念,通常是指构成商业秘密的具体信息内容和范围。与专利通过公开的权利要求书来确定保护范围不同,商业秘密是通过权利人保密的方式持有和存在,不为相关公众所知悉。因此,在商业秘密侵权诉讼中,权利人需要先明确其主张的商业秘密的范围(秘密点)。秘密点的确定尤其经常成为技术秘密案件都会遇到的难点。[4]

例如,香兰素案二审判决指出,对于秘密点的确认和证明,首先要由权利人对其主张的秘密点进行说明,并不必然需要提供证据,重点是要说明秘密点的主要内容和其与该领域的通常信息和一般技能存在的区别。如果权利人做出了一个合理解释,那么在通常情况下,就可以初步认为商业秘密点基本可以确定,而由被诉侵权人来证明秘密点不成立,提供反证来推翻;如果不能提供反证予以推翻,那么秘密点就可以确定了。[5]

根据香兰素案二审判决,其一,秘密点的内容应当具体、明确。本案中,权利人主张的技术秘密包括6个秘密点:(1)缩合塔的相关图纸;(2)氧化装置的相关图纸;(3)粗品香兰素分离工艺及设备,一审庭审中权利人明确放弃该秘密点中关于工艺部分的权利主张;(4)蒸馏装置的相关图纸;(5)愈创木酚回收工艺及相应设备,一审庭审中权利人明确放弃该秘密点中关于工艺部分的权利主张;(6)香兰素合成车间工艺流程图,包括工艺管道及仪表流程图。并且,权利人还通过载体来呈现技术秘密的具体内容,本案技术秘密的载

---

[1] 王瑞贺主编:《中华人民共和国反不正当竞争法释义》,法律出版社2017年版,第28页。
[2] 《2020年商业秘密司法解释》第1条第1款。
[3] 《2020年商业秘密司法解释》第1条第2、3款。
[4] 例如,美国《侵权法重述》(第一版)第757条规定,"确切界定商业秘密是不可能的";《统一商业秘密法》第1条第4项规定,商业秘密一般包括具有商业价值的保密信息(confidential, commercially valuable information)。将典型的商业秘密种类界定出来有利于商业秘密的认定,但更可能产生争议的是一些边缘区域的信息是否属于商业秘密范围问题。
[5] 参见最高人民法院民事判决书,(2020)最高法知民终1667号。

体包括,涉及58个非标设备的设备图287张(包括主图及部件图)、工艺管道及仪表流程图(第三版)25张(以下统称涉案技术秘密)。设备图的技术内容包括:设备及零部件的尺寸、大小、形状、结构,零部件位置和连接关系,设备进出口位置、尺寸、设备型式,搅拌器型式和电功率,设备、零部件和连接件的材质、耐压、耐腐蚀性、耐高温性能、耐低温性能等技术信息。[1]

其二,秘密点范围的界定应当适当。如果秘密点的范围过于宽泛,则可能将公知信息包含在内,其秘密性认定会受到挑战;如果秘密点的范围过于狭窄,则可能与被诉侵权的技术信息存在差异,在同一性认定中受到质疑。根据该案二审判决书记载,本案一审庭审中,权利人明确设备图涉密信息范围仅限于其上直接记载的技术信息,不包含对应的工艺等其他技术信息。工艺管道及仪表流程图的技术内容包括:各设备之间的位置关系和连接关系,物料和介质连接关系,控制点位置、控制内容和控制方法,标注的反应条件,基于上述连接关系形成的物料、介质的流向、控制参数等技术信息。本案权利人明确了合适的秘密点范围,后续也成功地被认定为构成商业秘密且被诉侵权人构成侵权。[2]

在四十五所与顾某洋、古某、众硅公司侵害技术秘密纠纷案中,[3]四十五所创立于1958年,是国内专门从事集成电路关键装备研发及产业化的国家重点科研生产单位。化学机械抛光(CMP)设备是集成电路制造领域的七大关键设备之一。四十五所作为项目责任单位,参与了国家科技重大专项"极大规模集成电路制造装备及成套工艺"的子项目"28－14nm抛光设备及工艺、配套材料产业化"。四十五所投入了大量的人力、物力及财力,经过多年自主研发取得CMP基础技术、核心零部件、整机等多项技术成果即涉案技术信息,形成完整的CMP技术体系与相应的知识产权保护体系,是国内极少能自主研发并制造CMP设备的专业供应商。被告顾某洋、古某曾在四十五所工作,分别担任CMP事业部总经理和质量管理经理。2018年1、4月,顾某洋和古某从四十五所离职,后进入众硅公司工作。众硅公司于2018年5月23日在杭州成立,顾某洋系该公司实际控制人。CPM设备技术门槛较高,国内仅有数家企业有能力独立制造CMP设备。根据顾某洋在接受媒体采访所述与众硅公司相关宣传材料可知,一般的CMP设备从研发期到产业化需要3年时间。众硅公司在成立后7个月内便完成了首台8寸TENMS® 200CMP设备的组装,在成立后9个月就拿到了订单并中标4台设备。

四十五所认为,众硅公司设立的主要目的是利用顾某洋等人从原单位带走的涉案技术信息完成CMP设备的研制和产业化获利。众硅公司委托上海古贺精工有限公司(以下简称古贺公司)等零部件加工商使用涉案技术秘密生产关键零部件后完成CMP设备最终组装。2019年年初,四十五所收到合作供应商古贺公司提供的若干零部件(用于CMP设备)及内附的RCRinse图纸。经过对比分析,图纸中所涉及的技术信息与四十五所此前提供给古贺公司的零部件图纸中的技术信息基本一致。

四十五所提起诉讼后,一审法院组织第一次庭前会议时,四十五所提交了秘点。顾某洋、古某和众硅公司认为四十五所提交的秘点,技术信息内容不明确,没有秘点的具体指

---

[1] 参见最高人民法院民事判决书,(2020)最高法知民终1667号。
[2] 参见最高人民法院民事判决书,(2020)最高法知民终1667号。
[3] 参见最高人民法院民事裁定书,(2021)最高法知民终2526号。

向,软件部分的技术信息内容不明,导致其无法进行相应的抗辩。一审法院组织第二次庭前会议,并在庭前会议前通知四十五所在庭前会议中提交针对其诉讼主张的明确的技术信息内容,明确告知四十五所本次庭前会议的事项之一是对其主张的技术信息内容和范围即技术秘点进行明确和固定。庭前会议前,四十五所向一审法院寄送了《对于相关秘密点说明》(PPT 打印件)和《软件秘点说明》(PPT 打印件)。庭前会议中,四十五所当庭明确其在本案中主张的技术信息包括三个部分。一审法院当庭释明,四十五所所称的第三部分是众硅公司的图纸及软件资料,仅涉及侵权比对使用,并不属于四十五所的技术信息,再次要求四十五所对第三部分的技术信息内容进行明确。四十五所表示庭后补充提交第三部分的技术信息。后四十五所向一审法院提交新的图纸,表示这些图纸为其技术秘密。一审法院释明,图纸仅是技术秘密的载体,要求四十五所对其主张的技术秘密进行阐述。四十五所认为图纸的比对比较直观,并不必然需要概括图纸上的技术信息。一审法院再次释明要求四十五所明确技术秘密的具体内容。2021 年 10 月 5 日,四十五所又提交了部分图纸,但并没有提交这些图纸所涉及的技术秘密内容。一审法院组织第三次庭前会议,四十五所没有提交部分图纸所涉及的技术秘密内容。被告众硅公司、顾某洋和古某认为四十五所未明确其主张的技术秘密,并且提交的图纸上没有保密标识或保密要求,因此图纸上记载的内容不具有保密性,主张的图纸中所有信息均是技术秘密不成立,其中的公知信息并非技术秘密。

一审法院认为四十五所未明确其所主张权利的客观内容,其起诉不符合法定条件,裁定驳回四十五所的起诉。四十五所不服一审法院的裁定,向最高人民法院提起上诉。

最高人民法院认为,商业秘密具有秘密性、价值性和保密性三个特征。"不为公众所知悉"即秘密性,一般是指特定信息未在本行业内众所周知,而不是指绝对无人知悉。在证明责任上,"不为公众所知悉"虽是权利人即案件原告需要证明的内容,但不宜对权利人施以过重的证明负担。商业秘密权利人起诉他人侵犯其技术秘密的,应当对其所称技术秘密符合法定条件及被诉侵权人采取不正当手段等事实负初步举证责任。商业秘密权利人在完成该特定初步举证责任后,有关技术秘密的秘密性、侵权行为等事实的举证责任转由被诉侵权人承担。因此,不宜要求商业秘密权利人对其所主张的技术秘密与公知信息的区别作过于严苛的证明。权利人提供了证明技术信息秘密性的初步证据,或对其主张的技术秘密之"不为公众所知悉"作出合理的解释或说明,即可初步认定秘密性成立。权利人初步举证后,即由被诉侵权人承担所涉技术秘密属于公知信息的举证责任,其亦可主张将公知信息从权利人主张范围中剔除,从而在当事人的诉辩对抗中完成涉案技术秘密信息事实认定。

权利人应当在一审法庭辩论结束前明确所主张的商业秘密具体内容。本案中四十五所主张,其技术秘密(除软件相关的以外)以图纸为载体,根据图纸可进行 CMP 设备的生产,图纸所记载的技术信息具有实用性,亦能为四十五所带来经济利益;图纸所载技术信息需要通过计算、试制才能完成,不是简单的汇编,他人不经过努力不能形成;图纸并未公开,无法从公开渠道获取图纸。权利人主张图纸记载的技术信息构成技术秘密的,其既可以主张图纸记载的全部技术信息的集合属于技术秘密,也可以主张图纸记载的某个或某些技术信息属于技术秘密。图纸是技术秘密的载体,依据图纸可以确定其主张的技术秘密的内容和范围,因此本案中四十五所主张保护的技术秘密内容是明确的,其起诉有具体的诉讼请求,一审法院应当审查其主张的技术信息是否具备秘密性、价值性、保密性,并进一步审查对方当事人是否采取不正当手段予以获取、披露、使用等。一审裁定以四十五所主张的技术秘密内容无法确定,无法确定四十五所诉求的保护范围,无法就四十五所主张的技术信息是否构成技术秘密进行审理为由,裁定驳回起诉,系适用法律错误。

据此,最高人民法院认为,一审裁定以四十五所主张的技术秘密内容无法确定,进而无法确定诉求的保护范围,无法就主张的技术信息是否构成技术秘密进行审理为由,裁定驳回起诉,系适用法律错误,应予以纠正。一审法院应在四十五所主张的基础上继续审理本案。

值得注意的是,民事诉讼中权利人必须明确所主张的商业秘密的具体内容,即商业秘密点。至于权利人所明确的商业秘密是否构成商业秘密和得到支持,取决于双方之间的举证和质证以及法院最终的事实认定。但是,明确商业秘密的具体内容与此后能否得到支持是两回事,不能明确具体内容,属于裁定驳回起诉的范畴;[1]能够明确具体内容,但不能得到认定的,判决驳回诉讼请求。明确商业秘密的具体内容是一种形式上的要求,属于《民事诉讼法》起诉条件中"具体的诉讼请求和事实、理由"的范畴,[2]并不要求这些内容能够得到事实上的证实和实体法上的支持。[3]《2020年商业秘密司法解释》第27条规定:"权利人应当在一审法庭辩论结束前明确所主张的商业秘密具体内容。仅能明确部分的,人民法院对该明确的部分进行审理。权利人在第二审程序中另行主张其在一审中未明确的商业秘密具体内容的,第二审人民法院可以根据当事人自愿的原则就与该商业秘密具体内容有关的诉讼请求进行调解;调解不成的,告知当事人另行起诉。双方当事人均同意由第二审人民法院一并审理的,第二审人民法院可以一并裁判。"该司法解释规定了"明确所主张的商业秘密具体内容"时间界限,仍是程序性的要求。在四十五所与顾某洋、古某、众硅公司侵害技术秘密纠纷案中,权利人已经明确其主张权利的商业秘密内容,至于是否得到支持属于实体审理问题,一审裁定驳回起诉于法不合理。

在(2017)京73民初1153号案[4]中,法院认为,安美微客公司主张其全部计算机软件代码均构成安美微客公司的技术秘密,同时未主张商业秘密的具体内容和范围。经过法庭调查发现,安美微客公司的计算机软件代码中包含开源代码、从第三方处获得许可代码以及安美微客公司自行研发的代码三部分,因此安美微客公司对开源代码和第三方代码依法不享有权利。安美微客公司经法庭释明,始终未能明确其计算机软件代码中的具体哪些代码构成安美微客公司的技术秘密,也未能举证其对计算机软件代码采取了何种保密措施。虽然在司法实践中,商业机构自行研发的计算机软件代码通常可以认定为技术秘密,但综合上述两点,法院认为,安美微客公司既没有明确其计算机软件中可以构成技术秘密的部分的具体内容,也没有证明其对计算机软件代码采取何种保密措施,因此安

---

[1] 最高人民法院《关于适用〈中华人民共和国民事诉讼法〉的解释》(2022年修正)第208条第3款规定:"立案后发现不符合起诉条件或者属于民事诉讼法第一百二十七条规定情形的,裁定驳回起诉。"
[2] 《民事诉讼法》(2021年修正)第122条规定:"起诉必须符合下列条件:(一)原告是与本案有直接利害关系的公民、法人和其他组织;(二)有明确的被告;(三)有具体的诉讼请求和事实、理由;(四)属于人民法院受理民事诉讼的范围和受诉人民法院管辖。"
[3] 据说有些法院在技术秘密民事立案审查时,要求权利人必须提供不为公众所知悉的鉴定意见,否则不予立案,甚至还援引《反不正当竞争法》第32条作为依据。这种做法不符合法律规定。
[4] 参见北京知识产权法院民事判决书,(2017)京73民初1153号。

美微客公司主张的全部计算机软件代码整体上无法构成安美微客公司的技术秘密,相关权益可通过计算机软件著作权予以保护。关于安美微客公司主张的石基接口,经法庭查明,石基公司已在其与安美微客公司的往来邮件中明确表示网关接口的权利人为酒店,故该接口信息并不是安美微客公司的权利基础。同时,该接口信息可通过酒店后台进行浏览,并非安美微客公司的保密信息,且本行业相关主体均可通过公开渠道获得相关权利人对该接口的许可并使用,因此法院认为石基接口不符合技术秘密的构成要件,不是安美微客公司的技术秘密。另外,安美微客公司还主张客户名单、采购合同、报价策略、石基接口属于其经营秘密。根据安美微客公司提交的客户名单,该名单仅为酒店列表,无法显示出客户地址、联系方式以及交易的习惯、意向、内容等构成的区别于相关公知信息的特殊客户信息,且酒店名称可通过公开渠道获知,故无法构成安美微客公司的经营秘密。

关于安美微客公司主张的采购合同,合同是合同签订双方的合意,同一领域的合同在条文设置、合同结构方面有所近似,符合行业交易习惯。合同中构成商业秘密的部分应当是仅有合同相对方知悉的商业信息,而非合同条文的结构与表达。同时安美微客公司并未提交其对采购合同采取了合理保密措施的相关证据,因此安美微客公司主张的采购合同无法构成安美微客公司的经营秘密。并且,通过对比,岭博科技公司的采购合同与安美微客公司的采购合同在合同条款的设置上有明显不同。关于安美微客公司主张的报价策略,根据安美微客公司提交的往来邮件,仅仅是一个报价,无法证明其中包含安美微客公司的智力成果或商业价值,且安美微客公司没有提交任何证据证明其主张的"报价策略"能够依法构成经营秘密,既没有提交其载体,也没有证明其不为公众知悉和采取了保密措施,故而报价策略无法构成安美微客公司的经营秘密,另外,安美微客公司也未能就岭博科技公司的报价策略进行举证,故无法认定岭博科技公司使用了安美微客公司的报价策略。

关于安美微客公司主张的石基接口构成安美微客公司的经营秘密,如前文所述,石基接口缺乏商业秘密关于"不为公众所知悉""采取相应保密措施"等构成要件,不是安美微客公司的经营秘密。

因此,安美微客公司在本案中的举证未能证明其计算机软件源代码、石基接口、客户名单、采购合同、报价策略符合《反不正当竞争法》关于商业秘密的规定,故不能构成安美微客公司的商业秘密。

第二节 商业秘密的构成要件

一、条约和国外法中的商业秘密构成要件

与市场竞争有关的商业信息形形色色,这些信息并非全部受法律保护,其中受法律保护的商业秘密只是这些信息中的一部分。决定哪些商业信息受商业秘密保护的条件,就是商业秘密的构成要件。

(一)TRIPs 第 39 条第 1 项

TRIPs 第 39 条第 1 项规定了商业秘密的三项构成要件,即新颖性(其作为一个整体或作为其组成部分的具体构造或组合,未被通常从事该类信息工作的领域内的人们普遍知悉或者容易获得)、商业价值性(由于是秘密而具有商业价值)和保密措施(合法控制该信息的人根据情况采取了合理的保密措施)。有人将其归纳为两项要件,即商业价值性(commercial value)和秘密性[1]。这种归纳有其道理,因为新颖性和保密措施本质上都属于秘密性,前者突出的是商业秘密与公知信息在客观上的区别,后者强调的主观上的保密意图并在客观上的付诸实施。但是,新颖性与保密措施毕竟有不同的内容,将其划分为三个要件更为清楚一些。从 TRIPs 的规定来看,该三项要件是密切相关的,即新颖性使其与公知信息区别开来,从而使商业秘密保护不至于对信息的自由流通产生障碍;商业秘密的商业价值来自其秘密性(新颖性),也就是其之所以有商业价值,就是因为具有秘密性(新颖性);保密措施反映了权利人的主观努力的情况。

(二)美国法

美国《统一商业秘密法》在第1条商业秘密的界定中包含了商业秘密的构成要件,通常认为有三项:首先,也是最为重要的必须是秘密,即不为一般知悉或者容易获得。"不容易获得"(not readily ascertainable),通常根据获取该信息需要多长时间或者多少费用进行判定。[2]如果一项信息相对容易发现,它就不能构成商业秘密;反之,可以构成商业秘密,但可以通过独立研发和反向工程进行获取正当性的抗辩。[3]其次,必须具有独立的经济价值(有时称其为"商业价值"),即不是信息本身所固有的价值,而是因为属于秘密而产生的价值,也就是"因不被他人所知悉……而具有独立的经济价值"。最后,为保持其秘密性而采取了合理的努力。这说明,受商业秘密保护的信息虽然范围广泛,但并不是所有的"商业和财产性信息",只是一些满足保护要件的重要财产性信息。TRIPs 第39.2条的界定就是以此为蓝本,只以"readily accessible"替代了"readily ascertainable",以"commercial value"替代了"economic value",以及以"reasonable steps"替代了"reasonable efforts",等等。[4]

(三)《欧盟商业秘密保护指令》

《欧盟商业秘密保护指令》第2条规定了商业秘密的构成要件。首先,构成商业秘密的信息必须是"在通常处理该种信息的领域内不广泛知晓(not generally known)或者容易获得(readily accessible)"。据此,某种信息在特定行业或者科学领域广泛知晓,不得作为商业秘密。也就是说,"广泛知晓"并不要求在更为广泛的公众中扩散。[5]其次,商业秘密必须是"因秘密而具有商业价值"。《欧盟商业秘密保护指令》前言强调,作为商业秘密的信息必须具有竞争重要性和价值,但可以是非商业性机构研发的信息。商业价值包括持有人合法控制商业秘密而避免遭受的损害,即如果被不正当获取、使用或者披露而造成的

---

[1] See Carlos M. Correa & Abdulqawi A. Yusuf Editor, *Intellectual Property and International Trade – the TRIPs Agreement*, Kluwer Law International, 1998, p. 247.

[2] See UTSA (1985) §1, cmt.

[3] See Susy Frankel & Daniel Gervais, *The Internet and the Emerging Importance of New Forms of Intellectual Property*, Wolters Kluwer, 2016, p. 232.

[4] See Elizabeth A. Rowe & Sharon K. Sandeen, *Trade Secrecy and International Transactions*, Edwar Elgar, 2015, p. 37 – 38.

[5] See Susy Frankel & Daniel Gervais, *The Internet and the Emerging Importance of New Forms of Intellectual Property*, Wolters Kluwer, 2016, p. 232.

损害,包括损害其"科学技术潜力、商业或者金融利益、战略地位或者竞争力"。

二、我国商业秘密构成要件及其由来

(一)我国法上的商业秘密构成要件

我国现行《反不正当竞争法》第9条第4款规定的商业秘密保护要件,"不为公众所知悉、具有商业价值并经权利人采取相应保密措施",可以分别称为秘密性、价值性和保密性。三者构成商业秘密的"三性",即"不为公众所知悉"是商业秘密的秘密性或者新颖性;"具有商业价值"是商业秘密的价值性;"经权利人采取相应保密措施"是商业秘密的保密性。[1] 秘密性和价值性是商业秘密的客观属性;保密性则是保密的主观意愿和客观行为的结合。

我国1993年《反不正当竞争法》第10条第3款规定的商业秘密保护要件中,"不为公众所知悉"为秘密性或者新颖性,"能为权利人带来经济利益、具有实用性"为商业价值性或者价值性,"经权利人采取保密措施"为保密性。2017年和2019年《反不正当竞争法》除修改了一些措辞外,关于商业秘密构成要件规定的基本结构保持未变。

例如,山东省高级人民法院(2016)鲁民终310号案件民事判决认为:"本案中,首先,涉案《合作协议书》和《补充协议》文件中均标有'机密'二字,其内容记载有市场销售计划、主要规格产品参数及销售价格等经营信息,并约定A公司对前述信息应予以严格保密,禁止向第三方透露。可见,涉案经营信息符合秘密性要求。其次,A公司在《公司保密管理制度》中规定,对其经营信息应采取保密措施;在与潘某莉签订的《员工岗位声明书》中亦约定了潘某莉负有保密义务,上述事实可以证明A公司对其涉案经营信息采取了合理的保密措施。最后,涉案经营信息具有现实的或潜在的商业价值。综上,涉案经营信息符合商业秘密的构成要件,依法应予保护。"其实,上述"首先"和"其次"中的内容均为保密性要求,即属于保密措施的范畴。"首先"中的所谓"秘密性"并不是"不为公众所知悉"的要求,而仍然属于保密措施。

广东省高级人民法院(2012)粤高法民三终字第594号案民事判决书认为:"对于B公司所主张的技术信息,首先,该信息是B公司以延吉市公安局提供的办案信息为基础,通过组织公司的技术人员,在付出了时间、资金和劳动进行研发而获得,该技术信息不为其所属领域的相关人员普遍知悉和容易获得,具有秘密性。其次,B公司的软件已成功销售,已获得经济利益,具有现实和潜在的商业价值,符合价值性的特征。再次,该软件能够解决客户工作中的实际问题,具有明显的实用性。最后,B公司对该技术信息采取了保密措施,其与员工签订《保密协议》,并在员工离职时要求与其签署《离职承诺书》,承诺保守公司所开发软件等的商业秘密,因此,该技术信息也具有保密性的特征。综上分析,B公司所主张的技术信息符合商业秘密的构成要件,应予确认为商业秘密。"此处对于所谓的商业秘密"三性"的分析认定,符合法律要求。

---

[1] 在再审申请人同方威视公司等侵害商业秘密纠纷案中,最高人民法院驳回再审申请裁定指出,商业秘密应当具有实用性、秘密性和保密性。实用性是指能为权利人带来经济利益,它能使商业秘密的所有人因掌握商业秘密而获得竞争上的优势。秘密性是指不为公众所知悉,即不为社会公众包括通常处理所涉信息范围的人普遍知道或者容易获得。保密性是指采取保密措施,即所有人主观上将该信息视为秘密,并且采取适当的保密措施以维持信息的保密性。参见最高人民法院民事裁定书,(2018)最高法民申1102号。此处将商业秘密诸要件分别称为实用性、秘密性和保密性。但将实用性称为价值性更为契合商业秘密的属性。

有人认为，商业秘密在"三性"之外，还必须是存在于某种载体上的信息，无载体的经营信息或技术信息即使符合商业秘密的"三性"要件，依然无法作为商业秘密享受法律保护。例如，广州知识产权法院（2018）粤73民初514号民事判决书认为："原告A制品厂主张变频器参数的调节方法是由调机师傅掌握的一种经验，没有形成书面材料，A制品厂所主张的上述调节方法并不具有载体，亦没有明确的具体内容，不符合商业秘密的法定条件，故不属于商业秘密。"据此，法律不保护无载体的秘密，如存储在大脑里的信息。但是，载体不是商业秘密保护的要件，只是在证明商业秘密的存在上可能具有意义，即通常基于载体证明商业秘密的存在及内容，没有载体时难以证明，也因为难以证明而无法得到保护。

尽管我国的商业秘密规定与TRIPs以及其他国家的具体法律措辞略有差异，但在解释上大致具有相同的含义。例如，德国将商业秘密的秘密性归结为客观方面和主观方面，客观方面相当于美国所谓的新颖性，主观方面相当于保密措施，而美国有时将商业秘密的商业价值性称为实用性[1]。我国法律规定的"能为权利人带来经济利益、具有实用性"完全可以归结为商业价值性或者价值性、实用性，而且，"能为权利人带来经济利益"也完全可以解释为能够带来现实的或者潜在的经济利益，"具有实用性"可以解释为包括现实的实用性和潜在的实用性，如正在研制过程中的技术信息就属于具有潜在的实用性的信息。因此，我国《反不正当竞争法》和《刑法》规定的商业秘密构成要件与TRIPs和其他国家的通行认识是一致的。

从我国的现行法律规定来看，我国对商业秘密的界定及对构成要件的规定吸收了其他国家的通行做法，与国际惯例相一致。其他国家有关的实务和理论成果也可以作为解释我国商业秘密规定的法理参照，甚至可以直接进行借鉴。

例如，在金驼公司与凯隆公司、谭某不正当竞争案中最高人民法院再审裁定认为："商业秘密应当具有实用性、秘密性和保密性。实用性是指能为权利人带来经济利益，它能使商业秘密的所有人因掌握商业秘密而获得竞争上的优势。秘密性是指不为公众所知悉，即不为社会公众包括通常处理所涉信息范围的人普遍知道或者容易获得。保密性是指采取保密措施，即所有人主观上将该信息视为秘密，并且采取适当的保密措施以维持信息的保密性。"

该案二审判决认为，关于涉案标底降幅是否构成商业秘密的问题，根据该案查明的事实，第一，金驼公司制作的含有涉案报价下浮比例的投标标书在开标之前都必须采取密封措施，标书内容中的涉案标底降幅除了知晓标书内容的人，不为公众及其他投标单位所知悉，因此具有秘密性。第二，涉案招标文件的评审标准分为技术部分和商务部分两部分，共包含九项评审项目。商务部分中的商务报价作为九项中的其中一项，占总评审分值构成的30%，该部分分值虽然较其他八项占有更大比例，但商务报价的分数高低，仍非决定投标单位是否中标的决定性因素，因此标底降幅在最终的评审结果中不一定会为投标单位带来竞争优势，从招标结果报审表的结果来看，第二名克拉玛依友联实业有限公司的报价标底降幅比金驼公司少，但名次仍排在金驼公司之前，由此亦可证明标底降幅并不一定会为金驼公司带来经济利益及竞争优势。金驼公司亦不能向二审法院说明涉案投标文件

---

[1] See F. Dessemonter, The Legal Protection of Know–how, p.107ff. Carlos M. Correa & Abdulqawi A. Yusuf Editor, *Intellectual Property and International Trade – The TRIPs Agreement*, Kluwer Law International, 1998, p.247.

和标底降幅存在的市场竞争优势等特殊内容,故不应认定涉案标底降幅具有符合法律规定的实用性。第三,金驼公司称涉案标底降幅是其公司经理解某与谭某一起商量确定的,金驼公司亦向法院提交视频资料证明这一主张,但该证据不能证明金驼公司限定了涉案标底降幅的知悉范围只限于上述二人,金驼公司亦未提供相关证据证明其与谭某签署了相关的保密协议或在单位内部对该标底降幅采取足以防止信息泄露的防范措施等。故二审法院对凯隆公司称金驼公司未对涉案标底降幅采取保密措施的主张予以支持。综上,原审法院认定涉案标底降幅符合商业秘密法定条件有误,二审法院予以纠正。鉴于金驼公司现有证据不能证明其主张的涉案投标文件和标底降幅符合商业秘密的法定构成要件,故该案中,金驼公司主张的商业秘密不成立,二审法院对金驼公司主张凯隆公司、谭某侵犯其商业秘密的诉讼请求不予支持。[1]

最高人民法院再审裁定认为,投标文件由投标人自行制作,在开标之前必然采取密封措施,这是招投标活动的应有之义。涉案标书内容中的标底降幅不为公众和其他投标单位所知晓,因此具有秘密性。本案中金驼公司主张的经营信息载体为投标标书,金驼公司标书的制作限于参与投标活动的人员范围,并且标书的天然秘密属性要求任何知道标书内容的人都应负有保密的义务,标书所有人对标书进行封存可看作是对标书采取了保密措施,而且这种保密措施也达到了法律要求的标准,因此具有保密性。《2007年反不正当竞争司法解释》第10条规定,有关信息具有现实的或者潜在的商业价值,能为权利人带来竞争优势的,应当认定为《反不正当竞争法》第10条第3款规定的"能为权利人带来经济利益、具有实用性"。结合涉案招标文件中评标办法的内容,商务报价占总评分分值的30%,并且每下浮1%,加2分。在百分制的评分中,标底降幅的作用是显而易见的。因此,在标书开封之前,竞标者的标底降幅能使其保有一定的竞争优势,一旦中标就能给所有人带来经济利益。因此,虽然能否最终中标取决于竞标者的技术部分及商务部分的综合得分,但是不能据此否认标底降幅在竞标能力中的贡献。尤其在标底降幅为其他竞标者获悉的情况下,不仅将使该竞标人丧失竞争优势,更使其处于不利境地。因此,金驼公司主张的标底降幅符合商业秘密的构成要件,属于商业秘密中的经营信息,应当予以保护。二审判决认定涉案标底降幅不符合商业秘密的法定条件存在认定错误并予以纠正。[2]

大连倍通数据平台管理中心(以下简称倍通数据)与崔某吉侵害技术秘密纠纷案最高人民法院二审判决[3]认为,关于涉案技术信息是否符合商业秘密构成要件:(1)关于涉案技术信息的秘密性。首先,涉案技术信息是倍通数据付出创造性劳动而获得的成果。倍通数据为了向医药企业提供技术支持,聘用崔某吉在内的多名计算机软件技术人员组成团队共同开发爬虫平台项目,并且投入数据技术部成本25.2万元,涉案技术信息凝聚了研发人员的智力成果和技术能力,并非所属领域相关人员普遍知悉和容易获得的智力成果。其次,崔某吉为获得涉案技术信息,不惜违反公司严格的保密规定,采取外发邮件的方式获取涉案技术信息,而非从所属领域人员普遍知悉的平台或渠道获取,反证了涉案技术信息不为公众普遍知悉。因此,倍通数据已经尽到初步的举证责任,在案证据可以初

---

[1] 参见新疆维吾尔自治区高级人民法院民事判决书,(2017)新民终53号。
[2] 参见最高人民法院民事裁定书,(2018)最高法民再389号。
[3] 参见最高人民法院民事判决书,(2021)最高法知民终1687号。

步证明涉案技术信息不为公众所知悉。崔某吉虽然主张涉案技术信息具有公知性、已被普遍使用,但并未提交反证予以证明。爬虫技术的概念、分类、功能、策略等文字叙述材料可以通过互联网等公开渠道获得,并不意味着涉案技术信息为公众所知悉。(2)关于涉案技术信息的价值性。如前文所述,涉案技术信息是倍通数据为了向医药企业提供技术支持,针对该特定目的和行业要求而开发的计算机程序及所包含的技术信息,对于相关行业从业人员能够降低工作成本,缩短工作时间,增强竞争优势,具有实用性。虽然该技术尚未投入市场应用,但是从该技术的开发目的、技术功能、投入成本等方面来看,其具有潜在的商业价值。(3)关于倍通数据是否采取了保密措施。倍通数据在《员工手册》中规定了其对所有数据资源按照商业秘密予以保护,并明确规定了数据库的概念、范围及员工限制使用、传播的条件。倍通数据在2019年7月1日与崔某吉签订的《保密协议书》中,将其商业秘密划分为绝密、机密、保密三个级别,其中公司数据库、系统源代码及内含资料等被列为绝密信息。为此,还约定倍通数据每月支付崔某吉保密工资,作为崔某吉保守商业秘密及遵守竞业禁止条款的补偿金。上述证据可以证明倍通数据对包括涉案技术信息在内的公司数据资源采取了相应的保密措施,崔某吉对此亦未提出质疑。(4)关于爬虫技术的合法性。二审中,崔某吉提交了网页新闻等证据拟证明爬虫技术不应受法律保护。对此,即使爬虫技术曾被用于违法活动,但并不等于该项技术本身具有违法性,且崔某吉也未举证证明涉案技术信息具有违法信息。综上,倍通数据请求保护的涉案技术信息符合商业秘密的法定要件,应受反不正当竞争法的保护。

(二)我国商业秘密构成要件的由来

1993年《反不正当竞争法》率先规定了商业秘密构成要件。当时还有与商业秘密并行和相关的概念,如司法解释使用的"非专利技术成果"概念。例如,1995年4月2日最高人民法院发布的《关于正确处理科技纠纷案件若干问题的意见》(已失效)第51条第2款规定:"非专利技术成果应具备下列条件:(1)包含技术知识、经验和信息的技术方案和技术诀窍;(2)处于秘密状态,即不能从公共渠道直接获得;(3)有实用价值,即能使所有人获取经济利益或竞争优势;(4)拥有者采取了适当的保密措施,并且未曾在没有约定保密义务的前提下将其提供给他人。"该司法解释实质上是对商业秘密中的技术秘密构成要件所做的解释,其基本精神与1993年《反不正当竞争法》第10条第2款的规定相一致。2004年12月16日公布的最高人民法院《关于审理技术合同纠纷案件适用法律若干问题的解释》第1条第2款将技术秘密界定为"不为公众所知悉、具有商业价值并经权利人采取保密措施的技术信息"。该规定将1993年《反不正当竞争法》第10条第3款规定的"能为权利人带来经济利益、具有实用性"归结为"具有商业价值",据说这是为了更符合TRIPs第39条第1项,但其实质内容应该是一致的,或者至少可以说,不管措辞是否完全相同,1993年《反不正当竞争法》第10条第3款本身就应该作与TRIPs第39条第1项相一致的解释。

2017年《反不正当竞争法》第9条第3款规定了商业秘密的构成要件,即"不为公众所知悉""具有商业价值""经权利人采取相应保密措施",以及技术信息和经营信息。其中,2017年《反不正当竞争法》将"能为权利人带来经济利益、具有实用性"修改为"具有商业价值",将"采取保密措施"修改为"采取相应保密措施"。这种修改或许在措辞上更为精确,与TRIPs第39条第1项保持一致,但实质含义及其具体标准并未改变。

第三节 商业秘密与其他知识产权的关系

一、商业秘密与其他知识产权的一般区别

当今时代商业秘密是一种重要的知识产权类型,甚至被称为专利、商标和版权以外的第四知识产权。[1]商业秘密与其他知识产权有多方面的异同,其最大的特点是通过自己的保密方式享有权利并受法律保护。

商业秘密与其他知识产权的重大区别体现在公开性上。版权法和专利法基于创造和创新的观念,两者均是以限定期限的政府保护作为奖赏,使权利人能够收回创造和创新的成本;两者的政策均鼓励创造领先成果,并在其保护期限届满以后进入公有领域。商业秘密与此相反,权利人因对信息的保密而得到报偿,且没有保护期限的法定限制。本可以纳入专利或者版权保护范围的客体,只要权利人能够保持秘密性,就可以按照商业秘密进行保护。正是这种特点,使商业秘密保护法受到两点批评。首先,有人认为商业秘密保护因缺乏信息共享,而缺乏公共利益。其次,即使没有法律保护,商业秘密持有人仍可以因保密而能够保护其信息,因而法律鲜有刺激革新的作用。[2]

当然,商业秘密与各类知识产权又有具体的异同。例如,商业秘密的构成要件与专利的授权原件不同;商业秘密不要求有版权那样的独创性;与专利和商标不同而与版权类似,商业秘密法允许保护两个当事人各自独自研发的信息;与其他知识产权法不同,商业秘密的排他权仅适用于通过不正当手段获取等行为,类似于版权对"非法复制"与正当使用的区分;商业秘密因为需要具有相应的经济价值,而有类似于专利法实用性及商标法的实际使用的要求,这使商业秘密保护的门槛较低,"额头上的汗水"足以达到相应的保护门槛。专利需要创造性和新颖性,版权需要具有独创性,而商业秘密则不需要绝对秘密性。[3]

二、商业秘密与专有技术

商业秘密与专有技术有着极深的渊源联系。商业秘密的英文表述为"trade secret"。专有技术即英文中的"know-how",是"I know how to do it"的缩写,直译是"我知道如何做",原指"祖传秘方""家传绝技"之类的手艺。作为一个法律概念,know-how最早在20世纪20年代由美国法院的判例采用,至20世纪50年代末60年代初流行于美国和英国,后来为其他国家所采用。know-how经常被作为一种概称(an umbrella term),指有关如何制造一种产品或者完成一种工作的无体信息。有时它符合商业秘密保护条件,有时则不符合。[4]

---

[1] 参见王润华:《第四知识产权——美国商业秘密保护》,知识产权出版社2021年版,第1页。
[2] See Sharon K. Sandeen & Elizabeth A. Rowe, *Trade Secrets and Undisclosed Information*, Elgar, 2014, p.204.
[3] See Sharon K. Sandeen & Elizabeth A. Rowe, *Trade Secrets and Undisclosed Information*, Elgar, 2014, p.205-206.
[4] See Sharon K. Sandeen & Elizabeth A. Rowe, *Trade Secret Law in an Nutshell*, 2nd edition, West Academic Publishing, 2018, p.52. 例如,在 Tempo Instrument, Inc. v. Logitek, 229 F. Supp. 1 (E.D.N.Y.1964) 案中,法院认为,多年来被告受雇于多家电子企业,从事晶体管电路工作,其从中获得的技术和知识吸引了原告(前雇主)。因此,被告显然拥有 know-how,但原告不能主张这些 know-how 属于它的商业秘密。

专有技术与商业秘密的关系大体上可分为三种情况：其一，国际技术贸易中较多地使用"know – how"一词。例如，国际商会理事会1961年通过的《保护技术秘密标准条款》、世界知识产权组织制定的《供发展中国家使用的许可证贸易手册》，以及1969年保护工业产权所通过的议案等国际文件都使用了 know – how 概念。其二，英国等国家将 know – how 与 trade secret 严格区别使用，其理由是：(1) 产生时间不同，商业秘密作为一个法律术语比 know – how 早出现100余年；(2) 内容不同，即商业秘密一般指自成体系并具有经济价值的信息，专有技术一般不是独立的技术，它必须依附于某项专利或某项商业秘密才能发挥作用。[1] 其三，商业秘密与专有技术混合使用，不做严格区分，日本、美国皆然，但在美国更为常用的是商业秘密。[2] 有的美国学者认为，know – how 是商业秘密的"一个远房亲戚"(a distant cousin)，可以界定为由经营者开发或者积累的对其经营活动有益的一种信息。这种信息不必是新颖的(novel)或者独有的(unique)，没有商业秘密那样重要，但对公司有价值。[3]

我国自20世纪60年代开始在技术引进合同中使用 know – how 一词，但译法并不统一，主要是意译和音译的不同。意译主要有"技术秘密""技术诀窍""专有技术知识""专有技术"等，其中专有技术译法得到了立法的认可，如《中外合资经营企业所得税法施行细则》(1980年)、《个人所得税法施行细则》、《技术引进合同管理条例施行细则》等法规规章使用了"专有技术"一词。音译有"诺浩""挪号"等译法，这种译法虽在理论和实践上极为流行，但未获得法律认可。

由于我国立法渐趋于使用"商业秘密"一词，而且商业秘密包括技术秘密和经营秘密两大类型，因此，大多数的专有技术都可以归入商业秘密之中，或者干脆说专有技术就是技术秘密。当然，对于一些不符合商业秘密条件的技术诀窍等，仍然将其称为专有技术并无不可。

三、商业秘密与专利

美国学者认为，商业秘密法主要发挥对于专利制度的替代作用，对于不能满足严格的可专利性法定标准的特定技术、工艺、设计或者配方，给予发明者财产权利。[4] 专利与技术秘密经常被权利人结合起来使用，协调发挥效用。例如，权利人申请专利时只求能够满足专利授权要求的最低限度的公开，而对于配套的技术诀窍或者工艺等作为商业秘密处理。已公开的专利技术方案固然具有可实施性，但商业秘密可以增强专利的实施效果。

例如，在河北省元氏县人民法院(2019)冀0132刑初211号刑事案涉及的商业秘密中，法院认为，根据专利法，专利申请人如要获得专利保护，必须将其所作的发明内容清楚地展现出来，但权利要求的目的不是为了向公众介绍该技术发明如何实施，而是为了说明哪些是申请人想要保护的密点或技术特征，或者说申请人寻求专利保护的边界在哪里，其

---

[1] 参见郑成思：《Know – how 概论》，载《中国法学》1986年第3期。
[2] 也有人认为英国将专有技术作为商业秘密的一种，美国将商业秘密与专有技术作为同义语，德国认为专有技术即商业秘密。
[3] See Dennis Unkovic, *The Trade Secrets Handbook: Strategies and Techniques for Safeguarding Corporate Information*, prentice – hall, 1985, p.39.
[4] See Roger E. Schechter & John R. Thomas, *Intellectual Property: The Law of Copyrights*, Patents and Trademarks, §24.

中必要技术特征是构成一项发明或实用新型所采取的必不可少的技术手段,是权利要求书中必须体现的内容。一般情况下,被授予专利而公开的技术信息并非权利人的全部信息,权利人未公开的信息部分只要能为权利人带来利益且不为公众所知悉就仍然属于商业秘密,商业秘密中所包含的技术特征的范畴通常大于权利要求书中所体现的技术特征的范畴。具体到本案,槐阳锂能所拥有的"锂电池负极材料箱体石墨化技术"商业秘密不仅包括"一种生产锂电池负极材料的艾奇逊石墨化炉用箱体"实用新型专利权利要求书中所体现的"艾奇逊石墨化炉用箱体构造中的底板、箱壁侧墙、沉降板及箱体内置加热体的组合",也当然地包括利用该箱体生产锂电池负极材料的生产工艺。辩护人认为鉴定意见是以槐阳碳素实用新型专利与赞皇汉能、瑞盛公司箱体式石墨化炉的设备或设备照片、视频中所体现的技术特征进行同一性比对的结果,该鉴定结论与案涉商业秘密无关、无法证明被告人侵犯了槐阳锂能"生产工艺"的辩护意见不能成立。

在上诉人四川某化工公司与上诉人山东某化工公司、宁波某咨询公司、宁波某设计公司、尹某某侵害技术秘密纠纷案[1]中,最高人民法院二审判决对于专利与技术秘密的互补关系论述如下:"技术信息所有人或持有人同时采取专利与商业秘密对其技术成果进行双重保护是非常常见的,技术成果并不因其部分内容被专利公开就当然丧失秘密性。这是因为专利权利要求书及说明书披露的技术方案在本领域能够实现即可,而无须具体披露技术方案工业化的全部内容,特别是关键设备的技术细节。从专利技术方案到具体的工业化实施还需考虑诸多因素,就本案而言,从专利技术方案到生产线建设并正常运行投产,还需考虑场地、设备制造、产品转化率、生产能耗、环保措施、运行维护、投资成本等诸多因素,并且化工项目还需要考虑项目选址的水文地质条件、气象条件、能源供给方式等因素对技术方案的实施可能产生的影响。本领域技术人员可以按照专业知识对工业化生产线的每一个技术信息进行选择和计算,但在不断的选择、计算中如何因地制宜地确定具备竞争优势的工业化方案,显然还需要投入大量的智力劳动,这种智力劳动成果就体现为技术图纸、资料中所记载的设备及零部件的尺寸、结构、形状、材质、连接关系、位置关系、加工方法、组装方法、生产工艺或方法的技术参数、操作步骤、工艺过程、用途等技术细节。也正是因为如此巨大的投入,大型成套设备可直接用于生产制造、建设施工的设备图、流程图及工艺操作指南通常就不容易直接从市场上获取或被行业普遍知悉。"

又如,美国的阿斯巴甜(NutraSweet,一种人工甜味剂)最初是由一位研究溃疡药物的科学家发明或者说发现。他心不在焉地舔手指时被指尖的味道震撼了,其甜度是糖的180倍。由于阿斯巴甜的化合物可以在上市以后进行反向工程,公司申请了一项专利并获得批准。由于监管部门的审批过程缩短了该项专利的使用寿命,该专利原本在1992年到期。公司为了保护市场地位,投入了大量研究工作优化其生产流程,并在两个制造工厂将优化的生产流程作为商业秘密进行保护。这可以在公司失去专利保护时,能够在生产成本上进行有效竞争。同时,该公司还开展一场成功的品牌推广活动,以独特的标识识别其产品,迫使软饮料公司购买该产品,从而获取在罐装饮料上使用该标识的权利。虽然阿斯巴甜作为食品添加剂存在争议,但它的营销方式很好地证明了商业秘密保护可以与其

---

[1] 参见最高人民法院民事判决书,(2022)最高法知民终541号。

他类型的知识产权保护方式结合起来。[1]

当然,虽然实际使用中专利与商业秘密可以相辅相成,但在法律上专利与商业秘密有明确的区分。

(一)商业秘密与专利的区别

商业秘密与专利虽然都涉及技术信息的保护,但两者有着重大的区别。

1. 立法理由的不同

专利权是以权利人向社会公开其发明为代价,授予权利人相当期间的独占权利,通过此种方式保护发明。商业秘密则是通过自行保密的手段,阻止他人以不正当手段获取该商业秘密,确保权利人为开发或者获取商业秘密所付出的努力以及由此而带来的竞争优势,从而促进技术和经营的进步。虽然立法理由不同,但从保护目的上来看,两者都在于促进技术进步,其目的是相同的,而保护方式的不同恰恰使其得以相互补充。

当然,在一定意义上讲,专利法与商业秘密法的政策目标有所冲突。商业秘密法有时不鼓励一些发明者寻求专利保护,且商业秘密法的保密性与专利法的公开性存在冲突。在TRIPs谈判期间,印度曾于1989年7月和1990年1月提出专利法的公开目标与商业秘密保护的秘密性目标有潜在的冲突,谈判小组还进行过短暂的讨论。美国谈判代表认为,商业秘密保护是需要的,"用以保护一种形式的知识成果,其既可能符合其他知识产权的保护资格,也可能在其披露之后即丧失价值,因而需要商业秘密保护"。而且,这种冲突的危险性较小,因为商业秘密法给予的权利比专利法更为有限。美国代表还支持瑞士提出的将商业秘密保护限于"其他知识产权不予保护的"信息的主张,认为商业秘密的狭窄界定将会防止发生重大的重叠。[2]

2. 构成要件上的不同

首先,两者的新颖性和创造性程度的要求不同。例如,四十五所与顾某洋、古某、众硅公司侵害技术秘密纠纷案[3]最高人民法院裁定指出:"技术秘密与专利虽同为知识产权,但技术秘密保护与专利权保护并不相同,技术秘密要获得法律保护,并无新颖性、创造性等要求,只要其符合法定的秘密性、价值性、保密性即可。即便技术秘密中的部分信息已经存在于公共领域,但只要该技术信息组合整体上符合法律要求,仍可以按照技术秘密予以保护。"专利权要求新颖性、创造性和实用性。我国现行《专利法》第22条规定:"授予专利权的发明和实用新型,应当具备新颖性、创造性和实用性。新颖性,是指该发明或者实用新型不属于现有技术;也没有任何单位或者个人就同样的发明或者实用新型在申请日以前向国务院专利行政部门提出过申请,并记载在申请日以后公布的专利申请文件或者公告的专利文件中。创造性,是指与现有技术相比,该发明具有突出的实质性特点和显著的进步,该实用新型具有实质性特点和进步。实用性,是指该发明或者实用新型能够制造或者使用,并且能够产生积极效果。本法所称现有技术,是指申请日以前在国内外为公众所知的技术。"专利法所规定的专利的新颖性和创造性远比商业秘密的新颖性和创造性

---

[1] 参见[美]詹姆斯·普利:《商业秘密:网络时代的信息资产管理》,刘芳译,清华大学出版社2023年版,第66页。

[2] See Rochelle C. Dreyfuse & Katherine J. Standburg, *The Law and Theory of Trade Secret: A Handbook of Contemporary Research*, Edward Elgar, 2011, p. 564–565.

[3] 参见最高人民法院民事裁定书,(2021)最高法知民终2526号。

为高。

作为商业秘密的技术信息或者经营信息只要有一定程度的新颖性和创造性就足够了,没有必要像专利那样达到在申请日以前没有同样的发明或者实用新型在国内外出版物上公开发表过、在国内外公开使用过或者以其他方式为公众所知,也没有同样的发明或者实用新型由他人向专利局提出过申请并且记载在申请日以后公布的专利申请文件中的新颖性程度;也不必要求与现有技术相比"有突出的实质性的特点和显著的进步",只要比同类技术信息或者经营信息较为新颖或者有一定的进步和特点,而不是众所周知的,就足够了。如最高人民法院裁判所言,"即便技术秘密中的部分信息已经存在于公共领域,但只要该技术信息组合整体上符合法律要求,仍可以按照技术秘密予以保护。现实生活中,几乎所有信息均有来源,不能要求作为技术秘密载体的图纸所体现的全部技术信息均为信息持有人独创。即便图纸的部分技术信息已经存在于公共领域,如果信息持有人对公开信息进行了整理、改进、加工以及组合、汇编而产生新信息,他人不经一定努力无法容易获得,该新信息经采取保密措施同样可以成为技术秘密而受到法律保护"。[1]因此,商业秘密保护的覆盖面比专利宽。

亦如美国最高法院在判决中所说,"商业秘密并不要求专利法意义上的新颖性。但是,仅因不具有某些新颖性就会是通常知悉的信息,而需要一些新颖性。因此,商业秘密意义上的秘密性暗含了至少最低限度的新颖性"。[2]

其次,专利权以公开为必要,商业秘密则以秘密性为必要。商业秘密一旦公开,就不成其为秘密了。因此,两者在性质上是不相容的。

3.法律后果不同

专利权一旦获得,在法定期限内权利人享有独占权,即有对专利的专有使用权和转让权,并有权禁止他人开发、假冒和使用该专利。商业秘密则不同。权利人只要保持商业秘密的秘密性,就可以永久保持事实上的独占,但一旦公开,就永远消灭,且不能禁止他人以独立开发和反向工程之类的合法手段获取该商业秘密。如果有两个以上的人同时持有同样的商业秘密,两者并不排斥。此外,权利人的疏忽、保密措施不得当或者大量公开制造销售含有商业秘密的产品,都可能导致商业秘密的丧失。为此,有的学者将商业秘密称为一种不安定的知识产权。

专利权的保护范围是特定的。发明或者实用新型专利权的保护范围以其权利要求的内容为准,说明书及其附图可以用于解释权利要求。外观设计专利权的保护范围以表示在图片或者照片中的该外观设计专利产品为准。第三人在不侵害专利权的前提下,参考其专利而研究开发类似的发明和技术,并不受专利法的限制。因此,通过申请专利所带来的发明成果的公开,客观上无偿地向竞争者传授了新技术。商业秘密由于其具有的秘密性,就不会发生此种情况。

在尚未公告之前的专利申请中,如果发生了侵害此种技术信息的情况,专利法无法保护,但可以适用商业秘密法的保护。专利申请被驳回时,如其技术信息符合商业秘密的要件,仍然可以受商业秘密的保护。

---

[1] 参见最高人民法院民事裁定书,(2021)最高法知民终2526号。
[2] Kewanee Oil Co. v. Bicron Corp., 416 U.S. 470, 486-487(1974).

专利的保护采取属地主义,要想在多个国家受保护,就必须到各个国家去申请专利,并定期缴纳年费。商业秘密的保护则在于他人通过防止不正当手段进行侵害,不论何人何时何地的侵害都受保护。

4. 权利取得与诉讼保护上的不同

专利权必须在履行行政程序后才能获得,行政程序比较复杂,甚至在当今科技高速发展的情况下,一些技术申请专利会缓不济急。但是,由于专利的权利范围比较确定,在诉讼保护上举证容易,而商业秘密仅仅是靠自己保密的信息,举证较为困难。

(二)专利与商业秘密的选择

从上面的比较中可以看出,商业秘密和专利在保护上各有利弊。商业秘密保护的优势在于:(1)在保护期限上没有限制,只要所有人能够保守住秘密。(2)获取保护的成本较低,不需要像专利那样有复杂烦琐的申请程序。(3)保护的客体范围比专利广泛,诸如顾客名单或者销售计划之类都受保护。但是,专利法的保护强度更大,如即便存在反向工程、独立开发时,也受保护。(4)商业秘密有时更易于获得进入市场的"领先优势"或者先发优势,即使用商业秘密在先抢占市场之后,即可以获取市场上的领先优势,即使以后商业秘密因公开而不复存在,其进入市场的先发优势仍然可能存续。(5)商业秘密的转让比专利相对困难。受阿波罗悖论的影响,在商业秘密的交易中,持有秘密的一方不愿意透露所有信息,除非潜在的买家做出了交易承诺,但在不知道秘密确切内容的情况下,买家往往不愿意做出交易承诺。这种阿波罗悖论导致商业秘密的转让等交易更为困难。比如,双方可以通过"逐渐增加的披露"达成涉及商业秘密的交易,如在产品展销会上卖方只披露产品的使用结果,不会披露其实现原理,但由于设计原理不透明,潜在的买家无法推断出产品的实现原理,影响买方对于卖方诚意度的判断,进而影响购买决策。专利是公开的,其交易就不存在这样的风险和难题。因此,经营者究竟采取哪一种方式保护其技术信息,应在分析利弊的基础上根据具体情况而确定。

经营者在选择保护方式时可以考虑下列因素:

1. 技术信息生命力的长短。凡是生命力较短的技术信息,采取商业秘密保护可以避免烦琐的登记程序。

2. 技术信息是否易于研究开发。如果技术信息比较容易被他人研究开发出来或者通过反向工程获取,采取商业秘密保护方式就不合适。此类技术信息可能更适合申请专利。

3. 技术信息能否达到专利所要求的新颖性和创造性。不可能达到专利所要求的新颖性和创造性的技术信息,应采取商业秘密保护,以免进行不必要的申请。

4. 技术信息是否易于保密。技术信息需要大量制造并公开销售的,不易于保密,可酌情采取专利保护。如果因技术信息易于丧失秘密性而导致保密费用过高,采取专利权保护比较妥当。

(三)商业秘密保护与自由复制和促进公开的专利政策冲突的问题

20世纪60年代,美国出现了商业秘密保护与专利政策是否冲突的讨论,并最终通过美国最高法院的判决终结了争论。我国对于商业秘密的保护过程中并未发生过此类争议。

1. 与自由复制的专利政策的冲突问题

专利法体现了一种政策,即任何不足以达到取得专利资格所必需的创造性的客体,应当留给公共领域,而任何人都可以复制。美国的判例对此进行了分析。在美国 Sears, Roebuck & Stiffel Co.案[1]中,法院限制对未获专利权的形状和外观的州商标保护,就体现了这种原理。但是,美国判例和著作认为,商业秘密保护与该政策并不冲突,因为商业秘密不属于公共领域的知识,州商业秘密法实际上是防止盗窃和侵占,而不是单纯的复制。所存在的唯一的理论困难是,商业秘密进入公共领域后,法院在商业秘密诉讼中仍然对被告发布禁令,或者实施商业秘密许可协议,在此种情况下,被告被禁止自由利用的是既未获取专利又属于公知信息的东西。但是,由于法院的命令只适用于被告,对他人的自由复制权并无一般性的限制,因而与专利法并无实质性的冲突。

例如,1955 年,艾润逊女士设计了一种新型钥匙座,并将其设计作为商业秘密,许可一家企业独家使用。艾润逊女士也提出了专利申请,但被驳回。与此同时,被许可人开始制造钥匙座。由于是一种简单的设计,其他企业很快搞清楚其制造方法,并开始与被许可人竞争。被许可人提起了要求宣告终止独家许可协议的诉讼,理由是钥匙座的设计已经进入了公共领域。美国最高法院认为,履行合同义务与专利法并不冲突,并非不允许从公知领域获取任何思想。[2]

2. 与促进公开的专利政策的冲突问题

根据阿波罗的信息悖论,经济主体需要信息,以便作出与其经济自利相一致的决定。[3]有关商业秘密的悖论是,在潜在的购买者或者被许可人意欲购买或者被许可使用商业秘密时,商业秘密所有人反而因心存共享商业秘密的顾虑,而经常拒绝许可。商业秘密法则能够规定一些条件,能够在不丧失秘密的情况下进行披露,并能够使经营者在保护其秘密时无须浪费支出或者进行无效率的支出。[4]上述悖论产生了看似不合逻辑的商业秘密法的第三个目的,即由美国最高法院 Kewanee 案导出的立法目的。美国最高法院在该案中不得不解释州商业秘密法并不与专利法的披露目的相抵触,即美国专利法要求专利申请人充分披露其提出申请的发明。美国最高法院认为,商业秘密法与专利法的披露目标并不冲突,因为它有利于信息共享,尽管在共享的规模上较小。废除商业秘密法将会导致知识囤积,而不是知识扩散。这是因为,商业秘密的"相对秘密性"并不意味着绝对保密,而是通过明示的或者默示的保密义务进行保密。[5]

专利法体现的政策是促进信息公开,通过给予极有利的交换条件来达到此种目的,即用一定期限的独占保护换取发明的完全公开。商业秘密则是因保密而受到保护。这就引起了两者政策目标是否冲突的担心。例如,商业秘密保护制度的存在也许会促使一些发明者拒绝此种交易,从而降低技术进步得以公开的程度。

20 世纪 60 年代,美国一些知识产权思想领袖提出,州层面的商业秘密保护法正在侵蚀联邦专利法的基础。美国专利制度已有几个世纪的历史,且写入美国宪法,是"促进科学和实用艺术进步"的正确方式。一些人认为,专利是鼓励创新的唯一正确的方法,部分

---

[1] See 376 U. S. 225,84 S. Ct. 784(1964).
[2] See Aronson v. Quick Point Pencil Co. 440 U. S. 257,99 S. Ct. ,1096(1979).
[3] See Kenneth J. Arrow,Essays in the Theory of Risk Bearing 152(1974).
[4] See Sharon K. Sandeen & Elizabeth A. Rowe, *Trade Secret Law in an Nutshell*, 2nd edition, West Academic Publishing,2018,p. 6.
[5] See Kewanee Oil Co. ,416 U. S. at 484 – 486.

原因是专利需要向社会公众披露，丰富了公众领域的思想，且一旦专利到期，就进入公有领域，由联邦法律建立的专利制度必须凌驾于和优先于州法律，将创新作为秘密加以保护的商业秘密法律损害了专利制度的完整性。[1]

这种争论最终提交到美国最高法院。1974年美国最高法院审理的 Kewanee Oil Co. v. Bicron Corp. 案，[2]需要回答联邦专利法是否优于州商业秘密法，而回答的决定性因素是后者是否妨碍了前者的实施。该案判决明确指出联邦专利法并不优先于州商业秘密法，州法不构成妨碍，专利与商业秘密可以共存。而且，专利法还具有另外一个目的，即鼓励创造性活动，商业秘密保护制度也是促进实现此种目的的，即鼓动革新。[3]可以说，商业秘密和专利虽然在制度定位上有差异，但其目的都在于激励创新，因而商业秘密和专利在立法政策上殊途同归。

当然，这一判决背后的逻辑并不完美。法官的解释是，由于商业秘密并不排斥他人开发同样的商业秘密，商业秘密法对发明的保护比专利法的强度弱得多，因而任何一项发明的理性所有者都不会选择用商业秘密法保护发明。当然，法官也认识到，如果没有商业秘密保护，企业会侧重于从内部获取有价值的信息，而很难信任员工，将导致不得不把更多的预算用于安全措施，因而对创新有害无益。法官还错误地断言，聪明人会选择申请专利而非采用商业秘密保护。事实并非如此。[4]

综观专利与商业秘密保护历史，两者之间相互补充和并行不悖，商业秘密成为专利法之外的一种信息保护的选项，被普遍认为是鼓励和推动创新的重要方式。一个不强制要求竞争对手之间共享信息的体系，必然会使创新的手段更为多元化，进而创造更具多样性的产品。因此，商业秘密保护不仅支持创新，而且鼓励以不同的方式进行信息保护，推动各类创新竞相迸发。[5]

---

[1] 参见[美]詹姆斯·普利：《商业秘密：网络时代的信息资产管理》，刘芳译，清华大学出版社2023年版，第50页。

[2] See 416 U.S. 470, 94 S. Ct. 1879 (1974).

[3] See Roger E. Schecher, *Unfair Trade Practices and Intellectual Protection*, 2nd edition, Weat Publishing Co. St. Pal., Min., 1993, p. 167 – 168.

[4] 参见[美]詹姆斯·普利：《商业秘密：网络时代的信息资产管理》，刘芳译，清华大学出版社2023年版，第50～51页。

[5] 参见[美]詹姆斯·普利：《商业秘密：网络时代的信息资产管理》，刘芳译，清华大学出版社2023年版，第51页。

第四章 商业秘密的秘密性

第一节 秘密性与不为公众所知悉

一、商业秘密的秘密性

秘密性是商业秘密的起始性要件。提起商业秘密诉讼,首先要证明其主张的商业秘密具有秘密性。所有的商业秘密案件都始于认定商业秘密是什么,所主张的商业秘密信息事实上是否属于秘密。[1]

构成商业秘密的信息必须是一个秘密,即不能通过诸如互联网等公开来源获得。秘密性的法律表达是,信息不为普遍知悉和(或)容易取得,也就是通过正当途径不易于取得。商业秘密的秘密性要求是出于公共政策的考量,相当于受保护信息具有相当的新颖性,使其区别于一般知悉和容易获得的知识信息,防止将无关紧要的、显而易见的和低价值的知识信息纳入保护范围。特别是,可以公开获取的信息不能通过专利、版权、商业秘密或者根据反不正当竞争一般原则进行法律保护,乃是一个知识产权法基本的和久已存在的原则。[2] 就商业秘密而言,如美国最高法院在 Kewanee 案中所说:"商业秘密的客体必须是秘密,必须不能是公共知识或者交易或经营中的一般知识。"[3] 这种基本的和一致性的公理写入了现代商业秘密的界定。[4] 因此,商业秘密持有人能否澄清其主张保护的信息是"特殊的"知识而不是一般知识,对于秘密性能否成立至关重要。[5]

商业秘密的秘密性是指商业秘密在相关经济技术领域不为公众所知悉、不为广泛知晓或者不属于通常知识,以及不容易获得。当然,通常都是以否定的方式界定秘密性。如 TRIPs 和《欧盟商业秘密保护指令》称其为"不为通常处理所涉信息范围内的人所普遍知

---

[1] See Sharon K. Sandeen & Elizabeth A. Rowe, *Trade Secret Law in an Nutshell*, 2nd edition, West Academic Publishing, 2017, p.75. "界定商业秘密的存在是一个起点问题(threshold issue),我们首先要着眼于商业秘密中的'财产权利',而不是存在保密关系问题。" See Electric – Craft Corp. v. Controlled Motion, Inc., 332 N. W. 2d 890, 897.

[2] See Elizabeth A. Rowe & Sharon K. Sandeen, *Trade Secret Law: Cases and Materials*, 2nd edition, West Academic Publishing, 2017, p.91. 如美国最高法院所说:"……公众掌握的概念或者如此显而易见而极易掌握的概念,是人人可得创新工具。它们提供了自由竞争的基准。" See Bonito Boats, Inc. v. Thunder Craft Boats, Inc., 489 U. S. 141, 156(1989).

[3] See 416 U. S. 470, 475(1974).

[4] See Elizabeth A. Rowe & Sharon K. Sandeen, *Trade Secret Law: Cases and Materials*, 2nd edition, West Academic Publishing, 2017, p.91.

[5] See Elizabeth A. Rowe & Sharon K. Sandeen, *Trade Secrecy and International Transactions*, Edwar Elgar, 2015, p.41.

道,或不易被他们获得"。《统一商业秘密法》称其为"不为一般知悉以及以通常正当手段不容易获得(not being generally known to, and not being readily ascertainable by proper means)"。此处对于"不为一般知悉"和"不容易获得"采取了并列式规定,意味着各自具有独立的要件含义和目的。但是,用于审查认定是否不为一般知悉的事实,在许多情况下同时又用于决定是否不容易获得。因此,实践中在决定两者的含义时经常有纠结。法院经常事实上不将不容易获得作为独立的因素,而是将其纳入不为一般知悉之中。那些将两者独立看待的法院经常寻找形成所主张的商业秘密所花费的时间、困难和努力的证据,以决定信息是否容易获得。[1] 有些州(如加利弗尼亚州)采纳《统一商业秘密法》时,在商业秘密的界定中删除了容易获得的要求,部分原因是担心商业秘密所有人证明否定事实的难度。但是,在诉讼中容易获得只是不作为原告提供表面证据的事实,而是作为被告抗辩的理由。[2] 按照《统一商业秘密法》的官方注释,这"并不要求信息为公众所一般知悉才使商业秘密权利丧失。如果能够从信息中获益的主要人群知悉,商业秘密就不存在。如一种铸造金属的方法可能不为一般公众知悉,但在铸造业内易于知悉"。为适用为一般知悉的限制,有必要同时知道或者了解在所主张的商业秘密领域的一般知悉状态,以及可适用的行业内的知悉状态。这种方法类似于专利法中的"先前技术"的检索。只有通过比较何为已经广泛知晓或者在特定行业内的知悉,才能决定原告的信息是否属于不为一般知悉。[3] 我国《反不正当竞争法》第9条称其为"不为公众所知悉"。这些具体措辞大同小异,都是同样的意思。

"秘密性"是决定信息是否属于商业秘密的最为重要的因素。它是一项优于其他保护要件的构成要件。[4] 不论开发特定的信息付出多少时间、金钱和努力,只要其不具有秘密性,就不受保护。例如,美国《侵权法重述》(第一版)和《统一商业秘密法》均持这种观点。美国法院指出,秘密性是"各个案件的门槛问题"。[5] 当然,美国法上商业秘密的秘密性属于事实问题。

TRIPs 第39条第2项的秘密性要件的含义有下列方面:客观上的秘密;相对秘密;对公共领域的信息的汇编式重新组合,不能成为否定其秘密性的根据;采取了合理的保密措施。[6] 我国《反不正当竞争法》将秘密性称为"不为公众所知悉"。如果进一步划分,"不为公众所知悉"包含了新颖性与秘密性两重含义。秘密性更着眼于市场竞争的角度,强调商业秘密为少数人知悉或者使用;新颖性更强调技术水准,即技术信息或者经营信息与通

---

[1] See Editions PlayBac, and AvidAir Helicopter Supply, Inc. v. Rolls Royce Corp., 663 F. 3d 966, 873 (2011). See also Elizabeth A. Rowe & Sharon K. Sandeen, *Trade Secret Law: Cases and Materials*, 2nd edition, West Academic Publishing, 2017, p. 94.

[2] See Elizabeth A. Rowe & Sharon K. Sandeen, *Trade Secret Law: Cases and Materials*, 2nd edition, West Academic Publishing, 2017, p. 94.

[3] See Elizabeth A. Rowe & Sharon K. Sandeen, *Trade Secret Law: Cases and Materials*, 2nd edition, West Academic Publishing, 2017, p. 93.

[4] See Carlos M. Correa & Abdulquwi A. Yusuf, *Intellectual Property and International Trade – The TRIPs Agreement*, Kluwer Law International, 1998, p. 247.

[5] Microbiological Research Corp. v. Muna, 625 P. 2d 690, 698, 214USPQ567 (Utah 1988). See also Selection Research, Inc. v. Murman, 230 Neb. 786, 433 N. W. 2d 526, 10USPQ 1356, 1631 (1989).

[6] See Carlos M. Correa & Abdulquwi A. Yusuf, *Intellectual Property and International Trade – The TRIPs Agreement*, Kluwer Law International, 1998, p. 249.

行的技术或经营信息存在差异。当然,秘密性与新颖性密切相关,因而又被概称为秘密性。

商业秘密的经济价值源于其稀缺性,稀缺性的法律表达则是秘密性。与市场上的任何其他商品一样,信息的经济价值可以用稀缺性来说明。用法律术语说,经济概念中的稀缺性就是秘密性。

二、我国法上"不为公众所知悉"的界定

仅从字面含义而言,"不为公众所知悉"只是表达了不普遍知悉的含义,而不包含不容易取得的另一层含义。以前的行政规章和司法解释曾经以"不能从公开渠道直接获取""不能从公开渠道直接获得"的内涵界定"不为公众所知悉"。例如,原国家工商行政管理局在《关于禁止侵犯商业秘密行为的若干规定》第2条第2款规定:"本规定所称不为公众所知悉,是指该信息是不能从公开渠道直接获取的。"最高人民法院《关于审理科技纠纷案件的若干问题的规定》第51条第2款第1项规定的非专利技术成果应"处于秘密状态,即不能从公共渠道直接获得",似乎是对"不为公众所知悉"的解释。这些界定并不全面。

我国《反不正当竞争法》对于"不为公众所知悉"的含义未作规定,司法解释进行了明确界定。《2007年反不正当竞争司法解释》第9条将"不为公众所知悉"解释为"有关信息不为其所属领域的相关人员普遍知悉和容易获得"。这意味着"不为公众所知悉"应当同时具备不为"普遍知悉"和"并非容易获得"两个具体要素。该界定借鉴了TRIPs第39条第2项在未披露信息的条件中的规定,即"在下列意义上属于秘密,即其作为一个整体或者作为其各部分的具体构造或者组合,不为通常触及此种信息的领域的人们普遍知悉或者容易获得"。此处表达的是"普遍知悉或者容易获得",即"普遍知悉"与"容易获得"之间是选择的关系。但是,TRIPs第39条第2项规定的"普遍知悉或者容易获得",应该指两者缺一不可,而不是选择其一。因为,容易获得的信息没有作为商业秘密进行保护的必要。《2007年反不正当竞争司法解释》的草稿曾一直采用这种表达,如2005年4月22日草稿第26条写道:"《反不正当竞争法》第10条第3款规定的'不为公众所知悉',是指有关的技术信息和经营信息作为一个整体或者其各部分的具体排列组合,不为相关领域的人普遍知道或者容易获得。"2006年8月15日的草稿将其简化为"不为信息所属领域的相关人员普遍知悉或者容易获得"。此稿之后,将其中的"或者"改为"和",更加明确地表示"普遍知悉"与"容易获得"不是选择性的要求,而必须同时具备。

将"或者"改为"和"的主要考虑是:(1)TRIPs的上述规定乃是提供给各成员选择用的版本,为成员的国内立法留下了余地,并不要求必须照搬照抄地接受,没有必要亦步亦趋。(2)从"不为公众所知悉"的目的看,应当肯定"普遍知悉"与"容易获得"的并列关系,即二者体现了逻辑上的递进关系,不仅"不为公众普遍知悉",而且"不易获得"的信息,才可以构成商业秘密,否则会使极易获得的信息被人垄断。(3)"不易获得"作为在非公知信息之外另设的限制,具有限定信息范围的门槛意义。

《2020年商业秘密司法解释》第3条规定:"权利人请求保护的信息在被诉侵权行为发生时不为所属领域的相关人员普遍知悉和容易获得的,人民法院应当认定为反不正当竞争法第九条第四款所称的不为公众所知悉。"该规定增加了"在被诉侵权行为发生时"的时间限定,其他实质性内容与《2007年反不正当竞争司法解释》第9条一致。

由于侵犯商业秘密的判断当然是以侵权行为发生之时存在商业秘密为前提,"不为公众所知悉"当然是指"在被诉侵权行为发生时"的状态,这是不言而喻的。如在(2016)最高法民申2161号案中,为证明其主张保护的信息具有秘密性,原告提交了技术成果查新报告、鉴定报告、另案判决书。但是,法院认为:技术成果查新报告、鉴定报告的形成时间早于被诉侵权行为发生时约十年之久;虽然另案判决书认定涉案信息构成商业秘密,但是距被诉侵权行为发生时亦有数年之久。因此,该等文件不能成为涉案信息构成商业秘密的当然依据。更何况,被告提交的证据可以证明涉案信息已经公开,而原告并未提供进一步证据证明涉案信息仍然处于不为公众所知悉的状态。

"不为公众所知悉"的核心元素有二:(1)属于相对秘密,即不要求除权利人以外的任何人都不知悉,而只要求"不为所属领域的相关人员"所普遍知悉;(2)新颖性或者秘密性,即达到并非"普遍知悉和容易获得"的程度即可,不要求较高的新颖性。"不为公众所知悉"的技术信息和经营信息可以构成商业秘密,其门槛并不太高,因而商业秘密保护范围是广泛的,从略高于公知信息的技术到完全符合专利所要求的新颖性的技术,都可以同样地纳入商业秘密的保护范围。"不为公众所知悉"主要是要求作为商业秘密的信息要有一定的新颖性,只是对这种新颖性的要求较低,达不到专利所要求的新颖性的高度,即只要与众所周知的信息有最低限度的区别或者新意就可以认定具有这种新颖性。亦如美国最高法院判决所说,受商业秘密保护的信息材料必须满足最低标准的新颖性和创造性,以避免将商业秘密保护扩展到所属行业内的一般的或者共同的知识。[1]

例如,在上诉人四川某化工公司与上诉人山东某化工公司、宁波某咨询公司、宁波某设计公司、尹某某侵害技术秘密纠纷案[2]中,最高人民法院二审判决指出,所谓的"不为公众所知悉"是指有关信息不为其所属领域的相关人员普遍知悉和容易获得。一般说来,普遍知悉或者容易获得均不要求相关信息已必然为某个具体的人所知悉或者获得,只要该相关信息处于所属领域相关人员想知悉就能知悉或者想获得就能获得的状态,或者所属领域相关人员不用付出过多劳动就能够知悉或者获得该相关信息,就可以认定其为所属领域的相关人员普遍知悉或者容易获得。该案中四川某化工公司的设备图及工艺数据表、管道仪表流程图(PID图)、设备布置图、管道布置图、工艺操作指南属于不为公众所知悉的技术信息。首先,涉案技术信息是企业自行设计的非标设备及工艺流程参数信息,主要为计算机应用软件绘制、表达的工程图形信息,现有证据不能证明其已经在先公开。其次,对于不同三聚氰胺生产企业而言,其使用的生产设备及其连接方式、工艺流程的步骤和控制方法往往基于企业自身的规模、技术实力、技术路线、实践经验等具有各自的特点。四川某化工公司的设备图、PID图是根据其自身生产工艺对参数优选数值的有机组合,需要经过大量技术研发试验、检验筛选才能够获得,而且涉案技术信息无法从公开渠道获取,更无法通过观察、分析生产出来的三聚氰胺产品而直接获得。此外,关于各方当事人二审仍持有争议的宁波某设计公司原审提交的证据1,最高人民法院经审查该证据的内容认为,该证据并不能证明涉案技术信息已为公众所知悉。理由如下:其一,基于与最高人民法院评述宁波某设计公司二审提交的七份证据相同的理由,该原审证据1在网站上显示

---

[1] See Kewanee Oil Co. v. Bicron Corp. ,416 U. S. 470,476(1974).
[2] 参见最高人民法院民事判决书,(2022)最高法知民终541号。

的上传时间并不能证明其所载文档内容实际上传网络的时间即公开时间,更不能用于证明其公开时间早于被诉侵权行为发生时,而仅能证明文章内容于公证取证时公开。其二,该证据中所载的内容并未公开涉案技术信息,不能用于否定涉案技术信息的秘密性。宁波某设计公司举示该证据用于否定四川某化工公司提供的PID图上所承载的技术信息的秘密性,而该证据中记载的内容与PID图上的技术信息并不相同,故未公开四川某化工公司PID图上所承载的技术信息。其三,该证据文档名称为"三聚氰胺工艺工程概述",虽然与四川某化工公司主张的技术秘密载体之一工艺操作指南中"第四章 工艺过程概述"部分内容有文字上的相同,但涉及的数据参数并不相同,而且四川某化工公司主张工艺操作指南承载的秘密技术信息为液相投料、反应器停止投料、切换尿素喷嘴的操作步骤,但该证据中披露的相应技术信息中并不涉及上述液相投料、反应器停止投料、切换尿素喷嘴的操作步骤,因此,该证据实质上也未公开工艺操作指南中的技术信息。

在百年梦公司、翔鹰公司与三六零公司、柳某、刘某某、金某某不正当竞争纠纷案[1]中,一审法院判决认为,百年梦公司主张的技术信息或者其内容部分已被翔鹰公司提交的公开出版物、国家标准等证据内容所披露,属于相关领域技术人员容易推导计算的内容,为公众所知悉;部分内容无法确定技术信息的权利归属于百年梦公司;部分信息仅为相关技术的一般原理、原料及工艺流程介绍,并非具体的可用于实施的技术方案。百年梦公司无直接证据证明其主张的侵权行为,未展示翔鹰公司的具体产品或产品实施的技术,亦未提供证据说明翔鹰公司如何使用了其具体经营信息。在案证据亦未完整展示商业秘密可能转移的具体节点。百年梦公司提交的初步证据尚不能合理表明商业秘密被侵犯,其侵权主张无事实依据,不予支持。据此,驳回江苏百年梦新能源科技有限公司的诉讼请求。[2]二审判决认为,诉争12项商业信息均为百年梦公司合法掌握的商业信息。其中技术信息3、8、10为概括性描述,并不是明确、具体的技术信息。当事人主张通过商业秘密来寻求保护的技术信息,应当是明确、具体的技术信息,而不能是笼统、抽象的上位概念。所属技术领域中的上位概念由于缺乏明确、具体的技术信息细节,一方面导致当事人主张的技术信息范围难以准确确定以合理予以保护,因为笼统、抽象的上位概念容易夸大保护范围而损

---

[1] 参见最高人民法院民事判决书,(2021)最高法知民终814号。
[2] 具体而言,一审判决指出,百年梦公司主张的技术信息1~15涉及正极材料及前驱体的生产技术,主要内容是产品的基本原理、一般工艺流程、产品中锂、钴、锰等元素的含量、比例,其内容均已被翔鹰公司提交的公开出版物、国家标准等证据内容所披露,具体物料衡算的过程属于相关领域技术人员容易推导计算的内容,因此亦为公众所知悉。技术信息16~21涉及三元和NCA锂电池正极材料项目的生产技术,主要内容是相关原料、工艺流程,其中技术信息16、17、20、21的内容属于相关领域技术人员从翔鹰公司提交的证据公开披露内容中容易得到的信息。技术信息18包括对产品性能指标、技术优势的描述,但不包括实现指标和技术性能的具体技术手段等技术内容,前述内容属于相关领域技术人员从已公开披露内容中容易得到的信息;技术信息18中相关图表的内容不清楚,百年梦公司未从中提炼出进一步的技术内容,无法将其纳入商业秘密进行评价。技术信息19中电子炉的技术信息涉及相关设备性能、指标和参数,体现在《辐道式电阻炉技术规格书》中,规格书中显示供方及设计方为汇科公司,在无进一步证据佐证的情况下,无法确定其权利归属于百年梦公司。技术信息19中另外一部分内容亦系相关设备的规格、参数等,其载体为百年梦公司与湖南清河重工机械有限公司(以下简称清河公司)签订的《工矿产品购销合同》及附件,上述材料显示设备供方为清河公司,同理,在无进一步证据佐证的情况下,无法确定该部分技术信息权利归属百年梦公司。技术信息22、23涉及金属回收及重新利用,均不构成技术秘密。此外,对于百年梦公司主张的构成商业秘密的上述技术信息,大部分信息仅为相关技术的一般原理、原料及工艺流程介绍,并非具体的可用于实施的技术方案,从技术角度而言不具有其所主张的商业价值。

害其他人的正当权益;另一方面该类技术信息也难以在特定生产经营活动中被加以运用,缺乏实用性,自然不具有通过技术秘密加以保护的实际意义(必要性)。故技术信息3、8、10不应当作为技术秘密予以保护。

在罗某诉某电子有限公司侵犯商业秘密案中,罗某于2000年4月27日撰写完成了旨在促销南方高科手机的策划方案,其经营要点是:(1)顾客可在使用高科手机打通第一个电话后再付款购机;(2)顾客在购买高科手机后88天内,如手机出现质量问题,最高可得到100,000元经济赔偿;(3)向顾客承诺在购买高科手机后9天内退机、换机,并保修;(4)在各销售柜台上增设服务监督牌;(5)向顾客赠送服务监督卡;(6)进行上门服务;(7)厂家与电信部门联手合作;(8)诚邀顾客为高科手机提意见;等等。2001年11月13日至28日,某电子有限公司在全国90多个城市开展了针对其A6188、P7689两款手机的"信心保证——7天零风险购机"的市场推广活动,向顾客承诺在购买上述两款手机后7天内,如对产品不满意,可持有关凭证到原购机店退机或换机。另外,该公司曾于1998年11月9日至15日在销售其CD928型手机时,开展促销活动,承诺"凡在某电子有限公司指定零售店购买该型手机正货者,10天内如有任何不满意,可到原购买点享受免费退换服务"。罗某以该公司以不正当手段获取其商业秘密为由,起诉该公司。

一审判决认为,某电子有限公司1998年11月的商业促销方式已体现了一定条件下的"零风险购机"的经营特点,在当今市场经济活动中,通过免费退货以达到促销目的的商业运行理念和做法,在罗某的策划书之前已经存在,且众所周知。因此在罗某的"策划书"中所反映的"零风险购机"经营策略不构成商业秘密。此外,罗某也不能证明该公司曾经采取了不正当手段实施侵权行为。故一审判决驳回罗某的诉讼请求。罗某提起上诉以后,二审判决认为一审事实清楚,适用法律正确,判决驳回上诉。

该案中,因原告主张的"零风险购机"经营策略为众所周知,不符合商业秘密的条件,不能构成商业秘密。

在上诉人四川省广汉市三丰科技实业有限公司因与被上诉人四川省环保建设开发总公司、高某明、四川省绿色环保产业发展有限公司、四川省内江机械厂侵害技术秘密纠纷案中,最高人民法院二审判决对于争议技术信息已为公众知悉作出如下阐述:在本案二审期间,本院针对三丰科技公司对鉴定组织单位四川省建设委员会出具的《技术认定意见》提出的专业技术问题,通知参加本案鉴定的五位鉴定人到庭接受询问并进行当事人互相质证,四川省建设委员会也派代表出庭。到庭鉴定人证实,三丰科技公司所主张的11项自有技术要点,有的已规定在行业标准中,有的已在使用中公开并见之于公开的出版物,故该公司的"生活垃圾无害化资源化处理工艺与利用技术"属于公知公用技术。其中,关于"工艺流程和生产线设备布置"和"总体设计方案和物料的取舍",在1993年8月实施的中华人民共和国行业标准《城市生活垃圾好氧静态堆肥处理技术规范》(CJJ/T 52-93)中,已规定了相同的一次性发酵工艺和二次性发酵工艺,混合进料和分选进料两种基本进料工艺流程。在国家科委社会发展科技司、建设部科技发展司编写的《城市垃圾处理技术推广项目》(1992年6月中国建筑工业出版社出版)一书中,登载了上海、无锡、杭州、武汉等11家公司的静态好氧堆肥技术,它们与上诉人的工艺技术方案实质相同。关于"生化车间的通仓式结构",早在北京市通州区、上海市、桂林市等地使用,上诉人主张的风量、风压等参数,上诉人并未具体写明,而在行业标准CJJ/T 52-93、CJ/T 3059-1996中已有明确的规定和要求。关于"设置匀质库"技术要点,其功能实质上起到二次发酵作用,对于改善堆肥制品质量(均匀性)是有益的,但属于一般技术措施,且常州垃圾处理厂已使用这样的技术。关于"专用土建设计方案",需根据工艺技术要求和相关制约条件,如地形、地质、气候等进行设计提出,属常规技术。关于"典型的设备安置和选型",与该领域工艺技术相关,属于常规的技术措施。关于"污水循环,减污、接种一举多得",已在行业标准CJJ/T 52-93 第5.2.4 条和CJJ/T 3059-1996 第3.2.8 条中作出规定,至于该方案中设计使用几个水池,由工艺技术决定,可以有自己的特点,但应属于一般技术措施。关于"综合利用减容量达90%以上",据现场查看此技术措施如"人工分选废塑料粒""可燃物焚烧",仍属于一般技术措施。关于"八角形多功能筛分机滚筒筛的巧妙利用",上海、天津、北京等地已公开使用这种技术;在行业标准CJ/T 29.4-91 和CJJ/T 52-93 中均已对用于筛选垃圾的滚筒筛从定义到主要技术条件做了明确的表述;上诉人称其技术方案"喂料机与八角滚筒筛巧妙配合",但并没有指出具体的巧妙之处;等等。[1]

在上诉人搏盛种业公司与被上诉人华穗种业公司侵害技术秘密纠纷案[2]中,"W68"在被诉侵权行为发生时是否不为公众所知悉,具有秘密性,搏盛种业公司上诉称,华穗种业公司及其利害关系人已经将"W68"作为产品销售,华穗种业公司委托种子繁育公司的制种行为导致"W68"成为商品被农民公开销售,因此"W68"不属于商业秘密。对此,最高人民法院判决认为,亲本是育种者最为核心的育种材料,通常不会进行公开买卖销售。育种者通常会委托种子繁育公司扩繁亲本进行制种,但委托制种的行为并非销售亲本的行为。《民事诉讼法》(2021年修正)第67 条第1款规定,当事人对自己提出的主张,有责任提供证据。搏盛种业公司主张华穗种业公司将"W68"作为商品进行公开销售,对此有提供证据予以证明的责任,但搏盛种业公司未提交任何证据加以证明。在二审庭审中,搏盛种业公司称可以在市场上随时购买到"W68"种子,但明确拒绝向法院提供销售"W68"种子的主体信息,既难以证明其所称的可以通过市场购买得到的种子即为"W68"种子,又难以证明该购买渠道合法。搏盛种业公司对于其主张"W68"属于公开销售的品种或者"W68"已被推广应用的事实并未举证证明,因此不足以证明"W68"已经脱离了华穗种业公司的控制,处于公众容易获得的状态。

搏盛种业公司上诉认为"万糯2000"的审定公告对"W68"及其来源予以了披露,"W68"已经为公众所知悉,不属于商业秘密。对此,最高人民法院认为,"W68"作为商业秘密保护的客体是否为公众所知悉,应当以其是否为所属领域的相关人员普遍知悉和容易获得为标准,同时是否为公众所知悉的对象应当是指具体的技术信息内容,而非只是技术信息的名称或代号。权利人对育种材料的实际控制是利用其遗传信息进行育种的关键,尚未脱离权利人实际控制、依法采取保密措施的育种材料难以满足为所属领域的相关人员普遍知悉和容易获得的构成要件,即具有秘密性。本案中,"W68"属于不为公众所知悉的育种材料,主要理由如下:

第一,对于选择育种而言,从杂种第一次分离世代开始选株,分别种成株行到以后世代的选育,均是在优良的系统中选择优良单株,直到选出优良一致的品系。为便于考查株

---

[1] 参见最高人民法院民事判决书,(2000)知终字第2号。
[2] 参见最高人民法院民事判决书,(2022)最高法知民终147号。

系历史和亲缘关系,对各世代中的单株、株系均予以系统的编号。"W68"仅是育种材料的编号,是育种者在作物育种过程中为了下一步选择育种而自行给定的代号,其指向的是育种者实际控制的育种材料。虽然特定编号如"W68"代表了育种者对自然界的植物材料选择驯化形成的特定遗传基因,但是特定遗传基因承载于作物材料中,脱离作物材料本身的代号并不具有育种价值,对育种材料的实际控制才是利用其特定遗传信息的前提。在创造变异、选择变异、固定变异的育种过程中,作物代号仅用于标注遗传信息的来源,只凭借品种审定公告中披露"W68"的名称信息,并不能实际知悉、获得、利用"W68"育种材料所承载的特定遗传信息。由于育种创新的成果体现在植物材料的特定基因中,无法将其与承载创新成果的植物材料相分离,公开该代号并不等于公开该作物材料的遗传信息,在该作物材料未脱离育种者控制的情况下,相关公众无法实际知悉、获得、利用该代号所指育种材料的遗传信息。因此,公开代号的行为并不会导致其所指育种材料承载的遗传信息的公开。

第二,审定公告记载"万糯2000"以"W67"为母本、以"W68"为父本杂交,披露了"W68"是用万6选系与万2选系杂交后,经自交6代选育而成。该事实证明"W68"的育种来源已经被公开,但不能证明"W68"本身属于容易获得的育种材料,丧失了不为公众所知悉的秘密性。首先,万2选系和万6选系作为选育亲本的作物材料,按照育种领域的惯例,是作物育种的核心竞争力,通常育种者并不进行公开销售,公众难以获得。搏盛种业公司并无证据证明万2选系和万6选系属于公共育种资源。而如果没有万2选系和万6选系的育种来源,则难以进行选择育种进而获得稳定的自交系"W68"。其次,杂交育种涉及杂交亲本的选配、杂交技术与杂交方式的确定、杂交后代的选择等育种阶段,需要进行大量的选种制种工作,且杂交的结果并不唯一。在通过杂交创造变异的群体,然后在变异的群体中选择变异,自交后稳定变异,最后形成纯系品种的选育过程中,各世代要经历选择变异和稳定变异的环节。因此,退一步而言,即便能够获得万2选系和万6选系,在选育自交系亲本的过程中,育种者面临对优良单株、株系的选择时,在子代的选择中具有一定程度的不确定性。对于玉米制种而言,即使在公开亲本自交系的选育来源以及作物目标的情况下,不同的育种者得到的纯系品种也不可能完全一致。因此,即便能够利用万2选系和万6选系进行杂交育种,获得的自交系也并不必然是"W68",不能仅从公开"W68"的育种来源推定得出"W68"已为公众所知悉。

第三,搏盛种业公司上诉认为"万糯2000"公开销售的事实导致其亲本"W68"丧失秘密性,主张"W68"可以通过公开销售的"万糯2000"获得。对此,最高人民法院认为,尽管玉米杂交种是由其亲本杂交育种获得,但是基于玉米杂交繁育特点和当前的技术条件,从杂交种反向获得其亲本的难度很大。反向获得的难易程度与所付出的成本呈正相关性,需要付出的成本越高则反向获得的难度越高,反向获得的可能性就越小。从已公开销售"万糯2000"的事实是否可以推定得出其亲本"W68"丧失秘密性,需要审查通过"万糯2000"获取其亲本"W68"的所付出的成本,从而判断是否容易获得。很显然,从子代分离出亲本并培育亲本并非普通育种者不付出创造性的劳动就容易实现。如果不通过对"万糯2000"进行专业的测序、分离,难以获得其亲本,更难以保证获得的亲本与"W68"完全相同。搏盛种业公司也并未提供任何证据证明通过"万糯2000"可以容易获得其亲本"W68"。因此,公开销售"万糯2000"的事实不能当然导致其亲本"W68"为公众容易获得,更不能得出亲本"W68"丧失秘密性的结论。

搏盛种业公司上诉认为,华穗种业公司并没有对"W68"采取足够的保密措施,因此不应当作为商业秘密受到保护。对此,最高人民法院认为,权利人在被诉侵权行为发生以前采取了合理保密措施,在正常情况下足以防止商业秘密泄露的,人民法院应当认定权利人采取了作为商业秘密法定构成要件的"相应的保密措施"。人民法院认定保密措施时,应当考虑保密措施与商业秘密的对应程度。植物生长依赖土壤、水分、空气和阳光,需要进行光合作用,"W68"作为育种材料自交系亲本,必须施以合理的种植管理,具备一定的制种规模。在进行田间管理中,权利人对于该作物材料采取的保密措施难以做到万无一失。因此,对于育种材料技术信息的保密措施是否合理,需要考虑育种材料自身的特点,对于采取合理保密措施的认定不宜过于严苛,应以在正常情况下能够达到防止被泄露的防范程度为宜。

华穗种业公司在一审中提交了该公司的保密制度以及其与"万糯2000"玉米新品种的育种者、公司高管、委托制种企业签订的保密协议。结合华穗种业公司在二审中提交的证据,经法院审查,对内而言,华穗种业公司内部有保密制度,规定了公司育种技术资料、育种样品以及育种亲本等繁殖材料属于公司秘密,不得泄露,规定了公司相关人员在任职期间以及离职后的一定期间对种子育种方法、育种亲本以及用于繁育种子的技术资料、繁殖材料等商业秘密进行保密,离职时应当将自己持有的所有商业秘密资料等物品移交指定人员并办妥相关手续,否则承担违约责任;对外而言,华穗种业公司与其有委托制种关系的案外人金源种业公司签订的《委托繁种合同》中约定,繁育品种名称予以代号,金源种业公司按计划生产的合格种子全部交给华穗种业公司,不得截留和自行销售,并对华穗种业公司提供的自交系负责保密,不得向外扩散。在金源种业公司委托前述村民委员会制种的繁育合同中,约定亲本种子不外流、不自留。还需要指出的是,在制种基地,相关行政管理部门要求受委托制种的生产者进行备案,备案内容要求完整,特别是要求委托生产合同齐全,品种权属以及亲本来源清晰,生产品种以及面积与合同约定相一致,上述内容属于生产者在履行合同时应当承担的义务,也是制种散户在履行委托制种合同时应当承担的义务。委托育种合同的受托人擅自扩大委托育种合同的生产繁殖规模、私自截留、私繁滥制、盗取亲本的行为均属于违法违规行为。而且,该案并无证据证明"W68"已被受委托制种单位非法披露、扩散。根据《2020年商业秘密司法解释》第6条的规定,综合考虑杂交育种的行业惯例、繁育材料以代号称之、制种行为的可获知程度等因素,华穗种业公司采取的上述避免亲本被他人非法盗取、获得及不正当使用的保密措施,符合商业秘密法定构成要件的"相应的保密措施"。

综上,"W68"属于反不正当竞争法下商业秘密保护的客体,作为通过育种创新获得的具有育种竞争优势的育种材料,具有商业价值,不为所属领域的相关人员普遍知悉也不容易获得,且经权利人采取了相应的保密措施,符合商业秘密的构成要件,依法应当受到反不正当竞争法的保护。

在再审申请人麦达可尔公司与被申请人华阳公司侵害商业秘密纠纷案中,对于华阳公司主张的由43家客户信息所组成的客户名单是否构成商业秘密,首先,华阳公司主张的奉化斯丽特厨卫用具厂等43家与华阳公司有稳定交易关系的客户的信息包括客户名称、品名、货品规格、销售订单数量、单价、联系人、电话、地址。这些信息既有客户名称、地址、联系方式,又有交易产品、交易价格、交易数量等深度信息。虽然部分客户的名称、电话、地址等信息可以通过公开途径查询得知,但是客户名称、电话、地址与交易内容等深度信息结合所形成的信息集合,并不为其所属领域的相关人员普遍知悉和容易获得。其次,华阳公司对上述信息采取了与其商业价值相适应的合理保护措施。具体包括与员工签订保密协议以及使用需输入登录用户名及密码方可进入的 ERP 系统对上述信息进行管理。最后,上述信息具有现实的或者潜在的商业价值,能为权利人带来竞争优势。华阳公司积累上述数量众多、内容丰富的客户信息,必然会付出大量人力、物力、财力。拥有这些信息,尤其是有稳定交易关系的客户信息,可以畅通产品销路,保持稳定的产品销售量,形成同行业的竞争优势。获取这些信息的企业,可以越过开拓市场的初始期,迅速打开同类产品的销路,获得相应的市场利益。综上,华阳公司主张的客户信息具备秘密性、保密性、价值性和实用性,符合商业秘密的构成要件。华阳公司与奉化斯丽特厨卫用具厂等 43 家客户交易中所掌握的客户名称、品名、货品规格、销售订单数量、单价、联系人、电话、地址,构成商业秘密。

二审法院认为,(1)关于客户名单的秘密性问题。首先,从客户名单的内容上,华阳公司主张的 43 家客户信息不仅包含了客户名称、地址、联系人、电话等一般信息,还包含了联系方式、订单日期、商品名称、规格、销售数量、成交单价等区别于公开渠道信息的深度信息;其次,从客户名单的客户数量上,华阳公司主张的包括奉化斯丽特厨卫用具厂等 43 家客户,符合客户众多的特点;最后,从客户名单中与客户交易的情况看,上述 43 家客户在 2014~2015 年与华阳公司的交易次数均在 5 次以上,形成了长期、稳定的交易关系。综上,《2007 年反不正当竞争司法解释》第 13 条第 1 款规定:"商业秘密中的客户名单,一般是指客户的名称、地址、联系方式以及交易的习惯、意向、内容等构成的区别与相关公知信息的特殊客户信息,包括汇集众多客户的客户名册,以及保持长期稳定交易关系的特定客户。"因此,华阳公司主张的 43 家客户信息符合上述法律的规定,具有秘密性的特征。(2)关于客户名单的保密性问题。华阳公司对 43 家客户信息采取了合理的保密措施,包括华阳公司与其员工签订保密协议,43 家客户信息均存储于华阳公司 ERP 系统中,公司员工需要使用用户名及密码才能登录 ERP 系统。王某刚作为华阳公司的高级管理人员,负有保守公司商业秘密的法定义务;张某星、刘某与华阳公司签订了保密协议,应当认定华阳公司采取了保密措施。(3)关于客户名单的价值性问题。43 家客户信息具有现实的或者潜在的商业价值,能为华阳公司带来竞争优势,故上述客户名单具有实用性和价值性。综上,华阳公司的 43 家客户信息符合商业秘密的秘密性、保密性、实用性、价值性的构成要件,一审法院认定华阳公司的 43 家客户信息属于商业秘密中的客户名单,并无不当。[1]

最高人民法院再审判决[2]认为,根据华阳公司提交的证据,华阳公司对其客户名单采取了保密措施,也进行了相关的交易,但其是否属于反不正当竞争法保护的商业秘密,判断要件应根据法律和司法解释进行判断。本案中,根据麦达可尔公司提供的公证书,前

---

[1] 参见天津市高级人民法院民事判决书,(2018)津民终 143 号。
[2] 参见最高人民法院民事判决书,(2019)最高法民再 268 号。

述43家客户信息可以通过网络搜索得到。根据华阳公司提供的43家被侵权客户名单(2012~2015年),客户名单主要内容为:订单日期,单号,品名,货品规格,单位(桶或个),销售订单数量,单价,未税本位币,联系人,电话,地址。根据该客户名单,该表格为特定时间段内华阳公司与某客户的交易记录及联系人。首先,在当前网络环境下,相关需方信息容易获得,且相关行业从业者根据其劳动技能容易知悉;其次,关于订单日期,单号,品名、货品规格,销售订单数量、单价、未税本位币等信息均为一般性罗列,并没有反映某客户的交易习惯、意向及区别于一般交易记录的其他内容。在没有涵盖相关客户的具体交易习惯、意向等深度信息的情况下,难以认定需方信息属于反不正当竞争法保护的商业秘密。

华阳公司称其43家客户名单交易信息能够反映不同客户的特殊产品需求和交易习惯。根据华阳公司提供的证据,华阳公司43家被侵权客户名单(2012~2015年),其销售的产品品名及货品规格为SK-221(25L)、奥科斯-1(25L)、9600塑料喷壶(600mL)、SK-237(25L)、速可洁-Ⅰ(25L)、涤特纯-Ⅲ(20L)、SK-632(20L)、斯帕克(25L)等;43家客户中既有奉化斯丽特厨卫用具厂、宁波巨隆机械股份有限公司等制造生产类企业,也有宁波市恺丰文具礼品有限公司等经营文具礼品类的公司,对于经营文具礼品类企业而言,难以说明采购的产品反映了客户的特殊需求。此外,根据前述证据,以SK-221(25L)和速可洁-Ⅰ(25L)为例,购买SK-221(25L)产品有奉化斯丽特厨卫用具厂、宁波市北仑豪业精密模具有限公司、宁波金耀机械有限公司、宁波北仑东恩精密机械有限公司、宁波乐群电子有限公司等。购买速可洁-Ⅰ(25L)有宁波佳利塑胶有限公司、宁波市恺丰文具礼品有限公司、普中(厦门)科技有限公司、宁波博威合金材料股份有限公司、宁波胜克换向器有限公司、宁波通用塑料机械制造有限公司、宁波海太工贸有限公司、宁波金氏实业有限公司、厦门香江塑化有限公司、陕西奉航橡胶密封件有限责任公司、陕西航空电气有限责任公司、中航飞机股份有限公司陕西制动分公司、厦门革新金属制造有限公司、西安航空动力控制科技有限公司、宁波金耀机械有限公司等。以速可洁-Ⅰ产品为例,在华阳公司列出的43家客户中就有30家购买,占比约为69.76%,难以证明其销售的产品反映了客户的特殊产品需求,更难以证明其反映了客户的特殊交易习惯。

此外,根据麦达可尔公司提供的对比表,43家客户名单中重要信息相关联系人及电话号码,与华阳公司请求保护的均不相同的占比约为86%,联系电话不同的占比约为93%,且26家客户提交证明其自愿选择麦达可尔公司进行市场交易。考虑本案双方均为工业清洗维护产品研发、生产和销售的企业。产品范围主要包括清洗剂、润滑剂、密封剂等工业化学品,由于从事清洗产品销售及服务的行业特点,客户选择与哪些供方进行交易,不仅考虑相关产品的性能、价格等信息,也会考虑清洗服务的质量,在联系人、联系电话较大比例不相同的情况下,也难以认定麦达可尔公司使用了华阳公司43家客户名单相关信息进行市场交易。

在再审申请人鹏晖公司、海容公司与再审申请人华氏流体公司等侵害商业秘密纠纷案[1]中,最高人民法院驳回再审申请裁定指出,本案中涉案技术信息在关联刑事案件中历经多次司法鉴定,综合比较鉴定结论,足以认定涉案自动自清洗过滤器技术、吊车激光

---

[1] 参见最高人民法院民事裁定书,(2018)最高法民申4529号。

定位导航系统技术和全自动树脂锚固剂生产线技术具有非公知性，其涉及原理或个别组成部分的公开不影响上述信息在整体上"不为公众所知悉"的特性，王某晖、刘某、鹏晖公司、海容公司虽对鉴定结果持有异议，但未提出相反证据予以佐证，故法院对其主张不予采信。华峰四公司在本案中主张的经营信息涉及各公司就生产、销售、宣传过程中所收集、整理、发现、汇总的，具有识别性的特殊客户信息和合同、技术协议、保密协议、经营计划、客户资料明细、供应商明细、员工出差报告、员工工作日志、员工工作交接记录、客户管理模式、客户管理方法、工程进度表、电子邮件等，体现了其针对不同客户拟进行的项目管理运作信息等。通过在案证据可知，前述信息系华峰四公司在生产经营过程中在花费大量时间和金钱成本的基础上积攒的，具有明显区别于公有领域信息的特性，故也符合"不为公众所知悉"的特性。鉴于涉案技术信息和经营信息系与华峰四公司生产经营密切相关的无形资产，且为公司带来了丰厚的利润，公司为避免上述信息进入公有领域亦采取了诸多措施，如出台相应规范性制度、与相关人员进行合同约定、设定接触权限等，故可认定华峰四公司对涉案"具有实用性"的信息"采取了保密措施"。因此，一审、二审法院在生效关联刑事案件已查明事实的基础上，认定涉案技术信息和经营信息构成商业秘密，并无不当。

司法实践中有大量的裁判对于"不为公众所知悉"进行阐释和认定。

模德模具（苏州工业园区）有限公司诉白某、天津格泰模具有限公司侵犯经营秘密纠纷案涉及相关信息"不为公众所知悉"的判别内容应包括不为普遍知悉和容易获得两方面。二审判决认为，"不为公众所知悉"即秘密性，是相关信息作为商业秘密得以保护的首要条件。对秘密性的判别应以生产要素组合为特征的经济活动来确定相关信息所属的范围，其判别内容包括不为普遍知悉和容易获得两个方面。[1]

北京一得阁墨业有限责任公司与高某茂、北京传人文化艺术有限公司侵害商业秘密纠纷申请再审案涉及被列为国家秘密技术项目的产品，其配方信息在解密前应认定为不为公众所知悉。最高人民法院认为，国家秘密是关系国家的安全和利益，依照法定程序确定，在一定时间内只限一定范围的人员知悉的事项。《反不正当竞争法》所指的不为公众所知悉，是指有关信息不为其所属领域的相关人员普遍知悉和容易获得。国家秘密中的信息由于关系国家安全和利益，是处于尚未公开或者依照有关规定不应当公开的内容。因此，被列为国家秘密技术项目的产品，其配方信息在解密前应认定为不为公众所知悉。[2]

程某及其公司诉某房地产开发（集团）有限公司侵害商业秘密纠纷案，涉及从海量商业信息中通过调查、筛选、与政府磋商、分析等特定经营活动中获得的有关经营信息，被认定为具有"不为公众所知悉"的特点。最高人民法院认为，权利人主张的经营信息，需要与政府部门商议，对当地房地产市场做相应的咨询或调查，也就是需要付出一定代价才能获得。从海量的房地产开发信息中通过调查、筛选、与政府磋商、分析等特定经营活动中获得的有关房地产开发项目预期利润及前景分析等开发信息，具有"不为公众所知悉"的特点。[3]

---

[1] 参见天津市高级人民法院民事判决书，(2012)津高民三终字第0032号。
[2] 参见最高人民法院民事判决书，(2011)民监字第414号。
[3] 参见最高人民法院民事判决书，(2013)民三终字第6号。

港东科技公司诉瑞岸科技公司等侵害商业秘密纠纷案,涉及法院可综合考虑鉴定意见以及通过观察相关产品从而获取技术信息的难易程度,依法认定权利人的技术信息是否不为公众所知悉。法院认为,涉案产品所涉及的技术信息,具有一定的技术复杂性和隐蔽性,经鉴定,该技术信息未通过其他文献资料予以公开。相关公众仅从产品外观进行外部观察和非破坏性拆解,无法获得相关的技术信息,从已经在市场上销售的产品中获知技术信息仍需大量技术测试和参数分析,不属于相关公众通过观察产品即可直接获得的情形。综上,该产品技术信息不为公众所普遍知悉和容易获得,符合商业秘密的秘密性要件。[1]

厦门优迅高速芯片有限公司诉徐某等侵害商业秘密纠纷案,涉及认定一项技术信息或经营信息是否构成商业秘密中不为公众所知悉主要涉及事实问题,可交由鉴定机关鉴定。最高人民法院认为,商业秘密的认定涉及对有关技术信息和经营信息是否不为公众所知悉、是否具有商业价值,以及是否经权利人采取相应保密措施的判断。认定一项技术信息或经营信息是否构成商业秘密,不仅涉及事实认定问题,还涉及法律适用问题,对于其中的事实认定问题可以交由鉴定机构进行鉴定。其中有关技术信息和经营信息是否不为公众所知悉,主要涉及事实问题,可以交由鉴定机关鉴定。[2]

亿帆鑫富药业股份有限公司诉新发药业有限公司侵害商业秘密纠纷案,涉案技术信息不为其所属领域的相关人员普遍知悉和容易获得,应认定不为公众所知悉。最高人民法院认为,行为人为获取权利人主张的技术信息采取明显不正当手段,不惜耗财耗力,权利人为研发相关技术投入巨额资本的,足以说明涉案技术信息不为所属领域的相关人员容易获得,即不为公众所知悉。[3]

深圳福江科技有限公司诉葛某、汤某菊侵害技术秘密纠纷案,涉及"不为公众所知悉"属于消极事实,权利主张人仅负说明责任,应由被控侵权人举证证明所涉信息已为公众所知悉。法院判决认为,对技术秘密构成要件之一的"秘密性",即涉案信息"不为公众所知悉"这一事实状态,属于消极事实,技术秘密权利主张人并不承担举证责任,只负有说明责任,即提供相应的证据材料,就所涉信息处于"不为公众所知悉"的状态予以充分说明。若被控侵权人主张所涉信息并非"不为公众所知悉",应当由被控侵权人举证证明所涉信息已为公众所知悉。[4]

上海精士自动化成套设备有限公司诉上海祥有电子科技有限公司、曹某藏等侵害商业秘密纠纷案,涉及不能证明客户名单存在区别于相关公知信息的特殊客户信息,则其不具有秘密性。法院判决认为,客户名单商业秘密需要根据客户名称背后承载的不为公众所知悉的经营信息,包括客户的需求情况、交易条件、报价模式、客户非公开的联系方式等综合认定。不能证明存在区别于相关公知信息的特殊客户信息,则客户名单不具有秘密性。[5]

---

[1] 参见天津法院知识产权司法保护典型案例(2020年10月22日)。
[2] 参见最高人民法院民事裁定书,(2017)最高法民申3705号。
[3] 参见最高人民法院民事裁定书,(2015)民申字第2035号。
[4] 参见湖北省襄阳市中级人民法院民事判决书,(2017)鄂06民初5号。
[5] 参见上海市杨浦区人民法院民事判决书,(2016)沪0110民初18577号。

在(2020)粤03民初5073号案[1]中,法院认为,关于第一个要件,原告提交的证据显示:上述技术信息系原告独立开发的用于其特定类型UPS产品(不间断电源产品)中的软件的源代码,适配于原告的特定产品;原告提交的研发记录和研发成本证明显示,涉案技术信息系原告历时4年、投入大量人力和资金研发所得;原告提交了充分证据证明其对涉案技术信息采取了保密措施。同时,原告向本院提交了书面说明,详细阐述了涉案技术信息与区别于公知领域的特征。被告虽抗辩主张涉案技术信息不具有非公知性,但并未就此提交证据。法院综合上述因素,以及源代码本身所具有的非公开性特点(开源软件除外),再结合《反不正当竞争法》第32条第1款关于商业秘密举证责任的特别规定,认定涉案技术信息在被诉侵权行为发生时不为所属领域的相关人员普遍知悉和容易获得,具有非公知性。

三、商业秘密的客观性

商业秘密秘密性的界定采取客观标准,即受保护的商业秘密必须是在相关领域的不为公众知悉或者不容易获得。相关公众一般知悉或者虽不一般知悉但容易获得的信息,都属于公有领域的信息。

有些经营者可能将希望保密的公司信息均作为秘密信息,这些信息可以称为"秘密性的经营信息"(confidential business information),即经营者主观上希望保密的公司信息。但是,这些信息并不简单等同于商业秘密,商业秘密必须是符合法定条件和受法律保护的信息。商业秘密的适格性需要依照法律规定进行衡量。

商业秘密具有客观的秘密性(objective secrecy)问题。商业秘密的"不为公众所知悉"需要按照客观标准进行认定,即构成此种商业秘密的信息在同行业中事实上不为公众所知悉,而不是其所有人自认为不为公众所知悉而实际上已经众所周知。这就是说,商业秘密必须是客观秘密,或者说商业秘密必须具有客观性。

秘密性是将商业秘密与"公有领域"、"公知技术"或者"公知信息"划开界限的要件。[2]任何公有领域的信息都属于人人可得而享的公共财富,不能由任何人独占使用,否则会阻碍经济技术的发展进步。例如,在原告防疫站、蛭弧菌实验室与被告秦某、麦克公司侵害商业秘密案中,防疫站承担的"细菌寄生虫—噬菌蛭弧菌的研究"的科研成果通过省级鉴定,并获得省科技进步三等奖。为进一步推广该成果在生物防治中使用,防疫站投入大量的人力、物力和财力,研究开发出"919生态制剂",并试用推广。经试验论证,该制剂对家禽、家畜肠道细菌性疾病有明显的防止疗效。防疫站先申请发明专利,申请公开后又撤回,导致该科技成果成为公知技术。此后,被告秦某自己成立公司,利用原参与该研究所掌握的该科技成果及窃取的验证资料(验证该研究成果的实验数据报告等资料),改头换面,以"生物制菌王"的名义申报新兽药证书并获得证书。此后,麦克公司销售"生物制菌王"产品。防疫站起诉被告非法使用其研究成果及其应用技术,请求法院判令停止侵权。该科技成果能否得到保护,取决于它是否为知识产权的客体,即在其之上是否存在知识产权。知识产权是依照特定知识产权法取得的一种独占权,权利人对权利客体享有独

---

[1] 参见广东省深圳市中级人民法院民事判决书,(2020)粤03民初5073号。
[2] 例如,"商业秘密的客体必须是秘密的,不是公开知识或者商业或者经营中的一般知识"。See Kewanee Oil Co. v. Bicron Corp., 416 U. S. at 475.

占的或者一定程度的独占权,而不享有知识产权的科技成果属于公用领域。本案中的科技成果在未取得知识产权(如专利权)的情况下被公开,至此就进入公有领域,不再为研制者所独享(更不可能构成商业秘密)。

在商业秘密的保护中,任何人不得以商业秘密为借口,将属于公共领域的经济信息和技术信息据为己有,独占使用,法律强调商业秘密的"不为公众所知悉"正是体现了这种要求。例如,某种客户名单本来是行业内众所周知的,但某个经营者却将其作为商业秘密来管理,而且该客户名单很有用,该经营者也从该客户名单中获取了很大的利益,但是,正是由于该客户名单的众所周知性,如因某个经营者将其作为商业秘密而禁止他人使用,必然导致个人独占公共信息的结果,使商业信息的正常交流处处受到阻碍,使任何行业内的普通知识都受到垄断,给经济技术的发展造成障碍。因此,不能将这种信息作为商业秘密据为己有。同样,能否成为商业秘密也不取决于合同约定,即不因当事人约定合同标的是商业秘密,以及约定对于信息的获取、使用和披露进行限制,就当然构成商业秘密,是否构成商业秘密取决于其是否符合商业秘密的构成要件。换言之,合同可以约定保密义务,但不能创设商业秘密。如果合同约定受保护的信息不符合商业秘密构成要件,就不能依照商业秘密侵权进行保护,而充其量可以寻求违约救济。[1]

秘密性对应于专利法中的新颖性,正如公共领域的知识不能成为专利一样,已进入公共领域的知识同样不能受商业秘密保护。正如美国《侵权法重述》所指出的:"商业秘密必须是秘密的。某一行业的公共知识或者一般知识不能被某人作为其秘密而占有。所销售的商品本身已经披露的事项不能再作为秘密……他人也许独立地知悉该秘密,如通过独立发明获取该工艺或者配方而将其保密。但是,必须具有秘密性的实质性要素,因此,除非采取不正当手段,获取该信息就非常困难。"[2]因此,如何界定"公共领域"(public domain)又是重要的。按照 TRIPs 暗含的界定,公共领域是由"众所周知的信息"组成的,这种信息即使尚未实际知道,也是轻而易举可以取得的。

证明和认定特定信息是否具有秘密性,经常采取类似于专利新颖性和非显而易见性认定中在先技术的搜寻和比对。能够公开获取的信息通过确定在一般公众或者相关公众中的知悉情况,进行认定。当然,与发明专利不同,商业秘密所有人不一定对其商业秘密有着清晰的范围界定,尤其是不一定记载为书面形式。而且,与确定专利的在先技术不同,无论是先于商业秘密的在先技术,还是此后的技术,都可以作为判断商业秘密是否具有秘密性的参照物。[3]

互联网的出现使信息已进入全球化的时代,网上的信息是向全球开放的信息,公共领域也就不能局限于特定州、国家、地区之内。当然,并不是说业已到处公开的任何信息都破坏了秘密性。这要取决于获取公开物的实际情况。例如,在一国出版的专利申请书,当然会破坏专利意义上的新颖性,但如果在另一个国家对于相关领域的人们并非"众所周知或者易于取得",在该特定国家并不损害其秘密性。

---

[1] See Elizabeth A. Rowe & Sharon K. Sandeen, *Trade Secrecy and International Transactions*, Edwar Elgar, 2015, p.42.

[2] Restatement (First) of Torts §757, cmt. b (1939).

[3] See Elizabeth A. Rowe & Sharon K. Sandeen, *Trade Secrecy and International Transactions*, Edwar Elgar, 2015, p.39.

TRIPs 第 39 条第 2 项要求按照客观标准界定秘密性,即其应当不是"众所周知"的或者不是"在与信息有关的领域内的人们易于获得的"信息。在美国,公知信息并不要求属于一般大众所知悉的信息,只要相关行业的人知悉该信息就足够了。《统一商业秘密法》的评论认为:"能够从该信息中获益的主要的人知悉,就不再是商业秘密。"[1]判例也如此主张,如认为:"如果信息在商业中为一般人所知悉,并已为竞争对手善意地使用,就不能按照商业秘密保护。"[2]这就是所谓的"一般知悉"标准(general knowledge test),其与通过正当手段易于获取或者复制密切相关,因为公开扩散产品或者资料,常常致使竞争对手通过检测和分析合法地获取该信息。[3]

不同的人通过各自独立开发拥有同样的商业秘密,并不影响商业秘密的构成。但是,如果权利人并未将其作为商业秘密保护,致使其成为一般知识,就会使所涉商业秘密均丧失其秘密性。而且,大多数人的独立开发致使该信息成为一般知识时,也会丧失商业秘密,即使各个所有人仍然采取严格的保密措施。

第二节 商业秘密的不容易获得

一、商业秘密的不容易获得性

不为公众所知悉但"容易获得"的信息,不受商业秘密保护法保护。即使信息并非为当下所知悉,但不需要付出太多时间或者努力可以取得的信息,同样不构成商业秘密。

不容易获得是商业秘密秘密性的构成要素。不容易获得中的"容易"(readily),是指"无须太大难度"(without much difficulty)。[4]不容易获得就是需要付出较大难度才能够获得。只需想象和稍加努力就可以独立获取的消息,不能给予商业秘密保护。与"不为一般知悉"需要在公众或者行业内知悉的认定方法不同,确定是否为不容易获得通常考量什么是容易获得。如有的美国判例所说,容易获得的调查是"严重事实依赖性的(heavily fact dependent),可以简单地概括为评估如独立发现商业秘密所需要的难度"。[5]美国《统一商业秘密法》注释曾经将其解释为,"信息如果能够在商业杂志、参考书或者公开的资料上获得,就是容易获得。通常是产品的性质决定了使其一旦上市就容易被复制"。换言之,信息能够为公众所知悉,但公众可能并未看到,因而还不是其"知悉"之列。[6]例如,美

---

[1] Uniform Trade Secret Act §1(4)(ii),14 U. L. A. 439(1990)(Commissioner's cmt.).
[2] American Paper & Packaging Prods.,Inc. v. Kirgan,228Cal. Rptr. 713,718(2d Dist. 1986).
[3] 在美国的判例和学说中,也有商业秘密只需要是"合格的秘密"(qualified secret),不必要是"绝对的秘密"(absolute secret),在很大限度上反映的是商业秘密的新颖性。因为,"合格的秘密"是指:(1)在特定的产业及当时的技术水平和观念上,该秘密具有一定程度的新颖性(novelty),可以使原始持有人获取竞争上的利益。(2)在特定的产业及当时的技术水平和观念上,该秘密通常刻意被避免公开,任何人也都确信其为秘密。(3)在特定的产业及当时的技术水平和观念上,该秘密是经过耗费合理的努力才能获得的。
[4] See Bimbo Bakeries USA,Inc. v. Sycamore,39 F. 4th 1250,1259-1264(10th Cir. 2022).
[5] Micro Strategy,Inc. v. Business Objects,331 F. Supp. 2d 396,417(E. D. Va. 2004).
[6] See Elizabeth A. Rowe & Sharon K. Sandeen,*Trade Secret Law*:*Cases and Materials*,2nd edition,West Academic Publishing,2017,p. 94.

国《统一商业秘密法》的注解中列举了一个复杂相机系统的例子。这一相机系统可以由熟练技术人员经过二三天的努力,就可以破解其中的创新秘密,相机进入市场之后,简易的解密过程也会使之泄密。因此,这个秘密不值得保护。[1] 当然,究竟付出多大的努力才算不容易取得,或者如何用于界定是否容易取得的界限,比较难以把握和容易产生争议,同时也是区分容易取得与反向工程取得的界限。[2] 美国《统一商业秘密法》注释指出,容易获得包括能够在商业杂志、参考书或者公开资料上获得,但不以此为限。从已经进入市场的商品或者服务、已经公开的专利和专利申请中知悉,也属于容易获得。此外,主张权利的商业秘密信息的来源和形成过程可以作为认定其是否具有秘密性的考量因素。来源于其他人的信息比自己形成的信息更不可能具有秘密性。因为,共享的信息只有满足受保密义务拘束的"相对秘密性"条件下,才能满足秘密性要求。而且,与自己形成和保持的信息相比,来源于其他人的信息更可能是为一般所知悉。[3]

一项信息要构成商业秘密,不仅要处于一般的保密状态,而且获得该项信息要有一定的难度,即属于不易于获得。这样才符合商业秘密的秘密性要求。例如,相关人员不需要创造性劳动,仅仅是经过一定的联想即能获得的信息,就是容易获得的信息。相反,如果一项信息的组成部分已在有关公开出版物上刊载,但把这些组成部分进行机密的组合而产生了特殊的效果,构成一种特殊性的秘密组合,他人不经一定的努力和付出代价不能获取的,该秘密组合同样可以成为商业秘密。互联网时代知识的跨国流动性增强,公有领域知识的认定更多超越国界。但是,这并不是说在世界任何地方已经公开的信息,都会破坏秘密性。是否破坏秘密性还要看获取信息的实际难度。[4]

例如,在香兰素案中,最高人民法院二审判决指出:"'不为公众所知悉'是指有关信息不为其所属领域的相关人员普遍知悉和容易获得。一般说来,普遍知悉或者容易获得均不要求商业秘密已必然为某个具体的人所知悉或获得,只要该商业秘密处于所属领域相关人员想知悉就能知悉或者想获得就能获得的状态,或者所属领域相关人员不用付出过多劳动就能够知悉或者获得该商业秘密,就可以认定其为所属领域的相关人员普遍知悉或者容易获得。"[5]

该案中,嘉兴中华化工公司和上海欣晨公司的设备图和工艺管道及仪表流程图属于不为公众所知悉的技术信息。首先,涉案技术信息是企业自行设计的非标设备及工艺流程参数信息,主要为计算机应用软件绘制、表达的工程图形信息,现有证据不能证明其已经在先公开。其次,对于不同香兰素生产企业而言,其使用的生产设备及连接方式、工艺流程的步骤和控制方法往往基于企业的规模、技术实力、实践经验等具有各自的特点。嘉兴中华化工公司的设备图、工艺管道及仪表流程图的尺寸、结构、材料信息是根据自身生

---

[1] 参见[美]詹姆斯·普利:《商业秘密:网络时代的信息资产管理》,刘芳译,清华大学出版社2023年版,第54页。

[2] See Elizabeth A. Rowe & Sharon K. Sandeen, *Trade Secrecy and International Transactions*, Edwar Elgar, 2015, p.39.

[3] See Sharon K. Sandeen & Elizabeth A. Rowe, *Trade Secret Law in an Nutshell*, 2nd edition, West Academic Publishing, 2018, p.77.

[4] See Carlos M. Correa & Abdulquwi A. Yusuf, *Intellectual Property and International Trade – The TRIPs Agreement*, Kluwer Law International, 1998, p.250.

[5] 最高人民法院民事判决书,(2020)最高法知民终1667号。

产工艺对参数优选数值的有机组合,需要经过大量技术研发、检验筛选才能够获得。市场上并不存在标准化的成套香兰素工业化生产设备技术图纸以及工艺流程图,涉案技术信息无法从公开渠道获取,也无法通过观察香兰素产品直接获得。最后,根据[2017]沪科咨知鉴字第48-1号《知识产权司法鉴定意见书》的鉴定结论,涉案香兰素生产设备技术图纸在2015年5月30日和2017年8月21日之前分别构成不为公众所知的技术信息。当然,时至今日也没有证据证明上述涉案香兰素生产设备技术图纸已经被公开并为相关公众所普遍知悉。

对于权利人主张的涉案技术信息是否具有秘密性,二审法院认为:首先,涉案技术信息是权利人自行设计的非标设备及工艺流程参数信息;其次,对于不同香兰素生产企业,相关技术信息具有各自的特点,涉案技术信息由权利人经过大量技术研发、检验筛选获得,无法通过公开渠道获取。此外,鉴定意见亦表明涉案技术信息具有秘密性。在被诉侵权人未能提供证据证明涉案技术信息已经在先公开或可以从公开渠道获取的情况下,二审法院认定,权利人的设备图和工艺管道及仪表流程图属于不为公众所知悉的技术信息。[1]

在沈阳工业泵公司与杜某龙、娄某侵犯商业秘密案[2]中,沈阳工业泵公司主张与第三人宝来公司及案外人英克石化有限公司签订的合同标的物所涉及的型号、技术参数及宝来公司及英克石化有限公司的住所地、联系方式、产品需求构成商业秘密。一审判决认为:首先,上述合同相对人的住所地、联系方式、产品需求等信息仅是沈阳工业泵公司个别客户的信息,通过公开渠道可以获得上述客户的住所地、联系方式。至于客户的产品需求信息,也可以通过正常的市场营销渠道获取,且商业社会亦允许和鼓励平等的商业竞争。沈阳工业泵公司不能仅以与特定客户保持长期交易关系为由主张该特定客户属于商业秘密,从而限制客户自主选择交易对象及其他商业主体参与竞争的权利。其次,客户的产品需求及产品型号和技术参数虽然是根据客户的不同需求而制作,但对于该客户而言,亦会通过招标或其他方式让多个竞争者参与投标以实现利益最大化,在此过程中必然会公开其所需求的产品型号或技术参数。实际上本案第三人宝来公司就是采取邀请招标的方式进行设备采购,每次邀请投标单位不低于三家,同时招标文件中都会附加产品型号及相应的技术参数以供投标单位参考,因此沈阳工业泵公司主张的客户产品需求及产品型号和技术参数非常容易被其所属领域的相关人员获得,不具有秘密性。综上,沈阳工业泵公司主张的产品型号和技术参数及合同相对人的住所地、联系方式、产品需求不构成商业秘密。

二审法院同意不具有秘密性的意见,同时认为,沈阳工业泵公司主张的商业秘密具体内容为其公司与宝来公司签订的《产品购销合同》中标的物所涉及的型号、技术参数及合同相对人的住所地、联系方式、产品需求。但该《产品购销合同》为沈阳工业泵公司与宝来公司签订,宝来公司也留存合同原件及复印件,而《产品购销合同》并不存在保密约定,即沈阳工业泵公司并未要求宝来公司对案涉《产品购销合同》进行保密,也就是沈阳工业泵公司未对案涉《产品购销合同》采取保密措施,故案涉《产品购销合同》记载的内容不属

---

[1] 参见最高人民法院民事判决书,(2020)最高法知民终1667号。
[2] 参见辽宁省高级人民法院民事判决书,(2021)辽民终879号。

于商业秘密。虽然沈阳工业泵公司与其员工签订保密协议要求其员工不得泄露、使用相关信息,但相应约定为沈阳工业泵公司与其员工的约定,并不能约束宝来公司,亦不能产生《产品购销合同》内容被宝来公司保密的效果,所以沈阳工业泵公司关于其与杜某龙、娄某约定对《产品购销合同》内容进行保密,《产品购销合同》内容即构成商业秘密的主张不能成立。

在杨某飞、庄某平、上海升慑物液位控制系统有限公司、茅某与上海凡宜科技电子有限公司侵害商业秘密纠纷案[1]中,上海市第一中级人民法院认为,原告要求保护的技术信息体现在其相关的零件图纸上,主要分为三类:第一类,零件的尺寸参数,包括外径、内径、牙径、牙的弧度、圆管的长度等。由于原告的料位开关、液位开关均非复杂机械产品,故上述产品零件的尺寸参数多数处于暴露或者半暴露状态,他人可以通过对产品零件的拆卸、观察和一般测绘获得;相关数据也可通过融化封胶、切割零件等较为简单的手段测绘获得。第二类,尺寸公差。这些公差数据只是原告对其产品零件提出的加工要求和验收标准,而非能够为其带来经济利益或者竞争优势的具体技术方案。第三类,加工重点和技术要求。其中内容多是对零件尺寸及公差的文字描述,已为相应参数所涵盖,无须单独保护;其余部分如零件上标注的字体要求、零件表面不允许有裂纹和毛刺等要求均可从产品表面直接观察感知,也不属于技术秘密范畴。故原告请求保护的上述技术信息均不能作为商业技术秘密获得保护。

"不为公众所知悉"只是设定了一个最低限度的要件,实际上商业秘密中的信息的新颖性程度是差别极大的,甚至可以说有"天壤之别"。例如,有的信息可能只是某种信息的汇编,同行业的其他人只要付出劳动进行收集整理也可以得到相同或者近似的结果,只是同行未这样做而该经营者这样做了,对于这种有新颖性、但新颖性的程度极低的信息也可以构成商业秘密;有的信息可能完全可以申请专利,只是所有人不愿意通过专利方式进行保护而以商业秘密的形式存在,这种信息就可能是新颖性极高而已经达到了专利法上的创造性的信息。但是,在两者都是商业秘密的情况下,法律是一视同仁地给予保护的。国外对于专利保护与商业秘密保护的关系有一种极为形象的比喻,即将专利保护比喻成置于高处的漏孔极小的筛子,商业秘密保护则是置于低处的网孔很大的网,前者保护水平高但保护范围狭窄,后者保护范围宽泛但保护水平低。

二、投资多少与商业秘密的关系

为形成商业秘密而进行的投入多少,并不与构成商业秘密有必然的联系,但有时投资多少又可能作为认定商业秘密是否容易获得的考量因素。

美国法上,限制商业秘密所有人的投资在认定商业秘密创设中的作用,与美国最高法院在 Feist 案中的观点相一致,即最高法院明确拒绝保护额头上的汗水原则。该案判决指出:"编辑者的劳动成果大量地被他人使用而不支付报偿,看起来不公平……但这种结果既不公平又并非不幸。它是版权法促进科学艺术进步的应有之义。"就商业秘密法而言,仅仅是付出时间、辛劳和支出收集甚至创造信息,并不使其成为商业秘密。根据《统一商业秘密法》,只要符合商业秘密三要件,花费少的资源和时间创造的信息(如"灵感一

---

[1] 参见上海市第一中级人民法院民事判决书,(2004)沪一中民五(知)初字第183号;上海市高级人民法院民事判决书,(2005)沪高民三(知)终字第108号。

现"),与付出巨大努力获取的同样信息,均受到一视同仁的保护。

例如,三友公司与沈化公司侵害技术秘密纠纷案[1]涉及沈化公司请求保护的"微悬浮法聚氯乙烯糊树脂生产工艺"是否构成商业秘密,三友公司主张涉案微悬浮法聚氯乙烯糊树脂技术中的工艺流程、主要设备、技术规格和技术参数等技术信息已为公众所知悉。

关于涉案技术信息是否不为公众所知悉,最高法院裁定认为:首先,根据一审法院查明的事实,涉案微悬浮法聚氯乙烯糊树脂生产工艺是在1983年经原国家计划委员会批准,由具有对外贸易权的中国化工建设总公司代表沈化公司与日本钟渊化学工业株式会社辽宁实业公司签订《年产1万吨糊用聚氯乙烯树脂生产技术及主要设备合同》后引进的技术,沈化公司在此基础上投入大量人力、物力、财力,经多年技术革新升级,已实现年产10万吨以上糊树脂产品,并多次获得国家、省市部门的奖励。沈化公司凭借该项核心技术,跻身国内糊树脂行业知名企业,为沈化公司带来了明显的竞争优势及可观的经济利益。由于全国糊树脂行业每家企业都有自己的主打产品,故涉案微悬浮法聚氯乙烯糊树脂生产工艺技术信息并非一般常识或行业惯例。其次,涉案微悬浮法聚氯乙烯糊树脂生产工艺不仅仅涉及技术原理、相关专利,还包括各种经过大量生产检验获得的优选数值、流程图、设备尺寸、各种技术信息的配比配套。三友公司主张涉案技术信息属于公知信息,但其提供的教科书专业文献等资料所披露的大多是本领域聚氯乙烯糊树脂技术的常规技术资料,缺乏更为确切具体的配方、工艺参数、工艺控制条件等数据,而实际上在聚氯乙烯糊树脂产品的生产过程中必须将相关核心数据确定具体化,才能大量生产出质量稳定、标准统一的产品。三友公司在再审申请期间补充提交的证据3和证据6仅能说明部分涉案技术信息确属公知信息,但同样不能证明涉案技术信息中的配方、工艺参数和工艺控制条件等关键技术信息亦属于公知信息。最后,涉案技术信息是沈化公司作为技术秘密进行保护的,没有证据证明相关技术信息曾经由沈化公司或其他公司在公开出版物或其他媒体上公开披露,或者通过公开的报告会、展览等方式公开。即使整体技术信息中的某一项或几项生产工艺已进入公有领域,但是那些需要经过实际生产检验、磨合才能获得的关键数据、资料势必被沈化公司作为企业核心竞争力严格保护起来,无法从其他公开渠道获取。多名沈化公司、欧陆公司工作人员以不正当手段获取、使用沈化公司涉案技术秘密被追究刑事责任的事实,也可从另一方面说明涉案技术信息无法从公开渠道获得。在该技术秘密的建立完善过程中,沈化公司耗费了大量人力、物力、财力,故并非无须付出一定代价而容易获得。二审法院据此认定涉案技术信息属于"不为公众所知悉"并无不当。

第三节 商业秘密的相对秘密性

一、相对秘密性的一般界定

出于具体实施、许可使用等发挥效用的需要,商业秘密往往需要与所有人以外的其他人(如员工、被许可人)共享,因而商业秘密法上的秘密性只能是一个相对的概念,是相对

---

[1] 参见最高人民法院民事裁定书,(2016)最高法民申2857号。

秘密性而不是绝对秘密,或者说被称为商业秘密的标准是相对秘密而不是绝对秘密。[1]

商业秘密的"不为公众所知悉"含有"相对秘密"的含义。所谓的相对秘密性,是指商业秘密并非除所有人(权利人)以外在国内或者国际上绝对的没有人知悉,而是未在本行业内(所属领域内)众所周知或者属于一般知识。商业秘密可以为一定限度的必须知道的人(或者说负有保密义务的人)所知悉,这种知悉不影响商业秘密的存在。商业秘密的相对秘密性意味着,法律要求的秘密性的标准是相对的而不是绝对的。根据相对秘密性原则,在采取合理保密措施的前提下与他人共享保密信息,并不导致商业秘密的丧失。也就是说,商业秘密必须在他人负有明示或者默示保密义务的前提下进行分享。[2]商业秘密法的目的也是便利秘密信息的共享。[3]

商业秘密不能为不负有保密义务的人所知悉,这确实是一个常见的说法。在Ruckelshaus案[4]中,美国最高法院判决指出:"由于商业秘密的无体财产性,财产权利的范围是由商业秘密所有人保护其利益不向其他人披露的范围所决定。属于公开知识或者行业内一般知悉知识的信息,不能成为商业秘密。如果个人向不负保密义务的其他人披露其商业秘密,或者公开披露商业秘密,他的财产权利即告消灭。"在此美国最高法院明确提出了向不负保密义务的第三方披露商业秘密,商业秘密即告消灭的观点。但是,正如在QSRSOFT, Inc. v. Restaurant Technology, Inc.案[5]中法院所解读的,Ruckelshaus案旨在解决在财产征收中是否将美国宪法第五修正案适用于商业秘密问题,最高法院是在该案中比较商业秘密与有体财产时说出这句话,仅是一般性的法律陈述,是否向任何第三方进行的此类披露均导致商业秘密的丧失,并不清晰。[6]而且,就美国最高法院这句话的语境而言,也可以认为,虽然向不负保密义务的第三方进行披露,但商业秘密并未因此而成为公开知识或者构成公开披露,仍然不妨碍其商业秘密的构成。换言之,不负有保密义务的人知悉商业秘密之后并未将商业秘密公开披露,商业秘密仍处于不为公众知悉的状态时,不影响商业秘密的继续存在,只是商业秘密的所有人不能追究善意获得商业秘密者的侵权责任。而且,商业秘密的相对性也包括多个竞争对手都有同样的商业秘密,但商业秘密仍属于不为公众知悉的状态。只有达到同行业为相关公众所知悉的程度,才无商业秘密可言。[7]

商业秘密在标准上明显低于专利的授权标准。例如,商业秘密可以是花费时间和努力进行的资料汇编,即使其某个构成成分各自都可以从公开来源获取,也不影响其整体构

---

[1] See Elizabeth A. Rowe & Sharon K. Sandeen, *Trade Secret Law: Cases and Materials*, 2nd edition, West Academic Publishing, 2017, p. 188.

[2] See Sharon K. Sandeen & Elizabeth A. Rowe, *Trade Secret Law in an Nutshell*, 2nd edition, West Academic Publishing, 2018, p. 76. 如美国判例所言:"衡平法院认定的秘密性,不必是发现中固有的绝对秘密,而是在相互交往中产生的限定秘密性,也是诚实信用和良善道德所要求的。" See Vulcan Detinning Co. v. Am. Can. Co. 72 N. J. Eq. 387, 396(1907).

[3] See Kewanee Oil Co. v. Bicron Corp., 416 U. S. 470, 486–487(1974).

[4] See Ruckelshaus v. Monsanto Co., 467 U. S. 986(1984).

[5] See United States District Court, N. D. of Illinois, 2006, 84 U. S. P. Q. 2d 1297.

[6] See Elizabeth A. Rowe & Sharon K. Sandeen, *Trade Secret Law: Cases and Materials*, 2nd edition, West Academic Publishing, 2017, p. 226.

[7] See Carlos M. Correa & Abdulquwi A. Yusuf, *Intellectual Property and International Trade – The TRIPs Agreement*, Kluwer Law International, 1998, p. 251.

成商业秘密。通过公开信息形成的技术方案,如果实际生成该方案需要付出努力和投资,也就不一定不具有足够的秘密性。信息可以在一个组织或者一个企业内流转,或者在人们之间共享(be shared between people),只要加以控制,或者相关个体均知道他们负有保密义务或者存在信任关系,不影响商业秘密的构成。有时产业标准(industry standards)会决定在某种情况下传播的信息是否构成商业秘密。重要的是,构成商业秘密的信息必须足够具体特定和限定(sufficiently particularized and confined),否则就无法决定其是否属于公有领域。[1]

显然,相对秘密并不简单限定知悉商业秘密的人的数量,而是限定知悉商业秘密的人需要有保密义务。因知悉人人数较多和范围较大,通常不影响商业秘密的构成。是否影响商业秘密的构成,要看对这些人是否采取了保密措施。一些产品或者服务有其特殊性,需要较多的人知悉,否则无法较好地进行经营活动,此时在采取合理保密措施的情况下,不因为知悉人数的较多而使商业秘密为公众知悉。

商业秘密的客体必须是秘密,这种秘密是相对于生产经营活动中为一般所知悉或者属于公开知识的情形而言的。如果商业秘密所有人在"保密或者有不使用或者披露的默示义务"的情况下向其他人披露,秘密性并不丧失。[2]这些其他人可以包括商业秘密所有人的"员工,为了将商业秘密付诸使用,有必要对其加以信任"。[3]接受商业秘密的其他人还经常是被许可人。[4]例如,在美国,如果商业秘密所有人向他人披露商业秘密,有充分的明示或者默示保密义务,并不丧失其秘密性。充分的或者有效的保密义务是商业秘密不丧失的条件,似乎对于受披露的人的范围也没有量的限制。当然,有的判决指出,"(商业秘密所有人)可以在有限程度内(to a limited extent)披露其商业秘密,而并不丧失商业秘密性"。[5]商业秘密在美国特拉华州的一家法院审理的 Data General Corp. v. Digital Computer Controls Inc. 案[6]中,几年来原告 DGC 公司成功地开发和销售了命名为 Nova2000 的小型通用计算机。在销售 Nova2000 时,原告都会给在售后自己想维护该计算机客户 Nova2000 的设计逻辑图纸,但同时与客户在购买协议中约定不披露条款,而且设计图纸还包括原告的权利信息,即声明用户不得为制造目的使用图纸。被告 DCC 从原告一家客户处购买了一部 Nova2000,并得到了随带的设计图纸。此后被告用得到的图纸制造并销售计算机。原告对被告提起商业秘密诉讼。被告辩称,由于原告没有相应限制和控制客户、第三方用户、供应商(售卖人)和培训学员等获取 Nova1200 的逻辑设计人数,到本案审理时已有近 6000 人获得了这些图纸,因而涉讼图纸丧失了商业秘密属性。然而,法院还是基于原告采取的合理保密措施而认定了图纸的商业秘密属性。原告所采取的一个主要保密措施就是,在微型电脑销售所附的图纸载明:"本图纸和参数属于 DGC 的财产;未经书面许可,不得为了制造或销售产品全部或部分地仿造或复制或使用。"通过图纸

---

[1] See William Van Caenegem, *Trade Secrets and Intellectual Property: Breach of Confidence, Misappropriation and Unfair Competition*, Wolters Kluwer, 2014, p. 71.

[2] 这是商业秘密法发展过程中久有的认知。See Cincinnati Bell Foundry Co. v. Dodds, 10 Ohio Dec. Reprint 154, 156, 19 Weekly L. Bull. 84 (Super. Ct. 1887).

[3] National Tube Co. v. Eastern Tube Co., 3 Ohio C. C. R. (n. s) 462 (1902).

[4] See Lear, Inc. v. Adkins, 395 U. S. 653 (1969).

[5] Metallurgical Industries Inc. v. Fourtek, Inc., 79 F. 2d 1195 (5th Cir. 1986).

[6] See Court of Chancery of Delaware, New Castle, Decided Nov. 7, 1975.

上所附的这些专有信息告知或标记,以及机器出售时所附标准格式合同包含的图纸只能用于维修目的的保密条款,未经原告书面同意,不得将图纸用于制造目的。

一些互联网产品和服务涉及此类商业秘密。例如,"生意参谋"软件数据是某宝公司经大量智力劳动成果投入后形成的具备大数据决策参考功能的数据产品,是具备商业价值的经营性信息,无法通过公开渠道获取。经营者借助"生意参谋"软件的数据,可以实时掌握市场行情趋势、竞争热点和客户偏好等,通过软件相关数据比对分析,判断店铺经营的产品是否处于正常的经营状态,以此优化改进店铺经营,提升店铺和产品的浏览、点击、交易和销售等商业性价值。购买或者符合使用条件的用户(经营者)可以使用"生意参谋",且其实际用户数量较为庞大,但某宝公司通过明确清晰的协议条款、管理制度、技术手段等采取保密措施,限制非购买用户的使用和披露。问题是,如果有权使用"生意参谋"的用户群体庞大,是否因此导致其秘密性的丧失?根据商业秘密的秘密相对性原理,只要用户受保护措施的限制和负有保密义务,为"生意参谋"的正常营销和利用向负有保密义务的特定人群披露,接受披露的人员数量多少不影响商业秘密的构成。而且,像"生意参谋"这样的互联网和大数据产品本来以在网络环境内和特定条件下在特定的用户群体内进行信息流转,这本身就是其商业模式和营利方式,且在运营中因保密而使其"生意参谋"具有商业价值,认定其构成商业秘密符合其运用的具体场景。

在粉末厂诉横竹厂商业秘密纠纷案[1]中,经鉴定粉末厂受让的"烧结青铜多孔元件的制造技术"在全国范围内属独一无二的先进技术,其中螺纹式的青铜多孔元件在全国同行业中尚属唯一,脱模技术也有一定的专有机密性。粉末厂受让的技术中,烧结过程中的温度控制、模具的设计、不同产品一同烧结的技术在国内确属独一无二。被告在一审中辩称"烧结青铜多孔元件的制造技术"是公有技术,已在廖际常编著的《粉末冶金多孔元件材料》一书中发表过,粉末厂将模具委托加工及出卖废旧模具等于公开了其技术秘密等。前者在于主张该技术为进入公有领域的技术,后者无非是粉末厂没有采取保密措施,都是为了否定该专有技术的秘密性。但是,无论主观上还是客观上,粉末厂都是将其作为商业秘密对待的。首先,粉末厂建立了保密制度,如与陈某昆签订专业技术人员聘任合同中规定聘任期间不得"利用职权或工作方便以权谋私,侵犯企业技术权益和经济利益",虽未使用保密字眼,但规定了职工的忠实义务,其中当然包括了保密义务;规定本技术仅限于在为数不多的有关人员范围内掌握,非有关人员不得进入该生产车间。其次,采取了保密的物理措施,如在出售废旧模具时均将成套模具打散,其目的在于防止泄密。陈某昆、陈某宗身为采取了保密措施的技术车间的职工,当然会知道这些技术是商业秘密。

福建省高级人民法院二审判决认为,粉末厂通过受让取得的青铜多孔元件烧结专有技术,经消化吸收后已使其在全国同行业中取得了优势的竞争地位,且粉末厂采取了一定的保密措施,掌握该技术的仅限于为数不多的有关人员,应属粉末厂的商业秘密。作为无形财产,商业秘密完全可以分别由两个以上的主体各自独立地占有、掌握和使用。粉末厂既然是该商业秘密的合法持有者,当然是该商业秘密的权利主体。陈某昆、陈某宗作为粉末厂掌握和了解该商业秘密的工作人员,擅自将该商业秘密使用于与他人共同出资开办

---

[1] 参见最高人民法院中国应用法学研究所编:《人民法院案例选》,人民法院出版社1997年版,第1644~1651页。

的横竹厂,生产并销售与粉末厂相同的产品,造成粉末厂经济损失,陈某昆、陈某宗和横竹厂的行为已构成了共同侵权,应根据各自的作用大小,承担连带赔偿责任。粉末厂将模具委托专业厂家加工及将模具图纸委托给其他厂家制作模具,以及向废品公司出售模具,并不必然构成技术公开,因非知情人难以知悉如何使用,因此不可能从废品公司选购旧模具,修复使用,因此本案被告上诉理由不成立。

该案中的技术仅限于在为数不多的有关人员范围内掌握,反映了商业秘密的相对属性。

在周某隆等人侵犯商业秘密案中,法院认为,关于亚恒公司的"刺孔型干爽网面"工艺技术信息是否已为公众知悉的问题,经查,上海专利商标事务所于2001年8月出具的《专有技术分析报告》证实,亚恒公司的"刺孔型干爽网面"工艺技术信息,在所查领域内未发现有采用相同生产工艺制造该专有设备的方法。虽然龚某等人关于"机械打孔装置"的相关发明已获国家专利,但上述专利与涉案工艺技术信息并非等同。上海科学技术情报研究所、上海市科学技术委员会分别出具的鉴定意见说明,虽然亚恒公司的工艺技术信息有少量已经被专利文献公开,但大部分具体而又关键的信息并未被文献公开。周某隆加入亚恒公司后,应根据双方签订的合同遵守保守公司商业秘密的约定,对其掌握的公司工艺技术信息承担保密义务,不能将亚恒公司向周某隆提供模片的行为视为该公司的工艺技术信息已经对外公开。

所谓的一定限度的人是很难进行量化的,只能根据个案情况进行认定,而知悉的人是否承担保密义务是一项重要的判断依据。最常见的情况如:(1)权利人为实施商业秘密,而将其告知负责实施工作而有必要知悉的雇员或者员工,雇员或者员工在其职权范围内知悉商业秘密的,不影响商业秘密的构成。这些人包括过去或者现在与权利人产生过雇佣或者劳动关系的人。(2)按照技术合同、协作协议等的约定负有保密义务的人,如权利人许可他人实施技术信息,并约定被许可人保守秘密的。(3)由于法律法规等规定或者行为的性质决定了负有保密义务的人知悉的,如在学术研讨会、成果鉴定会、庭审等中知悉商业秘密的。

在同行业内有两个以上的所有人各自通过正当渠道获取并持有相同的商业秘密,如两人同时或先后发明了同一技术,通过反向工程获取了他人的商业秘密并作为商业秘密保持的,此时是否仍然认为"不为公众所知悉"? 此时应当认为"不为公众所知悉"。因为,只要不是在同行业内众所周知,都可以认为"不为公众所知悉",这也是相对秘密的体现。例如,美国《统一商业秘密法》认为,商业秘密所产生的竞争优势不需要排他性,不同的开发者对同样的商业秘密都可以取得权利。

之所以要求商业秘密达到相对的秘密性就够了,是因为绝对秘密没有可行性。商业秘密既然是一种有用的信息,其价值只有通过使用才能体现出来,在使用之中要求不为任何人知道,显然是不现实的。或者说,商业秘密的价值来源于使用,如果不付诸使用就不太会有价值,而此种使用经常要求向他人披露,也就是经他人之手进行使用是实现商业秘密价值的经常途径。因此,只能要求其是"相对的"(relative)或者"实质性的"(substantial)秘密性。[1] 法律允许所有人向他人披露商业秘密,如雇员、合伙人、供应商等,但前提是披露

---

[1] "秘密性的实质性内容必须存在,以便于除非采取不正当手段,会难以获取信息。" See Restatement (first) of Torts §757 cmt. a.

之后并未丧失实质的秘密性。[1]例如,美国判例认为,"就商业秘密保护而言,绝对的秘密性是不必要的,所有人为增进其经济利益,可以进行有限的披露,这并不破坏其必要的秘密性"[2]。美国《侵权法重述》和《统一商业秘密法》都不要求绝对的秘密性。决定是否为相对秘密的逻辑起点是,都是哪些人知道商业秘密。美国《统一商业秘密法》将秘密性要件表述为不属于"一般知悉"(generally known)和"容易获得"(readily ascertainable)。首先,"一般知悉"的限定。"一般知悉"包括信息为一般公众或者特定行业内的一般公众所一般知悉。美国最高法院反复强调,州法律的适用不能导致公有领域的信息受保护。Bonito Boats, Inc. v. Thunder Craft Boats, Inc. 案最高法院判决指出:"专利制度的最终目标是通过披露使新的设计和技术进入公有领域。州法律对于因获取市场报偿而已经披露的技术和设计进行保护,因减少为进一步创新所能够获得的思想的范围,而会抵触专利法的目标。"[3]"联邦法律要求流行的所有思想都属于公共财富,除非受专利保护"[4]。同理,受保护的商业秘密不能包含公共知识。如果所主张的商业秘密是"一般知悉的",就不能给予商业秘密保护。即使涉及的信息不为一般公众所知悉,如果为特定行业所一般知悉,也不能作为商业秘密。正如《统一商业秘密法》的评注所言:"'不为一般知悉及其他人通过正当手段不易于取得',并不要求只有在信息为公众一般知悉时才使商业秘密丧失。如果可以从信息中获益的相关人员知悉,也不产生商业秘密。"[5]其次,"容易获得"的限定。商业秘密并不要求像专利那样的新颖性。出于公共政策考量,有些信息虽不为一般知悉,也不能成为商业秘密,包括科学原理和基本事实信息。商业秘密不包括雇员在其工作中习得的一般技术和知识,以及普遍使用的技艺的细微改变。一般而言,所谓的不容易取得是指在不参考商业秘密的情况下获取信息的难度。"容易获得"包括是否容易从诸如公开材料、参考书等公开资料或者公开销售的产品中获得。[6]与专利政策保持一致,已为专利公开所公布的信息,不能成为商业秘密。如果产品上市以后通过观察或者反向工程可以容易地获得其信息,也属于容易获得。认定是否容易获得,通常需要审查信息的特殊性。虽然可以公开获取的信息不能成为商业秘密,但有些已知公开信息的汇编也可能产生商业秘密。此类汇编达到了非常具体和特殊的程度,使他人不易于取得,就可能受商业秘密保护。例如,"雇主花费时间和努力收集到有特定需求或者特点的客户,法院会禁止前雇员使用这些信息获得市场份额"。[7]

TRIPs 第 39 条第 2 款对于秘密性作出了与美国《统一商业秘密法》在措辞上基本一致的规定。按照该规定,"通常涉及此类信息的领域内的人一般知悉或者容易取得的"信息,不属于未披露信息的保护范围。TRIPs 第 39 条第 2 款针对的未披露信息是"作为一个整体或者其确切构造以及其组成部分的集合"。这一措辞的最初来源不详,但显然在于认为,即便构成部分属于公众知悉,但其整体属于不为一般知悉的,也可以构成商业秘密。

---

[1] See Jerry Cohen & Alan S. Gutterman, *Trade Secrets Protection and Exploitation*, p. 15 – 16.
[2] Metallurgieal Indus., Inc. v. Fourtek, Inc. 790 F. 2d 1195,1200,229 U. S. P. Q. 945,948 (5th Cir. 1986).
[3] 489 U. S. 141 (1989).
[4] Lear v. Adkins, 395 U. S. 653,668 (1968).
[5] Morlife, Inc. v. Perry, 56 Cal. App. 4th 1514 (1997).
[6] See Rochelle C. Dreyfuse & Katherine J. Standburg, *The Law and Theory of Trade Secret: A Handbook of Contemporary Research*, Edward Elgar, 2011, p. 555.
[7] Morlife, Inc., v. Perry, 56 Cal. App. 4th 1514 (1997).

也就是说,旨在排斥那种如果组成部分属于可以公开获取,该信息就不再属于未披露信息的主张。[1]

一般而言,在个案中对秘密性的充分程度要根据多种因素判断,普遍接受的因素主要是:(1)该信息为该营业以外的人所知悉的程度;(2)商业秘密所有人采取措施保持信息的秘密性的程度;(3)他人不必采取不正当手段而获取或者复制该信息的难度。这些因素本身也是相互重叠的。例如,如果所有人没有采取有效的保密措施,该信息也许最终会为该营业以外的普通人知悉。同样,如果他人不必采取不正当手段就可以轻而易举地获取或者复制该信息,它就通常很快就进入公共领域,所有人也不可能设计出适当的保密措施。[2]在这种情况下,发明者也倾向于选择专利保护。此外,法院在判决中还会考虑其他因素。例如,侵占行为人的行为的侵害性,也可能成为法院评估商业秘密所有人的保密措施时的参考因素。认定保密措施是否充分,不仅要考虑保密措施的形式,而且还要考虑其实际上的实施情况。法院还会受寻求保护的信息的性质的影响,特别是开发信息的努力程度和所花费的金钱,以及该信息对其所有人和竞争对手的价值。

在仅仅要求相对秘密性的情况下,即使其竞争对手保有同样的秘密,商业秘密所有人仍然可以得到法律保护。当然,如果各个竞争对手都知道该信息,它在该圈子内就不再成为商业秘密了。

如果商业秘密扩散的对象范围广泛,就可能增加保密的难度或者增加被认定为保密措施不当的风险。例如,在美国第七巡回上诉法院判决的 Rockwell Graphic Systems v. Dev Industries, Inc. 案[3]中,原告 Rockwell Graphic Systems 是一家报纸用印刷机及其零部件的制造商,被告 Dev Industries 是一家竞争对象,另一被告 DEV 是曾经在原告处就职的被告公司董事长。被告制造的印刷机零部件有时委托其他供应商制造,即由原告与分包零部件制造的供应商签订合同,向供应商提供零部件图纸,图纸内含所需原材料、尺寸、公差和制造方式。没有这些信息,供应商无法制造。原告无意对零部件制造方法申请专利,而是认为购买者无法通过解析或者反向工程其零部件获得制造方法。原告雇用弗莱克和佩洛索负责管理零部件图纸。弗莱克于 1975 年离职并于 3 年后加入 DEV 成为其董事长。佩洛索因擅自挪用工厂的零部件图纸安保原因被解雇,于次年加入被告公司。本案诉讼始于 1984 年,在审前证据开示时发现 DEV 有 600 份零部件图纸,其中 100 份是原告的。DEV 主张合法取得,有的来自原告的客户,有的来自原告的供应商。原告则认为这些文件是弗莱克和佩洛索在原告处就职时盗窃的,或者以其他非法手段取得,或许是从违反保密协议的原告供应商处获取。DEV 未能证明哪个客户或者供应商合法提供了原告的零部件图纸。被告说服地区法院法官不是真实的商业秘密,原因是原告在保持秘密上做得敷衍马虎。不仅数以千计的图纸在众多供应商手中,还有更多的图纸在原告印刷机的所有者和客户手中。但是,客户手中的图纸是整装而不是零部件的图纸,是销售原告印刷机时随机赠送的,相当于机器组装说明书。原告并未对其主张商业秘密。原告将其包括零部件图和整装图在内的所有图纸均存放于密室之中。进入密室以及进入密室所在的大

---

[1] See Rochelle C. Dreyfuse & Katherine J. Standburg, *The Law and Theory of Trade Secret: A Handbook of Contemporary Research*, Edward Elgar, 2011, p. 555.

[2] See, e.g., Victor Chem. Works v. Iliff, 299 Ill. 532, 132 N. E. 806 (1921).

[3] See United States Court of Appeals, Seventh Circuit, 1991, 925 F. 2d 174.

楼,均限于经过授权并经识别的员工,主要是公司的200名工程师。这些人被要求签订不向未经公司授权的其他人扩散图纸或者披露内容的协议。经授权的员工需要图纸时,必须签字之后带出密室并在用毕之后归还。如果制作了复制件,使用完毕之后应当予以销毁。只有供应商被允许看图纸,且只能看复制件而不是原件。他们也需要签订保密协议,且每个图纸盖有表明权属的水印。供应商为内部作业目的被允许制作复制件,保密协议也要求用毕归还,但在初审法院发布命令之时原告尚无实施归还的要求。没有实施归还要求的理由是,一旦原告要求定制零部件,供应商还需要根据图纸进行制作。原告甚至还允许竞标未成功的供应商保留零部件的图纸,理由是这些人在下一轮投标中还可能中标。这些人未出现过违背商业伦理滥用手中图纸的情形。波斯纳法官认为,原告将零部件图纸交给供应商,是为了特定的目的,将其商业秘密披露给"有限数量的外人",并不构成对商业秘密保护的破坏。相反,这种披露常常是有效利用商业秘密所必须,并为接受披露的人施加了保密义务。但是,200个工程师借出零部件图纸并进行复制,众多的供应商收到零部件图纸并进行复制,数据万计的图纸复制件散落在原告的密室之外,其中众多图纸在公司之外。原告不仅没有限制零部件图纸的复制或者坚持要求返还复制件,也没有将零部件图纸与整装图进行分割,并对前者要求更加严格的程序。据此,为保持零部件的秘密性,原告本来还可以做得比已做得更多,因而需要决定原告的未做更多之处,是否明显地违反了商业秘密所有人对维持秘密所应采取合理措施的义务,以决定是否支持作出初步判决。

波斯纳法官指出,原告采取措施保持其零部件图纸的秘密性所付出的努力越大,DEV通过正当途径获取该图纸的可能性越小,通过侵权行为获取的可能性越大。如果原告花费微不足道的资源防止其零部件图纸落入如DVE之类的竞争对手手中,其运行机制远非无成本的法律为何还会给原告救济呢?如果原告认为不值得付出较大的努力保持其图纸信息的秘密,该图纸信息也就不太会有太大价值。在初步判决动议中只有罕见的情况下才会去决定什么是"合理的"保密措施,因为答案取决于成本与收益的对比,且取决于个案情形,因而要求根据熟知特定领域内知识的人进行评估和衡量。一方面,商业秘密所有人为防止商业秘密泄露付出的越多,就越能表明商业秘密越有值得保护的实际价值,侵害行为越能真正给其造成损害,越能真正存在侵害行为。另一方面,花费越多,成本就越大。成本可以是直接的和间接的。原告越多地限制接触其图纸,无论是通过工程师还是通过供应商,两者完成预定工作的难度也就越大。假设原告禁止对其图纸的任何复制,一个工程师团队也就只能共用一张图纸,或许只能通过相互传递或者在同一房间内工作,微聚在一起看图纸。供应商如何制造零部件?原告必须将供应商集中到公司工作吗?此种工作和生产模式绝不是没有成本,因而完美的安全并非最适宜的安全。

在此还存在争议的事实问题,即何为合理本身是民事程序规则中的事实问题。显然原告采取了某些保密措施,包括物理的和合同的措施,保持其图纸的秘密性。也很显然,原告还可以采取更多的措施。这里存在成本以及成本与收益的对比问题,涉及保密措施的成本是否超过收益问题。我们不期待对此给出精确的答案,但同样不能说,如果原告采取的措施足够,就不会有合理的损害。如果只有在所有人采取不切实际的和损害生产率的保密措施时才给予保护商业秘密,激励投入更多资源发现有效率的生产方式及产出,更多发明的目标将会受到减损。鉴于该案保护商业秘密的重要性,我们对于初审法院不支持原告请求的初步判决的简短说理表示担忧。国家的未来在很大限度上取决于产业的效率，产业的效率在很大限度上取决于知识产权保护。据此，联邦巡回上诉法院将案件发回重审。

在上述案件中，波斯纳法官肯定了商业秘密的相对秘密性的价值，且未将商业秘密接触人数的相对较多作为构成商业秘密的障碍。该案只是涉及相关保密措施是否合理，且基于商业秘密保护的重要性，似乎意在不过于苛求保密措施的采取。

二、我国法上的相对秘密性

"不为公众所知悉"具有相对性，即只是在相关技术或者经营领域内不为相关人员普遍知悉或者属于一般知识即可，且允许权利人在采取保密措施的情况下让有必要知道商业秘密的人员知悉，而不是除权利人以外的任何人都不能知道。所谓的"为公众知悉"，通常是指可以被公众获知，或者至少能够被一般的业内专家掌握。例如，不能把教科书中的公式、杂志社发表的食谱或者互联网上公开的信息当作商业秘密。而且，讨论信息是否为公众知悉，经常涉及讨论秘密信息是否已被泄露，即不是指透露给小范围和受信任的群体，而是向公众披露。仅仅披露给有限的个人，即便这些个人不负保密义务，只要相关信息仍不属于行业内的公知信息，仍可以按照商业秘密保护。这也是商业秘密不具有绝对的排他性的一种体现。

商业秘密"所属领域的相关人员普遍知悉和容易获得"是是否具有秘密性的衡量标准，也就是所涉商业秘密是否具有秘密性，取决于是否为"所属领域的相关人员普遍知悉和容易获得"。

例如，零极公司与周某等5人及鼎源公司、鼎源廊坊公司侵犯技术秘密案[1]涉案技术信息通过去除覆胶、拆解后，使用常规仪器测量可以获得的技术信息，构成所属领域的相关人员容易获得的信息，被认定为不属于技术秘密。

该案中，零极公司起诉称，其在生产过程中研发制作的电池充电电源的集成电路设计方案构成零极公司的技术秘密，其从事产品研发及销售工作的周某等5人利用职务便利窃取涉案技术秘密，并设立鼎源公司和鼎源廊坊公司使用该技术秘密，生产、制造、销售与零极公司完全相同的产品，实施了侵害零极公司技术秘密的行为。周某等认为零极公司主张的技术秘密不符合商业秘密的定义和判断标准，零极公司含有相应图纸技术信息的产品已经在2007年公开销售，结合本领域内常识，相应秘密点已经为公众所知悉。即便认定具有秘密性，也可以通过反向工程破解。

零极公司主张为技术秘密的涉案技术信息，主要记载在零极公司提供的ZBC300－2D24DN技术指标书等图纸资料中。上述图纸的拟制日期最早为2006年9月14日，最晚为2015年11月19日。零极公司针对其涉案技术信息主张了24个秘密点，包括电路布局、元件的选择、参数、位置及连接方式、特定元件的材料构成及工艺要求等内容。原审法院现场拆封了公证封存的被诉侵权产品，拆开被诉侵权产品外壳，显示内部电路板上有覆胶保护。为将被诉侵权产品与涉案技术信息进行比对，原审法院组织各方当事人进行现场勘验，对被诉侵权产品电路板进行了去胶，以便观察到电路结构。经去胶后直接观察，各方当事人均认可零极公司主张的密点中如元件布局、参数、连接关系等大部分信息可以直接从去胶后的电路板上直接观察得到，被诉侵权人还认可除存在个别元件参数及元件

---

[1] 参见最高人民法院民事判决书，(2021)最高法知民终1281号。

数量、位置差异外,其余直接观察得到的技术信息与零极公司主张的相应秘密点内容相同。此外,针对零极公司主张的,部分无法通过直接观察被诉侵权产品得出,需要进一步拆解、测量的技术信息,对相应元件进行了拆解、测量,确认其元件构成、参数等信息。上述过程中,使用了恒温烙铁、数字电桥、数显卡尺、万用表等工具。

一审法院认为,结合被诉侵权产品的勘验过程,以及零极公司基于其产品照片与被诉侵权产品照片进行比对的具体情况,有理由相信所属领域技术人员同样能较为容易地根据零极公司在被诉侵权行为发生前已经公开销售的电源产品获得涉案技术信息。零极公司认为,涉案技术信息中存在许多技术细节,上述细节无法直观得到,所属领域技术人员无法根据已公开销售产品完整获取涉案技术信息,其获取的有差异的技术信息亦无法达到原本应有的效果。一审法院认为,零极公司的主张并无充分的技术依据,无法从在案证据中确认哪些内容或技术细节属于所属领域技术人员无法容易得到的,零极公司主张的技术细节也并未充分体现在秘密点的描述中。据此,零极公司的相应主张不成立,涉案技术信息在被诉侵权行为发生时为所属领域的相关人员容易获得,已为公众所知悉,不构成商业秘密。

二审法院认为,关于技术图纸作为技术秘密载体的相应保密措施问题,针对技术图纸的内部保密措施与市场流通产品不具有关联性,不是针对市场流通产品作为技术秘密载体的"相应保密措施"。根据原审查明事实,零极公司根据其技术图纸制造的产品在争议发生前均已进入市场流通,因此,该案中涉案技术秘密的载体为相应进入市场流通的电源模块产品。而产品一旦售出进入市场流通,就在物理上脱离零极公司的控制,故区别于可始终处于商业秘密权利人控制之下的技术图纸、配方文档等内部性载体。零极公司主张的与前员工的保密协议、技术图纸管理规范等对内保密措施,因脱离涉案技术秘密的载体,即在市场中流通的电源模块产品,故与其主张保护的涉案技术秘密不具有对应性,不属于本案中针对市场流通产品的"相应保密措施"。

关于市场流通产品作为技术秘密载体的保密措施问题,零极公司主张其对出售产品均采取封闭外壳,内部覆胶,变压器、电感浸漆的操作,电路设计组件为封装状态,部分元器件无任何标识,并非公众或本领域相关人员容易获得。对此,二审法院认为,首先,根据《2020 年商业秘密司法解释》第 3 条规定,权利人请求保护的信息在被诉侵权行为发生时不为所属领域的相关人员普遍知悉和容易获得的,人民法院应当认定为《反不正当竞争法》第 9 条第 4 款所称的不为公众所知悉。该解释第 4 条第 1 款第 2 项规定,如果该技术信息仅涉及产品的尺寸、结构、材料、部件的简单组合等内容,所属领域的相关人员通过观察上市产品即可直接获得的,有关信息为公众所知悉。结合上述司法解释第 3 条、第 4 条对《反不正当竞争法》第 9 条规定的商业秘密构成要件之一"不为公众所知悉"作出规定,"不为公众所知悉"的判断主体是所属领域的相关人员,判断的标准是既不能"普遍知悉",也不能"容易获得",认定的时间点是"被诉侵权行为发生时"。其次,市场流通产品属于外部载体,零极公司为实现保密目的所采取的保密措施,应能对抗不特定第三人通过反向工程获取其技术秘密。此种对抗至少可依靠两种方式实现:一是根据技术秘密本身的性质,他人即使拆解了载有技术秘密的产品,亦无法通过分析获知该技术秘密;二是采取物理上的保密措施,以对抗他人的反向工程,如采取一体化结构,拆解将破坏技术秘密等。该案中,零极公司主张相应保密措施为对其产品内部电路板及元件覆胶处理、部分密点相应元件无标识。零极公司认可其产品与被诉侵权产品是同类产品,无论是鼎源公司成立后即生产同类产品的时间,还是零极公司所称的在市场上发现同类产品的时间,零极公司产品均已上市,不特定公众可以与原审法院现场勘验相同的方式拆解观察零极公司产品,对无法直接观察的元器件参数、元器件间的连接关系,可以使用数字电桥、数显卡尺、万用表测量获得,其中,数字电桥用于测量电容、电感、电阻数值;数显卡尺用于测量线径、元件尺寸(封装形式),万用表用于测量连接关系、二极管特性,变压器绕线组可以直接观察计数。最后,原审现场勘验亦表明,针对被诉侵权产品,对无法直接观察的元器件参数、元器件间的连接关系,使用数字电桥、数显卡尺、万用表测量获得的部分数值,与零极公司主张的秘密点不同或者存在差异,个别数值无法测量,一方面表明通过市场流通产品获得的技术信息达不到技术图纸的标准,另一方面可以印证被诉侵权产品并非以零极公司技术图纸制造。据此,原审判决认定,涉案技术信息通过去除覆胶、拆解后,使用常规仪器测量可以获得的技术信息,构成所属领域的相关人员容易获得并无不当,法院予以确认。至于零极公司主张的未充分描述的技术细节,基本体现为被诉侵权产品与零极公司主张产品秘密点有差异的部分,零极公司产品中该部分是否存在技术秘密与该案并无关联。

第四节 "拼合"型商业秘密

一、不适用拼合标准

在专利法上,判断发明新颖性所要求的同一发明的在先披露,必须包含发明的所有必要技术特征。判断同一发明的非显而易见性,同一领域的技术人员考虑多个文件以后将会认为其显而易见,就足够了。这被称为拼合标准(the test of the mosaic),即每个知识点均进入同一领域技术人员的头脑。[1] 商业秘密没有显而易见性的要求,不适用相应的拼合标准(the test of the mosaic, the combination theory)问题。[2] 对于申请专利的发明而言,它必须在同领域技术人员看来具有非显而易见性,也就是全新的发明,而不是现有技术的拼合。这种标准如果适用于商业秘密,就会使将公有领域的信息拼合而成的秘密及数据集合不能得到保护。但是,这些客体纳入商业秘密保护又是必要的,因为集合公有领域的信息可以产生新的重要价值。因此,对于商业秘密而言,并无非显而易见的要求(requiement of non-obviousness),但秘密性要求拼合而成的知识信息受保护,必须因独特的拼合或者汇编方法,使知识信息具有独特的和新产生的价值。换言之,即使商业秘密的大多数组成部分都已经属于公共领域的知识,但只要因为相互拼合而获得了新的重要价值,就可以按照商业秘密保护。[3] 例如,客户名单是最为典型和最经常援引的组合型商业

---

[1] See Carlos M. Correa & Abdulquwi A. Yusuf, *Intellectual Property and International Trade – The TRIPs Agreement*, Kluwer Law International, 1998, p.252.

[2] See Carlos M. Correa & Abdulquwi A. Yusuf, *Intellectual Property and International Trade – The TRIPs Agreement*, Kluwer Law International, 1998, p.252.

[3] See Elizabeth A. Rowe & Sharon K. Sandeen, *Trade Secrecy and International Transactions*, Edwar Elgar, 2015, p.41.

秘密例子。就客户名单而言，客户的地址属于公知知识，客户的一般需求情况也是公开的，单个或者有些客户通常难以构成商业秘密。但是，如果有人将这些客户的地址以及各自的需求汇编起来，予以保密，且这些信息的总体也是不易于取得的，完全可以成为商业秘密。客户名单或者其他数据集合受商业秘密保护时，需要有一些独特的和新颖的内容。[1]

法律保护由已知事实"组合"形成的秘密。如果一张完整的拼图呈现在你的眼前，你不能因为能够在公有领域找到每一块拼图的位置而把完整的拼图偷走。当然，有些组合可能显而易见或者微不足道，法官会认为这些组合的价值较低。但是，有些非常有价值的秘密来自一些众所周知的消息和行为的组合。[2]为获取商业秘密保护，知识信息的组合者首先需要证明其组合与被组合的知识信息相比有什么新意和不同，然后证明组合因其秘密性而具有重要价值，并采取保密措施保持其秘密性。例如，组合信息是制作蛋糕的配方，其独特之处是所使用鸡蛋面粉的类型、组合比例等产生了独特的和不易于获得的效果。而且，受保护的也只是其中独特的知识信息。[3]

虽然一般知悉和容易获得的信息不能成为商业秘密，但公知信息的独特的秘密性组合可以成为商业秘密，俗称为"拼合型商业秘密"（combination trade secrets）。[4]大多数国家普遍承认商业秘密不适用拼合标准。《欧盟商业秘密保护指令》对商业秘密的界定中更是对此类商业秘密进行了明确的包含，即其将商业秘密界定为，"作为一个整体或者就其各个部分的具体构造和集合不为一般知悉"。[5]美国《统一商业秘密法》和保护商业秘密法均无如此具体的规定。但是，个人和公司可以将公知信息以组合方式增加其价值，在其组合具有秘密性时仍可以纳入商业秘密。如判例所说，"商业秘密可以存在于特征和组成部分的组合之中，即其各个部分本身处于公有领域，但以独特组合方式集合的工艺、设计和操作赋予其竞争优势，而成为受保护的商业秘密"。[6]Penalty Kick 案[7]更是阐释了美国法院广泛赞同的观点："商业秘密的一些或者全部组成内容广泛知悉（well-known）并不排斥一种保护由单个元素构成的秘密拼合、汇编或者整合（a combination, compilations, or integration of the individual elements）。商业秘密可以存在于特定组成部分的拼合，其各个部分本身属于公有领域，但以独特的拼合方式结合而成的工艺、设计或者操作，赋予一种竞争优势，成为可保护的商业秘密。""商业秘密可以包括组成元素属于公有领域的系统，但存在一种对于公有领域元素已形成的有效的、成功的和有价值的整合，该商业秘密给予（商业秘密所有人）一种竞争优势，可以保护其不受侵犯。"

---

[1] See Sharon K. Sandeen & Elizabeth A. Rowe, *Trade Secret Law in an Nutshell*, 2nd edition, West Academic Publishing, 2018, p. 84; see also Pyro Spectaculars North, Inc. v. Souza, 861 F. Supp. 2d 1079, 1088 (E. D. Cal. 2012).

[2] 参见[美]詹姆斯·普利：《商业秘密：网络时代的信息资产管理》，刘芳译，清华大学出版社2023年版，第55页。

[3] See Elizabeth A. Rowe & Sharon K. Sandeen, *Trade Secrecy and International Transactions*, Edwar Elgar, 2015, p. 41–42.

[4] See Sharon K. Sandeen & Elizabeth A. Rowe, *Trade Secret Law in an Nutshell*, 2nd edition, West Academic Publishing, 2018, p. 83.

[5] EU Trade Secret Directive, Article 2(1)(a).

[6] Imperial Chemicals, Ltd. v. National Distillers & Chemical Corp., 2 Cir. 1965, 345 F. 2d 737, 742.

[7] See Penalty Kick Management v. Coca-Cola Co., 164 F. Supp. 2d 1376, 1379 (N. D. Ga. 2001).

在美国,商业秘密可以采取"特色的组合或者合成"方式,即其各个组成部分都属于公共领域,但组合起来以后形成一种产生竞争优势的"独特联合体"。法院在一个保护有关工艺的商业秘密的判例中曾指出:"尽管某些反应在文献中披露过,其详细工艺产生于Syntex(原告)的实验研究、测试和差错,而不是来自文献研究。Syntex以整个工艺从事交易,而不是以其中的任何一个特定步骤。即使文献已披露各个步骤和反应说明,Syntex也可以保护各个步骤的整体。"[1]判例还认为,各种公知信息以特殊的方式组合起来,正是该组合方式形成了优于竞争对手的产品,从而成为一种商业秘密。[2]它不仅包括此前从未进行过组合的情形,还包括虽然曾经进行过组合而组合方式并不相同的情形。[3]

例如,犹他州《统一商业秘密法》保护"因不为一般知悉和通过正当手段不容易取得而具有现实的或者潜在的独立价值,其他人可以从其披露或者使用中获得经济价值的信息集合"。[4]"如果权利人通过独立的努力付出了有价值的贡献,(一种)一般知悉的元素或者步骤的独特集合(unique combination of generally known elements or steps),可以构成商业秘密。""公共领域的信息集合(compilation of information within the public domain)可以构成商业秘密",当然"这种集合本身……不能一般知悉或者容易取得"。[5]犹他州最高法院提出基于1939年《侵权法重述》第757条评论,提出认定信息集合是否构成商业秘密的几项考量因素:(1)信息在公司之外被知悉的程度;(2)雇员和涉及其业务的其他人知悉的程度;(3)公司采取措施保护信息秘密的程度;(4)信息对于公司及其竞争对手的价值;(5)公司开发该信息花费的努力或者金钱支出;(6)他人正当获取或者复制该信息的难易。[6]在Bimbo Bakeries USA, Inc. v. Sycamore案[7]中,美国第十巡回上诉法院指出,信息集合是否构成商业秘密,属于事实认定问题。"'一般知悉或者容易取得'标准不能被认为是信息是否为一般公众一般知悉或者容易取得,而是基于被告的知识和经验,信息是否为被告所知悉或者容易取得。"[8]"原告主张信息集合构成商业秘密的,仅'指出宽泛的技术领域和这种东西应当是商业秘密和已被侵害'是不够的,还要做得更多"。[9]他必须界定商业秘密,使"事实认定者(能够)决定所主张的商业秘密信息是否因不为能够'从其披露中获得经济价值的那些人''一般知悉或者容易取得',而'具有独立经济价值'"。"原告承担证明存在商业秘密的负担,不存在对其有利的推定。"在该案中,美国第十巡回上诉法院经审查证据,认定所涉数据集合不属于不为一般知悉或者容易取得的情形,不构成商业秘密。该案判决首先逐一分析信息集合的各个组成部分,再分析其集合,认定均不属于"不为一般知悉或者容易取得",因而不构成商业秘密。

---

[1] See Syntex Ophthalmics, Inc. v. Novicky, 591 F. Supp. 28, 37 (N. D. Ill. 1983), affd, 745 F. 2d 1423 (Fed. Cir. 1984), vacated, 470 U. S. 1047 (1985).
[2] See e. g., Sun Dial Corp. v. Rideout, 16 N. J. 252, 257, 108 A. 2d 442, 445, N. J. 1954.
[3] See Jerry Cohen, Alan S. Gutterman, *Trade Secrets Protection and Exploitation*, p. 79.
[4] Utah Code Ann. § 13 - 24 - 2 (4); accord USA Power, LLC v. PacifiCorp, 235 P. 3d 749, 759 (Utah 2010) (USA Power I).
[5] USA Power I, 235 P. 3d at 759 - 760 [citing Microbiological Research Corp. v. Muna, 625 P. 2d 690, 696 (Utah 1981)].
[6] See Bimbo Bakeries USA, Inc. v. Sycamore, 39 F. 4th 1250, 1259 - 1264 (10th Cir. 2022).
[7] See 39 F. 4th 1250, 1259 - 1264 (10th Cir. 2022).
[8] Utah Med. Prods., Inc. v. Clinical Innovations Assocs., Inc., 79 F. Supp. 2d 1290, 1312 (D. Utah 1999).
[9] USA Power I, 235 P. 3d at 760.

构成商业秘密的各个部分应当作为一个整体看待,即使其各个部分分开来看都不具有新颖性,但如果组合起来以后发生质变,具有新颖性,那么就应该从整体上进行看待,不能因组成部分没有新颖性而否定整体的新颖性,或者将不能分割的各部分割裂开来,而认为一部分有新颖性而其他部分没有新颖性。拼合型商业秘密案件中挑战是,原告如何主张已知信息的拼合如何产生某种不同的、可识别的和有价值的结合体。

二、我国保护拼合性商业秘密

《2020年商业秘密司法解释》第4条第2款规定:"将为公众所知悉的信息进行整理、改进、加工后形成的新信息,符合本规定第三条规定的,应当认定该新信息不为公众所知悉。"这是表明,商业秘密不排除"将为公众所知悉的信息进行整理、改进、加工后形成的新信息"。此即拼合型商业秘密。

例如,算法是数字经济发展的核心技术之一,推荐算法技术已经在以互联网平台企业为代表的各行各业得到广泛应用。智搜公司诉光速蜗牛公司等侵犯商业秘密纠纷案,涉及算法作为商业秘密问题。[1]本案判决从保护客体、构成要件、侵权判断等方面,界定了算法作为商业秘密保护的系列问题。法院认为,以模型选择优化作为核心的算法,即使所采用的模型均为公知信息,但若模型的选择与权重排序需通过大数据的收集、处理和测试等,该算法应视为不为所属领域相关人员普遍知悉和容易获得的信息,不为公众所知悉并可能构成权利人的商业秘密。

智搜公司是互联网高科技公司,主要产品有"天机"App以及AI写作机器人,采用自主开发的大数据追踪系统,实现智能跟踪、个性化推荐、智能摘要等功能。光速蜗牛公司采用与智搜公司实质相同的推荐算法,用于融资、推出App应用程序,并向深圳市科技创新委员会提交《深圳市技术创新计划创业资助项目申请书》,从中获利。智搜公司向法院起诉,主张光速蜗牛公司非法使用其商业秘密。深圳市中级人民法院生效判决认为,智搜公司请求保护的涉案技术信息为"天机——大数据追踪引擎"搜索算法,涉案算法可用于更精准地检索及向用户提供信息,能为智搜公司带来商业收益和竞争优势,智搜公司已对涉案技术信息采取合理保密措施,符合商业秘密的法定要件。光速蜗牛公司在其开发的"学点啥"App中使用实质相同的被诉侵权推荐算法,无法说明研发过程和提供研发记录,并聘用了3名原智搜公司研发团队成员,侵犯了智搜公司的商业秘密,构成不正当竞争行为。遂判决光速蜗牛公司停止侵犯商业秘密的行为,下架侵权App产品,赔偿智搜公司经济损失及合理维权费用合计20万元。

在(2010)苏知民终字第0179号案中,就涉案技术信息是否具有秘密性,法院认为:如果不考虑涉案技术信息的形成过程以及各技术信息之间的内在关联性,孤立地看待图纸上所记载的某一项技术信息,那么大部分零件的设计尺寸参数、公差配合、技术要求以及具体工艺参数都能在相关国家标准和行业标准中找到,并且是所属领域技术人员的常规选择。这是因为除外观设计之外,标准化或常规设计是机械设计人员在设计产品过程中优先考虑的,这样有利于提高设计效率和降低加工成本。然而设计过程不是简单地从标准手册中寻找参数并将其罗列在图纸上,而是一个需要设计人员根据机械产品工况和性

---

[1] 参见《法院认定算法可作为商业秘密进行保护》,载微信公众号"知产财经观"2023年8月21日。据称该案是全国首例将算法作为商业秘密进行保护的案例。

能要求,通过一系列计算来确定各参数的过程。最终的设计结果——技术信息的确切组合会因不同设计人员的经验、专业水平、风格偏好、审慎程度而异。经过设计人员精心计算并最终选择的某一标准参数,其性质已由手册上供所有人员选择参考的公开属性转变为专用于某个产品对象的专有属性。涉案图纸上所记载的各技术信息的确切组合,是该产品设计人员特有的创造性劳动的结果,既不为本领域相关人员普遍知悉,也不容易获得,因此不为公众所知悉。[1]

南方中金环境股份有限公司(以下简称中金公司)诉浙江南元泵业有限公司(以下简称南元公司)、赵某高等侵害商业秘密纠纷案,[2]涉及对产品设计图纸所承载的尺寸公差、形位公差、粗糙度、图样画法(表达方法)、局部放大视图、明细表内容、尺寸标法和技术要求等技术信息是否具有不为公众所知悉性的具体认定。虽然单个零部件所承载的技术信息已经属于公共领域的知识,但通过重新组合设计成为新的技术方案,且通过查阅公开资料或其他公开渠道无法得到,通过反向工程也不容易获得的,应当认定该技术方案不为公众所知悉。

原告中金公司的主营业务包括研发、生产、销售各种泵类产品,在研发、生产过程中设计完成各类产品图纸。中金公司采取制定公司员工手册、签署保密条款、实施技术软件加密等措施保护其产品图纸等商业秘密。被告赵某、吴某、金某、姚某均为中金公司前员工,在原告公司担任生产负责人、技术员等工作。被告南元公司系赵某、金某从原告处离职后投资成立的企业,经营范围包括水泵、供水设备的生产、销售、研发。被告吴某、姚某从原告处离职后相继加入南元公司工作。中金公司经市场调查发现,南元公司生产销售的立式多级离心泵 SDL32 系列产品与中金公司生产销售的 CDL32 系列产品基本相同。中金公司认为上述五被告侵害了其商业秘密,遂诉至法院。诉讼中,中金公司明确其主张的商业秘密是涉案产品设计图纸所承载的尺寸公差、形位公差、粗糙度、图样画法(表达方法)、局部放大视图、明细表内容、尺寸标法和技术要求。

杭州市中级人民法院经审理认为,涉案技术图纸所承载的技术信息,可以实际用于水泵的加工,具有现实的经济价值,可以为原告带来竞争优势,符合商业秘密具有商业价值的要求。原告通过制定《员工手册》、使用保密软件对涉案技术图纸的接触人员进行管控等方式,对涉案技术图纸采取了相应的保密措施,符合商业秘密的保密要求。对于秘密性要件,虽然单个零部件所承载的尺寸公差、形位公差信息已经属于公共领域的知识,但涉案技术信息系经重新组合设计而成的新的技术方案,既无法通过查阅公开资料或其他公开渠道得到,也无法通过反向工程测绘产品实物获得,故这些技术信息不为公众所知悉,构成反不正当竞争法意义上的商业秘密。而原告主张的粗糙度、图样画法(表达方法)、局部放大视图、明细表内容、尺寸标法和技术要求等技术信息,或可通过反向工程获取,或可通过查阅公开资料获得,属于为本领域技术人员所熟知或为公众所知悉的内容,不符合商业秘密的构成要件。经庭审比对,南元公司的技术图纸中共有 22 份图纸所载总计 47 处尺寸公差、6 处形位公差与中金公司享有商业秘密的对应技术信息构成实质性相同,对

---

[1] 参见江苏省高级人民法院民事判决书,(2010)苏知民终字第 0179 号。
[2] 参见浙江省杭州市中级人民法院民事判决书,(2020)浙 01 民初 287 号。本案一审宣判后,双方当事人均服判息诉。

此南元公司并未提交证据证明上述技术信息系其自行研发取得或具有其他合法来源,故法院认定南元公司的被诉侵权技术图纸实际使用了原告的涉案商业秘密,构成商业秘密侵权。由于中金公司并未提供有效证据证明被告赵某、吴某、金某、姚某具体实施了非法获取原告的涉案商业秘密并披露给被告南元公司使用的行为,故对于原告关于该四被告的侵权主张,法院未予支持。

综上,法院判决被告南元公司立即停止侵害原告中金公司涉案技术图纸商业秘密的行为,即停止复制、存储并删除含有涉案商业秘密的技术图纸,停止使用侵权技术图纸生产销售侵权产品,并销毁侵权产品专用模具;赔偿原告中金公司经济损失及为维权支出的合理费用110万元。

中金公司与南元公司等商业秘密案中,中金公司的主营业务包括研发、生产、销售各种泵类产品,在研发、生产过程中设计完成各类产品图纸。中金公司采取制定员工手册、签署保密条款、实施技术软件加密等措施,保护其产品图纸等商业秘密。被告赵某、吴某、金某、姚某均为中金公司前员工,曾任生产负责人、技术员等职务。南元公司系赵某、金某从中金公司离职后投资成立的企业,经营范围包括水泵、供水设备的生产、销售、研发。吴某、姚某从中金公司离职后相继加入南元公司工作。中金公司经市场调查发现,南元公司生产销售的立式多级离心泵SDL32系列产品与中金公司生产销售的CDL32系列产品基本相同。

中金公司诉称,其投入财力物力人力开发获得CDL32系列产品的技术图纸,被告赵某、吴某、金某、姚某均曾为其员工,在职期间接触和获取了其技术图纸,并将其图纸披露给南元公司使用,五被告共同侵害了其商业秘密,故诉请五被告立即停止复制、存储并删除侵害中金公司CDL32产品图纸的图纸,停止使用侵权图纸生产销售立式多级离心泵SDL32产品,连带赔偿中金公司经济损失及合理费用1000万元。诉讼中,中金公司明确其主张的商业秘密是涉案产品设计图纸所承载的尺寸公差、形位公差、粗糙度、图样画法(表达方法)、局部放大视图、明细表内容、尺寸标法和技术要求。南元公司辩称,中金公司主张的商业秘密秘密点不明确,且属于公知技术。赵某、吴某、金某、姚某均辩称无法获得技术图纸。

杭州市中级人民法院认为,涉案技术图纸所承载的技术信息,可以实际用于水泵的加工,具有现实的经济价值,可以为中金公司带来竞争优势,符合商业秘密具有商业价值的要求。中金公司通过制定员工手册、使用保密软件进行管控等方式,对涉案技术图纸采取了相应的保密措施,符合商业秘密的保密要求。关于秘密性要件,虽然单个零部件所承载的尺寸公差、形位公差信息已经属于公共领域的知识,但涉案技术信息系经重新组合设计而成的新的技术方案,既无法通过查阅公开资料或其他公开渠道得到,也无法通过反向工程测绘产品实物获得,故这些技术信息不为公众所知悉,构成反不正当竞争法意义上的商业秘密。而中金公司主张的粗糙度、图样画法(表达方法)、局部放大视图、明细表内容、尺寸标法和技术要求等技术信息,或可通过查阅公开资料获得,或为所属领域相关人员运用熟知的测量方法通过反向工程可直接获得,属于为本领域技术人员所熟知或为公众所知悉的内容,不符合商业秘密的构成要件。经庭审比对,南元公司的技术图纸中共有22份图纸所载总计47处尺寸公差、6处形位公差与中金公司享有商业秘密的对应技术信息构成实质性相同,对此南元公司并未提交证据证明上述技术信息系其自行研发、通过反向工程取得或具有其他合法来源,故法院认定南元公司的被诉侵权技术图纸实际使用了中金公司的商业秘密。由于中金公司并未提供有效证据证明赵某、吴某、金某、姚某具体实施了非法获取涉案商业秘密并披露给南元公司使用的行为,故对于中金公司关于该四被告的侵权主张,未予支持。综上,杭州市中级人民法院于2021年8月27日判决:南元公司于判决生效之日起立即停止侵害中金公司涉案技术图纸商业秘密的行为,即停止复制、存储并删除含有涉案商业秘密的技术图纸,停止使用侵权技术图纸生产销售侵权产品,并销毁侵权产品专用模具;南元公司于判决生效之日起10日内赔偿中金公司经济损失及为维权支出的合理费用110万元;驳回中金公司的其他诉讼请求。[1]

该案原告中金公司主张的图样画法(表达方法)、局部放大视图、明细表内容、尺寸标法和技术要求,或为教科书所记载,或为国家标准规定的形式,均为本领域相关技术人员所熟知,显然不具备秘密性,不应该获得商业秘密保护。中金公司主张的图样画法(表达方法)、局部放大视图、明细表内容、尺寸标法和技术要求,能够通过互联网检索获得,因被网络公开而不具备秘密性。原告中金公司主张保护的产品粗糙度,有众多教科书对其特征以及选型等内容进行详尽介绍,考虑到水泵的零部件结构及其应用场景、强度要求,一般位于0.2至25之间,本领域技术人员根据水泵的型号、扬程、密封性以及质量、成本等,容易确定具体零部件的粗糙值。中金公司生产的水泵流入市场后,经验较丰富的加工和检验人员凭肉眼观看即可大致确定粗糙度等级,属于容易被所属技术人员观察取得的技术信息,且粗糙度是落实到产品上的具体参数,可通过比较测量法、非接触测量法、接触测量法和印模法等本领域技术人员所熟知的方法进行测量,通过反向工程容易获得,因而不具备秘密性。

但是,中金公司主张的尺寸公差、形位公差是其参照国家标准,根据产品的精度需求、配合位置、加工手段以及工厂的设备水平等因素综合考量确定的具体参数,并不为相关领域技术人员所知悉。南元公司提供的相关抗辩证据给出的仅仅是一般性公差的指导参数,工程技术人员对此具有较大的选择空间,不能据此认定尺寸公差、形位公差不具备秘密性。而且即使单个零部件所承载的技术信息已经属于公共领域的知识,只要上述零部件通过重新组合设计成为新的技术方案,仍然应当认定为非公知技术,具有不为公众所知悉的秘密性。[2]

在滨海公司与星航公司、刘某侵害技术秘密案[3]中,星航公司、刘某称涉案技术秘密已经公开,部分信息可通过外观观察或从工具书、公知常识中获取,不具有秘密性。法院认为,技术秘密与专利虽同为知识产权,但技术秘密保护与专利权保护并不相同,技术秘密的法律保护并无新颖性、创造性等要求,只要其符合法定的秘密性、价值性、保密性即可。即便技术秘密中的部分信息甚至各个信息已经存在于公共领域,但只要该信息组合整体上不为公众所知悉,仍可以符合技术秘密保护条件。可见,技术秘密的保护不要求作为技术秘密载体的图纸所体现的全部技术信息均为信息持有人独创,即便图纸的部分技术信息已经存在于公共领域,如果信息持有人对公开信息进行了整理、改进、加工以及组

---

[1] 参见浙江省杭州市中级人民法院民事判决书,(2020)浙01民初287号。一审判决后各方均未提起上诉,该案判决已生效。
[2] 参见邓兴广、傅枫雅:《技术信息组合型商业秘密的秘密性判定》,载《人民司法》2022年第26期。
[3] 参见最高人民法院民事判决书,(2022)最高法知民终719号。

合、汇编而产生新信息,他人不经一定努力无法容易获得,该新信息经采取保密措施同样可以成为技术秘密而受到法律保护。不宜要求商业秘密权利人对其所主张的技术秘密与公知信息的区别作过于严苛的证明。权利人提供了证明技术信息秘密性的初步证据,或对其主张的技术秘密之"不为公众所知悉"作出合理的解释或说明,即可初步认定秘密性成立。权利人初步举证后,即由被诉侵权人承担所涉技术秘密属于公知信息的举证责任,其亦可主张将公知信息从权利人主张的范围中剔除,从而在当事人的诉辩对抗中完成涉案技术秘密信息事实认定。该案中滨海公司主张涉案29张技术图纸所载技术信息的整体属于技术秘密,包含零件结构型式、尺寸信息、设计参数、制造要求、工艺要求、材料材质、重量信息等技术信息,以及零件之间的位置关系、连接关系、装配要求等技术信息,是复杂数据的集合,通过观看产品本身或产品图片、简图无法得到。上述技术信息在图纸上以立体视图、多角度平面视图、剖视图予以综合表达,结合标注的尺寸信息、公差、性能技术要求、焊接工艺、材质、零件的内部尺寸结构及加工公差、零件及零件组合重量等,再配之包含序号、型号、尺寸、重量、材质等信息的目录表,方能为制造人员制造出符合标准的罩式炉吊具产品提供具体而明确的要求和指导。全套图纸的技术信息从未被滨海公司公开,亦无法从公开渠道获取。上述技术秘密内容涉及罩式炉吊具产品整体及各零部件的众多数据信息,往往需要反复计算、试验、推敲、改进、试制才能确定,不是简单选择的结果,也不是简单的汇编,他人不经一定的努力和付出代价不能获取或知悉。星航公司提供的《机械设计手册》等公知信息只是一般零部件设计常用的基础标准、通用的公差配合,是常规技术资料,仅通过这些一般信息无法直接生产出相应产品。关于星航公司、刘某认为部分信息可通过观察产品、装配实物外观获得因而已丧失秘密性的主张,法院认为,产品通过销售进入公共领域并不等同于该产品图纸记载的技术信息已经全部公开,仍需根据权利人所主张技术信息的内容进行判断。本案中的罩式炉吊具工艺复杂,并非简单通过观察外观即可获得产品全部技术信息。星航公司亦未提供证据证明可从公开渠道获取图纸的全部技术信息,或其通过观察获知相关技术信息。退一步讲,即使包含了可观察获得的部分技术信息,也不影响对全部技术信息的集合给予保护。原审法院认为滨海公司未能说明构成技术秘密的具体内容、环节、步骤或实施方法,未对其主张的技术秘密信息与公共领域信息的区别点作出充分合理的解释或者说明,未提交证据证明与公知技术信息存在何种区别,根据常识整套图纸中的全部技术信息不可能全部构成技术秘密,系举证责任分配不当,适用法律错误。

在再审申请人阚某、章某璐、崔某东、盛凯公司与被申请人金陵公司侵害商业秘密纠纷案[1]中,章某璐、阚某和崔某东先后分别与怀陵公司签订《劳动服务协议》,其协议书在条款形式、文字表述、排版格式等方面均完全相同,据此分别入职金陵公司。阚某、章某璐和崔某东三人在入职时,前二人向怀陵公司、崔某东向金陵公司出具了相同格式和内容的《入职承诺书》,承诺内容包括不得故意和过失泄露公司的经营、管理、技术机密。2014年8月29日,阚某出具《员工遵守公司客户信息和商业信息承诺书》,记载阚某自愿遵守金陵公司和怀陵公司一切规章制度及公司日常临时规定,并承诺无论离职还是在职绝不泄露公司客户信息和商业信息。2016年4月1日,金陵公司、怀陵公司下发《关于各组组长

---

[1] 参见最高人民法院民事判决书,(2021)最高法民再310号。

等职务任命通知》,任命阚某为业务部部长兼任业务部三组组长,分管国际货代业务工作;崔某东为业务部四组组长;章某璐为报关组组长。2016年6月13日,盛凯公司成立,阚某父亲阚某军任法定代表人,阚某任监事。公司经营范围为海上、航空、陆路国际货物运输代理业务等。金陵公司以阚某、章某璐、崔某东、盛凯公司侵犯其商业秘密为由,提起诉讼。

一审诉讼过程中,金陵公司声称包括上海威美国际物流有限公司在内的31家企业名单为其要求保护的客户名单,为此,该公司举示了与上述名单中的25家企业开展业务时开具的增值税发票。一审法院应金陵公司申请,调取了盛凯公司向其客户开具发票的统计清单,清单反映的客户计55户,其中含有金陵公司主张作为商业秘密保护的上述25家企业。金陵公司与怀陵公司系同一法人,经营地址相同。阚某、章某璐、崔某东主张盛凯公司是通过互联网搜索的方式获取的客户信息并于2017年2月离开原聘用单位。一审判决阚某、章某璐、崔某东、盛凯公司停止对金陵公司涉案商业秘密的侵权行为并赔偿金陵公司经济损失。二审改判阚某、章某璐、崔某东、盛凯公司赔偿金陵公司经济损失及制止侵权的数额。阚某、章某璐、崔某东、盛凯公司不服,向最高人民法院申请再审。最高人民法院裁定提审本案,再审判决撤销一审、二审判决,驳回金陵公司的全部诉讼请求。

最高人民法院再审认为,金陵公司主张增值税发票中的客户名称、地址、电话、开户行及账号、交易价格等信息形成的客户名单属于商业秘密。从在案证据来看,客户名称、地址、电话、开户行及账号、交易价格均记载在增值税发票中。增值税发票是依据国家相关规定由纳税人向购买方出具的制式票据,票据上记载的信息应符合相关管理规定,发挥一定的管理作用,本身并不具有保密的属性。增值税发票交付购买方后,购买方亦没有对增值税发票上记载信息保密的法定义务。金陵公司庭审时亦明确,其与购买方并未约定对增值税发票上相关信息进行保密,即购买方并没有对增值税发票相关信息进行保密的合同义务。由此可见,金陵公司对其主张的增值税发票并未采取保密措施,增值税发票本身亦不具备保密性。此外,增值税发票上记载的客户名称、地址、电话亦可通过其他公开渠道获取。该案中,四申请人提交的"天眼查"等查询结果已经公开了前述信息,金陵公司亦认可查询结果显示的相关信息与增值税发票上记载的信息一致。因此,增值税发票上记载的客户名称、地址、电话信息不具有秘密性。金陵公司还主张增值税发票上记载的交易价格以及通过增值税发票能够获知客户的交易习惯、交易频率、交易数量以及对交易价格的接受程度等属于商业秘密,但其并未说明上述主张的秘密点的具体内容以及通过增值税发票如何体现。从增值税发票记载的内容看,"货物或应税劳务、服务名称"均为"代理运费"以及每次的单价与金额。就货运代理行业而言,影响代理运费的因素很多。例如,货运方式、报价折扣、服务方式、付款方式、结算方式等,每笔交易的缔约条件需要根据具体情况确定,仅凭增值税发票中的单价及金额难以直接确定客户的交易习惯、交易频次以及交易可接受价格等个性化的商业信息。在金陵公司仅提交了增值税发票,没有明确具体主张的深度信息内容,亦没有提供证据或者充分说明从增值税发票中如何分析出客户的交易习惯、运输方式、价格折扣等深度信息的情况下,金陵公司在本案主张增值税发票中的相关信息属于商业秘密依据不足。综上,涉案客户名单因不具有秘密性及未采取保密措施,不属于商业秘密。

该案再审改判的核心理由是涉案客户名单因不具有秘密性及未采取保密措施,因而不属于商业秘密。具体情形为,增值税发票是依据国家相关规定,由纳税人向购买方出具的制式票据,票据上直接记载的客户信息通常不具有保密的属性。增值税发票交付购买方后,相关法律并未明确规定购买方对增值税发票上记载的客户信息负有保密义务,也没有约定保密义务的情况下,增值税发票上直接记载的客户信息本身不构成商业秘密。值得研究的是,原告主张权利的是包括上海威美国际物流有限公司在内的31家企业名单,是多个客户名单的集合构成商业秘密,而再审判决并未区分单个增值税发票载明的客户信息与多个相关客户信息集合,且仅以单个增值税发票不具有秘密性和未采取保密措施,而否定其商业秘密属性,这种分析认定是否妥当。即便单个发票的信息不具有保密属性,但单个发票构成的整体信息可能仍具有秘密性,即单个发票的信息与整体性信息不能画等号,各个单个发票反映的客户信息汇集成一个整体,对其整体采取保密措施或者属于公司保密范围的,不因为来源于单个不保密的信息就当然认为其整体不能成为商业秘密。无论最终能否认定本案客户信息的集合是否构成商业秘密,但再审判决认定是否构成商业秘密的逻辑,是值得商榷的。

第五节 商业秘密的认定

一、秘密性的举证和认定

秘密性需要通过举证加以认定,但其举证和认定又有特殊性。

在美国,原告在商业秘密案件中负有证明存在商业秘密的举证责任,其中包括证明其商业秘密具有秘密性,即不为一般知悉或者容易取得(not generally known or readily ascertainable)。[1]通常情况下,原告将通过表明形成过程和专家证言,证明所主张的信息并非为一般知悉。如在 Rohm and Haas Co. v. Adco Chem. Co.,689 F2d 424(3d Cir. 1982)案中,对于所主张的商业秘密是否属于一般知悉,原告提供如下证据:(1)它是使用所主张的秘密工艺的唯一制造商;(2)其他竞争对手试图但未成功地推出竞争性商品;(3)广义的某些内容前所未有。

商业秘密案件的原告通过提供其为保护商业秘密所付出的努力,证明其商业秘密不为一般知悉。也就是说,通过此类证据同时满足采取保密措施与不为一般知悉的要求。通常是,此类证据的核心是保护其信息不为一般知悉的安全措施。正是由于安全措施的存在,公众无法知悉其秘密,因而可以间接证明其信息不为一般知悉。而且,实践中此类证据能够满足举证责任转移给被告的要求,而此后由被告对其为公众知悉负举证责任。鉴于此,秘密性的认定与采取合理的保密措施虽然不属于同一要件,但也有关联,可以帮助认定具有秘密性的事实。如果没有采取保密措施,员工就不会知道哪些信息事实上属于商业秘密。

不容易获得的要件在观念上比不为一般知悉的要求更难证明。原因是,它要求收集

---

[1] 在一些州,如加利弗尼亚州和伊利诺伊州,其或者未规定不容易获得,或者将其作为被告的抗辩事由。See Compare Abba Rubber Co. v. Seaquist,235 Cal. App. 3d1(1991).

信息证明虽然不为一般知悉,但如果想要得到它,能够较为容易地发现。例如,一个科学家发表的论文讨论了新发现,但新发现的知识尚未成为"一般知悉"。原告可以请商业秘密所属领域的技术人员证明所主张的商业秘密不为一般知悉,还可以通过提供复制该信息所需要的时间、努力和费用,证明其不容易获得。[1]

实践中,一旦原告提供一些证据证明所主张的商业秘密不为一般知悉或者不容易获得,就会由被告提供反证(如在先技术)证明其为一般知悉或者容易获得。[2]

二、"为公众所知悉"的反证

"不为公众所知悉"是一个否定性事实,即不存在的事实,证明待证对象的不存在显然勉为其难,因而通常需要通过证明相反事实存在的方式进行反证。司法实践中,通常由原告对其商业秘密属于"不为公众所知悉"提供说明和初步证明,而由被告对其属于"为公众所知悉"提供反证。

为便于掌握和具体认定,在总结审判经验和借鉴国外经验的基础上,《2007年反不正当竞争司法解释》第9条第2款具体列举了属于公众知悉的信息的六种情形:(1)该信息为其所属技术或者经济领域的人的一般常识或者行业惯例;(2)该信息仅涉及产品的尺寸、结构、材料、部件的简单组合等内容,进入市场后相关公众通过观察产品即可直接获得;(3)该信息已经在公开出版物或者其他媒体上公开披露;(4)该信息已通过公开的报告会、展览等方式公开;(5)该信息从其他公开渠道可以获得;(6)该信息无须付出一定的代价而容易获得。《2020年商业秘密司法解释》基本沿袭该规定,即其第4条第1款规定:"具有下列情形之一的,人民法院可以认定有关信息为公众所知悉:(一)该信息在所属领域属于一般常识或者行业惯例的;(二)该信息仅涉及产品的尺寸、结构、材料、部件的简单组合等内容,所属领域的相关人员通过观察上市产品即可直接获得的;(三)该信息已经在公开出版物或者其他媒体上公开披露的;(四)该信息已通过公开的报告会、展览等方式公开的;(五)所属领域的相关人员从其他公开渠道可以获得该信息的。"

实践中对于司法解释规定的属于公众知悉的情形有时存在一些具体把握上的争议。例如,对于"通过观察上市产品即可直接获得的"的理解争议有如下情形:该规定中的观察手段是否包括对产品进行拆解;相关尺寸等技术信息能否借助第三方设备进行测量;"可直接获得"是一种应然状态,还是实然状态,被告若以此条款抗辩是否应提交被诉侵权行为发生时,其已完成对原告上市产品有关涉案秘点的研究与破解。[3]在北京零极中盛科技有限公司与北京鼎源力诺科技有限公司侵害技术秘密纠纷案[4]中,最高人民法院认为,"原审判决认定,涉案技术信息通过去除覆胶、拆解后,使用常规仪器测量可以获得的技术信息,构成所属领域的相关人员容易获得并无不当,本院予以确认"。也就是说,观察手段包括可拆解,涉密信息除肉眼直接观察外,亦可通过测量等方式获取。

司法解释规定的属于公众知悉的情形既然是为了认定是否为公众知悉的目的,其把握仍应该回归不为公众所知悉,即秘密性的本意和要求,既包括产品公开以后其承载的相

---

[1] See Amoco Prod. Co. v. Laird, 622 N. E. 2d 912, 919 (Ind. 1993).
[2] See Sharon K. Sandeen & Elizabeth A. Rowe, *Trade Secret Law in an Nutshell*, 2nd edition, West Academic Publishing, 2018, p. 78 – 82.
[3] 参见陈军:《当前技术秘密侵权诉讼实务中的疑难点问题》,载微信公众号"知产力"2023年10月17日。
[4] 参见最高人民法院民事判决书,(2021)最高法知民终1440号。

应技术信息一目了然、不需要拆卸等即可获知,又包括通过普通技术人员简单的拆解、测量等可以获知的技术信息;既包括实然即实际已进行观察、测量等知悉,也包括应然,即使未通过实际测量等获取技术信息,但客观上简单地观察、拆解、测量等即可获知其技术信息,也因为技术信息构成容易获取而不具有秘密性。

司法解释只是列举了构成为公众所知悉和容易获得的常见情形,但此类情形并不以此为限,可以根据类似的精神认定是否属于为公众所知悉和容易获得的情形。例如,所涉技术信息虽不属于"仅涉及产品的尺寸、结构、材料、部件的简单组合等内容,进入市场后相关公众通过观察产品即可直接获得"的情形,但所属领域的技术人员通过简单的拆解等即可获知的,即便未通过拆解等获知,也可以在产品公开上市以后构成容易获得的信息,不再给予商业秘密保护。换言之,容易通过拆解等获知的信息,在产品上市以后可以归入容易获得信息,产品上市可以导致商业秘密公开的后果;有较大的破解难度,所属领域技术人员不能轻易通过拆卸等破解,才能构成不容易获得的技术信息,产品上市不影响商业秘密的存在。这是通过反向工程破解与属于公众知悉中的容易取得区别和界限所在。反向工程是以构成商业秘密为前提,只是通过反向工程进行的破解不构成侵权行为而已;通过拆卸等容易获取产品的技术信息,属于公众知悉的范畴,不符合秘密性的要件。两者性质不同,不能混为一谈。

例如,在上诉人程某卓、成都爱兴生物科技有限公司(以下简称爱兴公司)与被上诉人科美博阳诊断技术(上海)有限公司(以下简称博阳公司)侵害技术秘密纠纷案[1]中,关于博阳公司主张的涉案技术方案是否具有秘密性,关于涉案技术秘密信息是否可通过常规仪器检测分析直接获得,爱兴公司主张涉案技术秘密信息通过常规仪器的检测、分析即可直接取得其结果,理由是除去均相化学发光检测领域的公知技术原理和应用方向外,均可就上述这些要素借助粒度分析仪、酸碱度测试仪、红外测试仪等仪器对上市产品进行分析、检测,可直接完整取得其数值,属于"可直接获得""其他公开渠道可以获得"的范围,不符合技术秘密非公知性的法律要求。对此,法院认为,涉案技术方案中的技术信息,如对于溶液酸碱度、微粒粒径、粒径 CV 值的控制,本身即属于不为公众所知的信息,程某卓、爱兴公司亦认为对于微粒粒径 CV 的控制没有意义,故他人不会产生测量上述数据的意识。并且,涉案技术信息体现为产品生产中的工艺标准,通过仪器只能测量得到具体的数值,但是无法反向推知权利人采取的误差范围及标准,单纯测得的具体数值对于确定数值范围并无实际意义。例如,程某卓、爱兴公司所列举的手段,通过粒度分析仪、酸碱度测试仪等仪器,只能获得相关产品中微粒的粒径以及具体的 CV 值、溶液的具体酸碱度数值,但无法测得博阳公司所采取的粒径误差范围、CV 值的控制范围以及溶液的酸碱度控制范围等。

关于"感光微粒没有包被多糖"是否被现有技术公开。程某卓、爱兴公司认为,其提交的文献 1 披露了亲和素包被感光微粒的制备的具体实施例,载明了感光微粒混悬液的处理、亲和素溶液的配置、混合、反应、封闭、清洗的过程,在该过程中,没有实施包被多糖的过程。文献 5 披露了感光微球从聚苯乙烯微球融入感光材料、链霉亲和素化到制备成试剂的自制试剂过程,该过程显示没有在微球表面包被多糖,直接包被链霉亲和素。对

---

[1] 参见最高人民法院民事判决书,(2020)最高法知民终 1889 号。

此,法院经审查认为,文献1公开了"亲和素包被的感光微粒"的技术信息,但并未明确记载感光微粒表面是否包被多糖,并且记载实施例中所用的感光微粒购自博阳公司,因博阳公司并未公开披露其感光微粒是否做包糖处理,因此"感光微粒没有包被多糖"的技术信息没有被现有技术公开。文献1和文献5均未有感光微球表面是否包被有多糖的记载,更未检测感光微粒糖含量。因此,程某卓、爱兴公司的上述意见不成立,法院不予支持。原审法院关于程某卓、爱兴公司提交的文献1和文献5未公开"感光微粒没有包被多糖"的事实认定无误。

关于"CV≤20%"是否具有秘密性。程某卓、爱兴公司认为,CV是统计学上的概念,表示一组评价相关数据离散程度的数值,可以通过仪器轻易检测到其数值,只要以微球作载体的诊断产品都有CV值,属于诊断行业的基本检测数值,其取值范围不是博阳公司所独有,也不能为博阳公司所垄断。对于产品稳定性来说,关键和核心不在于成品试剂CV值的设定,而在于试剂的制备工艺。另外,CV值不具有降低成本和工艺控制的价值。感光试剂由感光微粒标记链霉亲和素构成,感光微粒则是由乳胶微球进行染色制备而来,乳胶微球的CV决定着整个成品试剂的均匀度,行业共识是乳胶微球的CV越小越好,最简单的方式就是从源头控制好微球的CV,一般市售的乳胶微球都是控制在5%以内,这样就可以保证最终的成品试剂是足够均匀的,所以成品试剂的CV设置上限没有意义,爱兴公司从未将感光试剂的CV作为质控指标,即使CV大于20%甚至30%,也不会影响试剂的临床性能。在动态光散射原理下对CV进行测试,结果具有偏差性和波动性。不同厂家的仪器,基于不同的算法,得出来的CV会存在比较大的偏差。程某卓、爱兴公司提供的公知文献已经证明感光微粒试剂和发光微粒试剂CV的具体数值≤20%具有公知性,CV值可以通过仪器直接检测容易获得,CV值的上限也是可以根据试剂临床性能做几组验证试验进行推导,上限可以是20%,也可以是30%。原审法院所谓"由于CV值越小对于工艺的要求越高,设定CV值的上限具有降低成本的商业价值,该数值上限并非无需付出一定代价就能获得的信息"没有事实依据。对此,博阳公司认为,现有技术中均未公开CV概念及CV的取值范围。理由是,首先,文献5公开了平均粒径及PI值,但是完全没有公开CV这一概念,也没有公开具体的数值,文献《人绒毛膜促性腺激素光激化学发光免疫分析方法的建立》公开了发光微球的具体CV,但其不涉及感光微球,也不涉及CV值范围的控制。其次,在光激化学发光分析系统通用液中的感光微粒的粒径分布变异系数CV≤20%这一技术信息,是博阳公司付出创造性劳动获得的信息,具有秘密性。在LiCA技术系统中,所述"粒径分布变异系数CV值"是指在纳米粒度仪的检测结果中,粒径在高斯分布中的变异系数。博阳公司经大量研究及临床实践应用发现,微粒在液相中的粒径分布变异系数CV值影响最终光激化学发光检测信号。如果想要实现LiCA技术系统在临床免疫诊断中的商业化应用,那么就需要大批量的生产质量合格、性能稳定的感光微粒,因此必须严格控制LiCA通用液中的微球粒径分布的CV值在合适的范围。尤其是包被了多糖之后,纳米微球的粒径分布变异系数CV值的变化就更显著、更不稳定,难以满足医疗器械产品注册以及临床应用的试剂要求。因此,博阳公司一方面选择减少甚至放弃在感光微粒表面包被多糖,以稳定感光微粒在LiCA通用液中的粒径分布CV值;另一方面系统优化了感光微粒制备工艺中的每一个实验步骤,逐渐摸索和发现了严格控制感光微粒在液相中的粒径分布变异系数CV值的范围及方法,最终才实现光激化学发光技术系统在临床检验上的商业应用。

粒径分布变异系数 CV≤20% 这一信息不能由相关人员通过观察上市产品直接获得。如双方证据所证明的，CV 值需要专业的设备在标准操作下获得，并且现有技术中并未将该指标作为检测的一般指标。因此，不仅博阳公司将 CV 值限定在一定的范围属于技术秘密，博阳公司将 CV 值作为质控指标本身也是技术秘密。对此，法院认为，根据双方当事人的陈述可以确定，本案中的 CV 值是指微球粒径的分布变异系数，该系数的计算具有一定的公式，并非简单的线性平均值。博阳公司的工艺规程、研发资料及往来邮件中多处涉及 CV 值及其控制，可以看出博阳公司系将 CV 值作为控制其产品工艺质量的重要指标，而程某卓、爱兴公司提供的现有技术文献中均未有上述记载。并且，根据本领域的技术常识，微粒粒径分布的 CV 值越小，产品的稳定性越高，但控制 CV 值的成本也就越高，因此 CV 值的控制范围与生产成本之间具有关联性，博阳公司根据自己的研发及实践，确定了 CV≤20% 的控制范围，该控制范围在现有技术未见记载，具备秘密性。

关于技术方案整体是否具有秘密性。首先，程某卓、爱兴公司认为，涉案技术秘密的基本内容系光激化学均相发光检测领域的基本常识和行业惯例。光激化学均相发光技术起源于 LOCI（发光氧通道测定），美国科学家 Edwin F. Ullman 教授等人早在 1994 年的论文中就披露了 LOCI 的技术原理及技术特征。之后，美国德灵公司等国内外公司、研究人员在 LOCI 技术的基础上做了进一步研究发展和应用，比如已将该技术应用于心肌肌钙蛋白Ⅰ（cTnⅠ）的快速检测（POCT）方法，相关学术研究也在此基础进一步拓展。故光激化学均相发光检测技术的原理、检测肌钙蛋白Ⅰ及其快速检测的应用方向，以及有关检测试剂包含感光微球和发光微球、微球由聚苯乙烯乳胶颗粒制备而成、缓冲溶液呈弱碱性、感光微球包被亲和素、发光微球包被抗体、微球粒径的基本范围，是否采用包糖等要素已经成为该技术领域的基本常识和惯例。其次，程某卓、爱兴公司提交的文献 2 美国专利除未公开"感光和发光微球粒径的 CV 值"和"光激化学发光分析系统在心肌梗死 POCT 产品中的应用"外，公开了博阳公司主张的其他所有要素。文献 5《乙型肝炎病毒表面抗原光激化学发光免疫测定试剂及人类免疫缺陷病毒时间分辨荧光免疫检测试剂的研制》除未公开"发光微球粒径的 CV 值"和"光激化学发光分析系统在心肌梗死 POCT 产品中的应用"外，公开了博阳公司主张的其他所有要素。"光激化学发光分析系统在心肌梗死 POCT 产品中的应用"是行业内的基本常识和研究方向之一，并不为博阳公司所垄断，而微球成品试剂的 CV 值是一种检测结果，其本身波动性就很大，公开文献中亦披露了 CV≤20% 的实施例，仅凭一个 CV 要素，尚不足以构成所谓的"新信息"。博阳公司提交的非公知性鉴定报告不能证明其主张的技术信息符合非公知性的要求。鉴定为博阳公司在诉讼前单方委托，基于委托关系，博阳公司与鉴定单位存在利益关系，无法保证鉴定单位的中立、客观、公正性。鉴定专家没有免疫诊断领域以及化学发光技术的研究背景，对光激化学均相发光检测技术并不熟悉，不了解该技术的背景和公知常识。并且鉴定意见内容不涉及 2014 年 2 月 28 日之后博阳公司主张的信息是否不为公众所知悉。在 2014 年 2 月 28 日至 2019 年爱兴公司获得产品注册，有多份公开文献证明了博阳公司主张的信息已被公开。再次，鉴定专家在原审庭审中明确表示无法确认博阳公司主张的信息在 2014 年 2 月 28 日之前是否客观存在，以及是否归属于博阳公司。最后，鉴定专家以"寻找区别"作为判断博阳公司主张的技术秘密是否为公开文献所披露的唯一方法，忽视了该领域的基本常识和行业惯例、是否可以直接检测获得,以及是否存在为所属领域相关人员普遍知悉和容易获得的其他因素,得出了错误的结论。

博阳公司认为,其提供的8个技术方案,为层层递进关系,类似于独立权利要求与从属权利要求的关系;博阳公司主张的每一个技术方案,系将整体技术方案(包含CV值、微粒不包糖等)作为技术秘密请求保护。技术信息"非公知性"的判断不能将权利人主张的技术秘密的各个部分与整体信息割裂开来,简单地以部分信息被公开就武断地认为整体信息已为公众所知悉。相反地,正是由于各个部分的独特排列组合,才对最终产品的品质效果产生了特殊的效果,使本案权利人所主张的技术信息具备了商业价值;他人不经过一定的努力和付出不能直接获得,这种能够带来竞争优势的特殊组合是一种整体信息,不能将各个部分与整体割裂开来。博阳公司每一项技术秘密是一个由诸多技术信息组成的集合体,构成一个完整的技术方案,没有被任何现有技术文件公开。对此,二审法院认为,正如博阳公司所述,其涉案8项技术秘密均分别为由诸多技术信息组成的集合体,各自构成一个完整的技术方案,因此,判断技术信息的"不为公众所知悉",不能将权利人主张的技术秘密的各个部分与整体割裂开来,简单地以部分信息被公开就认为信息整体已为公众所知悉。相反,如果正是由于各个部分的独特排列组合,才对最终产品的品质效果产生了特殊的效果,使权利人所主张的技术信息具备了商业价值,他人不经过一定的努力和付出不能直接获得,这种特殊组合是一种整体信息,不能将各个部分与整体割裂开来。博阳公司对涉案技术秘密的解释是,感光微粒包糖可以减少微粒间的非特异性吸附,但是,包被了多糖后的感光微球外表面电荷发生变化可能产生团聚现象,又会影响通用液中感光微粒的均一性。为此,博阳公司一方面选择减少甚至放弃在感光微粒表面包被多糖,以稳定感光微粒在LiCA通用液中的粒径分布CV值,另一方面在缓冲溶液中加入合适含量的多糖,具体判定标准是如果检测到每毫克感光微粒的含糖量低于0.025mg,则判定感光微粒的表面没有包糖,更具体的方案是在LiCA通用液中,每克质量感光微粒的糖含量不高于25mg,每升体积的第一弱碱性缓冲溶液中的糖含量为1g±0.2g。根据博阳公司涉案技术秘密的形成可见,其技术方案中的各个技术要素之间存在着互相依存的关系,就CV值、包糖及溶液中糖含量的控制即可看出,为了减少CV值,从而选择感光微粒不包糖;而同时为了减少特异性吸附,又要在溶液中添加适当含量的糖,而如果片面追求减小粒径CV值,又会提高生产成本,所以必须控制在一定范围以内。因此,微球是否包糖、粒径CV值及溶液的糖含量控制在多少适合,均需要进行大量的研发与生产试验才能掌握,并非社会公众普遍知悉或能容易获得的技术信息。即便现有技术中公开了其中部分技术信息,涉案技术秘密作为由多个技术信息组成的完整技术方案,仍具有秘密性。程某卓、爱兴公司为证明博阳公司的技术方案不具有秘密性委托鉴定机构作出的非公知性鉴定中,其作为现有技术提交的文献2美国专利的中文翻译件中缺少关于微粒包糖的相关段落内容;而博阳公司主张的技术秘密中,CV值的控制与微粒是否包糖密切关联,由于翻译文本缺少了上述信息,可能影响鉴定的判断结果,故对于程某卓、爱兴公司自行委托作出的非公知性鉴定意见,法院不予采信。根据现有证据,对于博阳公司涉案技术方案是否具有秘密性能够作出认定,故对程某卓、爱兴公司要求对涉案技术方案的非公知性进行鉴定的申请,法院不予准许。根据在案证据可以认定,至少截至本案一审判决时,爱兴公司、程某卓并未能证明涉案8项技术秘密已为公众所知悉。

在济南思克测试技术有限公司(以下简称思克公司)、济南兰光机电技术有限公司案[1]中,最高人民法院二审判决认为,鉴于涉案技术秘密载体为市场流通产品,属于外部性载体,故思克公司为实现保密目的所采取的保密措施,应能对抗不特定第三人通过反向工程获取其技术秘密。此种对抗至少可依靠两种方式实现:一是根据技术秘密本身的性质,他人即使拆解了载有技术秘密的产品,亦无法通过分析获知该技术秘密;二是采取物理上的保密措施,以对抗他人的反向工程,如采取一体化结构,拆解将破坏技术秘密等。二审判决认为,根据思克公司主张保护的涉案技术秘密及其载体的性质,综合审查本案现有证据,应认定思克公司未采取符合反不正当竞争法规定的"相应保密措施",思克公司主张保护的涉案技术秘密因缺乏"相应保密措施"而不能成立。

具体而言,根据涉案技术秘密及其载体的性质,应认定思克公司未采取符合反不正当竞争法规定的"相应保密措施"。根据《2020年商业秘密司法解释》第5条第2款的规定,人民法院应当根据商业秘密及其载体的性质等因素,认定权利人是否采取了相应保密措施。本案中,涉案技术秘密的载体为GTR-7001气体透过率测试仪,因该产品一旦售出进入市场流通,就在物理上脱离思克公司的控制,故区别于可始终处于商业秘密权利人控制之下的技术图纸、配方文档等内部性载体。《2020年商业秘密司法解释》第14条第1款、第2款规定,通过自行开发研制或者反向工程获得被诉侵权信息的,人民法院应当认定不属于《反不正当竞争法》第9条规定的侵犯商业秘密行为。反向工程,是指通过技术手段对从公开渠道取得的产品进行拆卸、测绘、分析等而获得该产品的有关技术信息。鉴于涉案技术秘密载体为市场流通产品,属于外部性载体,故思克公司为实现保密目的所采取的保密措施,应能对抗不特定第三人通过反向工程获取其技术秘密。此种对抗至少可依靠两种方式实现:一是根据技术秘密本身的性质,他人即使拆解了载有技术秘密的产品,亦无法通过分析获知该技术秘密;二是采取物理上的保密措施,以对抗他人的反向工程,如采取一体化结构,拆解将破坏技术秘密等。根据法院查明的事实,思克公司亦认可,通过拆解GTR-7001气体透过率测试仪,可直接观察到秘密点2、3、4、5,同时,本领域技术人员"通过常理"可知晓秘密点1和秘密点6,故涉案技术秘密不属于上述第一种情形。需要进一步分析的是,思克公司对GTR-7001气体透过率测试仪采取的保密措施是否属于上述第二种情形,从而可以对抗不特定第三人通过反向工程获取其技术秘密。首先,如前文所述,思克公司在其GTR-7001气体透过率测试仪上贴附的标签,从其载明的文字内容来看属于安全性提示以及产品维修担保提示,故不构成以保密为目的的保密措施,不属于上述第二种情形。其次,即使思克公司贴附在产品上的标签所载明的文字内容以保密为目的,如"内含商业秘密,严禁撕毁"等,此时该标签仍不能构成可以对抗他人反向工程的物理保密措施。一方面,通过市场流通取得相关产品的不特定第三人与思克公司并不具有合同关系,故无须承担不得拆解产品的合同义务。另一方面,不特定第三人基于所有权得对相关产品行使处分行为,而不受思克公司单方面声明的约束。《物权法》第4条规定:"国家、集体、私人的物权和其他权利人的物权受法律保护,任何单位和个人不得侵犯。"该法第5条规定:"物权的种类和内容由法律规定。"该法第39条规定:"所有权人对自己的不动产或者动产,依法享有占有、使用、收益和处分的权利。"根据《物权法》的上述

---

[1] 参见最高人民法院民事判决书,(2020)知民终538号。

规定可知,通过市场流通取得 GTR-7001 气体透过率测试仪的不特定第三人,其对该产品享有的所有权的内容应由法律规定,包括占有、使用、收益和处分四项权能,而不受思克公司单方面声明的约束。这一点也正是《2020 年商业秘密司法解释》第 14 条第 1 款、第 2 款关于"通过反向工程获得被诉侵权信息不构成侵害商业秘密行为"规定的法理基础。权利人基于所有权对所有物行使占有、使用、收益和处分行为,因而对所有物上承载的知识产权构成一定限制,这不仅体现在反向工程对商业秘密的限制,类似的还有画作的所有权对画作著作权人展览权的限制。因此,根据涉案技术秘密及其载体的性质,思克公司贴附在产品上的标签并不构成可对抗他人反向工程的物理保密措施,应认定思克公司未采取符合反不正当竞争法规定的"相应保密措施"。

该案最高人民法院二审判决以原告未采取"相应的保密措施"为由,认定其主张的技术秘密不能成立。值得研究的是,对于此种投放市场的产品所内含的技术秘密,是认定其没有相应的保密措施,还是认定其因易于被反向工程而成为容易获得的信息,是一个值得研究的问题。实际上,首先,该问题是一个含有商业秘密的上市产品是否因其投放市场并易于被反向工程,而成为容易获得的技术信息问题,也就是丧失技术秘密的新颖性问题。该产品投放市场之后,相关领域的技术人员通常易于通过反向工程予以破解的,产品中含有的技术秘密即因上市而成为容易获得的信息,不宜再作为商业秘密加以保护,也就是不再符合"不为公众所知悉"的条件。如该案事实所示,思克公司亦认可,通过拆解 GTR-7001 气体透过率测试仪,可直接观察到秘密点 2、3、4、5,同时,本领域技术人员"通过常理"可知晓秘密点 1 和秘密点 6,故涉案技术秘密不属于上述第一种情形。需要进一步分析的是,思克公司对 GTR-7001 气体透过率测试仪采取的保密措施是否属于上述第二种情形,从而可以对抗不特定第三人通过反向工程获取其技术秘密。这些情况足以表明,GTR-7001 气体透过率测试仪一旦上市,其内在的技术信息即易于为相关领域的技术人员所知悉。其次,判断是否构成容易获得应当以所属领域技术人员通常能否通过拆分、破解等获知为标准,即以所述技术领域的技术人员的通常技术能力为标准,一般技术人员通常有能力获得即可。这是产品上市以后其含有的技术秘密是否仍是商业秘密的区分界线,即通常能力不足以破解,而需要较高能力才能破解的,即使有个别"高手"能够破解,也不影响其上市以后商业秘密的维持和构成。一般技术人员不能破解而"高手"可以破解的,"高手"破解之后将技术信息公之于众,可以导致技术秘密的丧失;如果并未公之于众,"高手"破解技术信息构成反向工程获得的合法行为,但不影响商业秘密的继续存在。该案二审判决认为,鉴于涉案技术秘密载体为市场流通产品,属于外部性载体,故思克公司为实现保密目的所采取的保密措施,应能对抗不特定第三人通过反向工程获取其技术秘密。此种对抗至少可依靠两种方式实现:一是根据技术秘密本身的性质,他人即使拆解了载有技术秘密的产品,亦无法通过分析获知该技术秘密;二是采取物理上的保密措施,以对抗他人的反向工程,如采取一体化结构,拆解将破坏技术秘密等。这些要求实际上达到了技术秘密客观上无法破解和不会泄露的程度,显然其要求过高。上市以后的产品保持其内含的技术秘密,并不要求达到如此之高的程度,只需要达到所属领域技术人员通常无法破解的程度即可。"天衣无缝"的保密要求,与商业秘密的构成要件和法律属性不符合,也使反向工程没有存在的空间。最后,该案二审判决基于保密措施的立论反映了"不为公众所知悉"与保密措施之间的密切关系。"不为公众所知悉"又被称为商业秘密的秘密性,而保密措施被称为保密性。秘密性显示商业秘密客观上处于不为公众所知悉和不容易获得的状态,而保密性要求的权利人对于保持这种秘密性状态所付出的努力。秘密性显然是序位在先的要件,即使采取了严格的保密措施,但保密对象客观上不具有秘密性的,不能构成商业秘密,该案首先涉及 GTR-7001 气体透过率测试仪上市以后其所含有的技术秘密是否仍处于秘密性状态,而后才考虑是否采取保密措施。二审判决仅就是否采取相应保密措施进行是否构成商业秘密的论理,并未抓住事物的本质属性。

在原告上海凡宜科技电子有限公司与被告升愷公司等六被告侵害秘密案中,原告要求保护的技术信息体现在相关的零件图纸上,包括零件的内径、外径、牙径等尺寸参数,公差、牙的弧度、加工重点等。六被告认为,原告请求保护的技术内容均可以通过对产品的拆卸和测量而获得,且部分是公知内容,均不具有秘密性。对此,一审判决作出如下的分析认定:"第一类,零件的尺寸参数,包括外径、内径、牙径、牙的弧度、圆管的长度等。由于原告的料位开关、液位开关均非复杂机械产品,故上述产品零件的尺寸参数多数处于暴露或者半暴露状态,可以通过对产品的拆卸、观察和一般测绘获得,原告对此也予以确认;另外还有一些是零件的焊接和胶封部分的尺寸参数,如管螺丝焊接端的内径、管螺丝内壁胶封端的车钩等,由于这些零件的内外结构应为相关领域的一般技术人员普遍知道,故零件的某些部分虽被焊接封存在零件内部,但相关数据仍可通过熔化封胶、切割零件等较为简单的手段测绘获得。因此,原告的产品进入市场后,这些尺寸参数均因使用而处于公开状态,不属于秘密的技术信息。第二类,尺寸公差。尺寸公差是原告根据不同的加工精度要求,自己制定的零件最大和最小极限尺寸。虽然这些公差一般无法通过测量获得,但原告未能说明其确定这些公差数据的目的、依据以及技术效果。因此,这些公差数据只是原告对其产品零件提出的加工要求和验收标准,而非能够为其带来经济利益或者竞争优势的具体技术方案,故不属于可保护的技术秘密。第三类,加工重点和技术要求。加工重点和技术要求系原告在图纸上标注的对产品零件进行加工时的要求。经查,其中内容多是对零件尺寸及公差的文字描述,已为相应参数所涵盖,无须单独保护;其余部分如零件上标注的技术要求、零件表面不允许有裂纹和毛刺等要求均可从产品表面直接观察感知,也不属于技术秘密范畴。综上所述,原告请求保护的技术信息均不能作为商业技术秘密获得保护。"[1]

在上诉人昆山埃索托普化工有限公司、江苏汇鸿国际集团土产进出口苏州有限公司与被上诉人上海化工研究院、陈某元、程某雄、强某康侵害商业秘密纠纷案中,上诉人(原审被告)称,被上诉人(原审原告)的生产技术和设备来源于国外公知技术,且被上诉人单位的专家对其研究成果撰写了系列论文和专著公开发表,已不具备"不为公众所知悉"和"采取保密措施"的商业秘密要件。二审判决对此指出:"本院认为,有关技术的论文和专著的公开发表,不等于涉及该技术的有关技术秘密的公开。发表论文和专著不是判断该技术秘密是否公开的标准。经查,被上诉人单位的有关专家虽然对其研发的涉案技术成果公开发表了有关的讨论等,但上海市科学技术委员会组织的鉴定专家的鉴定结论等证据反映,这些公开发表的文章并未披露被上诉人的涉案技术秘密。而且被上诉人对该涉案技术秘密的有关资料文件均明确标有'秘密'等字样,其内部也有一系列技术秘密的规

---

[1] 上海市第一中级人民法院民事判决书,(2004)沪一中民五(知)初字第183号。

章制度。"[1]

在"一得阁墨汁"商业秘密侵权案[2]中，最高人民法院认为，在能够带来竞争优势的技术信息或经营信息是一种整体信息的情况下，不能将其各个部分与整体割裂开来，简单地以部分信息被公开就认为该整体信息已为公众所知悉。该案中，一得阁墨汁厂于1967年研制成功了"北京墨汁"。1996年5月24日，"一得阁墨汁"和"中华墨汁"被列为北京市国家秘密技术项目。1997年7月14日，一得阁工贸集团还成立了保密委员会，高某茂任副组长。一得阁公司采取主、辅料分别提供的办法对墨汁配方进行保密。高某茂于1978年调入一得阁墨汁厂工作，先在技术股工作，1987年后任副厂长、副经理等职务，曾主管生产、行政、劳动、技术检验、市场开发等工作。其中，1987年至1995年，高某茂任主管技术的副厂长，其职责是负责全厂的技术开发、产品升级换代、技术改造、技术攻关及日常技术管理方面的组织领导工作，组织领导制订技术标准、工艺操作规程等。传人公司成立于2002年1月9日，系家族式企业，共有股东13人，高某茂是该公司最大股东，其妻为法定代表人。2002年年底，传人公司生产出了"国画墨汁""书法墨汁""习作墨汁"三种产品。2003年7月24日，一得阁公司公证购买了传人公司生产的三种产品。一得阁公司认为上述产品的品质、效果指标与其生产的"一得阁墨汁""中华墨汁""北京墨汁"相同或非常近似，遂起诉传人公司和高某茂侵害其商业秘密。传人公司和高某茂共同辩称：传人公司生产的墨汁是公司独立开发研制的产品。一得阁公司既无证据证明一得阁公司生产墨汁的配方、生产工艺与传人公司使用的相同，也无证据证明传人公司和高某茂采取了反不正当竞争法列举的侵犯商业秘密的手段。北京市第一中级人民法院一审认为，一得阁公司主张权利的相关墨汁配方符合商业秘密构成条件，高某茂和传人公司侵犯了一得阁公司的商业秘密，故判决两被告承担停止侵权和连带赔偿损失的民事责任。传人公司、高某茂不服，共同提起上诉。北京市高级人民法院二审判决驳回上诉，维持原判。高某茂向最高人民法院申请再审，最高人民法院于2011年11月23日裁定驳回高某茂的再审申请。

最高人民法院审查认为，申请再审人提交的有关证据描述了墨汁制造的有关配方以及某项组分在每一种配方中可能起到的作用。但是在上述证据中，墨汁的配方具体组分各不相同，有交叉也有重合；对于制作方法的描述也各有不同。因此，不能因为配方的有关组成部分被公开就认为对这些组分的独特组合信息亦为公众所知。相反，正是由于各个组分配比的独特排列组合，才对最终产品的品质效果产生了特殊的效果。他人不经一定的努力和付出代价不能获知。这种能够带来竞争优势的特殊组合是一种整体信息，不能将各个部分与整体割裂开来。一得阁公司的有关墨汁被纳入国家秘密技术项目，且一得阁墨汁在市场上有很高的知名度也反证了其配方的独特效果。

在该案[3]中，最高人民法院还认为，国家秘密中的信息由于关系国家安全和利益，是处于尚未公开或者依照有关规定不应当公开的内容；属于国家秘密的信息在解密前，应当认定为该信息不为公众所知悉。国家秘密是关系国家的安全和利益，依照法定程序确定，

---

[1] 上海市高级人民法院民事判决书，(2005)沪高民三(知)终字第40号。
[2] 参见最高人民法院民事裁定书，(2011)民监字第414号。
[3] 参见最高人民法院民事裁定书，(2011)民监字第414号。

在一定时间内只限一定范围的人员知悉的事项。对于纳入国家秘密技术项目的持有单位,包括国家秘密的产生单位、使用单位和经批准的知悉单位均有严格的保密管理规范。我国反不正当竞争法所指的不为公众所知悉,是有关信息不为其所属领域的相关人员普遍知悉和容易获得。国家秘密中的信息由于关系国家安全和利益,是处于尚未公开或者依照有关规定不应当公开的内容。被列为北京市国家秘密技术项目的"一得阁墨汁""中华墨汁"在技术出口保密审查、海关监管、失泄密案件查处中均有严格规定。既然涉及保密内容,北京市国家秘密技术项目通告中就不可能记载"一得阁墨汁""中华墨汁"的具体配方以及生产工艺。根据国家科委、国家保密局于1998年1月4日发布的《国家秘密技术项目持有单位管理暂行办法》第7条第2款规定,涉密人员离、退休或调离该单位时,应与单位签订科技保密责任书,继续履行保密义务,未经本单位同意或上级主管部门批准,不得在任何单位从事与该技术有关的工作,直到该项目解密为止。因此,"一得阁墨汁""中华墨汁"产品配方和加工工艺在解密前,应认定该配方信息不为公众所知悉。

第五章　商业秘密的商业价值

第一节　价值性的法律界定

一、价值性的法律含义

(一)价值性的两重含义

价值性是指商业秘密能为权利人带来经济利益和具有实用性。在反不正当竞争法上,商业秘密是一种能够带来市场竞争优势的信息。此种价值是经济价值,不是一种抽象的价值,而是因具有秘密性而可以获取的具体的和特定的价值,即相对于不拥有商业秘密的人而言,可以获得现实的或者潜在的竞争优势。[1]

价值性是指商业秘密通过现在的或者将来的使用,能够给所有人带来现实的或潜在的经济利益。价值性最本质的体现是,所有人因掌握商业秘密而保持竞争优势。应当特别指出的是,商业秘密的价值性是指其具有经济价值,不具有经济价值而具有其他价值(如精神价值)的信息,不构成商业秘密。没有商业价值的信息不构成商业秘密。

商业秘密的价值性有两重含义。首先,经济价值或者竞争优势上其具有因秘密性而产生的。商业秘密带来的竞争优势是因为其秘密性,而不是因为信息本身固有的价值。比如,其他人是否因其信息的秘密性而向其提供报偿?如果支付的仅仅是因为信息的准确真实和完全,或者其表达得简易和清晰,那就不是因保密而具有的价值。例如,美国的Roger Casey, Inc. v. Nankofan 案[2],法院判决认为,原告诉讼请求的主要障碍是其是否符合经济价值的要求,所主张商业秘密信息的"价值不是来源于秘密性,如果有价值的话,也是来源于与特定客户的需求的关联性"。其次,商业秘密必须是对他人具有价值。如果信息仅对其持有人具有价值而不能为他人使用,则不具有商业秘密意义。如关于公司进行非法和侵权活动的信息。[3]商业秘密对其所有人具有价值,并不意味着对其他人具有价值。[4]信息也许因为易改变或者短暂而对于他人没有价值,如"定价信息对于竞争对手没有'经济价值',因为它具有如此之多的变数,一般易于变化,且特别针对印刷公司",[5]

---

[1] 例如,在(2013)民申字第1238号王某安诉卫生部国际中心等侵害商业秘密纠纷案中,最高人民法院指出,反不正当竞争法所规范的"竞争"并非任何形式、任何范围的竞争,而是特指市场经营主体之间的"市场竞争";商业秘密应以市场为依托,仅在单位内部为当事人带来工作岗位竞争优势的信息不属于商业秘密。
[2] See 2003 WL 1964049(S.D.N.Y.).
[3] See Elizabeth A. Rowe & Sharon K. Sandeen, *Trade Secrecy and International Transactions*, Edwar Elgar, 2015, p.43.
[4] See LeJeune v. Coin Acceptors, Inc., 849 A.2d 451, 462-463(Md. 2004).
[5] See LeJeune v. Coin Acceptors, Inc., 642 A.2d 451, 462-463(Md. 2004).

或者性质上属于无法向竞争对手转让。[1]

(二)独立的经济价值

有学者指出,商业秘密不仅仅是有"价值",还必须是"独立的经济价值"。[2]有的论者(Melvin F. Jager)指出,独立经济价值的含义不清晰,"富于想象力的律师和法官将继续在界定'独立的经济价值'上大显身手"。[3]美国法院对其界定五花八门。例如,商业秘密的价值性是对谁有价值?法院对此说法不一。有些法院认为是对原告即假定的商业秘密权利人的价值,原告是否因商业秘密而获得相对的竞争优势。有些法院认为是对被告即被诉侵权者的价值。还有法院认为是对上述两者的价值。有些法院对于谁有价值并不关注,而使用额头汗水理论解释价值。这些法院认为决定信息是否具有独立经济价值的核心因素是形成商业秘密所进行的努力程度和费用支出。缅因州法院甚至适用五因素标准决定所主张的商业秘密是否具有独立经济价值:(1)信息对原告的价值;(2)形成信息的努力程度和金钱花费多少;(3)用于防止信息被发现的措施;(4)开发信息的相对难易;(5)第三人将信息置于公有领域或者使其易于获得的程度,如通过申请专利或者销售产品。[4]

商业秘密须具有独立的经济价值。商业秘密的价值不是抽象的,而是一种特殊的价值。例如,美国《统一商业秘密法》规定,构成商业秘密的信息必须"因不为一般知悉以及为能够从其披露或者使用中获得经济价值的其他人通过正当手段不容易获得,而具有现实的或者潜在的独立经济价值"。美国《保护商业秘密法》对于价值性做了相同的规定。根据这些规定,在美国侵犯商业秘密案件的原告需要证明所主张的商业秘密因不为一般知悉或者容易获得(秘密性),而具有独立的实际或者潜在的价值,其他人可以从其披露和使用中获取经济价值。[5]首先,它必须因秘密性而具有价值,而不是因信息固有价值而具有价值。也就是说,它必须因为秘密而具有显而易见的商业价值。[6]其次,商业秘密不仅必须对其权利人具有价值,还需要因其秘密性而具有价值,且"对于其他人具有价值"。[7]如果信息只是对于其所有人的内部运作有价值,对于其他人无价值,就不能满足经济价值的要求。[8]

例如,Buffets, Inc. v. Klinke案法院指出,"独立的经济价值"与对其他人的价值共同构成了经济价值的要件。法院认为,只有原告的食品比竞争对手的味道更好,还不足以证明经济价值。原告还必须表明竞争对手因为食品的劣势而处于不利的竞争优势。也就是

---

[1] See Anadog Devices, Inc. v. Michalski, 157 N. C. App, 462, 467(2003).

[2] Eric E. Johnson, *Trade Secret Subject Matter*, 33 Hamline L. Rev. 545, 557 – 558(2010).

[3] Elizabeth A. Rowe & Sharon K. Sandeen, *Trade Secret Law: Cases and Materials*, 2nd edition, West Academic Publishing, 2017, p. 141.

[4] See Elizabeth A. Rowe & Sharon K. Sandeen, *Trade Secret Law: Cases and Materials*, 2nd edition, West Academic Publishing, 2017, p. 141.

[5] See Sharon K. Sandeen & Elizabeth A. Rowe, *Trade Secret Law in an Nutshell*, 2nd edition, West Academic Publishing, 2018, p. 87.

[6] See Elizabeth A. Rowe & Sharon K. Sandeen, *Trade Secret Law: Cases and Materials*, 2nd edition, West Academic Publishing, 2017, p. 140.

[7] Taylor v. Babbitt, 760 F. Supp. 2d 80(D. D. C. 2011).

[8] See Elizabeth A. Rowe & Sharon K. Sandeen, *Trade Secret Law: Cases and Materials*, 2nd edition, West Academic Publishing, 2017, p. 140.

说,因为原告未能表明其竞争对手的不成功与其不能使用原告的商业秘密之间的因果关系。竞争对手的不成功可能是未能获得原告烹调配方以外的因素所致。[1]信息除因秘密性而具有经济价值外,还可能因其他原因而具有经济价值。例如,菜单因能够产出味美的食品而具有价值,但除非其因具有秘密性而具有"独立的"(或者额外的)价值,否则就不能满足《统一商业秘密法》和《保护商业秘密法》的经济价值要求。[2]例如,在一个案件法官考量可营利性(profitability)的信息是否为商业秘密时,进行如下区分:"一项业务可能营利也可能不营利。(商业秘密)寻求保护使企业可营利思想、信息、工艺方法等,而不是能够营利的事实。企业能够营利的事实不具有独立的经济价值。"[3]同样,对其他人具有经济价值也是商业秘密保护范围的限定性要求。例如,公司保存其污染活动档案记录的秘密对其具有经济价值,但此类信息对其竞争对手不具有独立经济价值。有关污染活动的消息不会被政府管理者和法院作为商业秘密。[4]例如,Electro – Craft Corp. v. Controlled Motion, Inc. 案是最早讨论独立经济价值要求的案件之一,涉及常见的场景,即前员工决定开始从事竞争性业务,而其新公司生产的产品被认为包含侵权的商业秘密。证据表明一些复杂的情况,包括前员工决定开始竞争业务时还在原告处就职,兼做新公司的业务;前员工知道原雇主的产品情况,而新公司生产的产品基本相同。初审法院法官基于这些情况支持了原告的请求,禁止被告在12个月内在同一市场进行竞争,并处以惩罚性赔偿。上诉法院推翻一审判决,认为:"不能证明有商业秘密存在,就不能有侵犯商业秘密诉讼,即使被告的行为不当。"在认真分析商业秘密的法律界定的基础上,上诉法院认为原告举证未能满足《统一商业秘密法》所要求的合理努力要件。对于经济价值问题,上诉法院认为原告所主张的商业秘密,不能为原告提供因秘密而具有的价值。在此法院同时考虑了经济价值要件的措辞和目的以及证据。法院首次提出,经济价值要件"承载了竞争优势的普通法要件"。"如果一个外部人因得到特定信息而获得有价值的市场分享,那么该信息如果不为一般知悉或者容易获得,就可以成为一种商业秘密。"原告提供了竞争对手获取同样的发动机所需要的时间和金钱证据,上诉法院认为有足够的证据支持初审法院关于经济价值的认定。[5]独立经济价值的举证有两种方式:一种方式是提供经济价值的直接证据,通常是商业秘密所有人从其信息中可以直接获得的收益,即实际的竞争优势。如判例所说,竞争优势"不必巨大(great),但必须'大于微不足道'(more than trivial)"。[6]另一种方式是基于间接证据,包括"产生信息的资源投入以及其他人为获取信息愿意支付的费用"。[7]保守秘密及花费较大的时间和资源支出而获取的信息,无疑对其所有人具有"独

---

[1] See 73 F. 3d 965(9th Cir. 1996).

[2] See Sharon K. Sandeen & Elizabeth A. Rowe, *Trade Secret Law in an Nutshell*, 2nd edition, West Academic Publishing, 2018, p. 88.

[3] Atlantic Medical Specialists, LLC v. Gastroenterology Assocs., P. A., 2017 WL 1842899, at 9(Del. Super, Ct. Apr., 20, 2017).

[4] See Sharon K. Sandeen & Elizabeth A. Rowe, *Trade Secret Law in an Nutshell*, 2nd edition, West Academic Publishing, 2018, p. 89.

[5] See 332 N. W. 2d 890.

[6] Yield Dynamics, Inc. v. TEA Sys. Corp., 154 Cal. App. 4th 547, 564(Cal. Ct. App. 2007).

[7] Religious Tech. Ctr. v. Netcom On – Line Commc'n Servs., Inc., 923 F. Supp. 1231, 1253(N. D. Cal. 1995). See also Restatement(Third)of Unfair Competition, § 39 cmt. e(1995).

立的经济价值"。例如,有的判例指出,可以通过"为生产信息投入的资源、保持秘密性的措施以及其他人愿意为接触而付费的间接证据",表明其独立的经济价值。[1]即使没有使用信息的产品上市,或者信息只是实验失败的情况,也可以具有独立的经济价值。例如,Camacho案所指出的,商业秘密的界定"包括在否定意义上具有商业价值",诸如"经长期和昂贵付出的研究证明特定工艺方法行不通的结果"。[2]

《欧盟商业秘密保护指令》在其商业秘密的界定中有价值的要求,但措辞与美国法的规定有所差异。欧盟指令要求"因其为秘密而具有商业价值",其措辞与TRIPs第39条的规定相一致。[3]

商业秘密的价值性是指其具有经济价值,不具有经济价值而具有其他价值(如精神价值)的信息,不构成商业秘密。没有商业价值的信息不构成商业秘密。美国就曾发生过经文材料是否能够构成商业秘密的诉讼。

例如,Religious Technology Center v. Wollersheim案即涉及价值性的商业秘密意义。[4]新文明教堂是科学教堂一个分支。科学教堂声称新文明教堂所使用的经文是从科学教堂盗印的。地区法院认为科学教堂的经文构成了商业秘密,并授予科学教堂初步禁令,要求新文明教堂停止使用和传布该有争议的经文。美国第九巡回法院认为宗教经文不符合商业秘密的条件,据此撤销了地区法院的初步禁令。

科学教堂的教喻是,一个人的行为和幸福通过去除来自无意识的"engrams"而改善。"engrams"是今生或者前生遭受创伤时无意识记录下来的印象。一旦遇到同样的创伤情景,"engrams"就会再现。从无意识中去除"engrams"会使一个人的分析智能畅通无阻地发挥作用。而科学教堂则传授一套使人确定并清除"engrams"的技术和高级技术,并认为信徒只有在科学教堂的监督下循序渐进地接受教义,才能达到目的,而在条件不成熟时无监督地使用高级教义材料会造成精神上的伤害。因此,科学教堂将这些高级教义材料高度保密,只向同意作出书面保密保证的信徒传授高级教义材料。科学教堂向法院声称,其并非"基于商业考虑而对此类高级材料保密"。被告大卫·麦育(David Mayo)曾经是科学教堂创立人L. 罗恩·哈伯德(L. Ron Hubbard)的合作人,并帮助其准备科学教堂的高级材料。在与科学教堂的其他高级官员发生激烈争论之后,大卫·麦育离开了科学教堂,于1983年7月建立了新文明教堂。新文明教堂向信徒提供与科学教堂相同的顾问和训练。

联邦地区法院认为被告的行为"视为盗窃了教义材料",构成了侵占商业秘密,应当给予初步禁令救济,但同时指出科学教堂并不要求所导致的商业上的不利的损害赔偿。新文明教堂提起了上诉。该案提出了这样一个问题:经文材料能够构成商业秘密吗?

科学教堂的诉讼请求涉及几个悬而未决的加利福尼亚州法律问题,包括商业秘密侵占。1985年以前,《加利福尼亚商业秘密法》是基于《侵权法重述》第757条,其主导的判

---

[1] See, e. g., Religious Tech. Ctr. v. Netcom On-Line Commc'n Servs., Inc..

[2] Elizabeth A. Rowe & Sharon K. Sandeen, *Trade Secret Law: Cases and Materials*, 2nd edition, West Academic Publishing, 2017, p. 155.

[3] See Directive (EU) 2016/943 of the European Parliament and of the Council of 8 June 2016 for the Protection of undisclosed know-how and business information (trade secrets) against their unlawful acquisition, use and disclosure, Article 2(1)(b).

[4] See United States Court of Appeals, Ninth Circuit, 1986, 769 F. 2d 1076.

例也逐字采纳了该重述对商业秘密的界定。1985年《统一商业秘密法》取代《侵权法重述》对商业秘密的规定以后,加利福尼亚州采纳了该法,仅有细微的变化。加利福尼亚法现在对商业秘密的界定是:(1)具有独立的经济价值,不管是现实的还是潜在的,这种价值来自其并非众所周知,或者来自不为从其披露或者使用中能够得到经济价值的其他人所知悉;(2)根据具体情况采取了合理的保密措施。

联邦地区法院认为,科学教堂的高级经文材料构成了商业秘密,主要依据是科学教堂采取了周密的措施以保持其秘密性。但是,争议的宗教经文与加利福尼亚法律所要求的商业秘密的要件之一"经济价值"是南辕北辙的。

联邦巡回上诉法院认为,不论根据《侵权法重述》第757条,还是根据新的加利福尼亚法律,秘密材料只有具有可用金钱计算的现实的或者潜在的经济价值,才可能够作为商业秘密进行保护。科学教堂相信其信徒与非信徒相比,通过运用这些材料可以得到更多的精神价值,并以此作为构成商业秘密的基础,巡回法院对此不予支持。新文明教堂侵占科学教堂的秘密对其所造成的损害是一种"宗教损害"(religious harm)。该秘密信息的价值是精神的而非商业的,不能说其具有商业秘密保护所必需的"独立的经济价值"(independent economic value)。因此,联邦巡回上诉法院认为,科学教堂无权获取禁令,应予以撤销。

(三)价值性的客观性

商业秘密的价值必须是现实存在的。过时的或者淘汰的信息不能成为商业秘密。例如,美国法院在 Taylor v. Babbitt 案[1]中指出,有些法院用淘汰(staleness)概念限制给予信息的保护,即尽管信息在某时具有经济价值,但其价值可能随后会消灭。Taylor 案判决指出,能够给其所有人提供了对于竞争者的竞争优势的信息具有商业价值;相反,不能提供竞争优势的淘汰信息不具有商业价值,不能成为商业秘密。Fox 案[2]判决认为,淘汰的信息不能成为商业秘密诉求的基础,因为该信息没有经济价值。

价值具有客观性,即除所有人认为有实用价值外,还必须在客观上确实具有实用价值。仅仅由所有人认为有价值而客观上没有价值的信息,不能构成商业秘密。而且,具有与竞争优势无关的价值的信息不能构成商业秘密。也就是说,商业秘密是使经营者取得竞争优势的信息,与此无关的信息,即使由经营者作为秘密进行管理,也不是商业秘密,而可以构成隐私、国家机密等。

例如,香兰素案二审判决认为,"'具有商业价值'一般是指有关信息具有现实的或者潜在的商业价值,能为权利人带来竞争优势"。"商业秘密具有的商业价值并不限于其已经实际产生的价值,还包括其可能带来的价值。同时,商业秘密的价值既包括使用该商业秘密给其带来的价值增长,也包括使用该商业秘密为其避免的价值减损或者成本付出。""嘉兴中华化工公司和上海欣晨公司的涉案技术信息具有极高的商业价值。嘉兴中华化工公司系香兰素行业的龙头企业,其投入大量时间和成本研发的生产设备和工艺流程已经实际投入生产,提高了其香兰素产品的生产效率,并为企业形成市场优势、创造可观利润,从而为企业带来经济利益和竞争优势,故涉案技术信息明显具有极高的商业

---

[1] See 760 F. Supp. 2d 80,88(D. D. C. 2011).
[2] See Fox Sports Net N. ,L. L. C. v. Minnesota Twinx P'ship,319 F. 3d 329(8th Cir. 2003).

价值。"[1]

商业秘密的价值性不同于专利法所称的"实用性",后者是指发明或者实用新型能够制造或者使用,并且能够产生积极效果。商业秘密的价值性范围要宽一些,它并不要求必须是能够制造,且还可以包括消极价值(防止他人获取竞争优势)。

在商业秘密价值性的表达上,美国普通法曾经要求"信息在经营中使用"(used in one's business),后来《统一商业秘密法》改变了表达,规定"信息因秘密性而具有价值"(the information derive economic value from its secrecy)。据说这是为了扩张商业秘密的保护范围。[2]根据《统一商业秘密法》,商业秘密所有人必须证明所主张的商业秘密信息"因不为广泛知悉和通过正当手段不容易取得,而产生独立或者潜在的经济价值,而其他人可以从其披露或者使用中获得经济价值"。仅仅一般性地证明信息具有实际的或者潜在的经济价值还不够,还必须证明该价值来自信息的秘密性。[3]TRIPs 第 39 条第 2 款对于商业秘密的价值性采取了基本相同的规定,即要求信息"因为具有秘密性而具有商业价值"。谈判过程中,美国、欧盟和瑞士曾经建议写明"具有现实的或者潜在的"价值,但这种建议未被写入。这又被理解为,TRIPs 第 39 条只要求保护因秘密性而具有实际商业价值的信息。这不仅是所有商业信息中的一部分,而且是所有秘密信息中的一部分。[4]

二、我国价值性的立法变化与解释

1993 年《反不正当竞争法》第 10 条第 3 款并列规定了"能为权利人带来经济利益""具有实用性"。将商业秘密的"能为权利人带来经济利益""具有实用性"作出了并列规定。从本质上来看,"能为权利人带来经济利益"与"具有实用性"可以归结为一个要件,即都体现了价值性,或者说都是对商业秘密的价值要求。实用性是指商业秘密的客观有用性,即通过运用商业秘密可以为所有人创造出经济上的价值。实用性与价值性是密切相关的,即实用性是价值性的基础,没有实用性就谈不上价值性;价值性是实用性的结果。这说明实用性与价值性是密不可分的,因而不必作为不同的法律要件。据此,《2007 年反不正当竞争司法解释》第 10 条将"能为权利人带来经济利益、具有实用性"解释为"有关信息具有现实的或者潜在的商业价值,能为权利人带来竞争优势"。

当时法律规定的"能为权利人带来经济利益、具有实用性"是对商业秘密的价值性要求,至于在理论上将它说成是一个要件还是两个要件,都不影响实践中的应用和操作。即便就实用性而言,它也是相对的,通常而言是对于权利人有应用价值,但并不排除于权利人已无应用价值而对于竞争对手仍然有应用价值。例如,权利人在研发过程中的试验失败记录,对于权利人来讲已无应用价值,但如果被竞争对手获得,就可以少走弯路,减少损失,可以说对于竞争对手仍然有应用价值,故对于权利人虽不具有应用价值,但保持其秘密性,可以为权利人带来竞争优势,仍应按商业秘密予以保护。

实际上,那种具有直接的应用价值、能够积极地提高权利人竞争优势的信息,或许可

---

[1] 最高人民法院民事判决书,(2020)最高法知民终 1667 号。
[2] See Rochelle C. Dreyfuse & Katherine J. Standburg, *The Law and Theory of Trade Secret: A Handbook of Contemporary Research*, Edward Elgar, 2011, p. 556.
[3] See e. g., Buffets, Inc. Klinke, 73 F. 3d 965(9th Cir. 1996).
[4] See Rochelle C. Dreyfuse & Katherine J. Standburg, *The Law and Theory of Trade Secret: A Handbook of Contemporary Research*, Edward Elgar, 2011, p. 556.

以称为积极信息;那种对于权利人而言不再能够创造新价值,但保守秘密仍可以使其维持竞争优势的信息,或许可以称为消极信息。不论积极信息还是消极信息,只要具有维持竞争优势的意义,都可以按照商业秘密进行保护。

2017年《反不正当竞争法》第9条第3款修改为"具有商业价值"。虽然法律规定的措辞有变,但在具体操作标准上没有实质性变化。《2020年商业秘密司法解释》第7条规定:"权利人请求保护的信息因不为公众所知悉而具有现实的或者潜在的商业价值的,人民法院经审查可以认定为反不正当竞争法第九条第四款所称的具有商业价值。生产经营活动中形成的阶段性成果符合前款规定的,人民法院经审查可以认定该成果具有商业价值。"其中,"因不为公众所知悉而具有现实的或者潜在的商业价值"的表达与TRIPs和美国商业秘密法的规定更为接近。

商业秘密的价值性归根结底是指市场竞争价值、竞争优势或者竞争利益,即能够带来现实的或者潜在的市场竞争价值。例如,在再审申请人王某安与被申请人卫生部国际中心等侵害商业秘密纠纷案[(2013)民申字第1238号]中,最高人民法院指出,反不正当竞争法所规范的"竞争"并非任何形式、任何范围的竞争,而是特指市场经营主体之间的"市场竞争";商业秘密应以市场为依托,仅在单位内部为当事人带来工作岗位竞争优势的信息不属于商业秘密。同理,商业秘密的价值性要求,商业秘密的内容具有市场属性,能直接应用于市场竞争,带来竞争利益或竞争优势。

三、商业价值的具体性和确定性

一种信息要想得到法律的保护,必须转化为具体的可以据以实施的方案或形式,因为法律并不保护单纯的构想、大概的原理和抽象的概念。抽象的、模糊的原理或观念本身不能转化为竞争优势,没有保护的必要。而且,确定具体性要件的目的是通过区分受保护的商业秘密与抽象性的一般知识和经验,以免妨碍他人的商业机会。抽象的、模糊的原理或观念的覆盖范围必须极为宽泛,尤其是"权利人"自己尚处于探索阶段而无法具体化的信息,如果给予保护,无异于束缚了他人的手脚,不利于社会进步。

确定性是指商业秘密的所有人能够界定商业秘密的具体内容并划清其界限。例如,能够说明商业秘密由哪些信息组成,具体构造或者组成部分之间的关系,该信息与其他相关信息之间的区别,如何将信息付诸实施。商业秘密不确定,就成为无本之木、无源之水,也就无从加以保护。

例如,在三友公司与沈化公司侵害技术秘密纠纷案[1]中,三友公司主张沈化公司没有明确商业秘密的具体内容,未提供技术秘密载体的证据,导致其无法进行有针对性的答辩。最高人民法院认为,通常而言,在商业秘密侵权纠纷中,请求保护的权利人应列明技术秘密的具体内容,并界定其与公知技术信息之间的不同。但是,由于请求作为商业秘密保护的技术信息或者经营信息的类型、所涉领域不同以及侵权行为方式不同,不能将商业秘密的具体内容仅仅理解为是一段文字的集中体现,不能对商业秘密具体内容的描述提出过于苛严的要求。沈化公司请求保护的商业秘密广泛分布于具体工艺流程、核心设备技术规格及技术参数、原料组分等各个环节。为证明涉案技术信息不为公众所知悉,沈化公司在司法鉴定过程中还提供了"3万吨/年特种聚氯乙烯(糊树脂)"工艺流程图图纸9

---

[1] 参见最高人民法院民事裁定书,(2016)最高法民申2857号。

张(蓝图)及设备一览表2张(蓝图)、2个微悬浮法聚氯乙烯糊树脂生产配方,故其技术秘密信息的载体是明确具体的。因此,三友公司主张沈化公司未明确商业秘密的具体内容的主张与事实不符,不予支持。

百年梦公司、翔鹰公司与三六零公司、柳某、刘某某、金某某不正当竞争纠纷案最高人民法院二审判决指出,技术信息构成技术秘密应符合不为公众所知悉、具有商业价值并经权利人采取相应保密措施三个法定要件。商业秘密不为公众所知悉的范围包括其整体或者部分内容的组合。即使特定技术信息中的部分内容为公众所知悉,但特定技术信息整体或者部分内容之间的组合并不为公众所知悉,该技术信息一般也应认定为不为公众所知悉。当事人主张通过商业秘密来寻求保护的技术信息,应当是明确、具体的技术信息,而不能是笼统、抽象的上位概念。所属技术领域中的上位概念由于缺乏明确、具体的技术信息细节。一方面,导致当事人主张的技术信息范围难以准确确定从而予以合理保护,因为笼统、抽象的上位概念容易夸大保护范围而损害其他人的正当权益;另一方面,该类技术信息也难以在特定生产经营活动中被加以运用,缺乏实用性,自然不具有通过技术秘密加以保护的实际意义(必要性)。

四、价值性的证明

商业秘密的价值性通常显而易见,只需要加以说明而无须通过证据加以证明。例如,在美国商业秘密判例中,价值性是最少讨论的一个要件,许多法院很少关注价值性或者很少特别关注。[1]法院通常都是认为,如果所主张的商业秘密没有价值,被告就不会侵犯,原告也不会主张受到损失。[2]当然,也许因为《统一商业秘密法》将价值性与秘密性结合在一个条款中进行表达,有些法院在讨论秘密性时一并讨论价值性,而不将价值性作为一个独立的要件。在有些案件中,法院要求提供价值性的证据并进行评估,但经常是误用(misapplied)。[3]

美国《统一商业秘密法》之所以提出价值性的要件,不单单是因为界定上的修饰,而是特别设计增加原告的证明负担,以确保不对幻想的信息或者不重要的信息提出救济诉求。该法的第一份草稿包含一个载体要求,要求原告证明其商业秘密固定于特定形式的载体上。载体性要求的目的被解释为:"你进入这些案件,原告试图获得强有力的救济,以及尽可能少地披露其商业秘密;其思想是,商业秘密将得不到保护,除非在侵权行为之前,原告已经寻求保护的商业秘密的证据性载体。"但是,有人提出将商业秘密记载下来有时是一种更坏的商业秘密保护方式,因而决定放弃载体性要求。后来又担心没有载体性要求,可能会给未充分发展的思想创设权利。多乐(Dole)教授(《统一商业秘密法》起草计划的报告起草者)解释:"我们并不打算保护抽象思想……抽象思想不具有商业价值。"作为对于载体性要求的替代,《统一商业秘密法》要求提供商业价值和维持秘密性的合理努

---

[1] See Elizabeth A. Rowe & Sharon K. Sandeen, *Trade Secret Law: Cases and Materials*, 2nd edition, West Academic Publishing, 2017, p. 140.

[2] See Peter K. Yu, *Intellectual Property and Information Wealth: Issues and Practices in the Digital Age*, Praeger Vol. 2, Patents and Secrets, 2007, p. 405. Elizabeth A. Rowe & Sharon K. Sandeen, *Trade Secret Law: Cases and Materials*, 2nd edition, West Academic Publishing, 2017, p. 140.

[3] See Elizabeth A. Rowe & Sharon K. Sandeen, *Trade Secret Law: Cases and Materials*, 2nd edition, West Academic Publishing, 2017, p. 140.

力的证据。[1]1979年的《统一商业秘密法》正式文本加入了独立经济价值的要件。在草案审查委员会审议《统一商业秘密法》的过程中,认为使用"商业价值"概念比"经济价值"好,但仍同时使用了两个术语,即起先通过的美国《统一商业秘密法》版本第1条第4款规定:"因不为一般知悉以及为能够从其披露或者能够从其商业使用(commercial use)中获得经济价值(economic value)的其他人通过正当手段不容易获得,而具有现实的或者潜在的独立商业价值。"在《统一商业秘密法》正式通过前语言委员会进行文法审查时,认为"商业的"和"经济的"两词交叉并用不严谨,于是改为统一使用"经济价值"的以下表述:"因不为一般知悉以及为能够从其披露或使用中获得经济价值(economic value)的其他人通过正当手段不容易获得,而具有现实的或者潜在的独立经济价值(independent economic value)。"起草过程中的草稿所使用的"价值"或者"优势"之类的表达,说明是将价值性作为商业秘密的重要标准。1972年以来《统一商业秘密法》的起草史表明,"竞争优势因素意味着商业秘密必须有现实的或者潜在的实用性(utility)"。这也与《侵权法重述》(第一版)第787条注释相一致,即"信息(对商业秘密所有人)和竞争对手的价值是法院决定是否属于商业秘密而应当考量的六个因素之一"。它还与《不正当竞争法重述》(第三版)第39条一致,即要求信息应当具有"足够的价值和秘密,而对于其他人具有现实的或者潜在的经济优势"。[2]

对于如何举证证明"具有商业价值",我国有的法院提出,原告主张请求保护的信息具有商业价值的,可以根据该信息的研究开发成本、实施该信息的收益、可得利益、可保持竞争优势的时间等因素,举证证明该信息因不为公众所知悉而具有现实的或者潜在的商业价值。生产经营活动中形成的阶段性成果符合上述规定的,原告可以主张该阶段性成果具有商业价值。[3]司法实践中,权利人所主张的信息不能满足价值性要件的案件较少,但法院仍需对此进行审查。在审查时以信息能否带来竞争优势作为判断标准,只要能够给当事人带来竞争优势,一般均符合商业秘密价值性的要求;在证据审查上相对弱化,即价值性的判断相对比较抽象,在结合一般商业经验、司法认知可以作出认定的情况下,无须要求当事人专门对此提交证据。[4]

在实践中,法院通常都只是在裁判说理中论述一下商业秘密的价值性。例如,在上诉人程某卓、成都爱兴生物科技有限公司与被上诉人科美博阳诊断技术(上海)有限公司侵害技术秘密纠纷案中,关于博阳公司所主张的技术信息是否具有商业价值,一审判决指出:"博阳公司所主张的技术信息主要内容是涉及光激化学免疫检测技术,可以用于相关产品的加工制造,而产品的后续销售和维护显然可以为博阳公司带来经济利益,故该些信息具有商业价值。"二审判决指出:"根据博阳公司提交的研发资料,能够证明涉案技术秘密信息系博阳公司通过长期研发、技术积累而获得的技术方案,并且根据涉案技术开发的'光激化学发光分析系统通用液(LiCA通用液)'获准注册进行生产,能够为博阳公司带

---

[1] See Sharon K. Sandeen, *The Evolution of Trade Secret Law and Why Courts Commit Error When the Do not Follow the Uniform Trade Secrets Act*, 33 Hamline L. Rev. 493, 525 – 526(2010).

[2] Elizabeth A. Rowe & Sharon K. Sandeen, *Trade Secret Law: Cases and Materials*, 2nd edition, West Academic Publishing, 2017, p. 167 – 168.

[3] 参见"北京知识产权法院侵犯商业秘密民事案件当事人诉讼问题解答"(2023年11月30日发布)。

[4] 参见范静波:《商业秘密侵权认定的审理思路及审查要点》,载微信公众号"上海高院"2023年12月11日。

来经济利益,具有商业价值。"[1]

在上诉人四川某化工公司与上诉人山东某化工公司、宁波某咨询公司、宁波某设计公司、尹某某侵害技术秘密纠纷案[2]中,关于价值性问题,尹某某辩称四川某化工公司举示的图纸并不完整,故不具有实用性;山东某化工公司、宁波某咨询公司辩称,四川某化工公司未证明诉争技术信息所能带来的技术效果或经济效益,故诉争技术信息不具备价值性。四川某化工公司明确其在本案中主张的是设计阶段的设计图,而非最终定稿的施工图或竣工图;而且考虑审理效率,并未展示完整生产反应系统的全部技术资料。一审判决认为,四川A项目、新疆A项目均已建成投产多年,故不能因四川某化工公司仅举示部分图纸而否定低压气相淬冷法三聚氰胺生产技术的完整性和实用价值。同时,"5万吨/年节能节资型气相淬冷法蜜胺生产新技术"获"技术进步特等奖",山东某化工公司备案的设计专篇中也明确提到"北京大学某科技公司第三代气相淬冷法技术问世,对我国三聚氰胺产业的发展具有里程碑意义,结束了长期依赖进口国外三聚氰胺技术的历史。该技术已得到德国鲁奇公司的认可,受到国外关注,已有2万吨/年和5万吨/年装置在四川A成功运行"。故虽然四川某化工公司举示的是设计阶段的图纸,但图纸记载的技术内容已经体现了技术改进的主要成果,改进措施足以实现三聚氰胺加压气相淬冷法单一生产线产能的大幅提升,同时降低生产能耗和设备投资,减少日常维护频率和成本,产品成本显著降低,四川某化工公司得以在市场竞争中取得优势,故涉案技术秘密具备商业价值。最高人民法院二审判决认为,四川某化工公司的涉案技术信息具有价值性。三聚氰胺低压气相淬冷生产技术是该行业内一项较为成熟的技术,但因为系统压力较低,因此生产效率较低、能耗较高,难以实现稳定地大型化连续生产。涉案技术信息涉及的加压气相淬冷工艺生产三聚氰胺技术,大幅提升了单一生产线的产能,降低了生产能耗和设备投资,减少了日常维护频率和成本,为四川某化工公司带来了经济利益和竞争优势。此外,山东某化工公司的设计专篇中明确记载北京某科技公司的第三代气相淬冷法技术在业内具有的里程碑意义且明确提到了5万吨/年装置成功运行,亦可佐证涉案技术信息在行业内具有较高商业价值。因此,涉案技术信息明显具有价值性。

价值性经常不言而喻,因为如果没有价值当事人也不会发生争议,谁会为一个没有用的信息去对簿公堂呢?当然,在特殊情况下,如具有潜在的价值性的商业秘密的争议,以及一些原告主张的商业秘密与被告占有的商业秘密未必是同一商业秘密(如原告主张的"商业秘密"尚处于抽象阶段而被告则占有的具有同一思路的具体的商业秘密)而原告坚持被告侵犯了其商业秘密的情况下,也存在实用性和价值性难以认定的情况。

五、价值性的理论根据

商业价值来源于信息的稀缺性,即其不易于取得,包括获取技术或者信息的困难。在这种意义上说,价值性来自秘密性。商业秘密的价值性,首先是出于保护获取商业秘密所付出的投资的需要,而且,除此之外,还在于将商业秘密保护建立于维护商业道德的道德合理性。

商业秘密的价值性还有进一步的含义。正如一个著名的谚语所说的,"法律不管琐事

---

[1] 最高人民法院民事判决书,(2020)最高法知民终1889号。
[2] 参见最高人民法院民事判决书,(2022)最高法知民终541号。

（细）"。商业价值的要件只是一个门槛，低于该门槛时就不属于保护范围。当然，没有必要去精确地界定都是要求哪些价值，因为大多数商业秘密都没有账面价值。主要是由于信息的实用性，使某些信息具有经济价值。评估价值的最好方法是其使所有人因拥有商业秘密而获取相对于竞争对手的竞争优势。商业秘密究竟使其所有人或者竞争对手受到多大的实际影响，测定的方法是很少的，因而唯一现实的方法是将其价值与丧失的机会或者受到的损失画等号。

第二节 价值性的多种形态

一、现实的价值和潜在的价值

商业秘密的价值性包括现实的价值性和潜在的价值性。前者涉及可以现实地直接应用的信息；后者涉及虽不能现实地应用，但将来可以应用的信息，如阶段性研发成果，或者发现一个新的配方或者产品设计，由于条件不成熟或者其他原因不想推向市场。商业价值细分为"现实的或者潜在的经济利益或者竞争优势"两种情况，不以现实的价值为限。这种规定符合国际潮流，有利于适合高科技的发展需求以及促进科学技术的发展。这表明，不管是现实的可直接使用的商业秘密，还是正在研究、试制、开发等而具有潜在的（可预期的）价值的信息，都可以构成商业秘密，受法律保护。

例如，在(2014)成知民终字第75号案中，原告主张保护的商业秘密为其研发手持无线点歌机即ROCK项目过程中形成的阶段性成果。法院认为，虽为阶段性成果，对手持无线点歌机的研发完成具有重要的意义，具有商业价值。

原国家工商行政管理局《关于禁止侵犯商业秘密行为的若干规定》(1995年)第2条第3款规定："本规定所称能为权利人带来经济利益、具有实用性，是指该信息具有确定的可应用性，能为权利人带来现实的或者潜在的经济利益或者竞争优势。"该规定率先承认"现实的或者潜在的经济利益或者竞争优势"，而不以现实的价值为限。

《2007年反不正当竞争司法解释》第10条将"能为权利人带来经济利益、具有实用性"解释为"有关信息具有现实的或者潜在的商业价值，能为权利人带来竞争优势"。

《2020年商业秘密司法解释》第7条第1款延续了"具有现实的或者潜在的商业价值"的解释。不管是现实的可直接使用的商业秘密，还是正在研究、试制、开发等而具有潜在的（可预期的）价值的信息，都可以构成商业秘密，受法律保护。例如，《2020年商业秘密司法解释》第7条第2款规定，"生产经营活动中形成的阶段性成果符合前款规定的，人民法院经审查可以认定该成果具有商业价值"。

20世纪上半叶，商业秘密必须具有现实的价值，即只有在使用之后才可以受到保护，但随着信息在工业资产中扮演越来越重要的角色，学者和法官开始认为这种现实价值的限制行不通，因而采纳了潜在的价值标准。[1]

---

[1] 参见［美］詹姆斯·普利：《商业秘密：网络时代的信息资产管理》，刘芳译，清华大学出版社2023年版，第56页。

二、积极价值与消极价值

因积极价值和消极价值的差异,商业秘密有积极信息和消极信息之分。

不管是积极信息,还是消极信息,只要有价值性,就可以构成商业秘密。无论是对生产、销售、研究、开发等生产经营活动直接有用的信息,还是在生产经营中有利于节省费用、提高经营效率的信息,如失败的试验报告、顾客名单、设计图等,都属于商业秘密。

在许多行业的基础性研究和研发中,尤其是在生命科学领域,在实验中投入大量的时间金钱而无法产生预期成果,但这些金钱和努力可以指明未来的发展方向。比如,托马斯·爱迪生经历了多年的失败,才找到了能够持续发光几个月的灯丝材料。他有一句名言:"我没有失败,我只是找到了一万种无法成功的方法。"如果爱迪生的竞争对手正在寻找类似的解决方案,就需要保护所有的实验结果,因为这些实验验证了哪些方法不起作用,或者哪些实验的效果低于预期。在研究过程中付出的努力和取得的领先优势,现代商业秘密法都会保护。[1]

三、持续的价值与短暂的价值

商业秘密有继续使用信息和短暂的信息之分。

无论是继续使用的信息,还是短暂的信息,只要具有价值性,就可以构成商业秘密。原国家工商行政管理局《关于禁止侵犯商业秘密行为的若干规定》第2条第5款曾将"招投标中的标底及标书内容"作为商业秘密,这种信息就是典型的短暂的信息。

例如,在(2015)陕民三终字第00033号案中,原告主张保护的商业秘密为其在生产、经营过程中所形成的独特的"煤层气抽采、开发、利用、销售及瓦斯发电"经营模式。法院认为:商业经营模式的价值必须在将该模式付诸实践后才可以体现出来,实践行为本身就是一种对外公开的行为,所以对商业模式而言,其价值性与不为公众知悉存在一定矛盾,而价值性与不为公众知悉是商业秘密必备的两个特征,所以商业模式本身并不具备商业秘密的全部特征,不构成商业秘密。当然,这种观点值得商榷。此类信息固然因实际使用的公开而丧失秘密性,但策划过程中的方案如符合商业秘密的"三性",自其公开使用之前仍可以受商业秘密保护,此时充其量是一种短暂的秘密信息。

---

[1] 参见[美]詹姆斯·普利:《商业秘密:网络时代的信息资产管理》,刘芳译,清华大学出版社2023年版,第56页。

第六章 商业秘密的保密措施

第一节 保密措施概述

一、我国商业秘密构成要件中的保密措施

采取保密措施是商业秘密的构成要件之一。1993年《反不正当竞争法》第10条第3款将"经权利人采取保密措施"规定为商业秘密的构成要素。2017年《反不正当竞争法》将保密措施修订为"经权利人采取相应保密措施",其中增加"相应"二字。2019年修正的《反不正当竞争法》对于保密措施的规定相较于2017年《反不正当竞争法》未做改变。

《2007年反不正当竞争司法解释》将法律规定的"保密措施"规定为"相适应的""合理保护措施",即第11条第1、2款规定:"权利人为防止信息泄露所采取的与其商业价值等具体情况相适应的合理保护措施,应当认定为反不正当竞争法第十条第三款规定的'保密措施'。人民法院应当根据所涉信息载体的特性、权利人保密的意愿、保密措施的可识别程度、他人通过正当方式获得的难易程度等因素,认定权利人是否采取了保密措施。"在此对保密措施设定了门槛,即需要达到相应的合理程度,才可以构成法律认可的保密措施。否则,即使采取了保密措施,在法律意义上也不认可其具有保密措施的效力。

《2020年商业秘密司法解释》第5条规定:"权利人为防止商业秘密泄露,在被诉侵权行为发生以前所采取的合理保密措施,人民法院应当认定为反不正当竞争法第九条第四款所称的相应保密措施。人民法院应当根据商业秘密及其载体的性质、商业秘密的商业价值、保密措施的可识别程度、保密措施与商业秘密的对应程度以及权利人的保密意愿等因素,认定权利人是否采取了相应保密措施。"该解释仍以合理的保密措施界定法律规定的"相应保密措施"。

保密措施应当是为保护商业秘密所采取的明确具体的合理措施。单纯的竞业限制约定不能等同于保密措施。例如,"对于单纯的竞业限制约定,即便其主要目的就是保护商业秘密,但由于该约定没有明确用人单位保密的主观愿望和作为商业秘密保护的信息的范围,因而不能构成反不正当竞争法第十条规定的保密措施"[1]。

保密措施必须是付诸实行的措施,虚置的保密措施不能成为有效的保密措施。例如,"上诉人自行陈述其保密措施就是公司制定的保密管理制度,要求员工执行。经查,该保密管理制度是上诉人变更企业名称前于2015年8月1日以'柳州恒盛电子科技有限公司'名义制定的一个公司保密管理制度,该制度规定了恒盛公司秘密的界定类型、定秘等级和标准等,规定公司全体在职员工必须严格遵守,同时该制度第5条又规定针对不同等

---

[1] 最高人民法院民事裁定书,(2011)民申字第122号。

级的公司秘密必须采取具体的保密措施,如标明密级、专人专管、固定会议场所,显然,涉案购销合同不符合上述保密管理制度规定的定密标准及采取保密措施的规定,上诉人以制定有公司保密管理制度即采取了保密措施的理由不能成立"[1]。

采取保密措施是商业秘密的构成要件,未采取保密措施或者未采取合理保密措施的商业信息,不构成商业秘密。这里通过原告北京仪表机床厂(以下简称仪表厂)与被告北京汉威机电有限公司(以下简称汉威公司)侵犯商业秘密案,即涉及未采取保密措施而未得到保护的早期案例,加以说明。

1985年5月10日,中国电子进出口总公司北京分公司、北京市仪表工业总公司、北京自动化仪表七厂与美国江森控制设备国际公司签订了《暖通空调控制仪表产品专有技术许可证转让及设备购买合同》,约定了技术转让,包括许可证权利售证方提供的用于合同产品制造的专有技术、资料、购证方人员在售证方工厂培训和售证方专家到购证方工厂进行技术支援等;合同产品包括8种传感器、9种附件、3种阀、6种执行器、9种控制器、3种风门和4种湿度控制器;合同有效期自合同生效之日起5年,合同终止后购证方有权继续使用售证方提供的专有技术,有权继续设计、制造、销售和出口合同产品。该合同于1985年12月23日生效。

1987年3月6日,仪表厂员工申某延与仪表厂签订暖通空调项目承包协议书,约定派申某延等5人到意大利、德国进行暖通空调项目技术培训,申某延为负责人;暖通空调引进合同全部执行完成前,申某延等5人不得调动工作。协议当年生效,至暖通空调引进合同全部执行完成终止。1988年2月,仪表厂聘任申某延为暖通空调引进办公室主任。1988年2月7日,仪表厂聘任申某延为副总工程师。1988年5月14日,国家机械委确认暖通空调控制仪表技术引进国产化工作由北京自动化仪表七厂和仪表厂共同承担。1990年11月27日,仪表厂引进的风阀和电动执行器制造技术项目通过竣工投产验收。

1993年6月11日,汉威公司注册成立,生产与仪表厂相同类型的风阀产品。两者产品的需方都是工业企业,其相关市场都是空调、制冷、地铁工程等,市场内需方相对固定。1993年10月申某延被汉威公司聘为总工程师(其仍然担任仪表厂副总工程师),在该公司主要负责生产管理、外协加工的审批以及有关生产费用的把关、评估等。汉威公司给其平均月报酬为500元左右,并为其安装电话一部。

1995年9月,仪表厂向北京市第一中级人民法院起诉称,仪表厂通过仪表总公司引进江森公司暖通空调风量调节阀产品制造专有技术,汉威公司采取不正当手段,通过聘用仪表厂负责该项技术引进的人员获得了该项技术及相关的设备制造厂家、协作厂家等商业秘密。汉威公司未付出合理的劳动和经费即生产与仪表厂相同的产品,给仪表厂造成了重大损失,其行为违反了《反不正当竞争法》第10条的规定,请求法院判决停止侵害、赔偿损失等。仪表厂所主张的商业秘密包括:风阀本身和零部件的各种尺寸、参数、性能及图纸,风阀专用加工设备、模具及其参数和性能,风阀加工设备的工艺布置,仪表厂的外协加工厂名单,仪表厂的客户名单。据查,风阀本身和零部件的各种尺寸、参数、性能及图纸、工艺布置等来自江森公司;风阀专用加工设备、模具为仪表厂委托相关设备及模具制造厂设计和加工,但仪表厂未提出与这些相关厂家订有保密协议的证据,汉威公司也是利用基

---

[1] 广西壮族自治区高级人民法院民事判决书,(2021)桂民终1196号。

本相同的厂家为自己加工专用设备和模具。

北京市第一中级人民法院认为，风阀生产技术相关的设计图纸、技术参数都来自江森公司，专用设备制造图纸及模具都是相关厂家拥有，不属于仪表厂的财产，仪表厂与相关制造厂之间没有保密协议；风阀产品零部件的形状、尺寸、参数和技术参数也来自江森公司，虽然仪表厂对某些原材料的要求有部分改变，如对板材的厚度江森公司要求0.8毫米，仪表厂根据我国市场情况改为1毫米，但这种改动是技术人员在有限的范围内作出的选择；仪表厂与外协加工厂也没有保密协议，而且有些加工厂家是国内唯一的，如橡胶密封条的加工研制单位；仪表厂的客户没有明确完整的记载，也没有防止泄密的具体措施。因此，仪表厂所主张的"商业秘密"不符合商业秘密的要求。北京市高级人民法院认为，仪表厂在实施风阀技术时并未采取保密措施，在委托加工风阀生产设备时也未与加工设计单位订立保密协议，仪表厂自身的失误使其拥有的风阀生产技术进入公有领域，现仪表厂就风阀技术作为商业秘密请求保护，于法无据。[1]

二、域外法中的保密措施

（一）域外法中的保密措施概述

无论立法时间的先后，世界范围内的商业秘密保护法均有保密性的要求，即明确规定商业秘密所有人为维持信息的秘密性而必须采取合理的保密措施。究竟何为合理的保密措施，通常没有明文的法律指引。但是，各主要国家对于合理保密措施的把握具有很强的共识。当然，对于商业秘密所有人采取保密措施的预期以及判断保密措施的重点，各国仍会存在差异，一国认为合理的保密措施在另一国可能被认为达不到合理程度。[2]

无论是针对雇员还是外部商业伙伴，要求在有效的不披露义务的前提下披露商业秘密，是最为重要的保密措施。但是，对于雇员在雇佣关系中是否存在对雇主的默示保密义务，存在不同认识。例如，以前德国判例承认雇员对雇主的默示保密义务，但在德国商业秘密保护法施行以后如何对待，还不确定。美国承认明示的和默示的保密义务，但美国企业通常会通过精密的协议约定保密义务。日本法院通常要求要有明确的保密协议保持秘密性。[3]

（二）美国法上的商业秘密保密措施

在美国《侵权法重述》（第一版）关于商业秘密的界定中，"合理的努力"（相当于保密措施）仅被作为认定是否构成商业秘密的六因素之一。但是，后来的《统一商业秘密法》和《保护商业秘密法》均将其规定为与秘密性和价值性并列的一项要件。早期的法院对于保密措施的要求并不严格而较为宽松，很少因保密措施原因驳回权利人的请求。后来法院逐步对保密措施提出疑问，提高保密措施的要求，仅仅提供用于保密的标准技术的清单等不能满足要求。

---

[1] 参见孙建、罗东川主编：《知识产权名案评析（2）》，中国法制出版社1998年版，第265~275页。

[2] See Christoph Rademacher, *The Emergence of a Global Standard for Reasonable Efforts*?, Research Handbook on Information and Governance, Edward Elgar Publishing Limited, 2021, p. 153.

[3] See Christoph Rademacher, *The Emergence of a Global Standard for Reasonable Efforts*?, Research Handbook on Information and Governance, Edward Elgar Publishing Limited, 2021, p. 152–153.

美国普通法承认商业秘密可以追溯到 1837 年马萨诸塞州最高法院的判决。[1]30 年后,这一法院试图界定商业秘密所保护的内容。[2]历经多年的逐渐发展演变,美国法院开始持有一种普通法观念,即信息所有人如欲进行商业秘密保护,应当付出一定的努力,以确保信息的秘密性。《侵权法重述》(第一版)第四卷规定了使用或者披露商业秘密的一般责任原则。其注释 B 对商业秘密进行了界定,将"为保护信息的秘密性而采取的措施的程度",作为商业秘密保护的六个要件之一。缺乏清晰和更为可信的信息构成商业秘密的要件规定,恰恰是制定 1979 年《统一商业秘密法》的首要动因。《统一商业秘密法》和《保护商业秘密法》均将合理的保密措施纳入商业秘密的界定之中,要求为获取商业秘密保护资格,信息必须是"根据具体情况被采取维持其秘密性的合理措施的对象"。

《统一商业秘密法》从两个方面规定了商业秘密的要件,其中之一即为"根据具体情况为保持秘密性而采取了合理的努力"。起草者认为,信息的所有人仅有保密的意图和愿望尚不足以获得商业秘密保护。[3]此后《统一商业秘密法》为大多数州立法采纳和施行,法院对于何为合理的努力进行了具体界定。

美国《统一商业秘密法》起草者试图限制商业秘密保护的条件,避免在所有人未采取任何措施识别或者保障其信息的情况下将其作为商业秘密加以保护。[4]起草时遇到的一个难题是,如何解决法院查明商业秘密的存在,因为主张构成商业秘密的信息是保密的。在《统一商业秘密法》早期起草时,曾经讨论过要求具有有形性的观点,但最终没有采纳。[5]尽管有形性被认为是一种证明商业秘密存在的方式,《统一商业秘密法》的起草人很快认识到,这一要求将会排除对没有被记载下来的商业秘密的保护。取而代之的选择是要求有合理的努力和具有价值,以此作为要求提供信息确实存在的证据的一种手段,并作为提起诉讼时的关注对象。[6]TRIPs 第 39 条(2)(c)对于合理努力的规定与美国《统一商业秘密法》相一致。它要求提供证据证明,受保护的信息"经由合法控制人根据其情况采取了合理的保密措施"。与美国《统一商业秘密法》一样,TRIPs 第 39 条(2)(c)对于何为合理的保密措施并未明确规定。在美国法中,法院根据个案情况决定是否采取了合理的保密措施,当然也有一些普通法和《统一商业秘密法》注释的指引。[7]实践中合理保密措施的构成部分取决于事实分析,部分取决于法院的公平观。在 TRIPs 的框架下,允

---

[1] See Vickery v. Welch,36 Mass. 523(19 Pick.)(1837). 法院指出,有关销售制造巧克力的秘密方法的协议安排不属于限制贸易协议。

[2] See Peabody v. Norfolk,98 Mass,452(1868). 该法院认为,发明者对其保密的制造方法享有"财产"。但是,评论者认为此处所谓的权利与传统的财产权并不相同。See Christoph Rademacher, *The Emergence of a Global Standard for Reasonable Efforts*?, Research Handbook on Information and Governance, Edward Elgar Publishing Limited, 2021, p. 136 – 138.

[3] See Sharon Sandeen, *The Evolution of Trade Secret Law and Why Courts Commit Error When They Do Not Follow the Uniform Trade Secrets Acts*, 33 Hamline L. Rev. 493, 502(2010).

[4] See Sharon K. Sandeen & Elizabeth A. Rowe, *Trade Secret Law in an Nutshell*, 2nd edition, West Academic Publishing, 2018, p. 95.

[5] 《北美自由贸易协定》第 1771 条第 2 款规定了确实性。

[6] See National Conference of Commissioners of Uniform State Laws, First Reading of Uniform Trade Secrets Act, August 10,1972. See also Rochelle C. Dreyfuse & Katherine J. Standburg, *The Law and Theory of Trade Secret: A Handbook of Contemporary Research*, Edward Elgar, 2011, at 557.

[7] See Comment to UTSA §.1.

许 WTO 成员根据其对于诚实和不诚实商业做法的界定,自行决定何为合理的保密措施。[1]

综观美国法院的裁判,合理的努力包括如下情形。

1. 保密要求

最基本的保密努力是,秘密信息的任何披露行为均需确保在负有保密义务的保障下进行。根据具体情况,通常是明示的保密义务,在有些情况下也可以是默示的义务,或者依照法律规定承担的义务(就像律师与委托人之间的信赖义务)。1984 年美国最高法院在 Ruckelshaus v. Monsanto 案中认为,"在他人不负保密义务的情况下向他人披露商业秘密",将会破坏商业秘密。[2]

商业秘密所有人可以通过适当的书面不披露协议、[3]应聘申请书、雇佣协议、雇员手册、许可协议、保密政策、备忘录等方式施加保密义务。不披露义务必须明确地指向秘密信息,表明所有人保密的意愿。合同中的保密要求应当表明秘密信息是保密的,不应向任何不负保密义务的人员披露。法院还认为,如果保密措施无法实施,该保密措施不足以构成合理的保密努力。近几十年,法院认为商业秘密所有人不能依靠默示的保密义务,特别是法律中的默示保密义务,而必须采取确定的行动,确保所披露信息的保密措施。但是,有些案件也承认默示保密义务。例如,2016 年美国联邦第九巡回上诉法院在 Direct Technologies,L. L. C. v. Electronic Arts,Inc. 案判决指出,如果"披露的目的是进一步拓展特定关系",可以存在默示保密义务。[4]

2. 接触限制

除了不披露的措施外,法院还分析商业秘密所有人限制接触秘密信息的多种努力,包括内部采取的和与他人分享时采取的措施。这些措施包括物理性安全措施、雇员门禁卡、雇员进入场所的证章等。所有人应当基于"必要知悉"的要求限制雇员接触信息,并有相应的实施政策,如限制在组织内部分享和接触信息,并通过计算机密码等方式加以控制。[5]

综上,是否达到足够的保密努力,需要根据具体事实情况加以确定,即合理努力是一项非常场景化的标准。在保密措施的规定上,《统一商业秘密法》与《2016 年保护商业秘密法》的规定略有差异。前者要求"根据保持秘密性的具体情况具有合理性的努力",后者则只是要求"保持此种信息秘密的合理措施"。论者认为后者的措辞或许是转向更为客观的标准,而不是前者那样高度主观性和个案性的标准。[6]通常而言,确定保密措施的

---

[1] See Rochelle C. Dreyfuse & Katherine J. Standburg, *The Law and Theory of Trade Secret: A Handbook of Contemporary Research*, Edward Elgar, 2011, at 557.

[2] See 467 U. S. 986,1001(1984).

[3] 根据有关判例,在有长期合作关系等情况下,口头协议也足以构成合理的努力。

[4] 以上内容均有相应的判例支持,本书为简便起见不再一一援引。

[5] See Christoph Rademacher, *The Emergence of a Global Standard for Reasonable Efforts?*, Research Handbook on Information and Governance, Edward Elgar Publishing Limited, 2021, p. 138.

[6] See Seth J. Welner & John Michael Marra, *Defend Trade Secrets Act vs. Uniform Trade Secrets Act: Reasonable Security Measures as Objective or Subjective?*, Holland & Knight Trade Secrets Blog (Aug. 6, 2018), https://www.hklaw.com/en/insights/publications/2018/08/defend-trade-secrets-act-vs-uniform-trade-secrets (last visited May 21, 2021). For a broader discussion of the insufficiency of the reasonable-measures test under the DTSA and the lack of a harmonised application under state-level trade secret law, see Molly Hubbard Cash, *Keep It Secret, Keep It Safe: Protecting Trade Secrets by Revisiting the Reasonable Efforts Requirement in Federal Law*, 23 J. Intell. Prop. L. 263 (2016).

合理性可以考虑商业秘密的价值与保密措施的成本、保密的成本与侵犯的危险性之间的平衡。这种成本不仅包括直接的经济付出,还包括间接成本,如使得信息能够与需要使用信息的员工和其他人分享的可能性。[1]

当事人之间的关系在商业秘密诉讼中至关重要,商业秘密所有人与被诉侵权人之间关系的性质经常影响合理保密措施的分析。一般而言,当事人之间的关系越紧密,相互之间越信任、越要承担信任义务,也就不需要太多的保密努力。例如,发明人与其律师之间可以不签署书面保密协议,因为律师具有保密的职业和伦理义务。雇主与员工之间的关系就并非如此,而应另当别论,因为两者之间并无法定的信任义务,需要明示的保密协议。[2]

美国的 Rockwell Graphic Systems Inc. v. DEV Industries, Inc. 案[3]涉及保密措施是否合理问题,法官指出了"最完美的保密措施未必是适当的保密措施,保密措施不能要求过高和损害生产能力"的观点。

洛克委尔印刷公司(Rockwell Graphic Systems Inc.)是一家报纸用印刷机及其零部件的制造商,该公司对其竞争对手 DEV 公司以及该公司总裁提起了诉讼,该公司总裁曾经受雇于洛克委尔印刷公司。地区法院法官作出了即决判决,即由于洛克委尔印刷公司没有采取合理的预防措施进行保密,因而不存在商业秘密,从而不存在侵占行为。据此,驳回了原告的请求。

就零部件而言,洛克委尔印刷公司一般并不直接制造。在其客户定购零部件或者该公司认为需要制造一些零部件时,该公司就委托其他制造厂家加工,这些厂家被称为"出售人"。在委托加工时,该公司必须交给出售人"零部件图纸",讲清楚所用材料、尺寸、性能和制造方法。没有这些信息,出售人就无法加工。该公司并未打算将零部件申请专利,而相信购买者不可能通过检测或者反向工程发现这些零部件的制造方法,要想知道其制造方法只能通过看图纸。因此,尽管保密措施是否到位是该案争议的焦点,但洛克委尔印刷公司确有意图保持其零部件图纸的秘密性;出售人如没有图纸,它们也无从制造。

弗莱克(Fleck)和佩洛索(Peloso)是洛克委尔印刷公司的雇员,均处于接触零部件图纸的岗位上。弗莱克于1975年离开该公司,3年后加盟 DEV 公司,并成为其总裁。次年,佩洛索因保卫人员抓到其从公司的工厂拿图纸而被解雇。1984年洛克委尔印刷公司提起了该诉讼,审理前洛克委尔印刷公司提交了 DEV 公司所占有的600件零部件图纸,其中100件是洛克委尔印刷公司的。DEV 公司声称这些图纸是其合法取得的,有的来自洛克委尔印刷公司的客户,有的来自其出售人,而反驳洛克委尔印刷公司所谓由弗莱克和佩洛索盗窃而来,或者通过其他非法方式所得,如某个出售人违反了保密协议。但是,DEV 公司在诉讼中未能提出哪一个客户或者雇员为其合法地提供了洛克委尔印刷公司的零部件图纸。

洛克委尔印刷公司将其所有的工程图纸保存在保管室中,不仅进入保管室,而且进入

---

[1] See Sharon K. Sandeen & Elizabeth A. Rowe, *Trade Secret Law in an Nutshell*, 2nd edition, West Academic Publishing, 2018, p. 99–100.

[2] See Sharon K. Sandeen & Elizabeth A. Rowe, *Trade Secret Law in an Nutshell*, 2nd edition, West Academic Publishing, 2018, p. 101.

[3] See United States Court of Appeals, Seventh Circuit, 1991. 925 F. 2d 174.

保管室所在的楼,都仅限于被授权的雇员,并须持有证件。这些人主要是 200 个工程师。他们都需要向公司承诺不扩散图纸,不披露图纸内容,除非公司授权。需要图纸的雇员在经公司授权并签字后方可从保管室取走图纸,用完后予以归还。允许复制,但是复制件不再需要时予以销毁。唯一允许看图纸的外部人员是出售人,但只给复制件,不给原件,并须签订保密协议,还要加盖产权所有的印章。尽管保密协议要求出售人使用完毕后交回图纸,但并不强制如此,原因是该公司再有订货时出售人还需要按照图纸加工。该公司甚至还与未中标的投标人签订合同,让其保留图纸,理由是此次高价中标者可能在下次投低价。

洛克委尔印刷公司将其零部件图纸交给出售人,基于特定的目的将其商业秘密披露给"有限数量的外部人员",并不妨碍商业秘密的保护。[1] 相反,常常是有效地利用商业秘密的此种披露,使作为披露对象的对方当事人承担了保密的义务。[2] 但是,由于有 200 个工程师使用零部件图纸并可以为工作需要进行复制,以及众多的出售人获取了图纸复制件,成千上万的图纸复制件散落在保管室之外,其中许多还散落在公司之外。DEV 公司在其上诉的理由中声称,洛克委尔印刷公司没有采取充分的措施保持其零部件图纸的秘密性。它不仅没有限制这些图纸的复制或者坚持收回复制件,而且未将其与非保密的装配件图纸隔离开来而采取更安全的措施。因此,巡回法院认为,洛克委尔印刷公司应当能够采取更加严密的保密措施,但实际上做得还不够,需要认定该公司是否构成对采取更多的合理努力义务的明显违反,以确定地区法院的即决判决是否妥当。

合理努力的要求既具有证据意义,又具有救济意义,不管在两种流行的商业秘密保护观念中属于哪一种,都是如此。第一种观念是最普通的一种观念,是对被剥夺具有竞争价值的秘密的企业给予救济,而被剥夺商业秘密是一种违法行为所造成的后果,包括侵占或者其他侵害行为、违反雇佣合同或者其他保密协议。在此种情况下,由于通过不正当手段取得会产生法律责任,商业秘密的唯一意义是,它允许不正当取得行为的受害者得到基于所取得的商业秘密价值的损害赔偿。第二种观念是由 E. I. du Pont de Nemours & Co., Inc. v. Christopher 案(杜邦公司案)所确立的,即商业秘密是一种有社会价值的信息,法律应当保护其不受合法行为的侵害。此案的被告克里斯托菲(Christopher)从空中拍摄竞争者没有封顶的厂房的照片,由于并未直接飞越其上空,在侵占商业秘密之外并不构成非法侵入行为或者其他侵权行为。

但是,由于在杜邦公司案中被告的手段也被称为"不正当的",这恰恰也是第一种观念即更常规的商业秘密保护观念的责任基础,那么该两种观念的实际区别在哪里,也就变得不太清楚。杜邦公司案似乎并未将所有揭破商业秘密的努力都视为不正当,而特别提及反向工程是揭破商业秘密的正当手段。其根据也许是双重的,即反向工程涉及运用我们所打算鼓励的技术,以及任何人都应当有权利将其购买的产品分解开并加以研究。

应当非常明确的是,该两种不同的商业秘密保护观念最好理解为有着不同的保护重点。

---

[1] See A. H. Eery Co. v. Marcan Products Cortp., 389 F. 2d 11, 16(2d Cir. 1968).
[2] See Jones v. Ulrich, 342 Ill. App. 16, 25 - 26, 95 N. E. 2d 113, 117 (1950); Crocan Carp. v. Sheller - Globe Corp., 385 F. Supp. 251, 253(N. D. Ill. 1974).

根据第一种商业秘密保护观念,原告必须证明被告通过非法行为取得了原告的商业秘密,在此案中就是原告声称的弗莱克和佩洛索未经授权,违反雇佣合同和保密协议擅自从原告处取走商业秘密,用于与原告进行竞争。洛克委尔印刷公司不能直接证明其从DEV公司获得的100件零部件图纸是由弗莱克和佩洛索盗窃的或者通过其他不正当手段得到的。但是,如果能够证明DEV公司通过正当途径获取这些图纸的可能性极小,就向根据第一种商业秘密保护观念获取救济所必须进行的举证迈进了极大的一步。洛克委尔印刷公司采取的保密措施越周密,DEV公司正当获取图纸的可能性越小,通过违法行为获取的可能性就越大,所有人也就尽了防止通过其他途径获取商业秘密的努力。

根据第二种商业秘密保护观念,商业秘密所有人的保密措施仍然具有证据意义,但主要的证据意义是商业秘密具有真正的价值。被告获取的具体手段在第二种概念中并不重要,尽管不是完全无足轻重;即使第二种观念也允许通过像反向工程那样的手段揭破商业秘密。如果洛克委尔印刷公司对于防范其零部件图纸落入像DEV公司这样的竞争对手之手花费了微不足道的精力,那么运作起来绝非不需要成本的法律何必再费力为该公司提供救济呢?如果洛克委尔印刷公司认为并不值得认真采取措施保持其秘密,图纸中所包含的信息也就没有多大价值。

此种努力的救济意义在于,如果原告已经允许其商业秘密进入公共领域,仅仅因为被告从原告处而不是从可以免责的公共领域获取该商业秘密而给予其救济,这种救济就是一笔横财。这与惩罚误将实际上已被抛弃的财产当成他人所有的财产而予以偷窃的人,在道理上并无二致。如果洛克委尔印刷公司已将有争议的零部件图纸交给了客户,但并未要求客户保密,DEV公司就能够无须实施任何违法行为而从客户处获取该图纸。当然,这只是一个假设,事实并非如此。此时洛克委尔印刷公司所遭受的损失与DEV公司盗窃其图纸是同样的,但由于其已抛弃了商业秘密的权利,就不能得到救济。这就反映了商业秘密是一种只能对抗侵害行为人的财产还是一种对世权(这是第二种观念的逻辑极端,并没有案件如此)。在第一种情况下,被告完全有权通过合法行为获得该财产,以及如果财产掌握在未实施任何违法行为的人手中,他就享有权利。在第二种情况下,如果原告通过无任何限制地让与而抛弃了财产,被告完全有权取得。

因此,商业秘密法律为什么要求原告证明其采取了合理的保密措施,是容易理解的。这与商标的情形非常类似。商标的持有人有义务采取合理的措施保护其商标不受侵害,否则会被认定为抛弃了商标,或者变成不受保护的通用的和描述性的商标。商标所有人未能采取措施进行保护的事实表明,其认为该商标没有多大的价值,并形成一种因商标进入公共领域而使侵权者可能没有意识到他正在使用有所有权的商标的局面。此种局面颇像DEV公司所辩称的洛克委尔印刷公司零部件图纸的情形。

但是,只有在极端的情况下,才会应即决判决的请求去决定何为采取了合理措施,因为答案取决于因案而宜的成本和收益的比较,需由具有专门知识的人进行测算。一方面,商业秘密所有人在防止商业秘密披露方面花费越大,就越能表明商业秘密值得受法律保护的价值越大。另一方面,花费越大,成本越高。成本既可以是直接的,又可以是间接的。洛克委尔印刷公司对于工程师和承揽人取得图纸的限制越多,工程师和承揽人完成工作的难度就越大。假设洛克委尔印刷公司禁止复制其图纸,那么所有的工程师都将共同使用一张图纸,也许通过传阅的方式或者在同一房间工作,挤作一团。倘若如此,承揽人如何完成工作？承揽人会将所有这些工作集中于一个屋子里做吗？照此重新组合工作和生产远不是没有成本的，因此，最完美的安全措施并非最合适的安全措施。

何为合理的保密措施本身是一个事实问题。洛克委尔印刷公司显然采取了一些保密措施，既有物理的，如采取安全措施的保管室、保安人员（一个保安人员还抓住了佩洛索），又有保密合同，为其图纸保密。同时，显然还可以采取更多的保密措施，但需要成本，问题在于保密的收益是否超过成本。对此显然不能作出非常精确的回答，也不能说如果采取了足够的保密措施就不会发生损害。

美国第七巡回法院认为这是一个非常重要的案件，因为商业秘密保护是知识产权法的重要部分，商业秘密是一种对于美国产业竞争越来越重要的财产。专利保护是昂贵的和短暂的，不能作为完善的替代制度。如果只有在采取成本过高的和损害生产能力的保密措施时才保护商业秘密，投入较多的资源以发现更有效率的生产方式的积极性就会降低，发明的数量就会减少。国家的未来大大地依赖工业的效率，工业的效率又倚重知识产权保护。据此，美国第七巡回法院推翻了地区法院的判决。

在此，对于保密措施合理性的认定，美国第七巡回法院采取了倾向权利人的态度。

美国著名的杜邦公司案很能说明问题。在说明保密措施的合理性上，审理该案的美国法院只要求"在特定条件下的合理性"，不要求采取极端的和过分昂贵的措施保护商业秘密。

1970年美国杜邦公司筹建了一条新方法制造甲醇的生产线，建厂房与安装设备同时进行。在已安装了部分机器、厂房还没有封顶时，有一天厂房的上空出现了一架可疑的飞机，飞机降落后发现了一名摄影师。于是，杜邦公司以偷拍其设备、侵害其商业秘密为由，起诉摄影师。被告自始至终拒不承认有人雇佣其偷拍杜邦公司的设备。法院认为，法律要求企业对其商业秘密采取措施应当在合理的范围内，保密措施如同路边的一道栏杆，只能警告行人"禁止入内"，要求企业为其商业秘密营造一座滴水不漏、能够防范任何不可预测和觉察的产业间谍行为的堡垒，是不现实的。

要求原告在一个未建成的建筑物上建屋顶，以保护其商业秘密，将会使原告开销过大，是不合理的。正如审理此案的法官所说，"在本案中，杜邦公司的工厂处于在建期间。尽管建成以后会使其许多信息无法看到，但在建期间商业秘密暴露在外，可以从空中看见。如果要求杜邦公司为未完成的工厂装设屋顶以保护商业秘密，无异于花费巨资去防止不过是学童的恶作剧。我们在此并未采取新的或者激进的道德，市场不能过多地背离我们的道德准则。我们不能要求个人或者法人采取不合理的保密措施，去防止他人首先不应该做的事情。我们可以要求采取挡住窥探他人的眼睛的合理保密措施，但要求保密措施是一种攻不破的堡垒，则是不合理的，为保护其努力的成果，我们不赞同工业发明者承担此种义务。'不正当'（improper）一词总会因时间、地点和情况而具有差别"。据此，判决摄影师侵犯了杜邦公司的商业秘密。

在美国，采取合理的保密措施使原告赢得了更大的胜诉机会，甚至在一些判例中，如果原告确已采取了合理的保密措施，即使在执行时有失误而使他人有机可乘，也不妨碍侵犯商业秘密行为的构成。例如，在1983年Syntex Opthahnics Inc. v. Noviy案中，尽管有证据证明原告有时未按照其保密制度行事，如忘记在文件上标注"秘密"字样，没有将文件锁在研究部门的柜子中，但法院认为，实施盗窃行为的雇员同时也违反了保密义务，厂方松懈不能成为雇员违反保密义务的合法借口和理由,因此判决原告胜诉。

(三)德国法上的保密措施

《欧盟商业秘密保护指令》将"合理的保密措施"规定为商业秘密的构成要件之一,即"合法持有商业秘密的人根据具体情况采取的保持秘密的合理措施"。保密措施的具体标准主要由成员国立法和司法确定。

德国《商业秘密保护法》作出与《欧盟商业秘密保护指令》相一致的保密措施规定。在该法实施之前,德国只要求有保密的意图,且只需要推定而不需要证据证明保密措施。合理保密措施要求的正当性在于使第三人知道特定信息是不是商业秘密。如《欧盟商业秘密保护指令》所说,合理的保密措施产生"此种秘密将会得到保持的合法预期"。更为重要的是,事实上这会降低商业秘密保护的成本。因此,法律只是要求"合理的"而不是"绝对安全的"保密措施。合理保密措施是一个弹性的、易变的和相对的概念。德国政府在商业秘密保护法的立法备忘录中指出,确定合理保密措施时可以考虑秘密的绝对价值、对于持有人的相对价值以及措施的成本和可操作性。[1]法院将会按照这些要求,根据比例观念进行裁量。[2]德国学者对于新法施行之后的保密措施有所论述,如包括通过员工须知实施保密政策、限制员工接触秘密信息、要求员工和商业伙伴签订不披露协议、在秘密信息文件打上水印等。[3]

具体而言,《商业秘密保护法》制定前,德国《反不正当竞争法》第17～19条规定了侵犯商业秘密行为的刑事责任,但并未规定商业秘密的定义。根据德国联邦最高法院的判决,商业秘密是指"与企业有关的任何事实,只要该事实是未公开的、有限范围人群知晓的,并且根据企业主对外显示的、基于经济利益的意愿,应当予以保密的"。[4]在此"合理的保密措施"并非商业秘密的要件。为了准确适用这一要件,避免新旧法衔接混乱,德国政府在《商业秘密保护法》的立法说明中对这一要件进行了充分说明。首先,新旧商业秘密定义的本质是一致的,都是指"权利人对其不扩散享有合法权益"的信息。其次,旧定义只要求权利人具有对外显示的主观保密意愿,新定义则不再关注主观意愿,而是要求权利人对所采取的客观保密措施进行举证。再次,在新法实行的经济成本计算中,立法说明指出,大部分中型、大型企业已经通过限制接触、合同中的保密义务条款等措施,对其商业秘密进行了保护,新增的"合理保密措施"这一要件没有增加成本。增加成本的可能是一部分小微型企业及初创企业,因为这些企业迄今为止可能对其商业秘密没有进行充分保

---

[1] See Explanatory memorandum, BT – Drs 19/4724, p. 25.

[2] See Jens Schovsb, Timo Minssen, Thomas Riis, *The Harmonization and Protection of Trade Secrets in the EU*, Edward Elgar Publishing, 2020, p. 108 – 109.

[3] See Ansgar Ohly, The Trade Secrets Protection Act of 2019, in The Harmonization and Protection of Trade Secrets in the EU 109 (Jens Schovsbo, Timo Minssen & Thomas Riis eds., 2020). See also Christian Alexander, Commentary on Section 2 of the Trade Secrets Protection Act, marginal nn. 55 – 64, in Commentary on Act Against Unfair Competition (Helmut Köhler et al. eds., 38th ed. 2020); Björn Kalbfus, Angemessene Geheimhaltungsmaßnahmen nach der Geschäftsgeheimnis – Richtlinie [Appropriate Secrecy Measures according to the Trade Secret Directive], 2017 GRUR – Prax 391.

[4] BGH – Möbelwachspaste, GRUR 1955, 424, 426; BGH – Versicherungsuntervertreter, GRUR 2009, 603 Rn. 13. 转引自 Dr. Kay Diedrich in: KÜMMERLEIN – OK GeschGehG, Stand: 27. 06. 2019, § 2 Fn. 2, https://www.kuemmerlein.de/gesetzeskommentar – datenbank/gesetz – zum – schutz – von – geschaeftsgeheimnissen/2 – begriffsbestimmungen.

护,因此,需要在新法生效后额外采取措施,以达到新法要求的合理水平。涉及的这部分小微企业及初创企业的数量,按照联邦统计局2015年的数字,约200万小微企业雇员少于10人,这其中20%的企业拥有将来申请知识产权保护的秘密信息,而这40万小微企业中,又有25%未采取合理的保密措施,也就是约10万家企业会因为新要件而增加运营成本。为了满足新的商业秘密要件从而受到新法的保护,这10万家企业需要增加限制接触或者与员工签订保密条款等商业秘密保密措施,因此需要支付一次性新法转换成本,这个转换成本包括检查现有措施和增加新措施,按照中级员工工作2小时、每小时32.2欧元的标准计算,大概6,440,000欧元。从这个只需中级员工2小时工作的标准,公众可以明确,新法对于保密措施并没有太严格的要求。最后,立法说明中规定了对保密措施"合理性"进行考察时尤其需要注意的因素,包括商业秘密的价值、研发成本、性质、对企业的意义,以及企业规模、该企业通常的保密措施、信息标注方式、与雇员和交易对象的合同约定。德国法院认为,对保密措施合理性的审查是比例原则的应用,并且对否定保密措施的合理性保持了谨慎态度。截至目前,只在两种极端状况下认定保密措施不合理。一种是在劳动合同中的"兜底条款"(catch-all-Klausel),也就是要求雇员对在受雇期间得知的所有企业秘密以及其他所有信息、事件保密,并且雇员的这个保密义务在劳动关系结束后仍然持续。因为这种"兜底条款"将保密义务扩展到所有信息以及劳动合同关系结束后,侵犯了劳动者的劳动自由权,因而是无效条款。还有一种是与企业规模、商业秘密的重要性反差极大的、有证据证明完全无效的保密措施。在Oberlan des gericht Hamm 4 U 177/19案的判决中,法院认为,用于保密措施的投入应当与商业秘密的价值保持合理关系,同时企业规模、能力、所处行业也要予以考虑。案件的原告是几十年来保持世界领先地位的企业,股权转让价格曾达几亿欧元。案涉装置为原告的旗舰产品,对其意义重大,然而,多名证人证明,对其采取的保密措施能被规避,且原告在发觉保密措施无效之后,仍未采取有效应对。因此,法院认为原告采取的保密措施不足以使其主张的信息落入商业秘密的保护范围。[1]

(四)日本的保密措施[2]

2003年日本通产省发布第一版《商业秘密管理指南》,指导行业和企业对于商业秘密的管理。该指南基于日本法院10余年来商业秘密裁判观点,指出企业可以采取的多种保密措施,并且将各种措施总体上归纳为"客观识别性"标准。当然,该指南对于法院没有约束力,只是一种政府部门对于行业和企业的指导意见。

日本商业秘密权利人很少进行商业秘密侵权诉讼。2003年和2004年日本法院仅判决18件商业秘密案件,其中4件被认为采取了足够的保密措施以及按侵权行为处理。日本学者认为因为有《商业秘密管理指南》的存在,法院对于企业采取保密措施的期望较高,往往基于多种因素衡量保密措施的适当性,使权利人胜诉难度增加。也有学者认为日本法过于刻板和不够灵活。2010年日本通产省修订指南,分门别类地列举了各种保密措施清单。

---

[1] 参见王颖:《德国〈商业秘密保护法〉,这七点值得借鉴》,载微信公众号"知产力"2024年1月25日。
[2] See Christoph Rademacher, *The Emergence of a Global Standard for Reasonable Efforts?*, Research Handbook on Information and Governance, Edward Elgar Publishing Limited, 2021, p. 141-148.

2012年日本钢铁制造业的Nippon制钢起诉韩国竞争对手POSCO窃取know – how的商业秘密案,及2014年Toshiba起诉韩国竞争对手SK Hynix窃取芯片商业秘密案,因事涉钢铁制造和半导体的国际竞争,且日本的相关国际市场份额被其他亚洲国家争夺,这些案件展现了商业秘密在全球竞争中的重要性,在日本引起高度关注,使商业秘密保护走向前台。两个案件均以韩国公司赔偿损失而调解结案,但在日本引起了如何改善商业秘密管理和保护的热议。

为回应业界需要更大灵活性的要求,2015年日本通产省修订指南,删除了各类繁杂的清单式细化性规定,以及判断"客观识别性"的主观意图的各种因素。但是,事实上并未因此降低商业秘密保密措施等管理性要求。而且,通产省还于2016年2月发布约130页的《保护商业秘密手册》,对于各类保密措施规定得更为详尽。日本企业对于商业秘密的保密措施也越来越严密。

三、保密措施的价值

合理的保密措施被认为"也许是决定信息所有人是否拥有受保护的商业秘密的最为重要的因素"。为满足保密措施的要求,商业秘密所有人必须仔细评估内外部的风险,必须在保护商业秘密上采取积极的措施,而不仅仅是表示保护信息的主观意图。保密措施的性质和数量(质与量)至关重要。[1]

商业秘密保护法是一部期待并强调权利人通过自身努力实现救济的财产法。它体现了信息安全的一大基本特征,即信息保护的首要途径来自权利人自身的努力,法律只是后盾。正如一个古老的比喻,如果你离开马厩时门是敞开的,结果马儿跑了,你就不该感到惊讶,也别指望法律可以帮助你找回那匹马。[2]一项信息在公司内部可以自由使用和交流,并无采取标注商业秘密等保密措施,但在行业内的相关公众中并未成为一般知识和易于取得。此时员工并不将其作为商业秘密对待,其也因为未采取保密措施而不能构成商业秘密。[3]如果自己的信息可以自由地流向竞争对手,尔后又以这种竞争对手不正当地获取有价值的信息,这些行为不能被允许。为了能够维护这种权利,必须在保护自己的信息上做到足够的勤勉。[4]亦如波斯纳法官在Rockwell Graphic Systems v. Dev Industries, Inc.案判决中所说,"为何商业秘密法要求原告表明其采取了合理措施将其秘密保持为秘密,是容易理解的。如果需要类推的话,脑海中油然而生的是商标持有人采取合理的措施监管其商标侵权,监管不力就可能视为被抛弃,或者成为通用的或者描述性的(两种情况均不受保护)。商标所有人未尽监管商标之责,就表明他并不真正认为商标有价值,以及产生一种状态,即侵权行为人可能并未知悉他使用了产权性商标(a proprietary mark),因为商标已被任其自然地进入公有领域"[5]。

---

[1] See Elizabeth A. Rowe & Sharon K. Sandeen, *Trade Secret Law: Cases and Materials*, 2nd edition, West Academic Publishing, 2017, p. 187.

[2] 参见[美]詹姆斯·普利:《商业秘密:网络时代的信息资产管理》,刘芳译,清华大学出版社2023年版,第48、57页。

[3] See Sharon K. Sandeen & Elizabeth A. Rowe, *Trade Secret Law in an Nutshell*, 2nd edition, West Academic Publishing, 2018, p. 78.

[4] See Mark A. Lemley, *The Surrpising Virtues of Treating Trade Secrets as IP Rights*, Stanford Law Review, Vol. 61:311.

[5] United States Court of Appeals, Seventh Circuit, 1991, 925 F. 2d 174.

商业秘密之所以不为公众所知悉,就是因为权利人采取了保密措施,使负有保密义务之外的其他人不知道该商业秘密。而且,采取保密措施反映了权利人的保密意愿,如果不采取保密措施或者保密措施不适当,法律也就没必要"自作多情"地保护商业秘密。是否采取充分的措施保护商业秘密,经常被作为信息持有人主观上是否相信其信息是商业秘密,而值得给予法律保护的证据。"作为一种政策考量,我们期待商业秘密所有人将做出充分的努力保护对其经营具有价值的商业秘密。一个经营者没有采取措施和投入保护其信息所需要的资源,民事司法制度不应当使用其权力禁止其他人使用该信息。"[1]亦如美国法院所说:"如果商业秘密的权利人希望在其经营中拥有排他性使用,他不能不采取所有适当的和合理的措施保持秘密。他不能躺平,对于保持其秘密性无所作为,特别是在工艺方法为一些参与使用所知悉,或者在其制造过程中能够被其他人观察到时。'一个人不能对其商业秘密自由冒险,不能轻率地或者自愿地冒险泄密或者披露,同时又让其他人负有完全遵守的义务。'"[2]商业秘密因保密而具有商业价值,不采取保密措施或者保密措施不足够的,商业秘密就无法构成。或者说,商业秘密是通过自己保密的方式产生的权利,倘若当事人自己都未采取保密措施,法律就没有必要给予保护。如最高人民法院在(2012)民监字第253号案中所指出的:"商业秘密既然是通过自己保密的方式产生的权利,如果权利人自己都没有采取保密措施,就没有必要对该信息给予保护,这也是保密措施在商业秘密构成中的价值和作用所在。"

保密措施具有两项功能。首先,它具有真实功能,即它是权利人珍视其保密信息的证据。其次,它具有告知功能,即它告知接触秘密信息者这是一种秘密信息并保持其秘密性。[3]在侵犯商业秘密行为发生之前,保密措施就是要求商业秘密所有人确定其所认为的商业秘密,并告知其他人其享有财产权。商业秘密无须以有形形式存在,不像专利和注册商标那样经行政程序授予并公告,合理的保密措施就发挥识别和证明商业秘密的功能。这种告知功能还承担公平和正当程序的角色,特别是在涉及刑事责任的情况下更是如此。合理保密措施还可以作为证明如下事项的间接证据:(1)秘密性;(2)经济价值;(3)侵犯行为;(4)原告遭受的实际损害。对于所主张的商业秘密采取合理保密措施,可以帮助证明其具有秘密性和经济价值,但合理保密措施本身是一项商业秘密的独立要件,不能混淆其构成要件意义与所派生的证据功能。合理的保密措施需要满足相应的各种事实要求。当然,也并不因为采取了严格的保密措施就一定说明商业秘密的存在。严格的保密措施并不能使为一般知悉或者容易获得的信息以及一般知识和技能转化为商业秘密。[4]根据美国的判例,对于保密措施的功能还可以细分。例如,它具有识别功能,即识别所有人将哪些信息当作商业秘密。它具有经济价值的证明功能,即保密的努力程度可以成为受保护信息具有经济价值的证据。它具有认定是否为"相对秘密"的作用,即合理的保密措

---

[1] Elizabeth A. Rowe & Sharon K. Sandeen, *Trade Secret Law: Cases and Materials*, 2nd edition, West Academic Publishing, 2017, p.188.

[2] J. T. Healy & Son, Inc. v. James A. Murphy & Son, Inc., 260 N. E. 2d 723, 731(Mass. 1970).

[3] See Jens Schovsb, Timo Minssen, Thomas Riis, *The Harmonization and Protection of Trade Secrets in the EU*, Edward Elgar Publishing, 2020, p.46.

[4] See Sharon K. Sandeen & Elizabeth A. Rowe, *Trade Secret Law in an Nutshell*, 2nd edition, West Academic Publishing, 2018, p.93-94.

施帮助法院认定所涉信息与他人分享时是否仍是"相对秘密"。[1]

保密措施是一种主客观相结合的商业秘密构成要件。司法实践中判断涉案信息是否具有保密性,通常从以下几个方面考虑:(1)主观性,即权利人主观上应有保护该项信息的意愿,具体表现为了达到防止信息泄露的目的而采取了相应措施;(2)客观性,即权利人所采取的措施在正常情况下足以防止涉密信息泄露;(3)适应性,体现为权利人所采取的措施应具有"合理性"和"相应性",即保密措施要与信息的商业价值等具体情况相适应,法律不强人所难或者不做绝对性的要求;(4)区别性,即权利人对待和处置涉密信息的手段应与一般信息有明显区分。[2]

例如,有些信息原属于商业秘密,但因权利人加盖"解密""作废"等标识而解除保密措施的,不再是商业秘密;虽未正式解除保密措施,但已以废纸垃圾等方式进行处理的,可以视为解除了保密措施。既然权利人已不再将其视为商业秘密,法律就再无保护的必要了。

又如,在美国特许金融分析师协会与上海道明诚教育科技发展有限公司等侵害商业秘密纠纷案[3]中,涉及权利人主观上是否将相关信息定位为商业秘密,且采取相关措施的目的。美国特许金融分析师协会(以下简称金融分析师协会),是在美国注册的非营利性专业会员组织,负责在世界范围内举办金融分析师考试,对于考试内容,金融分析师协会从不对外公布考试真题,并且要求考生签署书面承诺,对试题承担保密义务。2006年,余某取得金融分析师证书。2007年,上海道明诚教育科技发展有限公司(以下简称道明诚公司)成立,由余某担任法定代表人,公司业务涵盖提供金融分析师考试课程培训、销售包含《CFA考试高仿真模拟试题与解答(Ⅰ级)》(以下简称《试题与解答》)在内的考试资料等方面。2011年6月,金融分析师协会以余某违反了金融分析师协会职业行为道德与准则的相关规定为由,决定撤销余某金融分析师协会会员资格以及使用金融分析师名称的权利。2016年金融分析师协会向法院提起诉讼,在与商业秘密有关的部分,金融分析师协会主张《试题与解答》一书中的试题内容系道明诚公司和余某指派员工以参与金融分析师考试的方式窃取的,且金融分析师考试的试题属于金融分析师协会拥有的商业秘密,因此请求法院判令道明诚公司、余某立即停止侵犯金融分析师协会的商业秘密。

一审法院认为,虽然金融分析师协会制定的会员规则中要求会员及考生不得向公众提供考试和试题相关的信息,但是根据金融分析师协会对金融分析师的道德操守和专业行为准则的重视和强调,上述规则应是对成为金融分析师协会会员的要求,而非对参加金融分析师考试的要求。因此,尽管涉案试题在公开测试前满足非公知性和保密性,但在考试后,金融分析师协会的相关措施并无法使考试试题、试卷仍停留在商业秘密的状态中,相关试题丧失非公知性。据此,一审法院判决考试后涉案试题、试卷不构成商业秘密。据此,金融分析师协会的试题不构成商业秘密,道明诚公司、余某的行为因此不构成商业秘密侵权。二审法院认为,一方面,金融分析师考试是面向不特定社会公众的金融分析师考

---

[1] See Peter K. Yu, *Intellectual Property and Information Wealth: Issues and Practices in the Digital Age*, Vol.2, Patents and Secrets, Praeger, 2007, p.406.
[2] 参见北京市高级人民法院知识产权庭课题组:《〈反不正当竞争法〉修改后商业秘密司法审判调研报告》,载《电子知识产权》2019年第11期。
[3] 上海知识产权法院民事判决书,(2018)沪73民终220号。

试,因此在考试举行后,相关试题就具有了被不特定公众知悉的可能性。另一方面,虽然金融分析师协会要求考生对涉案试题保密,但结合案情和相关证据来看,金融分析师协会采取相关保密措施的根本目的是确保金融分析师考试的有效性、安全性和公正性,而非保护商业秘密;另外,金融分析师协会也并未向考生明确涉案试题系其商业秘密,故难以认定金融分析师协会主观上具有将涉案试题作为商业秘密保护的意图。据此,二审法院判决维持原判。

在美国佛蒙特州最高法院判决的 Dicks v. Jensen 案[1] 中,法官指出,根据《佛蒙特州商业秘密法》的规定,商业秘密的构成要件有两个:一个是信息具有他人不容易获得的独立经济价值;另一个是为保持信息的秘密性而采取了合理的措施。禁止其他人使用所有人并未加以保护的信息,对于法院而言是不恰当的。原告有义务证明他"采取积极的行动,旨在告知他的员工此类秘密和信息处于保密状态"。如果信息的所有人试图保护其信息,则接触信息的其他人有义务尊重其保密措施。该案没有在案证据证明原告采取任何措施指示其客户名单是保密的。原告与相关当事人没有签订任何口头或者书面的协议,表明其客户名单是保密的。原告未采取任何程序或者措施限制接触或者保护客户名单。被告提供证据证明相关旅游团的客户名单张贴在办公室记事板上,所有员工和访客都能看到。客户名录并未被上锁,所有员工都可以获取。据此,法院认定原告未举证证明采取合理的保密措施,对其客户名单构成商业秘密的主张不予支持。

在上诉人南京诚明公司、我国台湾地区诚明公司、精诚厂与被上诉人陈某成、陈某道、陈某贵、淮安贸易公司侵害商业经营秘密纠纷案中,争议焦点是是否采取了保密措施,且最终因不能认定采取了保密措施而认定不构成商业秘密。二审判决认为:各方当事人对涉案客户名单是否为商业秘密的争议,主要围绕南京诚明公司对其所主张的客户名单是否采取了保密措施。权利人采取了保密措施应作为构成商业秘密的必备条件,权利人应就此承担相应举证责任。南京诚明公司对其采取保密措施的情况举证如下:(1)原南京诚明公司职工傅某、姚某所作的证人证言,证实陈某成在任南京诚明公司总经理期间,曾向员工提出过保密要求;(2)该案所涉协议书、承诺书,通过其内容可以反映出南京诚明公司曾向陈某成提出过保密要求。南京诚明公司同时也承认,除以上措施外,其并未采取其他保密措施。法院认为,关于证人证言,由于并无其他证据对其进行佐证,同时陈某成本人对其曾向其他员工提出过保密要求这一事实又当庭予以否认,因此,仅凭该证人证言并不能认定南京诚明公司就涉案客户名单采取过保密措施。关于协议书、承诺书,首先,协议书并非陈某成签署,因此并不能通过协议书认定南京诚明公司向陈某成提出过保密要求。其次,根据承诺书内容,也只能看出陈某成作出了对南京诚明公司有关信息资料予以保密的承诺,并不能当然得出南京诚明公司通过该份承诺书向陈某成明确提出了保密要求的推断。同时,即便南京诚明公司向陈某成提出过相应保密要求,南京诚明公司至少还需就以下事实进一步举证:其还向除陈某成以外的,有可能接触涉案客户名单的公司其他员工提出过保密要求,或者除陈某成以外,该公司其他人员均无法通过正常渠道接触涉案客户名单。南京诚明公司、我国台湾地区诚明公司也并未就此提供相关证据。因此,即便在南京诚明公司向陈某成提出过相应保密要求的情况下,涉案客户名单仍应视为已进入公有

---

[1] See Supreme Court of Vermont, 2001. 172 Vt. 43.

领域,南京诚明公司关于其对客户名单已采取保密措施的主张不能成立。因此,南京诚明公司对其所主张的客户名单并未采取保密措施,该案所涉客户名单不符合商业秘密构成要件,不能构成商业秘密。[1]

在申请再审人富日公司与被申请人黄某瑜、萨菲亚公司侵犯商业秘密纠纷案[2]中,最高人民法院认为,符合1993年《反不正当竞争法》第10条规定的保密措施应当表明权利人保密的主观愿望,明确作为商业秘密保护的信息的范围,使义务人能够知悉权利人的保密愿望及保密客体,并在正常情况下足以防止涉密信息泄露;单纯的竞业限制约定,如果没有明确用人单位保密的主观愿望和作为商业秘密保护的信息的范围,不能构成1993年《反不正当竞争法》第10条规定的保密措施。该案中,1996年,黄某瑜与案外人管某共同出资设立富日公司,黄某瑜持股40%,并在公司担任监事、副总经理等。黄某瑜与富日公司签订的《劳动合同》第11条约定,黄某瑜在与富日公司解除合同后,5年内不得与在解除合同前与富日公司已有往来的客户(公司或个人)有任何形式的业务关系。否则,黄某瑜将接受富日公司的索赔。该劳动合同中没有关于保守商业秘密的约定。2000年年初,富日公司开始与案外人"森林株式会社"发生持续的交易。2002年4月30日,富日公司通过股东会决议,同意黄某瑜退出公司并辞去相关职务。2002年4月间,黄某瑜与案外人刘某宏共同投资组建了萨菲亚公司。萨菲亚公司设立后,"森林株式会社"基于对黄某瑜的信任,随即与之建立了业务关系。富日公司以黄某瑜、萨菲亚公司共同侵犯其商业秘密为由提起诉讼。上海市第一中级人民法院一审认为,该案并无证据表明富日公司主张保护的特定客户信息不为公众所知悉,并采取了相应保密措施,遂判决驳回富日公司的全部诉讼请求。富日公司不服,提起上诉。上海市高级人民法院二审认为,该案中并无证据表明富日公司对其与"森林株式会社"的销售合同及相关附件采取了相关保密措施;《劳动合同》第11条应认定为竞业禁止条款,该条款未涉及因此限制而应支付的补偿费,也没有证据证明富日公司曾支付给黄某瑜相关补偿费用,富日公司不能援引该条款主张黄某瑜侵犯了其商业秘密。遂判决驳回上诉,维持一审判决。富日公司向最高人民法院申请再审。最高人民法院裁定驳回再审申请。

最高人民法院审查认为,符合1993年《反不正当竞争法》第10条规定的保密措施应当表明权利人保密的主观愿望,并明确作为商业秘密保护的信息的范围,使义务人能够知悉权利人的保密愿望及保密客体,并在正常情况下足以防止涉密信息泄露。本案中,富日公司提供的《劳动合同》第11条没有明确富日公司作为商业秘密保护的信息的范围,也没有明确黄某瑜应当承担的保密义务,而仅限制黄某瑜在一定时间内与富日公司的原有客户进行业务联系,显然不构成1993年《反不正当竞争法》第10条规定的保密措施。竞业限制是指对特定的人从事竞争业务的限制,分为法定的竞业限制和约定的竞业限制。我国立法允许约定竞业限制,目的在于保护用人单位的商业秘密和其他可受保护的利益。但是,竞业限制协议与保密协议在性质上是不同的。前者是限制特定的人从事竞争业务,后者则是要求保守商业秘密。用人单位依法可以与负有保密义务的劳动者约定竞业限制,竞业限制约定因此成为保护商业秘密的一种手段,即通过限制负有保密义务的劳动者

---

[1] 参见江苏省高级人民法院民事判决书,(2005)苏民三终字第062号。
[2] 参见最高人民法院民事裁定书,(2011)民申字第122号。

从事竞争业务而在一定程度上防止劳动者泄露、使用其商业秘密。但是,相关信息作为商业秘密受到保护,必须具备反不正当竞争法规定的要件,包括采取保密措施,而并不是单纯约定竞业限制就可以实现的。对于单纯的竞业限制约定,即便其主要目的就是保护商业秘密,但由于该约定没有明确用人单位保密的主观愿望和作为商业秘密保护的信息的范围,因而不能构成1993年《反不正当竞争法》第10条规定的保密措施。

四、保密措施与保密义务的关系

商业秘密保护法中的一项重要原理是在不负有保密义务的情况下不能向他人披露其商业秘密,即只能向负有保密义务的人披露商业秘密。美国最高法院Kewanee案和其他案件的判决认为,如果商业秘密分享给存在保密关系以外的其他人,商业秘密随之丧失。美国的Sandeen教授称其为商业秘密的第三人原则。[1]这种观点是否绝对,值得探讨。因为,如果向不负有保密义务的人披露商业秘密,也许并不当然导致商业秘密的消灭,即在商业秘密仍不为公知的情况下,如接受商业秘密的人仍然保持商业秘密的秘密性,则商业秘密本身仍然存在,只是多了一个正当持有商业秘密的人。向不负有保密义务的人披露商业秘密的直接后果是,接受商业秘密的人披露、使用或者允许他人使用,均不构成侵犯商业秘密的行为。

例如,在佳思奇公司与陈某萍侵害商业秘密案[2]中,2021年4月5日至9月5日,被告陈某萍系原告佳思奇公司的员工。佳思奇公司(甲方)与陈某萍(乙方)签订《重庆佳思奇试用期合同》,约定甲方聘用乙方在商务工作岗位,试用期3个月,试用期月薪加业绩提成。2021年9月4日,原告佳思奇公司(甲方)与被告陈某萍(乙方)签订《员工劳动合同书》,约定主要内容包括甲方聘用乙方为员工,聘用期限及劳动报酬。

被告工作岗位为"商务",需要接触原告公司系统总后台账号及密码。原告认为其公司管理系统总后台"客户管理"栏目内的客户信息是其商业秘密;原告系统总后台的客户信息是由原告员工通过小红书、抖音等网络渠道发帖或跟帖收集潜在的整形客户,然后员工私信客户索要电话、询问意向项目,并将收集到的信息录入到系统。原告公司管理系统总后台"客户管理"栏目内有多条客户信息,原告举示了其中5条系统客户信息,认为被告将原告的系统客户信息窃取后以第三方公司唯美荟公司的名义促成客户与医院签订合同。被告陈述该5条信息系其自有信息,被告先向原告公司提供该客户信息,原告公司未能成功交易,被告再将该客户信息用于其他第三方平台,但无法举证证明该信息为被告自有信息。

法院认为,客户信息的秘密性应当包括"不为相关人员普遍知悉"和"并非容易获得"两个要件。首先,该案原告主张的系统总后台客户信息包括姓名、性别、电话、住所、意向项目,"备注"及"详情"中还详细地写明经过原告员工电话或微信聊天后该客户具体的要求、喜好、预算等情况。此类客户信息包含客户个人隐私,且经过原告的收集、加工、整理,属于不为相关人员普遍知悉的信息。其次,原告陈述了系统总后台的经营信息是由原告"推广"员工通过小红书、抖音等网络渠道发帖或跟帖收集潜在的整形客户,然后私信客

---

[1] See Elizabeth A. Rowe & Sharon K. Sandeen, *Trade Secret Law: Cases and Materials*, 2nd edition, West Academic Publishing, 2017, p.188.

[2] 参见重庆自由贸易试验区人民法院民事判决书,(2022)渝0192民初716号。

户索要电话、询问意向项目,再由原告"客服"员工为这些客户推荐整形医院,并将通话或聊天内容录入系统"详情",形成信息,该信息录入后不能变更。从客户信息的获取过程看,原告主张的系统总后台客户信息不是通过公开渠道就可以获得的,特别是电话号码、住所、意向项目甚至具体要求等信息并非他人能够轻易获取的信息,原告建立系统总后台的客户信息时投入了大量的人力、物力,且体现了原告经营智慧和努力成果。

关于保密性,客户信息是否具有保密性,需从原告采取保密措施的合理性进行判断。首先,原告为系统总后台设置了密码,该密码只给予相关工作岗位人员使用,员工离职时适时更改密码。从原告对系统总后台客户信息的保密措施看,原告的竞争对手通过正当手段无法获取该信息。其次,就被告而言,被告知晓一般员工无权知晓系统总后台密码,被告负责与合作医院对账故需要使用总后台密码,曾在2021年8月及9月询问原告管理人员系统总后台密码,由此可见被告知晓系统总后台客户信息是保密对象。另外,原告管理人员在微信群"商务与客服沟通群"中,向被告陈某萍及其他员工强调,"工作手机不能加私人微信,这个是违规操作,有什么都是加工作微信号"。由此可见,原告已告知被告客户微信等信息属于保密对象,被告不能私自添加微信,被告更应知晓该客户信息属于保密对象。被告辩称原告未在劳动合同中约定被告的保密义务。但即便劳动合同未约定被告有对原告相关信息的保密义务,原告主要从事的经营项目为促成潜在客户与医疗美容医院签订协议,原告的客户信息是其主要竞争资源,且原告采取了相应的保密措施,被告应当知晓原告系统总后台的客户信息是保密对象。故从原告采取的保密措施判断,原告已对其主张的系统总后台客户信息采取了合理保密措施。

关于价值性,该案原告主要从事的经营项目为促成潜在客户与医疗美容医院签订协议,原告通过各种渠道开发潜在客户,其岗位"推广""客服"的工作人员都是从事收集、整理、维护客户信息等工作,原告此类中介型服务行业对潜在客户依赖性较大,潜在客户信息对其竞争优势影响较大。原告主张的系统总后台的客户信息能够带来竞争优势,并能形成经济效益,该信息具有价值性。

综上,原告主张的系统总后台客户信息是不为相关人员普遍知悉和容易获得的,能为原告带来竞争优势和经济效益的,并已采取了合理保密措施的商业秘密。原告是该系统总后台客户信息的经营主体,有权对侵犯该商业秘密的行为主张权利。

关于被告是否实施了侵权行为,首先,被告可以接触原告系统总后台的客户信息。被告工作岗位为"商务",其中一项工作内容为与合作医院核对成交量及对账,故需要原告系统总后台的客户信息。结合原告举示的被告与原告管理人员微信聊天对话,以及被告在2021年10月及11月发送的对账表的情况,被告在2021年8月至11月均为原告核对合作医院成交量,故此期间被告可以接触原告系统总后台的客户信息。其次,被诉侵权信息与原告客户信息实质性相同。原告举示的系统总后台客户信息1为:2021年11月23日11时23分45秒录入客户电话"1730287××××"、地区"四川成都"、意向项目"隆鼻"、备注"咨询隆鼻,面诊过眼睛,说要去朋友介绍的渠道医院做双眼皮,大姨妈来了还没去(微信大小号待验证),微信不存在了"。被告陈某萍在2021年11月23日11时41分通过其私人微信(微信昵称为Destiny)向重庆拉斐尔医院对接人员(微信昵称@追求品质生活-姣)询问"1730287××××查重隆鼻,双眼皮",该条信息中电话号码、意向项目与原告系统客户信息1中的电话号码、意向项目、备注信息完全重合,并且客户电话号码、意向项目、备注信息均为原告系统客户信息的核心秘密信息,不为相关人员普遍知悉,所属领域相关人员应当容易想到被告提供的客户信息与原告系统客户信息是一致的。被告陈述5条信息系被告向原告提供的自有客户信息,被告先向原告公司提供该客户信息,再将该客户信息用于其他第三方平台,亦能说明被告认可原告系统总后台5条客户信息与被告向第三方机构发送的信息的一致性。最后,关于被告的保密义务,如前文所述,被告知晓系统总后台客户信息是原告的保密对象,根据原告对被告的员工管理要求以及社会一般的职业道德和操守,被告有义务保守原告系统总后台客户信息的商业秘密,不得披露和使用该商业秘密。综上,被告违反权利人即原告有关保守系统总后台客户信息商业秘密的要求,披露、使用其所掌握的商业秘密,侵犯了原告对系统总后台客户信息商业秘密的权利。

该案中,被告系能够接触商业秘密的人员,因其职务关系而知悉商业秘密。法院依据其违反保密义务或者保密要求使用商业秘密而构成侵权(《反不正当竞争法》第9条第1款第3项),认定被告是否负有保密义务是该案是否构成侵犯商业秘密行为的关键。《反不正当竞争法》第9条第1款第3项规定的违反保密义务或者违反权利人有关保守商业秘密的要求,包括约定的、法定的保密义务,以及基于基础关系提出的保密要求。该案劳动合同未约定保密义务,也不存在法定保密义务,关键是认定原告是否对被告提出了保密要求。法院基于原告管理人员在微信群"商务与客服沟通群"中,向被告陈某萍及其他员工强调,"工作手机不能加私人微信,这个是违规操作,有什么都是加工作微信号",认定存在保密要求,并进而认定构成侵犯商业秘密行为。

以此案为假设,如果原告没有在劳动合同及单独协议中约定保密义务,又没有提出保密要求,即便被告因职务而知悉的信息构成商业秘密,被告的披露或者使用也不构成侵权。被告并不因为工作关系或者工作关系中知悉原告的商业秘密,而当然地负有保密义务,或者说原告存在商业秘密与被告的行为是否构成侵犯商业秘密,是两回事。假设被告在不负有保密义务的情况下因职务关系知悉原告的商业秘密,被告的披露、使用行为就不构成侵权行为。原告采取保密措施是商业秘密的构成要件,保密义务和保密要求本身也属于保密措施的一种,但在不负有保密义务的人知悉商业秘密的情况下,该当事人并不因为知道他人有商业秘密即负有不侵犯的义务,这是商业秘密保护与其他财产权保护的差异,也是商业秘密法中不得向不负保密义务者披露商业秘密的要义所在。

第二节 合理的保密措施

一、总体的价值取向和政策选择

保密措施需要达到什么样的程度,才可以作为适格的保密措施,是商业秘密保护中经常难以决断的重要问题。[1]当然,在保密措施的合理性或者适当性的衡量中,首先要有一

---

[1] See Christoph Rademacher, *The Emergence of a Global Standard for Reasonable Efforts?*, Research Handbook on Information and Governance, Edward Elgar Publishing Limited, 2021, p.135.

个整体的价值取向或者政策选择。通常而言,法律站在权利人一边,在保密措施的认定上通常会选择对权利人有利的态度,至少不能要求过于苛刻。如在美国的商业秘密保护中,在大多数情况下法官对遭受损失的企业非常宽容。如果窃密者试图辩解,信息所有者应该更好地保护信息以防止损失,很多法官对此会表示怀疑。有的法官认为,这种观点如同盗车贼在试图辩解,是车主留在车里的钥匙引诱他犯罪的。[1]

著名的1970年杜邦公司案就是一个典型。杜邦公司正在建造一个新的化学处理厂,施工经理注意到一架低空飞行的飞机多次飞越施工现场。后来发现是一个竞争对手租用飞机,对工厂的布局进行航拍,这将会泄露杜邦公司打算使用的工艺流程秘密。诉讼中被告辩称,它只是在看显而易见的东西。法官认为,这种辩解很荒谬,并称竞争对手的监控是"孩童的恶作剧"。法官认为,杜邦公司不需要为保护自己的秘密而在建筑工地上搭个顶篷,竞争对手通过不正当手段侵犯了其商业秘密。

当然,整体的价值取向或者政策选择不能代替复杂的具体判断情形。对于保密措施的要求,仍需要达到相当的门槛,而不能虚化和模糊要求。

例如,用人单位与员工在签订保密协议或者在合同中约定保密条款,所涉内容仅为泛泛的原则性规定,不具有具体的指向性。特别是所使用的《劳动合同》为劳动人事等部门制定的格式合同,保密条款要求乙方(员工)保守甲方(公司)的技术经营机密,泄露甲方机密或利用甲方技术机密,甲方保留追究经济损失的权利。仅有这样的一般性要求难以认定采取了相应的保密措施,如科联公司与玉联公司侵害商业秘密纠纷案[2]中,二审判决认为,原告《关于保密工作的几项规定》仅有4条,且内容仅原则性要求所有员工保守"企业销售、经营、生产技术秘密","在厂期间和离厂二年内,不得利用所掌握的技术生产或为他人生产与本公司有竞争的产品和提供技术服务",并未体现涉案技术秘密的具体内容,也未存在切实可行的防止技术秘密泄露的措施,在现实中不能起到保密的效果。关于劳动合同中的保密条款,该劳动合同为劳动人事局等部门制定的格式合同,仅在第11条解除条款中与"严重违法劳动纪律、严重失职等情形"一并列举了"乙方要保守甲方的技术经营机密,泄露甲方机密或利用厂技术机密于厂竞争者,甲方保留追究经济损失的权利",不能认定为保密措施。在湖北洁达公司与郑州润达公司侵害商业秘密纠纷案中,最高人民法院(2016)最高法民申2161号裁定认为,关于保密措施,公司除在与员工所签劳动合同中规定有保密条款外,并未就其所主张技术信息和经营信息采取了其他保密措施提供证据。由于涉案劳动合同中的保密条款仅为原则性规定,不足以构成对特定技术信息或经营信息进行保密的合理措施。从这个角度讲,其关于前述信息构成商业秘密的主张,不能成立。

二、相应合理保密措施的要求

商业秘密的保密措施是一种合理的保密措施,即具体场景下能够足以保持秘密性的相应措施。与商业秘密的相对性相适应,保密措施的合理性是一个取决于特定情形的相对概念,因商业秘密的具体情况的不同而不同,一种商业环境下合理的保密措施,置于另

---

[1] 参见[美]詹姆斯·普利:《商业秘密:网络时代的信息资产管理》,刘芳译,清华大学出版社2023年版,第57页。
[2] 参见河北省高级人民法院民事判决书,(2016)冀民终689号。

一种商业环境之下不一定合理。[1]

保密措施须达到什么程度？是万无一失还是合理即可？又如何去把握合理措施中的"合理"？这是一个适当性的定量的把握问题，更是一个定性的法律界限问题。1993年《反不正当竞争法》虽然规定了采取保密措施，对于保密措施未做程度上的限定，但司法实践始终不是简单地认为凡采取保密措施均予认可，而考虑保密措施达到的程度，因而《2007年反不正当竞争司法解释》将保密措施解释为相应的合理措施。该司法解释在制定过程中的征求意见稿第20条规定了保密措施的"合理、具体、有效"的具体判断标准，并进一步解释："所谓合理，是指所采取的保密措施要与被保密的客体相适应，以他人不采用盗窃、利诱、胁迫等不正当手段或者违反约定就难以获得为必要条件。所谓具体、有效，是指权利人采取的保密措施，足以使承担保密义务的相对人能够意识到相应的信息为需要保密的信息。"这种解读很有参考价值。

"合理、具体、有效"的具体判断标准在当时的生效裁判中有所体现。例如，"符合反不正当竞争法第十条规定的保密措施应当表明权利人保密的主观愿望，并明确作为商业秘密保护的信息的范围，使义务人能够知悉权利人的保密愿望及保密客体，并在正常情况下足以防止涉密信息泄露"[2]。"权利人采取的保密措施应该是合理的、具体的、有效的。具体，指的是保密措施所针对的保密客体是明确的、具体的，仅有一般的保密规定或者保密合同，而无具体明确的保密客体，就不能认为该项保密措施是具体的。有效，指的是保密措施得到确实的执行，并能有效的控制涉密范围，形同虚设的保密措施不能认为是有效的。冠愉医药主张舒美特药品的销售渠道及销售价格为商业秘密，应该举证证明对该保密客体采取了合理、具体、有效的保密措施。康程医药法定代表人张某钟在任职之前为冠愉医药销售了舒美特药品，实际也知悉了舒美特药品的销售渠道及销售价格，但冠愉医药没有与张某钟签订保密合同，也没有证据证明冠愉医药就具体的保密客体作出了具体明确的保密要求，因而对冠愉医药请求保护的舒美特药品的销售渠道及销售价格，应该认为其采取的保密措施并不是具体的和有效的，即不能认定是冠愉医药的商业秘密。"[3] "保密措施是非公知性要求的延伸。它是指具备非公知性的信息的所有人基于维持该非公知状态的主观需要而采取的客观举措，即保密措施系基于主观愿望的外部表现行为。保密措施并不要求万无一失，只要在当时、当地所采取的相应举措客观上能被识别并使相对人望而却步即可。因此只要该一定的外部表现行为能够体现行为人的主观愿望，即可认定保密措施是合理的。"[4]

2017年《反不正当竞争法》将保密措施修订为"相应保密措施"。《2020年商业秘密司法解释》仍将其解释为相应的合理保密措施。2017年修订《反不正当竞争法》之后，参与立法者将"相应保密措施"解读为："保密措施应当与商业秘密的商业价值、独立获取难度等因素'相应'。商业秘密的价值越大，他人通过独立研发、反向工程获取的难度越大，经营者就有义务采取越严格的保密措施。例如，如果可口可乐公司仅口头要求员工对其

---

[1] See Elizabeth A. Rowe & Sharon K. Sandeen, *Trade Secret Law: Cases and Materials*, 2nd edition, West Academic Publishing, 2017, p.188.
[2] 最高人民法院民事裁定书，(2011)民申字第122号。
[3] 深圳市中级人民法院民事判决书，(2006)深中法民三终字第7号。
[4] 江苏省高级人民法院民事判决书，(2010)苏民终字第0179号。

配方保密,很难说尽到了保密义务。如果商业秘密价值越小,他人独立获取难度不大,对经营者推出过高的保密要求,则不具有经济合理性。"[1]

除把握整体性的政策取向外,保密措施的合理性判断通常需要结合案件具体情况,在分析认定上具有灵活性。

我国早期的侵犯商业秘密裁判对于保密措施持较为宽松的态度,这与当时商业秘密保密意识普遍不高等背景有关,后来逐渐趋于严格。

如在上海纱林服饰有限公司商业秘密纠纷案中,原告为增强其市场竞争力,对其设计的新欣服饰纸样及工艺制作图采取了相应的保密措施,如在职工手册中写明职工保密义务及对职工进行保密教育等。1995年至1996年,被告上海越申制衣公司聘用原告样衣间工艺员朱某为其技术顾问,按月发给朱某顾问费,被告从朱某处获取了原告设计的型号为5177-1、6082及5047的服饰纸样及其工艺制作图,并依此加工生产后投放市场,其中5177-1型号的服饰,原告虽已设计完成,但未组织生产投放市场,市场上尚未有此款式的服饰;6082型号的服饰原告设计后已组织生产,但被告将该相同型号的服饰与原告同时投放市场;5047型号的服饰原告设计后已加工生产并投放市场,被告未通过驳样等"反向工程"取得该服饰的制作方法,仍通过朱某从原告处获取,被告用低于原告服饰的价格进行销售,造成原告产品的滞销。为此,原告以被告侵害其商业秘密为由提起诉讼。经法院主持调解双方自愿达成赔偿等协议。[2]

该案原告只是采取了一般性的保密措施,从案情来看,原告并没有将上列图纸等作为特殊的商业秘密而采取专门的保密措施,如进行特别保存,安排专人看守,在图纸上标明"秘密"字样等,即可能没有将这些图纸等作为特定化的信息予以保密,而只是在职工手册或者对职工进行保密教育中泛泛地要求职工对公司信息保密,或者只是没有特指地简单地列举一些信息。在这种情况下,如何认定是否具有秘密性,审判人员认为:"原告在一定程度上对其设计的成果采取了保密措施。对于原告所采取的保密措施,要求仅为采取一般性保密措施即可(并不排斥严密措施)。原告采取的保密措施的程度并不作为其商业秘密是否被侵权的衡量标准。这里立法的精神在于限制不正当竞争的行为,以建立良好的商业风尚。"[3]尽管早期有这种认识,但以当今的保密措施标准进行认定,这种笼统的一般性保密措施,不符合保密措施的要求。保密措施不能过于一般化,至少可以考虑两条标准:一是权利人必须让知道和接触信息的人知道该信息是商业秘密,如在该案中,无论是一般要求还是具体有所指,都应当让其职工知道哪些图纸等是需要保密的,如果做不到这一点,职工就无法分辨哪些是商业秘密,就不能认定采取了必要的保密措施;二是第三人不能通过正常的途径轻而易举地获取,例如,权利人虽然对其职工强调哪些是商业秘密,但其商业秘密只要为内行人见到,就可以知悉其内容,而权利人并不避让第三人参观,第三人因正常参观而知悉商业秘密的,只能说权利人保密措施不当,不能追究第三人通过正当渠道获取商业秘密的责任。

应当特别指出,保密措施不要求达到足以或者完全防止他人反向工程的程度。如果

---

[1] 王瑞贺主编:《中华人民共和国反不正当竞争法释义》,法律出版社2018年版,第30页。
[2] 参见上海市高级人民法院知识产权审判庭编写:《上海知识产权案例精析》,人民法院出版社1997年版,第253~255页。
[3] 上海市高级人民法院知识产权审判庭编写:《上海知识产权案例精析》,人民法院出版社1997年版,第256页。

保密要求如此严格,那么反向工程作为不侵害商业秘密的合法行为就没有存在的余地了。而且,反向工程应该是以较高难度的破解等方式获取商业秘密,因而并不当然破坏商业秘密的秘密性。与此相对应,载有商业秘密的产品一经上市,通过简单的观察、拆分等就能够破解其商业秘密的,产品上市即可视为商业秘密被公开或者容易取得,也就不再符合商业秘密的要件。这些简单的观察、拆分等获取商业秘密的行为,不能视为反向工程。只要通过反向工程获取的商业秘密不公之于众,商业秘密仍有存在的价值。实践中对此有所误解。如最高人民法院(2021)最高法知民终1281号判决指出,市场流通产品属于外部载体,为实现保密目的所采取的保密措施,应能对抗不特定第三人通过反向工程获取其技术秘密。显然,以足以对抗反向工程作为保密措施的要求,对于保密措施的要求过高。

三、相应合理保密措施的界定

"相应""合理"的保密措施乃是与商业秘密的价值、属性等具体情形相适应的措施,要达到通常情况下足以防止商业秘密泄露的程度,但不要求过于苛刻而达到天衣无缝的程度。如北京市高级人民法院《关于审理反不正当竞争案件几个问题的解答(试行)》中规定,保密措施要件要求权利人必须对其主张权利的信息对内、对外均采取了保密措施;所采取的保密措施明确、具体的规定了信息的范围;措施是适当的、合理的,不要求必须万无一失。《江苏省高级人民法院侵犯商业秘密民事纠纷案件审理指南》第2.6条将保密措施的合理性审查归纳为有效性、可识别性、适当性三个方面。其中有效性指原告所采取的保密措施要与被保密的客体相适应,以他人不采取不正当手段或不违反约定就难以获得为标准;可识别性指原告采取的保密措施,在通常情况下足以使相对人意识到该信息是需要保密的信息;适当性指保密措施应当与该信息自身需要采取何种程度的保密措施即可达到保密要求相适应。

保密措施应当与商业秘密的性质、商业价值、披露范围等相适应。通常而言,商业秘密价值越高、保密信息及其载体的流通性越强、保密信息的披露范围越广,则保密措施的合理性评判标准应越高。如果保密措施未能涵盖涉密载体的披露范围,或者不能约束接触或有可能保密信息的主体,则该保密措施一般不符合合理性要求。例如,最高人民法院在(2020)最高法知民终538号案中指出:"思克公司所主张采取的'对内保密措施',因脱离涉案技术秘密的载体,即在市场中流通的GTR-7001气体透过率测试仪产品,故与主张保护的涉案技术秘密不具有对应性,不属于《反不正当竞争法》规定的'相应保密措施'……思克公司所主张采取的'对外保密措施',或仅具有约束合同相对人的效力,不具有约束不特定第三人的效力,或未体现出思克公司的保密意愿,故不属于《反不正当竞争法》规定的'相应保密措施'。一方面,思克公司虽在与客户公司签订的《设备购销合同》中约定,GTR-7001气体透过率测试仪产品的转让不意味着客户公司取得该产品的任何知识产权,且客户公司需承担确保该产品技术机密信息安全以及不得将技术机密信息提供给任何第三方的合同义务,但是,该约定仅具有约束客户公司的效力,不具有约束不特定第三人的效力……不特定第三人可通过市场流通取得该产品,且不受思克公司与客户公司签订的《设备购销合同》的约束。"最高人民法院在(2021)最高法知民终1281号案中指出:涉案载体为相应进入市场流通的电源模块产品,而产品一旦售出进入市场流通,就在物理上脱离零极公司的控制,故区别于可始终处于商业秘密权利人控制之下的技术图纸、配方文档等内部性载体。原告主张的与前员工的保密协议、技术图纸管理规范等对内保密措施,因脱离涉案技术秘密的载体,故与其主张保护的涉案技术秘密不具有对应性,不属于该案中针对市场流通产品的"相应保密措施"。最高人民法院在(2014)民三终字第3号案中指出:3名上诉人认为,陈某新在从中蓝公司离职之前,在其发给继任者朱某东的邮件中的"销售价格"文件上,明确标明"绝密",说明中蓝公司采取了严密的保密措施。对此法院认为,该邮件涉及的内容为"销售价格",与3名上诉人在该案中主张的技术信息和客户名单经营信息无关,因此该邮件不能证明中蓝公司对涉案信息采取了合理的保密措施。

在香兰素案中,二审判决载明:"'保密措施'一般是指权利人为防止信息泄露所采取的与其商业价值等具体情况相适应的合理保护措施,通常应当根据商业秘密及其载体的性质、商业秘密的商业价值、保密措施的可识别程度、保密措施与商业秘密的对应程度以及权利人的保密意愿等因素,认定权利人是否采取了相应保密措施。""嘉兴中华化工公司对涉案技术信息采取了相应的保密措施。嘉兴中华化工公司制定了文件控制程序、记录控制程序等管理性文件,对公司重要文件、设备进行管理;由专人对文件的发放、回收进行管理和控制,并规定通过培训等方式向员工公开,表明其具有保密意愿且采取了保密措施具体到涉案技术信息,嘉兴中华化工公司与上海欣晨公司之间签订的技术开发合同约定有保密条款,嘉兴中华化工公司也制定了《档案与信息化管理安全保密制度》等管理规定,并对职工多次进行保密宣传、教育和培训。傅某根在原审庭审中陈述涉案图纸有专门部门保管,其无法轻易获取。由于上述保密措施,涉案技术信息至今仍未被公开。可见,嘉兴中华化工公司的保密措施与涉案技术信息价值基本相适应,客观上起到了保密效果。"

在上诉人昆山某电子材料公司、苏州某精密模具公司、吕某、周某、蔡某因与被上诉人某模具公司侵害商业秘密纠纷案[1]中,最高人民法院在判决中指出,权利人证明其已经对其请求保护的信息采取了合理的保密措施,若被诉侵权人未能提供证据证明上述信息在被诉侵权行为发生时已经为所属领域的相关人员普遍知悉和容易获得,则应当认定权利人请求保护的商业信息具有秘密性和保密性。对于保密措施的要求应具有合理性,即权利人采取了与其商业秘密及其载体的性质、价值等相适应的合理保密措施,通常情况下足以防止商业秘密泄露即可,而非万无一失、绝对安全。秘密性和保密性也是相对的,不能苛求权利人采取天衣无缝的极端保密措施,只要权利人采取的保密措施能为他人所识别并达到合理的强度,这样的保密措施就可以被认为是合理的。该案中,在案证据已经证明某模具公司为防止商业秘密泄露,在被诉侵权行为发生以前采取了与员工签订保密协议、竞业限制协议,约定保密义务,公司规章制度规定等方式对员工提出保密要求,并采取对涉密车间进行区分管理、与客户签订保密协议等多种保密措施,能够体现出某模具公司的保密意愿,通常情况下足以防止商业秘密泄露。可以认定某模具公司已经对其涉案信息采取了合理的保密措施。某模具公司主张的经营秘密是在实际经营中积累形成的客户信息和产品报价资料等经营信息,商业秘密是相对秘密而非绝对秘密,客户知晓交易价格等信息,并不意味着为所属领域相关人员普遍知悉,某模具公司采取的保密措施包括与客户签订保密协议,可以认定涉案经营信息构成商业秘密。

---

[1] 参见最高人民法院民事判决书,(2022)最高法知民终26号。

最高人民法院在其他商业秘密案件中结合具体案情,对于合理的保密措施进行了认定。例如,最高人民法院在(2012)民监字第253号案中指出:"合同的附随义务与商业秘密的权利人对具有秘密性的信息采取保密措施是两个不同的概念……作为商业秘密保护的信息,权利人必须有将该信息作为秘密进行保护的主观意识,而且还应当实施了客观的保密措施;而派生于诚实信用原则的合同的附随义务是附属于主债务的从属义务,有别于'保密性'这种积极的行为,并不体现商业秘密权利人对信息采取保密措施的主观愿望以及客观措施。如果权利人自己都没有采取保密措施,就没有必要对该信息给予保护,这也是保密措施在商业秘密构成中的价值和作用所在。因此,不能以国贸公司负有合同法上的保密附随义务来判定恒立公司对其主张的信息采取了保密措施。"最高人民法院在(2017)最高法民申1602号案中指出:"侵害商业技术秘密和商业经营秘密纠纷与董事、监事、高级管理人员损害公司利益责任纠纷二者法律关系不同,构成要件不同,审理对象显然亦不同。同时,基于公司法所规定的董事、监事、高级管理人员忠实义务中的保密义务,并不能完全体现商业秘密的权利人对其主张商业秘密所保护的信息采取保密措施的主观意愿和积极态度,不能构成作为积极行为的保密措施,显然亦不能免除权利人诉讼中对商业秘密采取合理保密措施的证明责任。"最高人民法院在(2017)最高法民申2964号案中指出:《销售管理制度》《营销服务责任书》没有明确于某奎应当承担的保密义务,而仅限制于某奎在一定时间内通过原有渠道销售公司同类产品,该约定应当认定为竞业限制约定。对于单纯的竞业限制约定,即便其主要目的就是保护商业秘密,但由于该约定没有明确用人单位保密的主观愿望和作为商业秘密保护的信息的范围,因而不能构成1993年《反不正当竞争法》第10条规定的保密措施。最高人民法院在(2014)民三终字第3号案中指出:"三上诉人认为,将配方等技术信息记载在'混料单'和'配料单'上,在不同区域分别进行配料和混料,以及以字母和数字指代配方,均属于保密措施。本院认为,混料和配料本身为两道工序,三上诉人主张的各项措施均属于生产活动中可能采取的常规措施。这些措施既可能是为了便于生产、管理,也有可能基于保密或者其他目的。在三上诉人没有提供证据证明采取上述措施的目的与保密有关的情况下,仅凭所述措施,难以认定中蓝公司对涉案信息采取了合理的保密措施。"

在明兴达公司与量子公司及吴某庆、何某良侵犯商业秘密纠纷案[1]中,争议焦点是量子公司是否对其主张的技术秘密采取了合理的保密措施。最高人民法院认为,1993年《反不正当竞争法》第10条第3款规定,该条所称的商业秘密,是指不为公众所知悉、能为权利人带来经济利益、具有实用性并经权利人采取保密措施的技术信息和经营信息。根据《2007年反不正当竞争司法解释》第11条的规定,权利人为防止信息泄露所采取的与其商业价值等具体情况相适应的合理保护措施,应当认定为1993年《反不正当竞争法》第10条第3款规定的"保密措施"。人民法院应当根据所涉信息载体的特性、权利人保密的意愿、保密措施的可识别程度、他人通过正当方式获得的难易程度等因素,认定权利人是否采取了保密措施。在正常情况下足以防止涉密信息泄露的,应当认定权利人采取了保密措施,包括限定涉密信息的知悉范围,只对必须知悉的相关人员告知其内容;对于涉密

---

[1] 参见山东省高级人民法院民事判决书,(2016)鲁民终1364号;最高人民法院民事判决书,(2017)最高法民申1650号。

信息载体采取加锁等防范措施;在涉密信息的载体上标有保密标志;对于涉密信息采用密码或者代码等;签订保密协议;对于涉密的机器、厂房、车间等场所限制来访者或者提出保密要求等。该案中,量子公司与吴某庆、何某良签订的《劳动合同书》《承诺书》《量子科技人员在离职保密协议书》等均设有保密条款,对商业秘密的范围、保密措施、禁止行为及处罚等事项作了具体规定。还需说明的是,《量子科技人员在离职保密协议书》第7条还载明离职时需交回图纸。上述保密措施在正常情况下足以防止涉密信息泄露。显然,量子公司对于其主张的商业秘密已经采取了合理的保密措施。一审中的相关证人证言与《量子科技人员在离职保密协议书》第7条有矛盾之处,明显不能否定量子公司对其主张的商业秘密采取了适当的保密措施。明兴达公司关于量子公司在图纸发放后无须返还图纸并且没有回收规定,从而认为量子公司未采取适当保密措施的再审理由不能成立。

明兴达公司申请再审还称,量子公司没有指明哪些图纸体现涉案6项密点,也没有举证证明对于6项密点中关于工装的保密措施。对此,最高人民法院认为,商业秘密的秘密性和保密措施之间存在一定的关联性,商业秘密权利人应该指明其欲以保护的相对明确和具体的商业秘密信息,并通过可识别的保密措施使他人认识到其对该信息进行保密的主观意愿。采取保密措施时,商业秘密权利人所针对的涉密信息只要具备相对明确和具体的内容和范围即可,并不要求该涉密信息的内容和范围与发生争议后经过案件审理最终确定的秘密点完全相同。这是因为,商业秘密权利人在商业过程中最初采取保密措施时,通常根据自己的理解确定涉密信息内容和范围,其采取保密措施的涉案信息中可能包含了公有领域信息。在具体案件审理过程中,法院可能根据当事人提供的证据、专家证人或者专家鉴定意见、庭审辩论情况等,剔除公有领域信息,进一步缩小秘密信息的范围。该案中,量子公司已经通过与员工签订的《量子科技人员在离职保密协议书》等形式明确了图纸等承载的技术信息属于技术秘密,这些技术信息包括了最终认定的6个技术秘密点信息。因此,量子公司已经对其主张的技术秘密采取了合理的保密措施。明兴达公司的前述再审理由不能成立,不予支持。

从各国的立法和实务来看,要求权利人采取合理的保密措施就足够了。要求权利人采取的保密措施万无一失实际上不现实,过于苛刻。只要权利人在当时、当地采取的措施是合理的,就认为已尽到了保密义务和合理的努力。一般地说,所谓合理的保密措施,乃是在通常情况下足以保护商业秘密的适当的措施。

例如,美国法院一般要求,商业秘密的所有人要采取合理的措施防止其商业秘密被侵犯,或者说必须采取积极的行动以防止其信息被擅自披露或者使用。[1]这些保护措施是出于秘密性的需要,必须提供证据,而且采取的保密措施特别需要雇员知道。合理的保密措施包括警告(如警告雇员保密)、限制进入使用商业秘密的区域、划分工作职责、加密码、使用保险箱以及与承包人(承揽人)订立黑箱协议。如果只有保密政策,但并未实际实施,一般不被认为采取了合理保密措施。换言之,保密措施必须是有效的或者合理的,虽然采取保密措施而并不有效或者合理,并不足以在侵犯商业秘密的诉讼中胜诉。[2]

保密措施应当根据所要保护的商业秘密的性质而定,所有人必须采取多种安全措施,

---

[1] See Jet Spray Cooler, Inc. v. Crampton, 361 Mass. 838, 282 N. E. 2d 921, 174 U. S. P. Q 272(1972).

[2] 欧盟指令也是如此要求的,如EC Directive 96/9, 11 March 1996; notably art. 3。

因为法院在决定保密措施是否充分时,往往会综合考虑多种措施,而且商业秘密所有人仅仅采取一二种保密措施往往是不够的。[1]按照《统一商业秘密法》的要求,商业秘密所有人采取的保密措施只需"在具体情况下合理"即可,或者说至少要"在具体情况下合理"。[2]起草委员会的解释是:"维持秘密性的合理努力一直被认为包括告知雇员存在商业秘密,按照'必须知道'原则限制商业秘密的获得,控制进入工厂。另外,通过展览、商业期刊、广告或者其他疏忽大意的方式公开披露的信息,就不再受保护。"[3]尽管判例并未为确定特定的保密措施是否合理提供肯定的指南,但很清楚的是,所有人无须"采取天衣无缝的措施维持"秘密性[4],也不必采取"极端的和过分昂贵的措施去防止为非作歹的工业间谍侵害其商业秘密"[5]。有些法院以相关行业的通常做法(惯例)为标准,决定保密措施是否适当。如在 Digital Dev. Corp. v. International Memory Sys. 案[6]中,法院认为,"被告按照(行业惯例)采取了充分的措施,保持其设计的秘密性"。

尽管需要根据个案确定保密措施是否合理,但一般而言,告知雇员商业秘密的存在、采取某种形式的有形保密措施限制获取商业秘密以及为合法商业目的向第三人披露商业秘密时签订保密协议,都可以认定为达到了注意标准。在有些情况下,所采取的保密措施是否充分,要根据信息的类型及其对所有人的经济价值进行分析。例如,客户名单可以通过放在加锁的柜子以及订立保密协议的措施保密,而制造工艺秘密可能要求保安保护,以及分放在不同地点。[7]

例如,美国的 Rockwell Graphic Systems Inc. v. DEV Industries, Inc. 案[8]就特别涉及保密措施是否合理问题,法官指出了"最完美的保密措施未必是适当的保密措施,保密措施不能要求过高和损害生产能力"的观点。

在美国著名的杜邦公司案中,在说明保密措施的合理性上,审理该案的美国法院只要求"在特定条件下的合理性",不要求采取极端的和过分昂贵的措施保护商业秘密。

1970 年美国杜邦公司筹建了一条新法制造甲醇的生产线,建厂房与安装设备同时进行。在已安装了部分机器、厂房还没有封顶时,有一天厂房的上空出现了一架可疑的飞机,飞机降落后发现了一名摄影师。于是,杜邦公司以偷拍其设备、侵害其商业秘密为由,起诉摄影师。被告自始至终拒不承认有人雇佣其偷拍杜邦公司的设备。被告的律师则提出下列理由:(1)飞机航行的领域是公共领域,任何私人飞行都是不加禁止的;(2)摄影拍照是美国宪法规定的迁徙自由的内容之一;(3)请问杜邦公司有没有用实际行动表明其工地不允许他人参观,如在厂房上盖起大棚、装设高射机枪或雷达?法院认为,法律要求企业对其商业秘密采取措施应当在合理的范围内,保密措施如同路边的一道栏杆,只能警告行人"禁止入内",要求企业为其商业秘密营造一座滴水不漏、能够防范任何不可预测和觉察的产业间谍行为的堡垒,是不现实的。而且,要求原告在一个未建成的建筑物上建

---

[1] See Jerry Cohen, Alan S. Gutterman, *Trade Secrets Protection and Exploitation*, p. 15.
[2] See Uniform Trade Secret Act §1(4)(ⅱ), 14 U. L. A. 438(1990).
[3] Uniform Trade Secret Act §1(4)(ⅱ), 14 U. L. A. 439(1990)(Commissioners' Comment).
[4] See USM Corp. v. Marson Fasterner Corp., 379 Mass. 90,393 N. E. 2d 895,899(1979).
[5] Cal. Civ. Code §3426.1(Legis., Comm. Cmt. – Sen., 1984 Addition).
[6] See 185 U. S. P. Q 136,140(S. D. Colo. 1873).
[7] See Jerry Cohen & Alan S. Gutterman, *Trade Secrets Protection and Exploitation*, p. 15–16.
[8] See United States Court of Appeals, Seventh Circuit,1991.925 F. 2d 174.

屋顶,以保护其商业秘密,将会使原告开销过大,是不合理的。正如审理此案的法官所说:"在本案中,杜邦公司的工厂处于在建期间。尽管建成以后会使其许多信息无法看到,但在建期间商业秘密暴露在外,可以从空中看见。如果要求杜邦公司为未完成的工厂装设屋顶以保护商业秘密,无异于花费巨资去防止不过是学童的恶作剧。我们在此并未采取新的或者激进的道德,市场不能过多地背离我们的道德准则。我们不能要求个人或者法人采取不合理的保密措施,去防止他人首先不应该做的事情。我们可以要求采取挡住窥探他人的眼睛的合理保密措施,但要求保密措施是一种攻不破的堡垒,则是不合理的,为保护其努力的成果,我们不赞同工业发明者承担此种义务。'不正当'(improper)一词总会因时间、地点和情况而具有差别。"据此,判决摄影师侵犯了杜邦公司的商业秘密。

在美国,采取合理的保密措施使原告赢得了更大的胜诉机会,甚至在一些判例中,如果原告确已采取了合理的保密措施,即使在执行时有失误而使他人有机可乘,也不妨碍侵犯商业秘密行为的构成。例如,在1983年Syntex Opthahnics Inc. v. Noviy案中,尽管有证据证明原告有时未按照其保密制度行事,如忘记在文件上标注"秘密"字样,没有将文件锁在研究部门的柜子中,但法院认为,实施盗窃行为的雇员同时也违反了保密义务,厂方松懈不能成为雇员违反保密义务的合法借口和理由,因此判决原告胜诉。

确定保密措施是否达到了合理程度,需要结合案件具体情况进行分析认定。首先,受保护商业秘密的属性。一般而言,受保护的信息价值越高和越关键,保密措施要求越高。其次,商业秘密自主披露的性质、范围和具体情况。所有人与接受商业秘密的人之间的关系越弱,默示保密义务的可能性越小。此时法院会审查是否具有书面保密的或者竞业禁止的协议。如果在公司内部披露商业秘密,法院会审查披露是否限于有限的雇员群体,以及这些雇员是否知道所涉信息属于商业秘密。[1]

总而言之,保密措施的要求既不能过高,又不能过低。要求保密措施万无一失,达到不可能泄露和不可能侵权的程度,就属于要求过高;要求保密措施达到只要有保密意愿并能够使第三人识别出来的程度,就属于要求太低。例如,在再审申请人徐某、会凯公司与被申请人三乐公司侵害商业秘密纠纷案中,最高人民法院驳回再审申请裁定[2]指出,保密措施是权利人对特定经营信息和技术信息采取的防止泄密的合理措施,与商业秘密的性质适当、价值相当即属于"合理"。"该保密措施应当使得他人施以一般的注意力能够意识到权利人的保密意图,并且客观上也采取了相应的措施。"此处采取的相应措施应当是正常情况下足以防止商业秘密泄露的措施,而不是客观上采取能够使人识别出保密意愿的措施。

保密措施的适当与适度与"成本—效益"有关,也与侵权风险有关。如果采取保密措施需要的成本过高,相比之下的获益较低,要求权利人采取"成本—效益"失衡的保密措施,显然不合理,也不符合市场规律。过度采取保密措施还会带来资源的浪费,妨碍正常的交易协作。

四、保密措施的合理、明确、具体与适当

合理的程度是指"与其商业价值等具体情况相适应的"、达到足以防止信息泄露的程

---

[1] See Peter K. Yu, *Intellectual Property and Information Wealth: Issues and Practices in the Digital Age*, Vol. 2, Patents and Secrets, Praeger, 2007, p. 406.
[2] 参见最高人民法院民事裁定书,(2019)最高法民申2794号。

度的保密措施。这意味着,所采取的保密措施与其商业秘密的价值不相适应、虽有保密措施而形同虚设和未认真执行等,均因达不到合理程度而视同未采取保密措施。[1]

司法实践中有的法院提出,保密措施的合理性审查可以参考以下因素:(1)有效性。原告所采取的保密措施要与被保密的客体相适应,以他人不采取不正当手段或不违反约定就难以获得为标准。(2)可识别性。原告采取的保密措施,在通常情况下足以使相对人意识到该信息是需要保密的信息。(3)适当性。保密措施应当与该信息自身需要采取何种程度的保密措施即可达到保密要求相适应。这需要根据案件具体情况具体判别。通常情况下,适当性原则并非要求保密措施万无一失。[2]这些考量值得参考。

在理论论述和裁判理由中,往往对保密措施提出了诸如"合理、具体和有效"之类的判断标准或者要求。如上诉人冠愉医药与被上诉人康程医药侵害商业经营秘密纠纷案的二审判决指出:"我国法律保护的商业秘密是指不为公众所知悉、能为权利人带来经济利益、具有实用性并经权利人采取保密措施的技术信息和经营信息。其中,权利人采取的保密措施应该是合理的、具体的、有效的。具体,指的是保密措施所针对的保密客体是明确的、具体的,仅有一般的保密规定或者保密合同,而无具体明确的保密客体,就不能认为该项保密措施是具体的。有效,指的是保密措施得到确实的执行,并能有效地控制涉密范围,形同虚设的保密措施不能认为是有效的。"[3]

现有裁判通常认为,合理的保密措施应当明确具体地规定保密信息的范围。例如,最高人民法院在(2016)最高法民申2161号案中指出:"湖北洁达公司除在与员工所签劳动合同中规定有保密条款外,并未就其所主张技术信息和经营信息采取了其他保密措施提供证据。由于涉案劳动合同中的保密条款仅为原则性规定,不足以构成对特定技术信息或经营信息进行保密的合理措施。从这个角度讲,其关于前述信息构成商业秘密的主张,亦不能成立。"最高人民法院在(2017)最高法民申2964号案中指出:"首先,《关于保密工作的几项规定》仅有4条,且内容仅原则性要求……上述规定无法让该规定针对的对象即所有员工知悉玉联公司作为商业秘密保护的信息范围即保密客体,仅此不属于切实可行的防止技术秘密泄露的措施,在现实中不能起到保密的效果……最后,《劳动合同协议书》为劳动人事局等部门制定的格式合同,其第11条第5项约定,乙方要保守甲方的技术经营机密,泄露甲方机密或利用技术机密与竞争者,甲方保留追究经济损失的权利。该规定同样不能认定为构成符合规定的保密措施。"最高人民法院在(2020)最高法知民终538号案中指出:"商业秘密权利人所采取的保密措施,不是抽象的、宽泛的、可以脱离商业秘密及其载体而存在的保密措施,而应当是具体的、特定的、与商业秘密及其载体存在对应性的保密措施。"最高人民法院在(2014)民三终字第3号案中指出:对于上诉人提交的《岗位任职要求》,除存在真实性无法确认的问题外,还存在的问题为"由于该证据仅在

---

[1] 原国家工商行政管理局《关于商业秘密构成要件问题的答复》(工商公字〔1998〕第109号)曾对合理的保密措施做如下界定:权利人采取保密措施,包括口头或书面的保密协议、对商业秘密权利人的职工或与商业秘密权利人有业务关系的他人提出保密要求等合理措施。只要权利人提出了保密要求,商业秘密权利人的职工或与商业秘密权利人有业务关系的他人知道或应当知道存在商业秘密,即为权利人采取了合理的保密措施,职工或他人就对权利人承担保密义务。这里将"他人知道或应当知道存在商业秘密"作为认定符合保密要求的标准。
[2] 参见《江苏省高级人民法院侵犯商业秘密民事纠纷案件审理指南》第2.6条。
[3] 广东省深圳市中级人民法院民事判决书,(2006)深中法民三终字第7号。

'通用条件'中笼统地记载'保守秘密',但没有记载具体的保密对象或范围,三上诉人也没有提供其他的证据予以证明。因此,该证据亦不足以证明中蓝公司就涉案信息采取了合理的保密措施"。

《2007年反不正当竞争司法解释》草稿曾提出了类似的要求,如2005年4月22日草稿第31条写到,"权利人采取保密措施"应当理解为"所采取的保密措施是合理的、具体的、有效的。所谓合理,是指所采取的保密措施要与被保密的客体相适应,既不能过于花费成本,也不能漫不经心,以他人不采用盗窃、利诱、胁迫等不正当手段或者违反约定就难以获得为必要。所谓具体,是指采取的保密措施所针对的保密客体是具体的、明确的,仅有一般的保密规定或者保密合同,而无具体明确的保密客体,不能认为该项保密措施是具体的。所谓有效,是指针对该保密客体所采取的保密措施在切实地执行,并能有效地控制涉密范围,形同虚设的保密措施不能认为是有效的"。最后通过的《2007年反不正当竞争司法解释》没有把保密措施的具体要求搞得太复杂,且太复杂容易作茧自缚,而将具体、有效之类的要求均归入了"合理"的要求之内,作为判断是否具有合理性的要素和方面。"与其商业价值等具体情况相适应""所涉信息载体的特性""权利人保密的意愿""保密措施的可识别程度""他人通过正当方式获得的难易程度"等,均体现了具体、明确、有效的保密措施要求。《2020年商业秘密司法解释》仍坚持了这种思路。

在上诉人冠愉医药与被上诉人康程医药侵害商业经营秘密纠纷案中,二审判决指出:"冠愉医药主张舒美特药品的销售渠道及销售价格为商业秘密,应该举证证明对该保密客体采取了合理、具体、有效的保密措施。康程医药法定代表人张某钟在任职之前为冠愉医药销售了舒美特药品,实际也知悉了舒美特药品的销售渠道及销售价格,但冠愉医药没有与张某钟签订保密合同,也没有证据证明冠愉医药就具体的保密客体作出了具体明确的保密要求,因而对冠愉医药请求保护的舒美特药品的销售渠道及销售价格,应该认为其采取的保密措施并不是具体的和有效的,即不能认定是冠愉医药的商业秘密。"[1]

(一)保密措施的合理性

实践中需要根据具体情况认定是否采取了相应的合理措施。例如,在再审申请人正海公司、新创公司与被申请人沈化公司及二审上诉人、一审被告方大公司,一审被告欧陆公司侵害技术秘密纠纷案[2]中,最高人民法院裁定认为,关于沈化公司是否采取保密措施的问题。有经过二审质证的沈化公司原案涉技术人员孙某1995年劳动合同书载有相关保密条款;沈化公司原案涉技术负责人解某文的关于沈化公司有较严格的保密制度,并且自己退休后无法进入相关厂区的证词;以及沈化公司从20世纪60年代开始实施的相关保密制度及保密工作处罚条例,虽然再审申请人存有异议,但未提供足以推翻该事实的相反证据,故应该认定沈化公司采取了合理的保密措施。

在张某尧、惠某跃、江苏省阜宁县除尘设备厂(以下简称阜宁除尘厂)与苏州南新水泥有限公司(以下简称南新水泥公司)侵犯商业秘密案中,就商业秘密中的保密措施的认定标准,最高人民法院认为:采取保密措施是相关信息能够作为商业秘密受到法律保护的必要条件。这种措施应当是技术信息的合法拥有者根据有关情况所采取的合理措施,在

---

[1] 广东省深圳市中级人民法院民事判决书,(2006)深中法民三终字第7号。
[2] 参见最高人民法院民事裁定书,(2016)最高法民申2963号。

正常情况下可以使该技术信息得以保密。这种保密措施至少应当能够使交易对方或者第三人知道权利人有对相关信息予以保密的意图，或者至少是能够使一般的经营者施以正常的注意力即可得出类似结论。[1]这里既指明了保密措施乃是合理措施的法律含义，又指明了一般人能够知悉保密意图的判断标准。该案是理解和认定保密措施的典型判例，其案情及裁判如下。

南新水泥公司与阜宁除尘厂约定由阜宁除尘厂安装除尘器。经多次检测，除尘器不能达到合同约定的除尘标准，经仲裁裁决终止合同，拆除除尘器。张某尧与阜宁除尘厂签订技术转让合同，约定由张某尧将立窑烟气湿式除尘装置技术（包括喷淋、喷雾、射流、水膜等）转让给阜宁除尘厂；阜宁除尘厂对张某尧提供的全部图纸和技术秘密承担保密义务；技术所有权属于张某尧，阜宁除尘厂只有使用权。张某尧、惠某跃、阜宁除尘厂以南新水泥公司自行拆除阜宁除尘厂提供的除尘器，致使其中的商业秘密泄露并造成除尘器灭失为由，提起诉讼。张某尧、惠某跃在一审中主张的技术秘密为：喷头的材质、尺寸、效果；不锈钢管长度、直径、壁厚以及不锈钢管排列间的详细尺寸、安装方法和固定装置；阀门材质、尺寸、技术特征；闸板提升器、电器控制装置的技术特征；主动及从动链轮的外形尺寸、材质；喷淋、喷雾、射流、水膜形成的原理及相关的技术参数；固液分离装置的几何尺寸、所用材质、材质厚度、相关各种尺寸、各室之间相互尺寸等。

对于是否存在商业秘密，一审法院认为，阜宁除尘厂在与南新水泥公司签订协议时，没有采取任何保密措施，没有言明 LZ－2 型立窑湿式除尘器包含有商业秘密，不能自行拆除，且张某尧、惠某跃主张的商业秘密均为除尘器内部构件的材质、几何尺寸、排列顺序等，这些都可以通过简单的拆卸、测绘得知，不能成为不为公众所知悉的技术信息。张某尧以图纸未交给被告，对关键技术予以密封，且在除尘器上方立有专利号牌子为由认为采取保密措施，于法无据。张某尧、惠某跃关于南新水泥公司自行拆除除尘器，将有关商业秘密披露，造成原告已申请尚处于实质审查阶段的专利及尚未申请专利的技术被公开，使技术和设施丧失新颖性，构成商业秘密侵权的主张，不符合法律规定。张某尧、惠某跃关于南新水泥公司构成商业秘密侵权的主张不能成立。故一审法院驳回张某尧、惠某跃的诉讼请求。

最高人民法院二审判决在对保密措施作上述界定的基础上认为，该案被上诉人取得除尘器是通过与阜宁除尘厂 1996 年 12 月 4 日的协议实现的，其属于合法地占有和使用包含有上诉人要求保护的技术信息的除尘器。上诉人与被上诉人并无合同或者其他直接法律关系存在。因此，该案中上诉人对有关技术信息是否采取了保密措施，应当考察阜宁除尘厂在其与被上诉人的协议中有无相关保密义务的约定以及合同实际履行中有无采取其他保密措施。从协议内容看，既没有写明除尘器中包含技术秘密，也没有其他任何保密责任条款。协议约定有关的工艺布置施工图、详细的设备清单和技术说明应当经过被上诉人认可后方可执行，其中也无保密义务的约定。上诉人认为协议已载明该除尘器为"中国专利产品"，就是保密措施，显然于法无据。获得专利以公开相关技术方案为前提，既然言明是专利产品，说明相关技术方案就是公开的，在不对产品中除专利技术以外是否还有技术秘密进行特别说明的情况下，对交易对方而言，在该产品中不存在技术秘密。上诉人

---

[1] 参见最高人民法院民事判决书，(2000)知终字第 3 号。

关于协议约定产品仍属乙方(阜宁除尘厂)所有以及协议履行中该除尘器实际由阜宁除尘厂派人管理、控制,也是一种保密措施的认识,亦没有依据。在作为技术载体的产品归他人合法占有、使用的情况下,不能仅以对产品所有权的宣示或者确认作为对相关技术信息所采取的合理保密措施,况且协议对此实际约定是如经调试不达标后,产品仍归阜宁除尘厂;所谓派人管理和控制,实际是由阜宁除尘厂派人负责除尘器的安装、调试并投入运行,这并非直接针对相关技术信息所采取的保密措施,况且被上诉人在没有保密义务约定的情况下亦派人参与了安装工作。总之,因阜宁除尘厂对其提供给被上诉人的除尘器中是否含有技术秘密未作出适当的提示,上诉人所主张的保密措施不能使一般经营者可以正常地得出其所占有、使用的产品中存有技术秘密的判断,阜宁除尘厂与上诉人在该案纠纷发生之前也未采取其他适当措施来保守相关技术信息不被被上诉人掌握或者对外披露,对被上诉人而言,该案并无合理的保密措施存在。因此,上诉人不能在该案中主张将有关技术信息作为商业秘密来保护,其有关上诉请求不能成立。对此也无须组织技术专家予以确认,上诉人就此所提有关意见亦不予支持。

可见,保密措施如果达不到合理的程度,视为未采取保密措施,这是要求合理保密措施的法律意义所在,也是有别于商业秘密权利属性的必然要求。

(二)相应保密措施的具体程度

商业秘密保护实践中经常涉及商业秘密保密措施的明确具体程度的要求。特别是,涉及格式合同等泛泛确定保密义务的,究竟能否达到合理保密措施的程度,在具体把握上有时不尽一致。

如北京市高级人民法院在其调研报告中指出,在司法实践中,如何判断权利人所采取的措施具有"合理性"和"适当性"具有一定的争议。尤其是签订格式化的劳动合同或保密协议,此类文件对保密事项范围的规定往往较为宽泛及笼统,缺乏具体及明确的内容,能否据此认定权利人采取了合理的保密措施,在实践中争议较大。在原告麦格昆磁(天津)有限公司与被告夏某远、苏州瑞泰新金属有限公司侵犯技术秘密纠纷案[1]中,原告提交的据以主张技术秘密的图纸上加盖有"保密"印章,并对相关技术资料进行了保密存档;在《员工保密和知识产权协议》《员工手册》中均有对保密事项的约定;在与员工签署的《和解和相互豁免协议》中也进行了保密约定。该案中,原告同时采取了"在涉密信息的载体上标有保密标志"及"签订保密协议"两种保密措施,法院据此认定其对涉案技术信息采取了合理的保密措施。在原告广州怡贝拉装饰工程有限公司与被告广州魔方装饰工程有限公司、胡某英和广州市大象软装装饰设计有限公司侵犯商业秘密纠纷案[2]中,原告主张的商业秘密为客户名单及设计方案,法院认为原告仅以签订保密协议以及劳动合同中的保密条款的方式对相关人员进行约束,不足以认定其采取了与商业价值对应的具体保密措施。该案系签订有保密协议但被认为未采取合理保密措施的案件。对此,北京市高级人民法院课题组认为,首先,司法实践中不宜对保密措施提出过高的要求;其次,权利人在劳动合同或保密协议中对商业秘密范围有明确界定且与其在诉讼中所主张的秘密范围相符的,应当认定采取了合理保密措施;最后,权利人在劳动合同或保密协议中未

---

[1] 参见江苏省高级人民法院民事判决书,(2013)苏知民终字第159号。
[2] 参见广东省广州市白云区人民法院民事判决书,(2015)穗云法知民初字第558号。

对商业秘密范围进行界定,如仅约定员工应当保守公司商业秘密,或界定过于宽泛,如约定员工应当保守公司产品、服务、经营、知识、系统、工艺、资料、商机和业务事宜有关的所有信息。此种情形不宜仅凭劳动合同或保密协议就认定已采取合理保密措施,还应结合所涉信息的载体、重要性、与所属行业和主营业务相关程度、是否有其他辅助措施(如员工系统、管理系统是否有密码)以及被告的具体情况(如涉案员工所负责的业务范围)等因素综合进行判断。[1]

保密措施的要求并不强人所难和要求"万无一失",通常只要符合相关行业的特性、"行规"等,就可以认定达到相应的保密措施要求。如"搏盛种业公司上诉认为,华穗种业公司并没有对'W68'采取足够的保密措施,因此不应当作为商业秘密受到保护。对此,本院认为,权利人在被诉侵权行为发生以前采取了合理保密措施,在正常情况下足以防止商业秘密泄露的,人民法院应当认定权利人采取了作为商业秘密法定构成要件的'相应的保密措施'。人民法院认定保密措施时,应当考虑保密措施与商业秘密的对应程度。植物生长依赖土壤、水分、空气和阳光,需要进行光合作用,'W68'作为育种材料自交系亲本,必须施以合理的种植管理,具备一定的制种规模。在进行田间管理中,权利人对于该作物材料采取的保密措施难以做到万无一失。因此,对于育种材料技术信息的保密措施是否合理,需要考虑育种材料自身的特点,对于采取合理保密措施的认定不宜过于严苛,应以在正常情况下能够达到防止被泄露的防范程度为宜……而且,本案并无证据证明'W68'已被受委托制种单位非法披露、扩散。根据《最高人民法院关于审理侵犯商业秘密民事案件适用法律若干问题的规定》第6条的规定,综合考虑杂交育种的行业惯例、繁育材料以代号称之、制种行为的可获知程度等因素,华穗种业公司采取的上述避免亲本被他人非法盗取、获得及不正当使用的保密措施,符合商业秘密法定构成要件的'相应的保密措施'。"[2]

具体的保密措施通常要求权利人的保密措施指向明确和具体的内容与范围,使保密义务人能够合理知悉和识别保密义务的客体和范围,并认识到权利人的主观保密意愿,如最高人民法院在生效文书中指出:"商业秘密的秘密性和保密措施之间存在一定的关联性,商业秘密权利人应该指明其欲以保护的相对明确和具体的商业秘密信息,并通过可识别的保密措施使他人认识到其对该信息进行保密的主观意愿。采取保密措施时,商业秘密权利人所针对的涉密信息只要具备相对明确和具体的内容和范围即可,并不要求该涉密信息的内容和范围与发生争议后经过案件审理最终确定的秘密点完全相同。这是因为,商业秘密权利人在商业过程中最初采取保密措施时,通常根据自己的理解确定涉密信息内容和范围,其采取保密措施的涉案信息中可能包含了公有领域信息。在具体案件审理过程中,法院可能根据当事人提供的证据、专家证人或者专家鉴定意见、庭审辩论情况等,剔除公有领域信息,进一步缩小秘密信息的范围。"[3]"本案中,三乐公司主张构成商业秘密的客户名单,是生产经营过程中频繁使用的经营信息,具有无形性,并不拘泥于某一特定载体,三乐公司主张该客户名单仅存在于徐某凯的电脑中,并与徐某凯签订了《员

---

[1] 参见北京市高级人民法院知识产权庭课题组:《〈反不正当竞争法〉修改后商业秘密司法审判调研报告》,载《电子知识产权》2019年第11期。
[2] 最高人民法院民事判决书,(2022)最高法知民终147号。
[3] 最高人民法院民事裁定书,(2017)最高法民申1650号。

工保密及竞业禁止限制协议》,约定徐某凯负有保守秘密的义务,并发放了补偿金,可以认定三乐公司完成了初步的举证责任。徐某凯作为三乐公司的前高级管理人员,熟悉三乐公司客户名单的保管情况,具有举证的能力,但徐某凯并未提供证据证明该客户名单处于任何人想接触即可接触到,因此,可以认定三乐公司对《客户名单》提供了合理的保密措施。"[1]

如果公司规章制度有关保密的规定内容仅是原则性的,如仅表述为"公司商业秘密"、"全部经营秘密、技术秘密"或者"与工作有关的商业秘密"等,则可能因为不够明确具体而无法认定为采取了相应保密措施。如在(2017)最高法民申2964号案中,申请人主张其制定了《关于保密工作的几项规定》,对其秘密采取了相应保密措施。最高人民法院认为,该规定内容仅原则性要求所有员工保守企业销售、经营、生产技术秘密,在厂期间和离厂二年内,不得利用所掌握的技术生产或为他人生产与本公司有竞争的产品和提供技术服务,该规定无法让所有员工知悉申请人作为商业秘密保护的信息范围,不属于切实可行的防止技术秘密泄露的措施,在现实中不能起到保密的效果。从该案可以看出,公司规章制度的保密规定如欲构成保密措施,应当尽量具体和明确,或者有与其呼应的具体保密措施加以落实。

在(2019)粤2071民初11169号侵害经营秘密纠纷案中,原告科捷龙机器人有限公司(以下简称科捷龙公司)是一家生产经营包括机器人、机械臂等工业自动化设备的公司,科捷龙公司在何某就职前与其签订格式化的保密协议、竞业禁止协议书、竞业限制协议各一份,约定乙方(何某)不得向公司的竞争方泄露甲方(科捷龙公司)的商业秘密、技术秘密、甲方具有知识产权的技术,其中保密条款约定保密内容包括甲方的交易秘密,交易秘密包括客户资料、销售渠道、买卖意向、成交或商谈的价格,产品的质量、数量,交货日期,供应商联系方式,采购价格等相关营销和财务数据;经营秘密包括经营方针、营销计划、投资决策意向、定价政策、市场分析、广告策略、商务政策等;管理秘密包括财务资料、人事资料、工薪薪酬、内部培训资料、管理制度等;技术秘密包括公司工艺流程、运行参数、设备装备参数等,总体所约定秘密内容都呈宽泛性特点。2018年11月,何某离职后入职三润田公司,随后科捷龙公司以何某从科捷龙公司处离职后,利用任职期间掌握的科捷龙公司的客户资料,以三润田公司的名义对外销售与科捷龙公司具有明显竞争关系的同类产品将其诉至法院。法院认为,该保密协议为格式化合同,保密协议及竞业限制的禁止条款所列的保密信息范围过于宽泛,其中包括了很多显然不属于商业秘密的资料,不能作为商业秘密加以保护,不能认定科捷龙公司为防止有关信息泄露采取了与其商业价值等具体情况相适应的合理保护措施,否定了科捷龙公司所采取的相应保密措施的合理性。

在(2019)沪0110民初1662号上海豪申化学试剂有限公司、上海美墅化学品有限公司与朱某、上海黎景贸易有限公司(以下简称黎景公司)侵害经营秘密纠纷案中,双方在朱某入职前签订的《保密协议》约定乙方应当对甲方的商业秘密保密,保密范围包括但不限于技术信息与经营信息,其中经营信息包括进、销、存、财务软件数据库等信息。朱某离职后加入黎景公司,随后原告公司以朱某与黎景公司与原告诸多原客户公司进行交易,涉嫌侵犯其商业秘密为由将其诉至法院。法院认为该案的商业密点包括客户名称、联系方

---

[1] 最高人民法院民事裁定书,(2019)最高法民申2794号。

式以及每笔业务的产品名称、数量、金额、单价等"不为公众所知悉"的特殊客户信息。上述信息可以为两原告带来经济利益,具有一定的商业价值,且两原告采取了保密措施,属于《反不正当竞争法》所保护的客户名单经营秘密。故法院在原告是否对涉案相关信息采取了相应的保密措施方面持认可态度。

再审申请人明兴达公司与被申请人量子公司侵犯商业秘密纠纷案[1]涉及量子公司是否对其主张的技术秘密采取了合理的保密措施。最高人民法院认为,量子公司与吴某庆、何某良签订的《劳动合同书》《承诺书》《量子科技人员在离职保密协议书》等均设有保密条款,对商业秘密的范围、保密措施、禁止行为及处罚等事项作了具体规定。《量子科技人员在离职保密协议书》第7条还明确约定了离职时需交回图纸。上述保密措施在正常情况下足以防止涉密信息泄露。显然,量子公司对于其主张的商业秘密已经采取了合理的保密措施。明兴达公司申请再审称,量子公司没有指明哪些图纸体现涉案6项密点,也没有举证证明对于6项密点中关于工装的保密措施。对此,最高人民法院认为,商业秘密的秘密性和保密措施之间存在一定的关联性,商业秘密权利人应该指明其欲以保护的相对明确和具体的商业秘密信息,并通过可识别的保密措施使他人认识到其对该信息进行保密的主观意愿。采取保密措施时,商业秘密权利人所针对的涉密信息只要具备相对明确和具体的内容和范围即可,并不要求该涉密信息的内容和范围与发生争议后经过案件审理最终确定的秘密点完全相同。这是因为,商业秘密权利人在商业过程中最初采取保密措施时,通常根据自己的理解确定涉密信息内容和范围,其采取保密措施的涉案信息中可能包含了公有领域信息。在具体案件审理过程中,法院可能根据当事人提供的证据、专家证人或者专家鉴定意见、庭审辩论情况等,剔除公有领域信息,进一步缩小秘密信息的范围。该案中,量子公司已经通过与员工签订《量子科技人员在离职保密协议书》等形式明确了图纸等承载的技术信息属于技术秘密,这些技术信息包括了最终认定的6个技术秘密点信息。因此,量子公司已经对其主张的技术秘密采取了合理的保密措施。

企业制定的保密规章制度、员工手册或者其他类似内部管理规范和文件,应当较为具体、明确地说明保密客体和保密要求,过于概括的保密规章制度可能不被认定为合格的保密措施。例如,"关于二审证据2.9中蓝公司《岗位任职要求》。……由于该证据仅在'通用条件'中笼统地记载'保守秘密',但没有记载具体的保密对象或范围,三上诉人也没有提供其他的证据予以证明。因此,该证据亦不足以证明中蓝公司就涉案信息采取了合理的保密措施"[2]。"《关于保密工作的几项规定》仅有4条,且内容仅原则性要求所有员工保守企业销售、经营、生产技术秘密,在厂期间和离厂二年内,不得利用所掌握的技术生产或为他人生产与本公司有竞争的产品和提供技术服务,上述规定无法让该规定针对的对象即所有员工作知悉玉联公司作为商业秘密保护的信息范围即保密客体,仅此不属于切实可行的防止技术秘密泄露的措施,在现实中不能起到保密的效果。"[3]

这些裁判对于保密措施合理性的认定基于个案的具体事实。总体上说,保密协议等

---

[1] 参见最高人民法院民事裁定书,(2017)最高法民申1650号。
[2] 最高人民法院民事判决书,(2014)民三终字第3号。
[3] 最高人民法院民事裁定书,(2017)最高法民申2964号。

约定的保密信息不必达到完全符合商业秘密的程度,更不必苛求其与裁判结果获得支持的商业秘密完全一致,只要大致或者主要指向商业秘密即可。如果保密协议约定的保密信息内容过于宽泛,远超商业秘密的范围,甚至涵盖了公司信息的全部,这就使保密协议缺乏针对性和明确性,也过于限制义务人的行动自由,此时视为没有采取相应的保密措施,也无不可。

保密措施需要为保密义务人所知悉。例如,"首先,关于正丰公司《保密制度》的真实性及其实施情况……其次,关于《保密制度》的颁布实施情况。从《关于颁布实施的决定》的正文内容可知,《保密制度》已经正丰公司员工签字认可,由正丰公司办公会议研究决定于 2005 年 12 月 26 日正式颁布实施。最后,关于《保密制度》的效力。正丰公司的《保密制度》是否经过职工代表大会通过对其效力并无必然影响。《保密制度》是正丰公司的商业秘密管理和保护制度。由于企业治理结构的不同,不同企业职工代表大会的权利和职责划分存在差异。就商业秘密的管理和保护制度而言,其是否属于应由企业职工代表大会决定的事项需要根据该企业治理结构的具体情况确定。本案中,没有任何证据表明正丰公司企业制度规定商业秘密的管理和保护需经职工代表大会通过才能发生效力。更为重要的是,本案的事实表明,王某良于 2005 年 12 月 31 日在《保密制度》员工认可签字名单上签字,表明其知晓、认可并同意遵守《保密制度》的规定。可见,正丰公司的《保密制度》对王某良已经发生法律约束力"[1]。

保密义务的告知方式可以灵活多样,如可以通过企业微信微盘、工作微信群组等形式发送给员工。例如,在(2022)川 01 民终 19062 号案中,根据爱颜网络公司提交的公司工作群微信聊天记录,爱颜网络公司工作人员周某于 2020 年 1 月 2 日在群中发布通知"2020 最新的各项制度已上传到企业微信微盘……自行阅读学习,员工手册务必通读通看……"部分群成员立即在群里作出反馈回复"1",其中包括李某。该案中,爱颜网络公司通过微信工作群向相关员工送达了《员工手册》,其在发送时的通知内容为"2020 最新的各项制度已上传到企业微信微盘……自行阅读学习,员工手册务必通读通看……"同时,《员工手册》第 11 条工作纪律载明,有关公司的所有合同、产品信息、设计图稿、客户信息、经营数据、财务账目等均为公司商业秘密,任何人无权私自带出办公区域、保存或丢弃,即爱颜网络公司通过要求员工务必学习《员工手册》的方式,向其员工提出了对爱颜网络公司的经营信息负有保密义务的明确要求,故爱颜网络公司对其主张的经营信息采取了保密措施。[2]

(三)保密措施的适应性

保密措施应当与商业秘密及其载体的性质、商业秘密的商业价值、披露范围等相适应,商业秘密价值越高、保密信息及其载体的流通性越强、保密信息的披露范围越广,则保密措施的合理性评判标准应越高。

例如,最高人民法院在(2020)最高法知民终 538 号裁判文书中指出:"思克公司所主张采取的'对内保密措施',因脱离涉案技术秘密的载体,即在市场中流通的 GTR-7001 气体透过率测试仪产品,故与主张保护的涉案技术秘密不具有对应性,不属于反不正当竞

---

[1] 最高人民法院民事裁定书,(2013)民申字第 1932 号。
[2] 参见四川省成都市中级人民法院民事判决书,(2022)川 01 民终 19062 号。

争法规定的'相应保密措施'……思克公司所主张采取的'对外保密措施',或仅具有约束合同相对人的效力,不具有约束不特定第三人的效力,或未体现出思克公司的保密意愿,故不属于反不正当竞争法规定的'相应保密措施'。一方面,思克公司虽在与客户公司签订的《设备购销合同》中约定,GTR-7001 气体透过率测试仪产品的转让不意味着客户公司取得该产品的任何知识产权,且客户公司需承担确保该产品技术机密信息安全以及不得将技术机密信息提供给任何第三方的合同义务,但是,该约定仅具有约束客户公司的效力,不具有约束不特定第三人的效力……不特定第三人可通过市场流通取得该产品,且不受思克公司与客户公司签订的《设备购销合同》的约束。"

最高人民法院在(2021)最高法知民终1281号裁判文书中指出:"涉案载体为相应进入市场流通的电源模块产品,而产品一旦售出进入市场流通,就在物理上脱离零极公司的控制,故区别于可始终处于商业秘密权利人控制之下的技术图纸、配方文档等内部性载体。原告主张的与前员工的保密协议、技术图纸管理规范等对内保密措施,因脱离涉案技术秘密的载体,故与其主张保护的涉案技术秘密不具有对应性,不属于本案中针对市场流通产品的'相应保密措施'。"

最高人民法院在(2014)民三终字第3号裁判文书中指出:"三上诉人还认为,陈某新在从中蓝公司离职之前,在其发给继任者朱某东的邮件中的'销售价格'文件上,明确标明'绝密',说明中蓝公司采取了严密的保密措施。对此本院认为,该邮件涉及的内容为'销售价格',与三上诉人在本案中主张的技术信息和客户名单经营信息无关,因此,该邮件不能证明中蓝公司对涉案信息采取了合理的保密措施。"

由于公司组织变动或者技术合作等原因,商业秘密可能为多个主体共有。对于共有商业秘密而言,商业秘密共有人均应采取相应保密措施。最高人民法院裁判指出,共有人均应采取合理的保密措施,彼此的保密措施不能相互替代,否则保密性要件不成立。例如,最高人民法院在(2017)最高法民申1602号裁判文书中指出:"关于共有商业秘密合理保密措施的认定中,共有人采取的保密措施能否互相取代。经查,再审申请人蓝星商社、中蓝公司、星辰公司主张共有涉案信息,主张的技术秘密为改性PBT的155项配方以及相关工艺,经营秘密为55项客户名单。涉案信息实际上是在较长时间内,在合成材料厂、中蓝公司和星辰公司三个民事主体处分别形成的。故应当依据涉案各项技术、经营信息形成的具体时间以及对应的权利人,分别认定是否采取了合理的保密措施。同时,结合本案实际情况,在涉案信息共有的状态下,各共有人采取的保密措施不能互相替代。即使某一共有人采取了合理的保密措施,也不能当然视为其他共有人已采取了合理的保密措施。因此,原判认定各共有人均应就涉案信息采取合理的保密措施,并无不当。"最高人民法院在(2014)民三终字第3号裁判文书中指出:"三上诉人未明确其对涉案信息是按份共有还是共同共有,但不论共有方式如何,各上诉人均应就涉案信息采取合理的保密措施。因此,一审法院认定'在共同共有的状态下,合理的保密措施还意味着各共有人对该非公知信息均应采取合理的保密措施'并无不当。三上诉人有关'只要某一上诉人采取了合理的保密措施,就应视为三上诉人均采取了合理的保密措施'的主张缺乏事实和法律依据,本院不予支持。"

不同类型商业秘密的内容、载体和其流通方式不尽相同,在认定时应当灵活把握。例如,"本案中上诉人对有关技术信息是否采取了保密措施,应当考察阜宁除尘厂在其与被上诉人的协议中有无相关保密义务的约定以及合同实际履行中有无采取其他保密措施。从协议内容看,既没有写明除尘器中包含有技术秘密,也没有其他任何保密责任条款。协议约定有关的工艺布置施工图、详细的设备清单和技术说明应当经过被上诉人认可后方可执行,其中也无保密义务的约定。上诉人认为协议已载明该除尘器为'中国专利产品',就是保密措施,显然于法无据"[1]。"其一,思克公司所主张采取的'对内保密措施',因脱离涉案技术秘密的载体,即在市场中流通的 GTR-7001 气体透过率测试仪产品,故与主张保护的涉案技术秘密不具有对应性,不属于反不正当竞争法规定的'相应保密措施'。……思克公司所采取的'对内保密措施',如与员工签署包含保密条款的《劳动合同》与《企业与员工保密协议》,制定并施行《公司保密管理制度》,对研发厂房、车间、机器等加设门锁,限制来访者进出、参观,等等,均与兰光公司是否不正当地取得并拆解思克公司 GTR-7001 气体透过率测试仪产品进而获得涉案技术秘密,不具有相关性,换言之,思克公司所主张的'对内保密措施',均与其主张保护的涉案技术秘密及其载体不具有对应性。因此,思克公司所主张采取的'对内保密措施'不属于反不正当竞争法规定的'相应保密措施'。"[2]"彼爱琪公司既不能证明其主张的二次绕组线径规格属商业秘密,同时该技术信息早在本案纠纷产生之前亦随着其产品公开生产、销售而公开。彼爱琪公司所称其所采取的保密措施形同虚设。现其依据该技术信息主张商业秘密法律保护缺乏事实和法律依据,本院不予支持。"[3]"思克公司所主张采取的'对外保密措施',或仅具有约束合同相对人的效力,不具有约束不特定第三人的效力,或未体现出思克公司的保密意愿,故不属于反不正当竞争法规定的'相应保密措施'。一方面,思克公司虽在与客户公司签订的《设备购销合同》中约定,GTR-7001 气体透过率测试仪产品的转让不意味着客户公司取得该产品的任何知识产权,且客户公司需承担确保该产品技术机密信息安全以及不得将技术机密信息提供给任何第三方的合同义务,但是,该约定仅具有约束客户公司的效力,不具有约束不特定第三人的效力。并且,《设备购销合同》并未限制客户公司对所购买的产品进行处分、转让,故不特定第三人可通过市场流通取得该产品,且不受思克公司与客户公司签订的《设备购销合同》的约束。另一方面,思克公司虽在其 GTR-7001 气体透过率测试仪的特定位置贴有标签,但标签载明的'危险!私拆担保无效!''SYSTESTER 思克品质保证撕毁无效'等内容,属于安全性提示与产品维修担保提示,均不构成以保密为目的的保密防范措施。因此,思克公司所主张采取的'对外保密措施'不属于反不正当竞争法规定的'相应保密措施'。"[4]"市场流通产品属于外部载体,零极公司为实现保密目的所采取的保密措施,应能对抗不特定第三人通过反向工程获取其技术秘密。此种对抗至少可依靠两种方式实现:一是根据技术秘密本身的性质,他人即使拆解了载有技术秘密的产品,亦无法通过分析获知该技术秘密;二是采取物理上的保密措施,以对抗他人的反向工程,如采取一体化结构,拆解将破坏技术秘密等。"[5]

---

[1] 最高人民法院民事判决书,(2000)最高法知终字第 3 号。
[2] 最高人民法院民事判决书,(2020)最高法知民终 538 号。
[3] 浙江省高级人民法院民事判决书,(2011)浙知终字第 207 号。
[4] 最高人民法院民事判决书,(2020)最高法知民终 538 号。
[5] 最高人民法院民事判决书,(2021)最高法知民终 1302 号。

五、常见情形与保密程度

(一)定性标准与具体措施

《2007年反不正当竞争司法解释》第11条第2款对认定保密措施合理性的考虑因素进行了规定,即"人民法院应当根据所涉信息载体的特性、权利人保密的意愿、保密措施的可识别程度、他人通过正当方式获得的难易程度等因素,认定权利人是否采取了保密措施"。为了便于司法实践中的具体认定,《2007年反不正当竞争司法解释》根据经济生活和商业秘密案件的实际情况以及审判经验,在第11条第3款对可以认为权利人采取了保密措施的具体情形进行了列举,即"具有下列情形之一,在正常情况下足以防止涉密信息泄露的,应当认定权利人采取了保密措施:(一)限定涉密信息的知悉范围,只对必须知悉的相关人员告知其内容;(二)对于涉密信息载体采取加锁等防范措施;(三)在涉密信息的载体上标有保密标志;(四)对于涉密信息采用密码或者代码;(五)签订保密协议;(六)对于涉密的机器、厂房、车间等场所限制来访者或者提出保密要求;(七)确保信息秘密的其他合理措施"所列举的7种情形,其是对我国商业秘密审判经验的总结和提升。

《2020年商业秘密司法解释》第5条第2款规定:"人民法院应当根据商业秘密及其载体的性质、商业秘密的商业价值、保密措施的可识别程度、保密措施与商业秘密的对应程度以及权利人的保密意愿等因素,认定权利人是否采取了相应保密措施。"第6条规定:"具有下列情形之一,在正常情况下足以防止商业秘密泄露的,人民法院应当认定权利人采取了相应保密措施:(一)签订保密协议或者在合同中约定保密义务的;(二)通过章程、培训、规章制度、书面告知等方式,对能够接触、获取商业秘密的员工、前员工、供应商、客户、来访者等提出保密要求的;(三)对涉密的厂房、车间等生产经营场所限制来访者或者进行区分管理的;(四)以标记、分类、隔离、加密、封存、限制能够接触或者获取的人员范围等方式,对商业秘密及其载体进行区分和管理的;(五)对能够接触、获取商业秘密的计算机设备、电子设备、网络设备、存储设备、软件等,采取禁止或者限制使用、访问、存储、复制等措施的;(六)要求离职员工登记、返还、清除、销毁其接触或者获取的商业秘密及其载体,继续承担保密义务的;(七)采取其他合理保密措施的。"上述规定除在具体内容上有所完善外,基本精神仍延续《2007年反不正当竞争司法解释》的前述规定。

《2020年商业秘密司法解释》第5条第2款规定了相应保密措施的认定方式,即以什么方式和路径认定是否采取了相应保密措施,或者说认定相应保密措施需要考量哪些因素。第6条既规定了相应保密措施的定性标准,即"在正常情况下足以防止商业秘密泄露"是是否达到相应保密措施的衡量标准,并通过列举加概括的方式规定了保密措施的具体形式(态样)。所列举的保密措施是常见的保密措施形式,但仅采取这些保密措施还不足以构成商业秘密中的保密措施,还必须达到"在正常情况下足以防止商业秘密泄露"的标准或者程度。

"在正常情况下足以防止商业秘密泄露"的标准表明两层含义,即达不到此种保密程度的保密措施不被视为采取了符合商业秘密要求的保密措施,同时又对于达到此标准不做过于苛刻的要求,如不要求花费过高的保密费用,更不要求达到不可能泄密或者天衣无缝的保密程度。当然,"在正常情况下足以防止商业秘密泄露"的标准,是且只能是一种抽象的标准,只能"根据商业秘密及其载体的性质、商业秘密的商业价值、保密措施的可识别程度、保密措施与商业秘密的对应程度以及权利人的保密意愿等因素",在具体情况下进行特定化。

例如，在三友公司与沈化公司侵害技术秘密纠纷案中，最高人民法院裁定指出，关于沈化公司对涉案技术信息是否采取了保密措施，对照司法解释规定的可以认为权利人已采取了合理保密措施的7种情形，结合该案查明事实作如下认定：沈化公司自20世纪60年代伊始即制定并实施严格的保密制度及泄密处罚条例；与该案相关生效刑事案件被告人沈化公司原技术人员孙某与沈化公司签订的劳动合同书对保密义务作出明确约定；生效刑事案件被告人沈化公司原技术人员解某文供述称沈化公司有严格的保密制度，其从沈化公司退休后无法再进入相关生产厂区。沈化公司对涉案技术信息采取的保密措施已经满足上述司法解释规定的要求，在正常情况下足以防止涉案技术信息不当泄露。故二审法院认定沈化公司采取了合理的保密措施并无不当。[1]

在上诉人思克公司与被上诉人兰光公司侵害技术秘密纠纷案中，最高人民法院二审判决认为，技术秘密以市场流通产品为载体的，权利人在产品上贴附标签，对技术秘密作出单方宣示并禁止不负有约定保密义务的第三人拆解产品的行为，不构成反不正当竞争法规定的保密措施。[2] 具体而言，鉴于涉案技术秘密载体为市场流通产品，属于外部性载体，故思克公司为实现保密目的所采取的保密措施，应能对抗不特定第三人通过反向工程获取其技术秘密。此种对抗至少可依靠两种方式实现：一是根据技术秘密本身的性质，他人即使拆解了载有技术秘密的产品，亦无法通过分析获知该技术秘密；二是采取物理上的保密措施，以对抗他人的反向工程，如采取一体化结构，拆解将破坏技术秘密等。

具体而言，思克公司对其主张保护的涉案技术秘密是否采取了符合反不正当竞争法规定的相应保密措施。对此，根据思克公司主张保护的涉案技术秘密及其载体的性质，综合审查该案现有证据，应认定思克公司未采取符合《反不正当竞争法》规定的相应保密措施，具体理由如下。

其一，思克公司所主张采取的"对内保密措施"，因脱离涉案技术秘密的载体，即在市场中流通的GTR-7001气体透过率测试仪产品，故与主张保护的涉案技术秘密不具有对应性，不属于反不正当竞争法规定的相应保密措施。《2020年商业秘密司法解释》第5条第2款规定："人民法院应当根据商业秘密及其载体的性质、商业秘密的商业价值、保密措施的可识别程度、保密措施与商业秘密的对应程度以及权利人的保密意愿等因素，认定权利人是否采取了相应保密措施。"据此，商业秘密权利人所采取的保密措施，不应是抽象的、宽泛的、可以脱离商业秘密及其载体而存在的保密措施，而应当是具体的、特定的、与商业秘密及其载体存在对应性的保密措施。该案中，思克公司主张保护的技术秘密是其产品GTR-7001气体透过率测试仪所承载的技术（包含6个秘密点），思克公司诉称兰光公司非法获取涉案技术秘密的不正当手段为"利用另案诉讼的证据保全拆解了思克公司的GTR-7001气体透过率测试仪"，可见，思克公司所采取的"对内保密措施"，如与员工签署包含保密条款的《劳动合同》与《企业与员工保密协议》，制定并施行《公司保密管理制度》，对研发厂房、车间、机器等加设门锁，限制来访者进出、参观等，均与兰光公司是否不正当地取得并拆解思克公司GTR-7001气体透过率测试仪产品进而获得涉案技术秘

---

[1] 参见最高人民法院民事裁定书，(2016)最高法民申2857号。
[2] 参见最高人民法院民事裁定书，(2020)最高法知民终538号。

密,不具有相关性,换言之,思克公司所主张的"对内保密措施",均与其主张保护的涉案技术秘密及其载体不具有对应性。因此,思克公司所主张采取的"对内保密措施"不属于《反不正当竞争法》规定的相应保密措施。

其二,思克公司所主张采取的"对外保密措施",或仅具有约束合同相对人的效力,不具有约束不特定第三人的效力,或未体现出思克公司的保密意愿,故不属于《反不正当竞争法》规定的相应保密措施。一方面,思克公司虽在与客户公司签订的《设备购销合同》中约定,GTR-7001气体透过率测试仪产品的转让不意味着客户公司取得该产品的任何知识产权,且客户公司需承担确保该产品技术机密信息安全以及不得将技术机密信息提供给任何第三方的合同义务,但是,该约定仅具有约束客户公司的效力,不具有约束不特定第三人的效力。并且,《设备购销合同》并未限制客户公司对所购买的产品进行处分、转让,故不特定第三人可通过市场流通取得该产品,且不受思克公司与客户公司签订的《设备购销合同》的约束。另一方面,思克公司虽在其GTR-7001气体透过率测试仪的特定位置贴有标签,但标签载明的"危险! 私拆担保无效!""SYSTESTER思克品质保证撕毁无效"等内容,属于安全性提示与产品维修担保提示,均不构成以保密为目的的保密防范措施。因此,思克公司所主张采取的"对外保密措施"不属于《反不正当竞争法》规定的相应保密措施。

其三,根据涉案技术秘密及其载体的性质,应认定思克公司未采取符合《反不正当竞争法》规定的相应保密措施。根据《2020年商业秘密司法解释》第5条第2款的规定,人民法院应当根据商业秘密及其载体的性质等因素,认定权利人是否采取了相应保密措施。该案中,涉案技术秘密的载体为GTR-7001气体透过率测试仪,因该产品一旦售出进入市场流通,就在物理上脱离思克公司的控制,故区别于可始终处于商业秘密权利人控制之下的技术图纸、配方文档等内部性载体。《2020年商业秘密司法解释》第14条第1款、第2款规定,通过自行开发研制或者反向工程获得被诉侵权信息的,人民法院应当认定不属于《反不正当竞争法》第9条规定的侵犯商业秘密行为。反向工程是指通过技术手段对从公开渠道取得的产品进行拆卸、测绘、分析等而获得该产品的有关技术信息。鉴于涉案技术秘密载体为市场流通产品,属于外部性载体,故思克公司为实现保密目的所采取的保密措施,应能对抗不特定第三人通过反向工程获取其技术秘密。此种对抗至少可依靠两种方式实现:一是根据技术秘密本身的性质,他人即使拆解了载有技术秘密的产品,亦无法通过分析获知该技术秘密;二是采取物理上的保密措施,以对抗他人的反向工程,如采取一体化结构,拆解将破坏技术秘密等。根据法院查明的事实,思克公司亦认可,通过拆解GTR-7001气体透过率测试仪,可直接观察到秘密点2、3、4、5,同时,本领域技术人员"通过常理"可知晓秘密点1和秘密点6,故涉案技术秘密不属于上述第一种情形。需要进一步分析的是,思克公司对GTR-7001气体透过率测试仪采取的保密措施是否属于上述第二种情形,从而可以对抗不特定第三人通过反向工程获取其技术秘密。首先,如前所述,思克公司在其GTR-7001气体透过率测试仪上贴附的标签,从其载明的文字内容来看属于安全性提示以及产品维修担保提示,故不构成以保密为目的的保密措施,不属于上述第二种情形。其次,即使思克公司贴附在产品上的标签所载明的文字内容以保密为目的,如"内含商业秘密,严禁撕毁"等,此时该标签仍不能构成可以对抗他人反向工程的物理保密措施。一方面,通过市场流通取得相关产品的不特定第三人与思克公司并不具有合同关系,故无须承担不得拆解产品的合同义务。另一方面,不特定第三人基于所有权得对相关产品行使处分行为,而不受思克公司单方面声明的约束。《物权法》(已失效)第 4 条规定:"国家、集体、私人的物权和其他权利人的物权受法律保护,任何单位和个人不得侵犯。"该法第 5 条规定:"物权的种类和内容由法律规定。"该法第 39 条规定:"所有权人对自己的不动产或者动产,依法享有占有、使用、收益和处分的权利。"根据《物权法》(已失效)的上述规定可知,通过市场流通取得 GTR – 7001 气体透过率测试仪的不特定第三人对该产品享有的所有权的内容应由法律规定,包括占有、使用、收益和处分 4 项权能,而不受思克公司单方面声明的约束。这一点也正是《2020 年商业秘密司法解释》第 14 条第 1 款、第 2 款关于"通过反向工程获得被诉侵权信息不构成侵害商业秘密行为"规定的法理基础。权利人基于所有权得对所有物行使占有、使用、收益和处分行为,因而对所有物上承载的知识产权构成一定限制,这不仅体现在反向工程对商业秘密的限制,类似的还有画作的所有权对画作著作权人展览权的限制。因此,根据涉案技术秘密及其载体的性质,思克公司贴附在产品上的标签并不构成可对抗他人反向工程的物理保密措施,应认定思克公司未采取符合《反不正当竞争法》规定的相应保密措施。

综上,二审判决认为,根据思克公司主张保护的涉案技术秘密及其载体的性质,综合审查该案现有证据,应认定思克公司未采取符合《反不正当竞争法》规定的相应保密措施,思克公司主张保护的涉案技术秘密因缺乏相应保密措施而不能成立。

上述最高人民法院二审判决结合该案具体情形,分析了案涉保密措施是否构成相应保密措施。其中,内部的保密措施不达到足以防止产品因上市流通而公开商业秘密的程度,在产品上市流通以后就不能成立相应的保密措施;权利人在产品上贴附标签,对技术秘密作出单方宣示并禁止不负有约定保密义务的第三人拆解产品的行为,不构成商业秘密的保密措施。但是,该二审判决认为,鉴于涉案技术秘密载体为市场流通产品,属于外部性载体,思克公司为实现保密目的所采取的保密措施,应能对抗不特定第三人通过反向工程获取其技术秘密,并列举了完全可以对抗而不可能泄密的两种实现方式。这种说法并不准确,因为构成商业秘密的保密措施是通常情况下足以防止商业秘密泄露或者反向工程破解的措施,并不要求像此处所列举的完全不可能泄露、完全可以对抗反向工程的保密措施。"在正常情况下足以防止商业秘密泄露"是定性的分界线,即达不到此种程度的保密措施不具有构成商业秘密的法律意义,不能构成商业秘密;达到如此程度的保密措施可以构成商业秘密,但只是"在正常情况下足以防止商业秘密泄露",并不能绝对防止商业秘密泄露和反向工程,仍无法防止的泄露和反向工程不影响商业秘密的构成。

(二)保密措施的对应性与明确具体

在采取的保密措施是否合理的认定上,实践中曾经存在两个极端,即一种是要求保密措施必须与商业秘密一对一严格吻合,如在保密协议等措施中没有写明商业秘密的名称,就认为采取的保密措施不合理;另一种是只要在保密措施中笼统地提出保密要求,就认定企业采取了合理的保密措施。这两种极端都可能对相应保密措施有所误解。

商业秘密权利人仅制定约束员工的保密制度、订立含有保密条款的格式劳动合同,还不足以认定其采取了合理保密措施,这些保密措施应当与特定的商业秘密挂起钩来,让员工知悉负保密义务的商业秘密的对象和范围。换言之,不一定要求权利人必须与员工单独签署保密协议,但需要员工知道对哪些商业秘密负保密义务,这样才能认为采取了合理保密措施。

例如,于某原系玉联公司业务营销员,后成为玉联公司的股东。2001年和2004年,于某与玉联公司两次签订《劳动合同协议书》,约定于某保守玉联公司技术经营秘密,泄露机密或利用厂技术机密给厂竞争者,玉联公司保留追究经济损失的权利。于某与该公司还签订《销售服务责任书》,承诺在职期间或离开公司三年内,不利用原销售渠道销售与公司同类的产品。2002年,尚在任职期间的于某成立科联公司,并通过高薪从玉联公司招聘技术人员,利用其掌握的销售渠道及其他离职人员掌握的技术信息,生产和销售与玉联公司同类的设备。玉联公司以侵害商业秘密为由向法院提起诉讼。一审法院认为玉联公司主张的工艺规程、工艺技术参数及销售渠道构成商业秘密,于某及科联公司侵犯了涉案商业秘密。

二审判决认为,首先,玉联公司《关于保密工作的几项规定》仅有4条,且内容仅原则性要求所有员工保守"企业销售、经营、生产技术秘密",在"在厂期间和离厂二年内,不得利用所掌握的技术生产或为他人生产与本公司有竞争的产品和提供技术服务",上述规定并未体现涉案技术秘密的具体内容,也未存在切实可行的防止技术秘密泄露的措施,在现实中不能起到保密的效果。其次,涉及保密条款的劳动合同为劳动人事局等部门制定的格式合同,仅在第11条解除条款中与"严重违法劳动纪律、严重失职等情形"一并规定,"乙方要保守甲方的技术经营机密,泄露甲方机密或利用厂技术机密于厂竞争者,甲方保留追究经济损失的权利",该规定不能认定为保密措施。最后,本案证人系从玉联公司到科联公司工作,其后又回到玉联公司工作,与涉案双方存在利害关系,而且其陈述的保密措施也局限于上述规定和劳动合同,不能证明玉联公司采取了其他保密措施。综上,玉联公司虽然采取了一定的措施,但仅是制定了原则性的针对所有人员的保密制度,跟所有员工签订了带有"保密条款"的格式合同,并未采取"限定涉密信息的知悉范围、单独签订保密协议等确保秘密的合理措施",因此综合该案的情况,法院认为依据现有证据,不能认定玉联公司采取了适当、合理的保护措施。关于涉案技术是否是公知技术,考虑到法院已经认定玉联公司未采取合理的保密措施,因此该技术问题法院不再涉及。关于经营信息是否采取保密措施,玉联公司增加了营销服务责任书和销售管理制度两份证据,该两份证据的措施基本一致,为约定"在职期间和离职三年之内,不得利用原销售渠道销售公司同类产品"。符合规定的保密措施应当表明权利人保密的主观愿望,并明确作为商业秘密保护的信息的范围,使义务人能够知悉权利人的保密愿望和保密客体,在正常情况下足以防止涉密信息泄露。在该案中上述证据中的约定没有明确玉联公司作为商业秘密保护的信息的范围,也没有明确于某应当承担的保密义务,而仅限制于某在一定时间内通过原有渠道销售公司同类产品,该约定应认定为竞业限制约定,即使其主要目的可能就是保护商业秘密,但由于该约定没有明确用人单位保密的主观愿望、作为商业秘密保护的信息的范围、义务人应当承担的保密义务,因而不能构成符合法律规定的保密措施。[1]

在诸如保密协议、劳动合同、管理制度等仅对员工提出简单的保守商业秘密要求,未对商业秘密的具体内容、范围、保管措施等作出具体明确的约定,法院通常会因其缺乏应具备的可识别性,不认定其构成合理的保密措施。

---

[1] 参见河北省高级人民法院民事判决书,(2016)冀民终689号。

例如,在东方管道公司与李某滨、刘某新等侵害商业秘密纠纷案[1]中,法院认为,东方管道公司提交的《企业管理制度》《劳动合同》中仅对员工提出了保守公司商业秘密的要求,对于其商业秘密的具体内容、范围、保管措施等并未明确规定,不能证明其对上述销售合同、发票采取了合理的保密管理措施。综上所述,原审法院认定东方管道公司主张的涉案客户名单不符合法律规定的商业秘密构成要件,不构成商业秘密,并无不当。

在恒德力公司、佛山市阿玛达机械科技有限公司侵害商业秘密案[2]中,二审判决载明,上诉人恒德力公司认为其与胡某龙、杨某松所签《劳动合同》中关于保密义务条款的约定属于双方关于商业秘密的约定,并据此认为该公司已经采取相应保密措施。但该合同关于保密内容的条款只是简单约定保密义务及责任,并未具体详尽约定保密内容、保密范围等具体保密措施。这种简单的约定,无法使合同相对人明确得知哪些内容属于保密范畴,哪些内容属于权利人的技术信息秘密和经营信息等不为外人所知的范围,即保密措施的可识别度有限。如果以此限制合同相对人,明显对合同相对人不利。

在皇雅公司、李某茂侵害商业秘密案[3]中,二审判决载明,保密措施的合理性审查应当考虑以下因素:(1)有效性,即权利人所采取的保密措施要与被保密的客体相适应,以他人不采取不正当手段或不违反约定就难以获得为标准;(2)可识别性,即权利人采取的保密措施,足以使全体承担保密义务的相对人能够意识到该信息是需要保密的信息;(3)适当性,即保密措施应与该信息自身需要采取何种程度的保密措施即可达到保密要求相适应。上诉人皇雅公司提交的《保密及竞业禁止协议》第2、3条约定了被上诉人李某茂在上诉人皇雅公司任职期间及离职后的竞业禁止、限制性义务。同时,在第6条第1、2点明确了技术秘密、商业秘密的范围和内容。对于双方约定的上述内容,可以认定为有效,但正如上文所述,《保密及竞业禁止协议》第6条第1、2点属于宽泛的商业秘密范围,既未明确经营信息的秘密点,也未明确上述经营信息与公知信息的区别,从保密义务人的角度而言,无法识别具体的保密内容和要求,即缺乏保密措施应当具备的可识别性。综上,依上诉人皇雅公司现有证据,尚不能认定其请求保护的经营信息构成商业秘密。

在沈阳市标牌制造厂与兰某忠、王某娜、沈阳市伊渤伦标牌制造厂侵害商业秘密纠纷案[4]中,二审判决载明:"本案中,上诉人对其商业秘密的范围并不清楚,因此没有相应证据证明上诉人采取了合理、适当的保密措施。上诉人主张其采取保密措施的证据有1991年的会议纪要、档案升级的证明。关于会议纪要,其上没有记载上诉人所涉的商业秘密究竟是什么,哪些人员应该对哪些技术秘密负有保密义务,只是在会议纪要上强调'反内盗'。关于档案升级,只能证明上诉人单位的档案管理达标,并不能作为上诉人对具体商业秘密采取合理、适当保密措施的依据。"

在博日公司与吕某树、杭州瀚基科技有限公司侵害技术秘密案[5]中,法院认为,保密措施应具体、有效,能够防止信息泄露。如果保密制度以及其中的保密措施是泛泛的,没有明确具体的保密信息和保密范围的,一般不能认定保密制度中的保密措施是合理的。

---

[1] 参见山东省高级人民法院民事判决书,(2015)鲁民三终字第156号。
[2] 参见广东省佛山市中级人民法院民事判决书,(2018)粤06民终514号。
[3] 参见广东省佛山市中级人民法院民事判决书,(2018)粤06民终8097号。
[4] 参见辽宁省沈阳市中级人民法院民事判决书,(2004)沈民四权终字第4号。
[5] 参见浙江省杭州市余杭区人民法院民事判决书,(2016)浙0110民初17163号。

博日公司是否对上述秘密点采取了保密措施,法院认为:博日公司于2007年1月30日制定并实施的《博日技术保密协议》及其与被告吕某树签订的保密协议中的保密范围均仅有"博日公司的新项目、新设计、特殊生产工艺及专利技术;生产流程、工艺图纸、作业方法……"的笼统约定,该些约定不能与博日公司在该案中主张的秘密点形成明确的对应关系。吕某树亦不能因该些约定明确认识到博日公司在该案中主张的秘密点系其负有保密义务的技术秘密。

在斯瑞德公司与陈某荣、陆某威侵害经营秘密案[1]中,法院认为,斯瑞德公司反映,其对涉案经营秘密采取保密措施主要体现在设定电脑开机密码以及劳动合同中订立保密条款,但其未提供证据证明刘某在其公司使用的电脑设定有开机密码。从斯瑞德公司与陈某荣、陆某威、刘某签订的格式化的填充式的中山市劳动合同中保密条款的内容来看,该保密条款实际已包括了保密以及竞业禁止条款,所列的商业秘密的范围广而复杂,其中包括了很多显然不属于商业秘密的资料。从证据来看,不能认定斯瑞德公司为防止有关信息泄露采取了与其商业价值等具体情况相适应的合理保护措施。综合上述分析,法院认定斯瑞德公司主张权利的客户联系表及产品照片不具备商业秘密的构成条件,不构成斯瑞德公司的商业秘密。

(三)竞业禁止(限制)条款约定不能视为商业秘密保密措施

竞业禁止虽然可能有预防商业秘密泄露的目的,但其与保密措施的性质不同,不能代替保密措施。

例如,在富日公司与黄某瑜等侵犯商业秘密纠纷上诉案[2]中,二审判决载明,富日公司主张其关于日商"森林株式会社"的特定交易信息为其商业秘密,但该案中并无证据表明富日公司对上述合同及相关附件采取了相关保密措施。富日公司虽辩称,其与黄某瑜签订的《劳动合同》第11条系其对该案主张的商业秘密采取的保密措施,但该合同第11条第1款约定"乙方在与甲方解除本合同后,五年内不得与在解除本合同前与甲方已有往来的客户(公司或个人)有任何形式的业务关系。否则,乙方将接受甲方的索赔",由此可见该条款既没有约定富日公司(甲方)哪些信息是商业秘密,也没有约定黄某瑜(乙方)应对哪些商业秘密负有保守秘密的义务,故上述第11条第1款之约定应认定为竞业禁止条款。该条款仅约定了限制黄某瑜择业自由的内容,而未涉及因此限制而应支付的补偿费,在该案中,也没有证据证明富日公司曾支付给黄某瑜相关补偿费用。因此,富日公司并不能援引上述条款主张黄某瑜侵犯了其商业秘密。富日公司在该案中主张的体现在销售合同及其附件中的日商"森林株式会社"的特定交易信息,尚不能构成我国反不正当竞争法规定的商业秘密。

在国达仪器公司与南京耀义仪器设备有限公司、秦某明侵害商业秘密案[3]中,法院认为,原告主张的保密措施是其与被告秦某明签订了《企业员工保密协议》、《销售总监承诺书》,以及《保证书》中竞业禁止的约定。《企业员工保密协议》中约定的"保密内容及范围"并未涉及具体信息,故使相对方无法明知具体的保密客体,以履行相应的保密义务。

---

[1] 参见广东省中山市第一人民法院民事判决书,(2015)中一法知民初字第285号。
[2] 参见上海市高级人民法院民事判决书,(2010)沪高民三(知)终字第45号。
[3] 参见南京铁路运输法院民事判决书,(2017)苏8602民初8号。

同时,前述协议及《保证书》中约定的被告秦某明或家人在一定时间内不得从事与原告国达仪器公司相同的业务或销售同类产品,亦不得与原告公司客户进行业务联系等,为单纯的竞业禁止条款,其未明确用人单位作为商业秘密保护的具体信息范围。另原告国达仪器公司与被告秦某明签订包括前述竞业限制内容的协议后,原告既未书面约定也未提供证据证明其向被告秦某明支付过合理的补偿费用。因此,原告主张为保密措施的上述协议等,不构成1993年《反不正当竞争法》第10条规定的保密措施。

在新理想学校与何某华、湖南塞上教育咨询有限公司及楚卓学校、桃源县职业中等专业学校侵犯商业秘密案[1]中,二审判决载明,合理的保密措施有以下构成要件:(1)商业秘密持有人具有保密的主观意愿,即持有人明确知道商业秘密的存在,并且不愿同行业竞争者知悉;(2)需保密的内容要具体明确,即保密措施中明确保密信息的内容,允许传播的范围,信息的知情者义务;(3)要有具体的保密行为,即必须采取物理性的防范措施。该案中,新理想学校、楚卓学校与何某华签订的聘用合同中约定"保证甲方的商业秘密,不得向传媒界或任何第三者透露本合同的具体内容及在签署谈判过程的甲方商业秘密",以及新理想学校制定的《教师管理条例》显示"保守学校的商业机密,严禁向外界泄露本校的招生方式和教学管理方法、教学课程安排、收费标准等",上述约定和条例的规定并没有明确商业秘密是否包括学生名册、培训方案等。何某华否认收到《教师管理条例》,新理想学校亦未能提供证据证明何某华收到或知晓上述条例。故一审法院认定上诉人新理想学校对其主张的《学生名册》与《美术专业培训方案》未采取合理的保密措施,二审法院予以支持。

在商业秘密权利人未明确具体的保密内容的情况下,若权利人能举证证明公司成立以来只进行了一项具体的研发工作,则可认为采取了合理保密措施。例如,在丁某刚、周某军、成都瑞途科技发展有限公司与伟途公司侵害商业秘密纠纷案[2]中,二审判决载明,伟途公司采取了制定员工手册、要求员工签署保密声明等措施,上述资料中虽未明确具体的保密内容,但伟途公司成立以来仅进行了案涉项目的研发工作,因此,原审法院认为伟途公司对案涉信息具有保密的意愿,其采取的保密措施是合理的。

只有当事人在保密协议中有明确约定时,义务人承诺保守商业秘密的范围才可及于关联公司。例如,李某新等与日美灯箱公司等侵犯商业秘密案[3]二审判决载明,李某新与日美灯箱公司于2005年9月26日签订的《保密及竞业限制合同》是自愿签订的,意思表示真实,不违反法律、行政法规的强制性规定,依法应确认有效,双方均应遵守。虽然李某新与日美器材公司、日美传媒公司没有签订保密协议,但日美器材公司、日美传媒公司属日美灯箱公司的关联公司,李某新在与日美灯箱公司中的保密协议中已承诺保密的范围不限于日美灯箱公司的商业秘密,还包括日美灯箱公司的关联公司的商业秘密,该承诺对李某新有约束力,李某新对日美器材公司、日美传媒公司的商业秘密也有保密义务。两上诉人上诉称保密协议无效,日美器材公司、日美传媒公司未采取保密措施的理由不成立。

---

[1] 参见湖南省长沙市中级人民法院民事判决书,(2017)湘01民终3071号。
[2] 参见四川省成都市中级人民法院民事判决书,(2014)成知民终字第75号。
[3] 参见广东省高级人民法院民事判决书,(2009)粤高法民三终字第27号。

在李某凤、安拾代(上海)投资咨询有限公司侵害商业秘密案[1]中,法院认为,原告与被告建立劳动关系后,签订了劳动合同,但劳动合同并未约定原告的关联公司北京积木时代信息咨询有限公司的商务专员保密制度适用于原告公司及被告,也未约定被告与乐融多源(北京)科技有限公司签订的《保密及知识产权协议》等继续对原告、被告发生效力,原告据此主张被告负有约定的保密义务,法院不予采信。

商业秘密权利人不能证明员工在签订保密协议时所任职务时,仍可依据相关业务单据,证明该员工具备接触、掌握有关商业秘密的途径,是负有保密义务的人员。例如,在超灵公司与李某庆侵害商业秘密案[2]中,法院认为,依照双方的书面劳动合同,被告的职位为驾驶员,但被告在担任驾驶员职务期间,有时也以业务员身份送货,因此,虽然原告不能证明被告的职务在签订保密协议时已从驾驶员转为销售员,但原告提供的被告以业务员身份签字的发货通知单可以证明被告知道原告单位一定的销售渠道与客户名单等商业秘密,因此,被告是负有保密义务的人员。原告超灵公司系高新技术企业,并有一定的经营规模,因而其有相应的销售渠道和客户资源,同时拥有与公司业务相关的知识产权。因此,原告、被告自愿签订的保密协议,可以作为双方之间劳动关系的组成部分,保密协议主体适格。

六、保密措施的时间节点

通常而言,判断是否采取保密措施的时间节点是,被诉侵犯商业秘密行为发生之时是否处于采取保密措施的状态。如果此时未采取保密措施,就因不存在商业秘密而不构成侵权行为。《2020年商业秘密司法解释》第5条第1款规定:"权利人为防止商业秘密泄露,在被诉侵权行为发生以前所采取的合理保密措施,人民法院应当认定为反不正当竞争法第九条第四款所称的相应保密措施。"该规定是否存在逻辑上的问题,颇有困惑。因为,如果在被诉侵权行为发生以前采取了合理保密措施,但侵权行为发生之时保密措施已解除,是否认定采取了保密措施?显然不能。因此,应当是"在被诉侵权行为发生时所采取的合理保密措施"。

当然,抽象地界定保密措施的时间节点比较容易和清晰,但在实践中会有一些具体的复杂问题,使有时难以判断权利人采取保密措施的时间节点,如某些证明文件可能并未标注文件形成的时间,也并未对形成时间进行证据固定。

例如,《江苏省高级人民法院侵犯商业秘密民事纠纷案件审理指南》第2.6条指出,对于原告在信息形成一段时间以后才采取保密措施的,应当结合具体案情从严掌握审查标准,如无相反证据证明该信息已经泄露,可以认定保密措施成立。此种情况即可能涉及被诉侵权行为发生以前曾经未采取保密措施,而在行为发生之时处于采取保密措施的状态。只要此时商业秘密仍具有保密性和秘密性,不因此前曾经未采取保密措施而影响商业秘密的构成。

如果前期制定的保密措施无法涵盖新产生的保密信息,这些保密措施并不当然适用于新信息,此时应当及时对保密措施(如保密的规章制度)进行修订或者制定新措施。例如,企业因经营方向改变、产品策略调整等,产生了的保密信息,如果此前的保密措施不能

---

[1] 参见广西壮族自治区南宁市青秀区人民法院民事判决书,(2018)桂0103民初12969号。
[2] 参见浙江省温岭市人民法院民事判决书,(2014)台温知初字第32号。

明确地适用于新信息,则应当对于保密措施及时做出调整和更新。

七、数字网络环境下的合理保密措施

数字网络环境下商业秘密的存储、使用和传播必然出现一些数字网络技术所带来的新问题,对于如何确定保密措施的合理性,特别是如何将传统的保密措施与新的数字网络环境和网络技术相结合,值得关注。

例如,在原告新丽公司诉被告派华公司侵害商业秘密案[1]中,新丽公司系涉案电影《悟空传》的投资方、出品方、制片方之一,派华公司系知名后期技术制作公司。新丽公司曾委托派华公司为涉案电影进行部分后期技术制作,并采取各类保密措施要求派华公司就该电影素材严格保密。派华公司接受新丽公司的委托后,违反保密约定将其中部分后期制作工作上传至网盘传输给外包的案外人实际执行。该素材内容在网盘中长时间保存期间,派华公司为网盘设置的密码被案外不法分子破解,导致涉案电影全片素材因此泄露至公开互联网,并于该电影公映前在互联网广泛传播。就此,新丽公司以侵犯商业秘密为由将派华公司诉至北京市朝阳区人民法院。

北京市朝阳区人民法院经审理认为,涉案电影素材基本完整展现了涉案电影的全部内容,凝结了演员、导演、摄像等众多人员的创造性劳动,而非各个素材的简单集合,案外人对该等信息的获得具有极大难度。在电影公开放映之前,该等信息当然不为其经营领域内的相关人员所普遍知悉。虽然其中的部分服装、道具、场景等在公映之前已经公开,但该等信息的整体组合仍符合秘密性特征,亦可为权利人带来商业价值;加上委托合同中有保密条款的相关约定,故涉案素材构成反不正当竞争法保护的商业秘密。派华公司被诉侵犯商业秘密行为包括两项:其一,违反保密约定向其公司以外人员披露涉案素材。其二,将涉案素材以"WKZ"为名上传至网盘,并最终导致素材泄露于互联网之上。关于第一项行为,派华公司明知其对新丽公司负有保密义务,仍向其公司以外人员披露涉案素材,违反了其保密义务,构成侵犯商业秘密。关于第二项行为,应当考量派华公司是否具有故意或重大过失的主观过错。该案中,派华公司的行为显然与上述经营信息的重要程度不相匹配,其对于涉案电影素材泄露在主观上存在重大过失,该项行为亦构成侵犯商业秘密。综上,法院认为,派华公司涉案行为违反1993年《反不正当竞争法》第10条之规定,构成侵害新丽公司商业秘密,判决派华公司赔偿新丽公司经济损失300万元等。

该案是派华公司违反与新丽公司的保密约定,将部分后期制作工作上传至网盘传输给外包的案外人实际执行,因素材内容在网盘中长时间保存期间,派华公司为网盘设置的密码被案外人破解,导致涉案电影全片素材泄露至公开互联网,而产生的侵害商业秘密纠纷。该案侵犯商业秘密行为与数字网络传播有关,但侵权认定仍是基于派华公司违反对新丽公司的保密义务,而不涉及网络环境下的保密措施设定是否合理的问题。

在融七牛公司与智源享众公司侵害商业秘密纠纷案[2]中,2018年8月2日,融七牛公司市场部的同事通过"流量bd"微信工作群发布了涉案两个Excel表格,该工作群有包括赵某姣在内的4位融七牛公司市场部员工,其中的冯某珍系赵某姣的直接上级,职务为

---

[1] 参见北京市朝阳区人民法院民事判决书,(2017)京0105民初68514号。该案入选"最高人民法院2019年中国法院50件典型知识产权案例""2019年度中国十大传媒法与娱乐法案例"。

[2] 参见北京市朝阳区人民法院民事判决书,(2019)京0105民初2200号;北京知识产权法院民事判决书,(2020)京73民终2581号。

高级经理,封某娟是赵某姣同事。工作群中发布的《市场花费台账模板 2018－7 月》Excel 文件内容含有 5 月到 7 月的融七牛公司信用卡业务线的 483 条渠道结算的明细,内容涵盖了渠道商名称、渠道分类、账户管家、账户名称、投放状态、结算金额、具体结算方式、细分结算规则、渠道商账户花费、结算返利、点击单价、总点击量、融七牛公司内部点击量统计等信息。由于该表格系用于融七牛公司内部工作人员填写工作台账所用模板,部分历史数据已经删除,但 5 月到 7 月的渠道供应商名单、投放状态、结算方式、结算标准基本完整保留,账户管家、账户名称、细项结算规则、结算量、单价、当月现金花费等项目保留有部分相应数据。该 483 条渠道商信息中包括涉案的泡泡云公司和时光互动公司,该二公司系融七牛公司的签约渠道商。

2018 年 8 月 6 日,融七牛公司的渠道商泡泡云公司的张姓工作人员与融七牛公司封某娟取得联系,告知封某娟智源享众公司的工作人员范某宁曾主动与泡泡云公司联系并寻求商务合作,告知封某娟其公司的渠道商信息可能被公司内部人员泄露,且对于泄露事件表达了不满。聊天过程中,泡泡云公司该名工作人员向封某娟转发了载有泡泡云公司名称、投放状态、现金花费、结算方式、结算标准 5 项信息的 Excel 表格截图,该截图显示的信息与融七牛公司市场部工作人员 2018 年 8 月 2 日发在"流量 bd"微信群中的《市场花费台账模板 2018－7 月》Excel 表格对应部分内容一致。封某娟向泡泡云公司索要了与其联系的范某宁的联系方式,显示范某宁的工作单位为智源享众公司,职务为媒介经理,同时包含其本人的 QQ、Email、单位地址等信息。2018 年 8 月 14 日,时光互动公司的张姓工作人员同样联系了封某娟,告知其曾有名为范某宁的人员通过 QQ 与其取得联系,希望寻求合作。智源享众公司认可该范某宁系其公司工作人员。

融七牛公司发现其公司相关信息泄露情况后,分别于 2018 年 8 月 13、14 日与赵某姣进行了调查谈话,两次谈话记录记载以及冯某珍出具的证人证言显示:赵某姣承认其入职后曾与智源享众公司联系,并向智源享众公司介绍过融七牛公司的渠道合作方式;承认其曾在 2018 年 8 月 3 日下午见过姓名为李某的人。对于李某的身份,赵某姣述称李某系智源享众公司的销售人员,并承认李某曾在 8 月 3 日下午见面时接触并使用过赵某姣的电脑,亦承认其曾于当晚与智源享众公司的工作人员杨某卿一起吃晚饭,聊天内容涉及了融七牛公司的相关业务。8 月 3 日在与杨某卿一起吃晚饭时,赵某姣曾将自己手机拿给杨某卿,杨某卿亦承认其看到过赵某姣手机中的涉案 Excel 表格文件,并曾提出转发的要求。赵某姣称其当时拒绝了转发要求。赵某姣本人承认本次信息泄露系其个人原因,但否认系其故意披露。

智源享众公司认可杨某卿系其公司的商务经理,否认李某系其公司工作人员。现无证据证明涉案 Excel 表格系赵某姣主动向智源享众公司相关人员披露。智源享众公司否认其获取了涉案 Excel 文件完整数据,但未就其工作人员范某宁掌握的涉案 Excel 文件数据截图说明合理来源,未就该截图与涉案 Excel 表格内容的一致性作出合理解释,亦未就其在接触赵某姣后不久即向 Excel 表格中所列的泡泡云公司、时光互动公司两家渠道商寻求商务合作的行为作出任何合理解释。

诉讼中,融七牛公司提交了其主张的商业秘密的载体《市场花费台账模板 2018－7 月》Excel 文件。针对《市场花费台账模板 2018－7 月》Excel 文件,融七牛公司表示该 Excel 文件表格承载了其公司市场部的大部分重要经营信息,具有极高价值。其中,"供应商"

系融七牛公司耗费大量人力、物力、财力在持续数年的经营过程中积累沉淀的优质渠道商名单,可以更高效地为融七牛公司融360平台导入用户流量;"账户管家""账户名称"系融七牛公司在渠道商平台的账户和密码,通过账户名称和密码可以看到融七牛公司在平台上的所有数据,包括每天花费情况、点击数据等,根据用户的属性可以分析出其公司的投放策略;"投放状态"能够体现出融七牛公司与渠道商的合作状态,如果是"在投"状态,则能够反映出渠道商较为优质,被其他渠道商得知则会有被截取或撬走渠道商的风险,导致融七牛公司市场资源的损失;"结算标准"是融七牛公司与渠道商反复协商的结果,部分结算方式属于渠道商给予融七牛公司更为倾斜的结算方式,他人获取将稀释其市场资源的结算优势;"现金花费"直接体现了融七牛公司在市场上的体量以及每个渠道商的投放规模,代表了不同渠道商的流量效果和创造价值能力;"细项结算规则"与"现金花费"结合分析,可以体现出融七牛公司的渠道商配置市场策略,属于一种市场竞争优势,尤其是单价往往低于市场平均价格,一旦被他人知晓,将有被他人高价截取的风险,导致市场资源的损失。

一审法院认为,融七牛公司主张构成商业秘密的信息为其"信用卡业务线"渠道商有关经营信息,该Excel表格中列明了融七牛公司从事金融业务推广营销服务所合作的渠道商名单,通过Excel表格的形式将每个渠道商当月的投放状态、结算方式、结算标准、当月现金花费、细项结算等具体内容有针对性地进行了统计和录入,该表格属于融七牛公司内部经营数据台账,所载内容并非孤立、散落的单纯企业名称,而是融七牛公司近三个月与不同渠道商合作和结算情况的记载,整体上经过了整理和编排,里面承载的信息属于融七牛公司长期经营所积累的优势渠道资源,不属于公众普遍知悉和容易获取的经营信息,具有秘密性。该经营信息一旦被同业人员获悉,相关人员通过整体分析该表格内容便可以了解融七牛公司信用卡业务推广服务所依托的市场拓展渠道,同业竞争者便能够免去从海量的市场主体中寻找优质渠道所需的时间成本,人力、物力、财力等花费,并可以借助其掌握的上述信息省去商务沟通成本,进而与优质的渠道商最终达成合作。因此,融七牛公司所制作的涉案Excel表格内容是其竞争优势的体现,该经营信息具有商业价值。融七牛公司与赵某姣签署的劳动合同和保密协议中明确约定了对于工作中掌握的市场数据、销售渠道、客户名单等数据或资料应当保密,且建立了专门的"融360数据安全及保密制度",对于公司数据严格限定了接触的人员范围和使用、传输要求。据此,原审法院认定融七牛公司已经对涉案经营信息采取了必要的保密措施。据此,一审法院认定,融七牛公司主张的涉案经营信息构成商业秘密。

二审法院认为,关于上诉人赵某姣提出融七牛公司主张的商业秘密并不明确具体,有关涉案信息不属于商业秘密的上诉理由,融七牛公司主张构成商业秘密的信息为其"信用卡业务线"渠道商有关经营信息,该Excel表格中列明了融七牛公司从事金融业务推广营销服务所合作的渠道商名单,通过Excel表格的形式将每个渠道商当月的投放状态、结算方式、结算标准、当月现金花费、细项结算等具体内容有针对性地进行了统计和录入,上述记载信息经过了整理和编排,承载的信息属于融七牛公司长期经营所积累的优势渠道资源,不属于公众普遍知悉和容易获取的经营信息,具有秘密性,且具有商业价值。融七牛公司与赵某姣签署的劳动合同和保密协议中明确约定了对于工作中掌握的市场数据、销售渠道、客户名单等数据或资料应当保密,且建立了专门的"融360数据安全及保密制度",对于公司数据严格限定了接触的人员范围和使用、传输要求。因此,原审法院认定融七牛公司主张的涉案经营信息构成商业秘密正确。关于上诉人赵某姣提出融七牛公司所称的通过账户密码所能看到的用户信息,并无法从涉案 Excel 表格中看到,无证据证明这些用户后台数据已被泄露。根据泡泡云公司出具的情况说明、时光互动公司向融七牛公司反馈的关于范某宁同时期主动向其寻求合作相关内容、智源享众公司工作人员范某宁在商务沟通中所使用的截屏与融七牛公司《市场花费台账模板 2018 - 7 月》Excel 表格的对应性、赵某姣在调查谈话记录中对整个事件的陈述,上述证据能够证实融七牛公司的涉案经营信息已经被智源享众公司获取和掌握。关于上诉人赵某姣提出涉案 Excel 表格中列明的渠道商名单并非融七牛公司专有的合作方,他人使用这些渠道商信息进行推广不会与融七牛公司产生业务冲突,即便融七牛公司的渠道商名单泄露也并未给其造成实际经济损失。如前所述,融七牛公司主张的涉案经营信息构成商业秘密,相关人员通过整体分析涉案经营信息便可以了解融七牛公司信用卡业务推广服务所依托的市场拓展渠道,同业竞争者便能够免去从海量的市场主体中寻找优质渠道所需的时间成本,人力、物力、财力等花费,并可以借助其掌握的上述信息省去商务沟通成本,进而形成竞争优势。赵某姣的涉案行为构成违反保密义务披露权利人商业秘密的行为。关于上诉人赵某姣提出融七牛公司对赵某姣及智源享众公司的主张不能同时成立,如赵某姣披露了其商业秘密,那么智源享众公司就不是盗窃,反之亦然的上诉理由。原审法院认定,赵某姣的涉案行为构成违反保密义务披露权利人商业秘密的行为,违反《反不正当竞争法》第 9 条第 1 款第 3 项的规定;认定智源享众公司明知赵某姣掌握融七牛公司商业秘密情况下仍然获取并实际使用涉案商业秘密,违反《反不正当竞争法》第 9 条第 3 款的规定。原审法院的上述认定,具有事实和法律依据。上诉人的此项上诉理由,缺乏事实和法律依据,二审法院不予支持。

关于上诉人赵某姣提出融七牛公司未举证证明其要求员工保守商业秘密的具体范围、内容,赵某姣作为普通员工无法准确作出判断的上诉理由。赵某姣在其入职时签署了系列保密协议,员工手册和劳动合同书中均有关于保密的规则和要求,结合赵某姣工作履历以及融七牛公司对商业秘密的管理措施,原审法院认定赵某姣具备识别涉案经营信息属于商业秘密的主观判断能力正确。上诉人的此项上诉理由,缺乏事实依据。

该案中,融七牛公司与赵某姣签署的劳动合同和保密协议中明确约定了对于工作中掌握的市场数据、销售渠道、客户名单等数据或资料应当保密,且建立了专门的"融 360 数据安全及保密制度",对于公司数据严格限定了接触的人员范围和使用、传输要求。据此,法院认定融七牛公司已经对涉案经营信息采取了必要的保密措施。

在万联公司诉周某民等侵犯商业秘密案中,原告万联公司从事网络制作、计算机软件开发、信息服务等业务。原告聘用被告周某民为其制作网站和开发软件程序,聘用合同中约定:"无论是合同期内或合同期满后,或中途经双方同意,解除合同后,乙方都无权未经甲方同意将属于公司所有权的软件程序泄密,转让和用于他人(非本公司业务使用),一经发现甲方有追究乙方违约的权利。" 2002 年,原告开始运行"BOX 网络游戏社区"网站。2004 年,被告周某民与其他 4 名被告(均曾在原告处任职)离开原告处,注册了新的网站 www.box2004.com。周某民利用此前掌握的网站管理员密码从原告网站上下载了用户数据库,并利用原先设计开发的用于原告网站的软件程序开通了网站 www.box2004.com,

同时对原告网站软件程序的配置文件进行了修改,使原告网站无法运行,并通过在其他网站上发布公告、在 QQ 群里发布通知等方式将原告网站的注册用户引导至网站 www.box2004.com。原告遂以被告侵犯其商业秘密造成损失为由将被告诉至法院。

一审法院经审理认为,原告网站运营过程中形成的用户数据库归原告所有,该用户数据库中的注册用户信息,包括用户名字段、注册密码字段和注册时间字段等信息,构成商业秘密。被告的行为构成了对原告商业秘密的侵犯,遂判决被告赔偿原告损失。二审法院维持原判。

一审判决认为,该案原告所主张的商业秘密是涉案网站数据库中的用户信息,包括客户名单数据表中的注册用户名字段、注册密码字段和注册时间字段等信息。根据沪公鉴著字[2006]第021号《司法鉴定书》以及法院查明的事实,首先,上述用户信息是涉案网站在长期的经营活动中形成的经营信息,原告为吸引网络游戏爱好者在该网站注册并参与交流付出了一定的创造性劳动,虽然单个用户的注册用户名、注册密码和注册时间等信息是较容易获取的,但是该网站数据库中的50多万个注册用户名、注册密码和注册时间等信息形成的综合的海量用户信息却不容易为相关领域的人员普遍知悉和容易获得。其次,上述用户信息证明了涉案网站作为游戏网站具有较大的用户群和访问量,而网站的访问量又与网站的广告收入等经济利益密切相关,因此上述用户信息能为原告带来经济利益,具有实用性。最后,原告为涉案网站的数据库设置了密码,并且该密码只有作为主要技术人员的被告周某民和原告的法定代表人邱某晓知晓,在原告与被告周某民签订的《聘用合同书》中也有保密条款,因此可以认定原告对上述用户信息采取了保密措施。综上,一审法院认定涉案网站数据库中的用户信息,包括客户名单数据表中的注册用户名字段、注册密码字段和注册时间字段等信息,属于商业秘密,受法律保护。原告作为涉案网站数据库的权利人,对该数据库中用户信息的商业秘密享有所有权,被告周某民未经原告许可利用自己掌握的数据库密码从原告公司的涉案网站复制下载并使用了包含注册用户名字段、注册密码字段和注册时间字段等用户信息的数据库的行为侵犯了原告的商业秘密。[1]

二审判决认为,首先,虽然单个用户的注册用户名、注册时间等可能易于获取,但是涉案网站数据库中50多万个注册用户名、注册密码和注册时间等一一对应的信息组成的综合海量用户信息并不易被相关领域的人员普遍获悉和容易获得。其次,网站的广告收入等经济利益与网站的访问量密切相关,上述海量的用户信息证明涉案网站作为游戏网站具有较大的用户群和访问量,因此上述用户信息能为万联公司带来经济利益,具有实用性。最后,万联公司为涉案网站数据库设置了密码,该密码只有主要技术人员周某民和万联公司的法定代表人邱某知晓,且在万联公司与周某民签订的《聘用合同书》中约定了保密条款,因此可以认定万联公司对上述用户信息采取了保密措施。综上所述,涉案网站数据库中的用户信息,包括客户名单数据表中的注册用户名字段、注册密码字段和注册时间字段等信息,构成商业秘密。周某民在未经万联公司许可的情况下,利用自己掌握的数据库密码擅自从万联公司的涉案网站复制、使用了包含上述商业秘密的数据库,该行为侵犯

---

[1] 参见上海市第二中级人民法院民事判决书,(2010)沪二中民五(知)初字第57号。

了万联公司的商业秘密。[1]

该案涉及比较典型的数字网络环境下数据的商业秘密保护。万联公司采取的保密措施,包括为涉案网站数据库设置密码,该密码只有主要技术人员周某民和万联公司的法定代表人邱某知晓,且在万联公司与周某民签订的《聘用合同书》中约定了保密条款。这些保密措施为法院认可。这种密码措施只要能够在通常情况下可以发挥常规的保密作用,而不是可以为其他人轻而易举地加以破解,可以构成合理的保密措施。

在杭州某科技公司与汪某侵犯直播数据商业秘密纠纷案[2]中,原告杭州某科技公司旗下经营两款直播平台,其经营模式为:平台主播与注册用户开展娱乐互动,用户通过现金充值获得平台内的虚拟货币,通过消费该货币向主播打赏礼物,主播获得礼物兑换后按照约定比例向公司分成收益。公司在打赏环节设置中奖程序,将特定比例的打赏金额归入奖池,在一定礼物赠送周期内,根据后台配置,由程序算法随机生成中奖礼物个数索引,用户有机会从奖池中获取其所打赏礼物价款的一定倍数返还作为中奖奖励。通过后台权限,公司高管可登录平台账号查看中奖实时数据。被告汪某系原告某平台前运营总监,双方签订保密协议。被告在职期间,利用自身账号权限,登录查看、分析后台数据,掌握中奖率高的时间点,通过关联多账号进行刷奖,获得平台高额奖金;被告离职以后入职相同行业的另一平台公司,在自身账号已被注销的情形下,仍通过获取原告员工胡某账号的方式,继续登录后台进行刷奖,被告持续一年多时间多次登录实施被诉行为,通过数十名主播提现,被告在笔录中自述以此获利200余万元。

原告认为,被告上述行为侵犯了原告的商业秘密,导致平台其他注册用户基本无法获取中奖奖励,平台的注册用户充值大幅减少、用户流失,情节恶劣,请求法院判决被告赔偿损失等。

一审法院认为,原告在该案中主张的直播打赏实时数据,需登录平台管理人员账户查看,并无证据显示其通过公开渠道可获得,符合秘密性。就商业秘密内容双方签订保密协议,原告对账户区分人员设置不同查看权限,限制能够接触或获取后台不同数据的人员范围,且两平台账号不可通用。在工作人员离职后,公司及时注销相关账号,对访问、使用相关数据采取必要措施,符合保密性。涉案实时数据,系原告通过设定中奖算法,由程序分配中奖索引,结合用户打赏实时产生,上述后台数据同时蕴含用户深层衍生信息,平台可通过跟踪程序的运作和数据的变化,关注用户参与度和活跃度,及时调整相关中奖算法和中奖机制。同时,通过对这些数据的分析和利用,既可推算中奖概率,掌握打赏规律,获得直接的经济收益;亦可描绘中奖场景,了解特定平台对中奖规则和利润分成的设定,从平台数据本身、从数据转化为流量的网络平台运营模式、从网络直播行业的商业模式和盈利模式三个角度出发,涉案数据具有商业价值。据此,涉案直播打赏实时数据构成商业秘密,经营者由此可获得相应竞争优势。被告在职期间的"使用"行为,违反《反不正当竞争法》第9条第1款第3项的规定,离职后的"获取"行为,违反上述第9条第1款第1项的规定,离职后的"使用"行为,违反上述第9条第1款第2项的规定。被告在自身获利的同

---

[1] 参见上海市高级人民法院民事判决书,(2011)沪高民三(知)终字第100号。
[2] 参见杭州铁路运输法院民事判决书,(2021)浙8601民初609号;杭州市中级人民法院民事判决书,(2021)浙01民终11274号。

时,使互动打赏环节失去吸引力,注册用户的充值和打赏大幅减少,干扰打赏环节正常的运行机制,损害平台经营秩序和竞争优势,构成侵犯原告商业秘密。二审法院维持原判。

对于数据类经营信息是否符合商业秘密构成要件,审查中应结合数据组成和行业特征认定其保密性、秘密性、商业价值。网络原始数据组成的衍生数据或大数据,或者网络公开数据结合其他尚未公开的内容组成新的数据信息,可依据秘密性要件审查其是否构成商业秘密。对于数据类信息,应结合行业现实状态及载体的性质、保密措施的可识别程度,认定保密措施应以适当为标准。直播平台中奖数据反映经营者特定经营策略及经营效果,体现用户打赏习惯和消费习惯等深层信息,可为经营者提供用户画像,吸引流量,获得竞争优势,具有商业价值。

对该案数据采取的保密措施包括双方签订保密协议,原告对账户区分人员设置不同查看权限,限制能够接触或获取后台不同数据的人员范围,且两平台账号不可通用;在工作人员离职后,公司及时注销相关账号,对访问、使用相关数据采取必要措施。

在美国商业秘密保护中,数据网络环境下的商业秘密保密措施是一个受关注的议题。通常而言,此类商业秘密的保密措施需要与数字网络环境和网络技术相配套。[1]如在Qsrsoft, Inc. v. Restaurant Technology, Inc. 案[2]中,涉密信息为网络计算机系统中的特定信息,原告采取保密措施隐藏其信息而使竞争对手难以知悉,包括对于使用其计算机信息系统者签订许可协议、用口令保护网站以及不将涉密信息按照常规向客户和竞争对手进行展示、向未来的客户和竞争对手进行的常规展示仅占整个系统的5%、不让客户和竞争对手看到源代码等。法院认定其构成合理的保密措施。

从此类案件来看,对于储存于网络环境下的数字信息,经营者可以通过设置口令、防火墙、加密协议等措施保护其商业秘密信息。同时,还可以通过签订保密协议等传统措施约束其员工。如果商业秘密信息通过云服务器等方式存储于第三方服务器,则又涉及第三方保密措施的安全性问题。[3]

---

[1] See Elizabeth A. Rowe & Sharon K. Sandeen, *Trade Secret Law: Cases and Materials*, 2nd edition, West Academic Publishing, 2017, p. 218-232.

[2] See United States District Court, N. D. of Illinois, 2006, 84 U. S. P. Q. 2d 1297.

[3] See Elizabeth A. Rowe & Sharon K. Sandeen, *Trade Secret Law: Cases and Materials*, 2nd edition, West Academic Publishing, 2017, p. 226-227.

第七章 构成商业秘密的信息

第一节 技术信息和经营信息等商业信息

一、商业秘密是无体的商业信息

商业秘密是符合法定要件的商业信息。2019年修正的《反不正当竞争法》第9条第4款将商业秘密规定为"技术信息、经营信息等商业信息",即商业秘密是技术信息、经营信息或者其他商业信息,意为除技术信息和经营信息外,还有其他商业信息。显然,技术信息、经营信息是商业秘密的基本类型。

商业秘密是以具有市场竞争价值或者商业价值的技术和经营等信息为保护对象,可以构成商业秘密的信息范围广泛,不像专利对技术方案等的要求那样严格,凡具有商业或者市场竞争价值的信息均可纳入保护范围。除司法解释外,一些司法政策曾经界定其保护对象。如以符合法定条件的商业秘密信息为依据,准确界定商业秘密的保护范围,每个单独的商业秘密信息单元均构成独立的保护对象。[1]

从国际上看,商业秘密的范围极为广泛。如美国《统一商业秘密法》所保护的商业秘密包括任何有价值的信息,即只要信息能够为原告带来价值,就可以受商业秘密法保护。[2] 可以构成商业秘密的信息的范围虽然广泛,但有些信息是需要排除在商业秘密范围之外的,包括:(1)非商业秘密性的其他秘密信息和财产性信息。(2)不重要的信息。(3)任何人可以自由使用的信息。特别是涉及"拼合型商业秘密"和数据集合的案件,关键是确定拼合或者汇集的哪些部分属于可保护的范围,哪些不属于。[3] 属于可纳入商业秘密保护范围的信息,仍需要根据商业秘密的构成要件确定其是否构成商业秘密。

信息是具有特定内容和价值的无体物。商业秘密因信息的内容性而不同于版权。如美国华盛顿最高法院在 Boeing Co. v. Sierracin Corp. 案中所指出的,"版权不保护思想本身,只保护它的特定表达……相比较之下,商业秘密法保护作者的思想"[4]。商业秘密本身是无体的商业信息,但可以附着或者呈现于特定的有形载体。商业秘密的常见载体包

---

[1] 参见最高人民法院《关于充分发挥知识产权审判职能作用推动社会主义文化大发展大繁荣和促进经济自主协调发展若干问题的意见》(2011年12月16日印发,法发〔2011〕18号)第25条。

[2] See Mark A. Lemley, *The Surrpising Virtues of Treating Trade Secrets as IP Rights*, Stanford Law Review, Vol. 61:311.

[3] See Elizabeth A. Rowe & Sharon K. Sandeen, *Trade Secret Law: Cases and Materials*, 2nd edition, West Academic Publishing, 2017, p. 45.

[4] Elizabeth A. Rowe & Sharon K. Sandeen, *Trade Secret Law: Cases and Materials*, 2nd edition, West Academic Publishing, 2017, p. 157.

括:(1)以文字、图形、符号记录的纸介质载体,如文件、资料、文稿、档案、电报、信函、数据统计、图表、地图、照片、书刊、图文资料等;(2)以磁性物质记录的载体,如计算机磁盘(软盘、硬盘)、磁带、录音带、录像带等;(3)以电、光信号记录、传输的载体,如电波、光纤等;(4)设备、仪器、产品等物理性载体。但是,商业秘密只是特定的无体信息,而不是其载体,因而应当将某种信息认定为商业秘密,而不能将承载该信息的载体认定为商业秘密。如化合物为公众所知悉,其本身可能是商业秘密的载体,而不可能成为商业秘密的保护对象,可以作为商业秘密保护的只能是该物质的配方、制造、加工或者储藏的工艺等。[1]

如在百年梦公司、翔鹰公司与三六零公司、柳某、刘某某、金某某不正当竞争纠纷案[2]中,最高人民法院指出,诉争12项商业信息均为百年梦公司合法掌握的商业信息。其中技术信息3、8、10为概括性描述,并不是明确、具体的技术信息。当事人主张通过商业秘密来寻求保护的技术信息,应当是明确、具体的技术信息,而不能是笼统、抽象的上位概念。所属技术领域中的上位概念由于缺乏明确、具体的技术信息细节,一方面导致当事人主张的技术信息范围难以准确确定以合理予以保护,因为笼统、抽象的上位概念容易夸大保护范围而损害其他人的正当权益;另一方面该类技术信息也难以在特定生产经营活动中被加以运用,缺乏实用性,自然不具有通过技术秘密加以保护的实际意义(必要性)。故技术信息3、8、10不应当作为技术秘密予以保护,但该3项技术信息的概括性描述可以在所在文件中作为经营信息的部分内容。

在广州市苏某公司与深圳市天某窗饰技术发展有限公司侵害商业秘密纠纷案中,原告苏某公司在该案中明确仅主张经营信息,对技术信息不做主张,故原告请求保护的商业秘密即经营信息秘密是该公司参加"佛山市顺德区某某窗帘采购及安装项目"的投标样板上承载的窗帘面料、结构件材质的信息。法院认为,商业秘密是指某种信息,而非承载该信息的载体,该案原告的投标样板只是商业秘密的载体,并非法律保护的商业秘密本身。原告苏某公司主张投标样板上承载的窗帘面料、结构件材质的经营信息构成商业秘密,首先必须对上述信息的具体内容作出明确说明,但原告苏某公司在庭审中经法院要求其明确说明时仅笼统陈述是在众多不同的面料、结构件、设计方案中选出多款组合方案,在兼顾质量、价格和招标人装修、功能的特殊要求上进行优化比对选出满足招标需求的投标样板,是对商业秘密的载体即投标样板如何产生的笼统陈述,未能说明及披露其主张的商业秘密本身即投标样板上承载的窗帘面料、结构件材质的经营信息具体是什么及能够为原告带来竞争优势的具体内容,也未能对其所称的遴选和组合的策略、方案等具体内容作出明确说明,故原告苏某公司未能明确说明及披露其主张的商业秘密的具体内容,应承担举证不能的后果。退一步来说,即使原告苏某公司能明确说明其主张的经营信息的具体内容,其主张的经营信息亦不符合商业秘密的秘密性要件。[3]

商业秘密保护司法实践中,原告需先行明确其主张商业秘密保护的范围,并提交相应证据。出于尽量扩大保护范围的需要,或者对法律规定、涉案技术背景不熟悉等原因,原告经常在起诉时主张一个较为抽象、宽泛的商业秘密范围,可能会包括一些为公众所知悉

---

[1] 参见《江苏省高级人民法院侵犯商业秘密民事纠纷案件审理指南》第2.4条。
[2] 参见最高人民法院民事判决书,(2021)最高法知民终814号。
[3] 参见广东省佛山市禅城区人民法院民事判决书,(2016)粤0604民初13207号。

的信息。因此,在案件审理中需要加强对原告的释明,尽量引导原告合理确定商业秘密范围。通常情况下,保护范围的确定过程相对复杂且当事人争议较大,一般需要经过多次释明和举证、质证才能最终确定。原告拒绝或无法明确其主张商业秘密保护的信息具体内容的,可以驳回起诉。

原告主张有关技术信息构成商业秘密的,应当明确构成技术秘密的具体内容,并将其与公众所知悉的信息予以区分和说明。如原告主张设计图纸或生产工艺构成技术秘密的,应当具体指出设计图纸或生产工艺中的哪些内容、环节、步骤构成技术秘密。原告坚持其主张的技术信息全部构成商业秘密的,应当要求其明确该技术秘密的具体构成等。

原告主张经营信息构成商业秘密的,应当明确指出构成商业秘密信息的具体内容,并说明该内容与公众所知悉信息的区别。审判实践中,涉及"客户信息"商业秘密案件的审理难度较大。随着信息网络技术的发展,检索、收集特定客户信息的难度已显著降低。如原告主张其经营信息构成客户信息,应当明确其通过商业谈判、长期交易等获得的独特内容(如交易习惯、客户的独特需求、特定需求或供货时间、价格底线等),而不能笼统地称"××客户"构成客户信息,避免将公众所知悉的信息纳入商业秘密保护范围。[1]

如在滨海公司与星航公司、刘某侵害技术秘密案[2]中,滨海公司向一审法院诉称,涉案罩式炉吊具产品由其自主研发设计,相关技术图纸、技术文件等中载明的技术信息系滨海公司的技术秘密。星航公司通过雇用刘某以及其他核心技术人员获取了滨海公司罩式炉吊具产品相关技术图纸、技术文件等技术秘密,并大量制造、销售罩式炉吊具产品。滨海公司起诉请求法院判令星航公司立即停止侵权行为,星航公司和刘某连带赔偿因侵权行为给滨海公司造成的经济损失。

一审法院审理查明,滨海公司于2012年7月完成罩式炉吊具设计图纸的制作,于2013年至2014年向河钢唐钢冷轧厂销售该吊具。刘某于2010年5月至2015年6月在滨海公司工作,2016年3月起在星航公司工作。案外人林某于2006年6月至2015年7月在滨海公司工作,2015年10月起在星航公司工作,后回滨海公司工作。案外人高某于2004年至2015年年末在滨海公司工作,2015年年末至2017年10月在星航公司工作,2018年4月起在滨海公司工作。星航公司于2016年4月完成罩式炉吊具(罩式炉对流板吊具)设计图纸的制作,并随后向河钢唐钢冷轧厂销售该吊具一台。

滨海公司提供的证据图纸共包含29页,由总图、部件图、零件图组成。滨海公司于2001年3月制定了关于技术文件的保密制度,刘某等人于2010年11月与滨海公司签订了《保密协议书》,滨海公司提供的图纸借阅登记记录中记载了出借、归还的文件名称、用途、人员、时间信息,并显示刘某、林某、高某均有借阅记录。滨海公司主张其整套图纸构成技术秘密。

滨海公司主张需要作为技术秘密予以保护的技术信息是指"罩式炉吊具"产品的整套生产技术图纸中记载的全部具体技术信息的集合,包括:所有零件组成一个罩式炉吊具产品的复杂的组合关系,目录技术信息,零件间装配及制造方法技术要求,零件间组装、制造的性能技术要求,零件间组合的配合尺寸公差要求,零件加工公差要求,零件焊接工艺

---

[1] 参见《江苏省高级人民法院侵犯商业秘密民事纠纷案件审理指南》第2.3条。
[2] 参见最高人民法院民事判决书,(2022)最高法知民终719号。

技术要求,零件粗糙度技术要求,零件形状与尺寸,零件隐藏的内部结构,零件材质、零件型号、零件重量、零件组合成的部件重量、所有零件及部件整体组合后的产品重量,热处理工艺技术要求。滨海公司举示了29张图纸作为前述技术秘密的载体,并指明每张图纸中记载的前述技术信息。原审法院认为,滨海公司未能依照前述法律和司法解释规定明确其所主张的技术秘密具体内容,理由如下。

首先,在该案诉讼过程中,原审法院要求滨海公司明确其主张的技术秘密具体内容,滨海公司则坚持认为,其所提供的整套图纸中的全部技术信息均为其所拥有的技术秘密。但滨海公司未能提供其所主张的整套图纸中具有秘密性的技术方案或技术特征的具体内容,未能说明能够构成技术秘密的具体的内容、环节、步骤或实施方法等。滨海公司称其自行绘制图纸并进行大量的试验研制设计出"罩式炉吊具"图纸,而非依据相关机械原理、书籍等公知信息能够直接获得整套图纸;但其未能明确指出其所掌握的技术信息与国内外现有同类产品或技术的具体区别所在,未对其主张的技术秘密信息与公有领域信息的区别点作出充分合理的解释或者说明,亦未提交有效证据证明涉案技术信息与相关机械原理或所属领域的公知技术信息存在何种区别。根据常识,整套图纸中的全部技术信息不可能全部构成技术秘密,如其记载于图纸中的增加吊具连接体的重量、增加导向筒、抓头按水平方向打开的技术信息。因此,原审法院认为,在滨海公司主张保护的整套图纸中主要秘密点的具体内容不明确、与公知信息技术区别点不明确的情形下,原审法院无法就滨海公司主张的相关技术信息是否构成技术秘密进行判断和确认。而且,鉴于滨海公司未提供能够证明其主张的技术信息具有秘密性的优势证据,且明确提出在该案中不申请鉴定,未完成其对于技术秘密的初步证明责任,故滨海公司应承担举证不能的后果。

其次,滨海公司并未提供证据证明星航公司、刘某的侵权手段或方式。滨海公司虽主张其对涉案图纸采取了合理的保密措施,即其通过发布内部管理规定、与技术人员签订保密协议、对生产图纸标注"受控文件"标识、对生产图纸的接触人员进行管理、购买软件对于加密信息进行保密管理,案涉图纸借阅登记记录对出借、归还信息的详细记录也进一步证明滨海公司具体实施了保密制度。但是,滨海公司仍未能明确说明案外人林某、高某及星航公司、刘某是否获取该公司生产技术图纸以及如何获取图纸的情况,且未提供相关证据。在滨海公司未明确其技术秘密信息具体内容的情况下,无法推定滨海公司主张的星航公司、刘某违法获取其技术秘密的事实,故滨海公司亦应承担举证不能的后果。

最后,滨海公司主张双方提交的图纸中结构布局、形状样式、功能要求、技术参数、序号标注等内容相同,能够证明星航公司非法获取滨海公司图纸的情况。鉴于林某、高某经历了从滨海公司离职—入职星航公司—从星航公司离职—回到滨海公司工作的过程,且二人在双方的图纸中均标注为设计人和审核人;现星航公司提出双方在重审中提交的图纸均有篡改可能,滨海公司亦提出星航公司提交的图纸有篡改可能且明确提出与原一审星航公司陈述的图纸数量不符,且双方均不能确认此次提交图纸与原一审提交的相应的图纸是否一致。在双方对原一审各自提交的用以技术比对的4张图纸均无异议的情况下,滨海公司仍不同意以该4张图纸中的技术信息作为其需要保护的技术秘密,并以此作为技术比对的依据。原审法院认为,在滨海公司未明确其技术秘密信息具体内容的情况下,基于前述原因,即使按照滨海公司主张的图纸比对方式,即依据滨海公司提供的图纸,在星航公司的相关图纸中找到对应的信息或数据,也无法确认双方该信息或数据是否经过篡改,即星航公司实际生产的产品是否采用了滨海公司原图纸中的相关技术信息。而且,滨海公司并未提供证据证明其主张比对的技术信息系其所拥有的技术秘密。

综上,原审法院认为滨海公司主张星航公司、刘某侵犯其技术秘密缺乏依据,其诉请应予以驳回。

最高人民法院二审判决认为,该案二审阶段的争议焦点为滨海公司主张的技术秘密内容是否明确;滨海公司主张保护的技术信息是否构成技术秘密等。

首先,关于滨海公司主张的技术秘密内容是否明确。《2020年商业秘密司法解释》第27条规定,权利人应当在一审法庭辩论结束前明确所主张的商业秘密具体内容。该案经最高人民法院发回重审后,双方当事人重新提交了证据。滨海公司提交罩式炉吊具产品全套图纸共29张,主张该整套29张生产图纸中记载的"罩式炉吊具"产品全部具体技术信息的集合为其技术秘密。星航公司则主张应以原一审提交图纸记载的技术信息作为该案审理范围。对此,最高人民法院认为,图纸是技术秘密的载体,依据图纸可以确定所主张的技术秘密的内容和范围,权利人主张图纸记载的技术信息构成技术秘密的,其既可以主张图纸记载的全部技术信息的集合属于技术秘密,也可以主张图纸记载的某个或某些技术信息属于技术秘密。因此该案中滨海公司主张29张图纸上记载的全部信息的集合为技术秘密,其主张保护的技术秘密内容是明确的,原审法院应当据此审查其主张的技术信息是否具备秘密性、价值性、保密性,并进一步审查对方当事人是否采取了不正当手段予以获取、披露、使用等。原审法院认为滨海公司未能明确其所主张的技术秘密具体内容,系适用法律错误,滨海公司的此点上诉请求成立。

其次,关于滨海公司主张的技术信息是否构成技术秘密。商业秘密应符合秘密性、价值性和保密性的要求。"不为公众所知悉"即秘密性,一般是指特定信息未在本行业内众所周知或者容易获得,而不是指绝对无知悉。在证明责任上,"不为公众所知悉"虽是权利人需要证明的内容,但不宜对权利人施以过重的证明负担。滨海公司主张涉案罩式炉吊具产品由其自主研发设计,罩式炉吊具产品相关技术图纸、技术文件等中载明的技术信息系滨海公司的技术秘密,具体指罩式炉吊具产品的整套生产技术图纸中记载的全部具体技术信息的集合,包括:目录技术信息,零件间装配及制造方法技术要求,零件间组装、制造的性能技术要求,零件间组合的配合尺寸公差要求,零件加工公差要求,零件焊接工艺技术要求,零件粗糙度技术要求,零件形状与尺寸,零件隐藏的内部结构,零件材质、零件型号、零件重量、零件组合成的部件重量、所有零件及部件整体组合后的产品重量,热处理工艺技术要求等。前述29张图纸记载的技术信息集合系滨海公司自主研发,并非本行业内众所周知或者容易获得,且被上诉人无相反证据,可以认定滨海公司主张的技术信息集合不为公众所知悉。依照该技术信息集合可进行罩式炉吊具的生产,具有实用性,能为滨海公司带来经济利益。关于滨海公司是否采取了合理的保密措施,滨海公司制定了内部管理制度,林某、高某等人均签署了保密协议。结合滨海公司提交的图纸领用表,可证明林某、高某等知晓涉案图纸系技术秘密载体。图纸上有"受控文件"字样,亦明示图纸所载技术信息系秘密技术信息。据此,可认定滨海公司已经采取了合理的保密措施。滨海公司主张的技术信息具有秘密性、价值性和保密性之特征,符合法定的技术秘密构成要件。

在北京心果科技有限公司(以下简称心果公司)与万源汇康科技(北京)有限公司(以

下简称万源汇康公司)、解某某不正当竞争纠纷案[1]中,心果公司主张的权益是其与"大众点评"平台进行"大众点评"手机客户端推广服务的合作协议、客户信息。法院认为,《2020年商业秘密司法解释》第1条规定,与经营活动有关的创意、管理、销售、财务、计划、样本、招投标材料、客户信息、数据等信息,人民法院可以认定构成《反不正当竞争法》第9条第4款所称的经营信息。客户信息包括客户的名称、地址、联系方式以及交易习惯、意向、内容等信息。该司法解释第3条规定,权利人请求保护的信息在被诉侵权行为发生时不为所属领域的相关人员普遍知悉和容易获得的,人民法院应当认定为《反不正当竞争法》第9条第4款所称的不为公众所知悉。心果公司与"大众点评"平台进行合作的合同内容、客户"大众点评"平台的对接联系人和合作联系渠道等"大众点评"平台的客户信息均属于反不正当竞争法所称经营信息。这些信息具有较大程度的个性化,基于合同的相对性,仅有签约、履约的双方才能对这些信息准确、全面地知晓,这些商业信息与解某某和万源汇康公司提交的证据中的"大众点评"平台公开联系信息均不相同,并非所属领域相关人员普遍知悉和容易获得的信息,并且双方在以解某某为联系人的合同中亦曾约定了保密条款。故心果公司主张权益的其与"大众点评"平台进行合作的合同内容、客户"大众点评"平台的对接联系人和合作联系渠道等"大众点评"平台的客户信息属于不为公众知悉的经营信息。关于商业价值,权利人请求保护的信息因不为公众所知悉而具有现实的或者潜在的商业价值的,经审查可以认定为《反不正当竞争法》第9条第4款所称的具有商业价值。在商业秘密保护中,市场竞争价值的技术信息等均可以成为商业秘密的保护对象,且只要其符合商业秘密的保护要件,即可认定为商业秘密。该案原告以相关图纸为载体,以图纸中载明的技术信息为保护对象,其符合商业秘密要件时即可构成商业秘密。心果公司主张权益的其与"大众点评"平台进行合作的合同内容、客户"大众点评"平台的对接联系人和合作联系渠道等"大众点评"平台的客户信息属于不为公众知悉的经营信息,使用这些经营信息可以使具有竞争关系的经营者能够获得与"大众点评"平台进行联系和对接的方式,以进一步实现业务合作的可能,故应当认定这些经营信息具有商业价值。关于保密性,心果公司在与"大众点评"平台合作过程中,在合作协议中约定了特定联系人和联系方式,涉及解某某负责的合同,还约定了具体的电子邮箱,而解某某也正是通过合同中确定的电子邮箱与对方进行联系,解某某亦认可该邮箱为其在心果公司处任职时的工作邮箱,因此,可以认定心果公司对商业秘密进行了分类管理,并通过使用工作邮箱的方式进一步限制信息知悉范围,涉案经营信息经权利人采取了保密措施。综上所述,一审法院确认心果公司主张权益的合同内容、客户"大众点评"平台的对接联系人和合作联系渠道等"大众点评"平台的客户信息属于商业秘密。

密码是否可以作为商业秘密,取决于对于密码的信息属性及其价值的认识。密码和其保护的商业信息或软件具有不同的属性和功能:前者具有保密功能,但无商业价值;后者具有商业价值,会带来竞争利益或竞争优势,是商业竞争参与者竞争的客体。将保密密码作为商业秘密予以保护是对商业秘密的价值性的理解偏差。

例如,A公司是一家智能技术服务企业,开发完成了核查核录移动系统并取得计算机软件著作权登记证书,该系统的主要功能是采集人员、车辆等信息,进行重点人员核查比

---

[1] 参见北京知识产权法院民事判决书,(2021)京73民终3593号。

对,终端设备需经系统后台进行授权后方可使用该系统。后端管理平台及后台数据库均设有登录账户和口令。陈某、田某、李某曾任职于A公司,并与A公司签订保密协议,后三人先后离职并加入与A公司有业务竞争关系的B公司。B公司与某县公安局签订政府采购合同,采购身份证核录仪、核查核录软件模块、跨区域布控软件模块,价款共计329,000元。A公司认为其核查核录系统登录账户、口令(密码)属于商业秘密,陈某、田某、李某侵害了其商业秘密,诉请判令陈某等三人停止侵害A公司技术秘密的行为,陈某等三人共同赔偿A公司经济损失。A公司曾以侵害计算机软件著作权为由向原审法院提起另案诉讼,后A公司撤回该案起诉。

一审法院认为,A公司核查核录系统终端设备需经系统后台授权后方可正常使用,而其后端管理平台及后台数据库的登录账户、口令及用户权限共同组成系统后台的访问控制技术措施,能够起到有效防护A公司涉案核查核录系统专有权利不受侵害的作用,具有商业价值。上述登录账户、口令及用户权限作为访问控制技术措施,其自身性质即决定了其具有一定的私密性,不为公众所知悉,而且A公司在技术开发及技术推广过程中分别与其员工及客户签订保密协议,应当认定A公司采取了相应的保密措施,故认定涉案登录账户、口令及用户权限符合商业秘密的构成要件,属于A公司的商业秘密。陈某作为A公司的原技术开发人员,知悉A公司后台系统的登录账户、口令及用户权限,在其与A公司解除劳动合同入职B公司期间,参与B公司核查核录系统商业推广过程中的测试和应用,系以不正当方式使用A公司的商业秘密,侵害A公司商业秘密,应承担相应的法律责任。A公司无证据证明田某、李某参与涉案行为,故对A公司针对田某、李某提起的侵权主张不予支持。一审法院依照《反不正当竞争法》第9条、第17条,以及相关司法解释的规定,判决陈某停止侵权并赔偿经济损失。

二审法院认为,从该案具体情况看,A公司主张保护的登录账户及口令(密码)并非孤立存在,而是需要与其开发的核查核录系统配合使用,只有通过账户及口令(密码)才能登录、使用核查核录系统,通过该核查核录系统与账户及口令(密码)的组合可以获取公司经营资源,账户及口令(密码)显然已经属于A公司赖以参与竞争、获取交易机会的具有价值的经营信息,应当受到法律的保护。虽然登录账户及口令(密码)系为有权限登录使用核查核录系统而设定,但当事人以账户及口令(密码)作为商业秘密并主张予以保护时,应当以当事人主张的商业秘密是否符合法律规定的商业秘密构成要件予以判定,显然不能以其具有某种保护功能,而简单地以当事人主张的商业秘密仅构成保密措施为由得出不属于商业秘密的结论,涉案登录账户、口令(密码)符合法律规定的商业秘密保护要件。二审法院判决驳回上诉,维持原判。[1]

该案涉案登录账户、口令(密码)具有秘密性和保密性,是否属于反不正当竞争法保护的商业秘密,关键在于其是否具有价值性。上述一审、二审判决肯定了涉案登录账户、口令(密码)的商业价值,认定其符合商业秘密保护要件。也有观点认为,涉案登录账户、口令(密码)虽然具有秘密性和保密性,但为竞争各方所关注并能带来竞争利益或竞争优势的并不是登录账户、口令(密码)本身,而是其指向的其他商业信息或软件,将登录账户、口令(密码)认定为商业秘密,或将登录账户、口令(密码)和其指向的其他商业信息结

---

[1] 参见王俊河:《保密密码不应成为商业秘密》,载微信公众号"知产力"2023年8月24日。

合认定为商业秘密,均是对商业秘密的价值性或商业价值的错误认定。而且,该案案情未涉及登录账户、口令(密码)所指向的商业信息或软件,也就不存在登录账户、口令(密码)所指向的商业信息或软件为反不正当竞争法或著作权法保护的事实前提。在商业秘密保护未采用《计算机软件保护条例》相关保护措施[1]的情况下,一审、二审判决将登录账户、口令(密码)认定为商业秘密并予以保护,存在法律适用错误。[2]这种见解是否妥当仍值得研究。密码如具有独立价值,以商业秘密进行保护并非当然不可。

二、技术信息

技术信息是指在生产经营中具有实用价值的技术诀窍、技术方案等应用技术性方法或者知识。

我国有些法规和司法解释曾对技术信息或者类似概念作出过系列解释,这些解释具有承继性。例如,《技术合同法实施条例》(1989年3月15日颁布,已失效)第3条规定:"技术合同法所称的技术成果,是指利用科学技术知识、信息和经验作出的产品、工艺、材料及其改进等技术方案。"最高人民法院《关于审理技术合同纠纷案件适用法律若干问题的解释》第1条规定:"技术成果,是指利用科学技术知识、信息和经验作出的涉及产品、工艺、材料及其改进等的技术方案,包括专利、专利申请、技术秘密、计算机软件、集成电路布图设计、植物新品种等。技术秘密,是指不为公众所知悉、具有商业价值并经权利人采取相应保密措施的技术信息。"技术成果的界定在具体内涵上与技术秘密中的技术信息是相通的。《深圳经济特区企业技术秘密保护条例》第4条规定:"本条例所称技术秘密,是指不为公众所知悉、能为企业带来经济利益、具有实用性并经企业采取保密措施的非专利技术和技术信息。"这是仿照法律界定商业秘密的方式界定技术秘密的,其中"非专利技术"本身是"技术信息"的一部分。该条例第5条对技术和技术信息的进一步界定是:"本条例所称技术和技术信息,包括以物理的、化学的、生物的或其他形式的载体所表现的设计、工艺、数据、配方、诀窍、程序等形式。"该界定直击了技术秘密的内涵外延。

《2007年反不正当竞争司法解释》未对技术信息进行界定。《2020年商业秘密司法解释》第1条第1款将技术信息界定为"与技术有关的结构、原料、组分、配方、材料、样品、样式、植物新品种繁殖材料、工艺、方法或其步骤、算法、数据、计算机程序及其有关文档等信息,人民法院可以认定构成反不正当竞争法第九条第四款所称的技术信息"。总体上说,技术秘密是用于解决技术问题和进行技术应用的商业秘密。

最高人民法院司法文件曾经指出,以符合法定条件的商业秘密信息为依据,准确界定商业秘密的保护范围,每个单独的商业秘密信息单元均构成独立的保护对象。[3]如在上诉人四川某化工公司与被上诉人山东某化工公司、宁波某咨询公司、宁波某设计公司、尹某某侵害技术秘密纠纷案[4]中,最高人民法院判决认为:"四川某化工公司的设备图及工

---

[1]《计算机软件保护条例》第24条第1款3、4项规定,故意避开或者破坏著作权人为保护其软件著作权而采取的技术措施,故意删除或者改变软件权利管理电子信息的,属于侵权行为。软件和为保护软件著作权而采取的技术措施、软件权利管理电子信息是具有不同属性的客体,只是为了加强对软件著作权的保护,将上述行为界定为侵权行为。

[2] 参见王俊河:《保密密码不应成为商业秘密》,载微信公众号"知产力"2023年8月24日。

[3] 参见最高人民法院《关于充分发挥知识产权审判职能作用推动社会主义文化大发展大繁荣和促进经济自主协调发展若干问题的意见》(2011年12月16日印发,法发〔2011〕18号)第25条。

[4] 参见最高人民法院民事判决书,(2022)最高法知民终541号。

艺数据表承载了具有特定结构、能够完成特定生产步骤的非标设备或者设备的工作性能参数信息,构成相对独立的技术单元,属于技术信息。设备布置图、管道仪表流程图、管道布置图记载了相关工序、工艺所需的设备及其位置和连接关系等信息,亦为相对独立的技术单元,同样属于技术信息。工艺操作指南承载了针对相应设备的操作步骤、正常操作参数和指标等信息,亦为相对独立的技术单元,同样属于技术信息。"在(2020)最高法知民终1472号案中,最高人民法院指出,计算机软件的源代码与流程、逻辑关系、算法等内容一般构成相对独立的技术信息。当事人主张计算机软件的源代码和与源代码对应的流程、逻辑关系、算法均构成技术秘密的,应当分别明确请求保护的具体技术信息并分别证明其符合法律保护条件。

在上诉人程某卓、爱兴公司与被上诉人博阳公司侵害技术秘密纠纷案[1]中,博阳公司主张其技术秘密为关于光激化学发光技术的8个技术方案,体现上述技术方案的载体为博阳公司的《LiCA通用液生产工艺规程》《发光微粒质量标准》等工艺文件。程某卓、爱兴公司认为,博阳公司的工艺规程等文件仅反映了技术方案1~8中零散的、个别的要素,技术方案1~8包含18个要素,载体文件仅涉及6个要素,更没有一个文件能够体现完整的8个技术秘密方案中的任何一个,因此博阳公司主张的涉案技术秘密的8个技术方案的完整内容与其提交的工艺规程等载体文件不具有对应性,不能证明上述8个技术方案归博阳公司所有。对此二审法院认为,技术秘密通常以图纸、工艺规程、质量标准、操作指南、实验数据的形式来体现,权利人为证明其技术秘密的存在及其内容,通常会在体现上述技术秘密的载体文件基础上,总结、概括、提炼其需要保护的技术信息,其技术秘密既可以是技术方案,也可以是构成技术方案的部分技术信息。当所主张的技术秘密是构成技术方案的部分技术信息时,反不正当竞争法对技术秘密的保护实际上是对该部分技术信息的保护,而不是保护由该技术信息与其他非技术秘密的技术信息共同构成的技术方案。当所主张的技术秘密是完整的技术方案时,反不正当竞争法对该技术秘密的保护实际上也是对该完整技术方案的保护。权利人在从其技术资料等载体中总结、概括、提炼秘密信息时,应当允许将其具有秘密性的信息结合现有技术及公知常识形成一个完整的技术方案请求保护。权利人从其不为公众所知的工艺规程、质量控制标准等技术文件中合理提炼出的技术方案,只要不为社会公众普遍知悉和容易获得,可作为技术秘密予以保护。该案中,博阳公司主张的技术秘密为8个技术方案,每一技术方案包括若干技术信息,在后技术方案对在前技术方案的技术信息作出进一步限定或增加,从而形成层层递进的技术方案。双方存在主要争议的技术信息来源(如发光微粒粒径、亲和素、链霉亲和素)等技术信息在博阳公司的技术文件中均有对应记载。博阳公司作为技术秘密主张的技术方案1~8系根据其技术文件,并结合本领域的现有技术、公知常识的合理总结与提炼,能够证明博阳公司实际拥有并掌握上述技术方案,程某卓、爱兴公司关于涉案技术秘密的相应信息没有载体予以对应、不能证明博阳公司为涉案技术秘密权利人的异议不能成立。

在上诉人搏盛种业公司与被上诉人华穗种业公司侵害技术秘密纠纷案[2]中,对于杂

---

[1] 参见最高人民法院民事判决书,(2020)最高法知民终1889号。
[2] 参见最高人民法院民事判决书,(2022)最高法知民终147号。

交种的亲本是否属于商业秘密保护的客体,最高人民法院判决指出,华穗种业公司在该案中仅主张"W68"作为亲本属于商业秘密,并未主张其育种技术为商业秘密。搏盛种业公司在二审开庭审理中认为,只有与亲本相关的育种技术信息才属于反不正当竞争法保护的商业秘密,"W68"作为亲本不属于商业秘密的保护客体。对此,法院认为,作物育种过程中形成的育种中间材料、自交系亲本等,不同于自然界发现的植物材料,其是育种者付出创造性劳动的智力成果,承载有育种者对自然界的植物材料选择驯化或对已有品种的性状进行选择而形成的特定遗传基因,该育种材料具有技术信息和载体实物兼而有之的特点,且二者不可分离。通过育种创新活动获得的具有商业价值的育种材料,在具备不为公众所知悉并采取相应保密措施等条件下,可以作为商业秘密依法获得法律保护。该案"W68"作为"万糯2000"亲本的事实已经证明,其在组配具有优良农艺性状、良好制种产量的杂交种中具备商业价值,具有竞争优势。因此,在其符合不为公众所知悉,并经权利人采取相应保密措施的条件下,可以作为商业秘密获得反不正当竞争法的保护。

计算机软件是商业秘密保护的重要客体,商业秘密是保护计算机软件的重要途径之一。如美国《侵权法重述》明确地将计算机软件程序纳入商业秘密保护范围,法院的判例以及采纳《统一商业秘密法》的州也都持这种观点。作为一般原则,计算机软件保护的内容是"源代码"等。通过使用公知技术所获取的程序以及通过设计取得易于获得确定的思想的程序,也属于保护范围,只要该思想和技术是通过独特的和能够以安全的方式维持的形式组合而成的。为满足维持合理的安全性的要求,雇员和商业合伙人必须订立保密协议。美国有些州还要求在文件、源代码清单或者磁盘上面使用保密警告。如果主张商业秘密的人没有采取合理的保密措施,或者没有采取任何措施,则无法保护其计算机软件程序。

在我国,计算机软件除受著作权法保护外,还受商业秘密保护。计算机软件符合商业秘密的构成要件的,可以按照商业秘密保护。例如,在北京斯威格—泰德电子工程公司(以下简称泰德公司)诉北京市银兰科技公司(以下简称银兰公司)及刘某春等人不正当竞争纠纷案[1]中,北京市海淀区人民法院认为,该案争议的焦点在于原告泰德公司的"IC卡系列管理系统"是否具有商业秘密。泰德公司投入大量人力、财力开发的IC卡技术,投放到市场后用户反映良好,给该公司带来了较好的经济效益。该公司对此项技术没有进行计算机软件的著作权登记,而是通过与员工签订保密协议和加强公司内部管理等方式进行保护,使自己的技术及其经营信息始终处于不为公众所知悉的秘密状态中。因此,泰德公司的IC卡技术信息和商业信息是商业秘密,应该受到法律的保护。虽然IC卡技术系统在功能上大致相同,但从技术的角度来讲,支持该系统的软件在源程序及操作的原理图等方面都存在很大的差异,尽管结果相似,到达的途径和手段却大相径庭。被告银兰公司辩称泰德公司的IC卡技术是一种公知技术,通过"反向工程"也可获悉,不构成商业秘密的理由,不能成立。IC卡技术是系统工程技术,泰德公司除向客户提供产品外,还负责安装、调试以及在使用过程中的维护,客户对泰德公司提供的IC卡系统只是进行使用和简单管理,没有机会接触到该技术的实质,因此IC卡技术的商业秘密始终掌握在泰德公

---

[1] 参见北京斯威格—泰德电子工程公司诉北京市银兰科技公司及刘某春等人不正当竞争纠纷案,载《最高人民法院公报》1998年第3期。

司手中,该公司没有必要与客户签订保密协议。银兰公司关于泰德公司未与客户签订过保密协议,因此该公司的IC卡技术并非商业秘密的辩解理由没有道理,不予采纳。现代商业秘密的权利人为了工作的需要,不得不让他的雇员掌握和使用商业秘密。为避免商业秘密被泄露,法律允许权利人采取签订保密协议的方式对雇员进行约束,防止其泄露本公司的商业秘密。雇员无论是在职期间,还是调离以后,都应当按照约定保守秘密。原告泰德公司与被告刘某春、刘某洪、丛某滋、娄某涛、党某哲签订的劳动合同、保密协议系双方真实意思表示,合法有效,双方均应严格执行。刘某春、丛某滋、刘某洪违反该合同约定,早在泰德公司工作期间,就私自到被告银兰公司兼职,成立银兰公司金卡部,利用掌握泰德公司的经营秘密,以不正当手段将本已属泰德公司的"贵友大厦IC卡工程"项目业务窃为己有,又利用掌握的泰德公司技术秘密,将泰德公司的TL-901SS读写机稍加改动后,取名为YPR型IC卡读写机,还将泰德公司的软件稍加修改后即以银兰公司的名义销售IC卡系统,甚至直接使用带有泰德公司标志的产品外壳。银兰公司与长春北希发展有限公司、北京金越发展公司、北京卫生学校签订合同时,丛某滋仍在泰德公司任职。银兰公司不能在法院规定的期限内举证证明在上述单位的IC卡管理系统工程中使用的技术,是其自行研制、开发的,还拒绝将该公司的IC卡管理系统软、硬件与泰德公司的产品进行对比鉴定。在证据保全后发现,银兰公司的计算机内储存着泰德公司的大量IC卡管理系统软件程序;银兰公司被查封、扣押的物品中,也有泰德公司的产品设计图、原理图、客户名单、软件程序、已经被修改的IC卡管理系统材料及实物。这些事实证明,银兰公司以及刘某春、丛某滋、刘某洪是在利用掌握的泰德公司商业秘密,与泰德公司进行不正当竞争,牟取非法利益,已经构成了对泰德公司商业秘密的侵犯,应该承担相应的侵权责任。

在上述案件中,IC卡技术是一种由IC卡作为载体的计算机软件。在我国计算机软件可以受著作权保护和商业秘密保护,即软件的著作权保护并不排斥按照商业秘密保护。首先,计算机软件可以同时构成商业秘密权利和著作权的客体。计算机软件只要符合商业秘密的构成要件,不管是否可以按照著作权保护,都可以按照商业秘密受到保护。如果在构成商业秘密的同时又符合作品的要求的,可以构成权利的竞合,权利人可以选择其中的任何一种权利进行行使和保护,而他人侵犯该种软件时,可以构成侵犯商业秘密行为和侵犯著作权行为的竞合,受害人可以选择其中之一作为诉讼依据,寻求法律救济。其次,即使登记的软件也并不必然排除构成商业秘密。计算机软件登记不同于专利注册,它并不以公开为条件。如果经登记的软件仍处于保密状态,仍然可以构成商业秘密。

在花儿绽放公司与盘兴公司、盘石公司侵害技术秘密纠纷案[1]中,最高人民法院认为,花儿绽放公司主张的涉案965个源代码文件构成技术秘密,其主张的20个技术点是对源代码功能进行的概括,仅为了便于鉴定机构理解源代码的逻辑,故该案实际应判定花儿绽放公司主张的涉案965个源代码是否构成技术秘密。

关于花儿绽放公司主张的涉案965个源代码文件是否"不为公众所知悉"。《2020年商业秘密司法解释》第3条规定,权利人请求保护的信息在被诉侵权行为发生时不为所属领域的相关人员普遍知悉和容易获得的,人民法院应当认定为《反不正当竞争法》第9条第4款所称的不为公众所知悉。该案中,花儿绽放公司提交了第30号鉴定意见书以证明

---

[1] 参见最高人民法院民事判决书,(2021)最高法知民终2298号。

涉案965个源代码文件"不为公众所知悉"。盘兴公司、盘石公司认为第30号鉴定意见书检索范围、检索方法有重大瑕疵,第040号鉴定意见书的鉴定结论显示其中3个源代码文件属于行业惯例、在公开的代码文件中可以检索到4个与花儿绽放公司主张的涉案源代码部分相同的代码,且在2018年10月18日前,已经在开源领域存在多种与花儿绽放公司有众多软件功能相同的软件,因此第30号鉴定意见书的鉴定结论不应采信,并申请法院组织对涉案源代码是否"不为公众所知悉"进行重新鉴定。

对此法院认为,首先,最高人民法院《关于民事诉讼证据的若干规定》(2019年修正)第40条第1款规定,当事人申请重新鉴定,存在下列情形之一的,人民法院应当准许:(1)鉴定人不具备相应资格的;(2)鉴定程序严重违法的;(3)鉴定意见明显依据不足的;(4)鉴定意见不能作为证据使用的其他情形。第30号鉴定意见书从涉案源代码文件中提取了类名、方法名、变量名、表达式等作为关键词在百度、谷歌两个知名搜索网站及Github、searchcode两个软件源代码共享网站进行检索,其检索范围为知名、主流的搜索引擎及软件源代码共享网站,是所属软件领域的相关公众最常使用、访问的网站,故第30号鉴定意见书的检索方法、检索范围并无明显不当,且盘兴公司、盘石公司在二审期间,已经单方委托了鉴定机构对涉案技术信息是否具有非公知性进行了鉴定,故对其所提由法院组织重新鉴定的申请,法院不予支持。

其次,根据盘兴公司、盘石公司二审期间委托鉴定的第040号鉴定意见书的鉴定结论,"GoodsBuyDetail.java""Area.java""CusmallStatisticsInfo.java"3个文件中的代码由且仅由成员变量定义及成员变量对应的geter、seter等方法组成,其中成员变量属于常见命名,该种定义成员变量并生成ge×××、set×××等方法的形式是Java编程语言推荐的标准写法,属于所述领域的行业惯例。花儿绽放公司针对第040号鉴定意见的上述结论,未合理说明该些变量命名方式及对应生成方法的独特性,故法院采信第040号鉴定意见的上述意见,认定"GoodsBuyDetail.java""Area.java""CusmallStatisticsInfo.java"3个文件中的代码"为公众所知悉"。第040号鉴定意见书还认为,"AppletWxPayController.java""AppletKoulingRedpackMobileController.java""EmailServiceImpl.java""HttpUtils.java"4个文件中的部分代码在2018年10月18日之前已被开源软件库公开,但均仅涉及该些文件中的部分代码片段,无法证明这些文件中的源代码整体已被公开,且代码中涉及程序的组织结构、调用关系、执行逻辑等,应将一个源代码文件作为一个整体对待,不应将一个完整代码进行部分切分而判断是否"为公众所知悉"。故法院对第040号鉴定意见书中关于4个文件中的部分代码已被公开的鉴定结论不予采信。

最后,软件源代码涉及特定的变量名、类名及方法的定义、程序的组织结构、调用关系、执行逻辑等,还包括在特定位置对方法、语句和变量的注释文字等,软件源代码也体现了软件开发人员的代码风格、特定字词的独特表达,故即使为开发相同功能的软件,不同开发者可以设计不同的源代码进行表达,盘兴公司、盘石公司有关软件功能相同推论出代码相同的主张没有事实依据,法院不予支持。

综合上述情况,鉴于第040号鉴定意见书亦认为涉案其他源代码"不为公众所知悉",结合双方各自单独委托的第30号鉴定意见书和第040号鉴定意见书的意见,在盘兴公司、盘石公司未能再提出其他相反证据的情况下,法院认定,该案中花儿绽放公司主张的涉案962个源代码文件"不为公众所知悉"。

关于花儿绽放公司对主张的涉案962个源代码文件是否采取了相应保密措施。《2020年商业秘密司法解释》第5条规定,权利人为防止商业秘密泄露,在被诉侵权行为发生以前所采取的合理保密措施,人民法院应当认定为《反不正当竞争法》第9条第4款所称的相应保密措施。人民法院应当根据商业秘密及其载体的性质、商业秘密的商业价值、保密措施的可识别程度、保密措施与商业秘密的对应程度以及权利人的保密意愿等因素,认定权利人是否采取了相应保密措施。现有证据表明,对内,花儿绽放公司与员工签订了保密协议,约定了员工的保密义务,同时对有客多软件源代码的管理采用VPN统一安全授权、SVN账号密码加密授权,账号密码每人唯一,正常登录VPN后,方能使用SVN账号密码登录;对外,花儿绽放公司与盘兴公司签订的涉案合同中约定了对包含授权软件源码的U盘进行加密及双方对对方标有"保密"字样的信息进行保密的义务,并在交付给盘兴公司有客多小程序源代码时,使用了加密U盘,故应当认定,花儿绽放公司已对涉案软件源代码采取了合理保密措施。盘兴公司、盘石公司主张根据花儿绽放公司提交的计算机软件著作权登记证,可证明软件发表就已经公开全部技术秘密,但计算机软件著作权登记证登记的客体是软件,计算机软件著作权登记时所登记的源代码并非全部源代码,并不会导致花儿绽放公司所主张的相关技术信息被公开。盘兴公司、盘石公司另主张花儿绽放公司将涉案软件源代码存储于阿里云服务器,但并未进行IP及设备限制,其保密措施不到位;但登录阿里云服务器需要账号密码,将涉案软件源代码存储于阿里云服务器,并不意味着该源代码处于社会公众可任意获得的状态。故盘兴公司、盘石公司关于涉案技术信息未采取合理保密措施的主张不能成立,法院不予支持。

关于花儿绽放公司主张的涉案962个源代码文件是否具有商业价值。《2020年商业秘密司法解释》第7条第1款规定,权利人请求保护的信息因不为公众所知悉而具有现实的或者潜在的商业价值的,人民法院经审查可以认定为《反不正当竞争法》第9条第4款所称的具有商业价值。技术秘密具有价值和使用价值,且用于生产、经营中能给权利人带来经济利益,它既包括现实的经济利益,也包括潜在的竞争优势。该案中有客多软件为花儿绽放公司开发完成,并为花儿绽放公司吸引了相当数量的客户、带来了现实的经济利益,盘兴公司也实际向花儿绽放公司支付了软件许可使用费,故涉案软件源代码显然具有商业价值。

综上所述,花儿绽放公司在该案中主张的涉案软件源代码不为公众所知悉、具有商业价值并采取了相应保密措施,构成技术秘密。

据称,碳酸盐碎屑岩油藏有限公司(以下简称碳酸盐公司)、凯文迪石油科技(北京)有限公司(以下简称凯文迪公司)与翟某、大庆正方软件科技股份有限公司(以下简称大庆正方公司)、北京金正方数据有限公司(以下简称北京金正方公司)侵害技术秘密纠纷案[1]是首例以商业秘密方式保护石油数据的案例。在数据要素市场化的背景下,对数据的保护变得尤为重要,本案是国内首例将石油数据作为技术秘密进行保护的案件,不仅反映了法律对于新兴市场趋势的响应,也标志着法律在数据保护领域的重要进展。

原告一美国碳酸盐公司创建了DAKS系统,并许可原告二凯文迪公司在中国运营

---

[1] 参见北京知识产权法院民事判决书,(2019)京73民初709号;最高人民法院民事判决书,(2022)最高法知民终901号。

DAKS系统;被告一翟某在原告二凯文迪公司处任职期间接触了原告的DAKS系统的数据,并在离职后制作了与原告DAKS系统类似的IRBS系统。翟某将IRBS系统卖给被告二大庆正方公司,通过被告三北京金正方公司的网站对外提供IRBS系统服务。经鉴定,DAKS系统具有秘密性(非公知性);被告的IRBS系统相关数据包含了原告DAKS系统相关数据,二者具有同一性。原告指控被告翟某、大庆正方公司和北京金正方公司侵犯了其技术秘密,主张以商业秘密的方式来保护数据,获得了一审、二审法院的支持。本案通过商业秘密来保护数据,为类似案件设定了一个重要的司法先例,强化了以技术秘密的方式对数据侵权行为进行约束。法院经审理认定,美国碳酸盐公司和凯文迪公司的涉案DAKS系统中的石油数据符合商业秘密的法定特征,即秘密性、价值性和保密性;IRBS系统中的数据与DAKS系统中的石油数据具有同一性;翟某将IRBS系统卖给大庆正方公司,并通过北京金正方公司的网站对外提供IRBS系统服务,三者构成共同侵权。因此,一审法院支持原告以商业秘密保护石油数据的主张,并责令被告停止使用、允许他人使用涉案技术信息,并赔偿了原告的经济损失。二审法院维持了一审判决。

三、经营信息

经营信息是指能够促进经营活动、带来竞争优势的信息。一般而言,技术信息以外的能够为权利人带来竞争优势的用于经营的各类信息,都可以成为经营信息,因为商业秘密中真正属于技术信息和经营信息以外的其他信息很少。例如,原国家工商行政管理局《关于禁止侵犯商业秘密行为的若干规定》第2条第5款曾经列举了"管理诀窍、客户名单、货源情报、产销策略、招投标中的标底及标书内容"之类的常见经营信息。《2020年商业秘密司法解释》第1条第2款规定:"与经营活动有关的创意、管理、销售、财务、计划、样本、招投标材料、客户信息、数据等信息,人民法院可以认定构成反不正当竞争法第九条第四款所称的经营信息。"实践中占比较大的经营信息纠纷是客户信息(客户名单)案件。此外还有其他经营信息,如薪酬制度运行方案[1]、经济人人事信息、房源信息[2]等。

例如,在重庆光某公司与广州三某摩托车有限公司侵犯商业秘密纠纷案[3]中,原告光某公司成立于1996年11月4日,营业范围包括制造、销售摩托车,经营本企业自产产品的出口业务和本企业所需的机械设备、零配件等。原告光某公司在该案中主张的商业秘密是原告在2019年1~7月进行的摩托车出口销售的信息,每条信息包括出口目的地、中转国、起运港、大区、商品名称、规格型号、排量CC、品牌、型号、成交方式、申报单价、申报总价、申报币制、美元单价、美元总价、申报数量、申报单位、运输方式、包装种类、货主单位名称、申报单位名称等21项出口信息类目。上述信息系原告光某公司在2019年1月至7月共计26次出口报关的具体详情信息。原告光某公司的员工手册载明,在公司内外不得泄露公司机密。原告光某公司的相关工作人员签订承诺书,载明已认真阅读《员工手

---

[1] 如在深圳前海中福堂国医馆连锁管理有限公司与刘某凡侵害商业秘密纠纷案[(2019)粤0391民初553号]中,法院认为,被告作为原告运营管理中心总监,其掌握运营管理中心薪酬制度试运行方案的内容(被认定为商业秘密)不属于以盗窃、贿赂、欺诈、胁迫或者其他不正当手段获取商业秘密,原告仅以被告参加了同业竞争者的开业活动为由不足以证明被告入职了该同业竞争者,亦不足以证明被告实施了披露、使用或者允许他人使用该商业秘密的行为。

[2] 如在宝鸡邦邦企业管理有限公司与李某刚、宝鸡一城梦想房地产有限公司侵害商业秘密纠纷案[(2020)陕03民初46号]中,原告主张保护的信息为经济人人事信息、房源信息等,并得到法院支持。

[3] 参见重庆自由贸易试验区人民法院民事判决书,(2022)渝0192民初8589号。

册》，承诺严格遵守《员工手册》中的公司规范。同时原告要求员工签署《承诺书》及《〈员工手册〉发放记录》，原告公司中能够接触该案涉及经营信息的员工均已签署《承诺书》及《〈员工手册〉发放记录》。2017年2月11日，原告光某公司与重庆某某报关服务有限公司签订《保密协议》，载明双方就光某公司产品出口报关事项进行合作，双方在合作期间，重庆某某报关服务有限公司会接触或掌握光某公司的商业秘密，保密信息包括出口客户信息、客户资料、合同及其中条款、产品型号、产品数量、产品价格、产品重量、交易方式、出口时间、运输目的地、运输方式及运费等，重庆某某报关服务有限公司应确保光某公司的保密信息得到严格的保密，另约定违反保密义务的违约责任。

对于原告光某公司主张的出口数据等经营信息是否构成商业秘密，生效一审判决认为：第一，关于秘密性。出口数据的秘密性应当包括"不为相关人员普遍知悉"和"并非容易获得"两个要件。首先，2006年《海关统计工作管理规定》（已失效）第31条规定，海关综合统计资料包括下列内容：各地进出口总值表；进出口商品贸易方式总值表；国别（地区）进出口总值表；主要商品进出口量值表；进出口贸易方式企业性质总值表；运输方式进出口总值表；反映进出口总体进度的分析报告、进出口监测预警信息等。该规定第32条规定，海关统计人员对在统计过程中知悉的各种国家秘密、商业秘密、海关工作秘密负有保密义务。海关对外公开的数据及信息是有关部门统计所需的总值表，并不对外公开某企业某一次或多次出口的具体信息，不能体现某企业对外出口到某个国家的某款摩托车（品牌、排量、型号）对应的单价、数量等个性化内容。原、被告双方均从事摩托车生产销售工作，应当知道企业就出口某个国家的某款摩托车（品牌、排量、型号）对应数量、出口单价的信息系不对外公开的信息内容。原告光某公司主张的出口数据等经营信息中出口目的国、中转国、起运港、大区、商品名称、规格型号、成交方式、申报单位、申报币制、运输方式、包装种类、货主单位名称、申报单位名称的经营信息，为一般通用信息，不具有秘密性。出口到某目的国的摩托车排量CC、品牌、型号能确定某款摩托车，对应的申报单价、申报总价、美元单价、美元总价、申报数量组合信息，反映原告出口到某个国家的某款摩托车数量以及单价，显然具有秘密性。被告抗辩认为上述组合经营信息可从公开出版物数据中计算出来，但《中国汽车工业（摩托车部分）产销快讯》仅反映摩托车行业各公司每月一定范围排量车型的销售总数量、出口总数量、出口总金额，无法计算出各公司出口到某个国家的某款摩托车（品牌、排量、型号）对应的单价以及数量信息。被告向北京某某科技有限公司购买中国出口前十位数据服务，亦可以反证涉案出口数据并非领域内所普遍知悉的信息。其次，该案原告针对某目的国出口某款摩托车（品牌、排量、型号）对应的数量、单价组合信息足以体现出口目的国的个性需求，展现出交易习惯、市场行情等情况，构成了特殊信息。涉案数据组合作为特殊信息，并非容易获得，而是原告经过长期出口经营活动取得的成果，系原告经过一定努力、付出一定代价而取得的。综上，原告涉案数据组合作为特殊信息具备商业秘密认定的秘密性要件，不属于领域内所普遍知悉和容易获得的商业信息。

第二，关于保密性。首先，原告在与员工签订的《员工手册》中对员工规定了保密条款，约定了员工的保密义务。《员工手册》载明在公司内外不得泄露公司机密。同时原告要求员工签署《承诺书》及《〈员工手册〉发放记录》，原告公司中能够接触该案涉及经营信息的员工均已签署《承诺书》及《〈员工手册〉发放记录》，对保密义务明确知晓。其次，原告与重庆某某报关服务公司签署了《保密协议》，明确约定，保密信息包括但不限于原告的出口信息、客户资料、合同及其中条款、产品型号、产品数量、产品价格、产品重量、交易方式、出口时间、运输目的地、运输方式及运费等，还约定违反保密义务的违约责任。综上所述，原告为确保案涉经营信息不被泄露，分别向员工发放《员工手册》，并要求员工签署《承诺书》，同时还与报关公司签订前述《保密协议》，原告已采取了与涉案出口数据相适应的合理保密措施，符合法律规定。

第三，关于价值性。原、被告均从事摩托车出口销售，系行业内的直接竞争对手。原告在2019年1~7月进行的摩托车出口销售数据包含原告与其海外经销商交易的具体详情，而针对某目的国出口某款摩托车（品牌、排量、型号）对应的数量、单价组合信息足以体现出口目的国的个性需求，展现出交易习惯、市场行情等情况，构成了特殊信息。就摩托车出口行业而言，掌握其他公司出口某国的某款摩托车（品牌、排量、型号）对应的数量、单价组合信息，能够使己方在该国市场竞争中获得成交优势，从而得到产销量的提升。

综上，原告主张经营信息中针对某目的国出口某款摩托车（品牌、排量、型号）对应的数量、单价组合信息是不为相关人员普遍知悉和容易获得的，能为原告带来竞争优势和经济效益的，并已采取了合理保密措施的商业秘密。

在作业帮公司诉前员工赵某侵犯商业秘密案中，作业帮公司诉称，公司通过运营"作业帮"App提供在线教育服务。赵某与作业帮公司签订劳动合同，主要负责初高中等业务的日常数据监控、专项数据分析等工作，并与作业帮公司签署了保密协议。赵某在在职期间，以接受一对一电话访谈的方式，向相关中介公司的客户披露作业帮公司与续报率、报名人次、预收收入、直播到课率、转化率、退款率、投资回报率相关的经营数据，并允许他人使用，据此获取了高额经济利益，侵犯了公司商业秘密，请求适用惩罚性赔偿，判令其赔偿经济损失。

一审判决赵某侵犯了作业帮公司的商业秘密，且属于恶意实施涉案行为、情节严重，应适用惩罚性赔偿，全额支持了作业帮公司的全部诉讼请求。

该案中赵某认为，涉案数据并不涉及公司经营策略和营销方式，不具有商业性和实用性，自己使用作业帮公司基础的、粗略的数据，不应构成侵犯商业秘密。北京市海淀区人民法院经审理认为，首先，作业帮公司在该案中主张的7类共计60余项数据，反映了作业帮公司在提供在线教育服务过程中的自身经营相关情况，并无证据显示涉案数据可以为所属领域的相关人员从公开渠道获得或普遍知悉，满足秘密性的要求。其次，作业帮公司通过劳动合同、保密协议、员工手册明确约定保密信息内容及保密义务，并对涉案数据设置访问权限及审批机制，可以认定在被诉侵权行为发生前，采取了与涉案数据价值基本相适应的保密措施。最后，作业帮公司依赖涉案数据对其经营现状进行分析评估，并对其作出未来发展决策提供依据，符合"具有商业价值"的特点。

在同方威视公司与君和信达公司商业秘密侵权案[1]中，同方威视公司起诉孙某明和君和信达公司侵犯其商业秘密。一审法院判决君和信达公司、孙某明连带赔偿同方威视公司经济损失等。二审法院维持一审判决。最高人民法院裁定驳回再审申请。

---

[1] 参见最高人民法院民事裁定书，(2018)最高法民申1102号。

该案认定经营者的代理商是否属于保持长期稳定交易关系的特定客户,综合考虑了多种因素。原告虽然不是每年均通过该代理商向马来西亚海关销售产品,但考虑到涉案产品是快检设备并非易耗品,以及该国海关潜在的需求数量等客观因素,结合以往的销售业绩予以认定。本领域的相关人员获得该代理商的交易习惯、原告向海关销售产品的实际交易价格、具体设备参数和产品最终用户海关的具体采购需求信息等具有一定难度。这些信息能够为被告在与原告竞争采购机会的过程中,获得现实及潜在竞争优势。员工因职务行为知悉上述信息,明知权利人参与采购项目,在尚未达成实际交易之前辞职成立被告公司参与竞争,在客观上利用了所掌握秘密信息,在项目中获得了竞争优势并最终成功,其行为侵犯了原告的商业秘密。该员工是被告公司的法定代表人,被告公司应当知晓该员工的行为侵权却仍然使用,也侵犯了原告公司的商业秘密。

该案同方威视公司所掌握的代理商和马来西亚客户的联系信息(包括代理公司的名称、地址、联系电话、电子邮箱、传真号码、业务联系人等),是同方威视公司与代理商及马来西亚海关之间通过长期、稳定的多次交易,在十多年来的沟通联络中逐渐固定下来的具体信息。该类信息的类别、详细程度、和同方威视公司马来西亚业务的特定关系,表明该类信息不是通过简单公开查询就可以获知,而必须通过多年的市场开发和大量投入才能获得,因此,该类信息不是相关公众普遍知悉的信息,显然具有非公知性,应当属于同方威视公司的经营秘密。

同方威视公司和马来西亚海关在长期稳定的合作过程中,分别在2003年、2006年、2009年签订了三份设备销售合同。这些合同的签订方式、合同条款中涵盖的销售模式(包括但不限于销售产品的型号、数量、技术参数等),客户的价格承受能力信息,销售的价格体系、设备成本信息、支付方式(包括货币形式、付款方式等)等信息,都是同方威视公司和马来西亚海关在长期合作过程中,综合考虑自身和市场具体情况,反复协商,不断调整形成的双方均可接受的具有一定规律性的交易信息。该类信息反映了双方交易的特定内容以及海关对交易的基本要求,不是相关公众普遍知悉的信息。合同明确规定了合同双方的保密条款。该类信息应当属于同方威视公司的经营秘密。

同方威视公司将吴某龙的公司发展成马来西亚的独家代理商,并在常年合作中,针对马来西亚海关及马来西亚市场环境的特殊性,建立起了独特的代理渠道。代理渠道包括的信息可细化为双方的代理合作模式、双方共同运营的商业计划和产销策略、双方在售后服务中的分工合作模式等。该类信息为同方威视公司在马来西亚开发市场、向客户提供售后服务、了解客户需求、促成新的交易机会等方面发挥重要作用。该类信息是同方威视公司在马来西亚市场通过市场开发而知悉、掌握的,是同方威视公司独有的经营信息,并非相关公众普遍知悉的信息,具有非公知性,应当属于同方威视公司的经营秘密。基本内容包括如下几种类型:(1)代理合作模式。双方在长期合作过程中,针对马来西亚客户的特殊性,建立起了独具特性的代理渠道,包括代理方式,双方在市场开发、主合同履行过程中(包括但不限于相关手续办理、发货、运输、验收等)的分工和合作模式。(2)共同运营的商业计划。基本内容包括:马来西亚业务的发展方向,马来西亚市场的经营目标和行动计划、具体项目的分工模式和项目调研情况等。(3)售后服务的合作模式。在针对同方威视公司为马来西亚供货设备的售后服务上,同方威视公司和代理商之间也建立起了独具特色的合作模式,包括但不限于售后服务的合同签订方式、支付方式、具体的售后服务内容、服务价格以及服务期限等。

马来西亚海关是同方威视公司的长期稳定客户,重要原因之一就在于同方威视公司针对马来西亚客户的特殊需求和交易习惯,不断进行调整和改善,以此来提高客户的忠诚度。因此,客户的特殊需求和交易习惯信息,是同方威视公司在马来西亚市场开发过程中所知悉掌握的独有信息,不是相关公众普遍知悉的信息,具有非公知性,应当属于同方威视公司的经营秘密。基于前期同方威视公司和马来西亚海关的长期友好合作,及同方威视公司为了开发新的交易机会和维护客户所做的大量投入和努力,马来西亚海关对于同方威视公司的信赖进一步加深。2010年左右,马来西亚海关基于同方威视公司提出的商业计划,进一步提出了对新设备的需求信息。经过同方威视公司和代理商的努力,马来西亚海关随后基本确定由同方威视公司供应新设备,这是同方威视公司新的交易机会。显然,该交易机会是同方威视公司多年来努力耕耘马来西亚市场的必然结果,是同方威视公司所独有的经营信息,具有非公知性,应当属于同方威视公司的经营秘密。

一审法院认定,代理商信息和客户信息正常情况下属于可以通过公开渠道获得的信息。由于马来西亚政府至迟于2007年9月开始采取采购本土化政策,马来西亚海关必须通过本土企业采购外国设备,因此马来西亚相关政府部门有必要向社会公布具备相关政府采购资格的本土企业名单,以便外国公司能够与这些具备政府采购资格的马来西亚本土企业取得联系。马来西亚原子能执照局于2014年10月8日出具了关于在马来西亚从事X射线扫描机器交易的供应商的证明函,证明函指出:任何人都可以通过网站提供的邮件或电子邮件直接联系原子能执照局以获得当地持有许可证的供应商名单;原子能执照局许可的当地供应商名单中包括PAT公司、WTC公司等。同时,即便该国政府部门没有统一公布具备政府采购资格的本土企业名单,外国销售商也可以通过其他公开的途径获得具备政府采购资格的本土企业名单,马来西亚政府没有理由对此采取保密措施。

一审法院认为,在正常情况下,那些取得了政府采购资格的本土企业也会向社会公布该企业的联系方式,以便任何潜在的外国销售商与这些本土企业取得联系。因此,当某外国企业意图通过获得许可的马来西亚当地企业向马来西亚海关销售辐射类快检设备时,可以从公开的渠道获悉PAT公司、WTC公司等获得了相关许可的信息,同时也可以通过公开渠道获知PAT公司等马来西亚当地公司的联系人及联系方式信息。因此,通过PAT公司可以向马来西亚海关销售设备的销售渠道以及PAT公司的联系人及联系方式信息,应当认定为可以从其他公开渠道获得的信息,并不具有秘密性。关于马来西亚海关、ES公司、TH公司、Bathtech公司的联系人及联系方式以及使馆秘书、策划公司及负责人等其他业务人员的联系信息,如上所述,正常情况下都应当属于可以通过公开渠道获得的信息,同方威视公司的证据不足以证明前述信息具有秘密性,同方威视公司关于该公司在马来西亚的上述代理销售渠道及马来西亚海关、PAT公司等联系信息构成商业秘密的主张不能成立。

在长润宜昌公司与周某商业秘密案[(2020)鄂05知民初54号]中,长兴润德教育公司成立于2015年,是一家经营健康管理师、执业药师、职称药师、执业医师、护士、护师资格培训及学历提升等教育咨询服务的公司。长润宜昌公司是长兴润德教育公司的分公司,负责湖北宜昌地区的业务。长兴润德教育公司及长润宜昌公司经过长期积累,形成了成熟的销售计划、产品构思方案、供销渠道及客户信息等。周某于2019年8月入职长润宜昌公司,任市场经理,负责招揽学员客户,促成客户从长润宜昌公司直接购买培训服务,进而接触长润宜昌公司的客户名单。长润宜昌公司与周某签订《知识产权保护及保守商业秘密协议》,明确周某必须对长润宜昌公司的商业秘密保密,商业秘密包括但不限于周某在工作期间的工作成果或间接取得的信息,如长润宜昌公司的财务数据、销售计划、产品构思方案、供销渠道以及计划、措施、长润宜昌公司的客户信息、客户指定需要保密的信息等。周某甜是长润宜昌公司的代理商,其按照一定的折扣从长润宜昌公司购买培训课程,然后把课程提供给其自行招揽的学员,长润宜昌公司与周某甜明确约定,周某甜必须自行负责开拓市场、发展学员。长润宜昌公司发现周某将其为长润宜昌公司招揽的客户信息披露给周某甜,周某甜将课程出售给本属于长润宜昌公司的客户,进而从中获取利益,并将获得的收益与周某分成,周某及周某甜均承认该事实。另外,长润宜昌公司还发现周某违反公司的管理规定,用个人微信以长润宜昌公司的名义招揽学员,并将这些意向从长润宜昌公司处购买课程服务的学员推荐给他人,致使学员向他人购买课程服务,最终使长润宜昌公司遭受重大损失。因此,周某违反保密义务,将其在工作期间掌握的商业秘密告知给周某甜,周某甜明知周某作为长润宜昌公司的市场经理仍使用周某提供的商业秘密,周某、周某甜的行为违反了《反不正当竞争法》的有关规定。周某、周某甜的上述侵权行为性质恶劣,违反保密协议、侵害了长润宜昌公司的商业秘密,是不诚信的行为,给长润宜昌公司造成了严重经济损失。

　　该案争议焦点是长润宜昌公司主张的客户信息是否构成商业秘密。法院认为,长润宜昌公司主张应作为经营秘密保护的客户信息为直接购买长润宜昌公司培训课程的客户信息,包括客户的名称、联系方式、购买课程的内容等信息,上述信息显然无法在公开领域内轻易获得。通过周某甜向周某返利才获取相关客户信息的行为模式可知,该信息并未公开且具有商业价值,否则周某甜无必要向周某支付价款。再结合该客户信息能为长润宜昌公司带来经济利益,且长润宜昌公司与周某签订的包含保密制度的劳动合同、保密协议、员工工作手机管理协议,以及在周某离职时办理的交接手续等保密措施,足以证明长润宜昌公司对涉案客户信息的重视,并且采取了合理的保密及防范泄密的措施。《反不正当竞争法》第32条第1款规定:"在侵犯商业秘密的民事审判程序中,商业秘密权利人提供初步证据,证明其已经对所主张的商业秘密采取保密措施,且合理表明商业秘密被侵犯,涉嫌侵权人应当证明权利人所主张的商业秘密不属于本法规定的商业秘密。"周某、周某甜并未举证说明涉案客户信息不属于商业秘密。因此长润宜昌公司主张的客户信息符合商业秘密的法定条件,属于《反不正当竞争法》保护的商业秘密中的经营秘密。

　　在花样年商业旅游文化发展(深圳)有限公司、刘某榜等侵害商业秘密纠纷案[(2022)粤0304民初3303号]中,权利人主张员工薪酬、奖金等方面构成商业秘密。法院认为员工薪酬、奖金未体现与公司取得竞争优势相关,难言具有商业价值,并且权利人亦未举证证明其对相关文件采取相应的保密措施,故认定不构成商业秘密。

　　在晟视公司、刘某雯等侵害商业秘密纠纷案[(2021)粤73民终5578号]中,权利人主张投标报价构成商业秘密。法院认为,从项目评标规则来看,价格评分占项目综合评分的60%,价格评分系根据投标人的有效报价与基准报价的偏离程度,对投标人的价格分数进行扣减后计算得出,分数由 20 分到 60 分。可见,投标人的有效报价直接影响其是否中标,而中标必然能为投标人带来经济利益。在投标人有效报价被披露的情况下,投标人必然会丧失竞争优势,而竞标方获取另一方的报价必然增加了竞争优势。该案中,天予嘉蓝公司的 4 项报价均低于晟视公司,从而成功中标的事实也印证了投标价格能为竞标人带来竞争优势。因此,涉案项目的投标价格具有实用性。

实践中对于薪酬相关信息可否构成商业秘密存在争议。例如,在北京健康有益科技有限公司与关某侵害商业秘密纠纷案中,原告主张"公司采用薪酬保密制度,禁止员工相互打探薪酬,上述信息能够加强企业管理,属于反不正当竞争法保护的商业秘密"。一审法院认为,原告主张的薪酬相关信息具有秘密性、保密性,但是原告"未提交证据证明涉案信息的价值性,亦未能对涉案信息的价值进行合理的说明,故根据在案证据尚不足以证明涉案信息具有商业价值,能为权利人带来直接利益或竞争优势"。二审法院支持一审认定。此案一、二审法院均因原告未举证证明薪酬信息具有商业价值,而不予认定原告主张的信息为商业秘密。在深圳前海中福堂国医馆连锁管理有限公司与刘某凡侵害商业秘密纠纷案中,原告主张运营管理中心薪酬制度试运行方案(包含了原告各岗位的工资分配制度和职责)为商业秘密,不同于前两个案件,此案中的法院认为"一般而言,企业对员工薪酬分配方案会在一定范围内予以保密,具有商业价值",因而在未要求原告举证的情形下(判决书中未显示),法院径行认定薪酬制度试运行方案具有商业价值。鉴于薪酬方案保密是一项重要的经营制度,如果该制度能够促进经营管理和增强其竞争优势,则可以属于商业秘密范围。而且,增强竞争优势是一个相对宽泛的概念,对于构成商业秘密不宜进行过于严格的解释。

近年来出现较多知名影视剧、电影片源泄露("走版")引起的商业秘密纠纷。例如,2019 年的春节贺岁档遭遇了《流浪地球》《疯狂的外星人》《新喜剧之王》《小猪佩奇过大年》等 8 部贺岁片集体泄露,被称为"中国电影史上最大泄露事故"。据说《流浪地球》累计盗版损失近 10 亿元,估计网络盗版观看数量超过 2000 万次。北美的电影《金刚狼》上映之前就遭到全片 DVD 清晰版的泄露,当时一天之内网络下载量超过 10 万次,给福克斯造成了 5000 万美元的损失。电影《悟空传》"走版"而引发的侵害商业秘密纠纷案就是其中之一。

新丽公司系电影《悟空传》的著作权人,其将该影片音频后期制作事宜委托派华公司执行,双方签订合同并约定有保密条款。在合同履行过程中,派华公司违反保密约定将部分工作外包给案外人实际完成,并将新丽公司交付的电影素材以"WKZ"(电影名称的拼音首字母)命名,通过百度网盘传输给案外人。该影片素材留存百度云盘期间,被不法分子破解,致使涉案电影在公映前通过互联网流出。新丽公司诉至法院,请求判令派华公司停止披露涉案影片商业秘密的不正当竞争行为、赔偿经济损失等。法院经审理认为,涉案素材构成《反不正当竞争法》保护的商业秘密,派华公司违反保密约定向案外人披露涉案影片素材,并将素材上传至百度网盘并最终导致素材泄露于互联网的行为均构成侵犯商业秘密。判决派华公司赔偿新丽公司经济损失 300 万元及维权支出 30 万余元,并公开声明消除影响。

影视行业中常见的商业秘密涉及客户清单、销售资料、经营信息等,但《悟空传》案权利人所主张的商业秘密则是电影情节等素材,且由于电影宣发的需求,存在部分素材被主动公开的情形。该案原告主张了 12 项秘点,即电影完整情节;电影全部人物设定;电影全部人物关系;电影全部人物造型;电影全部表演呈现;电影全部人物服装;电影全部人物化妆;电影全部道具;电影全部场景;连续不断的画面、声音构成的整体;该电影截至 2017 年 3 月 27 日阶段创作成果;占位素材;截至 2017 年 3 月 27 日阶段未完成特效制作和后期处理的画面。影视行业在影片公映前的宣发阶段会公开造型、服装、道具和场景等素材,并且越来越多的影视作品是根据小说进行改编,在拍摄前人物设定、人物关系、情节等都已经为公众所知。对于这种电影素材在先公开是否会影响"秘密性"的问题,法院认定,虽然派华公司提到服装、道具及场景等已经为公众所知悉,但电影作品并非所有服装、道具及场景等素材的简单结合,即使其组成部分已经属于公有领域或者已经为公众所知悉,但只要各个部分相互组合取得全新的意义,即可作为商业秘密得到保护。

第二节　商业秘密中的客户信息

一、客户信息的界定

客户信息或者客户名单是经营信息中的一种特殊类型,而被司法解释特别规定。所谓特殊,多是因为客户名单在商业秘密纠纷中比较常见,且在具体构成上容易有不同认识,因而受到较多关注而经常被单独提及。例如,1950 年至 2007 年美国联邦法院审理的商业秘密案件中,客户名单案件占 32%。[1]《2007 年反不正当竞争司法解释》和《2020 年商业秘密司法解释》专门规定客户名单和客户信息。《2007 年反不正当竞争司法解释》称其为客户名单,也并非将客户名单限于客户名录,还包括客户名录之外的深度信息。《2020 年商业秘密司法解释》改称客户信息。虽然两个司法解释分别使用了客户名单和客户信息,但其内容并无不同,只是称其为客户信息,不易于误认为仅仅有客户名录(名单)即可构成商业秘密。《2007 年反不正当竞争司法解释》第 13 条将客户名单解释为由特定信息所构成的"特殊客户信息"。所谓的客户名单,并非仅指客户名称的简单汇集即可构成商业秘密,而是围绕客户形成的秘密信息。国外恰恰通常称之为客户名单。

"客户名单"纠纷常常涉及员工离职后的客户争夺,权利人往往通过主张"客户名单"为商业秘密,垄断特定客户资源,阻止他人尤其是离职员工与其公平竞争。客户信息的商业秘密性一直存在较大争议,权利边界比较模糊,案件审理难度较大。随着信息网络技术的发展,检索、收集特定客户信息的难度已显著降低。这些都是客户信息在商业秘密保护中的特殊性之所在。

迄今我国侵犯商业秘密的案件主要是侵犯技术秘密的案件,侵犯经营秘密的案件本来就较少,而侵害经营秘密的案件又多是侵犯客户名单案件。在实践中对于如何认定客户名单往往歧见纷纭,莫衷一是,法律界限很难划定。因此,探讨商业秘密中客户名单的

---

[1] See David S. Almeling, Darin W. Snyder, Michael Sapoznikow, Whitney E. McCollum & Jill Weader, *A Statistical Analysis of Trade Secret Litigation in Federal Courts*, 46 Gonzaga Law Review 291, 313(2009).

认定问题是非常具有现实意义的。

在国外法上客户名单是否构成商业秘密的认定，也是一个受关注的问题。最为常见的是前雇员或者员工离开原雇主或者企业后，开始使用原企业的客户进行竞争，由此引发客户名单的商业秘密争议。原则上讲，雇员有与前雇主进行市场竞争的自由，即使从前雇主那里拉走客户也是允许的。但是，这种自由又受限制，包括受竞业禁止的限制和保护商业秘密的限制。换言之，除雇员受竞业禁止协议的限制外，如果前雇主的客户构成商业秘密，雇员即负有不可侵犯的义务。[1] 正如美国密歇根州最高法院所指出的："尽管雇员对于在受雇佣期间所得到的一般信息或者在商业中一般知悉或者易于获得的信息有权进行不受限制的使用，但是，包括客户信息在内的秘密信息（confidential information）是雇主的财产，可以按照合同进行保护。即使没有订立合同，雇员也有义务不使用或者不披露在雇佣期间获得的秘密信息。此类信息通常被作为'商业秘密'（trade secret）。"[2]

客户名单是经营信息中的一个重要种类，在个案中客户名单是否构成商业秘密的认定较为复杂，在许多国家客户名单都是最有争议的商业秘密认定问题。正如美国判例所指出的，在商业秘密中还没有哪一个事实领域存在如此众多的混乱，特别是法院的判决往往相互冲突。美国有关权威性法律文献指出："由于作为商业秘密的信息的分类取决于个案的事实，这样法律领域仍然尚未盖棺论定，似乎还存在着众说纷纭，客户名单的分类更是混乱不堪。"美国大多数法院关注的重点是，特定的客户名单是否为大众一般所能够得到，或者是否属于特定行业的普通知识，以及如果有保密措施的话，采取了哪些保密措施保护该客户名单。例如，在 Town & County House & Homes Serv. v. Evans 案中，法院指出："如果客户的姓名可以通过普通的商业渠道或者参考资料易于获得，就不存在商业秘密。"[3] 在认定客户名单以及前雇主（包括代理关系中的本人）是否构成商业秘密时，可能考虑下列要素：特定信息在该营业圈以外的知悉范围（程度）；该信息为雇员以及其他与营业有关的人员知悉的程度；雇主采取措施保护其秘密信息的程度；雇主为开发该信息付出的努力和花费的金钱；他人通过正当途径获取和复制该信息的难易程度；本人与代理人之间关系的信任程度；前雇员或者代理人获取所谓秘密的方式；前雇员或者代理人与客户的个人关系；使用本人或者前雇主的所谓秘密给代理人或者前雇员带来的或者可能带来的不公平优势。

为开发包括客户名单在内的商业秘密所付出的努力和时间，常常是分析是否构成商业秘密的要素。例如，在美国的一个判例中，法院由于认为汇集客户名单的过程"既不复杂，也不困难，还不需要花费太多的时间"，而拒绝认定其为商业秘密。[4] 在高度透明的和竞争性市场中因广泛讨论而一般知悉的信息，也不能作为商业秘密。在有些案件中，法院因客户名单经过"长期的和昂贵的"劳动而获得，因而认定其构成商业秘密。[5]

---

[1] 在雇佣期间发生侵犯客户名单商业秘密的情况也不鲜见，或者说受雇佣期间侵犯雇主的客户名单同样可以构成侵权行为。

[2] Foilmer, Rudzewicz & Co. v. Kosco, 362 N. W. 2d 676 (Mich. 1984). See also Unistar Corp. v. Child, 415 So. 2d 733 (fla. App. 3d Dist. Ct. App. 1982).

[3] 189 A. 2d 290, 393 (Conn. 1963).

[4] See American Paper & Packing Prods. , Inc. v. Kirgan, 183 Cal. App. 3d 1318, 1326, 228, Cal. Rptr. 713, 717 (1986).

[5] See Courtesy Temporary Serv. , Inc. v. Camacho, 222 Cal. App. 3d 1278, 272 Cal. Rptr. 252 (1990).

美国有些法院将重点放在第三人开发客户名单需要花费的时间和努力上,指出"只有经特别的努力,才能在经营中获得或者发现的客户,法院会毫不犹豫地保护该客户名单和档案"[1]。在一个案件中,由于客户名单"包含各个客户地址的联系方式、详细的销售历史、所购买的产品的情况、购买的数量、包装尺寸以及购买的频率",而被按照商业秘密保护。[2]

美国判例认为,从公共渠道获取的客户名单不能作为商业秘密。例如,一个判例中,由于杂志广告者的名单可以通过简单地翻阅杂志就可以获得,因而不构成商业秘密。[3] 从诸如产品宣传册、政府记录或者专业杂志等公共渠道汇集的客户名单,不能作为商业秘密。[4] 有个别法院甚至走得更远,认为通过监视或者观察雇主公开交货的货车而获得的客户名单,不属于商业秘密的保护范围。[5]

日本法院在认定客户名单上也曾经做了积极探索,其判例所涉及客户名单有下列情形。

首先,客户名单是其所有人所特有的,或者所有人形成了特殊的客户群,其他竞争者不花费一定的劳动和努力得不到相同或者近似的结果,该客户名单构成商业秘密。

例如,原告京王百货商店经营一种以社会特定需求群为顾客并涉及个人隐私的特种商品,该商店对客户名单采取了保密措施,存储名单的磁盘由公司企划部情报开发室管理,任何人不得随意带出。被告为情报开发室主任,掌握公司的全部秘密。被告因理财不善,负债累累,遂多次盗用顾客名单进行复制加工并出售。法庭认为,被告的月薪足以维持圆满的生活,却有悖公司的信任和重托,多次出售客户名单,依照刑法判处拘役。

又如,东京的"株式会社建设调查会"是一个专为建筑行业提供信息情报服务的公司,它发行有《建筑业动态》周刊,这是一份专业性很强的杂志,其内容为建筑业的各种统计和调查资料,发行面较窄,而且该行业竞争激烈,其他竞争者也很活跃。因此,该杂志的订户多少直接关系到杂志的生存。为此,公司规定杂志的订户名单只能在公司内部自由传阅,不能泄露给外人,下班后必须锁在办公桌内。该公司业务部主任神某因与公司最高层领导素有积怨,准备"跳槽"到竞争公司任职,在离职前无视公司的上述规定,在某日下班后又回到办公室,从办公桌内取出订户名单,加以复印。法庭认为,订户名单的复印是以向竞争公司转手为目的,将名单作为自己的东西从经济上加以利用,实际上排除了权利人的权利,故以盗窃罪对被告人神某判处拘役8个月,缓刑2年执行。该案就是按照上述标准将订户名单认定为商业秘密的案件。

其次,经过独特积累、收集、加工、整理,不是简单地复制社会上已有的通信地址、厂商名录而形成的客户名单,可以成为商业秘密。

例如,原告是一个成立于1967年的室内装饰品邮购销售公司。被告富某于1969年被原告所雇用,是其业务经理,在该公司服务到1976年1月。被告在雇佣关系的最后阶

---

[1] Leo Silfen, Inc. v. Cream, 29 N. Y. 2d 387, 392–393, 328 N. Y. S. 2d 423, 427–428, 278 N. E. 2d 636, 639–640 (1970).
[2] See NCH Corp. v. Broyles, 749 F. 2d 247, 252 (5th Cir. 1985).
[3] See Templeton v. Creative Loafing Tampa, Inc. 552 So. 2d 288 (Fla. 2d Dist. Ct. App. 1989).
[4] See Clinipad Corp. v. Applicare, Inc., 1991 WL 27899 (Conn. Super. 1991).
[5] See Holiday Food Co. v. Munroe, 426 A. 2d 814 (Conn. Super. 1981).

段,在1975年12月成立与原告有竞争关系(销售相同的产品)的公司,并任总经理。

原告以下列理由为由起诉:被告在任职期间成立竞争公司,违反忠实义务;被告的公司与原告销售相同的商品,被告必然利用在原告任职期间所获得的商业秘密,违反了保密义务;为与原告竞争,被告成立竞争公司前就找到原告公司的业务员奈某,从奈某处获取原告的邮购者名单,侵犯了原告的商业秘密;被告得到邮购者名单后以相同的人为对象,反复发函推销与原告相同的商品,但因服务差,许多顾客汇款后收不到货,并因顾客熟悉原告,很多人误认为订单是原告以新的形式发出的,便将订单寄给原告,被告侵犯商业秘密的行为使原告丧失了客户,并损害了其声誉。被告辩称:在职时是利用业余时间作成立公司准备的;在职期间并未直接负责邮购业务,对此不负保密义务。

法庭认为,原告的商品是具有一定的欣赏品味的家庭装饰品,如何开拓和保持购买群是其业务的命脉所在。为提高销售效率,原告投入了大量的资金,自创立时起就通过对赌赛马俱乐部、Lion 俱乐部(知识、自由与国家安全俱乐部)、医生俱乐部等富有阶层的各种俱乐部的成员名单进行调查,先后对200多万人发了邮购订单,根据反馈回来的订单进行分类整理,于1975年制成3万张客户名单卡片,在公司内部作为绝密进行管理。因此,原告公司的邮购者名单构成商业秘密。被告的行为构成了侵权行为。

从国外的一般做法看,认定客户名单是否构成商业秘密,除依据商业秘密的一般要件外,主要根据该客户名单是否为特有的名单,或者是否具有特殊性,而该特有的或特殊的客户名单是由权利人通过花费劳动、金钱和努力等所得来的。这种标准比较符合保护商业秘密的本意,还易于将构成商业秘密的客户名单与所有竞争者都可以得到的普通客户名单区别开来。因此,在我国认定客户名单是否构成商业秘密也应当以此作为重要的根据。

二、客户信息司法解释规定的比较

《2007年反不正当竞争司法解释》第13条规定:"商业秘密中的客户名单,一般是指客户的名称、地址、联系方式以及交易的习惯、意向、内容等构成的区别于相关公知信息的特殊客户信息,包括汇集众多客户的客户名册,以及保持长期稳定交易关系的特定客户。客户基于对职工个人的信赖而与职工所在单位进行市场交易,该职工离职后,能够证明客户自愿选择与自己或者其新单位进行市场交易的,应当认定没有采用不正当手段,但职工与原单位另有约定的除外。"

《2020年商业秘密司法解释》第1条第3款规定,客户信息包括客户的名称、地址、联系方式以及交易习惯、意向、内容等信息。该解释第2条规定:"当事人仅以与特定客户保持长期稳定交易关系为由,主张该特定客户属于商业秘密的,人民法院不予支持。客户基于对员工个人的信赖而与该员工所在单位进行交易,该员工离职后,能够证明客户自愿选择与该员工或者该员工所在的新单位进行交易的,人民法院应当认定该员工没有采用不正当手段获取权利人的商业秘密。"

与上述司法解释规定相比,《2007年反不正当竞争司法解释》从正面和积极角度界定客户名单的可商业秘密性,而《2020年商业秘密司法解释》从反面和消极角度界定客户名单。而且,《2020年商业秘密司法解释》仅从"与特定客户保持长期稳定交易关系"的单一角度进行否定性判断。两者规定内容和角度的差异可能产生法律适用上的疑问。[1]

其一,两者规定是否一致。至少从字面规定看,两者之间并不冲突。比如,《2007年反不正当竞争司法解释》将"与特定客户保持长期稳定交易关系"作为"客户名单"构成要素之一,并不认为仅此即可构成商业秘密,采取的是正面规定;《2020年商业秘密司法解释》是从反面即否定的角度,认为"仅以与特定客户保持长期稳定交易关系为由,主张该特定客户属于商业秘密的,人民法院不予支持"。可见,两者之间更像是递进而不是替代关系。

其二,《2020年商业秘密司法解释》第2条第2款的真实意图是什么?《2020年商业秘密司法解释》第2条第1款规定的本意是,鼓励依法公平有序竞争,避免以商业秘密保护为名义垄断"保持长期稳定交易关系"的客户,并且考虑到"保持长期稳定交易关系"的客户本身并不必然属于商业秘密,故该条对相关内容进行了调整,规定"当事人仅以与特定客户保持长期稳定交易关系为由,主张该特定客户属于商业秘密的,人民法院不予支持"。但是,即便依照《2007年反不正当竞争司法解释》,这也是不言自明的,即仅主张"与特定客户保持长期稳定交易关系"并不足以构成商业秘密。这或许表明,两个司法解释规定的角度和方式不同,可能体现了不同的重点,其内容并无冲突。

"客户名单"在构成商业秘密时的构成要素规定,旨在表明构成商业秘密的客户信息不能仅是一个客户名字,而必须具有更为深度的信息,且符合商业秘密的构成要件。

例如,最高人民法院(2019)最高法民再268号再审判决载明:受商业秘密保护的客户名单,除由客户的名称地址、联系方式以及交易的习惯、意向、内容等信息所构成外,还应当属于区别于相关公知信息的特殊客户信息,并非指对所有客户名单的保护。根据华阳公司提交的证据,华阳公司对其客户名单采取了保密措施,也进行了相关的交易,但其是否属于反不正当竞争法保护的商业秘密,判断要件应根据法律和司法解释进行判断。该案中,根据麦达可尔公司提供的公证书,前述43家客户信息可以通过网络搜索得到。根据华阳公司提供的43家被侵权客户名单,客户名单主要内容为:订单日期,单号,品名,货品规格、单位(桶或个),销售订单数量,单价,未税本位币,联系人,电话,地址。根据该客户名单,该表格为特定时间段内华阳公司与某客户的交易记录及联系人。法院认为,首先,在当前网络环境下,相关需方信息容易获得,并且相关行业从业者根据其劳动技能容易知悉。其次,关于订单日期,单号,品名,货品规格,销售订单数量,单价,未税本位币等信息均为一般性罗列,并没有反映某客户的交易习惯、意向及区别于一般交易记录的其他内容。在没有涵盖相关客户的具体交易习惯、意向等深度信息的情况下,难以认定需方信

---

[1] 据起草者对于《2020年商业秘密司法解释》的介绍,最高人民法院考虑到随着信息网络技术的发展和普及,收集、管理特定客户信息的难度已显著降低,经营者对于客户信息的管理多已不再采用传统的名单、名册等方式,而是普遍采用数据库、计算机软件、云服务等数字化、网络化方式。于是在《2020年商业秘密司法解释》第1条未再使用"客户名单"的表述,而是使用"客户信息",并对《2007年反不正当竞争司法解释》第13条的规定进行了修改和完善,删除了其中的"区别于相关公知信息的特殊客户信息,包括汇集众多客户的客户名册"。同时,为了避免以商业秘密保护的名义变相垄断"保持长期稳定交易关系"的客户,故删除了《2007年反不正当竞争司法解释》第13条第1款中的"保持长期稳定交易关系的特定客户"。参见林广海等:《最高人民法院关于审理知识产权民事案件司法解释系列解读》,载《法律适用》2021年第4期。但是,作为商业秘密的一般条件,构成商业秘密的客户信息必须是与公知的和容易获得的客户信息有区别的特殊性信息,而且保持长期稳定的客户关系只是一种判断因素,不是构成商业秘密的充分要件。

息属于《反不正当竞争法》保护的商业秘密。

其三,关于《2020年商业秘密司法解释》第2条第2款。《2020年商业秘密司法解释》第2条第2款与《2007年反不正当竞争司法解释》商业秘密解释条款均规定,在客户与员工之间因存在信赖关系而自愿交易的情形下,员工不构成"不正当手段"。员工与客户之间存在信赖关系,客户在员工离职后基于该信赖利益,仍然选择与员工或者其所在的新单位进行交易,此类情形在法律服务、医疗服务、外贸等服务行业客观存在。

鉴于诸如律师、医生这类职业的特殊性,其客户往往是基于对律师、医生等个人能力和品德的信赖,而且流动性也很强,如果他们离开原单位,其原先的客户不能再与其有业务往来,有失公平。因此,《2007年反不正当竞争司法解释》规定,客户基于对职工个人的信赖与职工所在单位进行市场交易,该职工离职后,能够证明客户自愿选择与自己或者其新单位进行市场交易的,应当认定没有采用不正当手段。

三、我国客户信息的认定

商业秘密中客户信息或者客户名单的构成需要审查构成该名单的客户是否具有特殊性、是否通过花费相当的时间和经费获得、是否易于从公开渠道获得等,要根据个案的情况进行综合判断。

(一)构成客户信息的深度信息

客户信息的秘密性要求其符合"不为相关人员普遍知悉"和"并非容易获得"的要求。构成商业秘密的客户信息必须明确具体或者有深度,不能是简单的客户名称,仅有客户姓名通常达不到构成商业秘密的程度。商业秘密中的客户信息通常必须有名称以外的深度信息,应当包括相应客户信息的内容。商业秘密中的客户名单,一般是指客户的名称、地址、联系方式以及交易的习惯、意向、内容等构成的区别于相关公知信息的特殊客户信息,包括汇集众多客户的客户名册,以及保持长期稳定交易关系的特定客户。客户信息涉及的客户有两种情形,即众多客户和一个客户。由众多客户构成的客户信息,只是客户名单构成商业秘密的通常情形,并且汇集众多客户的客户信息更易于成为商业秘密。当然,对于特殊的单个客户,深度信息具有足够的特殊性而符合商业秘密要件的,也可以成为商业秘密。

例如,在上诉人正洋公司与被上诉人福民公司侵犯商业秘密纠纷案中,最高人民法院二审判决对于客户名单构成商业秘密的要求做如下阐述。

"商业秘密中的客户名单,不应是简单的客户名称,通常还必须有名称以外的深度信息,一般是指客户的名称、地址、联系方式以及交易的习惯、意向、内容等,其构成包括汇集众多客户的客户名册以及保持长期稳定交易关系的特定客户。本案诉争的客户名单等经营信息是上诉人正洋公司通过长期从事脱水蔬菜出口外销业务积累形成的与国外客户的往来业务邮件,不同于公开领域中的一般客户资料。在扣押的马某东窃取的43份电子邮件及马某东窃取复制的传真件记载的内容中,不仅包含客户的名称、地址、联系方式,还包含了外销业务中客户的交易习惯、付款方式、购买产品的意向以及在交易中对方客户的一些特殊需要,构成了深度信息。通过互联网虽然能够查询到涉案8家国外客户,但这些客户联系出口业务的电子邮件地址以及交易习惯,付款方式,包装规格,所需货物的品名、质量、特殊需求等信息资料在该经营领域内不为相关人员普遍知悉,且获得这些信息资料具有一定难度。本案诉争客户名单经营信息的价值性体现在其所伴随的交易机会、销售渠道以及销售利润的增加,这些经营信息能够直接在联系外销业务中获得时间优势,提高竞争能力,创造经济价值,具有现实及潜在的竞争优势,从而具有商业秘密特有的价值性。正洋公司采取了合理的保密措施,在正常情况下足以防止涉密信息的泄露,符合商业秘密管理性条件的要求。另在二审中福民公司亦提不出证据证明其对涉案8家客户的客户名单经营信息拥有合法来源。故此,原审法院认定涉案客户名单经营信息属于商业秘密且为正洋公司使用正确,被上诉人福民公司主张诉争客户名单经营信息不是商业秘密的上诉请求不能成立。"[1]

在再审申请人武汉无懈科技有限责任公司、冉某波与被申请人蓝星公司不正当竞争纠纷案[2]中,最高人民法院驳回再审申请裁定指出,该案中蓝星公司与航盛公司于2012年4月签订《委托生产(ODM)合作协议书》委托生产日产通用机,蓝星公司与众鸿公司于2012年12月签订《战略合作协议》合作开发车载智能终端系统设计方案,蓝星公司与科维公司于2013年1月签订《科维嵌入Linux车载信息系统软件定制合同书》约定定制开发科维车联网智能信息系统。蓝星公司与上述3个公司的合作有具体的需求标准,有软件产品的销售凭证,且合同有效期分别长达1年(航盛公司)、3年(众鸿公司)和5年(科维公司)。据此,可以认定蓝星公司与上述3个公司建立了长期、稳定的业务关系。蓝星公司在公司内部建立了保密制度,在《员工手册》中明确了员工的保密义务,与部分离职员工也签订了保密协议,蓝星公司还与航盛公司、众鸿公司、科维公司等客户签订《保密协议书》,可见蓝星公司对该公司的客户名单具有明确的保密意图,且采取了合理的保密措施。此外,蓝星公司的上述客户名单,具有现实的商业价值,可以为该公司带来竞争优势,相关经营信息能为权利人带来经济利益、具有实用性。蓝星公司主张的客户名单不仅包括客户名称、联系方式、地址、经营范围等公开的信息,而且包括客户的交易习惯、意向、内容等区别于公知信息的特殊客户信息。故二审法院认定蓝星公司的客户名单(航盛公司、众鸿公司、科维公司)属于商业秘密并无不当。

在再审申请人麦乐威公司与被申请人博泵机电公司侵害经营秘密纠纷案[3]中,最高人民法院驳回再审申请裁定指出,关于苏丹国民经济财政部的相关信息是否构成商业秘密的问题,博泵机电公司提交了其与苏丹国民经济财政部在2003年至2005年签订的合同,能够体现博泵机电公司与苏丹国民经济财政部存在长期稳定交易,亦能够体现对产品的规格、型号、交易价格的特殊需求及其他交易习惯等区别于公知信息的特殊客户信息。麦乐威公司、徐某清、刘某不认可上述信息不为公众所知悉,并提交了苏丹与中国企业签订供水项目合同的互联网新闻的公证书等证据,但是公证书中的网页内容不能体现与涉案商业秘密深度信息相关的内容,无法证明其主张。据此,苏丹国民经济财政部相关信息符合"不为其所属领域的相关人员普遍知悉和容易获得"两个要件,能够认定"不为公众所知悉"。博泵机电公司提供的证据能够证明其利用苏丹国民经济财政部的相关客户信息与特定客户进行了实际交易,表明上述客户信息具有现实的商业价值,能为其带来竞争优势及经济利益,具有实用性。相关证据能够认定博泵机电公司对上述客户信息采取了

---

[1] 最高人民法院民事判决书,(2007)民三终字第1号。
[2] 参见最高人民法院民事裁定书,(2018)最高法民申4739号。
[3] 参见最高人民法院民事裁定书,(2020)最高法民申401号。

保密措施。综上，苏丹国民经济财政部相关信息符合法定的商业秘密构成要件，应当认定构成商业秘密。

在再审申请人徐某、会凯公司与被申请人三乐公司侵害商业秘密纠纷案[1]中，最高人民法院驳回再审申请裁定指出，徐某及会凯公司主张，三乐公司提供的客户名单未体现深度信息，不构成商业秘密。对此，对于客户名单中记载的名称、地址、交易习惯等客户信息是否区别于公众知晓的信息，应当基于所涉行业的特性、当事人的关系、诉争客户信息的利用情况进行个案判断。该案中三乐公司提交的客户名单包含具体的联系人以及合作日期和金额等内容，反映了特定客户的交易需求、特定联系人以及价格承受能力，上述信息与公众所知的信息存在一定差别。徐某曾担任三乐公司的高级管理人员，客户名单曾由其控制，徐某及会凯公司虽然主张客户名单的信息属于众所周知的信息，但并未提交证据证明客户名单中反映的相关信息能够从公开渠道获得。三乐公司提供的职业拓展培训服务，具有广泛的市场需求，三乐公司通过其经营活动，锁定了特定客户的需求，其在拣选整理过程中付出的努力应当获得保护。综合考虑上述因素，二审法院认定客户名单含有不为公众所知的信息，符合商业秘密的相关要件并无不当。

在再审申请人睿明特公司与被申请人反光材料公司侵害商业秘密纠纷案[2]中，最高人民法院驳回再审申请裁定认为，该案中反光材料公司主张构成商业秘密的客户名单信息不仅包括客户的名称、地址、联系方式等普通信息，还包括交易或往来过程中形成的需求产品品种、规格、数量、单价以及备注反映客户交易习惯及意向等特殊信息，上述内容并非通过公开渠道可以查询，符合商业秘密"不为公众所知悉"的认定条件。宋某、睿明特公司主张未与反光材料公司有过业务往来的客户不应当纳入商业秘密保护的客户名单，对此认为，反光材料公司通过花费时间、金钱和劳动等代价才获得的相关客户的经营信息，是反光材料公司获得交易机会的重要资源，属于能为权利人带来经济利益、具有实用性的信息。此外，反光材料公司为上述经营信息制定了具体的保密制度，对客户信息以及潜在的客户信息采取了必要的保密措施，与宋某签订的劳动合同书中明确约定了保密条款、竞业限制条款，并向其支付了相应的保密费用，二审判决据此认定反光材料公司制作的客户名单构成商业秘密并无不当。

在杭诚专利事务所诉侯某玉、嘉兴永航专利代理事务所侵害商业秘密纠纷案中，二审判决认为，客户名单符合不为公众所知悉、具有商业价值、经权利人采取相应保密措施这三项法定条件的，构成商业秘密。客户的交易习惯、特殊需求、精确详尽的联系方式系通过公开渠道难以获知，并不为从事这一领域的相关人员普遍知悉和容易获得，构成了区别于相关公知信息的特殊客户信息。离职员工违反其与原单位之间有关保守商业秘密义务的要求，使用其在原单位任职期间所掌握的客户名单，侵害了权利人的商业秘密。

侯某玉于2008年9月23日进入杭诚专利所从事专利代理工作，双方签订《知识产权保护及保守商业秘密协议》，约定侯某玉应当长期保守杭诚专利所的商业秘密，在职期间或离职两年内不参加其他企业组织的与杭诚专利所竞争的活动。保密的主要内容为：员工获得的保密信息，包括但不限于公司的财务数据；客户信息、客户渠道以及工作计划、措

---

[1] 参见最高人民法院民事裁定书，(2019)最高法民申2794号。
[2] 参见最高人民法院民事裁定书，(2018)最高法民申1273号。

施;客户的专利技术、信息、软件、硬件等以及与公司有关的信息。保密义务为:侯某玉同意长期保守公司的商业秘密和客户的技术秘密,未经杭诚专利所许可,不使用或向任何第三人透露公司商业秘密和客户技术秘密;在职期间或在离职二年内不参加其他企业组织的与杭诚专利所竞争的活动。由于侯某玉承诺并签署保密协议,杭诚专利所支付侯某玉每月200元承诺金。侯某玉于2016年4月29日从杭诚专利所辞职后,利用在杭诚专利所任职期间掌握的该所客户联系方式、交易习惯、客户需求等商业秘密信息,于2016年6月参与发起成立嘉兴永航专利所,并使用上述信息,通过与杭诚专利所的客户达成多笔交易获利。杭诚专利所诉至杭州铁路运输法院。

杭州铁路运输法院认为,商业秘密中的"特定客户信息"一般是指特定的非公开的联系方式、交易习惯、交易条件、需求情况、交易内容等特定信息,系经营者通过长期的、稳定的、特定的付出而获得,其保护的是经营者为实现与特定客户之间的信任和稳定关系而长期积累和付出,属于经营者独有、独享的客户信息。杭诚专利所提交的证据仅能反映客户名称、地址和联系方式等信息,但并没有客户的特定交易习惯、交易条件和交易需求等深层次信息内容。根据杭诚专利所提交的证据,该院无法确定其所主张的商业秘密的具体内容,无法认定杭诚专利所主张的客户名单是否属于区别于相关公知的特定客户信息,是否具有相应的商业价值。因此,杭诚专利所未能提供充分有效的证据证明其主张的客户名单已构成商业秘密,应承担举证不能的法律后果,遂判决驳回杭诚专利所的诉讼请求。[1]

杭州市中级人民法院二审认为,侯某玉曾在杭诚专利所担任专利代理人助理职务,其在任职期间,可以接触到的客户信息包括了诸多通过公开渠道难以获知的信息,包括客户联系人地址、电话、发明人身份证号码、服务费用、委托代理工作单等,委托代理工作单上记载有发明人证件号码、名称、地址、固定电话、手机号码、指定联系人姓名、电子邮箱、邮编、传真、申请代理费、实审代理费、特殊需求等。上述信息系杭诚专利所在长期经营过程中付出智力劳动和经营成本而积淀形成,通过公开渠道难以获知,并不为从事专利代理领域的相关人员普遍知悉和容易获得,已经构成了区别于相关公知信息的特殊客户信息。从上述信息中可以获知客户的交易习惯、特殊需求、精确详尽的联系方式等,故而上述信息息能为杭诚专利所带来竞争优势,具有商业价值。根据杭诚专利所提供的证据可知,杭诚专利所已经为防止上述客户名单泄露而采取了一系列保密措施,包括与侯某玉签订《知识产权保护及保守商业秘密协议》、在侯某玉离职时由其签署承诺书等。杭诚专利所主张的涉案客户名单符合"不为公众所知悉""具有商业价值""经权利人采取相应保密措施"的法定条件,构成商业秘密。侯某玉从杭诚专利所离职后,将这些客户申请的百余件专利的代理机构从杭诚专利所变更为永航专利所,经比对可见,上述客户信息与杭诚专利所主张权利的客户名单信息实质相同。侯某玉违反其与杭诚专利所之间有关保守商业秘密义务的要求,使用其在杭诚专利所任职期间所掌握的客户名单,侵害了杭诚专利所的商业秘密。[2]

---

[1] 参见杭州铁路运输法院民事判决书,(2018)浙8601民初670号。
[2] 参见浙江省杭州市中级人民法院民事判决书,(2019)浙01民终4315号。

在义乌市微星百货有限公司诉义乌拓谱公司等侵害商业秘密纠纷案[1]中,法院认为,商业秘密中的客户信息包括汇集众多客户的客户名册,以及保持长期稳定交易关系的特定客户。对于特定客户,仅凭客户名称、地址、电子邮件等容易从公开渠道获得的信息难以认定构成商业秘密,还应从客户的交易习惯、付款方式、购买产品的意向以及特殊需求等深度信息来审查。供应商信息属于原告的货源信息,同样具有一定商业价值,但在认定是否构成商业秘密时应当十分慎重,因为供应商必然希望拓宽销路,其在向被告供货的同时也可以向原告供货,认定供应商信息构成商业秘密,容易产生垄断货源的后果,不利于市场的充分竞争。

被告熊某霞、张某某于2017年入职原告公司,并与原告签订劳动合同约定须严守原告的商业秘密(包括产品资料、供应商资料、客户资料等)。二被告在原告公司上班期间,使用原告提供账号密码的富通天下外贸管理软件进行业务管理,该软件集合了各种客户信息、产品编码、报价信息等。被告熊某霞、张某某各自管理各自账号下的相应信息。在任职期间,被告熊某霞、张某某以被告邱某科名义设立被告义乌拓谱公司。2019年上半年,被告熊某霞、张某某从原告公司离职,设立被告义乌梦享公司,并以两个公司名义在阿里巴巴国际站上开设网店,销售与原告相同的产品,且与部分外国客户进行了交易。原告认为5名被告使用原告客户信息、供应商信息的行为侵害了原告的商业秘密。

法院认为,原告与两位外国客户达成多次交易,掌握了客户的名称、地址、电子邮件,也掌握了客户的交易习惯、付款方式、购买产品的意向以及客户的特殊需求等深度信息,该两位客户信息属于保持长期稳定交易关系的特定客户信息,具有价值性;原告就上述客户信息采取了保密措施,属于原告的商业秘密。至于供应商信息,原告证据不足以表明其对供应商信息采取了保密措施,不属于商业秘密。被告熊某霞、张某某原系原告的员工,有机会接触到原告的客户信息,其在任职期间成立被告义乌拓谱公司,并在之后成立义乌梦享公司,进而由该两个公司与两个客户发生交易,交易产品与原告此前的交易产品相同。被告熊某霞、张某某未能提供证据证明其取得上述客户信息具有合法来源,故应认定该两个客户信息来自原告。被告熊某霞、张某某以不正当手段获取了权利人的商业秘密并披露给被告义乌拓谱公司、义乌梦享公司使用;被告义乌拓谱公司、义乌梦享公司明知被告熊某霞、张某某系原告的前员工,仍然使用了上述商业秘密,4名被告的行为共同侵犯了原告的商业秘密,均应当承担停止侵权的责任。至于被告邱某科,原告现有证据无法表明其不当获取、使用或者允许他人使用了上述商业秘密,故要求其承担责任的依据不足,法院不予支持。

该案中,法院认为原告主张7个客户信息构成商业秘密,该7个客户数量有限、信息汇集内容有限,故不属于汇集了众多客户的客户名册。对于是否构成特定客户,法院认为,Y、A两位客户与原告多次达成交易,原告不仅掌握了客户的名称、地址、电子邮件,同时也掌握了客户的交易习惯、付款方式、购买产品的意向以及客户的特殊需求,构成了深度信息。通过互联网信息虽然能查到该两位客户,但是其交易习惯、所需货物的品名等并不为相关人员所普遍知悉,故该两位客户信息属于保持长期稳定交易关系的特定客户信

---

[1] 参见浙江省义乌市人民法院民事判决书,(2019)浙0782民初13094号。一审判决后,双方均未上诉,被告已按判决履行。

息。上述客户确实给原告提供了交易机会,创造了经济价值,具有重要的商业价值,故具有价值性。同时,该案中,原告与被告熊某霞、张某某均签订了保密协议,并采用特定的管理软件管理上述信息,且根据员工的岗位设定了相应的权限,可以表明原告已经就上述客户信息采取了一系列保密措施,故法院认定该两位客户信息属于商业秘密。至于其余5位客户,仅仅是在互联网上向原告进行过询盘,而在互联网环境下,任何客户均可以向经营者进行询盘。上述客户名称并非需要特定方式才能获取的信息,客户与原告之间未达成任何交易,客户信息并未给原告带来任何经济利益,故该5位客户不属于保持长期稳定交易关系的特定客户,相关信息不属于《反不正当竞争法》所保护的商业秘密。

至于原告的供应商信息,该信息属于原告的货源信息,亦属于经营信息的一种,可以推动和促进原告的经营活动。但该案中,原告所提供的证据可以表明其管理软件主要针对客户信息的管理,而并未专门针对供应商信息进行特殊管理,无法表明仅有特定权限的员工可以接触到该信息,故不能表明原告对该供应商信息采取了相应的保密措施,上述信息也未能形成更有价值性的深度信息,不属于《反不正当竞争法》所保护的商业秘密。

在广州市艺哈贸易有限公司、胥某等侵害商业秘密纠纷案[(2022)粤0115民初2627号]中,法院认为原告提供的客户成交账目表所包含的客户信息基本仅为客户名称,且大部分名称不完整,仅为"地域+姓"的概括称呼,既不包含客户的具体联系方式、地址等基本信息,亦不含其交易习惯、意向等信息,既无法准确指向某一特定交易客户,亦无法据此与客户直接产生联系,更不能反映客户的交易习惯、偏好等深度信息,不能作为反不正当竞争法意义上的客户信息予以保护。仅有基本信息,没有可以带来竞争优势的深度信息也不可能将之作为商业秘密保护。客户信息若仅有客户的名称、地址、联系方式等基本信息,则其不属于商业秘密。之所以客户信息概念中有基础信息,是因为信息的完整可利用需要其配套。在瑞昌公司、洛阳明远石化技术有限公司等侵害商业秘密纠纷案中,一审法院认为,通常而言,仅从公共渠道容易获得的包含客户的名称、地址及联系方式的客户信息,较难构成商业秘密,而客户的交易习惯、交易需求、价格承受能力、设备维修保养等信息往往是区别于公知信息的特殊客户信息,可以构成受保护的经营秘密。这些特殊的客户信息有可能处于动态,难以直接明确地通过某种方法予以固定,故可以通过分析权利人开发客户投入的时间与人力、物力成本以及双方长期稳定的交易往来等情况来判断该客户信息是否区别于从公共渠道容易获得的客户信息,是否构成"不为公众所知悉"的信息。二审法院认为,瑞昌公司主张构成经营秘密的32家客户信息不仅包括客户名称、地址、客户对接人员联系方式等基础信息,还包括设备装置规模、数量、设计单位、投用时间、型号规格、安装位置、使用状况等客户需求习惯,还包括交易合同、发票、报价单、供货范围等客户交易习惯,以及各个项目进展信息、竞争对手情况等市场信息,上述内容的集合属于不易从公开渠道获取的深度信息,以此认可一审法院关于客户信息符合秘密性的认定。仅为信息的一般性罗列,并没有反映某客户的交易习惯、意向及区别于一般交易记录的深度信息不构成商业秘密。在麦达可尔(天津)科技有限公司、华阳公司侵害商业秘密纠纷案[(2019)最高法民再268号]中,华阳公司主张在与43家客户交易中所掌握的客户名称、品名、货品规格、销售订单数量、单价、联系人、电话、地址构成商业秘密。法院认为,在当前网络环境下,相关需方信息容易获得,且相关行业从业者根据其劳动技能容易知悉;关于订单日期,单号,品名,货品规格,销售订单数量,单价,未税本位币等信息均为一般性罗列,并没有反映某客户的交易习惯、意向及区别于一般交易记录的其他内容。在没有涵盖相关客户的具体交易习惯、意向等深度信息的情况下,难以认定需方信息属于反不正当竞争法保护的商业秘密。华阳公司虽主张43家客户名单交易信息能够反映不同客户的特殊产品需求和交易习惯,但法院认为对于经营文具礼品类企业而言,难以说明采购的产品反映了客户的特殊需求。华阳公司销售的某产品在列出的43家客户中就有30家购买,占比为69.77%,难以证明其销售的产品反映了客户的特殊产品需求,更难以证明其反映了客户的特殊交易习惯,为获得深度信息投入了大量的人力、物力和财力。在张某平、云南领创企业管理咨询有限公司侵害商业秘密纠纷案[(2019)云民终506号]中,法院认为,鼎宏公司的客户名单存储于"鼎宏知识产权管控管理信息系统"中,不仅仅只包含客户名称、地址、联系方式等基本信息,还包括合同文件、业务文件、证书文件、客户回访记录等特殊信息。这些特殊信息并非相关从业人员普遍知悉或从互联网上查询即可知,而是鼎宏公司投入人力、物力和财力,通过交易、回访等逐渐累积起来的,具有现实的或者潜在的商业价值,能为权利人带来经济利益。虽然《2020年商业秘密司法解释》为了避免以商业秘密保护的名义变相垄断"保持长期稳定交易关系"的客户,不支持当事人仅以与特定客户保持长期稳定交易关系为由,主张该特定客户属于商业秘密。但并不意味着长期、稳定的交易关系不再是客户信息构成商业秘密的考虑因素。综上,法院在判断权利人主张的客户信息是否具备秘密性时,会重点关注是否包括能反映客户交易习惯和意向的深度信息。为证明属于深度信息,权利人可从以下几个方面举证:所有客户信息的特有性,非属于可从公共渠道容易获得,可提供客户特定的交易需求、订单利润空间等证据;为开发客户信息付出一定的劳动、金钱和努力,可提供信息开发、收集的证据;与客户具备相对稳定的交易关系,可提供过往合同、款项往来凭证等证据。

(二)特定化的信息

构成商业秘密的客户名单必定是具有特殊性和特定化的信息,区别于直接源于公共领域或者易于取得的客户信息。

例如,永贸公司诉王某中侵害商业秘密纠纷案[1]中,涉及的客户信息包括客户的名称、地址、联系方式以及交易习惯、意向、内容等信息。原、被告通过协议、书面确认等方式明确了原告客户信息的具体内容、被告承担保密责任的范围,被告在离职后违反保守原告商业秘密的义务,使用该客户名单等商业秘密与原告客户进行交易,侵害了原告的商业秘密。

具体而言,王某中系永贸公司前员工。双方于王某中入职时签订《劳动合同》及《商业秘密保护合同》各一份,约定:原告的商业秘密包括且不限于特定的、完整的、部分的、个别的未披露的信息,包括且不限于涉及商业秘密的客户名单等信息;被告对原告的所有商业秘密承担保护义务,不得披露原告的商业秘密等,不得直接、间接、试图影响或者侵犯原告拥有的客户名单及其客户关系的商业秘密,包括客户名称、联系人、联系人习惯、联系方式、聊天工具、电子邮箱、交易习惯、合同关系、佣金或折扣、交提货方式、款项结算等;若被告违反合同规定,应当向原告支付违约金50万元,当原告损失超过违约金时,被告除偿付

---

[1] 参见浙江省宁波市鄞州区人民法院民事判决书,(2019)浙0212民初11565号。一审判决后,双方当事人均未提出上诉。

违约金外,赔偿超过部分的实际损失。2017年1月23日,王某中离职,次月23日,王某中再次确认了其所知悉的永贸公司商业秘密的具体范围,并在客户名单(商业秘密)明细上签字确认。经查明,王某中于2017年6月起从事外贸经营业务,至该局查获时,分别与其在永贸公司任职期间主管的3位外商客户发生灯串、蜡烛等产品出口业务,经营额为294,813.12美元(折合人民币1,951,864.61元)。该局于2019年6月11日作出甬鄞市监处(2019)416号行政处罚决定书,对王某中侵犯商业秘密的行为处以责令停止违法行为、罚款10万元。原告认为被告的行为侵犯原告商业秘密,遂诉至宁波市鄞州区人民法院,要求被告立即停止侵权和赔偿原告经济损失。宁波市鄞州区人民法院认为,原告公司在经营过程中形成的客户名单,包括客户名称、联系方式、报价方式等信息,具有一定的商业价值,原告对此采取了保密措施,属于不为公众所知悉的经营信息,构成商业秘密。被告在原告公司任职期间掌握了上述商业秘密,离职后违反保密义务,使用该商业秘密与原告客户进行交易,已构成侵犯原告商业秘密。

该案涉及的客户信息由保密合同进行具体约定,是经约定而予以特定化的客户信息。当然,这些信息即便为保密协议约定为商业秘密,但假设客观上并不能区别于公有领域的信息,也不能因为保密协议约定的具体化而当然成为商业秘密,对此,应当注意审查。

在原告上海凡宜科技电子有限公司与被告升慑公司等侵害秘密案中,对于原告请求保护的客户名单,一审判决指出:原告要求保护的客户名单包括58家客户,诉讼中,原告提供了与其发生业务联系的29家单位的发票。从这些发票所显示的时间来看,从2000年到2004年这些客户均与原告建立了稳定的业务关系,能够使原告获得经济利益。6名被告均辩称5名个人被告在原告公司工作期间只是从事技术工作,并不能接触原告的客户信息。从法院已确认的事实来看,被告茅某、杨某、庄某能够接触到有原告的客户名称的经营信息,且上述3名被告在被告升慑公司工作期间,被告升慑公司与原告生产同类产品,被告升慑公司在诉讼中并不能证明与原告的上述客户发生业务关系均由该被告通过自身的努力或者劳动而得到的,虽然6名被告辩解其可以从公开渠道获取客户名单,但对于一个企业来讲,从不特定的公共信息中寻找适合其需求的客户,并建立相对稳定的业务关系,必然要付出一定的人力、物力和财力,但被告方均未提交这方面的证据。据此,认定被告侵犯原告客户名单。[1]

在原告上海总瑞税务咨询信息中心、上海国瑞税务师事务所有限公司诉被告上海朴凡企业管理顾问有限公司、李某和洪某侵害经营秘密纠纷案中,原告请求保护的经营秘密是800家客户信息,包括企业名称、地址、邮编、财务负责人、联系电话、传真、E-mail、经济性质、行业类型等。李某、洪某曾在原告处工作,接触过这些客户信息,并且在职期间成立被告公司。被告称这些客户信息可以在网站等公开渠道获取,但其所称的有关网站只是载有所涉客户的企业名称,并无地址、联系电话、财务负责人等其他信息内容。

法院判决载明:"两原告要求保护的是商业秘密中的经营秘密,即包括企业名称、地址、E-mail、经济性质、行业类型等全部内容在内的800家客户信息。就其中的某一家客户而言,其相关信息或许可以从公共领域获得,而对于由800家客户信息所组成的整体信息而言,则需要一个发现和联系的过程,这一过程少不了人力、物力和财力的付出,尤其是

---

[1] 参见上海市第一中级人民法院民事判决书,(2004)沪一中民五(知)初字第183号。

通过努力寻找到愿意与两原告发生业务的客户并将其信息整理入档,从而使这些客户从一般的不特定的客户之中分离出来,成为两原告特殊的客户群,由此形成的一整套信息应归两原告所独有,该套信息如不公开是不会被公众所知悉的,可见,单个信息来源的公开性并不妨碍整体信息的秘密性。因此,三被告关于800家客户信息可以从公开渠道获取的抗辩不能否定本案已特定化了的信息源的秘密性,且他人亦无法从两原告网站上所公布的企业名称来直接获悉已被筛选造册的所有档案信息。诚然,上述整套信息中所列之客户未必仍然都是两原告的现有客户,但两原告拥有了这套信息,就便于其随时取其所需,该套信息可以说是两原告获取商业利润的重要资料,故是否一直与相关客户有业务往来并不影响整套信息的潜在获利性和实用性,但是已被撤销或者已倒闭企业的客户信息应排除在外……综上所述,经过加工整理而形成的信息源是在公共信息源的基础上提炼出来的,具有不为权利人以外的其他人所轻易知悉的特定性,两原告在不同时期可以根据需要从其加工整理而形成的整体信息中搜寻具有实时价值的信息,且已采取了适当的保密措施,故包括企业名称、地址、邮编、财务负责人、联系电话、传真、E-mail、经济性质、行业类型等全部内容在内的客户群信息可以构成《反不正当竞争法》所定义的商业经营秘密。"[1]

在青旅社诉中旅社利用其原工作人员擅自带走的客户档案侵犯商业秘密纠纷案中,原告青旅社欧美部10余名员工未办理调动手续,相继携带工作中使用、保管的青旅社的客户档案,投奔被告中旅社。中旅社将这些人员组建成本社欧美二部,随即沿用青旅社的这些客户档案进行经营,致青旅社蒙受重大损失。经制止无效,青旅社向北京市中级人民法院起诉,认为被告中旅社以离间手段诱使其所属员工加盟,并以这些员工掌握的原客户档案与国外客户联系,致使青旅社国外客户在一周时间内取消了原订1994年8月至12月旅游团队151个,占原订团队总数的2/3,请求法院制止被告的不正当竞争行为等。被告则答辩称,旅游业中改变旅游团体计划是常见的。客户档案系指国外旅游机构的地址、电话、传真资料等,国外报纸广告上随处可见,无秘密可言。原告员工来中旅社工作,属合理的人才流动。原告的诉讼请求不符合事实,应予驳回。

法院查明,青旅社多年来已与北欧国家的5家旅行社建立了良好的业务关系,1994年已商定由青旅社接待该5家旅行社组织的151个来华旅游团队。双方对到华的时间、旅游景点、住宿标准、价格等具体事项多次传真询价及确认,为青旅社正在运营的业务。其中一些团体已来华旅游,其余团体也将到华。青旅社在此项业务往来中付出了劳动和代价,这些资料不为公众所知,可为青旅社带来商业利润,属《反不正当竞争法》规定的商业秘密范畴,应视为青旅社的经营信息类商业秘密。青旅社原业务人员将该社客户档案、传真资料携往中旅社后,以中旅社名义向国外客户发函,继续经营原属青旅社的业务,截至1994年9月19日,已实际接待20余个国外来华旅游团队。

鉴于此,北京市中级人民法院指出,中旅社以人才流动为借口,实施侵犯青旅社商业秘密的行为是违法的,应承担相应的法律后果。经调解双方达成协议。

在上述案件中,即便"客户档案系指国外旅游机构的地址、电话、传真资料等,国外报纸广告上随处可见,无秘密可言",任何旅行社都可以发现和联系,但是发现和联系是需要

---

[1] 上海市第一中级人民法院民事判决书,(2003)沪一中民五(知)初字第220号。

付出人力、物力和努力的,尤其是通过努力寻找到愿意发生业务的客户,这些客户就从一般的不特定的客户之中分离出来,成为寻找这些客户的经营者(旅行社)的特殊的顾客群,此时就可以成为商业秘密。该案原告青旅社拥有的客户档案并不仅仅是国外旅行社的地址、电话等一般资料的记载,而且包括双方对旅游团体的到华时间、旅游景点、住宿标准、价格等具体事项的协商和确认,为其独占和正在进行的旅游业务,这些特殊的、特定的客户名单符合商业秘密条件,而不是一般性客户名单。

该信息不因其来源的公共性而妨碍其商业秘密性。这一问题涉及商业秘密的新颖性与从公共渠道汇编的商业秘密的关系。因为,商业秘密必须具有新颖性,但新颖性的要求很低,商业秘密在寻求保护时不需要具有像专利法上规定的新颖性。事实上,从公共渠道收集的信息也可以被认为是秘密的。如前所述,英国格林(Greene)勋爵在其对英国商业秘密保护具有里程碑意义的 Saltman Engineering v. Campbell Co. 案的判决中就指出:"从任何人都可以使用的资料中经过劳动所取得的工作成果(result of work),完全可以成为一种秘密文件(a confidential document)……使其具有秘密性的是,文件的制造者业已动过脑筋,才取得了该成果,而他人只有经过这一同样的过程才能取得该成果。"举例来说,假设一个公司雇用一个顾问收集报纸、杂志、技术专刊和专利信息上的资料,以确定特定领域的工艺以及竞争者经营的状况,此时即便这些信息本身是公有的,但信息的汇集以及从中得出的结论并不必然是公有的。如果这些信息非公有,该工作也是根据合同从事的,就会产生是否能够限制该顾问为自己的或雇佣公司以外的他人的利益而使用该信息。只要法院认为顾问有保密义务,他就不能未经雇佣公司的同意而随意使用该信息。[1]英国的《(英格兰和威尔士)法律委员会信任违反法草案》第 2 条第 2 项规定:"公共领域的信息包括公共知识或公众易于取得的知识……但是,就本法而言,任何能够从公共领域(不管是文件、产品、过程还是其他任何东西)摘取的信息,如果为该摘取的信息付出了相当的劳动、技术或金钱,就不属于公共领域的信息。"[2]

从商业秘密的非公知性以及其他要求来看,对于来自公共领域但经过付出劳动加工而来的特定信息,可以作为商业秘密。

如在原告厦门信达计算机有限公司诉被告厦门东南融通系统工程有限公司以及贾某工、连某舟、何某明、吴某云不正当竞争纠纷案[3]中,原告诉称,被告公司占有、使用并利用了被告贾某工、连某舟、何某明、吴某云带去的原告的客户、技术资料、微机软件等技术信息、经营信息和销售渠道,侵犯了原告的商业秘密。

在法院审理中,原告始终不能举证证明其技术信息和经营信息是什么,因而无法证明5名被告带走并占用其什么商业秘密。福建省高级人民法院的民事判决载明:"事实上,原、被告公司根本没有客户名单,原告所谓的'客户名单'只不过是其审计报告中所罗列的企业名称,它与法律意义上的客户名单有着本质的区别,原告所谓的'客户名单'不具有秘密性,这些'客户名单'是公开的,在本行业中更是可以公开了解到的,例如原告原主要客户有两家:建设银行系统及江苏邮政储汇系统,银行的区域联网和邮政储蓄的'绿卡

---

[1] See Allison Coleman, *The Legal Protection of Trade Secret*, p. 4-7.
[2] Allison Coleman, *The Legal Protection of Trade Secret*, p. 5-8.
[3] 参见福建省高级人民法院民事判决书,(1997)闽知初字第 05 号。该案案情复杂,涉及违反公司法竞业禁止规定,以及本书前文提到的混同行为问题,在此仅介绍商业秘密保护部分。

工程'在行业内尽人皆知,因其工程量极为庞大而不可能由一家或几家所独揽。设备供应商的选定要由总行根据企业的技术水平和能力来确定,设备供应商只有进入总行名单后方有可能提供系统集成服务,各分行或各下属区局只能在名单中挑选设备供应商,而且每次也是都要货比三家进行选择。因此,这些客户既不是原告,也不是被告所专有的客户;原告和被告都不是这些客户唯一、固定的供货商,所谓客户名单不具备任何秘密性。既然'客户名单'是公开的,非一方所专有的,也就不可能具有经济性和实用性。关于保密性问题,原告提交了两份证据,即1989年1月21日原告上级公司的'企业管理暂行条令'和1996年6月21日的'工作会议纪要',但原告却不能证明其上级公司已将这两份文件的有关内容通知其公司及公司的工作人员或下发到每个职工手中。即使确有这两份文件,但如果未公开宣布或下发,那么两份文件就是形同虚设。此外,就原告向法庭提交的'工作会议纪要',经被告连某舟当庭辩认,他作为原告当时的总经理,既未参加这次会议,也没有听说这份工作会议纪要。而且这份会议纪要中记录的某些内容与事实不符,足以使人质疑其真实性。原告用被告公司在《厦门日报》开业公告上祝贺单位,拼凑了28家与其相同的客户,主张被告挖走其客户,这是无实据的,因为祝贺单位未必就是被告公司的客户。综上,原告所谓的技术信息、经营信息(客户名单)不符合商业秘密的法定构成要件,不构成我国法律所保护的商业秘密。因此,原告主张被告侵犯商业秘密不能成立。"

根据上述事实,福建省高级人民法院认为:"一般情况下,单就企业名称或仅将企业名称罗列的名单,不能构成法律意义上的商业秘密之客户名单。只有在公开渠道不易获悉的,通过一定的表现形式将其具有经济价值的客户信息特定化的,并采取了一定保密措施的客户名单,才能构成商业秘密之客户名单。就原、被告之行业,购销合同一般是根据供需双方的要求及机器设备的特点等,并参照经济合同法关于合同的主要条款规定制定的,供需双方在各自的贸易中一般都是公开使用这种合同。因此,虽然原、被告与安徽银通公司签订的合同,在格式及内容的表达上基本相似,但这种合同的格式及内容的表达方式不属于商业秘密保护的范畴。"

在上述案件中,由于原告主张的客户是同行业众所周知的客户,不是其本身通过付出努力自创的特殊的客户群体,即使其主观上将其作为商业秘密对待,但客观上是不构成商业秘密的,何况其本身也无法证明业已采取了保密措施。假设这些客户名单不为公众所知悉,原告也制定了保密规定,但未下发执行,或者未告知有关工作人员(职工),那么同样也会被认定没有采取合理的保密措施,因为未付诸实施的保密措施是达不到保密措施的要求的,即达不到保密措施所要求的合理程度,此时也就视为没有采取保密措施,同样不能构成商业秘密。

综上,客户名单构成商业秘密,需要具有区别于公共信息的特定性。换言之,构成商业秘密的客户名单通常是具有一定"厚度"的客户信息,即除客户的名称外,还包括其他一些相关的必要信息。往往正是这些必要的相关信息,使客户名单从公共信息中分离出来而特定化,具有特殊的商业价值。特别是,现代通信信息高度发达,按照特定的需求或者指令检索企业的名录相对容易,单纯的企业名录的特定性随之减弱,而名称之外的信息内容越发重要。

(三)"个人信赖"抗辩的认定

《2020年商业秘密司法解释》第2条第2款规定,客户基于对员工个人的信赖而与该员工所在单位进行交易,该员工离职后,能够证明客户自愿选择与该员工或者该员工所在的新单位进行交易的,应当认定该员工没有采用不正当手段获取权利人的商业秘密。该规定设定的条件是,客户基于对员工个人的信赖而与该员工原来所在单位进行交易,该员工离职后,能够证明客户自愿选择与该员工或者该员工所在的新单位进行交易。满足这些条件的,才可以构成"没有采用不正当手段获取权利人的商业秘密"的抗辩。

当然,在实践中仅凭客户基于离职员工个人信赖与其进行交易的情况说明,还不足以认定构成个人信赖,通常需要相应的证据和情况考量。例如,《江苏省高级人民法院侵犯商业秘密民事纠纷案件审理指南》第3.6.3条指出,客户基于对员工个人的信赖而与该员工所在单位进行交易,该员工离职后,能够证明客户自愿选择与该员工或者该员工所在的新单位进行交易的,法院应当认定该员工没有采用不正当手段获取原告的商业秘密。适用该条规定时,应当注意以下三点:(1)该种抗辩的适用一般发生在医疗、法律服务等较为强调个人技能的行业领域。(2)该客户是基于与原告员工之间的特殊信赖关系与原告发生交易,即客户是基于该员工才与原告发生交易。如果员工是利用原告所提供的物质条件、商业信誉、交易平台等,才获得与客户交易机会的,则不应当适用该条规定。(3)该员工从原告处离职后,客户系自愿与该员工或其所属新单位发生交易。

例如,在(2019)沪0110民初1662号案中,法院认为需综合考虑如下因素:(1)客户的开发是基于个人技能为主还是原单位的物质、技术条件为主;(2)离职员工是否采用诋毁、价格竞争等不正当手段主动引诱客户与其产生交易;(3)离职员工与原公司之间是否签订过竞业限制协议。

该案原告豪申公司与原告美墅公司系关联公司。被告朱某于2013年9月至2017年10月在豪申公司处担任产品销售。在职期间,豪申公司与朱某约定了商业秘密保护义务。在朱某入职前,两原告与24家客户建立业务关系;在朱某入职后,两原告又与另外18家客户建立业务关系。朱某在职期间以业务员身份与上述42家客户进行接洽,掌握每笔业务的销售日期、送货单号、物资名称及规格、销售数量、单价、销售金额和客户名称等业务明细。

被告黎景公司成立于2017年9月,朱某从豪申公司离职后入职黎景公司,担任产品销售。2017年12月起,被告黎景公司与上述42家客户中的41家企业进行了业务交易,这些交易中包含较多这些客户原先从两原告处采购的产品,且价格亦低于两原告提供给这些客户的产品价格。

两原告向法院起诉称,原告掌握的大量客户信息已经构成经营秘密。朱某故意违反保密规定向黎景公司披露并与黎景公司共同使用其所掌握的两原告客户名单信息,给两原告造成巨大损失,侵犯了两原告的商业秘密,请求法院判令被告停止侵权,并赔偿损失。在一审审理中,两被告辩称其中24家企业为自愿与朱某和黎景公司发生交易往来,是基于双方信任的市场经济行为。

一审法院经审理认为,该案的商业密点为42家客户名单,包括客户名称、联系方式以及每笔业务的产品名称、数量、金额、单价等"不为公众所知悉"的特殊客户信息。上述信息可以为两原告带来经济利益,具有一定的商业价值,且两原告采取了保密措施,属于《反不正当竞争法》所保护的客户名单经营秘密。朱某实际接触到了两原告主张的客户名单经营信息,但违反与两原告的保密约定,向黎景公司披露并使用上述客户信息,并实际与其中41家企业发生了业务交易。黎景公司明知或应知朱某的上述行为违法仍然使用该经营信息,两被告的行为侵害了两原告的商业秘密。对于两被告提出个人信赖的抗辩,法院认为不能成立,遂判决两被告停止侵权并赔偿两原告经济损失。[1]

关于两被告提供的部分客户的情况说明,以此主张客户是基于对朱某的信任,自愿与朱某和黎景公司发生交易往来的抗辩,法院认为,首先,被告朱某与两原告签订《保密协议》,协议约定"两原告每月支付朱某200元保密费;不得向不承担保密义务的任何第三人披露两原告的商业秘密;不得允许(出借、赠与、出租、转让等处分甲方商业秘密的行为皆属于'允许')或协助不承担保密义务的任何第三人使用甲方的商业秘密;保密期限为自两原告对本协议第一条所述商业秘密采取适当的保密措施并告知朱某时开始,至该商业秘密公开时止,朱某是否在职,不影响保密义务的承担"等。其次,被告方无证据证明涉案客户是因朱某的个人投入和付出才与两原告建立的交易关系,事实上这些客户亦系朱某在原告处入职后,由两原告分配给朱某负责管理的,朱某是因两原告所提供的物质和其他条件才获得了与客户进行联络和交易的机会。最后,从两被告提供的情况说明内容看,亦无法证明黎景公司与这些客户之间的交易是由客户主动发起的。事实上,在案证据显示,在黎景公司与原告所主张的42家客户名单中的41家客户发生的业务交易中的较多产品与两原告和这些客户交易的产品相同,且其中部分产品的价格低于两原告所提供给这些客户的价格。此外,被告朱某从原告处离职前后有针对性地向涉案部分客户发出有关从黎景公司进货的邀请及价格会低于原告的陈述。

综合考虑上述因素,不足以认定客户是基于对朱某的个人信任,自愿与朱某和黎景公司发生交易往来。因此,法院对两被告主张个人信赖的抗辩不予采纳。

(四)单个客户的深度信息

构成商业秘密的客户名单不限于多个客户。单个客户的深度信息符合商业秘密构成要件的,可以构成商业秘密。

再审申请人同方威视公司等侵害商业秘密纠纷案[2]涉及单个客户的深度信息是否构成商业秘密。最高人民法院驳回再审申请裁定指出,孙某、君和信达公司再审申请主要理由为其取得2011年CIQ交易机会并未侵犯同方威视公司的商业秘密。原审法院认定同方威视公司主张的同方威视公司向马来西亚海关2009年销售产品的实际交易价格、具体设备参数,PAT公司的交易习惯,马来西亚海关的具体采购需求等信息构成同方威视公司的商业秘密。首先,在2009年威视香港公司与PAT公司签订的销售合同中涉及的产品型号与2011年CIQ项目中PAT公司曾向马来西亚海关推荐的产品型号相同。2009年合同所涉产品的设备参数、销售价格等信息在2011年CIQ项目中能够作为参照,具有商业价值。合同中双方约定的保密条款能够证明同方威视公司采取了保密措施,并且没有证据证明该信息能为他人容易获得。因此,原审法院认定该信息构成该案中的商业秘密,并无不当。其次,在案证据能够证明,2003年至2009年,同方威视公司通过马来西亚政府取得了该国海关部门的多份销售合同。与这些销售合同相配合,同方威视公司或威视香港公司与吴某担任股东和董事的PAT公司等或吴某本人签订了一系列的代理、维护、土

---
[1] 一审判决后,原、被告均未提起上诉。
[2] 参见最高人民法院民事裁定书,(2018)最高法民申1102号。

建或咨询合同,能够证明在 2011 年之前,同方威视公司与 PAT 公司形成了稳定的交易关系。2010 年 6 月 1 日 PAT 公司收到马来西亚海关设备采购申请书后,吴某当天就转发给当时仍在同方威视公司任职的孙某,该事实是双方合作关系的有力证明。同样,马来西亚海关作为同方威视公司的最终用户,双方在 2003 年至 2009 年数次达成产品交易。PAT 公司的交易习惯和马来西亚海关的具体采购需求是同方威视公司在长期合作关系中了解和掌握的,尤其在 2007 年 9 月开始采取采购本土化政策后,供应商对本地代理商的依赖增加,进一步提升了代理商的交易习惯和马来西亚海关的具体采购需求的商业价值。一方面,同方威视公司制定内部管理制度并与包括孙某在内的员工签订保密协议;另一方面,在与 PAT 公司系列合同中均约定了保密条款,可以证明同方威视公司对上述信息采取了保密措施。原审法院认定上述信息构成该案中的商业秘密,亦无不当。

孙某在同方威视公司任职期间从事马来西亚的相关业务,不仅掌握了同方威视公司代销销售渠道的运作模式以及代理商 PAT 公司的交易习惯,而且掌握了该经营领域内不为相关人员普遍知悉的同方威视公司向马来西亚海关销售产品的实际交易价格、具体设备参数和产品最终用户马来西亚海关的具体采购需求等信息。根据孙某与同方威视公司签订的《劳动合同书》和《保守商业秘密协议书》,孙某理应尽到约定的保密义务。在明知同方威视公司参与了 2011 年 CIQ 项目,而尚未与 PAT 公司实际达成交易之前,孙某从同方威视公司辞职并成立了君和信达公司,迅速参与了 2011 年 CIQ 项目的竞争,客观上利用了其掌握的同方威视公司相关经营秘密从而在该项目中获得了竞争优势并最终成功,孙某的行为实际侵害了同方威视公司的相关经营秘密,构成了不正当竞争。原审法院在认定孙某、君和信达公司侵犯了同方威视公司商业秘密的基础上,根据此次交易的数额、相关成本、费用及同方威视公司相关商业秘密在该案中的商业价值等因素,酌情确定损害赔偿数额及同方威视公司合理开支数额,并无不当。

孙某、君和信达公司主张 2011 年 CIQ 项目系基于 PAT 公司的信赖而获得。驳回再审申请裁定认为,由于马来西亚政府至迟于 2007 年 9 月开始采取采购本土化政策,外国企业不再被允许直接与马来西亚的政府机关签订关于集装箱检查设备的供货合同,因此同方威视公司需要马来西亚本地公司作为其争取与马来西亚海关达成交易的桥梁。在此背景下,同方威视公司与 PAT 公司之间存在一定的相互依存关系。但结合在案证据,2011 年 CIQ 安检项目采购机会并非由 PAT 公司促成,应视为同方威视公司、PAT 公司与马来西亚政府部门合作延续的结果,PAT 公司亦不得单独向他人披露该经营秘密。孙某、君和信达公司主张同方威视公司因产品质量问题被排除在 2011 年 CIQ 采购之外。吴某的证人证言、同方威视公司孙某的报告等证据虽然能够证明同方威视公司的 FS6000DE 型号产品存在一定的质量问题,但是 PAT 公司理应寻求更有实力的供应商合作,其没有寻找知名厂商合作,而很快选择刚成立不久的君和信达公司替代,不符合商业常理。法院因此对于孙某、君和信达公司关于客户信赖利益的主张不予支持。

第八章 侵犯商业秘密行为

第一节 侵犯商业秘密行为概述

一、国外法和条约中的侵犯商业秘密行为

（一）美国法中的侵害商业秘密行为

在美国，原告主张被告侵犯商业秘密的，必须证明其拥有商业秘密及商业秘密受到被告的侵害。被告获取、披露或者使用原告的商业秘密，必须是不正当行为。美国《统一商业秘密法》规定了两种不正当行为，即通过不正当（非法或者侵权的）手段获取商业秘密，以及违反保密义务披露或者使用商业秘密。这些要求使商业秘密法植根于作为防止不正当商业行为的手段的初衷。[1]概括地说，美国法上的侵犯商业秘密行为包括以不正当手段获取、披露和使用他人商业秘密的行为。其中，获取是取得商业秘密信息；披露是将商业秘密告知他人；使用是为自己的竞争优势而使用秘密信息。[2]美国《统一商业秘密法》对于侵犯商业秘密行为进行了一长串列举，细分为8种情形，但可以分成4种切入路径：不正当手段路径；违反信任路径；意外或者错误获取路径；第三人责任路径。同时，有3种具体侵害行为，即获取、披露或者使用。[3]

美国《统一商业秘密法》第1条第2项对侵犯商业秘密行为的界定如下：（1）知道或者有理由知道商业秘密系通过不正当手段获取，而获取他人的商业秘密。（2）在如下情形下未经他人明示或者默示同意披露或者使用他人商业秘密：①使用不正当手段获取商业秘密。②在披露或者使用时知道或者有理由知道该商业秘密，即来自或者通过使用不正当手段获取的人；根据具体情况在产生保持其秘密性或者限制其使用的义务的情况下获得；来自或者通过对寻求保持其秘密性或者限制其使用的救济的人负有义务的人。③在其状态实质性改变之前，知道或者有理由知道属于商业秘密或者知道其通过意外或者错误而获取。为与侵权行为法的一般原理相一致，侵犯行为的定义包括相应的不当行为和被告的主观状态。美国《统一商业秘密法》和美国《保护商业秘密法》的救济条款含有因果关系的要求。

根据美国《统一商业秘密法》第1条第2项的措辞，以及规定此类行为有知道和未经

---

[1] See Rochelle C. Dreyfuse & Katherine J. Standburg, *The Law and Theory of Trade Secret: A Handbook of Contemporary Research*, Edward Elgar, 2011, p.557.

[2] See Sharon K. Sandeen & Elizabeth A. Rowe, *Trade Secrets and Undisclosed Information*, Elgar, 2014, p.202 - 203.

[3] See Elizabeth A. Rowe & Sharon K. Sandeen, *Trade Secret Law: Cases and Materials*, 2nd edition, West Academic Publishing, 2017, p.231.

同意的要求,有三类行为构成侵犯商业秘密行为:(1)获取;(2)披露;(3)使用。上述规定中有三类不正当性行为:通过不正当手段获取;违反保密义务披露或者使用,或者从负有保密义务的人或者以不正当手段获取的人后续获取的行为;因意外或者错误而获取的披露或者使用。[1]

美国《统一商业秘密法》第1条第1项规定的"不正当手段"包括"盗窃、贿赂、欺骗、违反或者引诱违反保密义务或者通过电子手段的间谍行为"。正如经常被引用的《侵权法重述》注释所解释的,"对于不正当手段不可能给出一个完全的列举性目录"。该法第1条第1项列举出来的情形都被认为属于违反商业道德标准的方式,但不是穷尽性列举。美国《保护商业秘密法》对于"不正当手段"作出了相同的规定,但同时又规定"不包括反向工程、独立获取或者任何其他合法手段的获取"。在具体措辞上,美国《统一商业秘密法》及其注释分别使用了"不正当手段"和"正当手段"的措辞,而美国《保护商业秘密法》使用了"合法手段"的措辞。美国《统一商业秘密法》第1条注释将获取商业秘密的正当手段界定如下:(1)通过独立发明的发现。(2)通过反向工程的发现,即对于已知产品进行回溯性研析,获取其方式。当然,在反向工程中获取已知产品是通过公平和诚实的手段,如在公开销售的市场上进行购买。(3)经商业秘密所有人许可而发现。(4)通过观察公开使用或者公开展示的产品而发现。(5)从公开的文献中获取商业秘密。

值得一提的是,美国《统一商业秘密法》和美国《保护商业秘密法》项下的商业秘密诉讼,原告不必证明实际损害。至少为获取禁令救济,两者均规定,对于有侵犯的危险或者实际侵犯的行为,商业秘密所有人均可以提起诉讼。例如,以不正当手段获取商业秘密,但未被使用或者披露的情形下,原告可以获得禁令救济,而不是损害赔偿,除非有实际损失,才可以有损害赔偿,这些损失通常是因披露或者使用商业秘密造成的损失。[2]

例如,著名的杜邦案[3]是一个以飞行器为掩护和以照相机为工具的工业间谍案,发生在得克萨斯州。被告Christopher受雇于未知的第三方,通过飞机在空中拍摄原告杜邦公司生产甲醇的工厂,而在建工厂的制造方法系能够为杜邦公司带来竞争优势的商业秘密,杜邦公司认为技术人员可以从被拍摄到的在建工程中推知该制造方法。杜邦公司请求被告赔偿披露商业秘密的损失及临时和永久禁令,以防止照片进一步扩散和禁止进一步拍照。被告则认为拍摄杜邦公司的在建设施照片及将其交给客户,不构成"可诉的不当行为",因为这些行为是在公共太空中实施,并不违反政府航空标准,不违反任何信任关系,也未实施欺诈或者非法行为。简言之,被告认为获取商业秘密构成不当行为,必须属于侵入行为、其他非法行为或者违反信任关系。

上诉法院对被告的主张不予认可,认为除被告所述的情形外,还可以通过任何其他"不正当"手段获取商业秘密。该案的关键是空中拍摄在建工厂是否构成获取他人商业秘密的不正当手段。上诉法院认为属于。得克萨斯州最高法院曾经宣称,"法律毋庸置疑的趋势已经是在商业世界承认和实施高标准的商业道德"。该法院援引支撑性文章指出,

---

[1] See Sharon K. Sandeen & Elizabeth A. Rowe, *Trade Secret Law in an Nutshell*, 2nd edition, West Academic Publishing, 2018, p. 111.

[2] See Sharon K. Sandeen & Elizabeth A. Rowe, *Trade Secret Law in an Nutshell*, 2nd edition, West Academic Publishing, 2018, p. 112.

[3] See E. I. Du Pont De Nemours & Co. v. Christopher, 431 F. 2d 1012(1970).

获取竞争对手的秘密工艺的正当手段是对于产品的"通过检测和分析",以创制复制品。得克萨斯州的规则是清晰的,可以通过反向工程或者独立研发获取或者使用竞争对手的秘密工艺,但不能逃避此类劳动,未经许可获取他人采取了合理保密措施的商业秘密。不付出时间和金钱进行独立研发,所获取工艺知识的行为是不正当的,除非工艺的所有人自愿进行披露或者未能采取合理措施保护其秘密。

该案中,被告故意飞越杜邦公司工厂,对其试图加以保密的工艺进行拍照。被告将照片交给第三方,第三方当然知道这种获取手段不正当,并可能计划使用其中的秘密信息。此时杜邦公司具有有效的诉由,可以请求禁止被告获取商业秘密,并禁止未披露的第三方使用通过不正当手段获取商业秘密。

上诉法院指出,此类工业间谍行为在一些工业领域成为流行的活动。但是,我们奉行自由的工业竞争并不使我们将丛林法则接受为我们商业关系所期待的道德标准。鉴于防止他人间谍行为的保护成本太高,以致创新精神受到损害,我们必须停止容忍间谍游戏。商业隐私必须受到防止遭受不能合理预见或者防止的间谍行为的保护。当然,这并不意味着将不能看到的任何东西都置于保护范围。为使我们的工业竞争保持健康,必须为竞争者留下呼吸的空间。为阻挡侵入的眼睛,也许需要建立常规的篱笆和房顶,但我们无须要求商业秘密的发现者能够预防迄今尚不能预见、不能发现或者不能预防的方式。该案杜邦公司正在建设厂房,尽管工厂建成后将会使其工艺不再能够看到,在建期间则能够从空中看到。要求杜邦公司在未完成的工厂上面加上顶盖以保护商业秘密,会花费巨额成本。我们在此并未施加新的或者激进的道德标准。市场不能过于背离我们的道德。我们不能要求个人或者公司采取不合理措施,去防止他人去做他不该做的事。我们可能要求采取防止掠夺性眼睛的保护措施,但坚不可摧的堡垒就不再是合理要求,我们不能让工业创新者负有此种义务以保护其创新成果。"不正当"总是一个场景性词语,取决于时间、地点和具体情形。因此,我们不需要宣告一个商业不正当的目录。显然,它的戒律之一是,"根据具体情况在要求采取相应的保护措施不合理的情况下,你不能通过迂回的方式获取商业秘密"。鉴于此,对于杜邦公司在建工厂的空中拍摄无论如何都是获取商业秘密的不正当方式,我们不需要考虑被告的飞行是否合法,间谍行为就是获取杜邦公司商业秘密的不正当手段。

(二)TRIPs 第 39 条的规定

TRIPs 第 39 条在正文中并未规定侵犯商业秘密行为,只是在注解 10 中作出规定。[1] 根据注解 10 的规定,构成侵害行为的获取、披露或者使用必须是不诚实的商业行为,"至少是违反合同、违反信任和引诱违反"[2]。该条款是美国对于采纳大陆法系方法而不是美国方法的一个重要让步。但是,该规定与美国《统一商业秘密法》的规定完全一致,将侵害商业秘密的责任限定于被告实施不正当行为的情形,反映了美国商业秘密成为基于

---

[1] 根据当时任美国谈判团队成员的迈克·科克(Michael Kirk)的事后回忆,他不记得将侵害行为的界定放在注解之中的任何特别原因,或许是"出于表达上的精炼"。See Rochelle C. Dreyfuse & Katherine J. Standburg, *The Law and Theory of Trade Secret:A Handbook of Contemporary Research*, Edward Elgar, 2011, p. 558, note 80.

[2] See Rudolf Krasser, *The Protection of Trade Secrets in Trips Agreement*, in 18 IIC Studies in Intellectual Property and Copyright Law, from GATT to Trips:the Agreement on Trade - related Aspects of Intellectual Property Rights 221(F. Beier and G. Schricker eds. 1996).

纯粹的财产模式。[1]

美国《统一商业秘密法》列举了获取商业秘密的 5 种不正当手段，即盗窃、贿赂、欺骗、违反或者因有违反保密义务以及通过电子手段的间谍行为。TRIPs 第 39 条注解 10 只包括 3 种手段。其中之一是违反合同，美国《统一商业秘密法》对此未予规定，1988 年 10 月美国提出的 TRIPs 建议稿也未列举。这并不意味在美国对于不遵守协议保密义务的此类行为不能寻求救济。美国对于侵犯合同的情形给予不同于侵害商业秘密行为的救济，因而需要区分这两种不同的诉由。[2]

TRIPs 第 39 条加入违反合同的原因可能是，一些国家（如奥地利）提出它们的法律已经根据合同法原则保护商业秘密。还有一种可能是，美国开始相信，重要的是 WTO 成员正式同意违反或者引诱违反保密协议构成侵害行为。问题在于，如果合同约定保护的信息不符合商业秘密构成要件，是否仍可以实施合同。根据美国法，合同当事人不能因合同约定而使不符合商业秘密构成要件的信息转化为商业秘密。[3]TRIPs 第 39 条对于合同约定的规定也应当如此解读。

有些国家不愿意列举不正当手段，而愿意采取灵活的方法，根据自己的社会规范界定违反诚实商业做法的行为。TRIPs 第 39 条所采用的"至少诸如……行为"的措辞，与美国《统一商业秘密法》的"包括"，均旨在强调此意。[4]

（三）第三人承担责任的条件

第三人对于侵害商业秘密是否承担严格责任，是商业秘密保护中的一个讨论议题。以美国为例，美国专利、版权和商标的法律保护采取了近乎严格责任的做法，无论是否知道他人知识产权的存在，任何人侵犯专利权、版权和商标专有权，均需要承担责任。基于这种责任安排，第三人需要了解特定信息是否属于相应知识产权的保护内容。商业秘密具有秘密性，第三人无法从公开资料或者渠道知悉是否属于商业秘密，因而美国对此未采取严格责任，只要求第三人"实际知道"或者"有理由知道"不当行为时，才承担责任。[5]

第三人责任问题是 TRIPs 谈判早期提出来的实体问题。争论的核心是，商业秘密属于反不正当竞争法，而不是一种知识产权。将侵害商业秘密作为一种不正当竞争行为而不是作为一种财产诉求，因而需要证明有主观意图。[6]与美国《统一商业秘密法》有所不同，TRIPs 第 39 条仅要求在被告"知道"或者"因重大过失不知"侵犯商业秘密行为的情况下，保护商业秘密。因此，TRIPs 中第三人承担责任的范围窄于美国《统一商业秘密法》。[7]

---

[1] See Rochelle C. Dreyfuse & Katherine J. Standburg, *The Law and Theory of Trade Secret: A Handbook of Contemporary Research*, Edward Elgar, 2011, at 558.

[2] See Sharon K. Sandeen, *A Contract by Any Other Name is Still a Contract: Examining the Effectiveness of Trade Secret Clauses to Protect Databases*, 45 Idea 119, 146 – 147 (2005).

[3] See Robert Bone, A New Look at Trade secrets, para. 1. 03 n. 8 (Matthew Bender, 2004).

[4] See Rochelle C. Dreyfuse & Katherine J. Standburg, *The Law and Theory of Trade Secret: A Handbook of Contemporary Research*, Edward Elgar, 2011, at 559.

[5] See UTSA §1, definition of misappropriation.

[6] See *Notes on Informal Meeting on Intellectual Property Standards*, March 7 – 11, 1988, at 223.

[7] See Rochelle C. Dreyfuse & Katherine J. Standburg, *The Law and Theory of Trade Secret: A Handbook of Contemporary Research*, Edward Elgar, 2011, at 559 – 560.

二、我国法律规定的演变

1993年《反不正当竞争法》第10条第1款和第2款规定了如下侵犯商业秘密行为的类型:"经营者不得采取下列手段侵犯商业秘密:(一)以盗窃、利诱、胁迫或者其他不正当手段获取权利人的商业秘密。(二)披露、使用或者允许他人使用以前项手段获取的权利人的商业秘密。(三)违反约定或者违反权利人有关保守商业秘密的要求,披露、使用或者允许他人使用其所掌握的商业秘密。第三人明知或者应知前款所列违法行为,获取、使用或者披露他人的商业秘密,视为侵犯商业秘密。"

为细化上述法律规定,原国家工商行政管理局《关于禁止侵犯商业秘密行为的若干规定》第3条专门列举了侵犯商业秘密行为类型,即第1款规定:"禁止下列侵犯商业秘密行为:(一)以盗窃、利诱、胁迫或者其他不正当手段获取权利人的商业秘密;(二)披露、使用或者允许他人使用以前项手段获取的权利人的商业秘密;(三)与权利人有业务关系的单位和个人违反合同约定或者违反权利人有关保守商业秘密的要求,披露、使用或者允许他人使用其所掌握的权利人的商业秘密;(四)权利人的职工违反合同约定或者违反权利人保守商业秘密的要求,披露、使用或者允许他人使用其所掌握的权利人的商业秘密。"第2款规定:"第三人明知或者应知前款所列违法行为,获取、使用或者披露他人的商业秘密,视为侵犯商业秘密。"

2017年《反不正当竞争法》第9条第1、2款规定:"经营者不得实施下列侵犯商业秘密的行为:(一)以盗窃、贿赂、欺诈、胁迫或者其他不正当手段获取权利人的商业秘密;(二)披露、使用或者允许他人使用以前项手段获取的权利人的商业秘密;(三)违反约定或者违反权利人有关保守商业秘密的要求,披露、使用或者允许他人使用其所掌握的商业秘密。第三人明知或者应知商业秘密权利人的员工、前员工或者其他单位、个人实施前款所列违法行为,仍获取、披露、使用或者允许他人使用该商业秘密的,视为侵犯商业秘密。"

2019年修正的《反不正当竞争法》第9条第1~3款规定:"经营者不得实施下列侵犯商业秘密的行为:(一)以盗窃、贿赂、欺诈、胁迫、电子侵入或者其他不正当手段获取权利人的商业秘密;(二)披露、使用或者允许他人使用以前项手段获取的权利人的商业秘密;(三)违反保密义务或者违反权利人有关保守商业秘密的要求,披露、使用或者允许他人使用其所掌握的商业秘密;(四)教唆、引诱、帮助他人违反保密义务或者违反权利人有关保守商业秘密的要求,获取、披露、使用或者允许他人使用权利人的商业秘密。经营者以外的其他自然人、法人和非法人组织实施前款所列违法行为的,视为侵犯商业秘密。第三人明知或者应知商业秘密权利人的员工、前员工或者其他单位、个人实施本条第一款所列违法行为,仍获取、披露、使用或者允许他人使用该商业秘密的,视为侵犯商业秘密。"2019年《反不正当竞争法》第9条对于侵犯商业秘密行为进行了进一步完善,增加了帮助侵权行为类型,并对于此前规定不明或者存有争议的问题进行明确。

修订旨在完善2017年《反不正当竞争法》第9条规定,并增设第32条以专门规定侵犯商业秘密的证据规则,此外还完善了民事责任和严格行政处罚。修订的意图很清晰,就是扩展商业秘密的保护范围和加强保护力度。总体上看,首先,此次修订细化了侵权手段和完善了商业秘密界定。一些修订反映了侵犯商业秘密的新态势,例如,"电子侵入"成为当今通过互联网侵犯商业秘密的重要途径,法律对此加以规定。当然,这些修改并未实质性改变之前的相应规定。又如,在商业秘密定义中将原来的"技术信息和经营信息"修订为"技术信息、经营信息等商业信息",表面上看起来或者必然被解读为扩张了商业秘密范围,但实质上对于商业秘密保护范围未必有实质性扩展,因为以前的相应规定也可以解读为包括所有商业信息。这种修订更多是应景式地满足形势需求。其次,将部分特定教唆、引诱和帮助侵权以及经营者以外的其他自然人、法人和非法人组织实施侵权,明确纳入类型化的侵权行为,增加了侵权行为类型和扩展了商业秘密保护范围。最后,对于侵犯商业秘密行为增设惩罚性损害赔偿,大幅提高法定赔偿的最高限额,并提高了罚款额度等,明显加大了保护力度。

三、行为类型法定及行为之间的逻辑关系

《反不正当竞争法》第9条列举的侵犯商业秘密行为,均是立足于侵权行为的性质。即使违反保密义务的侵犯行为是违反合同约定而引起,由此导致的侵犯商业秘密行为仍是侵权行为。涉及保密义务的合同约定只是保密义务的一种来源和认定违反保密义务的依据,但违反保密义务只是相关侵犯商业秘密行为的一个构成要件,侵犯商业秘密行为本身属于侵权行为。侵权行为的定性显然有利于加强商业秘密保护。而且,基于违反合同义务的责任与侵权责任和刑事处罚有重大不同。通常情况下,构成侵权或者犯罪是依据社会规范加以界定,而不是根据当事人之间的合同约定。[1]侵犯商业秘密的侵权行为定性,也为对于违反任何保密义务的侵犯行为一视同仁地追究刑事责任奠定了基础。

(一)侵犯商业秘密的行为类型法定

《反不正当竞争法》第9条规定了各种侵犯商业秘密行为的类型,所采取的是穷尽式列举性规定,并无概括性规定,因而属于侵犯商业秘密行为类型法定原则。之所以采取行为类型法定,原因即在于限定商业秘密权利的保护范围,即以限定的行为类型清晰地限定商业秘密的权利范围。当然,从反不正当竞争法的角度看,行为类型法定意味着构成侵犯商业秘密的不正当竞争行为的类型法定,即以此限定其保护范围,法定范围以外的行为即使具有侵害性,也不宜再以《反不正当竞争法》第2条的规定给予补充保护。

例如,广州市艺哈贸易有限公司、脊某等侵害商业秘密纠纷案民事判决载明,原告主张被告以在原告的工作微信上删除涉案客户信息的方式窃取其商业秘密。法院认为反不正当竞争法所规范的是公平竞争秩序,而非商业秘密权利人对商业秘密享有的物权等财产权利。故《反不正当竞争法》所规定的以不正当手段获取权利人的商业秘密行为是以盗窃、贿赂、电子侵入等积极方式不正当地获取他人商业秘密,从而不正当地获得竞争优势的行为,而不包括以删除等消极形式的损毁、删除他人商业秘密的行为。因此,仅有删除行为本身不构成《反不正当竞争法》第9条第1款第1项所规定的以不正当手段获取他人商业秘密的行为。

(二)各类侵犯行为之间的相互关系

《反不正当竞争法》第9条规定的侵犯商业秘密行为,可以划分为4种类型:

1. 商业秘密来源不正当的侵犯行为,即《反不正当竞争法》第1款第1项和第2项的行为,其中第1项规定的是不正当获取行为,即"以盗窃、贿赂、欺诈、胁迫、电子侵入或者其他不正当手段获取权利人的商业秘密";第2项规定的是对不正当获取的商业秘密进行

---

[1] See Elizabeth A. Rowe & Sharon K. Sandeen, *Trade Secret Law: Cases and Materials*, 2nd edition, West Academic Publishing, 2017, p. 257.

披露、使用或者允许他人使用的行为。《反不正当竞争法》第9条第1款第1、2项规定的是两类独立的行为,有其各自的适用对象,但两者有先后相继的关系。"以盗窃、贿赂、欺诈、胁迫、电子侵入或者其他不正当手段获取权利人的商业秘密",显然先于"披露、使用或者允许他人使用以前项手段获取的权利人的商业秘密",但又都有行为构成上的独立性,在其他方面互不影响。

2. 商业秘密来源正当但使用等不正当的侵犯行为,即《反不正当竞争法》第1款第3项规定的"违反保密义务或者违反权利人有关保守商业秘密的要求,披露、使用或者允许他人使用其所掌握的商业秘密"。

3. 教唆、引诱和帮助行为,即"教唆、引诱、帮助他人违反保密义务或者违反权利人有关保守商业秘密的要求,获取、披露、使用或者允许他人使用权利人的商业秘密"。

4. 明知或者应知的侵犯商业秘密行为,即《反不正当竞争法》第3款规定的"第三人明知或者应知商业秘密权利人的员工、前员工或者其他单位、个人实施本条第一款所列违法行为,仍获取、披露、使用或者允许他人使用该商业秘密的,视为侵犯商业秘密"。

以上各类行为存在先后相继或者互为前提的逻辑关系。《反不正当竞争法》第9条对侵犯行为类型化,实际上是划定了商业秘密的保护范围,即对其保护范围采取了法定原则,没有兜底性侵权行为的存在。

第二节 各类侵犯商业秘密行为

一、不正当获取商业秘密行为

(一)一种独立的侵犯行为

《反不正当竞争法》第9条第1款第1项规定了不正当获取他人商业秘密的行为,即不正当获取构成侵权,是否披露、使用或者允许他人使用不影响此类行为的构成。不正当获取行为本身即违法,是否披露、使用在所不问,也不影响违法性的认定。

《刑法》第219条第1款第1项将不正当获取商业秘密纳入侵犯商业秘密罪。在刑法以"给商业秘密的权利人造成重大损失"作为商业秘密构成要件时期,2020年最高人民法院、最高人民检察院《关于办理侵犯知识产权刑事案件具体应用法律若干问题的解释(三)》第4条第1款第1项将给商业秘密的权利人造成损失数额或者因侵犯商业秘密违法所得数额在30万元以上,作为认定为"给商业秘密的权利人造成重大损失"的量化指标,而其第5条第1款第1项规定,"以不正当手段获取权利人的商业秘密,尚未披露、使用或者允许他人使用的,损失数额可以根据该项商业秘密的合理许可使用费确定"。对于不正当获取商业秘密而尚未披露、使用或者允许他人使用的情形,起草过程中存在分歧意见:一种意见认为,刑法将不正当手段获取商业秘密的行为明确规定为一种实行行为,意味着只要非法获取了权利人的商业秘密,就可认定给权利人造成了损失。另一种意见认为,以不正当手段获取商业秘密后,因未将商业秘密用于经营活动,不宜认定给权利人造成实际损失。起草者认为,鉴于以盗窃等不正当手段获取商业秘密的行为往往更加隐蔽、卑劣,权利人难以通过正常途径予以防范,社会危害性高于违反保密约定或者保密要求滥用商业秘密的行为,应当予以重点打击和防范。行为人通过不正当手段获取权利人的商业秘密,实际上节省了正常情况下获取商业秘密本应支付的许可使用费,该许可使用费正是权利人应当收取而未能收取的,应当属于遭受的损失。因此,此情形下按照该项商业秘密的合理许可使用费确定权利人的损失是合理的。[1]

2023年1月18日公布的最高人民法院、最高人民检察院《关于办理侵犯知识产权刑事案件适用法律若干问题的解释(征求意见稿)》第28条仍规定,以不正当手段获取权利人的商业秘密,尚未披露、使用或者允许他人使用的,损失数额可以根据该项商业秘密的合理许可使用费确定。

值得研究的是,不正当获取商业秘密而并未披露使用的,毕竟未造成现实的经济损失,即便在民事诉讼中,根据"填平"原则,也难以确定经济损失。况且,许可使用费是以使用或者许可使用为前提,对于未经使用的情形依照许可使用费计算损失,缺乏基础。因此,对于不正当获取行为能否入罪以及在什么条件下入罪,仍有探讨的必要。商业秘密毕竟是无体财产,能否像盗窃有体财产那样确定入罪标准,也是值得探讨的。

美国伯克利大学法学院普利(Pooley)教授[2]曾经讲述,在美国法中公司员工违反公司保密规定将公司商业秘密存入个人电脑(相当于我国实践中所称的"监守自盗"),是否侵权及如何承担责任。普利教授通过判例讲述,此类行为构成商业秘密侵占,但一般只给予权利人禁令救济,因无实际损失而不承担损害赔偿责任,即便非要赔偿,至多也只是给付1美元这样的名义损害赔偿。而且,此类行为几乎不太可能构成犯罪,因为很难证明其犯罪故意,陪审团也不会支持有罪认定。[3]反观我国有关规定及实际做法,是认定此种侵权有损失(大概将侵权与损害损失简单等同了),且通常根据评估价值等确定其损失,还可以入罪。甚至有人认为,此类行为的损害较之其他侵权还更严重。对此我一直不以为然。

(二)常见的不正当手段

不正当获取的常见手段是"盗窃、贿赂、欺诈、胁迫、电子侵入"。[4]例如,"包括高薪聘请'挖人才'获取商业秘密,也包括重金收买,诱使企业技术人员披露商业秘密等情况"[5]。"派出商业间谍盗窃权利人的商业秘密,通过侵入权利人电脑系统盗窃权利人的商业秘密,通过提供财物、高薪聘请、人身威胁、制造把柄等方式诱惑、骗取、胁迫权利人

---

[1] 起草者还指出,适用该项时应当注意:一是以合理许可使用费作为认定损失的标准,应当限于以不正当手段获取商业秘密的情形,对于违约等其他侵犯商业秘密的行为,仍应以商业秘密使用造成权利人销售利润的损失作为认定标准。二是合理许可使用费应当综合考虑涉案商业秘密权利人或者其他商业秘密权利人许可使用相同或者类似商业秘密收取的费用、不正当手段获取商业秘密后持有的时间等因素认定。实践中,将涉案商业秘密许可使用费的鉴定评估意见作为认定证据时,应当根据刑事诉讼法的有关规定对鉴定评估意见进行认真审查。参见林广海、许常海:《〈关于办理侵犯知识产权刑事案件具体应用法律若干问题的解释(三)〉的理解与适用》,载《人民法院报》2020年10月29日,第5版。
[2] 普利教授曾任世界知识产权组织(WIPO)副总干事,其所著的活页本商业秘密法是美国商业秘密法领域的经典之作。
[3] 源于普利教授于2024年4月3日在上海交通大学的商业秘密学术讲座之后的交流。
[4] 最高人民法院、最高人民检察院《关于办理侵犯知识产权刑事案件具体应用法律若干问题的解释(三)》第3条规定:"采取非法复制、未经授权或者超越授权使用计算机信息系统等方式窃取商业秘密的,应当认定为刑法第二百一十九条第一款第一项规定的'盗窃'。以贿赂、欺诈、电子侵入等方式获取权利人的商业秘密的,应当认定为刑法第二百一十九条第一款第一项规定的'其他不正当手段'。"
[5] 全国人大常委会法工委民法室编著,胡康生主编:《〈中华人民共和国反不正当竞争法〉释义》,法律出版社1994年版,第28页。

的员工为其获取商业秘密等。"[1]这是1993年和2017年《反不正当竞争法》的起草者对于不正当手段的解读。法律列举的这些不正当手段也不难理解。当然,高薪聘请的情况比较复杂,并不当然构成侵犯商业秘密的不正当手段。如果高薪聘请的人才并不涉及获取或者利用商业秘密,则高薪聘请并非不正当。

2017年《反不正当竞争法》第9条第1款第1项规定的不正当手段为"盗窃、贿赂、欺诈、胁迫或者其他不正当手段",2019年《反不正当竞争法》将其修改为"盗窃、贿赂、欺诈、胁迫、电子侵入或者其他不正当手段",即增加"电子侵入"手段。就条文本身而言,如果"电子侵入"能够构成一种独立的侵犯手段,2017年法律规定的"其他不正当手段"也可以包括进来。将"电子侵入"明文规定为一种独立的不正当手段,显然更利于明确这种手段的不正当性,当然也更为直观地满足了对外关系的保护需求。

盗窃通常指秘密窃取权利人的商业秘密,而秘密窃取是指行为人采取不易被权利人发觉的方法,秘密地将权利人的商业秘密据为己有。行为人对商业秘密的盗窃,既可以是将载有商业秘密的文件等偷偷地据为己有;也可以是复制后还回原件、保留复制件;还可以是将商业秘密的内容偷偷地记忆下来,据为己有。这些方式本身就反映了商业秘密的盗窃与有体物的盗窃的不同。贿赂是指以给付物资利益或其他利益的方式诱使他人告知其商业秘密。胁迫是指以给他人的财产或人身造成损害为要挟,迫使他人告知其商业秘密,包括对知道商业秘密者的胁迫以及与知道商业秘密者有关系的亲属等其他人的胁迫。

如果仅从立法技术方面考察,"电子侵入"能否构成与"盗窃、贿赂、欺诈、胁迫"并列的手段,是值得斟酌。因为,"电子侵入"通常是盗窃的一种具体手段,即手段的手段,而不是与盗窃并列的手段,将其并列规定并不严谨。但这种并列规定满足了实用主义的需求,逻辑时常会服从实用。

例如,在一起登录他人电子邮箱盗窃商业秘密的刑事案件中,某技术公司的电子邮箱内含有涉密的技术信息,公司要求员工单独设置电子邮箱密码,保护内容不被泄露,也不能随意下载、打印技术秘密文件。2018年1月至2020年4月,该公司的技术顾问李某(化名)推测出技术研发人员的邮箱密码,多次在家中登录他人的电子邮箱,然后下载、打印邮件内的技术秘密文件。2020年4月,公司发现多名技术研发人员的电子邮箱账号被他人异地登录,遂向公安机关报案。2020年5月,公安机关将李某抓获归案,在其电脑的恢复数据及打印资料中,查获5项不为公众所知悉的技术信息。案发后,公司紧急更换电子邮箱系统,并提交了初步证明其所受损失3000多万元的相关证据。后检察院以李某犯侵犯商业秘密罪向法院提起公诉。武汉市江岸区人民法院经对商业秘密的评估报告进行严格审查,确认该技术公司的损失数额包括涉案商业秘密的合理许可使用费1086.81万元及更换邮箱的补救费用268.10万元。法院认为,涉案5项技术信息不为公众所知悉,具有商业价值并经权利人采取了保密措施,属于法律所保护的商业秘密。李某在无权掌握商业秘密的情况下,未经允许擅自登录他人的电子邮箱,查阅、下载、打印载有涉案5项商业秘密的邮件,使商业秘密处于被他人掌握的危险状态,威胁权利人的竞争优势,系以盗窃手段获取权利人商业秘密的行为,造成特别严重后果,构成侵犯商业秘密罪。考虑到李某在获取商业秘密后未披露、使用或者允许他人使用,对其酌情从轻处罚,判处李某有期徒

---

[1] 王瑞贺主编:《中华人民共和国反不正当竞争法释义》,法律出版社2018年版,第32~33页。

刑3年,并处罚金人民币50万元。二审裁定维持原判。[1]该案系依据刑法的商业秘密盗窃规定,认定被告人构成侵犯商业秘密罪。如果细化分析,侵入他人邮箱属于电子侵入行为。该案涉及的侵犯商业秘密行为虽未披露、使用或者允许他人使用,但通过盗窃、利诱、胁迫等不正当手段获取商业秘密,造成重大损失的,也被认定构成侵犯商业秘密罪。

美国《统一商业秘密法》等规定了不正当获取商业秘密行为。"不正当"获取首先是工业间谍,即通过盗窃、贿赂等非法方式获取商业秘密。"不正当"方式不限于非法活动,还包括"欺骗、违反或者引诱违反保密义务"。此外,如 E. I. du Pont de Numours & Co. v. Christopher 案[2]的判决所指出的,非违法行为及未违反义务的行为,如果违背了商业道德观念,也被认定为不正当。该案中,被告通过航拍杜邦公司工厂建设工程中的保密工艺而被认定为侵犯商业秘密。

(三)其他不正当手段

《2020年商业秘密司法解释》第8条将获取权利人商业秘密的"盗窃、贿赂、欺诈、胁迫、电子侵入"以外的"其他不正当手段",规定为"被诉侵权人以违反法律规定或者公认的商业道德的方式获取权利人的商业秘密"。这种规定的澄清性解释意义不大。该规定依据的是《民法典》第86条和《反不正当竞争法》第2条第1款的原则精神,但这两个法律条款分别规定了"应当遵守商业道德"和"遵守法律和商业道德",而《2020年商业秘密司法解释》第8条仍采用"公认的商业道德"的表达,不知是什么意图。"商业道德"的外延明显大于"公认的商业道德",且2017年《反不正当竞争法》特意将1993年法律规定的"公认的商业道德"修订为"商业道德",《2020年商业秘密司法解释》第8条采用"商业道德"的表达更为符合法律原意。因此,"公认的商业道德"的限定不知是有意为之还是疏忽。

其他手段是指与盗窃、贿赂和胁迫相应的获取权利人商业秘密的不正当手段。例如,明知知悉商业秘密的人有酒后乱言的习惯,而设计将其灌醉,使其醉酒后说出商业秘密。但是,由于雇员自吹自擂或自己醉酒后吐露商业秘密,而因此知悉的,不是不正当手段。

"其他不正当手段"是列举性规定以外的侵犯手段,能够纳入列举性手段的情形不需要纳入其他不正当手段。"以不正当手段获取商业秘密的手段难以穷尽列举,因此用'其他手段'兜底。"[3]

例如,在光某公司与三某公司侵犯商业秘密纠纷案[4]中,光某公司与三某公司同为摩托车生产、出口企业。2019年4月17日,三某公司与第三方数据公司订立合同,约定购买摩托车出口量前十位的企业数据。第三方数据公司向其提供了含光某公司在内多家摩托车企业每次出口报关详情信息,包括出口目的地、规格型号、排量、美元单价、美元总价、申报数量等21项具体项目。被告三某公司接收上述信息后,认可第三方数据公司的交付行为,同时向第三方披露、使用了光某公司的上述信息。光某公司向法院起诉,主张三某公司非法获取并使用其商业秘密,请求判令三某公司立即停止侵权,并赔偿光某公司经济损失。重庆两江新区(自贸区)人民法院认为,《数据安全法》第32条规定,任何组织、个

---

[1] 参见《技术顾问窃取公司5项核心技术,法院判了!》,载微信公众号"知产财经"2023年10月26日。
[2] See 431 F. 2d 1012, 1015(5th Cir. 1970).
[3] 王瑞贺主编:《中华人民共和国反不正当竞争法释义》,法律出版社2018年版,第32~33页。
[4] 参见重庆自由贸易试验区人民法院民事判决书,(2022)渝0192民初8589号。

人收集数据,应当采取合法、正当的方式,不得窃取或者以其他非法方式获取数据。企业在采购数据时,知道或应当知道采购的数据系侵害他人商业秘密的信息,属于通过不正当手段获取他人商业秘密的行为。如企业采购数据时不知道数据系侵害他人商业秘密的数据,但在接收数据时知道或应当知道采购的数据系侵害他人商业秘密的信息,仍予以接收,证明该数据交付符合企业数据交易的目的,该企业亦构成通过不正当手段获取他人商业秘密。被告三某公司与北京某某科技有限公司签订《数据服务协议》,被告三某公司向北京某某科技有限公司购买在4个海关内2019年1月到12月中国出口前十位数据服务。被告三某公司通过数据交易的方式获得原告光某公司针对某目的国出口某款摩托车(品牌、排量、型号)对应的数量、单价组合信息,即便三某公司在与北京某某科技有限公司签订《数据服务协议》购买海关出口数据时不知道数据涉及原告光某公司的商业秘密,但在其接收北京某某科技有限公司数据时,其作为摩托车生产者,理应清楚同行竞争企业针对某目的国出口某款摩托车(品牌、排量、型号)对应的数量、单价组合信息涉及他人商业秘密,其仍予以接收,证明该经营组合信息的交付符合三某公司进行数据交易的目的,结合《数据服务协议》约定北京某某科技有限公司向被告三某公司提供在4个海关内2019年1月到12月中国出口前十位数据服务,被告三某公司主观上欲获得同行业中竞争优势企业的出口数据商业秘密,在获得该商业秘密后进一步披露、使用该商业秘密用于生产经营的可能性较大。被告购买包含涉案经营信息数据的行为主观上存在过错,属于通过不正当手段获取他人商业秘密。

该案中,法院认为数据交易买受人接收数据负有审慎注意义务,数据交易买受人明知或应当知道数据涉及他人的商业秘密仍予接收并使用的,构成以不正当手段获取他人商业秘密的行为。

(四)"监守自盗"行为的定性

公司员工合法知悉和掌握所在公司的商业秘密,但违反保密义务将商业秘密据为己有,是否构成《反不正当竞争法》第9条第1款第1项规定的不正当获取行为,实践中存在不同认识。

有些裁判认定构成不正当获取行为,只是对于属于第9条第1款第1项规定中的"盗窃"还是"其他不正当手段",存在认识的分歧。

例如,瑞昌公司与程某侵犯商业秘密案涉及员工将公司商业秘密转发至个人邮箱的行为构成对公司商业秘密的侵犯。瑞昌公司成立于1994年1月25日,经营范围为设计、开发、生产、销售并安装石油化工、石油勘探、节能环保设备;一、二类压力容器设计、制造及产品售后服务;大气污染防治工程设计、咨询、工程总承包;物业管理;房屋、厂房和场地租赁。瑞昌公司的《员工手册》中载有保密义务:"员工必须遵守保密条例,不得向外界及公司内部无关人员泄露不该透露的信息,不得让无关人员拷贝、查看公司有关经营情况的信息。员工在工作中要注意文件的保密,必要时需配备保险箱,废弃的文件必须及时用碎纸机粉碎,不得随意丢弃,工作涉及公司秘密的相关人员在受聘时需同时与公司签订《保密协议》。"

程某自2003年3月24日入职瑞昌公司,双方签订《劳动合同》和《商业秘密保密协议》,后期担任市场部经理。2013年4月8日,程某向瑞昌公司提出离职申请;2013年4月18日,程某通过瑞昌公司邮箱将《销售政策》《×××项目》等两个文件(以下简称涉案文件)转发至其个人邮箱;2013年4月28日,程某从瑞昌公司离职。2014年3月6日,程某申请设立明远公司;2014年3月10日,明远公司登记成立,经营范围为石化技术的研发及服务,石化设备及配件、环保设备的研发设计及销售,机械加工。

瑞昌公司认为,涉案文件属于其商业秘密,程某擅自拷贝涉案文件的行为构成对其商业秘密的侵犯,故诉至法院。经审理,一审法院认为程某的行为侵犯了瑞昌公司的商业秘密,判决程某赔偿瑞昌公司经济损失。二审判决维持原判。程某申请再审,最高人民法院裁定驳回其再审申请。

对于程某是否侵犯了瑞昌公司的商业秘密,生效判决[(2019)豫知民终282号]载明,程某从瑞昌公司离职前任市场部经理,掌握的瑞昌公司2010年销售政策包括销售奖金计算和发放、回款奖金的分配、销售指标的界定、客户档案的考核管理、区域人员的调配、工资体系等信息内容,参与了瑞昌公司"×××项目"的开发调研及前期运营工作,掌握整体项目的投资规模、项目主要负责人及参与人员、装置内实际需求以及瑞昌公司实际跟进情况等商业信息,使用其公司办公邮箱接收内部往来文件属其职权范围。程某根据瑞昌公司保密制度的规定以及相关合同约定,其承担保密义务,在持有、调阅上述文件时,应限于公司的办公系统和办公邮箱中,无权在公司办公系统之外使用上述文件。但程某在明知自己负有保密义务,并且已在2013年4月8日向瑞昌公司提出离职申请的情况下,于2013年4月18日未经瑞昌公司同意,选择性地将两个涉案文件从办公邮箱拷贝至个人邮箱。程某违反所签保密协议的明确约定,非为瑞昌公司利益和使用目的,以不正当手段擅自复制、拷贝瑞昌公司的商业秘密文件,构成对瑞昌公司商业秘密的侵犯。

倍通数据与崔某吉侵害技术秘密纠纷案[1]涉及崔某吉将涉案技术信息发送至个人电子邮箱的行为是否构成侵权。原审法院认为,该案中崔某吉明确知悉倍通数据严格的保密管理规范和倍通数据对涉案技术信息限制使用、传播的要求,以及其对于倍通数据尚未公开的涉案技术信息应当履行的保密义务。崔某吉作为倍通数据聘用的工作人员,应当遵守劳动合同中约定的保密义务和公司的保密管理规定。同时,妥善管理、使用倍通数据的技术信息,禁止将倍通数据的技术成果转移至倍通数据控制范围之外,也是崔某吉应有的职业道德。但崔某吉未经倍通数据许可,将含有涉案技术秘密的信息转移至非倍通数据所有和控制的电子邮箱,使得涉案技术秘密面临被披露和使用的风险,并且崔某吉对该转移信息的行为也未能作出合理解释。因此,崔某吉的行为构成《反不正当竞争法》第9条禁止的以其他不正当手段获取权利人的商业秘密的侵犯商业秘密行为,应当承担相应的民事责任。倍通数据关于崔某吉侵犯其技术秘密的主张于法有据,予以采纳。倍通数据关于崔某吉以盗窃手段侵权的主张依据不充分,不予采纳。

最高人民法院裁判指出,《反不正当竞争法》第9条第1款第1项规定,经营者不得以盗窃手段获取权利人的商业秘密。该法第9条第2款规定,经营者以外的其他自然人组织实施侵犯商业秘密行为的,视为侵犯商业秘密。根据上述规定,如果行为人未经技术秘密权利人许可,以复印、照相、发送邮件等方式窃取权利人的技术秘密,使得该技术秘密脱离权利人的原始控制,则行为人构成以盗窃手段获取他人商业秘密。行为人在实施窃取权利人技术秘密行为之前是否合法知悉该技术秘密,对该盗窃行为的定性不产生影响。

---

[1] 参见最高人民法院民事判决书,(2021)最高法知民终1687号。

该案中,崔某吉作为爬虫平台项目的负责人,虽然其在倍通数据任职期间合法掌握爬虫平台项目的技术信息,但是在其入职和离职时,倍通数据均与其明确约定保密义务,要求其不得泄露公司商业秘密、离职时不得私自带走任职期间完成的文案和模板等内容,需要带走的文件均须向倍通数据备案并经倍通数据同意。崔某吉明知上述保密规定,仍然违反倍通数据的相关保密要求和保密管理规定,在倍通数据不知情的情况下,将含有涉案技术信息的文件通过电子邮件发送至私人邮箱,致使涉案技术信息脱离倍通数据的原始控制,使涉案技术信息存在可能被披露和使用的风险,该行为已经构成以盗窃手段获取他人商业秘密的行为。虽然崔某吉不属于《反不正当竞争法》第9条第1款规定的经营者,但根据该法第9条第2款的规定,崔某吉的行为应视为实施了第9条第1款第1项规定的盗窃权利人商业秘密的行为。原审法院关于崔某吉的行为构成"以其他不正当手段获取权利人的商业秘密"的认定有误,二审法院予以纠正。

在该案中,一、二审判决均认为被诉行为构成不正当获取行为,只是一审判决归入"其他不正当手段",二审判决则认为属于"盗窃"。

有的裁判认为此类据为己有不构成违反法律规定或者公认商业道德的不正当获取行为。

例如,在NLH公司与曹某、ZHAI公司侵犯商业秘密案[1]中,NLH公司主张曹某、ZHAI公司共同实施了侵犯NLH公司案涉技术秘密的行为。其中,曹某未经许可,从NLH公司内部服务器上下载技术秘密,并存放于ZHAI公司购买的电脑中,违反了《反不正当竞争法》第9条第1款第1项规定。曹某于2017年8月14日入职NLH公司,担任重要业务线SLG技术中台运营维护负责人。NLH公司与曹某签有保密协议,约定曹某在任职期间及离职后应对NLH公司的商业秘密及保密信息承担保密义务。曹某作为NLH公司的技术人员,可以接触到技术秘密,同时根据保密协议的约定,除非为NLH公司或集团利益,未经NLH公司书面同意,不得将任何保密信息和载有保密信息的载体带出NLH公司的办公场所之外或存储、转发至非NLH公司指定的任何存储介质、系统、空间。根据查明的事实,在其询问笔录中,曹某明确提及其在2020年6月24日,将公司的电脑带回家中,并向自己购买的电脑内传输公司的代码。NLH公司提交的数据恢复证据、事件记录等材料,与曹某在询问笔录中所述内容可以对应。在数据恢复的报告中,存在与NLH公司提交的WOD源代码文件名完全一致的文件。因此,曹某存在获取技术秘密的行为。

一审法院认为,《反不正当竞争法》第9条第1款第1项仅涉及获取商业秘密的行为,规定构成侵犯商业秘密的条件是该获取手段为盗窃、贿赂、欺诈、胁迫、电子侵入或者其他不正当手段。《2020年商业秘密司法解释》第8条规定,被诉侵权人以违反法律规定或者公认的商业道德的方式获取权利人的商业秘密的,人民法院应当认定属于《反不正当竞争法》第9条第1款所称的以其他不正当手段获取权利人的商业秘密。该案中,曹某作为NLH公司的技术人员,有权限接触、获得技术秘密,并无证据显示其获取商业秘密的手段是盗窃、贿赂、欺诈、胁迫、电子侵入。作为NLH公司的技术人员,尽管存在将工作中接触到技术秘密带离办公场所、转移至非办公电脑的行为,但难以认定上述行为违反法律规定或者公认的商业道德。该案中,NLH公司提交的证据,仅能指向曹某存在获取技术秘密

---

[1] 参见北京知识产权法院民事判决书,(2020)京73民初1114号。

的行为,不能指向曹某将获取的技术秘密对外披露、使用或允许他人使用。在询问笔录中,曹某也明确称其并未泄露代码。因此,曹某的获取行为,不能归入《反不正当竞争法》第9条第1款第1项规定的行为类型。

按照这种观点,《反不正当竞争法》第9条第1款第1项不适用于合法知悉商业秘密的行为人,即因岗位职责或者约定合法知悉商业秘密的人,即使违反要求将商业秘密以发送电子邮件、存入私人电脑等方式据为己有,也不属于该项规范的范围,而司法解释中"其他不正当方式"所称"违反法律规定或者公认商业道德的不正当获取行为",不包含此类"监守自盗","监守自盗"充其量是违反公司规章制度的行为,不属于违反"法律规定"或者"公认商业道德的不正当获取行为"。鉴于"合法获取"与"非法获取"是两个互斥的概念,已经合法获取了涉案商业秘密的人显然不能同时构成非法获取。凡是具有合法接触商业秘密权限的主体,均不存在构成"非法获取"进而适用《反不正当竞争法》第9条第1款第1项的可能性。

上述两种观点各有其道理。就《反不正当竞争法》第9条第1款第1项规定而言,正是由于"以不正当手段获取商业秘密的手段难以穷尽列举,因此用'其他手段'兜底"[1],就不能断然认为不能将"监守自盗"纳入"盗窃"或者"其他不正当手段"的范围。是否纳入其范围,关键取决于"监守自盗"的危害性程度及相关经营领域对于"监守自盗"的危害性认识。鉴于公司将商业秘密的保存场所、存储载体、使用场景等进行严格限制,这本身就是一种常见的保密形态,其目的是有效保障商业秘密的安全及防止泄密的风险,并且这些限制是一种公司的自我限制,员工以自身工作便利等将其置于公司的控制之外,实无必要,经常是另有企图,在公司不知情的情况下员工将商业秘密"据为己有",在法律意义上将其定性为"盗窃"并非当然悖于"盗窃"文义。如果公司将商业秘密的保存场所、存储载体、使用场景等进行严格限制已成为普遍的做法,将其作为行业内"公认的商业道德"也无不可,此时亦可将"监守自盗"纳入"违反公认商业道德"的行为。因此,"监守自盗"是否纳入《反不正当竞争法》第9条第1款第1项,属于法律的解释问题,关键取决于"监守自盗"对于商业秘密的危害性,以此决定是否纳入该项的行为范围。尤其在网络环境下远程办公增加了商业秘密扩散的风险,公司远程管理商业秘密又出现新的挑战,公司开始建立相应的远程管理、居家办公等商业秘密管理措施。此种情况下在法律态度上是否倾向于更严格地保护商业秘密,让违反保密制度的员工承担更多的不正当获取商业秘密的法律风险,也是一项重要的政策取向问题。[2]

二、披露、使用不正当获取的商业秘密行为

《反不正当竞争法》第9条第1款第2项禁止"披露、使用或者允许他人使用以前项手段获取的权利人的商业秘密"的行为。

披露是指不正当的获取人将商业秘密向他人扩散,包括在要求对方保密的条件下向特定人、少部分人透露商业秘密,以及向社会(不特定的人)公开商业秘密。由于此种商业秘密本来是通过不正当的手段获取的,其披露当然是违背权利人的意思的。

使用是指采取不正当手段的获取人将商业秘密运用于自己的生产经营,即自己直接

---

[1] 王瑞贺主编:《中华人民共和国反不正当竞争法释义》,法律出版社2018年版,第32~33页。
[2] 参见王瑞贺主编:《中华人民共和国反不正当竞争法释义》,法律出版社2018年版,第90~91页。

利用商业秘密的使用价值的行为或状态。允许他人使用商业秘密是指获取人以有偿或无偿的方式将商业秘密提供给第三人使用。《2020年商业秘密司法解释》第9条对商业秘密的"使用"作出规定，主要包括三种类型：一是在生产、经营等活动中直接使用商业秘密，例如，使用构成商业秘密的配方、方法、工艺，直接用于制造同样的产品。二是在商业秘密的基础上，进一步修改、改进后再进行使用，如对于属于商业秘密的配方进行改进后，制造特定的产品。三是根据权利人的商业秘密，相应调整、优化、改进与之有关的生产经营活动，例如，根据权利人研发失败所形成的数据、技术资料等商业秘密，以及研发过程中形成的阶段性成果商业秘密等，相应优化、调整研发方向；或者根据权利人的经营信息商业秘密，相应调整营销策略、价格等。侵权人违法"使用"或者"允许他人使用"商业秘密的直接后果，就是能够获得不正当的竞争优势，包括提供替代性的产品或者服务，或者降低成本、节省时间、提高效率等。[1]

商业秘密的使用具有多种具体形态，包括具体运用商业秘密。《2020年商业秘密司法解释》第9条规定："被诉侵权人在生产经营活动中直接使用商业秘密，或者对商业秘密进行修改、改进后使用，或者根据商业秘密调整、优化、改进有关生产经营活动的，人民法院应当认定属于反不正当竞争法第九条所称的使用商业秘密。"商业秘密的使用除包括在生产、研发、经营等活动中直接使用商业秘密外，还包括在商业秘密的基础上，进行进一步的修改、改进后再进行使用。例如，对于属于商业秘密的配方进行改进并使用；根据商业秘密，相应调整、改进与其有关的活动，如对于基于研发失败形成的商业秘密，调整研发方向，或者根据经营秘密，相应调整营销策略等。被诉侵权人进一步修改、改进商业秘密后再行使用的，并不要求其使用的信息与商业秘密实质上相同。

值得一提的是，《反不正当竞争法》第9条第1款规定的"使用"，是指直接将商业秘密用于生产经营活动之中的行为，不包括通过商业秘密制造的产品的销售等环节。

例如，在上诉人昆山某电子材料公司、苏州某精密模具公司、吕某、周某、蔡某因与被上诉人某模具公司侵害商业秘密纠纷案[2]中，最高人民法院判决指出，关于商业秘密的"使用"，意味着涉案商业秘密被应用于产品设计、产品制造、市场营销及其改进工作、研究分析等。使用商业秘密的方式通常有三种，一是在生产经营活动中直接使用商业秘密，二是对商业秘密进行修改、改进后使用，三是根据商业秘密调整、优化、改进有关生产经营活动。后两种使用方式通常被称为改进型使用和消极使用，虽然在这两种情形下，被诉侵权人在最后生产环节实际使用的信息与涉案商业秘密会存在一定差异甚至完全不同，但其在产品设计、改进或研究分析等环节中依然使用了商业秘密，因此可能节约了研发成本或者采取了针对性策略，并据此获取不当竞争优势，应当认定构成使用商业秘密。昆山某电子材料公司等已经非法获取了涉案技术秘密，并且其生产加工图纸等已经利用了上述技术秘密，即便热处理环节由案外公司完成，亦不影响认定昆山某电子材料公司等已实际使用涉案技术秘密。

"香兰素案"中最高人民法院在指导案例归纳的裁判要点中指出，"权利人举证证明

---

[1] 林广海等：《〈最高人民法院关于审理侵犯商业秘密民事案件适用法律若干问题的规定〉的理解与适用》，载《法律适用》2021年第4期。
[2] 参见最高人民法院民事判决书，(2022)最高法知民终26号。

被诉侵权人非法获取了完整的产品工艺流程、成套生产设备资料等技术秘密且已实际生产出相同产品的,人民法院可以认定被诉侵权人使用了全部技术秘密,但被诉侵权人提供相反证据足以推翻的除外"[1]。最高人民法院认为:王某集团公司等被诉侵权人已经实际制造了香兰素产品,故其必然具备制造香兰素产品的完整工艺流程和相应装置设备。嘉兴中某化工公司与上海欣某公司主张的技术秘密包括6个秘密点,涉及58个非标设备的设备图287张和工艺管道及仪表流程图25张。被诉侵权技术信息载体为王某集团公司等被诉侵权人获取的200张设备图和14张工艺流程图,经比对其中有184张设备图与涉案技术秘密中设备图的结构型式、大小尺寸、设计参数、制造要求均相同,设备名称和编号、图纸编号、制图单位等也相同,共涉及40个非标设备;有14张工艺流程图与嘉兴中某化工公司的工艺管道及仪表流程图的设备位置和连接关系、物料和介质连接关系、控制内容和参数等均相同,其中部分图纸标注的图纸名称、项目名称、设计单位也相同。同时,王某科技公司提供给浙江杭某容器有限公司(以下简称杭某公司)的脱甲苯冷凝器设备图、王某科技公司环境影响报告书附15张氧化单元氧化工艺流程图虽然未包含在冯某义提交的图纸之内,但均属于涉案技术秘密的范围。鉴于王某科技公司已在设备加工和环评申报中加以使用,可以确定王某科技公司获取了该两份图纸。该案中,涉案技术秘密的载体为287张设备图和25张工艺管道及仪表流程图,王某集团公司等被诉侵权人非法获取了其中的185张设备图和15张工艺流程图。考虑到王某集团公司等被诉侵权人获取涉案技术秘密图纸后完全可以做一些针对性的修改,故虽有4项与涉案技术秘密中的对应技术信息存在些许差异,但根据具体侵权情况,完全可以认定这些差异是王某集团公司等被诉侵权人在获取涉案技术秘密后进行规避性或者适应性修改所导致,故可以认定这4项依然使用了涉案技术秘密。在此基础上,可以进一步认定王某集团公司等被诉侵权人实际使用了其已经获取的全部185张设备图和15张工艺流程图。具体理由是:第一,香兰素生产设备和工艺流程通常具有配套性,其生产工艺及相关装置相对明确固定,王某集团公司等被诉侵权人已经实际建成香兰素项目生产线并进行规模化生产,故其必然具备制造香兰素产品的完整工艺流程和相应装置设备。第二,王某集团公司等被诉侵权人拒不提供有效证据证明其对香兰素产品的完整工艺流程和相应装置设备进行了研发和试验,并且其在极短时间内上马香兰素项目生产线并实际投产,王某科技公司的香兰素生产线从启动到量产仅用了一年左右的时间。与之相比,嘉兴中某化工公司涉案技术秘密从研发到建成生产线至少用了4年的时间。第三,王某集团公司等被诉侵权人未提交有效证据证明其对被诉技术方案及相关设备进行过小试和中试,并且其又非法获取了涉案技术图纸,同时王某科技公司的环境影响报告书及其在向杭某公司购买设备的过程中均已使用了其非法获取的设备图和工艺流程图。综合考虑技术秘密案件的特点及案件实际情况,同时结合王某集团公司等被诉侵权人未提交有效相反证据的情况,可以认定王某集团公司等被诉侵权人使用了其非法获取的全部技术秘密。第四,虽然王某集团公司、王某科技公司的香兰素生产工艺流程和相应装置设备与涉案技术秘密在个别地方略有不同,但其未提交证据证明这种不同是基于其自身的技术研发或通过其他正当途径获得的技术成

---

[1] 嘉兴市中某化工有限责任公司、上海欣某新技术有限公司诉王某集团有限公司、宁波王某科技股份有限公司等侵害技术秘密纠纷案,最高人民法院指导案例220号(2023年)。

果所致。同时现有证据表明,王某集团公司等被诉侵权人是在获取了涉案技术秘密后才开始组建工厂生产香兰素产品,即其完全可能在获得涉案技术秘密后对照该技术秘密对某些生产工艺或个别配件装置做规避性或者适应性修改。这种修改本身也是实际使用涉案技术秘密的方式之一。综上,认定王某集团公司等被诉侵权人从嘉兴中某化工公司处非法获取的涉案技术秘密,即185张设备图和15张工艺流程图均已被实际使用。

在天祥健台公司与东富龙公司、明兴公司等侵害技术秘密纠纷案[1]中,法院认为,《反不正当竞争法》第9条所规定的"使用"应当指直接使用商业秘密内容本身,而不包括使用商业秘密生产制造的侵权产品生产销售后,其他销售商后续销售以及购买者使用的行为。生产商以外的其他销售商销售侵害商业秘密产品的行为不属于擅自使用他人的商业秘密的行为,而是在客观上构成对使用商业秘密行为的帮助,即正是基于后续的销售行为才促成使用商业秘密损害后果的发生。因此只有在销售商明知其销售的系侵害商业秘密的产品而仍然予以销售的情况下,才可能承担帮助侵权的民事责任;经营者购买侵害商业秘密产品进行使用的行为,由于此时侵权产品已经退出市场流通,并不涉及与其他市场主体进行市场竞争的问题,不论侵权产品使用人主观上是否知道该产品涉嫌侵权,均不属于反不正当竞争法调整的范畴。当然,出于保护商业秘密权益人的需要,确保相关经营者能够向侵权产品的源头进行追索,使侵权产品退出市场流通,侵害商业秘密产品的销售商和使用者均有义务向商业秘密权益人提供进货渠道、买家信息等信息,否则应当承担相应的补充赔偿责任。该案中,明兴公司系被控侵权产品的使用者,其通过公开招标程序由东富龙公司购买被控侵权产品并使用不属于反不正当竞争法的调整范围,并且现有证据无法证明明兴公司知道该产品系侵权产品,而明兴公司能够提供该产品的购买合同,支付了相应的对价,故明兴公司不构成反不正当竞争法规定的擅自使用天祥健台公司涉案技术秘密的行为,亦无须停止使用含有被控侵权蜗轮蜗杆的压片机。

值得研究的是,在保护强度和范围上,商业秘密不同于专利,如法律未将销售使用商业秘密的产品纳入侵犯商业秘密的范围,《反不正当竞争法》规定的帮助侵权应当不包括此类销售行为。因此,上述判决将销售纳入帮助侵权之列,扩展了侵犯商业秘密行为的范围,值得商榷。

三、违反保密义务的侵犯商业秘密行为

(一)违反保密义务侵犯商业秘密行为的司法实践

2019年《反不正当竞争法》第9条第1款第3项将2017年法律同项规定的"违反约定或者违反权利人有关保守商业秘密的要求",修改为"违反保密义务或者违反权利人有关保守商业秘密的要求",即将"违反约定"修改为"违反保密义务",而保留了"违反权利人有关保守商业秘密的要求"。就该项规定本身而言,这种修订并未实质性改变规定的内容。

例如,在再审申请人鹏晖公司、海容公司与再审申请人华氏流体公司等侵害商业秘密纠纷案[2]中,对于王某晖、刘某、鹏晖公司、海容公司的行为是否构成侵权,最高人民法院驳回再审申请裁定指出,王某晖、刘某原系华峰四公司的高级管理人员,根据劳动合同和公司相关规定,对涉案商业秘密负有保密义务,但其在在职和离职期间,通过设立新公司、

---

[1] 参见上海知识产权法院民事判决书,(2016)沪73民初808号。
[2] 参见最高人民法院民事裁定书,(2018)最高法民申4529号。

招聘华峰四公司技术人员等形式,披露、使用的大量信息与前述信息具有同一性,故可认定二人的行为已侵犯华峰四公司的商业秘密。由王某晖、刘某设立或间接设立的鹏晖公司、海容公司利用涉案商业秘密开展生产经营活动,并与案外公司签订协议牟取非法利益,其行为亦可被认定为侵权行为。因此,一审、二审法院结合生效关联刑事案件的认定和该案审理期间查明的事实,认定王某晖、刘某、鹏晖公司、海容公司的行为构成侵权,并无不当。

又如,迈瑞电子公司投入资金、人员,开发成功 MT-1000 彩色经颅多普勒血流分析仪,于 1994 年 7 月 6 日通过省医疗器械质量检验站检验合格。1994 年 11 月 2 日通过省医药管理局组织的科技成果鉴定,并投入批量生产。在这一基础上原告又进行大量投资,着手研制 MT-1000A。1995 年 3 月 27 日,该案第一被告先科西捷公司宣告成立,并开始研制其 AC-2000 彩色经颅多普勒血流分析仪。1995 年 4 月和 6 月,原告公司参加开发 MT-1000A 的徐某(第二被告)和张某(第三被告)应聘到先科西捷公司,并参与其 AC-2000 的研制。1995 年 5 月原告人员在太原参加全国医疗器械博览会时发现,第一被告参展的 AC-2000 除人机界面略有改动外,其他技术内容与 MT-1000 相同或相似,遂向深圳市中级人民法院起诉。经调查取证,三被告承认其使用、披露原告商业秘密的事实。

法院认为,被告未经允许,以营利为目的,使用、披露权利人的商业秘密,已经构成有关商业秘密的不正当竞争行为,应该停止侵权并且赔偿损失。在查明事实、分清是非的基础上,原、被告自愿达成协议:(1)三被告停止侵权。(2)三被告向原告赔偿损失 50,000 元。

在此案中,徐某(第二被告)和张某(第三被告)作为原告离职的工作人员,其正当取得原告的商业秘密,但因其违反保密义务而在新的单位使用,构成了侵犯他人商业秘密的行为。

在解某某与心果公司、万源汇康公司不正当竞争纠纷案[1]中,2014 年 11 月起解某某在心果公司工作。2016 年 8 月,心果公司将大客户"大众点评"交由解某某负责对接,主要负责推广"大众点评"这一产品。2018 年 4 月,解某某告知心果公司"大众点评"计划停止对其产品的相关推广,心果公司与"大众点评"停止合作。2018 年 6 月 4 日,解某某向心果公司提出离职。后心果公司发现,万源汇康公司的法定代表人陈某与解某某是朋友关系,该公司实际由解某某和陈某共同经营;2018 年 4 月之后,解某某将万源汇康公司作为心果公司关联公司继续就"大众点评"项目订立合同,推广"大众点评"产品。心果公司认为解某某、万源汇康公司披露和使用心果公司的特定客户信息,侵犯其商业秘密,故诉至法院,请求判令二被告停止不正当竞争行为等。

一审法院认为,《反不正当竞争法》第 9 条规定,经营者不得实施下列侵犯商业秘密的行为:违反保密义务或者违反权利人有关保守商业秘密的要求,披露、使用或者允许他人使用其所掌握的商业秘密。经营者以外的其他自然人、法人和非法人组织实施前述违法行为的,视为侵犯商业秘密。第三人明知或者应知商业秘密权利人的员工、前员工或者其他单位、个人实施前述违法行为,仍获取、披露、使用或者允许他人使用该商业秘密的,视为侵犯商业秘密。关于解某某是否向万源汇康公司披露及万源汇康公司是否使用了心果

---

[1] 参见北京知识产权法院民事判决书,(2021)京 73 民终 3593 号。

公司的商业秘密,现有证据表明万源汇康公司仍然通过解某某与"大众点评"平台相关人员进行对账等经营活动,其与"大众点评"平台合作进行"大众点评"手机客户端应用推广是客观事实。其获取"大众点评"的联系渠道和方式是认定其是否使用了心果公司被控商业信息的关键,虽然解某某和万源汇康公司均提交了"大众点评"平台公开的合作方式和电话,但上述方式均为"大众点评"平台向市场公开的邮箱、电话,而非具体的工作人员联系方式和合作渠道,万源汇康公司应当证明其所获得上述联系渠道和方式系通过其他途径而非从解某某处获得,而在审理过程中,万源汇康公司虽对此进行了陈述,但其并未提交任何证据佐证其获取"大众点评"平台联系方式、进行平台合作洽谈以及相应对接人员联系方式等具体合作事宜,且从心果公司提交的万源汇康公司与"大众点评"2018年5月至2018年10月的对账邮件、"大众点评"内部变更合作主体的邮件等证据来看,"大众点评"平台内部确已将万源汇康公司作为心果公司的关联主体纳入合作范围,万源汇康公司既无法举证其渠道和合作过程,又未能对"大众点评"平台对其与心果公司的关联关系产生误认的事实作出合理解释。此外,从证人李某当庭展示的邮件内容和心果公司提交的邮件截屏来看,万源汇康公司是通过解某某与"大众点评"平台进行联系和对账,并且在万源汇康公司作为供应商的入库信息中,亦将解某某作为对接人,在万源汇康公司未能提交证据佐证其获取"大众点评"平台联系方式、进行平台合作洽谈以及相应对接人员联系方式以及双方具体的合作过程等具体合作事宜的情况下,结合解某某自认与万源汇康公司法定代表人陈某认识多年的事实,应当认定其所获得的经营信息来源于解某某。因此,应当认为万源汇康公司与"大众点评"平台就手机客户端应用推广进行合作系基于其通过解某某知悉并使用了心果公司与"大众点评"平台进行合作的信息。至于解某某、万源汇康公司关于签约主体不同的抗辩,一审法院认为,尽管万源汇康公司提交的协议主体与心果公司此前合作的平台主体不尽相同,但其中均包含互诚公司,并且万源汇康公司提交的两份协议中对方联系人、联系方式完全相同,而从心果公司提交的对账单等证据中可知,虽然协议不同、主体不同,但这些协议均是解某某与对方谢某欢等特定的人员进行对接,而且合作内容均是"大众点评"手机客户端的排名、下载优化,与心果公司的合作内容相似,针对这些内容的合作审批和账目记录,均是在"美团海鸥系统"等统一的系统中完成,解某某、万源汇康公司亦未能证明其合作渠道来源,故其对心果公司商业秘密的使用性质不因"大众点评"平台关联公司之间签约主体切换而改变。至于解某某是否违反保密义务,2016年心果公司与互诚公司签订的《手机应用信息服务合作协议》第6.1条约定,未经对方事先书面批准,任何一方不得将此合同履行过程中获知的对方的保密信息直接或间接地披露给任何第三方或用于此合同之外的任何其他目的。该份协议心果公司联系人为解某某,其不可能不知晓心果公司的商业秘密以及双方对于商业秘密的约定,其作为心果公司的员工,自然应当遵守诚实信用原则保守心果公司的商业秘密。万源汇康公司作为主动签约的主体,其将解某某作为入库登记的联系人,并在名称后冠以心果公司的"心果"字号进行合同审批,其不可能不知晓解某某的身份,亦不可能不知晓所使用的经营信息是心果公司的商业秘密。但解某某在任职期间即将心果公司的商业秘密向万源汇康公司进行披露,并与万源汇康公司共同进行使用以获取不正当的商业利益;万源汇康公司明知解某某的身份,仍在其任职于心果公司时即开始使用其披露的商业秘密,解某某、万源汇康公司的行为共同侵犯了心果公司的商业秘密。一审法院对解某某、万源汇康公司关于未侵犯心果公司商业秘密的抗辩不予采纳。

二审判决认为,解某某及万源汇康公司提交的证据不足以证明其如何合理获取"大众点评"平台联系方式、进行平台合作洽谈以及相应对接人员联系方式等具体合作事宜。从心果公司提交的万源汇康公司与"大众点评"2018 年 5 月至 10 月的对账邮件、"大众点评"内部变更合作主体的邮件等证据来看,"大众点评"平台内部已将万源汇康公司作为心果公司的关联主体纳入合作范围,而解某某及万源汇康公司未能对"大众点评"平台对其与心果公司的关联关系产生误认作出合理解释。结合解某某自认与万源汇康公司法定代表人陈某认识多年,在案证据足以认定万源汇康公司所获得的与"大众点评"平台合作的相关经营信息来源于解某某。"大众点评"平台因关联公司具体签约主体不尽相同,但不影响对解某某和万源汇康公司使用了心果公司商业秘密的性质认定。心果公司与互诚公司于 2016 年签订的《手机应用信息服务合作协议》中约定了保密条款,该份协议心果公司联系人为解某某,其应当知晓心果公司的商业秘密以及双方对于商业秘密的约定。万源汇康公司通过解某某与"大众点评"平台进行联系,并在名称后冠以心果公司的"心果"字号进行合同审批,其应当知晓所使用的经营信息是心果公司的商业秘密。但解某某在心果公司任职期间将心果公司的商业秘密披露给万源汇康公司,并与万源汇康公司共同进行使用以获取不正当的商业利益;万源汇康公司明知解某某的身份,仍在其任职于心果公司时即开始使用其披露的商业秘密。因此,解某某及万源汇康公司的行为共同侵害了心果公司的商业秘密。在案证据不足以证明,在解某某从心果公司离职后,"大众点评"平台系基于对解某某个人的信赖而自愿选择与万源汇康公司进行合作,解某某的相应上诉理由缺乏事实及法律依据,不予支持。

在花儿绽放公司与盘兴公司、盘石公司侵犯商业秘密案[1]中,法院指出,计算机软件源代码属于技术秘密保护的客体,使用人依合同约定使用权利人的软件源代码,应依据合同约定履行保密义务。使用人的技术人员将权利人的软件源代码公开发布到开源网站上,使软件源代码处于对外披露的泄密状态,使得开源网站上的用户可以对该软件源代码进行自由复制、使用、修改或传播,权利人可追究使用人侵害其技术秘密的法律责任。

2018 年 8 月,原告花儿绽放公司研发出有客多软件,该软件为微信小程序开发工具,提供小程序行业解决方案,能够让用户快速拥有自己的微信行业小程序。软件采用 java 语言,基于 Spring MVC + Mybatis 架构开发,软件通过打包编译生成 war 包部署在阿里云并对外提供服务。整个软件从业务架构上分为三层,包括业务前台、服务中台和底层架构。原告对有客多软件源代码采取了如下保密措施:(1)软件源代码管理采用 VPN 管理统一安全授权模式,SVN 账号密码加密授权,账号密码每人唯一。正常登录 VPN 后,方能使用 SVN 账号密码登录。(2)原告与员工签署保密协议。(3)原告将源代码对外许可授权时,在合同中约定使用人须履行保密义务。

被告盘石公司投资成立被告盘兴公司,盘石公司是盘兴公司的唯一投资股东。2018 年 10 月 18 日,原告花儿绽放公司与被告盘兴公司签订的《花儿绽放源代码使用许可合同》约定:花儿绽放公司将有客多小程序源代码以非专有、不可转让的方式许可给盘兴公

---

[1] 参见广东省深圳市中级人民法院民事判决书,(2019)粤 03 民初 4519 号;最高人民法院民事判决书,(2021)最高法知民终 2298 号。

司使用,许可使用费为15万元,许可使用期限为合同签订日起20个自然年度。有客多小程序源代码属于保密信息,盘兴公司同意严格按照合同的约定使用该保密信息,未经对方的事先书面许可,不得向第三方提供保密信息或由保密信息衍生的信息,或者允许第三方直接或间接地透露保密信息。除了合同确定的使用范围外,不得在其他任何时候使用保密信息。合同约定承担的保密义务不因合同的变更、终止而终止,如没有对保密期限加以规定,则直至保密信息在本行业中成为公知信息后,合同约定的保密义务才予以解除。双方同意,以适当方式告知并要求各自能接触到保密信息的员工遵守相关约定,若员工违反约定,公司应承担连带责任。

合同签订后,2018年10月24日,原告花儿绽放公司将装有涉案软件源代码包的加密U盘交付给被告盘兴公司的负责人员,并将U盘密码以微信方式发送给该负责人员。2018年10月26日,被告盘兴公司向原告花儿绽放公司出具有客多源代码使用许可项目(软件)签收表,认可收到了原告交付并加密的有客多软件的源代码。2019年5月,原告发现其有客多软件的源代码在全球开源网站共享平台Github上被公开发布。具体情况为:2019年5月9日,原告经调查核实,有客多软件的源代码于2018年12月31日被用户名为luxin212121的用户发布到Github公共存储库,前述披露的有客多软件的源代码中有多处指向被告的信息:(1)多处含有被告盘兴公司的域名panshi101.com;(2)多处含有被告盘石公司的域名adyun.com;(3)将交付代码中的平台注释和系统平台名称由"有客多小程序"修改为"盘石微店";(4)将交付代码中的"微俱聚logo"修改为"盘石微店logo";(5)将交付代码中的客服电话修改为被告盘石公司客服电话;(6)披露代码中增加了被告盘石公司版权信息(copyright © 2018 盘石科技. All rights reserved);(7)luxin 212121在Github网站的另一个存储库(laravel - mhwww)发布了含有被告盘石公司内部研发管理系统的三个链接;(8)在披露的有客多源代码文件中,修改了源代码中第三方平台的配置参数(该参数为发起微信功能所需秘钥,由用户在微信第三方平台私密获取)及目标数据库的访问地址data.db.url参数(该参数为数据库存储路径,修改后的参数显示为在阿里云购买的rds数据库链接地址);(9)截至2019年5月6日,Github网站上共有6位用户复制了luxin212121用户披露的有客多软件的源代码。

2019年5月21日,原告经调查核实:用户luxin212121在Github网站的其他三个存储库(php - saas、laravel - mhwww、mhwsource)发布的内容中亦有多处指向被告的信息:(1)被告盘石公司的域名adyun.com、盘石微店签名、被告盘石公司的版权信息(copyright © 2004 - 2019 浙江盘石信息技术股份有限公司. All rights reserved);(2)被告盘石公司的介绍链接、帮助支持链接、联系链接;(3)被告盘石公司的办公地址;(4)被告盘石公司的域名mhw001.com和adyun.com、盘石官网链接、盘石网盟链接、盘石大学链接;(5)被告盘石公司支付宝收款账户的信息。2019年7月17日,原告进一步调查核实:截至2019年6月27日,Github网站上新增6名用户复制了luxin212121用户披露的有客多软件的源代码。

2019年6月20日,原告委托律师向Github开源网站发去律师函,要求其尽快删除luxin212121用户发布的侵权存储库的分支存储库(原始侵权存储库已删除)并提供用户luxin212121的联系信息。Github开源网站于2019年7月9日回复显示,相关内容已删除,由于没有相关的法律文件,不能共享关于其他用户的存储库的任何附加。原告确认有客多软件的源代码已被Github开源网站删除。2019年9月5日,原告向被告盘兴公司、盘石公司分别发去律师函,要求两被告尽快沟通消除影响及赔偿损失事宜。

基于以上事实,原告主张,其有客多软件中 20 个技术密点所对应的 965 个软件源代码文件,涉及软件业务前台、服务中台全部功能模块的控制逻辑和接口的实现,被盘兴公司在 Github 开源网站上公开发布导致披露泄密,构成商业秘密侵权,而被告盘石公司是被告盘兴公司的唯一股东,其应与被告盘兴公司承担连带赔偿责任。

一审法院认为,原告主张的技术信息构成商业秘密,原告提交的证据显示,luxin212121 用户在 Github 开源网站上公开发布的有客多软件源代码中包含了涉案技术秘密。被告盘兴公司通过与原告签订涉案软件使用许可合同,获取了有客多软件的源代码。虽无法获悉 luxin212121 用户的具体身份信息,但其披露的有客多软件源代码中,众多信息均指向被告盘兴公司、盘石公司,这些信息包括两被告的版权信息、域名、客服电话、logo 以及平台注释、系统平台名称、默认签名等内容。特别需要关注的是,luxin212121 用户公开发布的有客多软件源代码修改了原来的第三方平台配置参数(该参数为发起微信功能所需秘钥,由用户在微信第三方平台私密获取)及目标数据库的访问地址 data. db. url 参数(该参数为数据库存储路径,修改后的参数显示为在阿里云购买的 rds 数据库链接地址),对前述参数的修改及修改后的信息属于企业的机密,不为外人所知。luxin212121 用户还在 Github 开源网站的其他三个存储库(php - saas、laravel - mhwww、mhwsource)发布源代码,其中亦含有大量指向被告盘石公司的信息,这些信息包括被告盘石公司的版权信息、域名、介绍链接、帮助支持链接、联系链接、地址、官网链接、盘石网盟链接、盘石大学链接、支付宝收款账户等。前述部分信息虽可通过互联网获知,但有些是外人难以知晓或不会关注的信息。luxin212121 用户在 Github 网站的不同存储库、不同源代码中汇集了两被告如此丰富、完整的企业信息,除了被告盘兴公司或其知情的员工外,他人均难以做到,被告盘兴公司对此未有合理解释。原告与被告盘兴公司在涉案软件源代码的使用许可合同中明确约定,若被告盘兴公司的员工违反保密义务,被告盘兴公司应承担连带责任。综上,被告盘兴公司应对侵权行为承担法律责任。

一审宣判后,盘兴公司、盘石公司不服,提出上诉,最高人民法院二审维持原判。

(二)违反保密义务与产生保密义务的依据

2019 年《反不正当竞争法》第 9 条第 1 款第 3 项禁止的是违反保密义务,"披露、使用或者允许他人使用其所掌握的商业秘密"的行为。此前法律规定中"违反约定或者违反权利人有关保守商业秘密的要求",是按照保密义务的产生依据划分的两种违反保密义务的类型,即保密义务主要是由保密协议(约定)与保密要求(单方行为)而产生,不仅违反保密约定构成违反保密义务,违反其他保密要求同样可以构成违反保密义务,即"违反权利人有关保守商业秘密的要求"也是违反保密义务的一种情形。而且,保密要求是基于当事人之间的特定基础关系,如劳动合同或者签约协商之类的关系。没有基础关系的保密要求不当然产生保密义务。《反不正当竞争法》将"违反保密义务"与"违反权利人有关保守商业秘密的要求"并列规定,这意味着"违反权利人有关保守商业秘密的要求"不再是违反保密义务的一种情形,似乎不太严谨。当然,在法律解释上可以克服这种障碍。

保密义务包括当事人通过合同约定的保密义务(约定的保密义务),以及法律规定的保密义务(法定的保密义务)。后者如《民法典》第 501 条规定:"当事人在订立合同过程中知悉的商业秘密或者其他应当保密的信息,无论合同是否成立,不得泄露或者不正当地使用;泄露、不正当地使用该商业秘密或者信息,造成对方损失的,应当承担赔偿责任。"《民法典》第509条第2款和第558条等也涉及保密义务的规定。2019年《反不正当竞争法》修订将"违反约定"修改为"违反保密义务",解决了在违反法定保密义务时的责任追究问题。《2020年商业秘密司法解释》第10条规定:"当事人根据法律规定或者合同约定所承担的保密义务,人民法院应当认定属于反不正当竞争法第九条第一款所称的保密义务。当事人未在合同中约定保密义务,但根据诚信原则以及合同的性质、目的、缔约过程、交易习惯等,被诉侵权人知道或者应当知道其获取的信息属于权利人的商业秘密的,人民法院应当认定被诉侵权人对其获取的商业秘密承担保密义务。"该规定将法定保密义务扩展到该条第2款规定的情形,这种义务相当于默示保密义务,前提是当事人之间存在特殊的信任关系,该关系使商业秘密权利人能够披露商业秘密,并且对方知道或者应当知道商业秘密的存在。鉴于此,默示义务的承担必须限定范围和条件,平衡好权利人与相对方之间的利益关系,而不宜过于扩张范围。

作为商业秘密构成要件的保密措施与因附随义务等法定义务产生的保密义务有关联,但是二者是两回事。负有附随义务等法定保密义务的人承担侵犯商业秘密责任的前提是他人首先有商业秘密,负有法定保密义务的人知道他人的商业秘密,而因违反法定义务,才能承担侵权责任。如最高人民法院在(2012)民监字第253号案中所指出的,"合同的附随义务与商业秘密的权利人对具有秘密性的信息采取保密措施是两个不同的概念……作为商业秘密保护的信息,权利人必须有将该信息作为秘密进行保护的主观意识,而且还应当实施了客观的保密措施;而派生于诚实信用原则的合同的附随义务是附属于主债务的从属义务,有别于'保密性'这种积极的行为,并不体现商业秘密权利人对信息采取保密措施的主观愿望以及客观措施。如果权利人自己都没有采取保密措施,就没有必要对该信息给予保护,这也是保密措施在商业秘密构成中的价值和作用所在。因此,不能以国贸公司负有合同法上的保密附随义务来判定恒立公司对其主张的信息采取了保密措施"。最高人民法院在(2017)最高法民申1602号案中指出:"侵害商业技术秘密和商业经营秘密纠纷与董事、监事、高级管理人员损害公司利益责任纠纷二者法律关系不同,构成要件不同,审理对象显然亦不同。同时,基于公司法所规定的董事、监事、高级管理人员忠实义务中的保密义务,并不能完全体现商业秘密的权利人对其主张商业秘密所保护的信息采取保密措施的主观意愿和积极态度,不能构成作为积极行为的保密措施,显然亦不能免除权利人诉讼中对商业秘密采取合理保密措施的证明责任。"

当然,即便法律修订有意将法定保密义务纳入保护范围,也并不妨碍保密要求与保密义务之间的关系,保密义务与违反保密要求之间仍然不能成为并列关系。如果真的想从保密义务的角度进行规定,不妨直接将违反约定、权利人保密要求和法律规定的保密义务统统列举出来,使人一目了然地知道三者均属于保密义务的产生依据,违反三种保密义务均可以构成侵犯商业秘密行为。因此,仅将约定和法定纳入保密义务的产生依据,仍未能妥当处理它们与保密要求的关系,逻辑关系上仍不顺畅。

应当指出,违反法定义务、约定义务和保密要求均是构成侵犯商业秘密的条件,在行为定性上与违反保密义务或者保密要求的前提条件无关。例如,在构成商业秘密罪上,违反约定义务的情形与其他侵犯商业秘密的情形并无本质区别,不需要区别对待。

(三)保密协议与保密要求的关系

2017年修订的《反不正当竞争法》第9条第1款第3项规定的"违反约定"与"违反权利人保守商业秘密的要求",是违反保密义务的两种不同的情形,即"违反约定"是指权利人与对方之间存在保密协议或者保密条款的情况,所谓"约定"就是指当事人之间专门达成的保密协议或者在劳动合同等中约定的保密条款;"违反权利人保守商业秘密的要求"则是不存在保密协议和保密条款,而权利人基于特定的基础法律关系对于员工或者其他与商业秘密权利人有业务关系的人提出保密要求的情形。两者之间必然不是包容关系,故"保密要求"不适用于在保密协议或者保密条款中提出保密要求的情形,因而不存在是否仅局限于合同当事人的问题,即保密要求是在权利人与不存在保密协议和保密条款的其他人之间发生的;"保密要求"是"约定"以外的产生保密义务的单独情形,即便没有保密协议和劳动合同中的保密条款,也可以因为权利人提出了保密要求,使雇员和其他业务关系人承担保密的义务。在没有保密协议和劳动合同中的保密条款的情况下,员工、前员工因为权利人提出了保密要求而承担保密的义务,乃是一种因保密要求而产生的保密义务。

(四)保密协议、保密要求与保密义务

权利人可以通过专门协议约定对方当事人承担保密的义务,也可以在劳动或劳务合同中约定员工承担保密的义务,包括离职后的保密义务。《2020年商业秘密司法解释》第6条将"签订保密协议或者在合同中约定保密义务"作为一项保密措施。原国家工商行政管理局《关于禁止侵犯商业秘密行为的若干规定》第2条第4款规定:"本规定所称权利人采取保密措施,包括订立保密协议,建立保密制度及采取其他合理的保密措施。"

《反不正当竞争法》第9条第1款第3项规定的保密要求是产生保密义务的另一种独立方式。当然,构成产生保密义务的保密要求,并不是简单的单方行为,需要达到能够产生保密义务的程度,即能够成为产生保密义务的依据,关键是具有能够产生保密义务的基础法律关系。就能够产生保密义务的保密要求而言,首先,被要求保密的信息必须是商业秘密,即具有秘密性的信息。其次,职工或者其他人是在权利人提出保密要求的前提下被告知商业秘密,即职工或者其他人是在承担保密义务的前提下知悉权利人的商业秘密。此种保密的义务以权利人提出保密要求为前提,即必须先由权利人提出明确的保密要求。保密要求是权利人的单方行为,但这种行为基于权利人与被要求保密者之间具有劳动合同等基础法律关系。仅具有劳动合同等基础关系,权利人并未向员工等提出保密要求的,员工等并不当然因为信息的秘密性而产生保密义务。

例如,原国家工商行政管理局《关于商业秘密构成要件问题的答复》(工商公字〔1998〕第109号)指出:只要权利人提出了保密要求,商业秘密权利人的职工或与商业秘密权利人有业务关系的他人知道或应该知道存在商业秘密,即为权利人采取了合理保密措施,职工或他人就对权利人承担保密义务。根据该答复,仅仅因为"商业秘密权利人的职工或与商业秘密权利人有业务关系的他人知道或应该知道存在商业秘密",不足以使这些人承担保密的义务,还必须以"权利人提出了保密要求"为条件。据此,"权利人提出了保密要求",可以为"职工或与商业秘密权利人有业务关系的他人"设定保密的义务。被要求保密的职工或者其他人未经许可,通过使用、披露等行为侵害商业秘密的,构成侵权。

构成"违反权利人保守商业秘密的要求"的侵犯商业秘密行为,需要符合以下3个条

件:(1)当事人之间没有保密协议或者保密条款约定的保密义务,即权利人与员工或者其他与商业秘密权利人之间不存在保密条款或者保密协议。(2)权利人对员工或者其他与商业秘密权利人有业务关系的人提出了明确具体的保密要求。要求承担保密义务的对象不限于权利人的员工(雇员),还包括有其他业务关系(如加工合同关系)而需要承担保密义务的人。其中,权利人的员工(雇员)包括现员工和前员工,即前员工在职期间曾被提出过保密要求的,离职以后仍应承担保密义务。(3)员工或者其他与商业秘密权利人有业务关系的人违反保密要求,披露、使用或者允许他人使用其所掌握的商业秘密。

(五)保密措施与保密约定和保密要求

《反不正当竞争法》第9条第1款第1~3项列举的三类侵犯商业秘密行为,其分类依据是侵害行为的性质,即第1项规定的是不正当获取商业秘密行为,是根据获取方式的不正当性进行定性的;第2项是第1项的递进性规定,即对于不正当获取的商业秘密再行披露、使用或者允许他人使用的行为;第3项规定的是与前两项规定行为无关的另一类不正当竞争行为,即违反保密义务披露、使用或者允许他人使用其所掌握的商业秘密的行为,掌握商业秘密本身是合法的,只是违反保密义务或者违反权利人有关保守商业秘密的要求,而对其掌握的商业秘密进行披露、使用或者允许他人使用。显然,构成第3项规定的侵犯行为的前提是存在保密义务,而保密义务产生于保密协议和保密要求。对此,以前的执法实践有着清晰的界定。

例如,1993年《反不正当竞争法》第10条第3款将"采取保密措施"规定为商业秘密的构成要件之一,实践中均将保密约定和保密要求作为重要的保密措施。这种认识与1993年《反不正当竞争法》第10条第1款第3项"违反约定或者违反权利人有关保守商业秘密的要求"的规定有关,即从该规定中可以看出保密约定和保密要求属于保密措施。当然,保密措施不限于保密协议和保密要求,还可以是其他保密措施。《2007年反不正当竞争司法解释》第11条第3款第5项、第6项将"签订保密协议"和"提出保密要求"规定为保密措施的两种具体形式。原国家工商行政管理局《关于商业秘密构成要件问题的答复》指出:权利人采取保密措施,包括口头或书面的保密协定、对商业秘密权利人的职工或与商业秘密权利人有业务关系的他人提出保密要求等合理措施。该答复明确将口头或书面的保密协定作为一种保密措施。

但是,保密措施与保密义务虽然有关联,但具有不同的性质。保密要求与因保密要求等产生的保密义务也具有不同的意义。保密要求可以构成保密措施的一种,而保密义务则可以是承担侵犯商业秘密责任的要件。如在蓝星商社与旺茂公司侵害商业秘密纠纷案中,最高人民法院(2017)最高法民申1602号民事裁定书载明,基于公司法所规定的董事、监事、高级管理人员忠实义务中的保密义务,并不能完全体现商业秘密的权利人对其主张商业秘密所保护的信息采取保密措施的主观意愿和积极态度,不能构成作为积极行为的保密措施,显然不能免除权利人诉讼中对商业秘密采取合理保密措施的证明责任。在恒立公司清算组与国泰公司、宇阳公司侵害商业秘密纠纷案中,最高人民法院(2012)民监字第253号裁定书载明,合同的附随义务与商业秘密的权利人对具有秘密性的信息采取保密措施是两个不同的概念,不能以负有合同法上的保密附随义务来判定原告对其主张的信息采取了保密措施。商业秘密是通过权利人采取保密措施加以保护而存在的无形财产,具有易扩散、易转移以及一经公开永久丧失等特点,保密措施是保持、维护商业秘密秘密性的手段。作为商业秘密保护的信息,权利人必须有将该信息作为秘密进行保护的主观意识,而且还应当实施了客观的保密措施,这是因为商业秘密既然是通过自己保密的方式产生的权利,如果权利人自己都没有采取保密措施,就没有必要对该信息给予保护,这也是保密措施在商业秘密构成中的价值和作用所在。派生于诚实信用原则的合同的附随义务,是根据合同的性质、目的和交易习惯履行的附属于主债务的从属义务,其有别于商业秘密构成要件"保密性"这种积极的行为,并不体现商业秘密权利人对信息采取保密措施的主观愿望以及客观措施。

此外,竞业限制义务不同于保密义务,不能将两者混同。如最高人民法院在(2017)最高法民申 2964 号案中指出:《销售管理制度》《营销服务责任书》没有明确于某奎应当承担的保密义务,而仅限制于某奎在一定时间内通过原有渠道销售公司同类产品,该约定应当认定为竞业限制约定。对于单纯的竞业限制约定,即便其主要目的就是保护商业秘密,但由于该约定没有明确用人单位保密的主观愿望和作为商业秘密保护的信息的范围,因而不能构成 1993 年《反不正当竞争法》第 10 条规定的保密措施。此种情况下于某奎不承担保密义务,因而不产生相应的侵犯商业秘密行为。

(六)约定的保密期限届满以后的保密义务

当事人约定保密期限的,保密期限届满之后并不当然不负保密义务。

例如,在君德同创公司与泽兴公司等侵犯商业秘密案[1]中,君德同创公司的主营业务为饲料添加剂研发、生产、销售,其拥有盐酸胍—氯乙酸法的发明专利权,并将甘氨酸—单氰胺法作为技术秘密予以保护。2010 年 6 月,君德同创公司与泽兴公司分别签订开发胍基乙酸项目的战略合作协议和委托加工协议,约定泽兴公司为君德同创公司加工饲料级胍基乙酸产品,并提供生产设备、场地等支持。协议同时明确,泽兴公司应严格控制胍基乙酸生产技术外泄,也不得向第三方出售,否则应赔偿君德同创公司的经济损失,合同约定的保密期限为 3 年。2012 年 6 月,君德同创公司将生产工艺提供给泽兴公司。后双方于 2014 年 6 月终止合作关系。2016 年下半年开始,君德同创公司发现,大晓公司在宣传、销售其饲料级胍基乙酸产品时,宣称生产工艺来自君德同创公司、泽兴公司或与两公司有关。同时,大晓公司出具的产品分析报告显示,该公司销售的胍肌乙酸(饲料级)产品质量与战略合作协议相符。大晓公司为泽兴公司的关联企业。君德同创公司遂提起诉讼,主张泽兴公司、大晓公司共同侵害了君德同创公司胍基乙酸产品的技术秘密,请求判令两公司停止侵权行为并连带赔偿经济损失及合理费用。

一审法院认为,泽兴公司、大晓公司的行为构成对君德同创公司涉案技术秘密的使用和披露,判决泽兴公司、大晓公司停止侵害并共同赔偿君德同创公司经济损失。泽兴公司、大晓公司不服,提起上诉。

最高人民法院二审认为,结合具体证据和事实,可以认定在战略合作协议、委托加工协议约定的保密期限届满后,虽然泽兴公司的约定保密义务终止,但其仍需承担侵权责任法意义上不得侵害他人合法权益的消极不作为义务,以及基于诚实信用原则产生的合同约定的保密期限届满后的附随保密义务;技术许可合同约定的保密期限届满后,泽兴公司仅可以自己使用相关技术秘密,不得许可他人使用、披露相关技术秘密。最高人民法院终

---

[1] 参见最高人民法院民事判决书,(2020)最高法知民终 621 号。

审判决,撤销一审判决相关判项,改判泽兴公司停止允许他人使用涉案技术秘密,大晓公司停止使用涉案技术秘密,并共同赔偿君德同创公司经济损失。

该案中泽兴公司认为在战略合作协议、加工协议约定的保密期限届满后,泽兴公司不再负有任何保密义务,其可以自己使用、许可他人使用,甚至披露涉案技术秘密。君德同创公司认为,保密期限届满后,泽兴公司仅可以自己使用涉案技术秘密,但不可以许可他人使用,更不能对外披露涉案技术秘密。二审法院认为,由于技术许可合同首先遵循当事人意思自治原则,如果合同中明确约定保密期限届满后,被许可人可以许可他人使用、披露相关商业秘密,则被许可人实施上述行为不构成侵害商业秘密;如果技术许可合同并未明确约定保密期限届满后,被许可人可以许可他人使用、披露相关商业秘密,则需要根据双方签订合同的目的、双方的权利义务、合同对价、合同履行情况、商业惯例及诚信原则等,综合判断保密期限届满后,被许可人是否可以许可他人使用、披露相关商业秘密,具体分析如下。

首先,《民法总则》(已失效)第123条第1款规定:"民事主体依法享有知识产权。"该条第2款规定,知识产权是权利人依法就商业秘密享有的专有的权利。显然,包括技术秘密在内的商业秘密是民事主体依法享有的知识产权,任何人未经许可不得披露、使用和允许他人使用权利人的商业秘密。区别于其他知识产权具有公开性、期限性、绝对排他性等特征,商业秘密自产生之日就自动取得,并具有相对排他性,即同一商业秘密可能由多个权利主体占有;同时,商业秘密的保护期限具有不确定性,只要商业秘密不被泄露,就一直受法律保护。技术许可合同约定保密期间,仅代表双方当事人对该期间的保密义务进行了约定,该保密期间届满,虽然合同约定的保密义务终止,但被许可人仍需承担除自己使用以外的保密义务。

其次,法律规定的保密义务既包括侵权法意义上的、普遍的消极不作为义务,如2017年修订的《反不正当竞争法》第9条第1款规定,任何人未经许可都不得披露、使用和允许他人使用权利人的商业秘密;也包括基于诚实信用原则的合同前、合同中、合同后的保密义务。如《合同法》(已失效)第43条规定:"当事人在订立合同过程中知悉的商业秘密,无论合同是否成立,不得泄露或者不正当地使用。泄露或者不正当地使用该商业秘密给对方造成损失的,应当承担损害赔偿责任。"《合同法》(已失效)第92条规定:"合同的权利义务终止后,当事人应当遵循诚实信用原则,根据交易习惯履行通知、协助、保密等义务。"最高人民法院《关于适用〈中华人民共和国合同法〉若干问题的解释(二)》(已失效)第22条规定:"当事人一方违反合同法第九十二条规定的义务,给对方当事人造成损失,对方当事人请求赔偿实际损失的,人民法院应当支持。"依据上述规定,对于当事人在订立合同过程中知悉的商业秘密,无论合同是否成立,都不得泄露或者不正当地使用,泄露或者不正当地使用该商业秘密给对方造成损失的,应当承担损害赔偿责任;合同终止后,当事人仍然有保密义务,未尽到保密义务的,应当向对方承担赔偿责任。

最后,按照技术许可合同的性质,被许可人仅是获得了使用相关商业秘密的权利,合同中约定有保密期限,不应当解释为保密期限届满后,受让人和被许可人可以许可他人使用甚至披露相关商业秘密。因披露商业秘密属于放弃商业秘密民事权利的行为,除非合同中有明确约定,否则该行权处分行为不能由非权利主体作出。如《合同法》(已失效)第348条规定,技术秘密转让合同的受让人应当按照约定承担保密义务。第350条规定:

"技术转让合同的受让人应当按照约定的范围和期限,对让与人提供的技术中尚未公开的秘密部分,承担保密义务。"因合同法未区分技术转让合同和技术许可合同,上述规定应当适用于技术许可合同。依据前述规定,技术许可合同中被许可人应当承担的保密义务至少包括:未经许可人同意,不得擅自许可第三人使用相关商业秘密;应当按照合同约定采取保密措施,不应故意或者过失泄露相关商业秘密;对许可人提供或者传授的技术和有关技术资料,应当按照合同约定的范围和期限承担保密义务;对超过合同约定范围和期限仍需保密的技术,应当遵循诚实信用的原则,履行合同保密的附随义务。

该案中,战略合作协议、加工协议均没有授权泽兴公司在合同约定的保密期限届满后可以许可他人使用、披露涉案技术秘密,并且根据战略合作协议、加工协议对泽兴公司保密义务和保密期限的约定,泽兴公司未经君德同创公司许可,不得将胍基乙酸出售给除君德同创公司之外的任何第三方,显然,君德同创公司作为涉案技术秘密的权利人通过签订战略合作协议、加工协议,允许泽兴公司使用涉案技术秘密,旨在充分利用涉案技术秘密商业价值,与泽兴公司实现合作共赢。泽兴公司提供的在案证据不能证明,战略合作协议、加工协议约定的保密期限届满后,君德同创公司具有允许泽兴公司许可他人使用、披露涉案技术秘密的任何意思表示;亦不能证明泽兴公司为了在保密期限届满后享有与君德同创公司同等的涉案技术秘密权利人权益,支付了相当于涉案技术秘密价值的合理对价。故泽兴公司在战略合作协议、加工协议约定的保密期限届满后,即2017年6月30日以后,仅能自己使用涉案技术秘密,不能许可他人使用、披露涉案技术秘密。

该案中,当事人约定了保密期限,但基于对当事人约定的真实意思的分析,认为技术秘密许可合同约定的保密期限届满后,被许可人的约定保密义务终止,但其仅可以自己使用商业秘密,仍需承担不得侵害他人合法权益的不作为义务和基于诚实信用原则的附随保密义务。

(七)职工离职后的保密义务

职工"跳槽"或者离职以后,是否承担保密义务,主要涉及两个问题:一是离职后的保密义务是否需要专门约定;二是是否需要向承担保密义务的职工给付补偿费。

如果职工在职期间负有保密义务,并且知悉他人商业秘密的存在,离职后应当继续承担保密义务。因为商业秘密本来是企业的财产,职工离职后也不能侵犯他人财产。这种保密义务属于不得侵犯他人财产的一般义务,不需要当事人的特别约定。当然,这属于通常情况下的认定,是否有特殊的例外情形,如离职后的保密期限约定问题,以及一些商业秘密是否可以归入永久性保密范围,还是只考虑保密一定期限,这个期限如何确定,以及是否可以将一些创新程度不高而又属于从事同类行业惯常使用的商业秘密,纳入一般知识、经验和技能的范围,均值得认真考虑。

《反不正当竞争法》等法律对于雇佣关系终结以后,保密义务人是否继续负保密义务没有直接的规定。但是,根据有关法律和司法解释规定的精神、司法实践中的实际做法以及法理,该等义务仍然继续存在。这种理解符合法律和司法解释规定的精神。

《劳动合同法》第23条规定:"用人单位与劳动者可以在劳动合同中约定保守用人单位的商业秘密和与知识产权相关的保密事项。对负有保密义务的劳动者,用人单位可以在劳动合同或者保密协议中与劳动者约定竞业限制条款,并约定在解除或者终止劳动合同后,在竞业限制期限内按月给予劳动者经济补偿。劳动者违反竞业限制约定的,应当按照约定向用人单位支付违约金。"该法第24条规定："竞业限制的人员限于用人单位的高级管理人员、高级技术人员和其他负有保密义务的人员。竞业限制的范围、地域、期限由用人单位与劳动者约定，竞业限制的约定不得违反法律、法规的规定。在解除或者终止劳动合同后，前款规定的人员到与本单位生产或者经营同类产品、从事同类业务的有竞争关系的其他用人单位，或者自己开业生产或者经营同类产品、从事同类业务的竞业限制期限，不得超过二年。"这些条款规定了保密条款与竞业禁止条款，但仅规定对于竞业禁止进行限制，如给付经济补偿、限制竞业禁止的期限，如果没有给予经济补偿或者超出竞业禁止期限，劳动者就不再受竞业限制的约束。与此相对照，该法对于保密义务是否在解除或者终止劳动关系以后继续存在并未作出规定，没有规定当然终止，也没有规定需要经济补偿或者限定保密期限。原因是保密义务与竞业限制的性质不同。两种制度和规定相比较，可以认为法律并不要求劳动关系终止以后保密义务自动终止。

一些地方性法规曾经明确规定继续负保密义务。例如，《广东省技术秘密保护条例》第11条规定："单位可以在劳动合同中约定技术秘密保护条款，也可以与有关当事人依法签订技术秘密保密协议。在技术秘密保护期限内，劳动合同终止的，当事人仍负有保护技术秘密的义务。"

《2020年商业秘密司法解释》第17条规定："人民法院对于侵犯商业秘密行为判决停止侵害的民事责任时，停止侵害的时间一般应当持续到该商业秘密已为公众所知悉时为止。依照前款规定判决停止侵害的时间明显不合理的，人民法院可以在依法保护权利人的商业秘密竞争优势的情况下，判决侵权人在一定期限或者范围内停止使用该商业秘密。"该规定意味着，只要商业秘密没有为公众知悉，即权利人的商业秘密权利仍在存续，侵权行为人仍负不侵害商业秘密的义务。按照这种精神，承担保密义务的原雇员，在雇佣关系终结以后，无论是否约定继续负保密义务，因为需要承担不侵害他人商业秘密的一般义务，也就自然包括继续承担保密义务。

继续承担保密义务是司法实践中法院采取的实际做法。例如，江苏省高级人民法院《关于审理商业秘密案件有关问题的意见》[苏高法审委〔2004〕3号（已失效）]第13条规定："保密义务不以义务人是否同意或权利人是否支付对价为前提。"第14条规定："保密义务的期限与商业秘密存续期限相同。"河南省高级人民法院《商业秘密侵权纠纷案件审理的若干指导意见（试行）》(2005年3月2日发布）第4条第2项、3项规定：因工作接触、了解单位商业秘密的职工，未与原单位签订保密协议，任职期间和离职后，仍应对其知悉的单位的商业秘密负有保密义务；职工的保密义务维持时间一般应为职工在职期间和离职后，直至单位商业秘密失效时止。天津市高级人民法院《审理侵犯商业秘密纠纷案件研讨会纪要》(2007年）第10条规定：企、事业单位依法与员工单独订立的保密合同或劳动合同中的保密条款具有相对独立性，不因劳动合同解除失效。这些指导意见虽然不具有法律效力，但属于对于审判经验的总结，反映了法院对继续负保密义务的实际态度。

此外，前些年有关部门的政策规定，离职职工承担保密义务的，企业需给予补偿。实际上，离职后的保密义务与竞业禁止义务不同，它只是一种不侵害企业财产的不作为义务，不需要职工付出成本和代价，而且不妨碍离职职工的择业自由和生存条件，除非企业自愿，不应强制要求企业给予补偿。换言之，给予补偿不是离职职工承担保密义务的前提。

实践中还有当事人约定在离职或者劳动合同终止以后不负保密义务的情况,在这种情况下,依照约定不再承担保密义务。

例如,在原告永颐公司与被告朱某微、环科公司侵害商业秘密纠纷案[1]中,永颐公司系2008年2月3日核准成立的有限公司,经营范围包括生物、化工领域内的技术开发,技术转让,技术咨询,销售化工原料及产品(除危险品)等,胡某某系该公司股东。2012年3月19日至2015年4月10日,朱某微为永颐公司员工。环科公司系2004年3月9日核准成立的有限责任公司,经营范围为货物、技术进出口。朱某微于2016年2月起受让该公司10%股权,成为环科公司的股东。

2012年3月19日,永颐公司(甲方)与朱某微(乙方)签订劳动合同,约定朱某微从事执行董事秘书岗位工作,合同期限至2015年3月18日。合同另约定以下主要内容:乙方对在合同期间得到的有关甲方及其关联公司的情报、信息等商业秘密进行保密,不得将其泄露给第三者。乙方违反保密义务则被视为严重违反合同,并认为有足够的理由被辞退,此种保密义务在合同终止或期满后的任何时间对乙方仍有约束力。同日,永颐公司与朱某微签订《保密、职务发明及不竞争协议》(保密协议),协议约定:(1)机密信息员工同意在其受聘期间的任何时间,对公司的任何信息加以严格保密,未经公司书面同意,不得使用或向任何第三方披露任何公司的保密信息,不得复制或披露公司商业秘密的文件及其任何副本,但为公司利益而使用除外;"保密信息"包括但不限于客户名单及客户(包括但不限于员工在受聘期间与其联络或相互熟悉的客户)等。(2)不竞争和不招揽义务。不招揽在员工受聘于公司期间以及员工与公司的聘用关系终止或解除后一年内,员工不得诱使以下人员停止、终止或消减与公司的业务关系,或从公司将业务转移至他处:公司的客户;员工受聘于公司期间有过业务接触的任何潜在的客户。而且,员工不得直接或间接地将上述个人或企业的姓名(名称)、地址、电话号码、报酬以及与公司之间的任何业务往来等信息披露给公司的任何竞争者。(3)其他该协议确立公司和员工之间有关协议项下权利义务的全部协议和理解,并包括了先前员工和公司之间的任何讨论,协议同时对劳动合同予以补充。该协议和劳动合同具有同等法律效力,若两者有相抵触之处,以协议为准。

永颐公司开具的退工证明记载,其与朱某微的劳动合同于2015年4月10日解除。朱某微的补充住房公积金汇缴变更记录显示,永颐公司填表封存的时间为2015年4月。2015年4月10日,永颐公司(甲方)与朱某微(乙方)签订佣金合同,由朱某微接受永颐公司委托,为永颐公司产品寻找买方(丙方),合同有效期为2015年4月10日至2016年4月9日。合同第2条约定:(1)丙方交易的具体价格、交货方式、支付方式等由乙方与丙方双方协商约定,但乙方需要和甲方沟通并征得其同意。(2)乙方负责联系客户、工厂、货代,签订合同,其他工作均由甲方完成。(3)在佣金合同期满之前,凡是乙方为甲方联系的客户,甲方不能不通过乙方而直接和乙方联系的客户签订合同,一旦乙方发现,甲方除了支付该合同相应的佣金给乙方外,还需要支付销售额的5%作为罚金。(4)在佣金合同期满之前,乙方在甲方履行该合同的情况下,不得随便将订单转移到别的工厂;在佣金合同期满之后,甲方如果想跟乙方所联系的客户直接联系业务,需征得乙方的同意,协商方

---

[1] 参见上海市徐汇区人民法院民事判决书,(2018)沪0104民初20905号。

可,否则甲方需要继续按照佣金合同所规定的佣金率支付所发生业务金额相应的佣金给乙方。合同第3条约定:甲方同意将订单合同毛利润的15%(该金额为税后金额)作为佣金支付给乙方。合同第4条约定:甲方承诺如果甲方、乙方和丙方三方之间达不成购销合作,甲方或甲方的关联公司不得单独与丙方或其关联公司另行洽谈业务。如果乙方发现甲方或者甲方的关联公司单独与丙方或其关联公司洽谈上述购销之事宜,并达成协议,视为此协议已经完全履行,此协议的目的已经达到,甲方应按照协议第3条的规定向乙方支付相应的佣金。合同第7条约定:双方同意合同签订之日,甲方与乙方解除劳动关系。

2015年11月1日,永颐公司(甲方)与朱某微(乙方)又签订《〈佣金合同〉补充协议》,就上述《佣金合同》中未明确的新客户及新项目的结算方式进行补充约定,主要内容为:乙方提供的客户中,自2014年1月1日起至该补充协议签订之日,未与甲方达成订单交易的客户视为新客户,该期间只有样品订单交易(交易金额为1万美元以下的视为样品订单)的客户也视为新客户。乙方与新客户签订订单合同后,甲方同意将订单合同毛利润的25%作为佣金支付给乙方。

庭审中,永颐公司确认:朱某微在职期间负责与VMI公司的交易往来,因担心朱某微离职后带走客户造成损失,其与朱某微协商签订佣金合同,以与VMI公司继续交易;《佣金合同》第2条第6项中的客户包括VMI公司;佣金合同期满后,其不能未经朱某微同意私自联系VMI公司开展业务,朱某微与VMI公司的联系亦只能通过永颐公司进行。朱某微则认为根据其与永颐公司签订的保密协议,保密期间为其受聘期间及劳动合同解除后一年内;佣金合同期满后未经其同意永颐公司不能直接联系VMI公司,故该客户的权利由其享有。

2012年4月12日,永颐公司负责人胡某某向朱某微发送电子邮件,要求其与邮件所附的三家公司建立合作关系,并附包括VMI公司产品管理总监S在内的联系人信息。后朱某微与该联系人取得联系,该联系人回函称会将朱某微加入供方目录中。2012年5月至2015年4月,朱某微作为永颐公司总裁助理与VMI公司就各种交易细节进行邮件沟通,掌握了该客户的产品需求、交易价格、联系人及联系方式等信息。

2012~2016年,永颐公司持续与VMI公司保持交易往来,其中2012年的订单金额为1000万美元,2013年、2014年分别为300余万美元、200余万美元,2015年、2016年分别为60余万美元、30余万美元。永颐公司提交的交易数据统计显示,其与VMI公司最后一笔交易的报关日期为2016年5月24日,发票开具日期为2016年5月26日,支付日期为2016年8月9日。

2015年4月朱某微从永颐公司离职后,根据《佣金合同》及补充协议约定,使用其在永颐公司的邮箱继续负责该公司与VMI公司的订单联系,永颐公司按交易金额支付一定比例佣金,邮件沟通持续至2016年9月。庭审中,永颐公司确认《佣金合同》期满后,其人事多次与朱某微沟通续签合同事宜,朱某微一直未回复,但仍继续处理订单事宜至永颐公司与VMI公司业务结束。

2016年3月29日,VMI公司(Genysis公司)供应链副总裁T发送相关邮件并抄送朱某微,邮件内容为"T已经将Candice的新公司信息建立到公司内部系统。请给她发一个产品编号是×××××的集装箱(小)的订单。价格应该差不多但是她将会确认"。永颐公司主张上述邮件中所涉新公司即环科公司。

永颐公司于2017年6月委托上海法知特律师事务所向朱某微及环科公司发送律师函，要求停止侵权并赔偿相应损失。后来永颐公司提起诉讼。

法院认为，永颐公司主张保护的商业秘密系其与VMI公司之间的交易价格、产品名称、数量等经营信息。永颐公司与VMI公司自2012年起建立业务关系并持续交易，年订单额为数十万至数百万美元，故应认定双方具备相对稳定的交易关系。永颐公司所主张的涉案经营信息系其与VMI公司交易期间形成，不为公众知悉且具有一定的商业价值，永颐公司亦采取了与员工签订保密协议等保密措施。然该案的争议焦点在于永颐公司主张的侵权期间，朱某微是否具有保密义务及涉案客户权利的归属。

就第一个争议焦点，根据永颐公司与朱某微签订的《保密协议》第9条，该协议与劳动合同具有同等法律效力，如两者有抵触，则以保密协议为准。根据该协议第1条，永颐公司员工对公司客户名单及客户等保密信息的保密期间为员工受聘期间；根据该协议第3条，员工不得将公司业务转移至他处的期间为受聘公司期间及聘用关系终止或解除后一年内，该条款中亦包含了不披露公司客户信息及业务往来信息的相关内容。因此，朱某微负有涉案经营信息保密义务的期间最迟至2015年4月10日开始起算的一年内，2016年4月10日后朱某微不再负有上述信息的保密义务。

就第二个争议焦点，根据永颐公司与朱某微签订的《佣金合同》及其补充协议，2015年4月10日起至2016年4月9日止为双方佣金合同期间，在此期间，朱某微在永颐公司履行合同的情况下，不得随便将订单转移到别的工厂，永颐公司则不能不通过朱某微而直接与朱某微联系的客户签订合同，否则永颐公司除支付相应佣金外，还需支付一定比例的罚金；佣金合同期满后，永颐公司仍然不能直接联系朱某微所联系的客户，而需征得朱某微的同意，否则应继续支付合同约定的佣金。庭审中，永颐公司确认上述条款中所称朱某微联系的客户包含VMI公司，而朱某微表示佣金合同期满后其不同意永颐公司与VMI公司发生业务。因此，在永颐公司与朱某微签订《佣金合同》后，永颐公司与VMI公司的交易即受限于合同条款，无论合同期内还是合同期满后，永颐公司须通过朱某微方可与VMI公司交易。同时，《佣金合同》对合同期满后朱某微与VMI公司的业务往来未做约束，并未禁止朱某微通过永颐公司以外公司与VMI公司建立业务联系。因此，在佣金合同期满且朱某微不同意永颐公司与VMI公司交易的情况下，涉案经营信息对永颐公司已不符合商业秘密的构成要件。永颐公司关于2016年4月初至2018年8月，朱某微向环科公司披露涉案经营信息并与环科公司共同使用上述信息进行交易侵犯其商业秘密的主张缺乏事实及法律依据，对于永颐公司据此要求朱某微及环科公司停止侵权、赔礼道歉并赔偿损失的诉讼请求，法院不予支持。据此，驳回原告永颐公司的全部诉讼请求。

值得关注的是，如果商业秘密是客户信息等经营信息，或者属于创新性高度不高而可以成为从事同类经营活动惯常需要的技术信息，此时要求职工离职之后在新的岗位或者业务中永久保密和不能使用并不公平，最好的办法是由当事人事先约定离职以后的保密期限，没有约定的，法院可以在衡量各方利益的基础上，视情况酌定在一定期限内保密而不是永久保密，或者认定属于职工一般知识、经验或者技能的范畴而不予保护。当然，实践中一些当事人已经自行约定离职之后的保密义务，对此可以予以尊重。

例如，在北京中搜网络技术股份有限公司、北京中搜网络技术股份有限公司深圳分公司（均为被上诉人）与刘某鹏、李某、冯某洁、熊某辛、周某洹、深圳新海动力公司（均为上诉人)侵害商业秘密纠纷案[1]中,北京中搜网络技术股份有限公司成立于2004年6月21日,许可经营项目包括互联网信息服务业务,利用www.zhongsou.com、www.zhongsou.net发布广告,一般经营项目包括技术推广、开发、服务、咨询、转让、设计、制作、代理、发布广告。北京中搜网络技术股份有限公司深圳分公司成立于2004年8月19日。深圳新海动力公司成立于2013年6月8日,一般经营项目为从事计算机软件、网络产品软件、网络产品的开发及销售、国内贸易、经济信息咨询服务。刘某鹏、李某、冯某洁、熊某辛、周某洹均为深圳新海动力公司的股东。

被上诉人明确其在该案中请求保护的商业秘密为包括陈某、徐某、杨某、郑某等客户在内的客户名单,包括客户姓名、联系方式以及被上诉人与客户之间所签订的合同的内容等,上述客户名单保存在被上诉人"800APP企业版"软件系统中,该系统只有内部员工,凭密码方可登录。

上诉人刘某鹏、李某、冯某洁、熊某辛、周某洹于2011年3月至9月先后入职北京中搜网络技术股份有限公司深圳分公司,于2013年6至7月先后离职。上诉人在入职时与北京中搜网络技术股份有限公司深圳分公司签订的保密协议均约定:客户信息等是公司机密信息。涉密人员(乙方,指上诉人等)非因本职工作需要,并经公司书面许可或法律强制规定,在机密信息成为公开信息之前,不得以任何形式,故意或过失,对保密内容全部或部分的披露给第三方或让第三方知晓。乙方应在本职工作范围内接触机密信息,并根据工作需要,合理使用该信息,执行公司和本部门的内控制度,非经公司书面授权,不得以任何形式向第三方透露、允许第三方使用或复制该机密信息,或将机密信息用于本职工作以外的任何目的或用途。劳动合同期间,除乙方发生了岗位或隶属部门的变更,其依据保密协议承担的保密责任不免除。甲方(北京中搜网络技术股份有限公司深圳分公司)向乙方支付一定数额的保密费,已包含在甲方支付给乙方的岗位工资中。保密期限为乙方劳动合同期内及合同终止后的两年内。上诉人刘某鹏、李某、冯某洁、熊某辛、周某洹可以登录被上诉人"800APP企业版"软件系统。

被上诉人因认为上诉人侵犯商业秘密而提起诉讼,并得到一审判决的支持。一审判决认为,刘某鹏、李某、冯某洁、熊某辛、周某洹有机会接触到北京中搜网络技术股份有限公司及其分公司的客户名单及联系方式,并且与北京中搜网络技术股份有限公司深圳分公司签订过劳动合同及保密协议,应当清楚应当对北京中搜网络技术股份有限公司及其分公司的商业秘密进行保密并不得使用和披露,但从刘某鹏、李某、冯某洁、熊某辛、周某洹离职后共同组建的深圳新海动力公司与客户签订的业务合同可以看出客户的授权代表、联系方式均与北京中搜网络技术股份有限公司及其分公司的客户名单相重合,虽然北京中搜网络技术股份有限公司及其分公司提供的深圳新海动力公司与客户签订的业务合同系复印件,但由于深圳新海动力公司当庭并未否认签订上述合同的事实,并且即使存在原件,也应由深圳新海动力公司保存,故原审推定北京中搜网络技术股份有限公司及其分公司的主张成立;从刘某鹏、李某、冯某洁、熊某辛、周某洹在北京中搜网络技术股份有限公司深圳分公司接触的经营信息、签订的劳动合同及保密协议、设立深圳新海动力公司的时间、深圳新海动力公司与客户签订合同的时间及内容等,可以认定刘某鹏等构成侵犯商

---

[1] 参见广东省深圳市中级人民法院民事判决书,(2017)粤03民终6092号。

业秘密,北京中搜网络技术股份有限公司及其深圳分公司诉求有理,法院予以支持。

二审法院认为,被上诉人的客户信息系被上诉人通过长期的经营活动累积形成而非从公开渠道可以任意获取,该客户信息既包括客户名称、地址、联系人、联系方式,也包括通过合同等反映出来的该客户的交易习惯、潜在需求等,上述客户信息能够为被上诉人带来竞争优势,具有实用价值,并且被上诉人采用与相关员工签订《保密协议》,利用软件系统保存客户信息,仅相关员工可凭密码登录软件系统等方式对相关客户信息进行保密,被上诉人的客户信息符合商业秘密特征,应依法予以保护。上诉人刘某鹏、李某、冯某洁、熊某辛、周某洹明知自己负有保密义务,成立与被上诉人有竞争关系的深圳新海动力公司,并利用其在被上诉人北京中搜网络技术股份有限公司深圳分公司任职期间所掌握的客户信息,与相关客户签订经营协议,开展竞争性经营活动,构成了对被上诉人的商业秘密的侵害。需要指出的是,提出保密要求,签订保密协议,将保密信息打上密级,安排专人保管保密信息,均属于采取保密措施,采取保密措施并不要求这种措施万无一失。被上诉人与上诉人刘某鹏等签订保密协议,提出保密要求,须凭代码方能登录系统查阅相关信息,属于采取了保密措施。上诉人关于被上诉人未采取保密措施的辩解,法院不予采信。在该案中,上诉人还提出,被上诉人和第三方的合作内容与上诉人和第三方的合作内容截然不同,前者是互联网第三代搜索引擎,后者是移动互联网 App 开发,故上诉人的行为不属于不正当竞争。对此,法院认为,侵权人侵犯权利人商业秘密,并不要求侵权人提供的产品或服务与权利人完全一致,分毫不差。上诉人深圳新海动力公司与被上诉人均从事互联网服务,被上诉人在为其客户提供搜索引擎服务的同时,也预留了提供包括移动互联网 App 开发服务的空间。也正是因为上诉人非法利用其所掌握的被上诉人的客户信息,上诉人才有条件抢先与被上诉人的客户合作,挤压了被上诉人的营利空间,上诉人的行为不属于合法行为。此外,是否获得保密费,并非上诉人遵守保密义务的前提条件,亦非上诉人侵害商业秘密的理由,即便上诉人未获取或足额获取保密费,亦不影响其侵害商业秘密行为的成立。但法院亦注意到,在上诉人刘某鹏、李某、冯某洁、熊某辛、周某洹与被上诉人北京中搜网络技术股份有限公司深圳分公司所签订的《保密协议》中,均明确约定保密期限为劳动合同期内及合同终止后的两年内,而上诉人最迟已于 2013 年 7 月离职,故截至 2015 年 7 月,上诉人已无须承担保密义务,故一审于 2016 年 5 月仍判决上诉人立即停止侵犯被上诉人商业秘密的行为,不得利用刘某鹏、李某、冯某洁、熊某辛、周某洹在职期间从北京中搜网络技术股份有限公司深圳分公司处获取的客户信息、联系方式开展与北京中搜网络技术股份有限公司及深圳分公司相同的业务,没有法律依据,予以纠正。二审判决驳回被上诉人全部诉讼请求。

四、商业秘密的间接侵权行为

2019 年修订的《反不正当竞争法》第 9 条第 1 款第 4 项规定了间接侵权行为,即"教唆、引诱、帮助他人违反保密义务或者违反权利人有关保守商业秘密的要求,获取、披露、使用或者允许他人使用权利人的商业秘密"。教唆、引诱和帮助侵权在侵犯商业秘密中并不鲜见,经常涉及教唆、引诱侵权问题。此前的反不正当竞争法对此并无明文规定。此前的侵权责任法将教唆、帮助行为纳入侵权行为,该规定是否适用于侵犯商业秘密行为,是有争议的。2019 年《反不正当竞争法》解决了这一问题。

《反不正当竞争法》第 9 条第 1 款第 4 项规定的教唆、引诱、帮助实施第 3 项规定的侵犯商业秘密行为,属于间接侵权行为,即直接实施侵权行为的是其他人,教唆、引诱、帮助者只是辅助他人实施。但是,对于教唆、引诱、帮助实施第1、2项侵犯商业秘密行为,是否构成侵权行为,2019年修订时却未作规定。这就留下了此类行为是否构成侵权行为的疑问,即立法者是无意将这些行为规定为侵权行为,还是立法上的疏忽,或者有意将其留给侵权责任法解决? 从法解释的角度看,根据"明示其一即排除其他"的解释规则,既然2019年《反不正当竞争法》只是就教唆、引诱、帮助实施第9条第1款第3项侵权行为作出规定,显然排除了教唆、引诱、帮助实施第9条第1款第1、2项的侵权行为属性。况且,该法第9条对于侵权行为的类型采取了穷尽式列举的方式,不再依据侵权责任法认定没有列举的行为类型。按照这种解释,可以将教唆、引诱、帮助实施第9条第1款第1、2项的情形不纳入侵权行为。如此解释显然没有问题。

上述解读固然有其道理,但如从保护权利的必要性及同类情况同样处理的公平性角度考量,不将教唆、引诱、帮助实施第9条第1款第1、2项规定的行为纳入侵权行为,也不太适当。因此,除非立法者有意将此类教唆等行为排除在外,否则,就有理由认为产生上述问题显然是立法考量不周的结果。对此,教唆、引诱、帮助实施第9条第1款第1、2项的行为是否构成民事侵权,需要司法予以明确,而行政执法也只能限于法律明文规定的情形。从制止侵犯商业秘密行为的有效性以及此类行为本身的损害性综合考量,比较倾向于对于这些行为,依据侵权责任法认定为教唆、帮助侵权。

《民法典》侵权责任编规定了多主体对于侵权行为承担连带责任的情形,包括共同侵权(第1168条),教唆、帮助侵权(第1169条),共同危险行为(第1170条)和分别侵权承担连带责任(第1171条),[1]其中,第1168条规定:"二人以上共同实施侵权行为,造成他人损害的,应当承担连带责任。"第1169条第1款规定:"教唆、帮助他人实施侵权行为的,应当与行为人承担连带责任。"显然,共同侵权与教唆、帮助侵权等虽然产生负连带责任的法律后果,但已分属不同的侵权行为类型,即教唆、帮助侵权已不再是共同侵权,而是与共同侵权并列的侵权行为类型。《反不正当竞争法》第9条第1款规定4类侵犯商业秘密行为:(1)以盗窃、贿赂、欺诈、胁迫、电子侵入或者其他不正当手段获取权利人的商业秘密;(2)披露、使用或者允许他人使用以前项手段获取的权利人的商业秘密;(3)违反保密义务或者违反权利人有关保守商业秘密的要求,披露、使用或者允许他人使用其所掌握的商业秘密;(4)教唆、引诱、帮助他人违反保密义务或者违反权利人有关保守商业秘密的要求,获取、披露、使用或者允许他人使用权利人的商业秘密。前三种是直接侵权行为,第四种则是教唆、帮助侵权(间接侵权),即直接侵权的辅助行为。单个主体实施侵犯商业秘密行为的,应当根据其具体情形确定属于共同侵权或者教唆、帮助侵权。以盗窃、贿赂、欺诈、胁迫、电子侵入或其他不正当手段获取权利人的商业秘密,或者披露、使用或允许他人使用以前项手段获取的权利人的商业的行为,均不以事先有保密义务为前提,两个以上的主体以串谋或者分工合作等方式共同实施的,可以构成共同侵权;教唆、帮助实施这些行为的,构成教唆、帮助行为。违反保密义务或者违反权利人有关保守商业秘密的要求,披

---

[1] 《侵权责任法》(已失效)第二章"责任构成和责任方式"的规定,包括共同侵权(第8条),教唆、帮助侵权(第9条),共同危险行为(第10条)和分别侵权承担连带责任(第11条)。这些规定是《民法典》相应规定的前身。

露、使用或者允许他人使用其所掌握的商业秘密的,因为以赋予保密义务为前提,直接侵权行为只能由负有保密义务者实施,教唆、帮助者则构成教唆、帮助侵权行为。当然,这些区分不影响连带责任的承担,只是在法律定性上更为清晰。

在此以杭州某市场监督管理机关查出的一起商业秘密侵权案件为例加以说明。

杭州某科技有限公司与淘宝、京东等电商平台合作,通过推广平台内商品获利。该公司开发了一款X软件促进业务开展,经第三方机构鉴定,X软件的系统源代码系不为公众知悉的技术信息。涉案当事人A、B分别为该公司X软件开发的技术负责人与产品经理,其中涉案当事人A负责编写代码,把控技术开发整体进度等工作;涉案当事人B任产品经理,负责产品的规划、用户的维护以及推广策略整理等工作。被侵权公司在涉案当事人入职之初即与其签订了《全日制劳动合同》《入职承诺书》《商业保密协议》。

A、B在该公司任职期间,商讨在外共同开发一款与X软件功能完全相同的Y软件,两人达成一致,A负责技术总开发,B负责产品规划与售后。程序开发期间,A参照被侵权公司X软件的底层程序代码,编写Y软件代码,并通过U盘拷贝的方式获取大量X软件源代码,直接复制到当事人开发程序的代码中。2020年8月中旬,A、B开发的Y软件开始运营,2020年9月Y软件开始收费,由B通过私人账号收款。2020年9月16日被查后,Y软件停止运营。经第三方机构鉴定,涉案当事人开发的Y软件源代码反映的相关技术信息与被侵权公司X软件源代码中的不为公众所知悉的技术信息具有同一性。

A在该公司任职期间,利用X软件技术开发负责人的职位便利,通过直接拷贝的方式,取得X软件源代码,并用于开发编写同类型软件,其开发的Y软件源代码经鉴定与X软件源代码中不为公众所知悉的技术信息具有同一性。A上述行为违反了《反不正当竞争法》第9条第1款第3项"违反保密义务或者违反权利人有关保守商业秘密的要求,披露、使用或者允许他人使用其所掌握的商业秘密"的规定。B身为该公司X软件项目组原产品经理,明知涉案当事人A为X软件开发技术负责人,在离职前主动联系A共同开发同类软件,并且后续多次提出让A查看或拿走被侵权公司X软件相关源代码。B的行为违反《反不正当竞争法》第9条第1款第4项"教唆、引诱、帮助他人违反保密义务或者违反权利人有关保守商业秘密的要求,获取、披露、使用或者允许他人使用权利人的商业秘密"的规定。综合考虑涉案当事人在被查后,立即停止违法行为,积极主动配合调查,向被侵权公司进行赔款并取得谅解,同时有证据证明其经济困难等情形,参考2019年市场监管总局《关于规范市场监督管理行政处罚裁量权的指导意见》(已失效)第7节第3条第1、6项的有关规定,该局对涉案当事人作减轻行政处罚。

该案涉及负有保密义务者侵犯商业秘密行为。A是保密义务承担者,构成直接侵权行为;B不适宜做直接侵权行为主体,只能是教唆、帮助侵权行为的实施者。

五、视为侵犯商业秘密的行为

《反不正当竞争法》第9条第2、3款规定了两类视为侵犯商业秘密的情形,即"经营者以外的其他自然人、法人和非法人组织实施前款所列违法行为的,视为侵犯商业秘密";"第三人明知或者应知商业秘密权利人的员工、前员工或者其他单位、个人实施本条第一款所列违法行为,仍获取、披露、使用或者允许他人使用该商业秘密的,视为侵犯商业秘密"。这些规定扩大了侵犯商业秘密行为的主体范围,但侵权行为仍分别属于《反不正当竞争法》第9条第1款规定的相应类型,即并未扩大行为类型。从法条规定的措辞看,该条第3款规定的"经营者以外的其他自然人、法人和非法人组织",不包括第2款规定的"商业秘密权利人的员工、前员工",即"商业秘密权利人的员工、前员工"属于侵权主体范围,不属于视为侵权的主体。

明知是一种恶意(故意)的主观状态,应知(应当知道而因为过失不知道)是一种重大过失的主观状态。如员工参加竞争对手的面试,被问到公司机密项目的信息,此时即属于明知员工有保密义务而仍然借机获取信息,法院通常不会接受"不知情"的抗辩理由。当然,如果新职员入职,新公司可能会假设其所从事的工作来自自身的技能和常识,但事实上正在使用前雇主的商业秘密。新入职公司可能会成为"意外的"或者"无意的"商业秘密侵犯者。现代商业秘密法通常认为,只有在意识到这些信息系以不正当手段获取时才承担责任。[1]

之所以将应知的行为与明知的行为同等对待,是因为在私法理论上,重大过失相当于故意,即与故意产生相同的法律后果,《反不正当竞争法》在此显然是将明知与应知一视同仁,即两者产生相同的法律后果。我国的立法很少使用"重大过失"一词,而通常代之以"应知",实际上完整的表述应当是"应当知道而因重大过失不知",单纯的"应知"是不能表达出这种意思的。而且,"应知"本身不能排除"应知而因非重大过失"的情形,对此种情形也像故意那样追究责任对于行为人是过于苛刻的。因此,"应知"不能恰当地传达法律的本意。

在私法上,重大过失是过失的一种,而除重大过失外,过失还有具体的过失和抽象的过失之分。换言之,根据行为人欠缺注意的程度的不同,过失有具体的过失、抽象的过失和重大过失三种类型,并分别具有不同的判断标准。具体的过失是指行为人欠缺平常处理自己的事务所具有的注意;抽象的过失是指欠缺日常生活的必要的注意,罗马法称为欠缺善良家父的注意,德国民法称为欠缺交易上必要的注意;重大过失是指显著地欠缺善良管理人的注意。[2]这些观念和标准还没有移入我国的法律,在目前的情况下,即便我国法律使用"重大过失"之类的术语(如票据法),也缺乏判断重大过失的具体标准。但是,确定上述过失类型在法律上是极为必要的,有关这方面的制度在我国需要进一步加以完善。

例如,在再审申请人正海公司、新创公司与被申请人沈化公司及二审上诉人、一审被告方大公司、一审被告欧陆公司侵害技术秘密纠纷案[3]中,对于正海公司、新创公司是否实施了侵害沈化公司技术秘密行为,应否承担相应侵权责任的问题,最高人民法院裁定认为,根据辽宁省沈阳市东陵区人民法院作出的(2014)东陵刑初字第137号刑事判决书查明的事实,正海公司作为与沈化公司同行业企业,舍弃与沈化公司直接沟通转让糊树脂技术,转而由总工程师朱某通过沈化公司退休员工付某良介绍找到沈化公司退休员工、时任欧陆公司员工的解某文进行联系。解某文将正海公司引荐给欧陆公司,后正海公司与欧陆公司签订了相关技术转让合同。沈化公司退休员工付某良证明正海公司通过其找解某文、刘某安、王某田做糊树脂。朱某证明欧陆公司为正海公司提供的设计、技术服务都是

---

[1] 如果一家公司失去一名重要员工,就应该考虑向其新雇主发出通知,详细说明该员工在哪些领域接触到公司最敏感的信息。进行招聘的公司也可以采取措施保护自己。参见[美]詹姆斯·普利:《商业秘密:网络时代的信息资产管理》,刘芳译,清华大学出版社2023年版,第62页。

[2] 参见史尚宽:《债法总论》,中国政法大学出版社2000年版,第122页。

[3] 参见最高人民法院民事裁定书,(2016)最高法民申2963号。

比照沈化公司的产品为标准。沈化公司退休员工孙某证明正海项目的配方和沈化公司的一样。沈化公司退休员工王某田证明正海公司明确和欧陆公司要沈化公司的微悬浮法糊树脂生产工艺。上述证人证言均指向正海公司就是想获得沈化公司糊树脂技术,可以认定正海公司主观上明知该技术为沈化公司引进,亦明知欧陆公司以非法手段获得了该技术秘密,仍从欧陆公司处购买该技术信息并转让给新创公司进行使用、建设、生产,已经构成侵权。新创公司作为正海公司的股东和行业内公司,明知该技术的权利人为沈化公司,涉案技术系正海公司从欧陆公司非法购得,仍从正海公司购买涉案技术,并实施了生产、使用等行为,已构成侵权。虽然正海公司、新创公司对此存有异议,但未提供足以推翻该事实的相反证据,二审判决认定正海公司、新创公司共同侵害了沈化公司的技术秘密并无不当。[1]

又如,心果公司与万源汇康公司、解某某不正当竞争纠纷案[2],涉及离职员工将原公司商业秘密进行披露和使用的侵犯商业秘密行为。该案中,解某某为心果公司与互诚公司签订《合作协议》的联系人,协议中约定了保密条款,其应当知晓心果公司的商业秘密以及双方对于商业秘密的约定。万源汇康公司通过解某某与"大众点评"平台进行联系,并在名称后冠以心果公司的"心果"字号进行合同审批,其应当知晓所使用的经营信息是心果公司的商业秘密。但解某某在心果公司任职期间将心果公司的商业秘密披露给万源汇康公司,并与万源汇康公司共同进行使用以获取不正当的商业利益;万源汇康公司明知解某某的身份,仍在其任职于心果公司时即开始使用其披露的商业秘密。因此,解某某及万源汇康公司的行为共同侵害了心果公司的商业秘密。

六、相同或者实质相同的侵权判断标准

各类知识产权的侵权判定都有其相应的侵权判断标准。侵犯商业秘密的侵权判断标准采取相同或者实质相同标准,即获取、披露或者使用的商业秘密应当与权利人主张权利的商业秘密相同或者实质相同。《2020年商业秘密司法解释》第13条规定,被诉侵权信息与商业秘密不存在实质性区别的,人民法院可以认定被诉侵权信息与商业秘密构成实质上相同。人民法院认定是否构成前款所称的实质上相同,可以考虑下列因素:(1)被诉侵权信息与商业秘密的异同程度;(2)所属领域的相关人员在被诉侵权行为发生时是否容易想到被诉侵权信息与商业秘密的区别;(3)被诉侵权信息与商业秘密的用途、使用方式、目的、效果等是否具有实质性差异;(4)公有领域中与商业秘密相关信息的情况;(5)需要考虑的其他因素。鉴于相同比对具有更强的刚性,实质相同具有更多的弹性,司法解释规定的这些因素更多是实质相同的认定考量。

如在上诉人四川某化工公司与上诉人山东某化工公司、宁波某咨询公司、宁波某设计公司、尹某某侵害技术秘密纠纷案[3]中,一审判决对于"被诉侵权技术信息与涉案技术秘密是否实质相同"进行了详细比对,并为最高人民法院二审判决所确认。一审判决认为,将尹某某被扣押笔记本电脑中的四川某化工公司指控的技术图纸、资料与涉案技术秘密进行比对,第一,尹某某被扣押笔记本电脑中"山东某化工公司"文件夹中有与涉案技术

---

[1] 参见最高人民法院民事裁定书,(2016)最高法民申2963号。
[2] 参见北京知识产权法院民事判决书,(2021)京73民终3593号。
[3] 参见最高人民法院民事判决书,(2022)最高法知民终541号。

秘密全部载体图纸、资料相对应的技术图纸、资料。其中被诉侵权技术图纸的绘图比例、设备、管道及零部件的命名编号、局部图及缩放图的选择、绘制及布局等绘图风格与涉案技术秘密图纸的命名方式、绘图风格几无差别,工艺操作指南的编排体例、章节名称、制表格式完全一致。

第二,将被诉侵权设备图与四川某化工公司的对应图纸进行整体比对,热气冷却器、热气过滤器图纸完全相同,其余设备图除少量技术信息存在差异外,设备及其零部件的结构、形状、尺寸、材质、组装方法、连接关系、加工要求、设计制造检验数据及要求、用途等内容均基本相同。设备图的主要区别在于:(1)结晶器一个内构件的高度位置不同。(2)捕集器的局部尺寸不同。(3)气体分布器的支腿位置、数量不同。(4)粉尘储罐设置了减压锥。(5)冷气除沫器、氨气贮罐、粉尘储罐、反吹气贮罐、熔盐贮槽的个别管道尺寸、管口形状不同,但上述区别不会改变该设备的用途、使用方式、技术目的和效果,故前述设备的被诉侵权图纸记载的技术信息与涉案技术秘密对应图纸记载的技术信息,实质相同。(6)被诉侵权的反应器图纸上,反应器直筒段高度增加了5米,设备容积也相应增加,按照化工理论,反应器规格的放大会导致单位时间内反应生成物产量的增加,但结合被诉侵权的液尿泵工艺数据表记载的数据看,该反应器输入的原料(熔融尿素)的量是相同的,并且单条产线的年产量也是5万吨,因此从完整产线看,该反应器的技术效果,特别是产能,并没有发生变化,故反应器被诉侵权图纸记载的技术信息与涉案技术秘密对应图纸记载的技术信息,实质相同。(7)被诉侵权的尿素洗涤塔图纸上,冷气进口的N1管的直径放大,设备高度作相应增加,进口直径放大是基于冷气进气量或流量需求决定的,容易被所属领域技术人员联想到,并且不会导致尿素洗涤塔用途、使用方式、目的、效果等产生变化。此外,被诉侵权的尿素洗涤塔图中记载的工作压力0.4MPa、设计压力0.5MPa高于四川某化工公司相应图纸记载的工作压力0.35MPa、设计压力0.4MPa,工作压力是正常工况下设备的压力值,设计压力是压力容器顶部的最高压力,反映设备所能承压的安全阈值上限。虽然被诉侵权图纸的工作压力、设计压力与四川某化工公司图纸存在差异,但被诉侵权尿素洗涤塔图纸上记载的其他设备信息(如材质、容积、主体壁厚)与涉案技术秘密对应图纸记载的相应技术信息均相同,故这种承压条件的改动,不会导致尿素洗涤塔在实现功能或在完整装置中产生不同的技术效果。山东某化工公司备案的设计专篇中尿素洗涤塔高度与四川某化工公司尿素洗涤塔高度一致,故尿素洗涤塔被诉侵权图纸记载的技术信息与涉案技术秘密对应图纸记载的技术信息,实质相同。

被诉侵权的液尿泵、熔盐泵工艺数据表与涉案技术秘密液尿泵、熔盐泵工艺数据表进行比对,液尿泵的技术参数完全相同。因泵的流量体现了泵输送液体的能力,故流量值是选择泵的主要参数之一;被诉侵权的熔盐泵流量正常值或额定值是四川某化工公司熔盐泵的近1倍,故被诉侵权的泵规格不同。但是熔盐泵的作用是为了输送熔盐进入熔盐管,在整个工艺中是通过熔盐盘管向反应过程供热,而被诉侵权的反应器的反应温度或设计温度与四川某化工公司反应器的反应温度或设计温度是相同的,故熔盐泵输送的熔盐在反应器中实现的供热效果相同,并且山东某化工公司设计专篇中熔盐泵的流量与涉案技术秘密熔盐泵的流量差值在10%以内,故被诉侵权液尿泵、熔盐泵工艺数据表记载的技术信息与涉案技术秘密相应技术信息,实质相同。

被诉侵权的PID图与涉案技术秘密PID图比对,主要区别在于:(1)被诉侵权图纸只绘制了 1 台尿素洗涤塔及相应流程;(2)二者部分仪表位号不同;(3)被诉侵权图纸未绘制催化剂加入触媒除尘器的方式;(4)被诉侵权图纸部分管道上增加了压力表、温度计;(5)被诉侵权图纸反应器底部增加了 2 根用于输送物料的管道;(6)二者氨气管线与油过滤器的连接关系不同;(7)被诉侵权图纸成品贮仓顶部增加了除尘装置。除此以外,15 张 PID 图对应的各子系统中的设备数量、种类及位置、管道数量、走向及位置、仪表数量、位置及控制方式均相同。PID 图是用于表达生产过程中物料的流动次序和生产操作顺序的图样,涉案技术秘密 PID 图中虽绘制了 2 套尿素洗涤塔及相应流程,但 2 套方案完全相同且涉案技术秘密在单一产线中只使用 1 台尿素洗涤塔,四川某化工公司亦陈述因实际建设过程中 2 条产线相对布置,故才在同一张图纸上绘制了 2 套尿素洗涤塔。故被诉侵权图纸记载的熔融尿素加料子系统与涉案技术秘密熔融尿素加料子系统实质相同。压力表、温度计的增加仅是增加了压力、温度的监控节点,氨气管线与油过滤器的连接关系、反应器增加 2 根管道、成品贮仓增加除尘装置均不导致相应子系统生产流程、技术手段、技术效果产生实质区别。故被诉侵权的 PID 图记载的技术信息与涉案技术秘密 PID 图记载的技术信息,实质相同。

被诉侵权的设备布置图、管道布置图与涉案技术秘密相应图纸进行比对,二者均分为 0~7 米、7~14 米、14~21 米、21~28 米、28~33 米、33 米及以上,框架结构的长宽高、跨度及层高均相同。主要区别在于 0~7 米层,被诉侵权图纸多设置了余热锅炉、省煤器、空气预热器、鼓风机、电除尘、引风机等燃煤相关设备,并设有煤场和煤渣厂。在 7~14 米、14~21 米层,被诉侵权图纸中的反吹气贮罐为卧式(四川某化工公司图纸为立式)且位置更高,冷气除沫器设置位置更低,被诉侵权图纸增加了中温氮气加热器、高温氮气加热器,减少了熔盐炉、罗茨风机。除此以外,各层布置的设备种类、数量、位置及不同设备间的相对位置,管道及其附件的位置、走向、连接关系均基本相同。冷气除沫器、反吹气贮罐位置的调整以及反吹气贮罐的放置方式都是根据核心设备的布置进行的适应性调整,不产生新的技术效果。被诉侵权项目以燃煤供热,而涉案技术秘密以天然气供热,故与供热相关的设备会进行适应性调整。虽然因为供热方式的不同,设备布置产生了变化,但供热不会导致热效果产生变化,最终都是实现主要核心设备的温度条件。故被诉侵权的设备、管道布置图记载的技术信息与涉案技术秘密对应图纸记载的技术信息,实质相同。

被诉侵权"4 第四章工艺过程概述.doc"与涉案技术秘密工艺操作指南中关于反应器停止投料、切换尿素喷嘴的操作虽然文字表述略有区别,但操作步骤相同。在反应流程、反应条件、设备及其布置实质相同的情况下,操作方法和步骤应当不存在实质区别。故被诉侵权"4 第四章工艺过程概述.doc"记载的技术信息与涉案技术秘密工艺操作指南对应篇章记载的技术信息,实质相同。

四川省眉山市中级人民法院从宁波某设计公司保全的 PID 图、眉山市公安局从宁波某设计公司侦查取得的 PID 图与尹某某被扣押笔记本电脑中的 PID 图基本相同,故宁波某设计公司 PID 图记载的技术信息与涉案技术秘密 PID 图记载的技术信息,实质相同。

四川省眉山市中级人民法院保全的设计专篇中"设备一览表"记载的反应器、热气冷却器、热气过滤器、结晶器、捕集器、尿素洗涤塔的容积、主要尺寸(除反应器高度)、工作性能参数、材质与涉案技术秘密对应技术信息基本一致。前述核心设备的主要技术参数是反应工段进行工业设计的核心基础数据,彼此互相配合,共同决定主要的化工反应环境;虽然"设备一览表"记载的反应器高度与涉案技术秘密的反应器高度存在差异,但是二者容积相同,故无法判断高度数据的差异是笔误还是放大高度冗余量的非常规设计。前述核心设备主要技术参数的计算和选择,通常需要考虑特定生产工艺系统的工况特殊性,计算方法及参数选择也不具有普遍性,因此被诉侵权项目核心设备的主要技术参数与涉案技术秘密核心设备的主要技术参数基本相同的情况下,可以初步判断被诉侵权项目的主要反应环境与涉案技术秘密相同。"设备一览表"中液尿泵、熔盐泵工艺数据表记载的技术信息,除熔盐泵的流量增加不足10%、液尿泵的叶轮材质不同外,其余技术信息与涉案技术秘密液尿泵、熔盐泵工艺数据表记载的技术信息均相同。设计专篇所附设备布置图中记载的框架结构的长、宽、高、跨度及层高,以及设备种类、数量、具体位置、相对位置与尹某某被扣押电脑中设备布置图绘制的内容基本一致,故设计专篇所附设备布置图记载的技术信息与涉案技术秘密设备布置图记载的技术信息,实质相同。[1]

实践中有的裁判指出,实质相同的判断没有具体的标准,可以借鉴相近领域相对成熟的比对标准来定位技术秘密的比对标准和判断原则,与之相近的标准是专利侵权判断中的"全面覆盖"规则和著作权侵权判断中的"实质性近似"规则。从整体比对的思路看,"实质性近似"规则更为适合。如作品与技术秘密存在一定可参考性、两者的保护路径类似及比对需实现的目的类似。其实,技术秘密的侵权判断标准与专利和著作权侵权判定均有较大差异,虽然可以借鉴两者的相近成分,但不能简单类比,而仍须基于技术秘密的技术特性以及制止侵权和保护技术秘密的目的,确定实质相同的判断标准和法律定位。

与专利侵权判定中等同侵权的严格条件和步骤相比,商业秘密实质相同比对应当具有适当的灵活性,可以在考虑被诉侵权信息与商业秘密的差异程度,所属领域的相关人员在被诉侵权行为发生时是否容易想到被诉侵权信息与商业秘密的区别,被诉侵权信息与商业秘密的用途、使用方式、目的、效果等是否具有实质性差异等因素的基础上,进行实质相同的整体性和综合性权衡判断。

七、诉讼程序中的商业秘密保护

防止在诉讼程序中的商业秘密泄露是商业秘密保护中的一个重要而特殊的问题,需要加以有效应对。

美国法院通过保护令的方式,限制对于诉讼程序中的商业秘密的使用和披露。美国《统一商业秘密法》第5条对此作出特别的规定,即"法院应当采取适当的措施保持所主张的商业秘密的秘密性"。这些措施包括保护令、不公开审理和证据展示以及封禁法院卷宗。实践中典型的方式是所有接触商业秘密的人(法官和陪审员除外)特别同意为相关商业秘密保密。美国诉讼程序中保护商业秘密的难题更多是在审理阶段,而不是在提出诉求和发现程序阶段。这是因为美国有强烈的公共政策支持法庭程序的公开和透明。在诉讼程序中保护权利人商业秘密的需求必须与被告需要了解对其提出的请求相平衡。在刑事诉讼程序中尤其如此,因为正当程序特别要求被告对此知情。商业秘密所有人经常强烈要求不要过早过快地披露其商业秘密细节,特别是为保障搜寻在先技术等信息或者准备其他抗辩,在庭审之前充分披露其商业秘密内容的情形。在美国原告如果未及时充分地指出其商业秘密,可能会导致法院驳回其诉讼请求或者作出有利于被告的判决。措

---

[1] 参见四川省成都市中级人民法院民事判决书,(2017)川01民初2948号。

辞恰当的保护令将会在保护商业秘密相对秘密性的同时,允许被告知晓商业秘密的细节而保障公平审判。[1]

在各个案件中,法院都面临一种挑战,即既要满足被告需要知道对其提出诉求的具体内容的正当程序要求,又要发布实施足以保护原告诉请保护的商业秘密的命令。由于严格限制性的保护令阻止当事人(尤其是被告)接触材料及与顾问进行完全充分的讨论,因而重要的是,法院要确保在审慎考虑和充分论证的基础上发布命令。当事人可以帮助法院具体策划发布什么样的保护令。有些案件中,法院会任命专员或者无利害关系的专家对商业秘密进行听证,并向法庭报告。[2]

为了防止权利人因担心诉讼导致的泄密,实现有效的法律救济和公平审判,美国《保护商业秘密法》第16~20条规定了商业秘密诉讼程序相关的保密规定。第16条规定,如果案涉信息有可能是商业秘密,法庭可以根据当事人的申请将其全部或部分归类为须保密的信息。当事人、其诉讼代理人、证人、鉴定人、其他代理人以及其他诉讼参与人或者在程序中能够接触到诉讼文件的人,必须对这些信息进行保密处理,不允许在法庭程序外使用或公开这些信息,除非这些信息是在程序以外获得的。当法庭作出保密决定后,有阅卷权的第三人只有权获得隐藏涉密信息后的文件。当事人、其诉讼代理人、证人、鉴定人、其他代理人以及其他诉讼参与人或者在程序中能够接触到诉讼文件的人违反了保密义务,可能被处以最高100,000欧元的罚款或最长6个月的拘留。这些人的保密义务延续到诉讼结束后,除非法庭通过生效判决否认了商业秘密的存在,或者案涉信息成为通常处理所涉信息范围内的人所普遍知道的,或易被他们获得的信息。罚款或拘留不能取代有保密义务的诉讼参与人或其他人基于美国《商业秘密保护法》第4条第2款或第3款产生的民事责任。该法第21条规定,胜诉方有权申请公开判决或与判决有关的信息,公开的费用由败诉方承担,只要胜诉方对于公开判决具有合法权益。考察胜诉方是否具备判决公开的合法利益,特别要考虑以下因素:商业秘密的价值;侵权人在取得、使用或披露商业秘密的行为;非法使用或披露商业秘密的后果;侵权人继续非法使用或披露商业秘密的可能性。

我国商业秘密民事诉讼中的"二次泄密"等问题,也是影响权利人寻求商业秘密救济的重要因素。我国司法实践中也采取多种保护措施,尽可能在诉讼程序中给予权利人足够的保密保护。《2020年商业秘密司法解释》第21条对人民法院在诉讼活动中采取必要的保密措施作出规定。此外,最高人民法院《关于知识产权民事诉讼证据的若干规定》第26条进一步规定,人民法院可以采取"要求其签订保密协议、作出保密承诺,或者以裁定等法律文书责令"等措施。当事人及其他诉讼参与人违反前述司法解释规定的保密措施的,应依法承担相应的法律责任。

八、不可避免的披露问题

在美国的商业秘密保护中,有"不可避免的披露原则",即雇员在工作期间掌握公司的商业秘密,如果再受雇于另一公司将不可避免地使用前雇主的商业秘密,法院可以禁止

---

[1] See Elizabeth A. Rowe & Sharon K. Sandeen, *Trade Secrecy and International Transactions*, Edwar Elgar, 2015, p. 59-60.

[2] See Elizabeth A. Rowe & Sharon K. Sandeen, *Trade Secrecy and International Transactions*, Edwar Elgar, 2015, p. 112.

该雇员为该公司工作。[1]该规则源于商业秘密法中的"盗用威胁"概念,与"真实盗用"相对应。根据该规则,公司通过证明前雇员在新公司的工作职责将不可避免地使用或者依赖其此前获得的商业秘密,则可以请求禁止前雇员加入新公司或者从事新岗位。该规则起初适用于技术领域,后来逐渐扩展到金融、制造、生产和营销等商业领域。[2]

适用不可避免披露意味着在没有限制竞争协议的情况下,也可以禁止雇员从事特定工作。但是,这与劳动法上的从业自由原则相抵触。按照从业自由原则,如无相反协议,雇员可以在任何时间和以任何理由离开其雇主。"不可避免的披露原则"是商业秘密法中最有争议的问题之一。尽管在实施不竞争协议时可以适用该原则,但在没有不竞争协议时能否适用是有争议的。如果此时适用该原则,就相当于承认默示不竞争协议,导致雇员自由流动和追求自己生计的权利与雇主保护其商业秘密之间的政策冲突。由于雇员流动的社会重要性,法院倾向于高度谨慎使用"不可避免的披露原则"。是否适用该原则,通常与相关州有关不竞争协议的政策有关。各个州的情况不尽相同。[3]

如在 PepsiCo, Inc. v. Redmond 案[4]中,第七巡回法院维持地区法院授予禁令禁止 PepsiCo 公司(以下称百事公司)的前雇员威廉·雷蒙德(William Redmond)在其竞争对手 Quaker 公司的新工作中泄露前雇主的商业秘密,并暂时阻止其承担在 Quaker 公司的职责。该案被告 Redmond 在百事公司工作 10 年,是百事北美分公司北加州业务部的总经理。因其工作性质及高级职位等级,获得大量的百事公司专有信息,对百事公司财务目标和来年的战略规划有深入了解。Redmond 拟加盟的 Quaker 公司是百事公司在运动饮料等领域的竞争者。Redmond 离职时签署了保密协议,声明不会泄露秘密信息,但在接受 Quaker 公司职位邀约时,没有对百事公司作出坦诚交代,百事公司担心其泄露商业秘密。百事公司起诉 Redmond,请求法院颁发临时禁令,禁止 Redmond 在 Quaker 公司担任新职务。第七巡回法院认为,伊利诺伊州商业秘密法支持为"实际或者威胁盗用商业秘密"提供禁令的强制性救济,原告可以通过证明被告在新工作中将不可避免依赖以前获取的商业秘密,证明其商业秘密有被盗用的威胁。第七巡回法院认定,Redmond 对百事公司的战略目标和商业秘密了如指掌;他在 Quaker 公司中的职位与在百事公司相似,在百事公司获得的知识会对在 Quaker 公司的职位产生影响;Redmond 的行为表明他不坦诚,并证明其有意滥用百事公司的商业秘密。由于他在新公司的岗位与在前雇主的岗位密切相关,法院认为"除非 Redmond 具有分割信息的神奇能力,他必然在进行 Catorade 和 Snapple 的决定中会使用百事公司的商业秘密信息"。法院没有接受 Quaker 公司关于这些信息对其无用的主张,认为"Quaker 公司不公平地利用百事公司计划,将能够预见其销售、包装、定价和市场动向"。第七巡回法院支持了原告的临时禁令请求,禁止 Redmond 在 Quaker 公司任职 5 个月,并批准一项永久禁令,禁止 Redmond 使用或者披露百事公司的商业秘密。

---

[1] See Pepsi Co., Inc. v. Redmond, 54 F. 3d 1262(7th Cir. 1995).
[2] 参见王润华:《第四知识产权——美国商业秘密保护》,知识产权出版社 2021 年版,第 116 页。
[3] See Sharon K. Sandeen & Elizabeth A. Rowe, *Trade Secret Law in an Nutshell*, 2nd edition, West Academic Publishing, 2018, p. 291–292.
[4] See 54 F. 3d 1262(7th Cir. 1995). 该案被认为是适用美国《统一商业秘密法》之后法院援用不可避免披露规则的著名案例。

该案涉及的是非技术领域,法院详细地阐释了不可避免披露的适用标准。[1]

在采纳"不可避免的披露原则"的法院,原告经常需要以尽可能接近上述案件的方式表明其事实理由和法律主张,以增加被支持的可能性,包括:(1)前后雇主的密切竞争关系;(2)雇员在新旧工作岗位的关联度;(3)雇员的较高层级;(4)时间敏感性和商业秘密的竞争价值。另一种策略是将"不可避免的披露原则"仅仅作为一项证据规则使用,即通过提供间接证据证明有使用或者披露商业秘密的危险。如果在这种角度上运用,在许多商业秘密案件中并不需要运用该原则。只要有间接或者直接证据证明有侵犯的危险或者实际侵犯,商业秘密案件的原告无须依据"不可避免的"使用或者披露提出主张。

美国《保护商业秘密法》第 1836 条(b)(3)(A)(i)规定,禁令不能准予禁止形成雇佣关系,并且对于雇佣关系附加条件必须基于有侵犯商业秘密危险的证据,而不仅仅是雇员所知道的信息。该规定似乎又在另有证据证明有侵犯商业秘密危险时,可以使用"不可避免的披露原则"。当然,这要看判例的态度。[2]

适用不可避免披露规则涉及多种利益之间的冲突。企业既希望能够获得一技之长的员工,又希望能够保护追求商业秘密开发中创新方面的投资。员工希望有选择职业的自由,认为在没有竞业禁止限制和判例做法不一的情况下适用不可避免披露规则对其不公平。这一规则的适用又涉及鼓励公平竞争和维护商业道德等社会利益。在适用不可避免披露规则的大多数案件中,通常都会在企业利益、员工利益和社会利益之间寻求政策上的平衡。[3]

我国司法实践中并未承认"不可避免的披露原则",该原则涉及员工自由流动与商业秘密保护的价值冲突,因而必然具有敏感性和争议性,对其应该慎重对待。在特殊情况下不可避免披露规则对于商业秘密的保护可能有特殊作用,在禁令环节确有必要适用时应当严格把握条件。

第三节 员工(职工)的侵权主体适格性

一、1993 年法律施行时期的肯定态度

无论是国内还是国外,员工和前员工都可以成为商业秘密的侵权主体。商业秘密侵权经常由员工离职或者"跳槽"而引起。[4]

1993 年《反不正当竞争法》是没有排斥职工作为侵犯商业秘密主体的。该法的立法本意包括职工侵犯商业秘密的情形。首先,该法对商业秘密的规定充分考虑了"挖人才"

---

[1] 参见王润华:《第四知识产权——美国商业秘密保护》,知识产权出版社 2021 年版,第 116~117 页。
[2] See Sharon K. Sandeen & Elizabeth A. Rowe, *Trade Secret Law in an Nutshell*, 2nd edition, West Academic Publishing, 2018, p. 295.
[3] 参见王润华:《第四知识产权——美国商业秘密保护》,知识产权出版社 2021 年版,第 124 页。
[4] "尽管许多侵犯商业秘密案件由权利人对其商业伙伴提起,但相当大比例的案件是针对前员工的,这些前员工或者已经开始了自己的经营,或者入职竞争对手。" Susy Frankel, Daniel Gervais, *The Internet and the Emerging Importance of New Forms of Intellectual Property*, Wolters Kluwer, 2016, p. 242.

侵犯商业秘密的情形。因为，在立法的当时，"有的企业通过'挖人才'的手段来获取他人的商业秘密，提高自己的竞争能力，特别是在机电行业以及计算机等领域。在江西、浙江征求反不正当竞争法(草案)的意见时，许多国有大中型企业反映，技术人员被外资企业、乡镇企业挖走，同时'带走'企业的技术秘密，使企业利益受到损失，也使正在研制的技术项目停下来。有的同志反映，在国有针织厂的周围建有许多家乡镇和私营的针织厂，形成新的'农村包围城市'。国有针织厂有自己的设计队伍只要新产品刚开发出来，周围的小针织厂就通过亲戚、朋友、金钱等获取信息，动工生产，占领市场"[1]。这种侵犯商业秘密的行为基本上都是职工泄露企业商业秘密的行为。这种状况是促使该法规定产生的原因之一，而该法有关商业秘密的规定也适应了调整此种情况下侵害商业秘密行为的需要，因此职工被该法作为违法主体是理所当然的。其次，参与立法者介绍，1993年《反不正当竞争法》第10条主要是从侵犯商业秘密的行为角度规定，而不是从侵犯商业秘密的主体角度作出规定，该法第10条第1款第3项侵犯商业秘密行为的主体，包括两类，一类是和拥有商业秘密的企业职工订有许可使用合同的其他企业；另一类是拥有商业秘密的企业职工。这里讲的企业职工，包括在职的、离退休的以及调离原单位的。只要利用工作关系有机会接触到商业秘密，并擅自披露和使用商业秘密的，都属于第3项规定的侵权人。[2]最后，实践中职工侵犯商业秘密的行为占很大的比例，对其不做规范肯定是很大的疏漏，而既然反不正当竞争法制定时这种问题已很突出，认为该法对此未做规范在逻辑上也是讲不通的。何况，如前所述，抛弃从主体资格角度解释经营者的主张而根据行为解释经营者，企业职工也是可以纳入经营者的范围的。

1993年《反不正当竞争法》施行之初，无论是行政执法还是司法中，对于职工能否作为商业秘密的侵权主体，都产生过争议。争议的核心是职工是否为经营者。为体现立法本意，原国家工商行政管理局《关于禁止侵犯商业秘密行为的若干规定》第3条专门列举的侵犯商业秘密行为类型中，专门列举一项规定，"权利人的职工违反合同约定或者违反权利人保守商业秘密的要求，披露、使用或者允许他人使用其所掌握的权利人的商业秘密"。该规定是基于立法原意所进行的一项重大的明确，极具现实意义。所谓重大明确，是因为它重申和明确了立法的本意。所谓极具现实意义，是因为实践中职工侵犯商业秘密的行为占很大的比例，对此种行为的明确定性有利于依法规制此类行为。

该规定是"重大的明确"而不是"重大的突破"，是因为立法的本意是将职工作为商业秘密的侵权主体，只是许多人囿于经营者的理解，对职工能否成为侵权主体心存疑虑，困惑不解甚至干脆否认其侵权主体资格。例如，有人认为，反不正当竞争法"对职工侵犯本单位的商业秘密行为，仍缺乏明确规定。反不正当竞争法所调整的只限于经营者，单位的职工不是经营者，在商业秘密问题上难以纳入该法的调整范围"[3]。这种观点原来很有代表性，在行政执法、司法和法学理论上都有反映。

例如，西安的一个法院在审理企业起诉其职工侵犯商业秘密的案件中，有人就主张职

---

[1] 胡康生主编，全国人大常委会法工委民法室编著:《〈中华人民共和国反不正当竞争法〉讲话》，法律出版社1994年版，第64页。
[2] 参见胡康生主编，全国人大常委会法工委民法室编著:《〈中华人民共和国反不正当竞争法〉讲话》，法律出版社1994年版，第66页。
[3] 商业秘密法制丛书编辑委员会编:《商业秘密法制现状及案例》，中国法制出版社1995年版，第41页。

工不属于经营者。某大学的研究成果被其职务发明人私自转让给第三人,法院在审理过程中有人主张该行为人的行为不构成侵犯商业秘密。因为,1993年《反不正当竞争法》第2条第2款明确规定只适用于经营者的行为,据此只有作为经营者的"工商主体即合法的工商经营者才有商业秘密,也就是说只有依法进行了工商经营注册的个人、个人合伙、无限公司、有限公司、股份有限公司、合资和合资企业的秘密,才可以用商业秘密来保护。其他自然人、社会民事主体的保密信息要想得到保护,需要通过扩大反不正当竞争法的解释,或者通过另外特定渠道"[1]。但是,司法实践中认可职工可以成为侵犯商业秘密的主体。

例如,在原告许继公司与被告郑某生、爱特公司商业秘密侵权纠纷案中,1984年12月10日,被告许继公司的前身许昌继电器厂与西门子公司签订继电保护电力线载波设备许可权和技术秘密合同,以有偿技术转让的方式受让西门子公司的继电保护和载波技术。许继公司派被告郑某生到西门子公司进行技术培训。之后,许继公司组织了包括郑某生在内的科研人员进行该载波机技术的国产化研制工作。郑某生作为项目负责人之一,参加开发了ESB-500型单边电力线载波机的研制工作。1992年1月,ESB-500型单边电力线载波机技术成果通过了机电部、能源部的鉴定,后投入生产,效益显著。许继公司分别在1987年、1989年对本单位的产品底图蓝图、工艺资料、技术资料等制定过保密规定。ESB-500型单边电力线载波机技术研制过程中以及研制成功后,该公司进行了保密管理,从未向任何单位和个人进行技术转让与技术公开。1992年3月25日,郑某生与许继公司签订了期限11年的全员劳动合同,合同约定郑某生应当遵守单位制定的各项规章制度。同年9月,许继公司的通讯分厂聘请郑某生到工程师岗位工作,郑某生又与通讯分厂签订了为期5年的上岗聘约,约定郑某生要严格执行各项规章制度和设计工作的技术规范,做好保密工作。1994年10月,郑某生将其掌握的电力线载波机技术及远方保护信号音频传输机技术作价20万元入股,与漯河卷烟厂及张某亮等人组建被告爱特公司。爱特公司于1994年11月正式营业。1995年5月,郑某生未经批准离开许继公司到爱特公司工作。被告爱特公司中,除被告郑某生以外,没有其他从事电力线载波机及远方保护信号传输装技术的研究人员。该公司也未对许继公司的电力线载波机及远方保护信号传输装置产品进行过"反向工程"研制。经鉴定,被告爱特公司生产的SSB-2000型电力线载波机,在机械结构上与原告许继公司的ESB-500型单边电力线载波机相比较,等同之处有15处之多,其中重要部件如IFC中频发送插件、IFR中频接收插件的中频滤波器、AGC导频控制插件的导频显示方式等,与ESB-500型一致。结论是:爱特公司生产的SSB-2000型电力线载波机,在机械结构及部分重要部件上使用了许继公司的ESB-500型单边电力线载波机之专有技术。

许昌市中级人民法院一审认为,原告许继公司通过有偿技术转让合同受让了西门子公司的电力线载波机生产技术,并对该技术进行了国产化研制,生产出ESB-500型单边电力线载波机产品。此项产品给许继公司带来了明显的经济效益。许继公司对电力线载波机生产技术采取了一系列保密措施,未以任何方式向第三方出让或公开该技术。依照1993年《反不正当竞争法》第10条第3款的规定,该技术是许继公司的商业秘密。被告

---

[1] 郑成思主编:《知识产权研究》(第2卷),中国方正出版社1996年版,第108页。

郑某生利用职务之便掌握了此项商业秘密,违反许继公司的保密规定,尚在许继公司工作期间即与他人组建被告爱特公司,无偿使用此项技术生产产品进行销售,侵害了许继公司享有的合法权益,违反1993年《反不正当竞争法》第10条第1款第3项之规定。被告爱特公司明知电力线载波机技术为许继公司的技术秘密,但为了无偿使用此项技术生产产品,以获取产业利益,采用作价入股的手段诱使郑某生带出此项技术秘密,属于以这种不正当的手段获取权利人商业秘密的行为,违反《反不正当竞争法》第10条第1款之规定。法院判决被告郑某生及被告爱特公司停止侵权,不得使用原告许继公司的电力线载波机技术进行生产和经营活动,并对已知悉的许继公司的技术秘密承担保密义务等。

河南省高级人民法院在二审认为,ESB-500型电力线载波机技术是被上诉人许继公司的技术秘密,应当受到法律的保护。上诉人郑某生在许继公司任职期间就参与了原审被告爱特公司的组建,继而又违背与许继公司的保密约定,将掌握的职务技术成果作价入股,以许继公司的民力线载波机生产技术为爱特公司生产SSB-2000型电力线载波机,其行为属于披露和使用许继公司商业秘密,侵害许继公司合法权益的侵权行为,应当承担民事责任。爱特公司明知郑某生是许继公司的在职人员,郑某生掌握的技术不是他个人的非职务技术,却不经合法受让,以作价入股的手段利诱郑某生以此项技术为其生产产品,并进行销售,其行为是以不正当竞争的手段获取他人商业秘密,侵害他人合法权益的侵权行为。

二、2017年修订法律的峰回路转

2016年《反不正当竞争法(修订草案送审稿)》第10条第1项曾规定,商业秘密权利人的员工、前员工实施该法第9条第1款规定的行为,视为侵犯商业秘密的行为。在法律审议过程中,有的常委会组成人员和部门、企业提出,该法规范的主体是经营者,商业秘密权利人的员工、前员工,不属于经营者,对于其侵犯商业秘密的行为,权利人可通过其他法律途径获得救济;有的提出,相关法律对国家机关工作人员,律师、注册会计师等专业人员的商业秘密保密义务已经做了规定,该法重复规定没有必要。法律委员会经研究,建议删除修订草案第10条的上述规定;同时,针对实践中商业秘密权利人的员工、前员工通过非法手段获取商业秘密后,有的经营者明知或者应知上述情况仍将该商业秘密用于生产经营活动的问题,在第9条中进一步明确:第三人明知或者应知商业秘密是权利人的员工、前员工或者其他单位、个人通过非法手段取得,仍获取、披露、使用或者允许他人使用的,视为侵犯商业秘密。[1]

这种将员工排除于侵犯商业秘密行为主体之外的理由,仍然是不认为员工为经营者,所以不能由反不正当竞争法调整,但可以按照一般侵权行为进行处理。虽然有这种立法背景,但法律条文毕竟没有明确将职工排除出去。况且,2017年《反不正当竞争法》第9条第1款和1993年《反不正当竞争法》第10条第1款均未从行为主体的角度进行规定,此前将员工解释为侵权主体,也是根据立法原意和实际需求,是法律解释和实践需求的产物和结果。

鉴于以上法律修订过程中的背景,2017年《反不正当竞争法》第9条第1款侵犯商业

---

[1] 参见全国人民代表大会法律委员会《关于〈中华人民共和国反不正当竞争法(修订草案)〉修改情况的汇报》。

秘密的主体是否包括员工,这是在施行过程中需要解决的问题。[1]除法律字面上没有明示将员工排除在外的原因外,还需要考虑其他原因和情况。首先,《反不正当竞争法》是保护商业秘密的基础性法律,无论是行为的规定还是商业秘密的界定,往往是涉及商业秘密保护的其他相关法律的基础。由于员工与所在企业的特殊关系,员工侵犯商业秘密的情形多发,是侵犯商业秘密的主要源头之一,如果对此不纳入商业秘密,显然是《反不正当竞争法》调整的重要缺失。如果认为可通过侵权责任法和一般侵权行为进行保护,但仍离不开《反不正当竞争法》对于侵犯行为和商业秘密含义的界定。此时真不知如何单独地进行侵权保护,况且又会使商业秘密的保护规定支离破碎,也可能实质性背离同样情况同等对待原则。其次,2017年法律修订的重要意图是加强商业秘密保护,而不是削弱保护。如果将本已纳入1993年《反不正当竞争法》保护范围的员工侵权再排除出去,反而削弱了保护效果。最后,员工是否能够认定为经营者并不是法律适用的障碍。况且,《反不正当竞争法》中经营者的解释本来应该具有灵活性,只要未经权利人的同意而泄露其商业秘密,都会破坏权利人的竞争优势和其他经济利益,危害竞争秩序,此时将行为人纳入(视为)侵权主体意义上的经营者,并无问题。

在立法过程中立法者虽有过上述说明,但参与立法者在诠释职工能否成为侵权主体时,却采取了肯定态度。参与立法者指出,"此次修改过程中,有的意见提出,员工、前员工侵犯商业秘密,在商业秘密案件中占较大比例,建议对此作出特别规定。在本法中能否规范、如何规范员工、前员工侵犯商业秘密问题,仍然要从对市场竞争的影响角度,区分不同情形加以考虑";"如果员工、前员工违法获取商业秘密,或者违反保守商业秘密的约定,自己将商业秘密用于生产经营活动,员工、前员工自己就成为'经营者',构成对商业秘密权利人的不正当竞争,可以适用本条第1款的规定"[2]。这种认识显然有利于保护商业秘密,也使相应的法律适用能够恰如其分。

三、2019年法律修订的直接完善

2019年《反不正当竞争法》第9条第3款规定:"第三人明知或者应知商业秘密权利人的员工、前员工或者其他单位、个人实施本条第一款所列违法行为,仍获取、披露、使用或者允许他人使用该商业秘密的,视为侵犯商业秘密。"该规定明确地将员工、前员工纳入侵犯商业秘密的主体范围。《2020年商业秘密司法解释》第11条规定:"法人、非法人组织的经营、管理人员以及具有劳动关系的其他人员,人民法院可以认定为反不正当竞争法第九条第三款所称的员工、前员工。"

员工和前员工在侵犯商业秘密中经常被涉及,是常见的侵权行为主体。例如,在绪某可等侵犯商业秘密罪案中,被告人绪某可等6人原为某机械(天津)公司的员工。绪某可系生产钢筋笼和弯曲中心的车间主管,张某齐系该车间项目负责人,赵某春系该车间小组主管,袁某军、靖某青、张某防系该车间操作工,6人掌握该公司钢筋笼和弯曲中心的技术工艺及设备供货渠道。2017年7月,绪某可从某机械(天津)公司辞职,6名被告人在济南市组建山东某筋工机械设备公司,利用某机械(天津)公司的技术工艺及主要设备生产弯

---

[1] 在2017年《反不正当竞争法》修订过程中及修订之后,笔者曾在多个场合主张并撰文表达对于将职工侵犯商业秘密排除于《反不正当竞争法》保护之外的担忧。这些观点集中体现于孔祥俊:《论新修订〈反不正当竞争法〉的时代精神》,载《东方法学》2018年第1期。

[2] 王瑞贺主编:《中华人民共和国反不正当竞争法释义》,法律出版社2018年版,第31页。

曲中心及钢筋笼。至其被抓获时,已生产弯曲中心 11 台,销售 10 台,非法经营数额达 1,311,000 元。经鉴定,"钢筋弯曲机"(弯曲中心)是不为公众所知悉的技术信息;通过将绪某可等人生产并销售的产品与该技术信息比对,二者实质相同。某机械(天津)公司为防止技术信息泄露采取了一系列保密措施。根据专项审核报告,销售 10 台弯曲中心造成直接经济损失 1,202,858.16 元。

法院认为,6 名被告人违反权利人有关保守商业秘密的要求,使用掌握的商业秘密,给权利人造成重大损失,其行为已构成侵犯商业秘密罪,系共同犯罪。张某齐、赵某春、袁某军、靖某青、张某防在共同犯罪中起次要作用,系从犯。绪某可、张某齐、袁某军、张某防到案后能够如实供述犯罪事实系坦白;赵某春、靖某青主动投案,到案后能够如实供述犯罪事实,系自首;6 名被告人自愿认罪认罚,依法对其均从轻处罚。

第四节 侵犯商业秘密罪

一、商业秘密保护的刑事化

商业秘密的刑事保护是一个值得关注的领域,因各国情况不同,不好简单地认为加强商业秘密刑事保护是一种普遍的趋势。许多民法法系国家承认侵犯商业秘密的刑事制裁。英国普通法传统向来拒绝侵犯商业秘密的刑事责任。美国承认侵犯商业秘密罪,甚至制定专门的刑事法律,对侵犯商业秘密的惩罚貌似越来越严厉。[1]

TRIPs 特别规定,成员可以制定惩治假冒商标和版权的法律,但是对于商业秘密并无此类规定。有关国家的商业秘密协调安排及自由贸易协定可能试图改变这种状况。[2]

美国联邦和州都有侵犯商业秘密的刑事法律,部分民事侵权可能同时构成刑事犯罪。尽管存在窃取商业秘密的刑事法律,但对此采取刑事执法的情况并不普遍,除非窃取行为极为恶劣而引起了侦查机关的关注。刑事执法缺乏的原因之一是州和联邦检察官不愿意将有限的资源投入经济犯罪,受害公司更易于和更宜于通过民事诉讼获得救济。此外,还有其他一些原因。首先,一旦启动刑事程序,诉讼进程即不受控制,平行的民事诉讼可能会因等待刑事判决而被拖延。其次,由于商业秘密所有人不能控制刑事程序,在诉讼程序中暴露商业秘密的风险很大。最后,还有公关上的考量,即一旦侵犯商业秘密的消息公开,特别是上市公司,其股票就可能下跌。尽管如此,刑事保护在有些情况下还是很有效。例如,可以运用公权力突袭性搜查相关场所和收集证据。[3]

美国《1996 年经济间谍法》就是专门惩治侵犯商业秘密行为的刑事法律,以严厉的刑罚手段制裁侵犯商业秘密的经济间谍行为,并且学者认为将商业秘密保护立法纳入联邦

---

[1] See William Van Caenegem, *Trade Secrets and Intellectual Property:Breach of Confidence*, Misappropriation and Unfair Competition, Wolters Kluwer, 2014, p. 19.

[2] See Elizabeth A. Rowe & Sharon K. Sandeen, *Trade Secrecy and International Transactions*, Edwar Elgar, 2015, p. 121.

[3] See Elizabeth A. Rowe & Sharon K. Sandeen, *Trade Secrecy and International Transactions*, Edwar Elgar, 2015, p. 122.

制定法本身以及该法对商业秘密的界定、违法行为的列举等都具有里程碑意义。奥地利《反不正当竞争法》对泄露商业秘密的雇员、不正当获取竞争对手商业秘密的人等规定了刑事处罚。奥地利《刑法典》第122条规定了侵犯商业秘密行为的刑事责任,如对工业间谍追究刑事责任,以及依照法律或者按照官方委员会的要求负有监督、审查或者调查职责的人,在其侵犯因职务所知悉的商业秘密时,应当承担刑事责任。希腊《反不正当竞争法》第16条至第18条规定了商业秘密,其中规定了刑事处罚条款。

美国议会制定的《1996年经济间谍法》打破了商业秘密保护属于州法的传统,在商业秘密保护上首次出现了联邦制定法。尽管其保护的重点是刑事救济,但将商业秘密保护立法纳入联邦制定法本身以及该法对商业秘密的界定、违法行为的列举以及其他规定,都具有里程碑意义,反映了美国维护经济安全的努力。经济间谍法的制定有其特殊的背景和原因。[1]

首先,一桩旧事的启示。

经济间谍在美国有久远的历史,有人将其溯及殖民地时代。19世纪新英格兰纺织业的早期繁荣在很大程度上归功于其经济间谍——一个叫鲁尔(Lower)的波士顿人。1811年,鲁尔与家人一道前往英国,去了解英国纺织业繁荣的秘密。有一次,一家纺织制造厂主向鲁尔炫耀其纺织机械,包括属于秘密的卡特莱特轧机。当时这家工厂主想,如此天才的发明太复杂了,这个来自殖民地的"乡巴佬"不可能了解其奥妙,更不用说去复制了。

鲁尔回到波士顿后,复制了一个卡特莱特轧机,不久即将其投入生产,后来在马萨诸塞城非常成功地创设了以其自己的姓名命名的纺织企业。英国纺织业遭受了丧失19世纪"高技术"垄断地位的惨重损失;更使英国纺织业雪上加霜的是,鲁尔成功地说服议会制定了保护纺织业不受外国竞争的法律。

鲁尔的故事比经济间谍法的制定早了近200年,但它说明经济间谍是一种古老而又有利可图的营生,法律必须保护本国的技术,而外国竞争者获取商业秘密可能产生重大的国际影响。

其次,《经济间谍法》是美国知识产权法转向刑事化的产物。

美国知识产权法日益向刑事化方向转化。例如,联邦刑事法律对侵犯版权、假冒商标都规定了刑事处罚。经济间谍法就是美国知识产权法日益刑事化的产物。但是,与经济间谍法相比,在将传统的以民事责任处理侵犯知识产权行为全面转化为联邦犯罪方面,其他法律都望尘莫及。《经济间谍法》全面确立了盗窃商业秘密的刑事责任。

在经济间谍法制定以前,联邦法律对商业秘密问题几乎没有影响。商业秘密的所有人在保护商业秘密时,主要依靠州法律以及传统的损害赔偿和禁令这些民事救济。1996年2月,联邦调查局局长福瑞(Freeh)请求国会授予打击针对美国公司的经济间谍行为的更大的权力。原因是,由于商业秘密被盗窃,美国公司已经遭受了税收、失业和失去市场份额的亿万元的损失。参议院在赞同该项立法的报告中也指出:"在今天,商业秘密的价

---

[1] 本评介主要参考了下列资料:Lorin L. Reisner, *Criminal Prosecution of Trade Secret Theft*, New York Law Journal, March 30, 1998; Otto G. Obermaier and Ronald Rossi, *Too Many Federalized Crimea? Trade Secrets an Example*, New York Law Journal, July 6, 1998; Hoken S. Seki and Peter J. Toren, *EEA Violations Could Trigger Criminal Sanctions, Stiff Penalties are Intended to Deter Economic Espionage by Foreign Companies in the U.S.*, The National Law Journal (p. B08) Monday, August 25, 1997.

值犹如工厂对于企业的价值一样。盗窃商业秘密所造成的损害可能要比纵火者将工厂付之一炬的损害还要大。"《1996年经济间谍法》就是在这种背景下出台的。[1]

美国国会制定经济间谍法的重要目的显然是使美国公司免受当代外国鲁尔的经济间谍行为的侵害。正如负责该法案的议会主管人员阿林·斯派克特（Sen. Arlen Specter）所说，"多年来，越来越多的证据表明，许多外国政府及其公司一直在通过盗窃商业秘密这种我国发明者的无形财产，而获取竞争优势"[2]。而且，在最初，该法案原拟只适用于"有利于任何外国政府、外国机构或者外国人员"的商业秘密盗窃行为。[3] 由于考虑到如此规定可能与美国加入的一些国际公约相抵触，在其通过前的最后一刻又增加了国内的商业秘密盗窃行为的内容。

在我国现实生活中，侵犯商业秘密行为和商业秘密保护的新情况和新问题层出不穷。例如，继职工跳槽与商业秘密保护广受社会关注之后，盗窃商业秘密的"工业间谍"行为和"恶性竞争"又成为新的热点。为加强商业秘密保护，继《反不正当竞争法》等法律对商业秘密保护的系统规定之后，《刑法》第219条又规定了侵犯商业秘密罪，将侵犯商业秘密行为纳入刑事制裁的范围。

二、侵犯商业秘密的入罪

1997年《刑法》第219条规定了侵犯商业秘密罪。该条对行为类型的规定以及商业秘密的界定与《反不正当竞争法》的规定相同。侵犯商业秘密入罪，客观上加大了制裁侵犯商业秘密行为、保护商业秘密的力度。在一定意义上说，就商业秘密保护而言，《反不正当竞争法》的规定是《刑法》规定的基础。如2020年最高人民法院、最高人民检察院《关于办理侵犯知识产权刑事案件具体应用法律若干问题的解释（三）》对于侵犯商业秘密手段等的规定，参照了《反不正当竞争法》的相应规定。[4]

2020年12月通过的《刑法修正案（十一）》对侵犯商业秘密罪进行了完善，并增加商业间谍罪。

三、由结果犯到行为犯

《刑法修正案（十一）》修改了侵犯商业秘密罪的罪状。修订之前的《刑法》规定，侵犯商业秘密罪的客观要件之一是"给商业秘密的权利人造成重大损失"。鉴于侵犯商业秘密罪的可罚性主要在于行为具有严重的社会危害性，给权利造成损失的数额仅是行为是否具有严重社会危害性的考虑因素之一，此次修改将"给商业秘密的权利人造成重大损失"修改为"情节严重"。修订之后的2020年《刑法》第219条规定："有下列侵犯商业秘密行为之一，情节严重的，处三年以下有期徒刑，并处或者单处罚金；情节特别严重的，处三年以上十年以下有期徒刑，并处罚金：（一）以盗窃、贿赂、欺诈、胁迫、电子侵入或者其他不正当手段获取权利人的商业秘密的；（二）披露、使用或者允许他人使用以前项手段获取的权利人的商业秘密的；（三）违反保密义务或者违反权利人有关保守商业秘密的要求，披露、使用或者允许他人使用其所掌握的商业秘密的。明知前款所列行为，获取、披

---

[1] See Lorin L. Reisner, *Criminal Prosecutio*, New York Law Journal, March 30, 1998.
[2] 142 Cong. Rec. S12201-03 (daily ed. Oct. 2, 1).
[3] See H. R. 3723 104 Cong. (1996).
[4] 参见林广海、许ંચ海：《〈关于办理侵犯知识产权刑事案件具体应用法律若干问题的解释（三）〉的理解与适用》，载《人民法院报》2020年10月29日，第5版。

露、使用或者允许他人使用该商业秘密的,以侵犯商业秘密论。本条所称权利人,是指商业秘密的所有人和经商业秘密所有人许可的商业秘密使用人。"

据此,司法机关在判断侵犯商业秘密行为是否构成犯罪时,不仅考量损失的数额,还会考量侵犯商业秘密行为本身的性质等。

例如,将研发数据传至个人电脑是盗窃行为构成侵犯商业秘密罪的情形。被害单位OP公司与某库公司均系某控股公司100%持股的关联公司。基于关联公司内部合作研发需要,OP公司与某库公司共享服务器内研发数据。被告人程某某原系某库公司的技术工程师,负责芯片硬件开发编程工作,配有某库公司及被害单位OP公司服务器的登录账户,并具有查看和使用服务器内研发数据的权限。2021年6月开始,程某某违反某库公司的保密规定,多次通过绕开公司终端监控软件监管从某库公司服务器拷贝研发数据到OP公司的服务器,后从OP公司服务器将研发数据下载至其办公电脑,再通过飞秋软件利用局域网传输至其个人电脑后将部分数据复制到其个人的移动硬盘。其间,程某某先后通过上述方式获取某库公司及OP公司研发数据约378个(包括hawkeye片上系统源代码)。2022年5月,OP公司在对涉密部门进行安全信息审查时,发现程某某盗窃公司源代码的情况后向公安机关报案,同月程某某被公安机关抓获。经广东省知识产权保护中心鉴定所鉴定,至鉴定日,被告人程某某盗窃的OP公司的hawkeye片上系统源代码属于不为公众所知悉的技术信息。经评估,hawkeye片上系统源代码的合理许可使用费为1436万元。以上事实经一审当庭举证质证的物证、书证、证人证言,被害人陈述、鉴定意见书,现场勘验材料,被告人程某某的供述与辩解及指认笔录等证据予以证实。

广东省东莞市第二市区人民检察院指控被告人程某某犯侵犯商业秘密罪,广东省东莞市第二人民法院(一审法院)审理该案。一审法院认为,被告人程某某盗窃权利人的商业秘密,情节特别严重,其行为已构成侵犯商业秘密罪,但程某某归案后如实供述自己的犯罪行为,依法可以从轻处罚。判决被告人程某某构成侵犯商业秘密罪,判处有期徒刑3年6个月,并处罚金20万元;随案移送的笔记本电脑2台、手机1部,予以没收上缴国库;随案移送的移动硬盘1个,予以销毁。

二审期间,程某某提交了其向OP公司和某库公司出具的悔罪书、其妻子出具给OP公司和某库公司的道歉信;OP公司向二审法院出具了谅解书,表示对程某某的行为予以谅解,希望其能得到从宽处理。二审法院认为,程某某在无公司合法授权的情况下,利用计算机系统漏洞,绕开公司监管,下载、复制公司技术秘密,根据《评估报告书》,hawkeye片上系统源代码的合理许可使用费为1436万元,程某某窃取权利人的商业秘密,情节特别严重。二审期间,OP公司出具了谅解书,对程某某的行为予以谅解,故二审法院对程某某从轻处罚,判处有期徒刑3年2个月,并处罚金20万元。

最高人民法院、最高人民检察院《关于办理侵犯知识产权刑事案件具体应用法律若干问题的解释(三)》第3条第1款和最高人民法院、最高人民检察院起草的《关于办理侵犯知识产权刑事案件适用法律若干问题的解释(征求意见稿)》第15条均规定,采取非法复制、未经授权或者超越授权使用计算机信息系统等方式窃取商业秘密的,应当认定为《刑法》第219条第1款第1项规定的盗窃。上述案件中,员工将公司数据从办公电脑私发至个人邮箱或电脑,被认定为以"盗窃"手段获取商业秘密。程某某侵犯商业秘密的行为是将研发数据(包括hawkeye片上系统源代码)通过服务器下载至办公电脑后传输至个人电脑,再部分复制到个人的移动硬盘。一审、二审法院均认定为"盗窃"商业秘密的行为。此种情形未被认定为《刑法》第 219 条第 1 款第 3 项规定的"违约行为",如果以"违约行为"进行认定,就无法根据最高人民法院、最高人民检察院《关于办理侵犯知识产权刑事案件具体应用法律若干问题的解释(三)》第 5 条第 1 款第 1 项以涉案技术秘密的合理许可费认定损失数额。

又如,违反公司规定未经审批下载技术资料构成非法获取商业秘密罪的情形。

某芯公司致力于超宽带(UWB)芯片的研发、销售,某芯公司为每位技术开发人员均配置了独有的服务器登录账户及密码,技术研发工作均需在公司服务器上进行,技术人员填写申请单并经总经理审批后通知 IT 保密部门处理,方可在研发服务器上下载资料。

被告人黄某扬于 2020 年 9 月入职某芯公司,2021 年 12 月 22 日担任首席技术官,全面负责公司研发部的产品研发、研发规划与管理工作。2022 年 10 月,某芯公司发现服务器异常加密文件后委托第三方机构福建算云公司对服务器内的加密文件进行破解,破密费用为 1 万元。发现黄某扬在 2022 年 4 月 7 日至 9 月 8 日未经公司审批使用自身服务器账号及骗取的下属员工杨某的账号 23 次拷贝下载公司服务器内的技术文件。黄某扬非法获取的技术数据中,存有从某谢公司外采数据,导致某芯公司违反了与某谢公司签署的保密协议并为此向某谢公司支付违约金 2 万元。2022 年 11 月 25 日案发,黄某扬如实供述上述犯罪事实。经鉴定,被告人黄某扬非法从某芯公司获取的 CX300 算法发射链路、算法接收链路、数字发射链路、数字接收链路及 -sar ADC 电路原理图和版图总计 5 个文件所包含的技术信息在 2022 年 11 月 2 日之前属于不为公众所知悉的信息。经评估,上述商业秘密的许可使用费为 181 万元。

被告人黄某扬对犯罪事实无异议,自愿认罪认罚。经庭审举证、质证的被害单位出具的控告材料、密点梳理资料、芯片 CX300 项目研发资料、某芯公司与某谢公司等签订的外购 IP 协议、某芯公司购买服务器的合同及发票、被告人黄某扬与被害单位签订的劳动合同、《苏州某半导体合伙企业(有限合伙)合伙协议》《知识产权、保密及不竞争协议》《公司 IT 管理制度》、被告人黄某扬台湾居民来往大陆通行证复印件、黄某扬请彭某达订购服务器的聊天记录、某芯公司与某谢公司签订的《保密协议》《关于某芯公司员工涉嫌违反保密义务的告知函》《违约谅解书》、采购订单、付款回单、发票、某芯公司营业执照、长沙市公安局直属分局作出长公直(知)扣字[2022]0453 号《扣押决定书》及扣押物品、文件清单、黄某扬成立的公司营业执照、某鉴定所的湘云电司鉴所[2022]电鉴字第 291 号及第 291-2 号《司法鉴定意见书》、某知识产权数据科技有限公司出具的[2022]沪汉光知鉴字第 14 号《知识产权技术鉴定意见书》,某资产评估有限公司出具的深衡评[2023]005 号《资产评估报告》、长沙市公安局直属分局出具的搜查证及搜查笔录、被告人黄某扬的供述及辩解,证人杨某、彭某达、沈某、谌某、王某钧、杨某俊、谢某、范某勇的证言,被害单位负责人景某海的陈述等证据在案佐证。

被告人黄某扬于 2023 年 3 月 23 日在公诉机关签署了《认罪认罚具结书》。长沙市岳麓区人民法院(一审法院)认为被告人黄某扬以不正当手段获取权利人的商业秘密,公诉机关指控被告人黄某扬犯侵犯商业秘密罪的罪名及犯罪事实成立,判决被告人黄某扬犯侵犯商业秘密罪,判处有期徒刑 10 个月,并处罚金人民币 3 万元。

该案中黄某扬未经公司审批使用自身服务器账号及骗取的下属员工杨某的账号将服

务器内技术文件拷贝并下载的行为,被法院认定为以不正当手段获取商业秘密定罪量刑。值得关注的是,该案行为属于《刑法》第219条第1款第1项的"盗窃"还是"不正当手段获取",虽然不一定影响最终的处理结果,但在有"盗窃"规定的情况下,归入"盗窃"更为准确。

在许某海等侵犯商业秘密案[1]中,二审法院对于该案犯罪构成分析认定如下。

1. 许某海使用涉案电表程序生产电表并将电表出售至平壤合营公司,徐某配合许某海购买元器件、组装电表。(1)被告人许某海和徐某在侦查阶段的供述以及证人孙某和刘某的证言,能够证明许某海使用了涉案电表程序生产电表并出口至平壤合营公司,徐某积极配合许某海购买元器件、组装电表。(2)现场勘验检查笔录、电子邮件勘验光盘及北京市京洲科技知识产权司法鉴定中心出具的京洲科技司鉴中心[2019]知鉴字第015号司法鉴定意见书等证据,证明许某海通过邮箱将与晓程公司具有同一性的涉案电表程序发送给孙某。北京市京洲科技知识产权司法鉴定中心出具的京洲科技司鉴中心[2014]知鉴字第010号司法鉴定意见书证明晓程公司主张的4个涉案源代码技术信息在案发时不为公众所知悉。上述两个司法鉴定意见书的鉴定主体具有法定资格,并且鉴定程序、方法符合相关鉴定标准。另对于上诉人许某海的辩护人所提北京市京洲科技知识产权司法鉴定中心出具的京洲科技司鉴中心[2014]知鉴字第010号司法鉴定意见书中,晓程公司提供鉴定的程序软件最后固定时间是2014年1月10日,其余时间均为2012年7月5日,而许某海发给孙某邮件中的软件形成时间为2012年7月4日,许某海邮件中的程序形成时间早于晓程公司提供的鉴定非公知性的程序形成时间的辩护意见,经查:在案的晓程公司提供的FD3327电能表立项报告中有工作日志显示,FD3327K的文件最后修改日期为2012年7月4日15时23分;许某海二审当庭自认其使用了邮件中的涉案电表程序,仅辩称该程序来源为朝鲜人;远程勘验检查记录证明2017年7月13日对孙某的邮箱进行勘验检查,提取2012年7月6日许某海发给孙某的涉案电表程序,该事实否定了晓程公司取得许某海邮件中程序后修改自己研发程序的可能性,故对于上诉人许某海的辩护人提出的相关辩护意见,法院不予采纳。(3)证人吴某、许某的证言以及报关单,订购芯片情况表,出口报税、退税相关材料,增值税专用发票等材料,证明许某海通过其实际控制的海马公司向平壤合营公司销售电表。

上述事实能够证明许某海使用涉案电表程序生产电表并将电表出售至平壤合营公司,并且当庭许某海对生产电表销往平壤合营公司的事实未提出异议。

2. 许某海使用涉案电表程序系非法使用。理由如下:(1)晓程公司的程序研发立项、记录材料、证人程某2的证言、北京市京洲科技知识产权司法鉴定中心出具的京洲科技司鉴中心[2014]知鉴字第010号司法鉴定意见书等证据,证明晓程公司是涉案电表程序这一商业秘密的合法权利人。(2)根据在案的朝鲜煤炭电气工业省煤炭电气贸易公司与晓程公司签订的《合营合同书》第13条和第15条之规定,晓程公司以知识产权作为投资,为此,平壤合营公司和晓程公司应当另订立合同,作为该合同的组成部分,根据另签订的合同规定平壤合营公司有权要求晓程公司提供工业产权;二审期间许某海辩护人提交的平壤对外民事法律事务所出具的确认书及翻译件,虽经过使领馆认证具有证据资格,但平壤

---

[1] 参见北京市第一中级人民法院刑事裁定书,(2019)京01刑终329号。

合营公司仅以自己根据《合营合同书》规定有权享有涉案电表程序,未提供作为《合营合同书》补充协议的其他合同,并且该份确认书及翻译件与在案的晓程公司和平壤合营公司的会议纪要内容明显不符,平壤合营公司对此亦未作出合理解释;二审期间证人余某的证言也否定了该份确认书中平壤合营公司从余某处取得涉案电表程序的内容;在案证据证明晓程公司与平壤合营公司之间实质是电表买卖关系,该合作方式不必然产生知识产权的授权,二审期间证人程某1的证言明确晓程公司通过知识产权控制供货,卖方将核心程序提供给买方亦不符合常理。故在案证据无法证明平壤合营公司占有涉案电表程序系有权占有。(3)在案的被告人徐某的供述和证人孙某的证言能够证明许某海是通过晓程公司的内部员工获得涉案电表程序;虽许某海坚持自己是从朝鲜人处通过U盘获得涉案电表程序,但其无法提供证据证明或者可以查证的线索;劳动合同、保密协议及考勤记录等证据,证明晓程公司对公司商业秘密采取了必要的保密措施,许某海、徐某与晓程公司签订了劳动合同和保密协议,二人对晓程公司的计算机软件等均负有保密义务。

综上,从涉案电表程序的合法权利主体分析,无法得出平壤公司合法占有涉案电表程序的结论,许某海使用涉案电表程序系非法使用。对于上诉人许某海所提其从朝鲜人手中取得涉案电表程序及上诉人许某海的辩护人所提平壤合营公司一方有权享有涉案电表程序的意见,法院均不予采纳。

3. 该案属于给商业秘密权利人造成特别严重后果的案件。理由如下:(1)在案的被告人许某海的供述证明,海马公司出口电表至平壤合营公司的利润包括出口退税获利和海马公司从徐某处进货单价为155元人民币,出口朝鲜单价为26美元,随着汇率浮动,中间差价在人民币2元左右。(2)上诉人徐某在供述中自认其与许某海合作制造了三四十万只电表,并且二审检察员提交了工作记录,证明胡某曾于2014年受使领馆委派随同晓程公司人员前往平壤合营公司与负责人磋商,并签订了会议纪要,该会议纪要及工作记录证明2014年7月16日平壤合营公司河某承认收到海马公司销售的电能表(FD3327K)共计39万只。(3)在案的报关单、出口报税、退税相关材料、增值税专用发票等材料证明,海马公司向平壤合营公司销售涉案电表的单价,印证上述出口电表的数量,以及退税率为15%。

综上,结合上述证据,海马公司仅退税获利就超出人民币250万元,在案的涉案程序研发成本审计报告系由公安机关依法委托有合法资质的审计主体依法作出,审计报告虽主要基于被害单位提供的相关材料作出,但相关材料系公安机关依法调取,程序合法,有客观的合同、票证等书证印证,审计依据真实可靠,审计过程和方法符合相关专业规范要求,审计结论客观真实,并无不当。原判综合涉案程序研发成本、上诉人获利情况认定二上诉人侵犯商业秘密行为非法获利巨大,并无不当。侵犯商业秘密案件中,被告人的巨大获利使得被害单位通过正常交易行为获得的收益减少,该罪名保护的法益是以知识产权交易的市场经济秩序,其中必然包含被害单位因商业秘密可获得的收益。因此,被害单位损失的认定可以参考被告人的获利数额。故上诉人许某海对审计提出异议以及二上诉人的辩护人对于造成特别严重后果认定的相关意见,法院不予采纳。

4. 许某海、徐某构成侵犯商业秘密罪,二人均系主犯。理由如下:许某海、徐某原系晓程公司的员工,与晓程公司签订保密协议,对于晓程公司合法有权享有的商业秘密具有保密义务。许某海非法使用晓程公司所有的涉案核心程序,生产并出口电表至平壤合营公司。在案虽无证据证明徐某直接实施了掌控和植入程序的行为，但其在侦查机关的多次供述均自认其明知许某海使用被害单位核心电表程序，仍予以积极配合，采购元器件、组装电表。二人的行为均符合侵犯商业秘密罪的构成要件，并且二人在共同犯罪中的地位、作用相当，均应承担主犯责任。综上，对二上诉人及其辩护人的相关无罪意见，法院不予采纳。

二审法院认为，上诉人许某海、徐某违反权利人有关保守商业秘密的要求，使用其所掌握的权利人商业秘密，造成特别严重的后果，其行为均已构成侵犯商业秘密罪，依法应予惩处。二人合谋侵犯被害单位商业秘密，并相互分工配合，共同分赃获利。鉴于徐某到案后曾能如实供认其部分罪行，犯罪情节相对许某海较轻，原判已经根据这一情节对徐某在量刑时予以充分考虑，量刑适当，对于上诉人徐某所提罚金刑过重的上诉理由，二审法院不予采纳。一审法院根据二人犯罪的事实，犯罪的性质、情节及对于社会的危害程度所作出的判决，事实清楚，证据确实、充分，定罪及适用法律正确，量刑适当，审判程序合法，依法应予维持。

在北京拓普北方科技发展有限公司等侵犯商业秘密刑事案[1]中，二审裁定分析认定如下。

（1）希涛公司所主张的稠化剂配方系商业秘密。根据2017年《刑法》第219条的规定，商业秘密是指不为公众所知悉，能为权利人带来经济利益，具有实用性并经权利人采取保密措施的技术信息和经营信息。希涛公司出具的报案材料、研发记录等书证与证人唐某、张某等的证言相互印证，证明希涛公司制定《保密管理规定》，与相关员工签订保密协议，对稠化剂配方中原料均采用代码制管理，即原料入厂时就去掉原名称换上特定代码，在实验室和生产车间均使用代码代替原料名称。原材料变成产品后无法分析出原成分。稠化剂产品为希涛公司带来巨大的经济利益。在案国家工业信息安全发展研究中心司法鉴定所、北京国创鼎诚司法鉴定所受公安机关委托出具的司法鉴定意见书证实希涛公司所主张的稠化剂相关技术信息具有非公知性，并对密点作出解释。上述鉴定意见系合格鉴定主体出具，鉴定程序合法，鉴定过程客观，鉴定结论有效，应依法采信。两份鉴定意见认定希涛公司所主张的稠化剂相关技术信息具有非公知性，不仅体现在各种原料的种类，还体现在各原料的配比上。上诉单位及上诉人苏某豪的辩护人在二审期间提交的相关发明专利申请文件无法否定上述鉴定结论，故法院不予采信。

（2）张某系可以接触到秘密配方的技术人员。证人唐某、柏某、张某的证言可以证实，希涛公司明确知道产品配方的人只有唐某和柏某。张某2008年至2012年在希涛公司从事产品实验工作，负责做生产记录，虽然希涛公司对原材料采用编码制管理，张某在实验记录本上写的都是每种材料的编号，但其作为专业的技术人员，经过长期做实验，会辨识物质的颜色、气味、状态等情况，掌握希涛公司生产稠化剂的基础配方。

（3）苏某豪具有侵犯希涛公司商业秘密的主观故意，并实施了利用不正当手段获取希涛公司商业秘密的行为。上诉人苏某豪在希涛公司工作多年，熟知公司销售的产品和流程。其明知张某是希涛公司工作多年的技术人员，掌握希涛公司的技术配方。证人张某的证言证实2015年7月苏某豪说想自己干，因为他有客户，让其合作，就是让其用希涛

---

[1] 参见北京市第三中级人民法院刑事裁定书，(2020)京03刑终560号。

公司的配方做实验并生产产品。后苏某豪向张某支付5万元,让张某提供稠化剂配方及技术支持。张某在苏某豪提供的实验室根据自己的回忆,还原出希涛公司的配方,而非由张某自主研发。张某留下的配方经鉴定与希涛公司的基础配方具有同一性。在案证据亦证实上诉人苏某豪经营北京拓普北方科技发展有限公司后,以低于希涛公司的价格向以前在希涛公司工作期间所掌握的客户销售稠化剂,抢占市场资源,故上诉人苏某豪具有侵犯希涛公司商业秘密的主观故意,并实施了利用不正当手段获取希涛公司商业秘密的行为。

(4)原判依据现有证据认定的获利数额并无不当。原判依据甄别出的侵权产品,并根据在案证人证言、被告人供述及相关账册等证据,根据有利于被告人的事实认定原则,综合认定北京拓普北方科技发展有限公司的获利数额,于法有据。综上,根据在案证据足以认定,上诉单位北京拓普北方科技发展有限公司、上诉人苏某豪实施的上述行为符合我国刑法关于侵犯商业秘密罪的犯罪构成。上诉单位、上诉人所提相关上诉理由及上诉人的辩护人所提相关辩护意见,不能成立,法院均不予采纳。

二审法院认为,上诉单位北京拓普北方科技发展有限公司及其实际控制人上诉人苏某豪以不正当手段获取希涛公司的商业秘密后予以使用,造成特别严重后果,上述行为已构成侵犯商业秘密罪,依法应予惩处。一审法院根据北京拓普北方科技发展有限公司及苏某豪犯罪的事实,犯罪的性质、情节及对于社会的危害程度所作出的判决,事实清楚,证据确实、充分,定罪及适用法律正确,量刑适当,审判程序合法,应予维持。

四、商业间谍罪

为了确保国家经济安全,《刑法修正案(十一)》新增了一个罪名,即为境外窃取、刺探、收买、非法提供商业秘密罪,也就是俗称的商业间谍罪。《刑法》第219条之一规定:"为境外的机构、组织、人员窃取、刺探、收买、非法提供商业秘密的,处五年以下有期徒刑,并处或者单处罚金;情节严重的,处五年以上有期徒刑,并处罚金。"

商业间谍罪入罪门槛未规定类似于侵犯商业秘密罪"情节严重"的构成要件,增加该罪名更有利于国内企业保护商业秘密,打击商业间谍行为。

五、侵犯商业秘密的刑民交叉问题

(一)涉侵犯商业秘密刑民交叉的一般问题

侵犯商业秘密既涉及民事侵权又涉及刑事犯罪的,可能产生民刑交叉问题,其中既涉及实体法问题,又涉及程序法问题。这一问题也是商业秘密保护中受到较多关注和引起较多争议的问题。

侵犯商业秘密行为的构成属于实体法问题。总体上说,不构成民事侵权的行为(非因证明标准和证据问题),应当不能入罪。追究刑事责任应当恰当地处理刑民实体法的关系,民事实体法应当作为基础,由此确保刑法罪名适用的准确性。

涉及刑事与民事何者优先问题特别受关注。当前的司法解释和司法实践均未一概而论,总体上采取具体情况具体分析的态度。

《2020年商业秘密司法解释》对于民事刑事何者优先有所涉及且从一些具体方面规定了相关问题。该司法解释第22条规定了刑事诉讼程序中形成的证据调取和采信,即在民事诉讼程序中,如当事人申请法院调查收集刑事诉讼程序中所形成的证据,在不影响刑事诉讼案件办理的情况下,法院可以准许并调取。"人民法院审理侵犯商业秘密民事案件时,对在侵犯商业秘密犯罪刑事诉讼程序中形成的证据,应当按照法定程序,全面、客观地审查。由公安机关、检察机关或者人民法院保存的与被诉侵权行为具有关联性的证据,侵犯商业秘密民事案件的当事人及其诉讼代理人因客观原因不能自行收集,申请调查收集的,人民法院应当准许,但可能影响正在进行的刑事诉讼程序的除外。"该司法解释第23条规定了刑事诉讼案件判决中关于损害赔偿的效力,即当事人主张刑事判决已经确认的违法所得或者违法获利作为民事诉讼案件中民事赔偿数额的,人民法院应予支持。该条规定了在先刑事生效判决就损害赔偿金额的既判力。"当事人主张依据生效刑事裁判认定的实际损失或者违法所得确定涉及同一侵犯商业秘密行为的民事案件赔偿数额的,人民法院应予支持。"该司法解释第25条规定了刑事诉讼和民事诉讼的推进顺序,这里是典型的刑民交叉问题处理。"当事人以涉及同一被诉侵犯商业秘密行为的刑事案件尚未审结为由,请求中止审理侵犯商业秘密民事案件,人民法院在听取当事人意见后认为必须以该刑事案件的审理结果为依据的,应予支持。"这表明,在侵犯商业秘密刑民交叉案件中,确有必要"先刑后民"的,即"认为必须以该刑事案件的审理结果为依据",可以采取"先刑后民",但无此种必要的,可以不"先刑后民"。

例如,前文引述的"必沃"技术秘密许可使用合同纠纷案[1]中,最高人民法院对于商业秘密刑民交叉案件处理方式进行了阐述。最高人民法院通过具体案例明确了商业秘密刑民交叉案件的处理原则,既避免了民事诉讼当事人以涉嫌犯罪为由干扰民事诉讼程序的正常进行,保证民事案件的公正和及时处理,也避免了公安机关以经济纠纷为由拒绝刑事立案,导致刑事责任与民事责任混淆,影响司法公正和权威。

在司法实践中,由于我国传统的"重刑轻民"的思想根深蒂固,并且刑事证据要求排除合理怀疑,其证明标准明显高于民事证据的高度盖然性标准,通常认为刑事判决的准确性高于民事判决,因而较多地主张采用"先刑后民"的处理方式。

但是,侵犯商业秘密涉及的刑民交叉问题复杂,两类诉讼各有特色和优势,简单地采取"先刑后民"或者"先民后刑"都不符合实际,因而需要根据交叉案件的相互依赖等具体情况进行确定。特别是,侵犯商业秘密首先是一种民事侵权行为,情节严重的才构成侵犯商业秘密罪,因而民事侵权是基础,刑事诉讼应当重视民事侵权的基础功能。例如,由于商业秘密案件存在取证难等问题,权利人有时利用公权力机关,假刑事诉讼之名为后续的民事诉讼取得相关证据,利用公安机关的公权力谋取自己的私利。在后续的民事审理过程中,有时却发现争议信息属于公知领域内的信息,并不构成商业秘密,或者并不构成侵权行为,由此产生基于同一法律事实案件的民、刑判决自相矛盾。因此,处理侵犯商业秘密中的刑民交叉关系应当充分重视其特殊性。

(二)司法解释的基本态度

刑民交叉问题在侵犯商业秘密民事案件审判实践中较为突出,《2020年商业秘密司法解释》除第23条有关赔偿数额的规定外,还从以下三个方面作出规定:

1. 关于证据的审核认定。人民法院审理侵犯商业秘密民事案件,有时会涉及对相关刑事诉讼程序中形成的证据的审核和认定,如鉴定意见、犯罪嫌疑人的供述、证人证言,以

---

[1] 参见最高人民法院民事裁定书,(2019)最高法知民终333号。该案为2021年9月27日最高人民法院公布的十件反垄断和反不正当竞争典型案例之一。

及刑事诉讼程序中的书证、物证、电子数据等。《2020年商业秘密司法解释》第22条第1款规定："对在侵犯商业秘密犯罪刑事诉讼程序中形成的证据,应当按照法定程序,全面、客观地审查。"

2. 关于人民法院依申请调查收集证据。对于由公安机关、检察机关或者人民法院保存的与被诉侵权行为具有关联性的证据,当事人及其诉讼代理人如果不能自行收集,可以依法申请人民法院进行调查收集。根据《刑事诉讼法》第40条的规定,"辩护律师自人民检察院对案件审查起诉之日起,可以查阅、摘抄、复制本案的案卷材料。其他辩护人经人民法院、人民检察院许可,也可以查阅、摘抄、复制上述材料"。由于前述规定对"查阅、摘抄、复制"案卷材料的时间起点作出了明确规定,故《2020年商业秘密司法解释》第22条第2款规定:"当事人及其诉讼代理人因客观原因不能自行收集,申请调查收集的,人民法院应当准许,但可能影响正在进行的刑事诉讼程序的除外。"司法实践中,对于是否确实属于"可能影响正在进行的刑事诉讼程序",应当有相应的法律依据和事实依据。

3. 关于涉及同一被诉侵犯商业秘密行为的刑民交叉,是否中止民事案件的审理问题。起草过程中,各方有不同认识,《2020年商业秘密司法解释》重点考虑以下方面[1]:(1)侵犯商业秘密案件,尤其是侵犯技术秘密案件的事实查明难度大,法律适用较为疑难复杂。司法实践中,人民法院在民事案件中认定权利人请求保护的信息不构成商业秘密,或者被诉侵权人不构成侵权,但相关刑事案件中认定被诉侵权人构成犯罪的"倒挂"的现象客观存在。(2)是否中止民事案件,需要考虑权利人有权通过民事判决及时获得司法救济,尤其是尽快判决停止侵害,及时获得侵权赔偿;必要时,还应由人民法院依法裁定采取行为保全、证据保全措施。中止民事案件有可能导致权利人难以获得充分、及时的司法救济。(3)《全国法院民商事审判工作会议纪要》(法〔2019〕254号)第130条规定:"人民法院在审理民商事案件时,如果民商事案件必须以相关刑事案件的审理结果为依据,而刑事案件尚未审结的,应当根据《民事诉讼法》第150条第5项的规定裁定中止诉讼。待刑事案件审结后,再恢复民商事案件的审理。如果民商事案件不是必须以相关的刑事案件的审理结果为依据,则民商事案件应当继续审理。"综合考虑上述因素,《2020年商业秘密司法解释》第25条规定:"人民法院在听取当事人意见后认为必须以该刑事案件的审理结果为依据的,应予支持。"

第五节 自行研发、反向工程与经授权取得

自由复制模仿是一项重要的公共政策。[2]复制模仿不仅是被允许的,更是被需要的。[3]

---

[1] 林广海等:《〈最高人民法院关于审理侵犯商业秘密民事案件适用法律若干问题的规定〉的理解与适用》,载《法律适用》2021年第4期。

[2] 复制模仿不仅是被允许的,而且是高度需求的,这是美国和大多数自由市场经济的公共政策。See Elizabeth A. Rowe & Sharon K. Sandeen, *Trade Secrecy and International Transactions*, Edwar Elgar, 2015, p. 81.

[3] "模仿及通过模仿的提升是'竞争经济的生命线'。"See e. g., Bonito Boats, Inc., 489 U. S. 141, 146, U. S. 470, 476(1874).

这是因为复制模仿有助于增强竞争,降低价格,并经常导致商品服务的改进。因此,除了受专利法保护的专利外,在自由市场上获得商品,再拆卸之后发现其运行原理,于此不存在任何法律的或者道德的问题。反向工程和自行研发都属于此类情形。如美国最高法院判决所说,"商业秘密法并不反对通过公平和诚实的手段进行的发现,如通过独立发明、意外披露或者所谓的反向工程而取得"[1]。

一、自行研发和反向工程的合法性

在商业秘密保护中,自行研发和反向工程具有正当性和合法性,构成对于商业秘密保护的限制。其正当性首先是因为获取方式的正当性,而且与商业秘密保护的性质相关。

自行研发和反向工程在获取信息的手段上具有合法性。这些方式获取商业秘密,不构成不诚实的获取。两者之间的区别是,自行研发不通过接触他人商业秘密而获取相关信息,而是基于一般知识和技术及可公开获取的信息进行的研发;反向工程则是通过研究或者拆分公开销售的产品或者商业秘密的载体,获取其中的商业秘密。

商业秘密被认为不属于专有权和不具有强排他性的重要体现,就是其并不排斥他人的独立研发和反向工程,对于同样的消息只要不为公众所知悉,可以存在同时属于多人分别所有的商业秘密。多人分别拥有同样的秘密信息,不影响各自享有的商业秘密权利,除非达到了该领域内广泛知晓的程度。如《欧盟商业秘密保护指令》前言指出:"为维护创新和促进竞争,本指令对于 know – how 或者信息作为商业秘密,并不创设任何专有权(exclusive right)。因此,有可能独立研发同样的 know – how 和信息。对于合法取得的商品进行的反向工程,应当认为是获取信息的合法方式,除非合同另有约定。但是,可以通过法律限制这种合同约定的自由。"当然,在诉讼程序中,独立研发和反向工程又可以作为不侵犯商业秘密权利的抗辩(不侵权抗辩)。

在 TRIPs 谈判过程中曾经两次涉及自行研发和反向工程。一次是在美国、日本和欧盟产业集团提出的基本框架中;另一次是在 1989 年秋天的谈判小组会议上,美国和加拿大代表广泛地讨论了商业秘密原则,涉及自行研发和反向工程问题。其中美国代表在讨论商业秘密保护标准时提到一系列案件,指出:"通过反向工程分解产品或者自行研发获取,可以使用竞争对手的秘密信息。"但是,TRIPs 文本并未明确规定。由于自行研发和反向工程是"不正当手段"的对立物,因而无须在文本中明确规定。也正是这个原因,美国《统一商业秘密法》也未作出规定,但其评论中将两者作为获取商业秘密的正当手段的例子。[2] WTO 成员可以自由界定哪些是违反诚实商业做法的行为,也可以界定自行研发和反向工程之类的正当手段。[3]

我国《反不正当竞争法》第 9 条规定了各类侵犯商业秘密的行为。在侵犯商业秘密案件中,被告经常以自行开发研制或者反向工程为由进行不侵权的抗辩。鉴于商业秘密是通过权利人自己保护的方式而存在的权利,权利人并不具有商业秘密保护中排他的

---

[1] Kewanee Oil Co. v. Bicron Corp., 416 U. S. 470, 486 – 487(1974).
[2] 美国《统一商业秘密法》的评论指出,正当手段包括:(1)独立研发;(2)通过"反向工程"发现;(3)根据商业秘密所有人的许可进行的发现;(4)通过对公开使用或者公开展示的物品的观察;(5)从公开来源获取商业秘密。
[3] See Rochelle C. Dreyfuse & Katherine J. Standburg, *The Law and Theory of Trade Secret: A Handbook of Contemporary Research*, Edward Elgar, 2011, p. 560 – 561.

独占权,商业秘密保护只是禁止他人采用不正当手段或者违反合同约定等获取、披露、使用、允许他人使用其商业秘密。他人只要没有采用不正当手段获取商业秘密,就不构成侵权。[1]

根据商业秘密的属性和审判经验,《2007年反不正当竞争司法解释》第12条肯定了自行开发研制和反向工程不构成侵权。同时,还对反向工程进行了界定,即"通过技术手段对从公开渠道取得的产品进行拆卸、测绘、分析等而获得该产品的有关技术信息"。当然,当事人通过不正当手段知悉了他人的商业秘密之后,又以反向工程为由主张获取行为合法的,不予支持。[2]《2020年商业秘密司法解释》第14条仍延续性规定了不侵权抗辩,即"通过自行开发研制或者反向工程获得被诉侵权信息的,人民法院应当认定不属于反不正当竞争法第九条规定的侵犯商业秘密行为。前款所称的反向工程,是指通过技术手段对从公开渠道取得的产品进行拆卸、测绘、分析等而获得该产品的有关技术信息。被诉侵权人以不正当手段获取权利人的商业秘密后,又以反向工程为由主张未侵犯商业秘密的,人民法院不予支持"[3]。

二、反向工程的正当性

一般地说,反向工程是从人造产品中提取技术知识或其他信息等过程。[4]反向工程就是,"从已知产品开始,回溯其据以开发或者制造的过程"[5]。商业秘密保护中允许反向工程的合法性抗辩或者侵权豁免,在理论上有不同的解说,主要有以下几种。(1)创新说。该说认为,反向工程是一种反向的激励和威胁,能够促进产品的迭代创新,或者迫使创新者提高产品技术高度而满足专利授权所要求的创造性标准。反向工程有利于拓宽知识获取的渠道,促进知识传播,有利于在现有技术的基础上再创新。(2)劳动说或者报偿说。该说认为,反向工程是花费时间、金钱和精力的结果,其合理对价是获得信息。通过反向工程获取信息,不构成具有道德可责性的纯粹"搭便车者"或者不劳而获。(3)公开说或者用尽说。该说认为,产品在市场上公开销售,意味着产品所承载信息的已获公开,应当允许他人通过破解获取蕴含的知识信息。(4)私人财产权说或者物权说。该说认为,拆解合法购买而来的物品,是行使物权的一种形式。拆解、测量、检测产品等是对物品享有所有权的应有之义。

---

[1] 参见蒋志培、孔祥俊、王永昌:《〈最高人民法院关于审理不正当竞争民事案件应用法律若干问题的解释〉的理解与适用》,载孔祥俊主编:《最高人民法院知识产权司法解释理解与适用》,中国法制出版社2012年版,第259页。

[2] 《2007年反不正当竞争司法解释》第12条规定:"通过自行开发研制或者反向工程等方式获得的商业秘密,不认定为反不正当竞争法第十条第(一)、(二)项规定的侵犯商业秘密行为。前款所称'反向工程',是指通过技术手段对从公开渠道取得的产品进行拆卸、测绘、分析等而获得该产品的有关技术信息。当事人以不正当手段知悉了他人的商业秘密之后,又以反向工程为由主张获取行为合法的,不予支持。"

[3] 《江苏省高级人民法院侵犯商业秘密民事纠纷案件审理指南(修订版)》第3.6.2条指出:"反向工程抗辩主要适用于技术信息,指被告抗辩其通过技术手段对公开渠道取得的产品进行拆卸、测绘、分析而获得该产品的有关技术信息。对此,被告需提供证据予以证明。反向工程产生两个法律效果:一是被告不构成侵权;二是反向工程并不意味着该商业秘密丧失秘密性。需要注意:(1)被告以不正当手段知悉了原告商业秘密之后,又以反向工程为由主张其行为合法的,不予支持。(2)法律、行政法规对某类客体明确禁止反向工程的,被告的抗辩不能成立。"

[4] See Pamela Samuelson & Suzanne Scotchmer, *The Law and Economics of Reverse Engineering*, 111 The Yale Law Journal 1575, 2002.

[5] Kewanee Oil Co. v. Bicron Corp., 416 U. S. 470, 476 (1974).

其实,承认反向工程的正当性,并将其作为侵犯商业秘密的豁免事由,更像是一种政策原因,即在保护强度上对于商业秘密有所保留,使其排他性较弱,给反向工程留下合法性的空间。如果立足于反不正当竞争法,就是将反向工程作为正当获取秘密信息的行为。之所以说是一种政策理由,是因为即便禁止反向工程,以创新说、劳动说、公开说和物权说进行反对,也未必一定具有很强的说服力。

只要商品或者信息可以为公众自由获取,任何人都可以通过对其加以分析研究,发现其中的商业秘密。在不涉及可适用的专利、版权或者商标保护时,甚至可以复制和销售此类产品或者信息。[1]反向工程并不导致商业秘密权利的丧失。但是,因为反向工程而导致秘密信息被广泛公开,或者因反向工程比较普遍而使秘密信息成为特定领域的公知信息的,商业秘密就不复存在。

反向工程应当是在事先不知道商业秘密的情况下进行。如果一家公司想要解构竞争对手的产品或者拆解一个软件,必须谨慎地在"清白"的程序中进行,确保任何参与者都不曾受雇于竞争对手,也没有通过其他途径获取过这些信息。[2]

当事人是否可以通过合同约定限制反向工程,是一个有争议的问题。主张合同自由观点的人认为,雇主或者商业秘密的其他所有人应当被允许限制其雇员或者客户实施反向工程。有观点则认为,此种合同限制有悖鼓励公共信息和知识传播的公共政策,因而不具有可执行性。[3]就商业秘密保护的性质和特点而言,支持公共政策的观点更为合理一些。

三、经授权取得商业秘密的合法性抗辩

被告能够证明经授权合法取得商业秘密的,当然可以构成合法取得的不侵权抗辩。

如在马格内梯克上海公司与李某斌、朱某文侵害商业秘密纠纷案[4]中,法院认为,在审判实践中,将判断是否侵害权利人商业秘密的相关规则,总结为"接触+相同或实质相同-合法来源"。(1)关于接触。该案中,中软万维公司在《回复函》中"我公司最早从市场上获悉马格公司的产品,主要与马格内梯克上海公司负责人李某斌联系""我公司在武汉地铁2、4号线项目相关材料的联系接口人为马格内梯克上海公司负责人李某斌和他的同事"等陈述;李某斌在审理中确认其在原告处工作期间,知晓中软公司为武汉地铁2、4号线项目向原告采购商品的意向;李某斌在原告出具的制造商出具的授权函上作为销售经理签字的行为等相互印证,足以证明李某斌在原告处工作期间,已经掌握了原告的涉案商业秘密。(2)关于相同或实质相同。中软公司与MAX英国公司签订的涉案合同约定中软公司向MAX英国公司购买马格内梯克德国公司生产的标准通道机芯(德国原装进口,KPR-111C)、宽通道机芯(德国原装进口,KPR-121C)等行人通道产品;被告MAX英国公司为履行上述合同,与原告签订《购货合同》购买标准通道机芯(德国原装进口,

---

[1] See Sharon K. Sandeen & Elizabeth A. Rowe, *Trade Secret Law in an Nutshell*, 2nd edition, West Academic Publishing,2018,p. 57. 这也是美国最高法院在 Sears/Compco 案中申明的基本原则。
[2] 参见[美]詹姆斯·普利:《商业秘密:网络时代的信息资产管理》,刘芳译,清华大学出版社2023年版,第60~61页。
[3] See Elizabeth A. Rowe & Sharon K. Sandeen, *Trade Secrecy and International Transactions*, Edwar Elgar,2015, p. 82.
[4] 参见上海市杨浦区人民法院民事判决书,(2016)沪0110民初788号。

KPR-111C)、宽通道机芯(德国原装进口,KPR-121C)等行人通道产品。上述证据表明MAX英国公司在武汉地铁2、4号线项目中向中软公司提供的行人通道产品,与原告的涉案商业秘密经营信息的内容相一致。(3)关于合法来源。审理中,被告MAX英国公司对其从何处获知中软公司在武汉地铁2、4号线项目中采购行人通道扇门模块产品的意向,又如何与中软香港公司签订涉案合同进行解释,表示其知晓中软公司的采购意向并与中软香港公司签订合同基于MAX英国公司的原告代理商身份及原告的授权。现有证据证明,2011年6月,原告分别向MAX英国公司与中软公司出具函件,授权MAX英国公司进行武汉地铁2、4号线项目后续合同谈判和签订合同,并承诺向MAX英国公司提供必要的协助、技术支持及售后服务等,这与中软万维公司"项目中标后,我公司联系厂商授权代表进行商务谈判,确定价格、货期等进行合同签订,然后按合同执行付款、供货及相关售后工作""我公司签订合同均与产品代理商进行签订""中软万维公司在项目的招投标阶段仅选择产品制造厂商。涉案武汉地铁2、4号线项目中软万维公司选择MAX英国公司作为合同的签约方,选用马格内梯克德国公司产品"的陈述相印证,故MAX英国公司掌握的中软公司在武汉地铁2、4号线项目中采购马格内梯克德国公司生产的标准通道机芯(KPR-111C)、宽通道机芯(KPR-121C)行人通道产品的意向,系源于原告授权,被告MAX英国公司使用上述涉案商业秘密有合法来源。原告辩解该授权系原告被李某斌欺骗形成。法院认为,第一,承诺书及授权函均有原告总经理叶某的签字并加盖原告的公章,与叶某陈述的"其本人签发的文件一定会签字后再加盖公章"相一致;第二,MAX英国公司与原告2012年1月签订的《购货合同》明确,采购产品用于武汉地铁2、4号线项目,故原告对涉案合同的签订是知晓的,但原告对此并未提出异议,反而与MAX英国公司签订供货合同,协助MAX英国公司履行涉案合同;第三,MAX英国公司提供的证据证明,原告在2012年8月仍授予MAX英国公司德国马格内梯克品牌行人通道产品的外币贸易销售代理商的资格,MAX英国公司并非仅在涉案项目中作为原告的代理商;第四,叶某作为原告方总经理,公司章程明确规定总经理职责为组织领导公司的经营活动并领导公司的日常行政工作,原告提供的证据亦证明叶某要求李某斌等人汇报工作进展,叶某关于李某斌掌控行人通道业务的陈述缺乏证据证明。故原告关于武汉地铁2、4号线项目出具的授权文书是在李某斌欺骗下形成无证据佐证,法院对原告的主张难以采信。综上,MAX英国公司使用涉案经营信息源于原告授权,原告关于李某斌未经许可向MAX英国公司、朱某文披露并许可其使用原告的涉案商业秘密,MAX英国公司、朱某文在明知所获知的信息系原告的涉案商业秘密的情况下,仍使用上述信息与中软香港公司签订涉案合同,李某斌、MAX英国公司、朱某文共同侵害了原告涉案商业秘密的诉讼主张,显然不能成立。法院对于原告的相关诉讼请求,难以支持。

因原告现有证据不能证明李某斌、MAX英国公司侵害原告的涉案商业秘密,原告基于上述前提对朱某文提出的承担连带责任的相关诉讼请求,法院不予支持。

第九章 侵犯商业秘密的民事责任

第一节 停止侵害

一、停止侵害的适用

(一)美国法律中的禁令救济

美国商业秘密法中的禁令区分为永久禁令(permanent injunctive relief)和临时禁令(preliminary injunctive relief)。美国《统一商业秘密法》第2条规定了颁发永久禁令的条件,即对于"实际发生的和有发生危险的侵犯行为,可予禁止"。虽然该法第2条并无明文规定,但一般认为在决定是否及何时发布禁令时,适用传统的衡平原则,包括不可弥补的损害和法律救济的不充分性之类的传统要求。问题在于,一旦认定构成侵犯商业秘密,不可弥补的损害是否应当推定,或者在商业秘密案件中原告是否必须确定无疑地表明授予禁令所要求的衡平因素。实际做法是,是否给予禁令取决于禁令发布时被诉侵犯行为是否仍然存在。[1]

美国《统一商业秘密法》之时,美国法院对于禁令救济的恰当存续时间做法不一。有些法院认为,为制裁侵犯商业秘密行为而发布的禁令应该是永久的,即便非因被制裁的一方的原因而使得商业秘密消灭,禁令也不受影响。有些法院则认为,由于商业秘密的易逝性,永久禁令只存在于商业秘密存续期间。美国《统一商业秘密法》起草过程中,一个重要的担心是侵犯商业秘密诉讼中禁令救济的期限。由于商业秘密被认为提供一种弱于美国专利法的保护,起草者担心,如果不对禁令救济的期限作限制,商业秘密权利人可以获得比专利法更好的保护。因此,美国《统一商业秘密法》的禁令条款将禁令的期限限定为商业秘密存续期间,并规定了被禁止方可以提出撤销禁令的程序。美国《统一商业秘密法》第2条(a)明确规定,商业秘密消灭之时禁令即行终止,同时附带规定,禁令"可以额外地继续一个合理期限,以消除因侵犯行为所获得的商业优势"。这一期间通常被称为"领先时间"(或者领先起始)优势["lead-time"(or head start) advantage],通常是侵权人获取商业秘密至商业秘密公开之时的期间。[2]这种原则在TRIPs谈判过程中,曾经在一览表中部分提及,即"只要不是行业内的公开知识、一般知识或者未经使用而完全披露,商

---

[1] See Elizabeth A. Rowe & Sharon K. Sandeen, *Trade Secrecy and International Transactions*, Edwar Elgar, 2015, p.56.

[2] See Elizabeth A. Rowe & Sharon K. Sandeen, *Trade Secrecy and International Transactions*, Edwar Elgar, 2015, p.56.

业秘密就应当受保护"。[1]但是，TRIPs对这些问题没有有关讨论的记录。相反，美国更为担心有些国家或许采取固定保护期限的做法，即担心保护期限太短而不是太长。[2]

美国《统一商业秘密法》第2条有个独特而有趣的规定，即在"特殊情况"下（in "exceptional circumstances"），允许法院通过准予合理许可费的方式替代发布禁令。"特殊情况""包括但不限于在知道或者有理由知道侵犯行为之前发生重要不利的状态变化，使得发布禁令不公平"。这适用于"意外的"（accidental）或者"无辜的"（innocent）获取者情况，即第三人最初获取时不知道或者没有理由知道商业秘密侵犯行为。在美国传统普通法上，无辜获取者不承担责任，美国《统一商业秘密法》改变了这种做法，但又以特殊情况下不颁发禁令的方式加以缓和。根据美国《统一商业秘密法》的起草史，这一适用禁令的例外还意味着，在有"压倒性公共利益"（an overriding public interest）时可以不适用禁令。[3]用于支持这种情形的例子是，越战期间，侵权行为人使用原告的商业秘密支持用于军事行动的机载武器控制系统。[4]有的判决指出，"促进竞争的一般社会利益"（society's general interest in fostering competition）达不到可以不发禁令的"压倒性公共利益的程度"。[5]

美国《统一商业秘密法》并未规定临时禁令。但是，根据美国联邦法律和美国各州的法律规定，法院可以颁发临时禁令。

美国《保护商业秘密法》对于涉及离职员工的禁令作出了特别规定。首先，任何禁令都必须"基于有侵犯商业秘密危险的证据，而不是基于员工所知悉的信息"。其次，该法规定了不可避免披露原则和竞业限制，但禁令不得"与禁止限制从事合法职业、贸易或者经营的可适用的州法律相冲突"。该规定引入调整竞业限制的州法律，确保此类法律在联邦法院得到适用。[6]

（二）我国法律中的禁令

如果商业秘密尚未公开披露，权利人可以请求侵权行为人停止侵害。《2020年商业秘密司法解释》第17条规定："人民法院对于侵犯商业秘密行为判决停止侵害的民事责任时，停止侵害的时间一般应当持续到该商业秘密已为公众所知悉时为止。依照前款规定判决停止侵害的时间明显不合理的，人民法院可以在依法保护权利人的商业秘密竞争优势的情况下，判决侵权人在一定期限或者范围内停止使用该商业秘密。"

例如，在倍通数据与崔某吉案[7]中，关于停止侵害，最高人民法院的判决指出，首先，关于倍通数据诉崔某吉立即停止侵害涉案技术秘密，停止侵害的责任方式是以侵权行为正在进行中或仍在持续进行为适用条件，然而，倍通数据在该案中主张的崔某吉盗窃技术秘密的行为已经实施完毕，故倍通数据诉请要求崔某吉停止盗窃涉案技术秘密已不具

---

[1] MTN. GNG/NG11/W/32（June 2,1989）at 28.
[2] See Rochelle C. Dreyfuse & Katherine J. Standburg, *The Law and Theory of Trade Secret: A Handbook of Contemporary Research*, Edward Elgar, 2011, p. 561－562.
[3] See Elizabeth A. Rowe & Sharon K. Sandeen, *Trade Secrecy and International Transactions*, Edwar Elgar, 2015, p. 57－58.
[4] Republic Aviation Corp. v. Schenk, 152 U. S. P. Q 830（NY Sup. Ct 1967）.
[5] See Progressive Prodcts, Inc. v. Swartz, 205 P. 3d 766, 778（Kan. Ct. App. 2009）.
[6] See Sharon K. Sandeen & Christopher B. Seaman, *Toward a Federal Jurisprudence of Trade Secret Law*, Berkeley Technology Law Journal, Vol. 32:829（2017）.
[7] 最高人民法院民事判决书，(2021)最高法知民终1687号。

备适用条件,原审法院判决崔某吉立即停止以不正当手段获取涉案技术秘密的认定有误。其次,关于倍通数据诉请要求禁止崔某吉不得以任何目的、任何形式使用及传播涉案技术秘密。最高人民法院认为,倍通数据该项诉讼请求实为要求消除崔某吉因获取其技术秘密而进行后续传播及使用的危险。由于崔某吉已将含有涉案技术秘密的信息转移至自己所有和控制的电子邮箱,使得涉案技术秘密可能面临被披露、传播和使用的风险,有禁止崔某吉进一步传播及使用的必要,且这一禁令也未增加崔某吉的义务。

《2020年商业秘密司法解释》第17条沿袭了《2007年反不正当竞争司法解释》第16条的规定。《2007年反不正当竞争司法解释》如此规定的原因是,在侵犯商业秘密的案件中,如何确定停止侵害的时间长短,确实有其特殊性。根据侵犯商业秘密案件的特殊性,《2007年反不正当竞争司法解释》第16条规定,"人民法院对于侵犯商业秘密行为判决停止侵害的民事责任时,停止侵害的时间一般持续到该项商业秘密已为公众知悉时为止。依据前款规定判决停止侵害的时间如果明显不合理的,可以在依法保护权利人该项商业秘密竞争优势的情况下,判决侵权人在一定期限或者范围内停止使用该项商业秘密"。该条第1款考虑到商业秘密只要不公开,权利人就享有权利,侵权行为人就应当停止侵害。第2款则考虑到商业秘密自身获得的难度大小的不同,如果一项商业秘密比较简单,本领域的相关人员在一定的时间内即可获得,或者此项商业秘密仅在一定的范围内具有竞争优势,超出这个范围就不会对原告构成竞争威胁,法院往往只在保留原告竞争优势的情况下,判决侵权人在一定期限或者范围内禁止使用。如起草说明所说,《2007年反不正当竞争司法解释》第16条的本意是"本条第1款对侵犯商业秘密适用停止侵害的一般原则作了规定。从国际惯例看,对侵犯商业秘密适用禁令的时间,不是一律都持续到该项商业秘密为公众知悉为止,而是要考虑商业秘密自身获得的难度大小。如果一项商业秘密比较简单,本领域的相关人员在一定的时间内就能获得,或者此项商业秘密仅在一定的范围内具有竞争优势,超出这个范围对原告不会构成竞争威胁,法院往往只在保留原告的竞争优势的情况下,判决侵权人在一定期限或者范围内禁止使用。商业秘密不像专利有期限的限制,过了有效期,就进入公有领域,任何人都可以自由使用。商业秘密没有期限的限制,只要处于保密状态,就一直受到保护。因此,在对侵犯商业秘密行为适用停止侵害的民事责任时,要考虑到商业秘密的这个特点,可以允许法院针对侵犯的商业秘密的不同情况,合理确定停止侵害的时间,以便平衡商业秘密权利人和社会公众之间的利益。因此,借鉴国外的做法,作出了第16条第2款的规定"。[1]这些起草背景和原意对于理解《2020年商业秘密司法解释》第17条规定仍有参考价值。

例如,在原告甲公司诉被告钟某、乙公司侵犯商业秘密案中,被告钟某曾是原告公司的职工,其在职期间及离职后在其参股的乙公司中使用原告的客户名单,侵犯了原告甲公司的商业秘密。在被告钟某任职期间,原告甲公司制定的《公司商业秘密保护规定》等保密制度规定,经营信息属于公司的商业秘密保护范围,且在员工离开公司后3年内,员工仍需保护公司商业秘密,否则公司有权追究其责任并索赔。法院判决被告"立即停止对原告××公司商业秘密侵害的不正当竞争行为"。

---

[1] 该内容引自《〈关于审理不正当竞争民事纠纷案件适用法律若干问题的解释〉(送审稿)的起草说明》。参见孔祥俊主编:《最高人民法院知识产权司法解释理解与适用》,中国法制出版社2012年版,第260页。

该判决未设定停止侵权行为的期限,但考虑到原告甲公司《公司商业秘密保护规定》也仅要求"员工离开公司后3年内,员工仍需保护公司商业秘密",因此3年内保密已符合权利的利益,在该案中要求停止侵权的期限参照该期限确定为宜,无限期保密则无必要。

从外国的一些司法实践看,对于侵犯商业秘密适用禁令的时间,也不是一律都持续到该项商业秘密为公众知悉为止,这种做法比较公平,具有一定的合理性。因此,在对侵犯商业秘密行为适用停止侵害的民事责任时,允许法院针对侵犯的商业秘密的不同情况,合理确定停止侵害的时间,以平衡商业秘密权利人和社会公众之间的利益。

实践中还有一些不需要发布禁令的特殊情形。例如,在百年梦公司、翔鹰公司与三六零公司、柳某、刘某某、金某某不正当竞争纠纷案中,最高人民法院二审判决指出,对于侵害商业秘密知识产权的持续行为,人民法院原则上应当根据权利人的请求判令侵权行为人停止使用该商业秘密等侵害行为。但是,在权利人基于合同债权期待获取的全部商业秘密中,如果其仅实际掌握小部分商业秘密,而其客观上已经不能取得剩余大部分商业秘密,其实际掌握的小部分商业秘密又难以发挥相应的效用,且实际掌握的该小部分商业秘密与剩余大部分商业秘密具有较强的关联性,据此可以认定该权利人已难以实际利用已经掌握的部分商业秘密。特别是,如果商业秘密权利人已经事实上无法实施其掌握的该小部分商业秘密,而判令停止侵害将导致实际掌握的部分商业秘密与剩余部分商业秘密均无法发挥效用,在可以充分赔偿权利人因此受到的损失的情况下,为充分发挥全部相关商业秘密特别是剩余大部分商业秘密的整体效用,人民法院不宜支持该权利人针对其掌握的小部分商业秘密提出的停止侵害请求。

二、侵权物品的处置

对于侵权物品的处置,《2020年商业秘密司法解释》第18条规定:"权利人请求判决侵权人返还或者销毁商业秘密载体,清除其控制的商业秘密信息的,人民法院一般应予支持。"当然,如果存在销毁侵权载体会损害社会公共利益,或者销毁侵权载体不具有可执行性等情形,也可以不销毁,而采取其他方式进行处置。[1]

例如,在上诉人四川某化工公司与被上诉人山东某化工公司、宁波某咨询公司、宁波某设计公司、尹某某侵害技术秘密纠纷案[2]中,四川某化工公司诉请判令山东某化工公司等被诉侵权人销毁其各自持有的技术秘密载体,对此,二审判决认为原审判决对于宁波某咨询公司、宁波某设计公司、尹某某应当销毁相应技术秘密载体的认定正确,故予以确认。四川某化工公司同时诉请判令山东某化工公司立即销毁侵权的生产设备及设备图纸、技术资料。对此,二审判决认为,被诉侵权生产系统即山东某化工公司涉案三聚氰胺一期项目的建成、实际使用均依赖于涉案技术秘密,特别是其中的设备选择、设备尺寸、工艺参数等,故对山东某化工公司而言,其持有的记载或包含涉案技术秘密的载体主要为被诉侵权生产系统以及其向相关行政管理部门备案的图纸或技术资料即本案中的设计专篇。同时,为确保生产设备的正常运行、维护、维修,此类大型生产设备的实际使用者理应持有相应技术资料,故可以推定山东某化工公司持有的记载或包含涉案技术秘密的载体

---

[1]《江苏省高级人民法院侵犯商业秘密民事纠纷案件审理指南(修订版)》(2020年12月29日江苏省高级人民法院审判委员会第36次全体会议讨论通过)第4.3条。

[2] 最高人民法院民事判决书,(2022)最高法知民终541号。

还包括被诉侵权生产系统的相应技术资料。山东某化工公司实施的使用涉案技术秘密的行为主要体现为使用涉案技术秘密建设被诉侵权生产系统并在被诉侵权生产系统建成后继续使用承载有涉案技术秘密的该侵权生产系统和使用涉案技术秘密中的生产工艺生产三聚氰胺产品并进行销售。可以说,被诉侵权生产系统既是承载涉案技术秘密的重要载体,又是山东某化工公司可能继续实施侵权行为的重要工具。销毁承载有涉案技术秘密的被诉侵权生产系统不仅是停止侵害的应有之义,亦可有效预防山东某化工公司继续使用其上所承载的技术秘密以及在该生产系统上使用涉案技术秘密中的生产工艺。因此,最高人民法院对四川某化工公司提出的要求山东某化工公司销毁承载涉案技术秘密的相应设备及设备图纸、技术资料的诉讼请求予以支持。同时,最高人民法院亦注意到,被诉侵权生产系统中还涉及其他未承载涉案技术秘密的设备,涉及山东某化工公司的合法财产权利,因此,销毁有关设备的方式包括但不限于以拆除的方式实现。此外,考虑到被诉侵权生产系统涉及大型化工项目,山东某化工公司在履行上述销毁该生产系统的责任时需一定的合理履行期间,且如前所述,该生产系统还涉及相关危险化学品处理,如其进行改建等仍需经相关行政管理部门进行安全条件审查。同时,结合山东某化工公司在最高人民法院审理的(2020)最高法知民终1559号案中关于花费一个月时间对其生产系统进行了改造的自述可知,对于山东某化工公司而言,在90天内对该生产系统进行拆除等并不存在履行障碍。因此,最高人民法院给予山东某化工公司90天的履行宽限期以实现上述停止侵害的目标。山东某化工公司所持有的设计专篇等其他记载或包含涉案技术秘密的相应技术资料也应与被诉侵权生产系统同时销毁。原审法院基于社会资源的浪费以及生产安全的角度考量,希望通过判令停止使用但不销毁生产设备的方式,鼓励山东某化工公司与四川某化工公司达成技术许可。对此,最高人民法院认为,原审法院的此种处理方式的出发点虽好,在于试图促成技术许可和避免资源浪费,但结合本案山东某化工公司等被诉侵权人十分明显的主观过错以及较为严重的侵权情节,该处理方式一方面不当限制了权利人对其知识产权的行使,另一方面,在双方不能达成合意时将形成裁判执行的僵局并可能引发新的争议与诉讼,不仅不能有效保护四川某化工公司的知识产权,一定程度上还会增加四川某化工公司和山东某化工公司的纠纷解决成本。二审判决认为,人民法院应当依法全面有效地保护知识产权,对本案中四川某化工公司的该诉讼请求应予支持。唯有如此,方可既有效制止侵权和保护知识产权,又有利于促使当事人在明了彼此权利和行为边界的基础上开展诚信磋商,就未来有关事宜作出妥善处理。

第二节 赔偿损失

一、损失确定方法与"填平"原则

损害赔偿是侵犯商业秘密的最基本的民事责任。例如,由于侵犯商业秘密行为的性质及运用传统损害赔偿确定方法的困难,美国《统一商业秘密法》规定的损害赔偿确定方法不限于所失利润。美国《统一商业秘密法》第3条是损害赔偿条款,拓宽了传统合同法的预期损害赔偿(expectation damages)和商业侵权行为通常适用的所失利润赔偿(the lost profits measure of damages)。该法第 3 条(a)规定,"损害赔偿可以包括侵权行为造成的实际损失及在计算实际损失时未被考虑的其所产生的不当得利"。该法第 3 条(a)还规定,"作为其他损害赔偿方式的替代,损害赔偿可以根据合理的许可费进行计算"。实践中,按照合理许可费确定损害赔偿的做法通常只存在于少数情况下,即原告因为从事相关经营活动而没有可得利润损失,以及被告没有可以确定的不当得利。[1]实践中,按照实际损失确定损害赔偿的传统方法仍在大多数案件中适用,但在原告并未从事实际经营活动或者商业秘密未被披露而未灭失时,不当得利理论也会适用。[2]在侵犯商业秘密案件中,美国法院认为除非能够证明存在实际损害,否则不能获得金钱赔偿。实际损害通常根据所失利润进行计算,但是这只可能存在于被告使用原告的商业秘密与原告进行竞争,表明如果不是因为原告的竞争,被告会获得更多的利润的情形。实际损害还可以根据商业秘密的价值进行确定,但这种方法通常适用于因被告的行为而丧失的案件,在原告获得初步禁令且获得被告执行的情况下,就不可能发生。[3]美国《统一商业秘密法》第 3 条注释还对损害赔偿进行了限制,即就像禁令,侵犯商业秘密的金钱赔偿只限于商业秘密受保护的期限之内,以及如果侵权行为人因为侵权行为而具有相对于诚实经营者的领先优势,另及于该领先期限。给予禁令救济自然也限制了可获得的损害赔偿数额。如果原告迅速成功地阻止了商业秘密的使用和披露,就会没有实际损害,也就不存在如何确定损失。如果有证据证明被告使用或者披露商业秘密,就可以获取损害赔偿。不正当披露(公开)商业秘密的,损害赔偿就是商业秘密未被披露时所具有的实际或者潜在价值。不正当使用商业秘密的,损害赔偿可以基于不同的方法加以确定,如所失利润、侵蚀的市场份额、价格侵蚀损失、逐出市场的损失等。损害赔偿的确定经常有专家证人的参与。[4]

在不正当竞争的民事责任中,我国《反不正当竞争法》重点规定了赔偿损失。《反不正当竞争法》第 17 条规定:"经营者违反本法规定,给他人造成损害的,应当依法承担民事责任。经营者的合法权益受到不正当竞争行为损害的,可以向人民法院提起诉讼。因不正当竞争行为受到损害的经营者的赔偿数额,按照其因被侵权所受到的实际损失确定;实际损失难以计算的,按照侵权人因侵权所获得的利益确定。经营者恶意实施侵犯商业秘密行为,情节严重的,可以在按照上述方法确定数额的一倍以上五倍以下确定赔偿数额。赔偿数额还应当包括经营者为制止侵权行为所支付的合理开支。经营者违反本法第六条、第九条规定,权利人因被侵权所受到的实际损失、侵权人因侵权所获得的利益难以确定的,由人民法院根据侵权行为的情节判决给予权利人五百万元以下的赔偿。"

《反不正当竞争法》上述规定清楚地表明,赔偿损失需要贯彻"填平"原则。法律之所以规定实际损失、所得利益和定额赔偿的优先顺序,是为了尽可能使赔偿与实际损失相适应,而不是赔偿额越多越好。

---

[1] See Elizabeth A. Rowe & Sharon K. Sandeen, *Trade Secrecy and International Transactions*, Edwar Elgar, 2015, p. 57.

[2] See Elizabeth A. Rowe & Sharon K. Sandeen, *Trade Secrecy and International Transactions*, Edwar Elgar, 2015, p. 117.

[3] See Elizabeth A. Rowe & Sharon K. Sandeen, *Trade Secrecy and International Transactions*, Edwar Elgar, 2015, p. 117.

[4] See Elizabeth A. Rowe & Sharon K. Sandeen, *Trade Secrecy and International Transactions*, Edwar Elgar, 2015, p. 118.

《2020年商业秘密司法解释》第19条规定,"因侵权行为导致商业秘密为公众所知悉的,人民法院依法确定赔偿数额时,可以考虑商业秘密的商业价值。人民法院认定前款所称的商业价值,应当考虑研究开发成本、实施该项商业秘密的收益、可得利益、可保持竞争优势的时间等因素";第20条第1款规定,"权利人请求参照商业秘密许可使用费确定因被侵权所受到的实际损失的,人民法院可以根据许可的性质、内容、实际履行情况以及侵权行为的性质、情节、后果等因素确定"。这些损失当属于《反不正当竞争法》第17条规定的权利人"因被侵权所受到的实际损失"。《2020年商业秘密司法解释》结合商业秘密的特点,在《2007年反不正当竞争司法解释》的基础上,从三个方面作出更加具体、更加具有操作性的规定:一是参考《专利法》第71条有关"参照该专利许可使用费的倍数合理确定"的规定,《2020年商业秘密司法解释》第20条第1款对"参照商业秘密许可使用费确定因被侵权所受到的实际损失"作出规定,并明确了需要考虑的相关因素;该条第2款还对确定法定赔偿时可以考虑的因素作出规定。二是参考最高人民法院《关于审理侵犯专利权纠纷案件应用法律若干问题的解释(二)》第27条的规定,《2020年商业秘密司法解释》第24条对责令侵权人提供其掌握的与侵权行为"相关的账簿、资料"作出规定,以进一步减轻权利人的举证负担,降低维权成本。三是针对刑民交叉案件,《2020年商业秘密司法解释》第23条规定:"当事人主张依据生效刑事裁判认定的实际损失或者违法所得确定涉及同一侵犯商业秘密行为的民事案件赔偿数额的,人民法院应予支持。"[1]

司法实践中,侵权人及第三方的资料可以作为确定赔偿数额的证据。侵权人在审计报告、上市公司年报、招股说明书、财务账簿、会计凭证、销售合同、进出货单据、知识产权许可使用合同、设备系统存储的交易数据、公司网站、产品宣传册或其他媒体上公开的经营信息,以及第三方平台统计的商品流通数据,评估报告,市场监管、税务、金融部门的记录等,除明显不合常理或者侵权人提供足以推翻的相反证据外,可以作为证据,用以证明当事人主张的赔偿数额。[2]

例如,在香兰素案[3]中,最高人民法院在其归纳的裁判要点中指出,"被诉侵权人构成故意侵害技术秘密的,人民法院可以被诉侵权人相关产品销售利润为基础,计算损害赔偿数额;销售利润难以确定的,可以依据权利人相关产品销售价格及销售利润率乘以被诉侵权人相关产品销售数量为基础,计算损害赔偿数额"。[4]在该案中,最高人民法院二审判决认为,嘉兴中华化工公司与上海欣晨公司主张根据涉案技术秘密被侵害给其造成的损失确定赔偿数额,并提供了三种计算方式分别计算赔偿数额,即按营业利润计算出赔偿数额为116,804,409元、按销售利润计算出赔偿数额为155,829,455.2元、按价格侵蚀计算出损害赔偿额为790,814,699元。其中,第一种计算方式和第二种计算方式采用的嘉兴中华化工公司原审证据78等证据真实可靠,计算出的赔偿数额均有一定合理性;第三

---

[1] 林广海等:《〈最高人民法院关于审理侵犯商业秘密民事案件适用法律若干问题的规定〉的理解与适用》,载《法律适用》2021年第4期。
[2] 《江苏省高级人民法院侵犯商业秘密民事纠纷案件审理指南(修订版)》(2020年12月29日江苏省高级人民法院审判委员会第36次全体会议讨论通过)第4.4.1条。
[3] 最高人民法院民事判决书,(2020)最高法知民终1667号。
[4] 嘉兴市中某化工有限责任公司、上海欣某新技术有限公司诉王某集团有限公司、宁波王某科技股份有限公司等侵害技术秘密纠纷案,最高人民法院指导案例220号(2023年)。

种计算方式中相关数据和计算方法的准确性受制于多种因素,最高人民法院仅将其作为参考。根据最高人民法院查明的事实,王龙科技公司 2011 年获准投产的年产量为 5000 吨的香兰素,四年后即 2015 年再次申报并获准新建 2 套共 6000 吨香兰素生产装置;王龙集团公司、王龙科技公司曾自述其 2013 年的香兰素产量为 2000 吨;王龙集团公司、王龙科技公司、喜孚狮王龙公司 2018 年 4 月 1 日至 2019 年 3 月 1 日以及 2019 年香兰素产量均超过 2000 吨。基于上述情况,嘉兴中华化工公司与上海欣晨公司在本案中主张,2011~2017年,王龙集团公司、王龙科技公司及喜孚狮王龙公司实际利用涉案技术秘密每年生产和销售香兰素 2000 吨具有事实依据。最高人民法院亦据此认定王龙集团公司、王龙科技公司及喜孚狮王龙公司于 2011~2017 年实际利用涉案技术秘密每年生产和销售香兰素至少 2000 吨,并据此计算侵权损害赔偿额。同时,嘉兴中华化工公司与上海欣晨公司提供了其营业利润率、销售利润率和价格侵蚀的基础数据。在上述事实和数据的基础上,本案具备按照实际损失或者侵权获利计算赔偿数额的基本条件。

综合考虑前述本案确定损害赔偿责任需要考虑的八项因素,特别是王龙集团公司等被诉侵权人侵权恶意较深、侵权情节恶劣,在诉讼中存在妨碍举证和不诚信诉讼情节,以及王龙科技公司、喜孚狮王龙公司实际上系以侵权为业的公司等因素,最高人民法院依法决定按照香兰素产品的销售利润计算本案侵权损害赔偿数额。由于王龙集团公司、王龙科技公司及喜孚狮王龙公司在本案中拒不提交与侵权行为有关的账簿和资料,最高人民法院无法直接依据其实际销售香兰素产品的数据计算其销售利润。考虑到嘉兴中华化工公司香兰素产品的销售价格及销售利润率可以作为确定王龙集团公司、王龙科技公司及喜孚狮王龙公司香兰素产品相关销售价格和销售利润率的参考,为严厉惩处恶意侵害技术秘密的行为,充分保护技术秘密权利人的合法利益,最高人民法院决定以嘉兴中华化工公司香兰素产品 2011~2017 年的销售利润率来计算本案损害赔偿数额,即以 2011~2017 年王龙集团公司、王龙科技公司及喜孚狮王龙公司生产和销售的香兰素产量乘以嘉兴中华化工公司香兰素产品的销售价格及销售利润率计算赔偿数额。

按照上述方法,王龙集团公司、王龙科技公司及喜孚狮王龙公司 2011~2017 年因侵害涉案技术秘密获得的销售利润为 155,829,455.20 元。该销售利润数额虽高于按照嘉兴中华化工公司营业利润率计算得出的实际损失,但仍大幅低于嘉兴中华化工公司因被诉侵权行为造成价格侵蚀所导致的损失数额,且与本案各侵权人侵害涉案技术秘密的恶性程度、危害后果等具体情节相适应,具有合理性和适当性。

此外,原审法院认定嘉兴中华化工公司与上海欣晨公司为本案原审诉讼支付律师代理费 200 万元,为完成涉案损害赔偿经济分析报告支付 7 万美元,折算为人民币 483,196元,两项合计 2,483,196 元。嘉兴中华化工公司与上海欣晨公司有关其为制止侵害涉案技术秘密行为原审合理支出 2,483,196 元的主张具有事实依据,最高人民法院予以确认。嘉兴中华化工公司与上海欣晨公司二审主张其为本案支出了律师代理费 100 万元及公证费用 9020 元,合计 1,009,020 元,并提交了诉讼代理合同、转账凭证及发票等证据。经审查,上述 1,009,020 元确系嘉兴中华化工公司与上海欣晨公司为本案二审支出的费用,客观真实,且与本案诉讼标的额、案件复杂程度等相称,具有合理性,最高人民法院一并予以确认。

综合原审及二审情况,嘉兴中华化工公司与上海欣晨公司为本案支出的合理费用共计3,492,216元。将最高人民法院确定的损害赔偿数额155,829,455.20元加上上述合理支出3,492,216元,合计为159,321,671.20元,尚未超出嘉兴中华化工公司与上海欣晨公司上诉主张的177,770,227.92元赔偿总额,故最高人民法院确定本案损害赔偿总额为159,321,671.20元。同时,鉴于喜孚狮王龙公司成立时间较晚,嘉兴中华化工公司与上海欣晨公司仅请求其在7%的范围内承担损害赔偿责任具有一定合理性,最高人民法院对此予以支持。

同时,王龙集团有限公司、宁波王龙科技股份有限公司、喜孚狮王龙香料(宁波)有限公司、傅某根、王某军立即停止侵害嘉兴市中华化工有限责任公司、上海欣晨新技术有限公司技术秘密的行为,即停止以不正当手段获取、披露、使用、允许他人使用涉案设备图和工艺管道及仪表流程图记载的技术秘密,该停止侵害的时间持续到涉案技术秘密为公众所知悉时止。

在深圳花儿绽放网络科技股份有限公司与浙江盘兴数智科技股份有限公司、浙江盘石信息技术股份有限公司侵害技术秘密纠纷案[1]中,最高人民法院判决认为,因侵权行为导致商业秘密为公众所知悉的,人民法院依法确定赔偿数额时,可以考虑商业秘密的商业价值。鉴定机构经评估作出的商业价值鉴定仅是确定知识产权商业价值的一种方式。在经审查不宜直接依据价值评估鉴定意见认定涉案技术秘密商业价值的情况下,依据现有证据情况,可以综合考虑涉案技术秘密的研究开发成本、实施该项技术秘密的收益、可得利益、可保持竞争优势的时间等因素酌情确定涉案技术秘密的商业价值,进而作为确定赔偿数额的依据之一。

本案中,深圳花儿绽放网络科技股份有限公司(以下简称花儿绽放公司)诉请浙江盘兴数智科技股份有限公司(以下简称盘兴公司)、浙江盘石信息技术股份有限公司(以下简称盘石公司)承担消除影响和赔偿损失的侵权责任。盘兴公司披露涉案技术秘密的行为必然给花儿绽放公司造成损害,故应当承担赔偿损失的责任。关于赔偿金额,花儿绽放公司主张根据价值评估鉴定,涉案源代码的商业价值在2018年12月31日为1012万元,主张以涉案源代码的商业价值为基础认定花儿绽放公司损失数额,并主张本案应适用惩罚性赔偿,以涉案技术秘密的商业价值1012万元为惩罚性赔偿的损失基数,乘以4.94倍计算最终的赔偿金额。对此,最高人民法院认为,因本案被诉侵权行为发生于2017年《反不正当竞争法》施行期间,2017年《反不正当竞争法》未规定惩罚性赔偿,故本案不适用惩罚性赔偿。

《2020年商业秘密司法解释》第19条规定,因侵权行为导致商业秘密为公众所知悉的,人民法院依法确定赔偿数额时,可以考虑商业秘密的商业价值。人民法院认定前款所称的商业价值,应当考虑研究开发成本、实施该项商业秘密的收益、可得利益、可保持竞争优势的时间等因素。本案中,因涉案技术秘密已在Github网站上被公开,故可以涉案技术秘密的商业价值作为花儿绽放公司损失赔偿的依据。但经审查,基于以下理由,最高人民法院对花儿绽放公司单方委托评估机构所作的评估结论不予认可:第一,价值评估鉴定记载,2019~2024年的涉案技术秘密分成率均为23.77%,并未有因涉案技术秘密价值衰减导致分成率逐步降低,理由是涉案"有客多软件"已为成熟产品,软件代码后续更新迭

---

[1] 最高人民法院民事判决书,(2021)最高法知民终2298号。

代仅是常规升级维护,并已在费用部分进行了相应调整;同时该价值评估鉴定中记载,"有客多软件"V1.0 的开发期间为 2017 年 10 月 16 日~2018 年 1 月 31 日,在此基础上,"有客多软件"V2.0 于 2018 年 8 月 27 日完成开发;涉案技术秘密 2019 年、2020 年研发费用均为 635.58 万元,2021 年研发费用为 476.68 万元。而根据花儿绽放公司原审提交的深圳永信瑞和会计师事务所出具的《审计报告》,涉案"有客多软件"2018 年 1 月 1 日~10 月 31 日项目投入金额为 3,595,635.74 元(其中 V1.0 版本的研发投入为 737,657.68 元,V2.0 版本的研发投入为 2,857,978.06 元)。据前所述,花儿绽放公司主张涉案"有客多软件"在 2018 年技术业已成熟、2018 年以后仅是对技术的常规更新迭代,根据常理推知,基于对技术的常规更新迭代需要的研发费用一般不应高于软件完成开发所需的研发费用,但涉案价值评估鉴定中 2019~2021 年研发费用均远高于 2018 年的研发费用,明显不合常理;同时还需考虑到本案中花儿绽放公司主张构成技术秘密的仅为"有客多软件"中的部分代码,故针对涉案技术秘密的研发费用显然应低于整个"有客多软件"的研发费用。第二,涉案"有客多软件"主要是为企业客户快速搭建微信小程序提供便捷工具,其价值随用户对微信小程序的开发需求而波动,但互联网新技术、新应用的需求均有其爆发期、衰减期,且根据盘兴公司、盘石公司提交的证据可见,在 2018 年前后均有多家公司从事微信小程序的研发业务,且微信平台于 2020 年提供官方的微信小程序开发渠道,必然会对第三方微信小程序开发业务产生巨大影响,涉案价值评估鉴定中 2020 年预估销售收入与 2019 年预估销售收入相同,有违市场规律。综上,价值评估鉴定多项数据难以令人信服,不应采信;对于花儿绽放公司关于以价值评估鉴定认定的商业价值作为赔偿依据的主张,最高人民法院不予支持。

鉴定机构经评估作出的商业价值鉴定仅是确定知识产权商业价值的一种方式。在本案经审查不宜直接依据价值评估鉴定意见认定涉案技术秘密商业价值的情况下,依据本案现有证据情况,可以综合考虑涉案技术秘密的研究开发成本、实施该项技术秘密的收益、可得利益、可保持竞争优势的时间等因素,酌情确定涉案技术秘密的商业价值,进而作为确定赔偿数额的依据之一。如前已述,本案中,花儿绽放公司开发涉案软件的研发费用至少包括 2017 年至 2018 年的研发费用,依据审计报告,仅 2018 年 1 月至 10 月末的研发费用为近 360 万元。花儿绽放公司以对外许可使用方式获取涉案软件的经营利润,涉案软件在 2017 年的销售收入为 51 万余元,2018 年的销售收入为 1140 万余元,上述销售收入的增长状况与涉案软件于 2017 年开始研发、2018 年 1 月完成 V1.0 版本研发、2018 年 8 月完成 V2.0 版本研发的过程相契合。涉案软件部分源代码在 Github 网站上被披露后,2019 年涉案软件销售收入下滑为 530 万余元,其中不排除有商业运营以及技术更迭、同类竞争等因素带来的影响,但软件源代码的公开披露客观上势必会导致该软件商业价值的贬损,给权利人造成较为严重的损失。同时,在市场上存在多个同类软件,尤其是 2020 年微信平台提供官方微信小程序开发渠道后,涉案软件保持竞争优势的时间以及可期待的许可收益难免会受到一定影响。综合上述因素,最高人民法院认定涉案技术秘密的商业价值应高于 2017 年《反不正当竞争法》规定的法定赔偿额最高限 300 万元,故对本案不宜适用法定赔偿方式确定赔偿数额,而应综合案件具体情况予以裁量。

对于具体赔偿金额和合理开支数额的确定,综合考虑本案的被诉侵权行为的性质、情节,涉案技术秘密的商业价值、花儿绽放公司的维权合理开支等因素,最高人民法院认为原审判决适用法定赔偿方式酌定盘兴公司赔偿经济损失及合理费用共计500万元，适用法律虽确有错误，但判赔金额较为合理，可予维持。最高人民法院进一步分别酌定盘兴公司应承担的赔偿责任为赔偿经济损失450万元、合理开支50万元。

在上诉人广州天赐高新材料股份有限公司、九江天赐高新材料有限公司与上诉人华某、刘某、安徽纽曼精细化工有限公司、被上诉人吴某金、彭某、胡某春、朱某良侵害技术秘密纠纷案[1]（以下简称卡波技术秘密案）中，对于损害赔偿的数额，最高人民法院指出，《反不正当竞争法》第17条第3款规定，因不正当竞争行为受到损害的经营者的赔偿数额，按照其因被侵权所受到的实际损失确定；实际损失难以计算的，按照侵权人因侵权所获得的利益确定。经营者恶意实施侵犯商业秘密行为，情节严重的，可以按照上述方法确定数额的一倍以上五倍以下确定赔偿数额。赔偿数额还应当包括经营者为制止侵权行为所支付的合理开支。本案中，广州天赐高新材料股份有限公司（以下简称广州天赐公司）、九江天赐高新材料有限公司（以下简称九江天赐公司）的实际损失无法查清，故原审法院根据已查明的安徽纽曼精细化工有限公司（以下简称安徽纽曼公司）的部分销售情况进行计算得出其侵权获利，并无明显不当，最高人民法院予以确认。关于利润率的选择，安徽纽曼公司认为不应按照广州天赐公司卡波产品利润率确定其产品利润率，但其未根据原审法院要求提供原始会计凭证、账册、利润表，二审阶段也未举证证明其卡波产品的利润率，应承担举证不利的法律后果。原审法院对适用广州天赐公司利润率进行了详细论述，最高人民法院对此表示认可，故对于安徽纽曼公司提出的原审判决利润率计算不当的主张，最高人民法院不予支持。

安徽纽曼公司认为其并非以侵权为业，原审法院以其所有卡波产品销售收入计算获利金额有误。对此，安徽纽曼公司虽在二审阶段向最高人民法院提交了营业执照等证据佐证其经营范围不止卡波产品的生产。但营业执照记载的经营范围系安徽纽曼公司申请注册成立时的选择，其实际经营范围可能大于也可能小于营业执照记载的经营范围。根据已查明的事实，安徽纽曼公司除卡波产品外并没有生产其他产品，也未进一步举证证明其除卡波产品以外生产其他产品的事实。本案中华某被诉披露技术秘密的侵权行为发生于2012年至2013年，安徽纽曼公司利用华某从广州天赐公司、九江天赐公司非法获取卡波生产工艺、设备技术生产卡波产品，并向国内外销售。此外，其明确陈述其所生产的卡波产品均为相同设备所产。界定行为人是否以侵权为业，可从主客观两方面进行判断。就客观方面而言，行为人已实际实施侵害行为，并且系其公司的主营业务、构成主要利润来源；从主观方面看，行为人包括公司实际控制人及管理层等，明知其行为构成侵权而仍予以实施。本案中，安徽纽曼公司以及刘某等人的行为即属此类情形。故安徽纽曼公司的该项上诉理由依据不足，最高人民法院不予支持。

但最高人民法院同时注意到，侵权损害赔偿数额按照侵权人因侵权所获得的利益确定时，侵权人的侵权获利应当与侵权行为之间具有因果关系，因其他权利和生产要素产生的利润应当合理扣减，即在计算侵权损害赔偿额时，应考虑涉案技术秘密在被诉侵权产品生产中所占的技术比重及其对销售利润的贡献。根据已查明的事实，安徽纽曼公司在生产卡波系列产品时，其工艺、流程和部分设备虽侵害了广州天赐公司、九江天赐公司的涉

---

[1] 最高人民法院民事判决书，(2019)最高法知民终562号。

案技术秘密,但其卡波配方并未被认定侵害广州天赐公司与九江天赐公司的技术秘密。原审法院在确定侵权获利时,未考虑涉案技术秘密在卡波整体工艺流程中的作用,同时也未充分考虑除涉案技术秘密信息之外的其他生产要素在卡波产品生产过程中的作用,有所不当,最高人民法院对此依法予以了纠正。综合考虑涉案被侵害技术秘密在卡波产品生产过程中所起的作用,最高人民法院酌情确定涉案技术秘密的贡献程度为50%,因此对于安徽纽曼公司的侵权获利,最高人民法院根据原审法院确定的数额并考虑涉案技术秘密所起作用,取整数确定为600万元。

二、定额赔偿

定额赔偿又称为法定赔偿,是一种由法律规定赔偿数额或者幅度的赔偿方式,即在无法确定权利人因被侵权而受到的实际损失或者所获得的利益时,在法律规定的幅度内确定赔偿数额。《反不正当竞争法》第17条第4款规定:"经营者违反本法第六条、第九条规定,权利人因被侵权所受到的实际损失、侵权人因侵权所获得的利益难以确定的,由人民法院根据侵权行为的情节判决给予权利人五百万元以下的赔偿。"对于定额赔偿的确定,《2020年商业秘密司法解释》第20条第2款规定,"人民法院依照反不正当竞争法第十七条第四款确定赔偿数额的,可以考虑商业秘密的性质、商业价值、研究开发成本、创新程度、能带来的竞争优势以及侵权人的主观过错、侵权行为的性质、情节、后果等因素"。值得研究的是,在《反不正当竞争法》采取"填平"原则的精神之下,确定赔偿不宜考虑道德因素或者惩罚性因素,侵权人的主观过错、侵权行为的情节之类的因素作为确定赔偿额的方式未必妥当。

有的法院提出,严格掌握法定赔偿的适用范围。对于原告请求以实际损失或侵权获利确定赔偿数额的,法院不应当简单地以"难以确定"为由直接适用法定赔偿,而应当积极引导当事人及其诉讼代理人就因侵权行为而产生的损失额、获利额或者许可费标准等方面的事实进行举证,避免简单适用法定赔偿。一般而言,对原告的实际损失和侵权人的侵权获利可以基本查清,或者根据案件的具体情况,依据证据规则和市场规律,可以对赔偿数额予以确定的,不宜适用法定赔偿。对于原告请求按照被告侵权获利赔偿,并通过对被告财务账册进行审计确定被告的获利额后,原告再要求适用法定赔偿的,一般不予准许。[1]这种要求符合赔偿损失确定方式有序位的立法精神,也更为符合"填平"原则。

三、参照商业秘密许可费用及综合考量多种因素

在美国普通法上,通常不将合理的许可费作为损害赔偿的一种形式。但是,根据美国《统一商业秘密法》,在两种独立的情形下可以采取合理的许可费方式。一种情况是,实际损失或者被告获利难以或者不能证明,合理许可费可以作为一种确定损害赔偿的替代方式。但是,此种情况适用的前提必须首先是被告实际使用或者披露了被侵犯的商业秘密。实际使用的情况已不是对于实际损害的证据替代,而是一种损害赔偿的替代性确定方式。此类合理许可费通常称为"一次性付款"(lump-sum),特别是在判决之前商业秘密已灭失的情况下。在商业秘密仍然存在的情况下,依照合理许可费确定损害赔偿通常基于被告不正当使用商业秘密的期限。合理许可费一般基于所涉领域的专家证言。另一

---

[1]《江苏省高级人民法院侵犯商业秘密民事纠纷案件审理指南(修订版)》(2020年12月29日江苏省高级人民法院审判委员会第36次全体会议讨论通过)第4.4.2条。

种情况比较罕见,即在压倒性公共利益的例外情况下不授予临时或者永久禁令时的适用。在此种例外的情形下,法院可以就以支付合理许可费的方式使用商业秘密的条件发布一项禁令,其期限为本应禁止使用的应有期限。合理许可费的数额则是基于相关领域专家的证言。虽然基于公共政策原因以给付合理许可费的禁令替代常规禁令尚无太多的判例和成熟做法,但美国《统一商业秘密法》为此留下了空间。[1]

我国司法实践中,鉴于商业秘密的特性,权利人实际损失额或者被告侵权获利额难以确定,有商业秘密许可使用费参照的,可以参照该许可使用费的合理倍数确定赔偿数额。例如,具体审查原告提供的许可使用费标准是否合理时,还需要综合考虑商业秘密的类型,侵权行为的性质和情节,许可的性质、范围、时间,是否实际支付及支付方式,许可使用合同是否实际履行或者备案,被许可人与许可人是否存在利害关系,行业许可的通常标准等因素。[2]民事诉讼中,法院依法责令被告提供其掌握的与侵权行为相关的账簿、资料,被告无正当理由拒不提供或者提供虚假账簿、资料的,可以参考原告的主张和证据认定被告因侵权所获得的利益。[3]

司法实践中,有些裁判综合考量多种因素确定损失。

例如,在(2016)沪73民初808号案[4]中,法院认为,鉴于无法准确查明天祥·健台公司因不正当竞争行为受到的损失以及东富龙公司的相关获利情况,本案的赔偿数额应当综合考虑涉案技术秘密的价值、在产品中发挥的作用以及不正当竞争行为的情节等因素综合确定。第一,关于涉案技术秘密的价值。涉案技术秘密为蜗轮蜗杆设计图中各技术参数的组合,各参数本身并不属于涉案技术秘密的保护范围,其价值主要在于不同技术参数的选择和组合。第二,涉案技术秘密在产品中的贡献度。涉案技术秘密体现在压片机减速器中的蜗轮蜗杆上,虽然蜗轮蜗杆在减速器中发挥较为重要的作用,但其仍系压片机产品中的零部件。在确定损害赔偿数额时,应当考虑蜗轮蜗杆在压片机中发挥的作用和贡献度。第三,侵权行为的情节。本案中虽并无证据准确地证明东富龙公司的销售情况,但现有证据可以表明东富龙公司销售涉案产品的数量不大。第四,不正当竞争行为并未导致涉案技术秘密公开。本案中,虽然东富龙公司对外销售了使用被控蜗轮蜗杆的压片机,但其销售行为并未导致涉案技术秘密成为公开的信息,相关公众通过公开销售的压片机仍然不易获得涉案技术秘密。综合以上因素,法院酌情确定东富龙公司、周某荣、应某愉、沈某应当共同赔偿天祥·健台公司经济损失20万元。关于天祥·健台公司提出的上述各被告存在主观故意,应当加大赔偿力度的诉称意见,法院认为,虽然加强知识产权保护通常表现为加大侵权及不正当竞争行为的赔偿力度,但绝不能将二者简单的等同,具体的赔偿数额仍应根据案件的具体情况确定。而本案审理中通过证据保全等方式亦在一定程度上实现了加强知识产权保护的效果。此外,鉴于主观故意原本即为不正当竞争行

---

[1] See Elizabeth A. Rowe & Sharon K. Sandeen, *Trade Secrecy and International Transactions*, Edwar Elgar, 2015, p. 119 – 120.
[2] 《江苏省高级人民法院侵犯商业秘密民事纠纷案件审理指南(修订版)》(2020年12月29日江苏省高级人民法院审判委员会第36次全体会议讨论通过)第4.4.1条。
[3] 《江苏省高级人民法院侵犯商业秘密民事纠纷案件审理指南(修订版)》(2020年12月29日江苏省高级人民法院审判委员会第36次全体会议讨论通过)第4.4.5条。
[4] 参见上海知识产权法院民事判决书,(2016)沪73民初808号。

为成立的主观要件,故在确定赔偿数额时不再专门予以论述。因此,对于天祥·健台公司的相关诉讼意见,法院不予采信。

关于合理费用的具体数额。天祥·健台公司在本案中主张其为侵权行为支付的20万元律师费应当由被告承担。法院对此认为,随着知识产权在市场竞争中发挥的作用的日益明显,因侵害知识产权行为而产生的纠纷亦日益复杂,这也对法律服务的水平和质量提出了更高的要求,知识产权法律服务也在知识产权保护中发挥着越来越重要的作用。因此,在侵害知识产权及不正当竞争纠纷中,应当切实尊重法律服务的市场价值,全面覆盖权利人为维权所支出的合理费用。本案系侵害技术秘密不正当竞争纠纷,审理难度较大,对法律服务的工作量和难度有较高的要求,故对于天祥·健台公司主张的20万元律师费用,法院予以全额支持。同时,被告东富龙公司、周某荣、应某愉、沈某应于本判决生效之日起立即停止对原告天祥·健台公司商业秘密的侵害。

在(2019)沪0110民初1662号案[1]中,法院认为,关于赔偿金额,由于本案中难以确定两原告因被侵权而遭受的实际经济损失数额,也难以确定两被告因侵权而所获的经济利益数额,法院根据两原告为建立涉案客户名单经营秘密所付出的努力,以及以往同类产品的交易价格,两被告侵权行为的性质、情节、主观过错、侵权持续的时间以及两原告为制止侵权行为所支付的合理费用等因素酌情确定两被告所应承担的赔偿额60万元及两原告合理维权支出73,000元。同时,被告朱某佳、被告上海黎景贸易有限公司于本判决生效之日起立即停止侵害原告上海豪申化学试剂有限公司、原告上海美墅化学品有限公司的涉案客户名单商业秘密。

在(2018)浙0483民初4627号案[2]中,法院认为,关于赔偿金额,《反不正当竞争法》第17条第3款、第4款规定:"因不正当竞争行为受到损害的经营者的赔偿数额,按照其因被侵权所受到的实际损失确定;实际损失难以计算的,按照侵权人因侵权所获得的利益确定。经营者恶意实施侵犯商业秘密行为,情节严重的,可以在按照上述方法确定数额的一倍以上五倍以下确定赔偿数额。赔偿数额还应当包括经营者为制止侵权行为所支付的合理开支。经营者违反本法第六条、第九条规定,权利人因被侵权所受到的实际损失、侵权人因侵权所获得的利益难以确定的,由人民法院根据侵权行为的情节判决给予权利人五百万元以下的赔偿。"华章公司未能证明其损失情况或绿方舟公司的获利情况,法院综合考量侵权行为的性质及持续时间、过错程度、涉案商业秘密累积的难易程度、价值等因素,以及华章公司为本案维权支出了一定费用,酌情确定判赔30万元。同时,被告唐某超、绿方舟公司停止不正当竞争行为。

在(2020)粤03民初5073号案[3]中,关于被告应当承担的赔偿责任的具体数额的问题。由于原告未提交证据证明其因被侵权所受到的实际损失的具体数额,被告的侵权获利又无法查清,且原告当庭请求法院在其诉讼请求的范围内予以酌定,法院决定适用法定赔偿,综合考虑以下因素对赔偿金额进行酌定:(1)涉案技术秘密系源代码文件,且具有较高的独创性和商业价值;(2)原告提交的关于其研发成本及相关产品的销售情况的相

---

[1] 参见上海市杨浦区人民法院民事判决书,(2019)沪0110民初1662号。
[2] 参见浙江省桐乡市人民法院民事判决书,(2018)浙0483民初4627号。
[3] 参见广东省深圳市中级人民法院民事判决书,(2020)粤03民初5073号。

关证据;(3)被告实施侵权行为的性质、情节;(4)原告为调查侵权行为及维权支付高额的律师费、公证费、鉴定费及侵权产品购买费用,尽管可能有部分律师费涉及其他调查费用,但从原告举证的情况来看,原告组织了专业的调查团队对侵权行为进行了全面的调查、取证和固证,其合理维权开支应当得到支持。据此,法院对于原告请求的赔偿金额100万元予以全额支持。同时,被告深圳贝耳新能源科技有限公司、李某亮立即停止侵害原告维谛技术有限公司的以下商业秘密的行为:版本号为V150B000,名称为EXS逆变DSP软件的9个源文件及版本号为V130B000D000,名称为EPM逆变FPGA软件的15个源文件,立即停止披露、使用或者允许他人使用上述商业秘密,直至该商业秘密已为公众所知悉时为止;立即销毁载有上述商业秘密的载体,清除其控制的上述商业秘密信息。

四、损害赔偿和惩罚性违约金的约定

司法实践中,权利人与侵权人关于违反保密协议的侵权损害赔偿数额的约定,可以作为确定损失数额的考量因素。例如,在倍通数据与崔某吉案[1]中,最高人民法院认为,倍通数据主张的赔偿数额过低,应依据《保密协议书》约定的侵犯绝密信息的赔偿金额确定本案赔偿数额。崔某吉则主张,其已经删除了涉案技术信息,没有对倍通数据造成损害,不应承担赔偿责任。对此,最高人民法院认为,首先,崔某吉的侵权行为客观上可能会给倍通数据造成损害。该案中,崔某吉通过盗窃手段获取了倍通数据的技术秘密,会因掌握涉案技术秘密而获得相应的技术信息、人才竞争优势,并可能由此获利,倍通数据亦可能会因为崔某吉掌握其技术秘密而丧失技术竞争优势。其次,关于本案侵权赔偿数额的确定。最高人民法院在确定崔某吉应承担的侵权损害赔偿数额时重点考量了下列因素:(1)涉案技术秘密的开发情况。倍通数据在短短4个月内就投入开发成本25.2万元,且目前仍处于开发过程中,并未投入使用。(2)侵权人的侵权情节。崔某吉主观上具有恶意,但在案证据证明崔某吉目前仅有盗窃技术秘密的侵权行为,并无实施其他侵害技术秘密的行为。(3)权利人与侵权人关于违反保密协议的侵权损害赔偿数额约定。倍通数据与崔某吉在《保密协议书》中约定若崔某吉违反以上协议,侵犯倍通数据绝密秘密,则其应当向倍通数据赔偿50万元至100万元。本案为侵害技术秘密纠纷,倍通数据与崔某吉的约定属于双方就侵权损害赔偿达成的事前约定,且崔某吉根据这一约定在工作期间每月可以获得相应的保密工资,故在崔某吉违反相关约定时,可以将双方约定的侵权赔偿数额作为确定本案侵权损害赔偿的重要参考因素。综合考虑上述因素,最高人民法院酌情改判崔某吉赔偿倍通数据经济损失25万元。最终,最高人民法院撤销一审判决,改判禁止崔某吉披露、使用或者允许他人使用倍通数据的技术秘密,直至该技术秘密为公众知悉时为止;赔偿倍通数据经济损失25万元及制止侵权行为所支付的合理开支1.5万元。

在宁波永贸时代进出口有限公司诉王某中侵害商业秘密纠纷案[2]中,涉及的客户信息包括客户的名称、地址、联系方式以及交易习惯、意向、内容等信息。原、被告通过协议、书面确认等方式明确了原告客户信息的具体内容、被告承担保密责任的范围,被告在离职后违反保守原告商业秘密的义务,使用该客户名单等商业秘密与原告客户进行交易,侵害

---

[1] 参见最高人民法院民事判决书,(2021)最高法知民终1687号。

[2] 参见浙江省宁波市鄞州区人民法院民事判决书,(2019)浙0212民初11565号。一审判决后,双方当事人均未提出上诉。

了原告的商业秘密。法院认为,在双方就违反保密义务所应承担的违约金及计算方式已作约定的情况下,原告可主张适用当事人意定违约金作为赔偿数额,无须再就原告因侵权行为所遭受的损失或被告因侵权所获利润进行举证。

具体而言,王某中系永贸公司前员工。双方于王某中入职时签订《劳动合同》及《商业秘密保护合同》各一份,约定:原告的商业秘密包括且不限于特定的、完整的、部分的、个别的未披露的信息,包括且不限于涉及商业秘密的客户名单等信息;被告对原告的所有商业秘密承担保护义务,不得披露原告的商业秘密等,不得直接、间接、试图影响或者侵犯原告拥有的客户名单及其客户关系的商业秘密,包括客户名称、联系人、联系人习惯、联系方式、聊天工具、电子邮箱、交易习惯、合同关系、佣金或折扣、交提货方式、款项结算等;若被告违反本合同规定,应当向原告支付违约金50万元,当原告损失超过违约金时,被告除偿付违约金外,还应赔偿超过部分的实际损失。2017年1月23日,王某中离职,次月23日,王某中再次确认了其所知悉的永贸公司商业秘密的具体范围,并在客户名单(商业秘密)明细上签字确认。经查明,王某中于2017年6月起从事与外商有关的外贸经营业务,至宁波市鄞州区市场监督管理局查获时,分别与其在永贸公司任职期间主管的3位外商客户发生灯串、蜡烛等产品出口业务,经营额为294,813.12美元(折合人民币1,951,864.61元)。该局于2019年6月11日作出甬鄞市监处〔2019〕416号行政处罚决定书,对王某中侵犯商业秘密的行为处以责令停止违法行为、罚款10万元。原告认为被告的行为侵犯原告商业秘密,遂诉至宁波市鄞州区人民法院,要求被告立即停止侵权和赔偿原告经济损失。

宁波市鄞州区人民法院认为,原告永贸公司在经营过程中形成的客户名单,包括客户名称、联系方式、报价方式等信息,具有一定的商业价值,原告对此采取了保密措施,属于不为公众所知悉的经营信息,构成商业秘密。被告在原告永贸公司任职期间掌握了上述商业秘密,离职后违反保密义务,使用该商业秘密与原告客户进行交易,已构成侵犯原告商业秘密。根据被告与原告客户之间的交易额,商业秘密保护合同约定的违约金50万元与被告因此获得的利润基本相当,故据此确定损失赔偿金额为50万元。宁波市鄞州区人民法院于2020年2月11日判决:王某中停止使用永贸公司客户名单的行为,并赔偿永贸公司经济损失53.1万元(含合理费用)。

该案判决依据双方相关约定确定了赔偿金额。企业通过建立健全商业秘密保护体系,明确商业秘密范围及内容,对员工侵害商业秘密的赔偿责任计算方式或赔偿金额作出明确约定,不仅有利于企业维权,还能降低纠纷发生后企业对于商业秘密认定要件、损害赔偿数额的举证成本。

实践中还有约定惩罚性违约金的情形。

例如,原告是某国际知名有机硅生产商在国内成立的销售公司,拥有一系列有机硅消泡剂类产品的知识产权。2007年6月至2011年12月,被告金某就职于原告处,担任高管。2010年11月,金某与其他三位案外人共同设立被告青岛某公司,并以他人代持股的方式持有青岛某公司40%的股份,且负责该公司的全面经营。原告发现,在青岛某公司设立以后,金某违反与原告签订的保密条款,利用获取、掌握的技术配方及工艺,由青岛某公司生产、销售侵权产品。原告遂以两被告侵害商业秘密为由将两被告诉至某市中级人民法院。诉讼过程中,双方达成调解协议,两被告承诺不披露、不使用原告研发和拥有的商业秘密信息,不再销售侵权产品,否则赔偿原告违约金1000万元。

签署调解协议后,金某并未遵守约定,通过虚假转让股权、厂房出租等方式,继续实际控制青岛某公司生产侵权产品,并对外销售。为此,原告曾向公安机关报案。经上海市第三中级人民法院审理认定,2015年4月至2021年4月,青岛某公司生产的侵权产品因销售获利的数额为889万余元,金某、青岛某公司及其他3位被告人姜某、宫某、孙某均构成侵犯商业秘密罪,判决青岛某公司犯侵犯商业秘密罪,判处罚金450万元;金某等4名被告人被分别判处有期徒刑4年至1年6个月、缓刑1年6个月不等,并处罚金。之后,原告以两被告的违约行为严重侵犯了原告合法权益为由,将其起诉至上海浦东新区人民法院,要求两被告按照调解协议的约定赔偿原告违约金。金某认为原告的实际损失仅为889万元,且在刑事案件中,4名被告人已合计向原告赔偿570万元,损失已经得到了部分填补,遂请求对违约金进行酌减。

上海浦东新区人民法院经审理认为,本案的争议焦点在于,是否需要对调解协议中约定的违约金1000万元进行调整。是否对该违约金进行调整,可以从以下四个方面进行考虑:第一,考虑商事主体的意思自治;第二,考虑双方利益是否严重失衡;第三,考虑违约金的惩罚性质;第四,考虑对侵害知识产权行为的惩罚。综合分析后,上海浦东新区人民法院认为,原告与两被告在调解协议中关于如果两被告违反约定,则应赔偿原告违约金1000万元的约定符合法律规定,且金额尚属合理,应予全部支持。

五、惩罚性赔偿

(一)惩罚性赔偿的适用

近年来,包括商业秘密在内的我国知识产权保护的惩罚性损害赔偿受到较多关注。美国《统一商业秘密法》对于惩罚性赔偿也有规定,其第3条(a)规定了限于最高为实际损失二倍的惩罚性赔偿,且仅适用于能够认定"故意并恶意侵权"的情形,即比侵犯商业秘密行为本身另有异乎寻常的恶性主观状态和不正当性程度(degree of wrongfulness),[1]且是一种实际的恶意。[2]通常而言,竞争的动机不足以构成故意并恶意的行为。[3]

我国《民法典》第1185条规定:"故意侵害他人知识产权,情节严重的,被侵权人有权请求相应的惩罚性赔偿。"《反不正当竞争法》第17条第3款第2句规定"经营者恶意实施侵犯商业秘密行为,情节严重的,可以在按照上述方法确定数额的一倍以上五倍以下确定赔偿数额"。据此,惩罚性赔偿以"恶意"和"情节严重"为两个要件,也即仅是故意并不能适用惩罚性损害赔偿,还需要具备其他情节恶劣之类的情形。这种要求与美国法律上的"故意并恶意侵权"有异曲同工之义,法律适用中不能忽略对于"情节严重"的单独认定。相对于常规的"填平"式赔偿而言,惩罚性赔偿是例外而不是原则,例外的法律规定应当从严把握和适用。

惩罚性赔偿以根据实际损失或者侵权人因侵权所获得的利益确定的损失为基数,不包括定额赔偿的情形,即采取定额赔偿时,不再有适用惩罚性赔偿的余地。

---

[1] See Elizabeth A. Rowe & Sharon K. Sandeen, *Trade Secrecy and International Transactions*, Edwar Elgar, 2015, p. 58.

[2] See Reton Barrier, Inc. v. Stanley Works, 79 F. 3d 1120 – 1121(Fed. Cir. 1996).

[3] See Reton Barrier, Inc. v. Stanley Works, 79 F. 3d 1112, 1120(Fed. Cir. 1996).

"恶意"或者"故意"的认定。有些法院提出,综合考虑被告与原告或者利害关系人之间的关系、侵犯商业秘密行为和手段的具体情形、从业时间、受保护记录等因素认定被告主观上是否存在故意。对于下列情形,可以初步认定被告具有侵犯商业秘密的故意:(1)被告或其法定代表人、管理人是原告或者利害关系人的法定代表人、管理人、实际控制人;(2)被告与原告或者利害关系人之间存在劳动、劳务、合作、许可、经销、代理、代表等关系,且接触过或知悉被侵害的商业秘密;(3)被告与原告或者利害关系人之间有业务往来或者为达成合同等进行过磋商,且接触过或知悉被侵害的商业秘密;(4)被告以盗窃、贿赂、欺诈、胁迫、电子侵入或者其他不正当手段获取原告的商业秘密;(5)被告经原告或者利害关系人通知、警告后,仍继续实施侵权行为;(6)其他可以认定为故意的情形。

情节严重的认定。有法院提出,综合考虑侵犯商业秘密行为的手段、次数、性质、持续时间、地域范围、规模、后果,侵权人在诉讼中的行为等因素,认定情节是否严重。被告有下列情形的,可以认定为情节严重:(1)因侵犯商业秘密被行政处罚或者法院裁判其承担责任后,再次实施相同或者类似侵权行为;(2)以侵权为业;(3)伪造、毁坏或者隐匿侵权证据;(4)拒不履行保全裁定;(5)侵权获利或者权利人受损巨大;(6)侵权行为可能危害国家安全、公共利益或者人身健康;(7)其他可以认定为情节严重的情形。

例如,在卡波技术秘密案[1]中,最高人民法院归纳的裁判要点指出,"1. 判断侵害知识产权行为是否构成情节严重并适用惩罚性赔偿时,可以综合考量被诉侵权人是否以侵害知识产权为业、是否受到刑事或者行政处罚、是否构成重复侵权、诉讼中是否存在举证妨碍行为,以及侵权行为造成的损失或者侵权获利数额、侵权规模、侵权持续时间等因素。2. 行为人明知其行为构成侵权,已实际实施侵权行为且构成其主营业务的,可以认定为以侵害知识产权为业。对于以侵害知识产权为业,长期、大规模实施侵权行为的,可以依法从高乃至顶格适用惩罚性赔偿倍数确定损害赔偿数额"[2]。对于该案适用的惩罚性赔偿,最高人民法院认为,《反不正当竞争法》第17条第3款规定了判决惩罚性赔偿的条件以及惩罚性赔偿的倍数范围,若经营者存在恶意侵害他人商业秘密的行为且情节严重的,权利人可请求侵权人承担赔偿金额相应倍数的惩罚性赔偿。因此,该案应在判断安徽纽曼公司是否存在恶意侵权、情节是否严重的基础上确定是否适用惩罚性赔偿。根据本案业已查明的事实,安徽纽曼公司自成立以来便以生产卡波产品为经营业务,庭审中其虽辩称也生产其他产品,但并未提交证据加以佐证,且其所生产的卡波产品名称虽有差别,但均由同一套设备加工完成。此外,在其前法定代表人刘某因侵害商业秘密行为被追究刑事责任及相关生产工艺、流程及设备涉嫌侵害权利人技术秘密后,安徽纽曼公司仍未停止生产,销售范围多至20余个国家和地区,同时在本案原审阶段无正当理由拒不提供相关会计账册和原始凭证,构成举证妨碍,足见其侵权主观故意之深重、侵权情节之严重。《反不正当竞争法》设立惩罚性赔偿制度的初衷在于强化法律威慑力,打击恶意严重侵权行为,威慑、阻吓未来或潜在侵权人,有效保护创新活动,对长期恶意从事侵权活动之人应从重处理,因此,最高人民法院依据所认定的安徽纽曼公司侵权获利的5倍确定本案损害赔

---

[1] 最高人民法院民事判决书,(2019)最高法知民终562号。
[2] 广州天赐高新材料股份有限公司、九江天赐高新材料有限公司诉安徽纽曼精细化工有限公司等侵害技术秘密纠纷案,最高人民法院指导案例219号(2023年)。

偿数额。关于惩罚性赔偿的计算基数,鉴于《反不正当竞争法》于2019年4月23日修改时增加了关于惩罚性赔偿的规定并于当日起施行,本案被诉侵权行为发生于2019年4月23日之前且持续至2019年4月23日之后,根据法不溯及既往的一般原则,对于发生在法律修改之前的行为一般不适用惩罚性赔偿,赔偿数额应以2019年4月23日为界进行分段计算。但是具体到本案,首先,安徽纽曼公司拒绝提供财务账册等资料构成举证妨碍,所认定的侵权获利系基于安徽纽曼公司自认的销售额确定,仅系其部分侵权获利;其次,侵权人在本案中并未提交证据证明其法律修改前后的具体获利情况,导致无法以2019年4月23日为界进行分段计算;最后,二审证据显示安徽纽曼公司在一审判决之后并未停止侵权行为,其行为具有连续性,其侵权规模巨大、持续时间长。鉴于此,本案赔偿数额客观上难以进行分段计算。依据前述理由,最高人民法院对广州天赐公司、九江天赐公司请求将本案赔偿数额提高至7000万元的主张不予支持。

在(2017)浙民终123号案[1]中,法院认为,关于损害赔偿的民事责任,三上诉人虽认为赔偿数额过高,但未提出具体理由。一审法院系根据从马尾海关和福清市国家税务局调取的海欣公司销售数额,乘以新和成公司相应年份的产品毛利率,再乘以关联刑事案件评估报告认定的涉案植物酮技术在整个维生素E生产工序中的泄密比重51%,由此计算出海欣公司因侵权所获的营业利润,未去掉发票负数部分约为25,824,410元,去掉发票负数部分约为15,461,865元。其中,泄密比重系所泄露工艺线路在维生素E生产步骤中的占比,由于维生素E生产工序是一套完整的生产体系,无法用数字准确衡量各工艺步骤在整套工艺中的重要性,而工艺步骤数占比在一定程度上体现了涉案商业秘密在维生素E制备过程中的利润贡献率。故上述计算结果所依据的基础证据充分,对利润贡献率的确定亦具有合理性。在此基础上,一审法院又考虑到海欣公司系故意侵权、制造销售规模大、销售地域范围广、持续时间长、使用的技术涉及新和成公司的核心技术秘密且与涉案秘点相同,以及存在不诚信诉讼、拖延诉讼行为等因素,最终确定赔偿数额3500万元。法院认为,由于三上诉人侵权恶意明显,侵权情节及后果严重,可以在本案中类推适用《商标法》第63条关于惩罚性赔偿的规定,在充分弥补权利人损失的同时,依法对恶意侵权行为予以制裁。同时,福建省福抗药业股份有限公司、海欣公司、俞某立即停止对海欣公司商业秘密的侵犯。

在(2019)粤知民终457号案[2]中,仟游公司、鹏游公司主张以腾讯和360平台提供的被诉游戏充值流水数据来推算策略公司、南洱公司的总收入,以该总收入以及涉案"帝王霸业"游戏运营成本为依据,确定仟游公司、鹏游公司损失数额为2550万元。法院认为,仟游公司、鹏游公司对涉案游戏的运营成本只作口头主张,并未提供证据证明运营成本的具体数额,在对方不予确认的情况下,对该项口头主张不予采信。退一步而言,即使其提供该项证据,仅凭运营成本这一项数据,也无法计算仟游公司、鹏游公司所遭受损失的具体数额。本案中,依据腾讯和360平台提供的被诉游戏充值流水数据,可以大概地推算出被诉游戏全部营业收入。但是,被诉侵害人因侵害行为所获得的利益,应当以其营业收入为基础,刨除运营、管理、财务等成本以及相关税金及附加费用等,以此计算出结果。

---

[1] 参见浙江省高级人民法院民事判决书,(2017)浙民终123号。
[2] 广东省高级人民法院民事判决书,(2019)粤知民终457号。

本案中,无法获知被诉游戏前述项目具体数据,而仅有被诉游戏营业收入这一项,无法计算出策略公司和南湃公司的相应获利。综上,各方提供的证据不能精确计算《反不正当竞争法》(2017年修订)第17条第3款所规定的经营者"因被侵权所受到的实际损失"或者"侵权人因侵权所获得的利益"。同时从腾讯和360平台分别调取来的被诉游戏充值流水数据显示,仅在2015年7月至2017年2月,两平台总收入已经超过1400万元,前述数据仅反映侵害持续时间的一半左右,即使刨除运营成本等其他因素,结合游戏行业经验来看,策略公司和南湃公司因侵权所获得的直接利益已经明显超过300万元。因此,本案应当在《反不正当竞争法》(2017年修订)第17条第4款所规定的法定赔偿上限之上,经综合考量本案证据和各项因素之后,公平合理地酌定损害赔偿数额。

在考量因素当中,法院特别注意到以下几点因素:第一,被诉侵害人主观恶意明显。涉案商业秘密经仟游公司、鹏游公司长时间开发,且投入了大量人力、物力、财力方得以完成。该商业秘密系两公司未来生存和发展的主要依靠。而徐某、肖某作为前述两公司的股东及高管,明知涉案商业秘密是原公司的核心资源,在有保密协议约束的情况下,仍然明知故犯,不正当地侵占该创新成果。这一行为表明,徐某、肖某不尊重他人合法权益,违背诚实信用、公平竞争的商业伦理道德。徐某、肖某从原公司离职后,短时间内成立了策略公司,并与南湃公司取得合作,共同运营被诉游戏,这说明前述主体为了侵害涉案商业秘密已经蓄谋已久。南湃公司明知徐某、肖某和策略公司侵害他人合法权益,仍然与之共同实施,还虚称被诉游戏系独立开发,企图以协议掩盖不正当侵占他人商业秘密的事实,其主观恶意程度同等。第二,被诉行为持续时间长,侵害获利大。如前所述,被诉游戏上线运营长达三年,营业收入所涉金额较大。虽然无法单凭营业收入计算侵害获利具体数额,但是营业收入与侵害获利直接相关,故能够说明被诉侵害人相应获利较大。第三,本案被诉游戏上线运营时间是在"帝王霸业"游戏上线运营后一年左右,此时本是"帝王霸业"游戏开始进入市场的黄金期,而被诉游戏却在此时持续运营三年,导致"帝王霸业"游戏的市场份额受其严重挤占。被诉侵害人不劳而获,仟游公司、鹏游公司的成本回收和可得利益实现受到阻碍。第四,虽然被诉游戏已经停止运营,但是涉案商业秘密仍然由徐某、肖某、策略公司、南湃公司不正当获取和侵占,故再次发生不正当使用甚至公开披露的风险仍然存在。本案中,仟游公司、鹏游公司并无诉请法院判令销毁被诉源代码,而事实上,即使其提出该诉请,由于被诉游戏源代码易于复制,通过销毁的方式,也难以避免被诉侵害人掌握涉案商业秘密。本案虽判令被诉侵害人停止侵害,但是从本案被诉侵害人存在主观恶意且不正当行为蓄谋已久等事实来看,判令停止侵害对于阻遏再次侵害而言收效有限,故在酌定本案赔偿金额时,应当考量施予被诉侵害人适当威慑这一因素。第五,被诉侵害人有违诉讼诚信。如前所述,在一审庭审中,法院责令南湃公司提供被诉游戏软件源代码,而南湃公司并未如实提供。在一审程序中,法院作出保全证据的裁定。而徐某、肖某和策略公司在法院已经释明拒不配合保全后果的情况下,仍未依照该裁定向法院提供被诉游戏软件源代码。前述行为不仅违反了证据披露义务,构成举证妨碍,还系公然无视国家法律,藐视司法权威的行为,而其目的是掩盖不正当行为。该行为性质恶劣,应予严惩。

综上,综合考虑涉案商业秘密的商业价值,徐某、肖某、策略公司和南湃公司的主观过错程度,被诉侵权行为的规模、性质和持续时间以及仟游公司、鹏游公司为本案支出的合理维权费用等因素,酌情确定侵害损失赔偿数额以及合理维权费用为500万元。

（二）间接侵权行为是否适用惩罚性赔偿

依照《民法典》第1185条及知识产权有关法律的规定，我国知识产权法律领域比较普遍地规定了惩罚性赔偿。但是，司法实践中有些裁判和观点提出了间接侵权行为不适用惩罚性赔偿的问题。如有的判决指出："被告快某科技公司之侵权行为整体属违反应知注意义务的帮助侵权行为，故本案不宜适用惩罚性赔偿。"[1]此处言外之意似乎是帮助侵权行为不适用惩罚性赔偿。知识产权法律领域帮助、教唆和引诱是侵犯知识产权行为的重要构成部分，其是否适用惩罚性赔偿，涉及惩罚性赔偿在知识产权法律领域的适用范围。

《民法典》第1185条及相应的知识产权法律规定，符合法定条件的侵犯知识产权行为可以适用惩罚性赔偿，而并未将间接侵权行为排除于惩罚性赔偿的适用范围之外。除行为特征以外，直接侵权与间接侵权的区分体现在责任要件上，即直接侵权行为承担的是严格责任，而间接侵权则是以故意或者过失（知道或者应当知道）为要件，其目的是限缩间接侵权的范围。但是，只要构成侵权，都属于侵权行为，且在符合故意和情节严重的惩罚性赔偿要件时，在惩罚性赔偿的适用上没有区分。特别是，在诸如网络著作权侵权中，由于直接侵权人难以寻找，网络服务提供者的间接侵权恰恰是侵权行为和侵权主体的主要形态，也是法律规制的核心，如将间接侵权排除于惩罚性赔偿，则意味着该领域不能适用惩罚性赔偿，这显然不利于网络著作权保护，应该有悖法律本意。

从司法实践来看，通常并不将间接侵权行为排除于惩罚性赔偿的适用。例如，一些高级人民法院有关的审理指南中对于间接侵权适用惩罚性赔偿作出了明确规定。例如，北京市高级人民法院《关于侵害知识产权民事案件适用惩罚性赔偿审理指南》（2022年4月25日生效）第4.1条规定："网络服务提供者明知网络用户利用其网络服务实施侵权行为，无正当理由不采取或者延迟采取删除、屏蔽、断开链接等必要措施，致使发生严重侵害知识产权行为，权利人请求对网络服务提供者适用惩罚性赔偿的，一般予以支持。"山东省高级人民法院《关于审理侵害知识产权民事案件适用惩罚性赔偿的裁判指引》（2022年4月21日生效）第20条"关于惩罚性赔偿倍数的确定"规定："被告属于帮助、教唆侵权的，确定惩罚性赔偿倍数时可以综合考虑适当降低。"最高人民法院在四川雅玉科技股份有限公司等与云南瑞禾种业有限公司侵害植物新品种纠纷上诉案[2]中，认定云南瑞禾种业有限公司出借其种子生产经营许可证，供不具备种子生产经营资质的金禾公司从事种子生产经营活动，并从中获利，为金禾公司实施侵权行为提供了帮助，根据《民法典》第1169条第1款的规定，构成帮助侵权。在对金禾公司适用惩罚性赔偿的情况下，判决瑞禾公司对此承担连带责任。

《反不正当竞争法》第17条第1款将适用惩罚性赔偿的情形规定为"经营者恶意实施侵犯商业秘密行为，情节严重的"，并未区分直接侵权与间接侵权，而侵犯商业秘密行为恰恰包括帮助、引诱和教唆行为。因此，间接侵犯商业秘密行为在符合法定条件时仍适用惩罚性赔偿。

---

[1] 腾讯科技（北京）有限公司、深圳市腾讯计算机系统有限公司、重庆腾讯信息技术有限公司与北京快手科技有限公司侵害作品信息网络传播权及不正当竞争纠纷系列案，重庆市第一中级人民法院（2023）渝01民初349号民事判决书，（2023）渝01民初72号民事判决书，（2023）渝01民初74号民事判决书，（2023）渝01民初61号民事判决书。

[2] 最高人民法院民事判决书，（2022）最高法知民终783号。

第十章 商业秘密保护的限制

第一节 商业秘密保护的限制概述

一、社会价值对商业秘密保护的限制

与其他知识产权一样,商业秘密保护既有激励创新等积极功能,又有限制竞争和妨碍其他公共政策的副作用或者可能性,因而在保护上应当有所节制和限制,以实现相关利益的平衡和相关的社会价值。尤其是目前我国对于商业秘密的保护突出强调和高度重视,在强调保护的同时更要注重维护利益平衡,因而商业秘密的限制不容忽视。

综观各主要法域,对于商业秘密限制的态度既有广泛的共识,同时又在具体制度设计上有所差异。

以欧盟为例,在《欧盟商业秘密保护指令》制定之前,欧盟成员国的经验使其担心商业秘密客体及其保护范围的规定。其中一个重要担心是,商业秘密是在雇佣合同存续中形成和使用的,如果商业秘密的界定过于宽松和保护范围太宽,可能会扩展到特定领域的通常技术,且广泛的保护范围可能限制雇员流动。在促进和保障劳动力自由流动是欧盟重要目标的情况下,这种担心尤其受到关注。此外,欧盟成员国还担心商业秘密保护会妨碍针对公司内部不轨行为的"吹哨人"(whistleblowers)的作用,不利于媒体监督。[1]凡此种种,《欧盟商业秘密保护指令》出于竞争和其他公共政策的考量,高度重视限制商业秘密权利。《欧盟商业秘密保护指令》第3条规定了合法获取、使用和披露行为,即独立的发现和创造;通过对已向公众公开的产品或者对于不负限制获取商业秘密的合法义务而合法拥有的信息进行的观察、研究、汇集或者试验;行使工人或者代表的权利,根据工会法或者国内法律和实践获取的信息;任何其他符合诚实商业做法的行为。这些限制和例外可以归纳为七类:竞争的考量;雇员流动的考量;创新的考量;自由表达的考量;隐私的考量;管制的考量;程序的与衡平的考量。[2]

商业秘密保护受竞争政策的限制。商业秘密保护首先是基于制止不正当竞争和维护公平竞争的需要,同时对于商业秘密的权利定性和范围界定又不能过度妨碍竞争自由。

"吹哨人责任豁免"是一项基于公共利益而对于商业秘密权利的限制,是商业秘密公共利益例外的重要体现。美国2016年《保护商业秘密法》第7条和2016年《欧盟商业秘

---

[1] See Jens Schovsb, Timo Minssen & Thomas Riis, *The Harmonization and Protection of Trade Secrets in the EU*, Edward Elgar Publishing, 2020, p. 2 – 3.

[2] See Susy Frankel, Daniel Gervais, *The Internet and the Emerging Importance of New Forms of Intellectual Property*, Wolters Kluwer, 2016, p. 241.

密保护指令》第5条均规定了这种例外。"吹哨人"例外出现的主要原因是商业秘密保护范围和力度的不断扩大，以及政府公权力对商业不法行为的监管越来越普遍。美国2016年《保护商业秘密法》第7条特别规定了披露的方式和对象，通过"密封式披露"和"对可信主体披露"为权利人构建了一个"安全港"。为增强雇员对不法行为的举报意识，美国2016年《保护商业秘密法》第7条规定了雇主的告知义务，雇主在保密协议或者劳动合同中应明文告知雇员有权向政府机构、法院以及其代理律师披露雇主的违法行为信息。

2016年《欧盟商业秘密保护指令》第5条关于"吹哨人"的规定与此前发生的卢森堡告密事件（Luxleaks）有关，或者说这一事件对于欧盟立法有促进作用。此案虽然发生于《欧盟商业秘密保护指令》制定之前，但也是说明"吹哨人"制度的典型例子。该案的情况是，安东尼（Antoine）是普华永道会计师事务所的前员工，在2010年离职时复制了普华永道会计师事务所的文件，并在后来将这些文件交给了国际调查记者联合会。2014年9月，国际调查记者联合会在网络上公布了这些文件信息，揭露大量跨国公司在卢森堡进行秘密交易是为了逃税，普华永道会计师事务所则代表数百家企业客户在卢森堡进行逃税交易。2014年12月，普华永道会计师事务所向卢森堡法院起诉Antoine，认为其违反保密义务泄露秘密信息，构成侵犯商业秘密行为。该案引起欧洲学者和立法者的高度关注，对于后来的《欧盟商业秘密保护指令》第5条起到了推动作用。[1]

新闻自由对于商业秘密权利的限制。以美国为例，言论自由和新闻自由受《美国宪法第一修正案》的保护，可以构成对商业秘密权利行使的限制。商业秘密保护不能成为免受《美国宪法第一修正案》审查的理由。言论自由或者新闻自由涉嫌侵害商业秘密时，不能轻易签发临时禁令。

"剩留知识使用"对于商业秘密权利的限制。在雇佣或者许可关系中，接收秘密信息的一方因工作而遗留在其大脑中的信息，可以在将来的产品研发、制造、销售和维修等中自由使用。当然，这些知识要与商业秘密相区分，通常属于商业秘密保护范围之外的普通知识、技能和经验。将"剩留知识"排除于商业秘密保护范围之外，旨在保障雇员提高工作能力，并保障劳动力的自由流动。

二、劳动力自由流动的公共政策

劳动力自由流动是一项重要的公共政策。它不仅是一项重要的基本权利，也是一项高位阶的公共政策，可以优于具体的私权保护。"在涉及雇员的商业秘密案件中，一个重要的公共政策问题是，法院需要应对劳动者的流动自由与商业秘密对于这种流动权的限制程度。雇员一般自由选择其所希望的工作及谋求其生活。商业秘密法以许多方式限制这种基本权利。由此，法院通常试图划分受保护的信息与雇员的一般技术和知识的界限。对于竞业限制协议需要仔细评估，确定其是否合理。同时，其他对抗性的政策利益，如有活力而公平的竞争以及制止违反信任，也纳入平衡的考量范围。"[2]

如美国巡回上诉法院法官亚当斯（Adams）在 Si Handling Systems, Inc. v. Heisley

---

[1] See Vigjilenca Abazi, *The European Union Whistleblower Directive: A "Game Changer" for Whistlebloeing Protection?*, 49 Industrial Law Journal 640 (2020); Peter S. Menell, *Misconstruing Whistleblower Immunity under the Defend Trade Secrets Act*, 1 Nevada Law Journal Forum 92 (2017).

[2] Sharon K. Sandeen & Elizabeth A. Rowe, *Trade Secret Law in an Nutshell*, 2nd edition, West Academic Publishing, 2018, p. 270.

案[1]的平行意见中阐述了劳动力者流动自由与保护商业秘密之间的平衡关系。他指出，尽管多数意见是初审法院通常无须"进行过宽的公共利益分析"，但法院有时必须运用社会学元素。商业秘密案件中经常涉及重要的平衡政策，一方面要保护经营者免受侵犯商业秘密所导致的不正当竞争，另一方面要允许个人不受阻碍地追求最适合自己的职业。"商业秘密对于社会而言，并不重要到一旦证明存在商业秘密，就让员工、竞争者和竞争自动降低到更低位置的程度。"[2]根据宾夕法尼亚州的法律，员工的一般知识、技术和经验即使是在雇佣期间获得的，雇主一般也不能禁止其使用的方式。当员工的这些特质与构成雇主竞争优势的信息或者工艺密不可分时，恰如在高新技术行业似乎越来越多的情形，法院所面临的法律问题必然与相竞争的公共政策捆绑在一起。此时宾夕法尼亚州法院的平衡倾向于员工追求所选择的职业的更大自由。[3]法院认为，在特定领域工作的某人，不能被期待放弃其在此前工作中积累的技术、知识和经验。这种资质对于员工在市场上出售其服务具有明显重要的价值。一个人离开原雇主而进入市场，将会在其最为擅长的领域进行竞争。鉴于我们社会的高度流动性，以及经济越来越由高技能和高科技的工作所构成，个人的经济利益越来越被雇主维护其竞争优势的现实需要所冲击。法院必须谨慎不去打破使个人免受过度不利的平衡。为实现适当的平衡，法院应当保证遵循以前的先例。在允许个人合理地自由选择其工作，并充分利用其所获得的技术和经验上，社会具有一种根本利益。合理的流动促进竞争和思想的扩散，这又反过来有益于消费者。当技术和信息的资源以最有效率地产出商品或者服务的方式进行配置时，重要的价值得到实现。

劳动力自由流动具有多方面的功能和价值。主要体现为：（1）它体现和保障了劳动者的人身自由、谋生自由和营业自由。（2）它有利于保障和提升劳动者的生机与福利。（3）它可以优化劳动力资源配置。在劳动力市场中，劳动力流动自由是劳动力资源优化配置的重要保证。（4）它可以增强知识的扩散和传播。

例如，对于硅谷的成功，美国学者有不同的解说，罗纳德·基尔森（Ronald Gilson）认为加利福尼亚州的优势在于其实施的劳动法，该法通过促进员工的流动性来鼓励"知识外溢"（knowledge spillovers，包括信息、技术、管理经验在内的各种知识通过交易或非交易的方式流出原先拥有知识的主体）和促成集聚效应。[4]

任何重视劳动力自由流动的经济环境，都会鼓励员工在职业生涯中建立"技能工具包"，无论员工走到哪里，都可以带着这个"技能工具包"，并在新的环境中将其应用，不断提高技能水平。这不仅有利于员工，而且员工在多样化的工作经验中精进的技能也可以使整个行业受益。因此，良好的法律能够通过对个体权利的保障，确保他们能够不断扩充自己的"技能工具包"，并把这种技能带到下一份工作之中，由此保护行业经验的多样性。[5]

---

[1] United States Court of Appeals, Third Circuit, 1985, 753 F. 2d 1244.
[2] Robison, *The Confidence Game: An Approach to the Law about Trade Secrets*, in Elizabeth A. Rowe & Sharon K. Sandeen, Trade Secret Law: Cases and Materials, 2nd edition, West Academic Publishing, 2017, p. 131.
[3] See Comment, *The Trade Secret Quagmire in Pennsylvania: A Mandate for Statutory Calrification*, in Elizabeth A. Rowe & Sharon K. Sandeen, Trade Secret Law: Cases and Materials, 2nd edition, West Academic Publishing, 2017, p. 131.
[4] Anupam Chander:《法律如何成就硅谷?》，杨安舒等译，载微信公众号"智合"2015年12月20日。
[5] 参见[美]詹姆斯·普利:《商业秘密:网络时代的信息资产管理》，刘芳译，清华大学出版社2023年版，第52页。

在美国和欧盟,只要不非法披露和使用他人商业秘密,雇员的流动就受到鼓励和推崇。但是,与美国相比,《欧盟商业秘密保护指令》更为高度重视雇员流动。首先,《欧盟商业秘密保护指令》第1.3条规定,"本指令的任何规定都不应理解为为限制雇员流动提供任何理由",本指令不应"为限制雇员使用不属于商业秘密的信息",或者"为限制雇员使用在其受雇期间诚实获得的经验和技术"提供任何依据,明确承认雇员拥有和能够使用在其工作过程中掌握的一般技能和知识。《欧盟商业秘密保护指令》第1.3条规定,商业秘密"不能包括雇员在正常的雇佣过程中获取的不重要的信息及经营技能",对于商业秘密的保护不能"作为限制雇员使用其在正常的雇佣过程中诚实获取的经验和技能的任何理由"。这种限制承认雇员在其工作中获取的知识,并且为雇员将来谋取生计考虑,允许雇员在工作中习得符合公共利益。但是,商业秘密与知识经验的界限经常很难区分。根据《欧盟商业秘密保护指令》,如果在两者之间划出一个不精确的界限,法院应该作有利于雇员的选择,即便这种选择可能错误,也是出于谨慎所必需。[1]但是有个悖论或者困惑,一旦雇员将商业秘密记忆于脑海,就很难不从中学习和利用,所以美国部分(而不是全部)法院支持不可避免披露原则。[2]这种做法不属于倾斜雇员的态度。其次,欧盟认为雇员流动是一项欧盟基本权利宪章项下的基本权利,这种权利包括"选择职业和从事工作的权利"。《欧盟商业秘密保护指令》进一步规定,不应理解为限制欧盟法律所规定的营业自由、工作者自由流动。[3]最后,限制雇员的损害赔偿。《欧盟商业秘密保护指令》第14.1条规定:"对于非故意非法获取、使用或者披露商业秘密的情形,成员国可以限制雇员对雇主的损害赔偿责任。"该规定也是出于对雇员责任会过重妨碍流动自由的担心。美国对此一直也有同样的考量,特别是加利福尼亚州的法律。同时,该规定也是为了维护知识扩散的公共利益。[4]

在我国,劳动力自由流动同样具有保障劳动者的福利、优化劳动力资源配置以及增强知识扩散的价值,同样是一项重要公共政策。《宪法》第42条第1款规定:"中华人民共和国公民有劳动的权利和义务。"《劳动法》第3条规定:"劳动者享有平等就业和选择职业的权利、取得劳动报酬的权利、休息休假的权利、获得劳动安全卫生保护的权利、接受职业技能培训的权利、享受社会保险和福利的权利、提请劳动争议处理的权利以及法律规定的其他劳动权利。劳动者应当完成劳动任务,提高职业技能,执行劳动安全卫生规程,遵守劳动纪律和职业道德。"劳动力自由流动当属于劳动权和"选择职业的权利"的应有之义。因此,劳动力流动自由属于基本权利的范畴。

我国最高人民法院的裁判及相关行政执法也承认和保障劳动力自由流动。

据说企业之间互不挖角的协议广泛存在于各行各业之中。如2011年高朋网因为批量"挖角"竞争对手的雇员,包括糯米网在内的数家平台企业宣布永不招录高朋网的员

---

[1] See Susy Frankel, Daniel Gervais, *The Internet and the Emerging Importance of New Forms of Intellectual Property*, Wolters Kluwer, 2016, p.243.

[2] See e.g., Pepsico, Inc. v. Redmond, 54 F. 3d 1262(1995).

[3] See Susy Frankel, Daniel Gervais, *The Internet and the Emerging Importance of New Forms of Intellectual Property*, Wolters Kluwer, 2016, p.242.

[4] See Susy Frankel, Daniel Gervais, *The Internet and the Emerging Importance of New Forms of Intellectual Property*, Wolters Kluwer, 2016, p.243.

工。2021年3月24日，微信公众号共进社发表的《黄峥自述：一路走来，我的经历与思考｜共进社Enjoy》提到"2018年前拼多多和腾讯签署了一份互不挖猎协议，拼多多要挖腾讯的人，只有腾讯同意才可以"。

2023年6月21日，牧原集团发布消息，牧原集团开放日举办第十八届养猪节共创共享论坛，围绕生产管理、饲料管理和企业管理等展开讨论。论坛最后，牧原集团联合温氏、双胞胎、正大向行业发出倡议，尊重行业秩序，打造商业文明，签署互不挖人公约。公约显示"为减少内卷，文明发展，我倡议：不挖人，不拆台。如有违约，加倍反制"。2023年7月31日国家市场监督管理总局发布信息称，依据《反垄断法》和《禁止垄断协议规定》有关规定，约谈牧原食品股份有限公司、温氏食品集团股份有限公司、双胞胎（集团）股份有限公司、正大投资股份有限公司等四家生猪养殖企业。国家市场监督管理总局认为，四家企业作为发起人签署互不挖人公约，倡议不挖人、不拆台等，有违《反垄断法》精神，不利于构建全国统一大市场。消息公布后不久，上述四家企业联合发布声明称诚恳接受国家市场监督管理总局在约谈中指出的问题，将立即整改，消除行为危害后果。[1]

2010年以前，美国苹果、谷歌、英特尔等高科技企业间签订互不挖角协议（no-poach agreements），乔布斯是这一做法的始作俑者，大量工程师、高级技术人员因为上述协议而失去重新就业和增加薪酬的机会。2011年，谷歌、英特尔以及Adobe公司的员工发起联合诉讼，指控其公司同苹果非法密谋，达成互相之间不挖对方墙脚协议，以此压制员工薪水，阻止他们在高科技公司之间合法流动。原告方则代表6.4万名相关员工发起诉讼，并索赔高达30亿美元的赔偿金。最终，该项诉讼以和解告终，苹果、谷歌、英特尔及Adobe公司同意支付被告4.15亿美元作为赔偿。2016年，美国司法部反托拉斯司和联邦贸易委员会（FTC）联合发布《人力资源领域反垄断指南》（Antitrust Guidance for Human Resources Professionals），指向在劳动力市场上损害员工合法权益的协议。该指南认为，互不挖角协议是反竞争的，并以减少工作流动性的形式对员工合法权益造成损害，使其议价能力下降，降低其应有报酬。该指南不仅规定互不挖角协议是违法的，甚至还规定企业向竞争对手打探员工薪资收入也是违法的，其相关法律责任可能涵盖惩罚性赔偿乃至刑事责任。

将互不挖猎协议纳入反垄断法的规制，显然在于维护劳动力市场的竞争自由，保障劳动力的自由流动。保障劳动力流动自由同样是商业秘密保护中的重要问题和基本政策，需要处理好商业秘密与一般知识和技能的区别，以及商业秘密保护与择业自由、劳动力流动的关系。突出体现为需要划分商业秘密保护与劳动力流动自由的具体边界，在保护商业秘密的同时，不能妨碍劳动力的自由流动。

三、职工"跳槽"与商业秘密保护

无论是国内还是国外，职工"跳槽"与商业秘密保护从来都是商业秘密保护中的热点和难点。商业秘密纠纷有很大一部分与"跳槽"有关。[2]职工"跳槽"与商业秘密保护的

---

[1] 参见洪桂彬：《猪企"互不挖人公约"，HR领域也需反垄断？》，载微信公众号"桂彬说法"2023年7月9日。
[2] 在美国，"大多数商业秘密案件涉及商业秘密所有人与前员工的争议——根据一项经验研究，超过90%"。See David Ameling et al., *A Stattistical Analysis of Trade Secret Litigation in State Courts*, 46 GONZ. L. . Rew. 57,69(2011); Elizabeth A. Rowe & Sharon K. Sandeen, *Trade Secret Law: Cases and Materials*, 2nd edition, West Academic Publishing, 2017, p. 278.

关系涉及多个方面的问题。

例如,在原告厦门信达计算机有限公司诉被告厦门东南融通系统工程有限公司以及贾某工、连某舟、何某明、吴某云不正当竞争纠纷案[1]中,原告在起诉中提出,原告系信达股份公司的全资子公司,被告贾某工系信达股份公司的原副总经理,连某舟系原告的原总经理,何某明、吴某云均系原告的原副总经理。被告贾某工、连某舟、何某明及吴某云在信达股份公司及原告公司任职期间与厦门新莺源数据设备有限公司及厦门奔腾电子贸易公司合谋策划,并于1996年7月15日设立了被告公司,其经营范围与原告公司相一致。该四被告在离开信达股份公司及原告之前,就私自担任被告公司董事长、董事、总经理之职。然而,直至1996年11月,被告贾某工才获批准离开信达股份公司,而连某舟等三被告未经批准即擅自离职。1996年10月,四被告即在原告公司内部散布谣言,并煽动、引诱原告绝大部分技术及业务骨干离开原告到被告公司工作。被告认为,原告所述是无中生有、捏造事实,实际上,原告公司的绝大多数职员是因不满当时上级领导不合理、粗暴的管理等而集体辞职的,并非受四被告的煽动才去被告公司的。

审理中,原告举证职工登记表、工资表、任免书、劳动合同、劳务文件、原被告公司职员花名册及个别职员的证言等,主张贾某工等四被告煽动、引诱原告公司的技术及业务人员离职到被告公司工作;被告公司非法招聘原告公司总经理、副总经理、8位部门经理及大部分的技术和经营骨干共计43人到其公司就职,这些职员大多数从学校毕业即到原告公司工作,他们掌握的并用于被告公司的特殊技能构成了原告公司商业秘密的一部分。各被告的行为已构成不正当竞争。对此,被告质证认为,原告无法举证四被告散布了什么谣言,更无法举证四被告是如何煽动、如何引诱原告公司的技术和经营人员离开原告的。原告于1996年还是一家有一定规模的系统集成公司,其上级公司是当地的知名企业,被告则是一家刚刚成立的公司,原告公司的众多职员之所以舍大取小,是当时原告公司的上级公司的粗暴管理所导致的。离开的职员绝大多数具有本科以上的学历,这些高素质的人才是有分辨和识别能力的,绝不会仅凭几名被告的"煽动、引诱"离开原告,而是完全自愿的。这些人与原告是聘任关系,不是原告的"长工",选择职业和辞职是他们的权利,他们也有权使用自己头脑中的知识、经验和掌握的技能为其他企业工作并服务于社会。如果按照原告的逻辑,这些人在离开原告后就只能失业在家,因为只要他们从事本专业的工作,就不可能不将过去积累的知识、技能和经验运用到工作中。因此,原告的主张不能成立。

福建省高级人民法院经审理查明,1996年11月,被告连某舟、何某明、吴某云与原告公司39名职员先后辞职到被告公司工作,该辞职人员中,原告公司的法定代表人、总经理各1名,副总经理2名,部门经理8名,其余大部分是技术骨干和业务骨干。当时,原告公司仅剩下6人没有辞职。辞职时,部分人员将原告的部分书籍和技术资料(主要是随机资料)、磁带、软盘、产品销售奖牌和销售授权证牌等携带到被告公司。

根据上述事实,福建省高级人民法院认为"原、被告公司都是从事计算机系统集成的高科技企业,均是以销售、安装他人品牌机及其附属设备,并进行技术服务、技术支持为主

---

[1] 参见福建省高级人民法院民事判决书,(1997)闽知初字第05号。该案案情复杂,涉及违反公司法竞业禁止规定以及混同行为问题,在此仅介绍商业秘密保护部分。

的企业。这类企业是以个人组成的技术群体的整体技术水平和能力为主要基础的。原告公司的原技术群体均是由有行为能力的自然人组成,他们依法享有选择职业的自由;他们个人学习和掌握的是行业内一般的知识和技能,而不是特殊的营业秘密,这种知识和技能已成为他们人格的一部分,任何企业或个人都无权对他们依法的择业自由及其个人所学的知识和掌握的技能用于工作,服务于社会加以干涉和限制"。

上述案件提出了商业秘密保护及其与职工择业自由的关系中的一个重要问题,即职工在任职期间掌握的一般知识、经验和技能为其人格的组成部分,不属于商业秘密,职工在任职单位所掌握的知识、经验和技能不能成为其"跳槽"的障碍。这一问题又涉及一般知识、经验和技能与商业秘密、竞业禁止等问题的关系。

(一)劳动力自由流动与鼓励知识创新的一般精神

职工"跳槽"与商业秘密保护的关系,归根结底是如何处理劳动力自由流动与鼓励知识创新之间的关系。从职工的角度来看,职工有就业的权利和择业的自由,这是劳动者最基本的自由和权利;劳动力需要优化配置,劳动力自由流动是其优化配置的基本途径,国家应当鼓励和保护劳动力的自由流动。从企业的角度来看,企业的生命力有赖于其知识创新,而创造并保持其商业秘密是其知识创新的重要内容。创造和保护商业秘密能给企业带来经济效益和竞争优势,国家之所以要保护其商业秘密,就是要刺激和鼓励其知识创新,而对侵犯商业秘密的放纵又必然会打击企业进行知识创新的积极性,妨碍技术和经济的进步。从商业秘密的来源和运用看,职工往往是企业商业秘密的创造者和实施者,企业的商业秘密不可能不为职工所掌握和知悉,即便是没有参加创造和实施商业秘密的职工,因其与企业之间的职务关系,其知悉企业商业秘密的机会也比其他人多。由此而在商业秘密保护上出现了一种悖论:劳动力的自由流动必然会增加侵犯商业秘密的机会和可能性,侵犯商业秘密又会挫伤企业知识创新的积极性,而对知识创新的过分保护又会妨碍劳动力的自由流动;职工是商业秘密的创造者和实施者,创造能力越强和掌握的商业秘密越多,其流动的自由余地就越大,其流动性越强,越利于资源优化配置,但同时又对企业利用该职工进行知识创新的积极性的损害也就越大。

对于这种悖论的处理需要借助于有效的制度安排,界定所保护的商业秘密范围、划清商业秘密与一般知识技能的界限、妥善对待竞业禁止等都是有关处理职工"跳槽"与商业秘密保护的关系的有效制度。

(二)"跳槽"自由与商业秘密保护

职工可以"跳槽",这是其劳动权利和自由,任何人都不得非法干预,但是,职工不能因"跳槽"而侵害企业的商业秘密,因为商业秘密属于企业的财产权利。为此,首先要划清哪些是企业的商业秘密。

有些企业对商业秘密的日常管理比较薄弱,如往往在规章制度或者劳动合同中笼统地要求职工有保密义务,对于哪些是商业秘密不做界定,一旦发生纠纷,其商业秘密就很难确定。法律对商业秘密的构成是有特殊要求的,并不是所有有创新性的技术和信息都可以构成商业秘密。只有职工在"跳槽"时带走的是商业秘密,企业才可以对其追究责任。如果职工带走的技术或者经营信息虽然有用,但不是商业秘密,也不侵犯其他财产权利,企业无权干预。

就上述案件而言,原告主张"这些职员大多数从学校毕业即到原告公司工作,他们掌握的并用于被告公司的特殊技能构成了原告公司商业秘密的一部分"。显然,这些"跳槽"人员的技能不能成为商业秘密客体,不能以此妨碍劳动力的流动自由。

第二节 一般知识、技术和经验的排除保护

一、一般知识、技术和经验排除保护的由来

侵犯商业秘密经常由员工"跳槽"引起,如何处理商业秘密保护与员工流动之间的关系,涉及合同自由、商业伦理和个人经济自由(private economic freedom)之类的冲突性社会政策之间的平衡,而平衡机制的不断变化形成了涉及雇佣关系的多变的商业秘密保护法律史。[1]在涉及离职员工的商业秘密侵权案件中,经常涉及如何处理员工利用其头脑中的信息与雇主对该信息主张权利的紧张关系。[2]

现代商业秘密制度起源于18、19世纪的工业革命时期。随着工业化的发展,雇主雇用大量的雇员,雇主与雇员及雇员相互之间经常是陌生的,他们相聚于工厂,雇主不得不将一些有价值的生产秘密托付给雇员。新的技术需要倚重于技术训练,这也使得雇主不得不与技术工人分享技术秘密。为保护雇主与雇员分享技术秘密中的权益,商业秘密法应运而生。[3]商业秘密法授予雇主在法院获取禁令救济的权利。[4]在给予雇主法律权利的同时,法院又发展出"一般知识、技术和经验"原则(the 'general knowledge, skill, and experience' doctrine),以对抗和平衡雇主对于商业秘密的权利。[5]根据该规则,前员工可以使用在以前的工作中获得的一般知识、技术和经验,即使与前雇主开展竞争也无不可。"这一原则彰显了劳动者流动、促进员工从事新职业的自由以及竞争自由的公共利益。"[6]但是,前员工不能使用前雇主的商业秘密。

总体上说,三项重要的社会价值构成对于商业秘密保护范围的限制,即自由竞争、雇员流动以及个人成长和完善的重要性。[7]基于这些价值,对于个人的一般知识、经验和技术不能主张商业秘密的规则被广泛承认。部分原因是,个人有权使用头脑中的信息。[8]

---

[1] A. Turner, The Law of Trade Secrets 3(1962).

[2] See Elizabeth A. Rowe & Sharon K. Sandeen, *Trade Secret Law: Cases and Materials*, 2nd edition, West Academic Publishing, 2017, p. 130.

[3] See James Bessen, *Learning by Doing: The Real Connection between Innovation*, Wages, and Wealth, 2015, p. 164-184(discussing weaving workers' increased productivity as they learned more about how the machines worked).

[4] See Cincinnati Bell Foundry Co. v. Dodds, 10 Ohio Dec. Reprint 154, 154(Ohio Super. Ct. 1887)(discussing the "clearly established" principle that courts may use their equitable power to prevent disclosure of confidential information).

[5] See Camilla A. Hrdy, *The General Knowledge, Skill, The General Knowledge, Skill, and Experience Paradox and Experience Paradox*, Boston College Law Review, Vol. 60.

[6] CVD, Inc. v. Raytheon Co., 769 F. 2d 842, 852(1st Cir. 1985).

[7] See Sharon K. Sandeen & Elizabeth A. Rowe, *Trade Secret Law in an Nutshell*, 2nd edition, West Academic Publishing, 2018, p. 49.

[8] See Dynamics Research Corp. v. Analytic Sciences Corp., 9 Mass. App. Ct. 254, 267(Mass. App. Ct. 1980).

美国的一位法官曾经对于该政策做如下阐述:"法院承认,在特定领域工作的某个人,不能被期待放弃在变换工作前所积累的技术、知识和经验。这种技能条件对于雇员在市场中寻求出卖其劳务显然很重要。一个人离开其雇主而走向市场,将会寻求在其最有天赋的领域进行竞争。鉴于我们社会的高度流动性,以及经济变得日益有高技能和高技术的工作,个人的经济利益将越来越受到雇主可见的维护其竞争优势的需求的冲击。法院将小心翼翼地不打破使个人劳动者不会过度不利的平衡。"[1]

一般技术等规则是指前雇员可以使用其受雇期间获得的一般知识、技术和经验,即使与前雇主进行竞争。商业秘密法只禁止前雇员获取属于前雇主的商业秘密,只是对于前雇主受保护的信息范围是否可以扩及不构成商业秘密的信息存在争议。

(一)英美普通法及美国制定法的发展

英国普通法对于一般知识、技术和经验的排除最早出现于涉及不竞争协议的场合,即在此种情况下,法院不允许通过合同剥夺员工使用其"劳动、技能或者天赋"(his labour, skill or talent)的权利。[2]法院认为拒绝实施此类合同源于衡平法上基于公共政策原因的救济的权力。[3]

美国法律虽然未将"一般技术和知识"(general skill and knowledge)写入法律条文,但其构成了对于商业秘密保护范围的一般性限制。为与值得推崇的知识传播、教育和个人成长的目标相一致,通常承认商业秘密保护不及于特定领域从业者的一般技术和知识,即使这些信息不为一般知悉或者容易获得。[4]这些信息包括雇员在特定雇主的雇佣中获取的一般技术和知识,即使工作的性质是高度技术性的。例如,一位计算机程序员在微软开始其职业生涯,此后如其到苹果公司就职,不能阻止其使用以前所掌握的一般知识和技术。[5]

美国法院依照普通法保护商业秘密时,也注意观照雇员的工作权利。法院为保护商业秘密可以给予禁令救济,但如果商业秘密的保护过于干涉前员工使用其在工作中获取

---

[1] SI Handling Systems, Inc. v. Heisley, 753 F. 2d 1244, 1267(3d Cir. 1985)(Adams, J., Concurring).

[2] See, e. g., Leather Cloth Co. v. Lorsont, 9 L. R. Eq. 345, 354(1869)("Public policy requires that every man shall be at liberty to work for himself, and shall not be at liberty to deprive himself or the State of his labour, skill, or talent, by any contract that he enters into."); TURNER, supra note 45, at 120 – 126(discussing various cases). Some scholars have asserted that restrictions on enforcing non – competition agreements stemmed from antitrust law. Rowe, Trade Secret Law, supra note 27, at 444 – 445(discussing line of cases that viewed injunctive enforcement as granting a "monopoly" to trade secret owners). It is true that English common law sometimes treated non – competes as a "restraint of trade". e. g., Mitchel v. Reynolds, 1 P. Wms. 181, 182, 24 Eng. Rep. 347(K. B. 1711); Harlan M. Blake, *Employee Agreements Not to Compete*, 73 Harv. L. Rev. 625, 629 – 637(1960)(detailing cases at early English common law regarding non – competes); William L. Letwin, *The English Common Law Concerning Monopolies*, 21 U. Chi. L. Rev. 355, 373 – 379(1954)(same). But the antitrust objection to non – competes has been significantly undermined. e. g., Outsource Int'l, Inc. v. Barton, 192 F. 3d 662, 669(7th Cir. 1999)(Posner, C. J., dissenting)("the original rationale[for hostility against non – competition agreements] had nothing to do with restraint of trade in its modern, antitrust sense").

[3] 衡平救济是一种广泛的自由裁量权,法院可以在损害赔偿之外给予诸如禁令之类的救济。See Samuel Bray, *The System of Equitable Remedies*, 63 Ucla L. Rev. 530, 537(2016). In the United States, Most Courts of Equity Have Merged with Courts of Law. Id. at 538 – 541(providing background information on the merger).

[4] See e. g., S. I. Handling Systems, Inc. v. Heisley, 753 F. 2d 1244, 1267(3rd Cir. 1985)(Adams J, concurring).

[5] See Elizabeth A. Rowe & Sharon K. Sandeen, *Trade Secrecy and International Transactions*, Edwar Elgar, 2015, p. 40.

的知识和技术时,法院可以依据衡平裁量拒绝发布禁令。[1]如在1902年National Tube Co. v. Eastern Tube Co. 案中,俄亥俄州巡回法院拒绝对于雇用原告前员工的被告发布禁令。该案中,纳托尔(Nuttall)在受雇原告期间偷偷拿走原告的机器式样,据此为被告制造新机器。法院拒绝向被告发布禁令,理由是该式样是"在原告受雇期间所有人的通用知识的产物"。尽管原告为获取像Nuttall这样的雇员的"技术、知识和经验"而支付了报酬,但不能购买这些人的"脑力"。[2]俄亥俄州最高法院维持了这一判决。[3]

美国法律协会为统一商业秘密法律而于1939年编撰的《侵权法重述》(第一版)并未重述普通法中的一般知识、技术和经验排除规则,而是重述列举了认定信息是否属于商业秘密的六个因素,其中之一是"(信息)被雇员和所属知识领域的其他人知悉的程度"。但是,法院并未据此认为其包含了一般知识产权、技术和经验排除规则。

英国律师兼政客A. 爱德华·特纳(A. Edward Turner)于撰写商业秘密法一书时因英国和美国法院均广泛承认一般知识、技术和经验排除规则而在其著作中对此进行了专题论述。该论述在以下三个方面具有重要意义。首先,他将排除规则基于保护人们追求职业的权利的公共政策。为公共政策目的,甚至可以以可能牺牲受保护的商业秘密为代价。其次,他认为排除规则可以影响合同和商业秘密保护。最后,也是现代法院适用排除规则最为重要的一点,他相信排除规则禁止通过所谓的"外在的法律原则"(extraneous legal principle)或者"第三因素"(third factor)阻止商业秘密保护。[4]

1995年《不正当竞争法重述》(第三版)是美国商业秘密法的另一个来源。虽然该第三版没有其他法源的影响力大,法院更多的是适用其第一版,但是该第三版明确规定了一般知识、技术和经验的排除,解释了该原则的政策原理,并进行了全面界定。[5]第三版《不正当竞争法重述》较多地接受了特纳的分析,指出虽然商业秘密法在1962年至1995年发生了变化,但一般知识、技术和经验排除原则一直保留如初。第三版《不正当竞争法重述》有几项要点。首先,它确立了受保护的商业秘密与不受保护的一般知识、技术和经验的二分法。"商业秘密与一般技术、知识、训练和经验的区分,旨在实现受保护的秘密信息与雇员流动之间的平衡。"[6]其次,它澄清,即使信息"直接来源于雇主在雇佣期间的资源投入",也可以被认定为"雇员的一般技术、知识、训练和经验"。[7]这意味着,属于一般技术等排除的范围可能包括并非本行业内公知的信息。"商业秘密权利可能仅限于雇主的

---

[1] See, e. g. , Hamilton Mfg. Co. ,216 F. at 407 ("It would be a violation of every right of an employe[sic] of a manufacturer to prevent the former from using, in a business of his own, knowledge which he acquired in the employ of the latter when he might have acquired such knowledge in the employ of other manufacturers."— quoting Cincinnati Bell, 10 Ohio Dec. Reprint at 155); e. g. , Cal. Intelligence Bureau v. Cunningham, 188 P. 2d 303, 306(Cal. Dist. Ct. App. 1948)("Some knowledge gained by an employee is of such a general character that equity will not restrict its later use."); cf. Peabody, 98 Mass. at 455 (rejecting employee's argument that an injunction would leave him "unfitted for other business", because he could only do it at the former employer's pleasure, thereby denying his "general skill as a machinist").

[2] See Nat'l Tube Co. v. E. Tube Co. ,13 Ohio C. D. 468,468(1902).

[3] See Nat'l Tube Co. v. E. Tube Co. ,70 N. E. 1127(Ohio 1903)(mem)(per curiam).

[4] See AMÉ DÉ E TURNER, The Law of Trade Secrets ,1962, p. 115 – 160.

[5] See generally Restatement(Third)of Unfair Competition § 42.

[6] Generally Restatement(Third)of Unfair Competition § 42.

[7] See generally Restatement(Third)of Unfair Competition § 42.

业务存在的独有信息,而不是该行业内更为广泛知悉的信息,或者来自该行业内的雇员一般拥有的技术。"[1]最后,第三版《不正当竞争法重述》引进了一种思想——信息一旦与雇员的"整体工作经验""密切融合",就丧失其商业秘密地位。因为"如果(给予商业秘密)保护,就会剥夺雇员获取与其一般资格能力相匹配的工作的能力"。[2]

制定法对于一般技术等排除规则的接受。尽管一般技术等排除规则为普通法广泛接受,但1979年《统一商业秘密法》及其被州立法采纳的制定法以及2016年《保护商业秘密法》并无明文规定。这并非宣告废止该规则,恰是因为《统一商业秘密法》的起草者一致认为该法是将普通法的内容法典化,以及商业秘密保护法的起草者一致认为其遵从了美国《统一商业秘密法》,即排除规则是现代商业秘密法制度的一部分。

美国《统一商业秘密法》对于商业秘密的界定中包含的构成要件之一是,"因通过正当手段不能为能够从披露或者使用中获取经济价值的其他人所一般知悉和易于取得,而具有现实的或者潜在的独立经济价值"[3]。此即要求商业秘密对于"其他人"、"并未一般知悉"或者"不易于取得"。这也意味着将雇员的一般知识、技术和经验排除于商业秘密保护之外。雇员的技术、知识和经验属于因披露或者使用可以获得经济价值的"其他人",这也是雇员离职以后独立创业或者入职竞争对手时能够获得较好收益的原因。之所以可以如此解读,是因为《统一商业秘密法》不可能忽略普通法一般技术等排除规则的表述,以及《侵权法重述》(第一版)关于雇主为防止丧失其商业秘密而谨慎向雇员披露秘密的规定。[4]一旦商业秘密成为雇员的"一般知悉"或者"易于取得",就不再成其为商业秘密。而且,"不为一般知悉"包含"不为一般公众知悉"而"在(相关)行业内易于取得的"信息。[5]

美国《统一商业秘密法》拓展了秘密性要求,使其包括行业内一般知悉的情形,不能视为一种全面的排斥。秘密性可以是完全由雇主掌握的秘密,不为行业内其他人所知悉,

---

[1] Generally Restatement (Third) of Unfair Competition § 42. (noting only that "[t]rade secret rights are more likely to be recognized in specialized information unique to the employer's business than in information more widely known in the industry or derived from skills generally possessed by persons employed in the industry") (emphasis added). 121 See id. ("The relative contribution of the employer and employee to the development of the information can also be relevant.") (emphasis added).

[2] See generally Restatement (Third) of Unfair Competition § 42. 这种观点在此前的一些判例中出现过。如:the Third Circuit Court of Appeals 1985 decision in SI Handling Systems, Inc. v. Heisley. 753 F. 2d See UTSA §§ 1-12;18 U.S.C. §§ 1836-1839。

[3] "Derives independent economic value, actual or potential, from not being generally known to, and not being readily ascertainable by proper means by, other persons who can obtain economic value from its disclosure or use."

[4] See Nat'l Tube Co., 13 Ohio C. D. at 472 (defining a trade secret as necessarily being shared with an employee for the employer's use); Restatement (First) of Torts § 757 cmt. b (explaining trade secrets do not lose protection when shared with employees).

[5] UTSA § 1 cmt. The comments state that "[i]f the principal persons who can obtain economic benefit from information are aware of it, there is no trade secret. A method of casting metal, for example, may be unknown to the general public but readily known within the foundry industry." Under the amended UTSA of 1985, the comments modified "principal person" to "principal persons". Id. (emphasis added). This suggests one person (e.g., one single defendant employee) knowing the information would be insufficient. In addition, the example provided in the comments is of a method for casting metal that is well known by people "within the foundry industry". Id. (emphasis added). These points suggest that the UTSA meant information loses status as a trade secret once it becomes generally known to other persons in the industry outside the company, not just employees within the company.

但基于一般技术等排斥规则不受保护。假使美国《统一商业秘密法》"法典化普通法商业秘密保护的基本原则",未做任何相反的规定,它就对一般技术等排斥规则与其他普通法规则一视同仁。[1]这正是法院一直经常援引和适用这一规则的原因。[2]

美国《统一商业秘密法》[及《侵权法重述》(第一版)]的模糊不清对于一般技术等排斥规则的适用统一造成了持续的损害。许多法院将一般知识、技术和经验排斥规则与《统一商业秘密法》关于商业秘密"不为(行业内的其他人)广泛知悉"或者"容易取得"一体看待,即使几乎可以肯定这不是起草者的意图。[3]

2016年《保护商业秘密法》是美国联邦商业秘密制定法的主要法源。商业秘密保护法修订了1996年的《经济间谍法》,创设了新的联邦侵害商业秘密民事救济。[4]该法以其自己的语言采纳了美国《统一商业秘密法》对于"商业秘密"、"侵害行为"和"不正当手段"的界定。[5]美国《统一商业秘密法》并不优先于州法律,说明两者可以一并提起。它也并不赋予联邦法院排他性的管辖权,原告可以在联邦和州法院选择起诉。

《保护商业秘密法》并未明文规定一般技术等排除规则,与此最为相关的条款是有关救济的规定。与《统一商业秘密法》一样,《保护商业秘密法》规定,法院可以"根据其认为合理

---

[1] See UTSA, Prefatory Note.

[2] See Capital Asset Research Corp. v. Finnegan, 160 F. 3d 683, 688 (11th Cir. 1998) (finding employee did not misappropriate a trade secret because anyone experienced in the industry could use the information); Hogan Sys., Inc. v. Cybresource Int'l, Inc., 158 F. 3d 319 (5th Cir. 1998) (affirming district court's finding that the Exclusion applied), abrogated by Kirtsaeng v. John Wiley & Sons, Inc., 136 S. Ct. 1979 (2016); AMP Inc. v. Fleischhacker, 823 F. 2d 1199, 1202 (7th Cir. 1987) (recognizing the Exclusion), superseded by statute Illinois Trade Secrets Act, 765 ILL. COMP. STAT. ANN. 1065/1 - /9 (West 1988), as recognized in PepsiCo, Inc. v. Redmond, 54 F. 3d 1262 (2011); Am. Can Co. v. Mansukhani, 742 F. 2d 314, 329 (7th Cir. 1984); Automated Sys., Inc. v. Serv. Bureau Corp., 401 F. 2d 619, 625 (10th Cir. 1968) (declining to extend trade secret protection to general knowledge acquired by the employee); Midland - Ross Corp., 293 F. 2d at 412 ("Necessarily the former employee may use what he learned in the former employer's business while engaged in business for himself or some business competing with the former employer."); Utah Med. Prods., Inc. v. Clinical Innovations Assocs., Inc., 79 F. Supp. 2d 1290, 1312 - 1314 (D. Utah 1999) (holding employer failed to distinguish alleged trade secret from employees general knowledge, skill, and experience), aff'd, 251 F. 3d 171 (Fed. Cir. 2000); Merck & Co. Inc. v. Lyon, 941 F. Supp. 1443, 1462 (M. D. N. C. 1996) (recognizing the Exclusion); Pressure Sci., Inc. v. Kramer, 413 F. Supp. 618, 629 (D. Conn. 1976) (holding that an employee cannot be barred from using his general skill and experience in the industry), aff'd, 551 F. 2d 301 (2d Cir. 1976); George O'Day Assocs., Inc. v. Talman Corp., 206 F. Supp. 297, 300 (D. R. I. 1962) ["[A]n employee after leaving the service of an employer may carry on the same business on his own and use for his own benefits the things he has learned while in the earlier employment." (quoting Midland - Ross Corp., 293 F. 2d at 412)], aff'd, 310 F. 2d 623 (1st Cir. 1962); Sarkes Tarzian, Inc. v. Audio Devices, Inc., 166 F. Supp. 250, 266 (S. D. Cal. 1958) ("[E]quity has no power to compel a man who changes employers to wipe clean the slate of his memory"), aff'd, 283 F. 2d 695 (9th Cir. 1960); Bickley v. Frutchey Bean Co., 173 F. Supp. 516, 524 (E. D. Mich. 1959) (recognizing the Exclusion), aff'd, 279 F. 2d 685 (6th Cir. 1960); Thiberg v. Bach, 107 F. Supp. 639, 643 (D. N. J. 1952) (providing defendant "may use... the mechanical skill which he has acquired by virtue of his employment").

[3] See Camilla A. Hrdy, *The General Knowledge, Skill, The General Knowledge, Skill, and Experience Paradox and Experience Paradox*, Boston College Law Review, Vol. 60, p. 2432.

[4] H. R. REP. No. 114 - 529, at 1 - 2 (2016).

[5] See id. at 2 (explaining that the DTSA models "misappropriation" off the UTSA definition); 18 U. S. C. §§ 1839 (3), (5), (6) (defining "misappropriation", "trade secret", and "improper means"). The definition of improper means expressly excludes proper means like independent development and reverse engineering. 18 U. S. C. § 1839 (6).

的情形"发布"防止任何现实的或者有危险的侵害行为"的禁令。但是,禁令不能"阻止他人进入新的雇佣关系,而阻止进入的禁令应当基于有侵害行为危险的证据,而不仅仅是他人知道信息"。这表明,法院可以不发布阻止他人获取新工作的禁令。如果法院发布影响雇佣关系的禁令,必须基于"有侵害行为危险的证据",如有使用或者披露商业秘密的准备行为。

《保护商业秘密法》立法史表明,上述规定是基于注意到"工作流动性的重要性"。这种限制与一般技术等排除限制规则的公共政策理由类似,两者都是不干预人们获取新工作的权利。特别是,商业秘密保护法初稿的有关表述曾被认为"默示承认所谓的不可避免披露原则",这种写法引起了人们的质疑,因而最终未采纳这种写法。"不可避免披露"禁令允许商业秘密所有人禁止离职员工基于其在新工作中从事类似职务时,或许"不可避免地依靠"商业秘密的可能性。[1]一般技术等排除规则意在将雇员知悉的某些信息完全排除于商业秘密保护,使雇员免于此类事后限制。

显然,商业秘密保护法对于救济措施的限制与一般技术等排除规则的政策目标密切相关。被告至少可以依据《保护商业秘密法》第1836条(b)(3)的限制规定,在新工作涉及时可以主张对于禁令的限制。这种规定并不等同于明确承认一般技术等排除规则。但是,考虑到商业秘密保护法有意复制《统一商业秘密法》及由此属于有意将普通法法典化,商业秘密保护法表达此类类似的公共政策考量表明,一般技术等排除规则确实也为商业秘密保护法所接受。被告可以继续在联邦法律和相关州法律中加以援用。[2]

(二)一般技术等排除规则的政策依据

一般技术等排除规则与商业秘密在政策依据上是对应的。商业秘密保护的原因有多种,并在裁判中有所诠释。例如,美国最高法院在1974年Kewanee Oil Co. v. Bicron Corp.案[3]中对于商业秘密保护的正当性进行了阐释。

商业秘密保护及一般技术等排除规则的正当性体现在多个方面。首先,商业秘密保护是为了确保商业道德标准和阻止违反保密义务。如"维护商业伦理标准和鼓励发明是被广泛认为的商业秘密法的政策"。[4]其次,商业秘密保护被认为是为了奖赏和激励为开

---

[1] See generally PepsiCo, Inc. v. Redmond, 54 F. 3d 1262, 1271 (7th Cir. 1995).

[2] See Camilla A. Hrdy, *The General Knowledge*, *Skill*, *The General Knowledge*, *Skill*, *and Experience Paradox and Experience Paradox*, Boston College Law Review, Vol. 60, p. 2434.

[3] See 416 U. S. 470, 491 – 492 (1974). Specifically, the Court held that Ohio's trade secret law of the time was not preempted by patent law. Id. ; Robert G. Bone, *A New Look at Trade Secret Law*: *Doctrine in Search of Justification*, 86 Calif. L. Rev. 241, 260 – 296 (1998) (reviewing justifications based on "efficiency", "rights and fairness", and "industry norms"); Mark A. Lemley, *The Surprising Virtues of Treating Trade Secrets as IP Rights*, 61 Stan. L. Rev. 311, 335 – 336 (2008) [hereinafter Lemley, The Surprising Virtues]; Michael Risch, *Why Do We Have Trade Secrets*?, 11 Marq. Intell. Prop. L. Rev. 1, 26 – 35 (2007) (detailing trade secret justifications).

[4] Kewanee Oil Co. v. Bicron Corp. , 416 U. S. 470, 485 (1974) ("The maintenance of standards of commercial ethics and the encouragement of invention are the broadly stated policies behind trade secret law."); E. I. Du Pont De Nemours Powder Co. v. Masland, 244 U. S. 100, 102 (1917) {"The word 'property' as applied to… trade secrets is an unanalyzed expression of certain secondary consequences of the primary fact that the law makes some rudimentary requirements of good faith… Therefore the starting point… is not property… but that the defendant stood in confidential relations with the [employer]."; E. I. Du Pont De Nemours & Co. v. Christopher, 431 F. 2d 1012, 1015 (5th Cir. 1970) applying Texas law and holding aerial photography of a plant under construction violated "recognize [d]… standards of commercial morality in the business world" [quoting Hyde Corp. v. Huffines, 314 S. W. 2d 763, 773 (Tex. 1958)]}. But see Bone, supra note 154, at 294 – 96 (critiquing the argument that a major purpose of trade secret law is to enforce industry norms).

发技术、经营、市场数据、客户名单的等信息的投资。[1]这种政策依据类似于专利政策，但其保护范围更为宽泛。如美国最高法院所说，"商业秘密法鼓励开发和利用与专利相比发明程度降低或者不愿采取专利保护的技术，这些技术在国家科技发展中仍具有重要作用"。[2]最后，便利于信息"披露"。专利法鼓励通过专利说明书加以披露，而商业秘密保护鼓励企业之间及企业内部的披露。这看似有点悖论，但商业秘密保护的存在使得披露更为可能。[3]

在上述政策理由之下的更为基础性的理由是效率。商业秘密保护降低了如不予保护就需要"自助"的成本。如美国最高法院所言，"即使针对失信员工的商业秘密保护被废除，不能满足专利标准的发明和利用的努力也将继续，尽管可能有所降低。作为替代方法，从事创新的公司将会增加自助"。[4]"没有商业秘密保护，商业秘密所有人将被迫寻求自助措施。"[5]如果没有商业秘密保护，商业秘密所有人采取的自助保护措施的成本将更为高昂，将采取更多的物理性的和合同的预防措施，将在商业活动中付出更多的非效率成本。

一般技术等排除规则是为了促进知识传播、鼓励创新和提高整体的经济效率，与商业秘密保护的目标异曲同工和殊途同归。如果以保护商业秘密为由禁止适用一般技术等排除规则，显然与商业秘密保护的政策目标背道而驰。

"刺激披露"的观点经常与阿罗信息悖论（Arrow Information paradox）有所联系。阿罗信息悖论指出，如果不能估价信息，当事人就不能有效地买卖信息，但如果卖方不能向买方披露信息，当事人就无法估价，而披露即存在无偿获取信息的危险。[6]简言之，信息买卖需要披露信息，但披露信息即意味着数据价值的丧失。这意味着，如果没有法律保护，所有的有效交易理论上都不能发生。[7]雇主与雇员之间的商业秘密共享，是商业秘密保护法所促成的重要有效交易之一。事实上，大多数商业秘密纠纷恰恰发生于雇主与离职的前雇员之间。[8]

便于雇主与雇员之间的信息交流是需要商业秘密法的关键理由。自工业革命开始，

---

[1] See William M. Landes & Richard A. Posner, *The Economics of Trade Secrecy Law*, in William M. Landes & Richard A. Posner eds., *The Economic Structure of Intellectual Property Law*, 2003, p. 354 – 371. But see Bone, *A New Look at Trade Secret Law: Doctrine in Search of Justification*, 86 Calif. L. Rev. 262, & n.9494 (1998) (asserting that although the "incentive – based argument is one of the most frequently invoked" today, it is relatively new and "had little explicit impact on the development of trade secret doctrine in the nineteenth and early twentieth century").

[2] Kewanee Oil, 416 U. S. at 493.

[3] See Mark A. Lemley, *The Surprising Virtues of Treating Trade Secrets as IP Rights*, 61 Stan. L. Rev. 313 (2008) ("I argue that, paradoxically, trade secret law actually encourages disclosure, not secrecy.").

[4] Kewanee Oil, 416 U. S. at 485 – 486.

[5] Michael Risch, *Why Do We Have Trade Secrets?*, 11 Marq. Intell. Prop. L. Rev. 1, 43 – 44 (2007).

[6] See Kenneth J. Arrow, *Economic Welfare and the Allocation of Resources for Invention*, in The Rate and Direction of Inventive Activity: Economic and Social Factors 609, 615 (Nat'l Bureau of Econ. Research ed., 1962).

[7] See Camilla A. Hrdy, *The General Knowledge, Skill, The General Knowledge, Skill, and Experience Paradox and Experience Paradox*, Boston College Law Review, Vol. 60, p. 2436.

[8] 例如，在美国《保护商业秘密法》施行以后裁判的商业秘密案件中，2/3 的案件涉及现任和前雇员。see David S. Levine & Christopher B. Seaman, *The Dtsa at One: An Empirical Study of the First Year of Litigation under the Defend Trade Secrets Act*, 53 Wake Forest L. Rev. 146 (2018).

这种理由就存在于商业秘密保护法律的历史之中。当时发生了由手工业作坊到大工厂的转变，需要掌握商业秘密的雇员范围远超原来的家庭成员和熟人圈，雇主与雇员之间的交流意味着雇主需要在必要时与雇员共享诸如生产工艺、技术图纸和客户名单等商业秘密。同时，也需要有效地训练雇员，使其学会如何操作新机器设备及其内部软件，如何完成专项任务和程序，其中部分事项属于优于竞争对手的内容。这种训练与其他形式的共享并无区别，即恰是分享商业秘密的过程。

美国最高法院在 1974 年 Kewanee Oil Co. v. Bicron Corp. 案[1]中解释了向雇员披露商业秘密的神圣性，特别援引了降低成本理论。美国最高法院认为，如果雇主对雇员的披露意味着牺牲商业秘密保护，"发明和利益的努力……仍然继续"，那么将会是"低水准的"，以及引进低效率的自治方式，非有效地重构研发过程。其结果是，"有组织的科技研究变成支离破碎，社会将会遭受整体上的损失"。例如，公司会为保护商业秘密支出更多的预防成本；小公司尤其处于不利地位，因为自助成本太高，公众使用其发明的成本更高；个体创新者将会使其研究局限于自己，因为在缺乏法律保障时无法相信别人。有的学者提出，缺乏商业秘密保护时，雇主觉得雇用他人毫无安全感，因而减少了工人获取工作的机会。[2]

商业秘密原则如何庇护雇主与雇员之间的信息交流。按照保密性要求，"控制性披露"（controlled disclosure）（在雇员负有保密义务的情况下披露）是一项商业秘密保护法的秘密性规则。违反"控制性披露"可能发生损毁商业秘密的后果。如最高法院在 1974 年 Kewanee Oil Co. v. Bicron Corp.[3]中讨论俄亥俄州商业秘密法时指出，"如果持有人'在保密或者承担不使用、披露的默示义务的情况下'向他人披露商业秘密……秘密性并不丧失。其他人包括商业秘密所有人的'雇员，该雇员有必要接受信任，而将商业秘密付诸预定用途的使用'"。

一般技术等排除规则是商业秘密保护法为减少雇员在雇佣期间因接受商业秘密所付出的代价而发展出来的一项衡平原则。雇主被告知能够在不丧失保护的情况下向雇员披露商业秘密，但如果这些信息成为雇员一般知识、技术和经验的一部分，雇主会因此可能丧失保护其信息的能力。这是一种悖论。这种悖论对于商业秘密保护法有效发挥作用是必要的。商业秘密对于雇员的一些溢出必要性是基于两种相关但不同的政策考量。[4]

雇员个人工作、发展和流动的权利。首先，最为重要的是，一般技术等排除规则旨在保护雇员个人不陷入一种恶劣的环境，即因为知悉雇主的商业秘密而在以后被限制谋取其他就职岗位的能力。在商业秘密持有人为限制雇员谋取新的工作的能力而寻求"行为禁令"时，商业秘密法成为"雇佣之后的限制的方式"。它"减少了雇员的经济流动性，限制其追求人生爱好的个人自由"。这种状况恰是由雇主与雇员之间为便利而交流商业秘密所造成的。尽管雇主会抱怨一般技术等排除规则造成了这种悖论，但雇员首先受到了悖论的困扰。

---

[1] 416 U. S. 470,491-492(1974).
[2] See Milgrim on Trade Secrets § 5.02[3][A](2018),150.
[3] 416 U. S. 470,491-492(1974).
[4] See Laura G. Pedraza-Fariña, *Spill Your(Trade) Secrets：Knowledge Networks as Innovation Drivers*,92 Notre Dame L. Rev. 1599(2017).

一般技术等排除规则通过对雇主形成一种制衡,使雇主不能因雇员在新的追求中使用其在以前受雇期间新提升的技术和知识的能力而受到责难,从而减轻了雇员的负担。一般技术等排除规则授权法院平衡双方之间的利益,即一方面雇主有保护商业秘密的需求,另一方面雇员要追求更有成就的职业。

一般技术等排除规则也有合同理论的支持。一般而言,人们被假定可以自由缔结互利的合同。雇主与雇员的关系就是如此。雇员同意通过使用现有技术、知识和经验为雇主履行特定的服务。作为交换,雇员获得从雇主处获得薪酬、福利和更多技术、知识和经验的机会。这种对价是双向的。雇员越是在技术上训练有素,雇主越有获得更多分享的期待。同时,雇主也被期待向雇员分享其此前并不具有的知识、技术和经验。雇佣合同有时写明这样的条款,即所谓的"剩余知识条款"(residual knowledge clause)。如在1997年得克萨斯州北区法院审理的 Hogan Systems, Inc. v. Cybresource International, Inc. 案中,雇员签署的保密协议声明其不使用和披露雇主的商业秘密,但明确告知,"雇员将取得在其受雇期间获得的一般知识、技术和经验,在其(从前雇主)离职以后可以在此后的雇佣关系中使用和受益"[1]。即便没有如此声明和约定,一般技术等排除规则同样可以施加商业秘密不能保护此类"剩余知识"的义务。但是,对于雇员能否在合同中放弃此类剩余知识,存在争议。

其次,雇员流动性的经济理由。一般技术等排除规则有时被认为属于实现雇员流动性的公共领域,以及总体上促进生产率、创新和经济增长。这是一种健康的经济政策的正当性理由。正如一个经常被援引的马萨诸塞州法院判决意见所指出的,雇员使用其一般知识、经验、记忆和技术,"促进了劳动力流动的公共利益和雇员的从业自由及减少了垄断。法律由此使国家技术和知识的储备最大化"[2]。

此种论断背后的思想是,如果雇主不能阻止雇员在转换工作时使用其更优的技术,劳动力将会更有效益,市场更不可能被垄断。如有的判决中所说的那样,"合理的流动促进竞争和思想的扩散,反过来又有益于消费者。当技术和信息资源以最有效率地用于生产商品和提供服务的方式被分配,就实现了重要价值"[3]。当然,对于雇员流动自由的价值及其对创新和经济增长的作用评价,存在争议。这些争论往往围绕竞业限制协议进行,很少涉及一般技术等排除规则。相反,法院似乎更为关注雇员个人福利,特别是在其工作权利受到威胁的场景之下。[4]

---

[1] No. 3:96 - CV - 2083 - H, 1997 WL 311526, at § 5 (N. D. Tex. June 2, 1997), aff'd, 158 F. 3d 319 (5th Cir. 1998).

[2] Dynamics Research Corp. v. Analytic Scis. Corp., 400 N. E. 2d 1274, 1282 (Mass. App. Ct. 1980) [quoting J. T. Healy & Son v. James A. Murphy & Son, 260 N. E. 2d 723, 731 (Mass. 1970)]; Wexler, 160 A. 2d at 435 ("[S]ociety suffers because competition is diminished by slackening the dissemination of ideas, processes and methods.").

[3] SI Handling Sys., 753 F. 2d at 1268 (Adams, J., concurring) ("Reasonable movement promotes competition and the dissemination of ideas, which in turn benefit the consumer. Important values are served when the resources of skill and information are allocated in such a manner that they are utilized most efficiently to produce goods and services").

[4] See Camilla A. Hrdy, *The General Knowledge, Skill, The General Knowledge, Skill, and Experience Paradox and Experience Paradox*, Boston College Law Review, Vol. 60, p. 2444.

（三）一般技术等排除规则的适用

一般技术等排除规则的适用的关键是划清通用技能和商业秘密的界限。这种界限并不总是清晰的，理论和实践中经常也会对此有争议。一般技术和知识与受保护的商业秘密的界限通常是基于商业秘密的特殊属性和"独特性"。[1]通常而言，员工应当把真正的通用技能放入工具包中（如高效编程的能力），而不是雇主的任何特定信息（如已经完成的程序或者驱动该程序的特殊算法）。在通用技能与特定信息难以区分时，如何处理属于政策取向问题，如倾向于保护员工流动自由还是保护商业秘密。如在存疑的案件中，美国的法官通常会站在员工一方，倾向于企业有义务向员工解释哪些属于企业的商业秘密。明确员工的预期是商业秘密保护的重中之重。[2]这种倾向于员工自由流动和知识扩散的政策取向值得肯定。

美国的法院在以下几种情况下根据案件的具体情况适用一般技术等排除规则，这几种情况通常都是涉及雇员或者前雇员的生计的情形。首先，适用于雇主阻止雇员或者前雇员寻找新的工作的情形，[3]主要是雇主通过寻求禁令以阻止或者限制雇员获取新的工作。其次，适用于阻止竞争对手销售通过使用雇主的商业秘密生产的产品的情形。[4]最后，其他情形下的适用，如独立承包商在商业关系中获取剩余知识的情形。[5]

1. 只有在个人就业权受到威胁时才适用

在不涉及生计的情况下，通常不太适用一般技术等排除规则。例如，当事人通过不正当手段获取商业秘密，[6]或者虽然涉及前雇员，但在侵害行为发生之前其从未有机会获知秘密信息的情形，[7]通常不涉及该规则的适用。

---

[1] See Elizabeth A. Rowe & Sharon K. Sandeen, *Trade Secrecy and International Transactions*, Edwar Elgar, 2015, p. 40.

[2] 参见[美]詹姆斯·普利：《商业秘密：网络时代的信息资产管理》，刘芳译，清华大学出版社2023年版，第52~53页。

[3] See, e. g., Am. Can Co. v. Mansukhani, 742 F. 2d 314, 329 (7th Cir. 1984) ("particularly in the case of a former employee, whose livelihood may well depend on the scope of the former employer's trade secret protection, it is important to permit the employee to use his or her skill, training and experience").

[4] See, e. g., Van Prods. Co. v. Gen. Welding & Fabricating Co., 213 A. 2d 769, 771 (Pa. 1965) (plaintiff sought an injunction against competitor defendants to bar them from "making, advertising and selling" a product allegedly developed because of the former employee's knowledge of plaintiff's trade secrets).

[5] See, e. g., Hicklin Eng'g, L. C. v. Bartell, 439 F. 3d 346, 349 (7th Cir. 2006) (noting that in the context of software programming, an independent contractor working for a particular client "may reuse the source code for another client's project" barring a promise not to or an industry norm to the contrary), abrogation recognized by RTP LLC v. ORIX Real Estate Capital, Inc., 827 F. 3d 689 (7th Cir. 2016).

[6] See, e. g., E. I. Du Pont De Nemours & Co. v. Christopher, 431 F. 2d 1012, 1014 (5th Cir. 1970) (recognizing a cognizable claim for "discovery of a trade secret by any 'improper' means"). The Exclusion also presumably would not apply when trade secrets are raised as an evidentiary privilege against the government or a litigant trying to gain access to information. There would be no legal basis for the person seeking access to argue that this constitutes an employee's general knowledge, skill, and experience. On the trade secret privilege, see Rebecca Wexler, *Life, Liberty, and Trade Secrets: Intellectual Property in the Criminal Justice System*, 70 Stan. L. Rev. 1343, 1377-1395 (2018) (providing a history of the trade secret privilege in both the civil and criminal contexts).

[7] See Cf. Peggy Lawton Kitchens, Inc. v. Hogan, 466 N. E. 2d 138, 140 (Mass. App. Ct. 1984) (finding the defendant's lack of experience in the industry and his use of a "ruse" relevant to the secrecy analysis).

从历史和逻辑看,一般技术等排除规则是一项衡平原则,乃是出于公共政策的原因,用于限制商业秘密所有人针对特定个人行使权利的能力。在历史上,该规则产生于否定禁令救济的衡平权力。法院继续适用"衡平",需要保护雇员追求新职业的权利,即使法院认为至少原告请求保护的部分信息确实不是商业秘密。[1]实践中,尽管许多法院可能发现存在特定商业秘密,但仍会限制禁令的范围,以保护雇员追求生机的权利。[2]

例如,在1998年得克萨斯州上诉法院判决的T-N-T Motorsports, Inc. v. Hennessey Motorsports, Inc.案[3]中,被告是罗伊(Roy)和乔·特普斯特拉(Joe Terpstra)及其新雇主T-N-T运动汽车,被诉普通法上的侵害运动汽车高性能升级版商业秘密。Joe Terpstra受雇于原告Hennessey Motorsports公司约6年,负责销售相关产品。Joe Terpstra从原告处离职到被告的体验店从事与原告有竞争的全职工作,其中包括以更优惠的价格销售同性能的产品。州初审法院支持了原告的初步禁令请求,被告以两种理由上诉。首先,被告主张Joe Terpstra只是"利用了其在汽车行业从业多年所获得的一般知识和经验"。其次,"因缺乏秘密性,原告主张的秘密信息不构成商业秘密"。得克萨斯州上诉法院认为,案件所涉产品的细节、有些客户和供应商以及定价信息不属于公众一般知悉,显然"具有秘密性并进行了保密"。但是,考虑到Joe Terpstra"在其有经验的领域谋取生计的权利",得克萨斯州上诉法院限制了禁令的范围,允许Joe Terpstra至少可以就部分竞争性业务继续从业。

该案是在承认原告存在商业秘密的情况下,基于雇员工作权利(right-to-work)的考量而限缩禁令的范围。这种方法在许多案件中被使用。其结果是,一般技术等排除规则更像是衡平原则,即维护前雇员的工作权利,而不是类型化地排除商业秘密保护。

虽然一般技术等排除规则是一种衡平原则,但举证责任仍由原告承担。正如其他商业秘密构成要件,原告具有证明被诉信息不是一般知识、技术和经验的最终责任。这与原告在商业秘密案件中的一般举证规则相一致,即在商业秘密案件中,原告对于商业秘密归其所有及支持原告救济权利的衡平救济因素负有举证责任。[4]这些因素包括通过原告与

---

[1] See, e. g. ,Levine v. E. A. Johnson & Co. , 237 P. 2d 309, 327 (Cal. Dist. Ct. App. 1951) ("To grant the relief prayed for by appellants would virtually operate to deprive respondents of their right to pursue a gainful and lawful occupation in the field... This, equity cannot do... Injunction is not available to an employer to restrain a former employee if the alleged secrets are not in truth secrets."); SI Handling Sys. v. Heisley, 753 F. 2d 1244, 1262 (3d Cir. 1985) [concluding that the district court erred in finding that the appellants' "know-how" was the employer's trade secret based on the rule that "the employee, upon terminating his employment relationship with his employer, is entitled to take with him ' the experience, knowledge, memory, and skill, which he gained while there employed'". (quoting Van Prods. , 213 A. 2d at 776)]; Eng'g Assocs. , Inc. v. Pankow, 150 S. E. 2d 56 (N. C. 1966) ["[E]quity has no power to compel a man who changes employers to wipe clean the slate of his memory" [quoting Peerless Pattern Co. v. Pictorial Review Co. , 147 A. D. 715, 717 (N. Y. App. Div. 1911)]}.

[2] See SI Handling Sys. , 753 F. 2d at 1266 (ordering injunction be narrowed and exclude generalized activities like "concepting", because "[a] court of equity should not issue an order that it cannot enforce").

[3] 965 S. W. 2d 18 (Tex. App. 1998).

[4] eBay Inc. v. MercExchange, L. L. C. , 547 U. S. 388, 391 (2006) (noting that "well-established principles of equity" require "a plaintiff seeking a[n]... injunction must satisfy a four-factor test"); U. S. Gypsum Co. , 508 F. Supp. 2d at 624 ("the party asserting the trade secret... ha[s] the burden of first establishing that the information qualified as a trade secret").

被告之间及原告与第三人之间的损害的衡量,应当作有利于原告的判断。[1]这与一般技术等排除规则保护雇员个人工作权的政策一致,因为这避免了雇员被告在接受调解上的压力,或者避免了其另外谋职的风险。[2]

2. 对于完全的秘密信息的适用

即便是原告有完全的秘密信息,公司之外的其他人均不知道,也可能存在一般技术等排除规则的适用问题。如权威学者 Turner 在其1962的著作中指出,"即使某物具有极大价值并保持秘密,如果法院认为它是接受披露者个人技术、知识或者经验的一部分,将会既不实施阻止后者进行使用的合同,又不发布禁令阻碍雇员的个人发展"[3]。

二、我国排除保护一般知识、技术和经验的司法实务

划分商业秘密与一般知识、技术和经验的界限是确保劳动力自由流动的基本问题。后者属于人格的组成部分,且涉及维护公共政策。但是,早期的判决对此认识并不清晰。

如在前引原告仪表厂与被告汉威公司侵犯商业秘密案[4]中,一审法院虽然认为诉请保护的商业秘密因为未采取保密措施而不予保护,但也认为汉威公司明知申某延在仪表厂的特殊地位,仍聘用其并用其掌握的同类产品的信息为自己服务的行为,减少了自己在寻找、取舍、确定制造专用生产设备厂家和外协加工单位过程中所应付出的劳动,节省了时间,违背了公认的商业道德,违背了诚实信用、公平原则,应当受到规范和制裁,并补偿仪表厂因此所受的部分损失。根据《民法通则》(已失效)第4条和《反不正当竞争法》第2条第1款的规定,判决汉威公司赔偿仪表厂经济损失15万元。二审法院对此予以维持。该案涉及的"跳槽"职工本应有"跳槽"自由,但却被认定为不正当竞争。职工利用在原单位掌握的不受商业秘密保护的技术、经验等到新单位就业,使新单位"坐享其成",这本身是自由竞争的要义,不应该被认定为不正当竞争。

近年来,最高人民法院在裁判中明确阐述了商业秘密与一般知识、技术和经验的关系。这里以相关判例加以说明。

(一)马某庆案

在山东省食品进出口公司等诉青岛圣克达诚贸易有限公司、马某庆不正当竞争纠纷案(以下简称马某庆案)中,最高人民法院比较阐述了商业秘密保护与劳动力人才流动及一般知识和技术的关系。

最高人民法院裁定[5]认为,在市场经济环境下,任何人只要不违反法律,就都可以和其他任何人开展竞争,劳动力或者说人才的流动也是市场竞争的必然要求和重要方面,人才流动或者说"职工跳槽"后与原企业争夺商业机会,可以有效地形成和促进竞争。

---

[1] eBay Inc. ,547 U. S. at 391(requiring a"balance of hardships between the plaintiff and the defendant"to determine whether an equitable remedy shall be granted);Bimbo Bakeries USA, Inc. v. Botticella,613 F. 3d 102,119(3d Cir. 2010)(engaging in the balancing analysis);Delta Med. Sys. v. Mid-Am. Med. Sys. ,Inc. ,772 N. E. 2d 768, 779(Ill. App. Ct. 2002)(noting the balancing requirement under Illinois law).

[2] See Camilla A. Hrdy,*The General Knowledge*,*Skill*,*The General Knowledge*,*Skill*,*and Experience Paradox and Experience Paradox*,Boston College Law Review,Vol. 60,p. 2449.

[3] Sharon K. Sandeen & Elizabeth A. Rowe,*Trade Secret Law in an Nutshell*,2nd edition,West Academic Publishing, 2018,p. 52.

[4] 参见孙建、罗东川主编:《知识产权名案评析(2)》,中国法制出版社1998年版,第265~275页。

[5] 参见最高人民法院民事裁定书,(2009)民申字第1065号。

1. 关于职工在职期间筹划设立新公司和在离职之后与原公司开展竞争的行为是否违反诚实信用原则和公认的商业道德。

最高人民法院裁定认为,根据《反不正当竞争法》规定的一般条款的适用条件,企业职工在离职前后,即使没有法定的或者约定的竞业限制义务,也未从事侵害企业商业秘密等特定民事权益的行为,也仍然应当遵循自愿、平等、公平、诚实信用的原则,遵守公认的商业道德,不得采取不正当手段从事损害企业合法权益的行为。马某庆本人作为山东省食品进出口公司(以下简称山东食品公司)长期负责对日海带出口业务的部门经理,在职期间即筹划设立了新公司并在离职之后利用该新公司与山东食品公司开展对日海带出口业务竞争,但并无证据表明马某庆负有法定或者约定的竞业限制义务。就本案而言,关键在于马某庆在职期间筹划设立青岛圣克达诚贸易有限公司(以下简称圣克达诚公司)和离职之后利用圣克达诚公司与山东食品公司开展竞争是否违反了诚实信用的原则和公认的商业道德。采用一般的社会观念衡量,作为一个被企业长期培养和信任的职工,马某庆的所作所为可能并不合于个人品德的高尚标准,不应该得到鼓励和提倡,但这并不当然意味着他作为一个经济人同时违反了诚实信用原则和公认的商业道德。在不负有竞业限制义务的情况下,企业的一般劳动者在职期间筹划设立新公司为离职后的生涯做准备,属于市场常见现象,法律上对此行为本身也无禁止性规定。当然,如果劳动者在职期间即利用职务之便以新设公司名义攫取本应由原企业获得的现实经济利益,则应另当别论。本案中,马某庆在职期间筹划设立的新公司于2006年9月22日成立,其与原企业劳动合同于2006年12月31日届满,间隔仅3个多月,时间相对较短,申请再审人也无充分证据证明马某庆在职期间即利用职务之便为新设立的圣克达诚公司牟取利益。在市场经济环境下,任何人只要不违反法律,就都可以和其他任何人开展竞争,劳动力或者说人才的流动也是市场竞争的必然要求和重要方面,人才流动或者说"职工跳槽"后与原企业争夺商业机会,可以有效地形成和促进竞争。因此,马某庆在职期间筹划设立新公司为离职后的生涯做准备的行为并非不合常理,其在离职后以圣克达诚公司的名义与山东食品公司开展竞争也无可厚非,不能因其与原公司争夺商业机会就推定其具有主观恶意,本案有证据证明的马某庆和圣克达诚公司的有关行为并不违反诚实信用的原则和公认的商业道德。二审法院有关在没有法定的和约定的竞业限制以及不侵害商业秘密等特定民事权益的情况下,职工有权自由与企业开展竞争的判理表述,表面上看文字表述似不尽周延,但这里所讲的职工有权自由竞争的本意是指开展合法竞争,并不包括采取违反诚实信用的原则和公认的商业道德的手段开展非法竞争。申请再审人的有关主张与二审判决有关判理在本质上并不矛盾。

2. 关于劳动者的个人能力与竞争优势的关系及权益归属等问题。

申请再审人主张,二审判决混淆了劳动者的个人技能与海带业务的竞争优势的关系,将个人因素界定为海带业务的唯一竞争因素,与海带出口业务的性质严重不符。尽管对日出口海带业务属于普通的海产品加工、出口贸易,企业的业务传统、资金实力、经营规模、过往业绩、技术水平等因素对于形成竞争优势比较重要,但是从事海带对日出口业务的员工的个人知识、经验和技能同样不可忽视。这在日本北海道渔联代表理事副会长宫村正夫2007年4月3日的回函中即可得到证明。在该回函中,日方就对马某庆辞职后山东食品公司是否还能保证威海海带的品质稳定和数量表示了不安和疑虑,同时明确指出,因马某庆长期从事威海海带的业务,拥有丰富的经验和知识,已被日本海带业界承认和信赖。该回函还明确指出,日方将2007年威海海带业务交由圣克达诚公司是依据中粮公司在当地听取、比较了圣克达诚公司和山东食品公司业务计划后提供的资料所作出的决定。二审判决在认定马某庆的行为是否具有不正当性时虽然考虑了马某庆个人在对日出口海带方面的经验和知识因素,但并未将其作为从事海带出口业务的唯一竞争因素。因此,申请再审人的上述主张不能成立。应予指出的是,作为具有学习能力的劳动者,职工在企业工作的过程中必然会掌握和积累与其所从事的工作有关的知识、经验和技能。除属于单位的商业秘密的情形外,这些知识、经验和技能构成职工人格的组成部分,是其生存能力和劳动能力的基础。职工离职后有自主利用其自身的知识、经验和技术的自由,因利用其自身的知识、经验和技能而赢得客户信赖并形成竞争优势的,除侵犯原企业的商业秘密的情况外,并不违背诚实信用的原则和公认的商业道德。一审法院有关企业职工在履行单位交办工作过程中所形成的竞争优势,如同在履行单位工作中产生的发明创造一样,其权利享有者是公司而非职工,因此,马某庆将本属于山东食品公司的竞争优势获为圣克达诚公司所有,属于将日本客户对自己基于履行职务行为所产生信赖的滥用,严重违背了诚实信用的原则,违背了公认的商业道德的认定,并不正确。

应当说,一审法院此处所谓企业职工在履行单位交办工作过程中所形成的竞争优势,实质上是指马某庆所获得的知识、经验和技能等个人能力和客户对其个人能力的信赖。首先,个人能力显然不能直接等同于职务发明创造,知识、经验和技术等个人能力的积累既与其工作岗位和业务经历有关,又与个人天赋和后天努力有关。如前所述,其中除涉及单位商业秘密的内容以外,均应属于个人人格内容,可以自由支配和使用,这与职务发明创造或者职务劳动成果可以成为独立的财产或者利益有明显不同。如果任何人在履行职务的过程中积累的知识、经验和技能等竞争优势都应归属于任职单位,在将来离职变换工作时将不能使用,那么显然不利于鼓励职工在现单位学习新知识,积累新经验,提高自身业务能力,更不利于整个社会在知识上的积累和利用,不利于社会的创新和发展。一审法院要求圣克达诚公司、马某庆证明日本客户是基于对马某庆个人的信赖才选择与山东食品公司进行交易,实质上也是将马某庆的个人能力完全限于其进入山东食品公司之前的个人能力和业务水平,而将马某庆在申请再审人工作期间积累的知识、经验和技能等个人能力均视为属于山东食品公司所有,这显然是错误的。其次,一审法院所谓马某庆滥用日本客户对其基于履行职务行为所产生的信赖的认定,并无事实依据。一方面,日本北海道渔联2007年4月3日的回函充分表明了日本客户恰恰是基于对马某庆个人能力的信赖,只不过马某庆的这种个人能力在很大程度上确实是基于其在申请再审人处长期任职所形成的,但如前所述,这种能力并不属于申请再审人的财产或者利益。另一方面,本案也不存在被申请人利用申请再审人山东食品公司商誉的问题。申请再审人既没有明确主张马某庆和圣克达诚公司利用了山东食品公司的商誉,又没有证据证明马某庆在此过程中借用了山东食品公司的名义或者导致日本客户对交易对象选择的混淆、误认。日本北海道渔联2007年4月3日的回函同样表明,日本客户明知其交易对象并非山东食品公司。所谓的商誉必须是某种能够归属于特定商业主体的权利和利益,不能仅以交易相对人知道或考虑了交易对象及其交易代表曾经的身份和经历,或者因交易对象及其交易代表表明了自己曾经的身份和经历,即认定交易对象利用了原所在单位的商誉。

(二) 麦达可尔案

在再审申请人麦达可尔公司与被申请人华阳公司侵害商业秘密纠纷案中,最高人民法院阐述了商业秘密保护与劳动者自由择业、竞业限制和人才合理流动的关系。

最高人民法院(2019)最高法民再268号再审判决认为:

"人民法院在审理商业秘密案件中,既要依法加强商业秘密保护,有效制止侵犯商业秘密的行为,为企业的创新和投资创造安全和可信赖的法律环境,又要妥善处理保护商业秘密与劳动者自由择业、竞业限制和人才合理流动的关系,维护劳动者正当就业、创业的合法权益,依法促进劳动力的合理流动和自主择业。职工在工作中掌握和积累的知识、经验和技能,除属于单位的商业秘密的情形外,构成其人格的组成部分,是其生存能力和劳动能力的基础,职工离职后有自主利用的自由。"

"在既没有竞业限制义务,王某刚、张某星、刘某又不侵犯华阳公司商业秘密的情况下,运用其在原用人单位学习的知识、经验与技能,无论是从市场渠道知悉相关市场信息还是根据从业经验知悉或判断某一市场主体需求相关产品和服务,可以在此基础上进行市场开发并与包括原单位在内的其他同行业市场交易者进行市场竞争。虽然与原单位进行市场竞争不一定合乎个人品德的高尚标准,但其作为市场交易参与者,在不违反法律禁止性规定又没有合同义务的情况下,从事同行业业务并不为法律所禁止。如果在没有竞业限制义务亦不存在商业秘密的情况下,仅因为某一企业曾经与另一市场主体有过多次交易或稳定交易即禁止前员工与其进行市场竞争,实质上等于限制了该市场主体选择其他交易主体的机会,不仅禁锢交易双方的交易活动,限制了市场竞争,也不利于维护劳动者正当就业、创业的合法权益,有悖反不正当竞争法维护社会主义市场经济健康发展,鼓励和保护公平竞争,制止不正当竞争行为,保护经营者和消费者的合法权益之立法本意。"

该案的情况如下:

原审原告华阳公司是从事工业清洗维护产品研发、生产和销售的企业,产品主要包括清洗剂、润滑剂等工业化学品。1996年原审被告王某刚入职华阳公司,曾任华阳公司董事、销售副总经理、总经理、副总裁,2012年至2016年任华阳公司法定代表人。其间,王某刚于2015年10月30日创立了主要经营清洗剂生产销售的麦达可尔公司,现任法定代表人。2001年原审被告张某星入职华阳公司,曾任技术部、技术服务部经理,2016年1月入职麦达可尔公司,任技术部经理。原审被告刘某于2010年入职华阳公司,曾任销售服务部经理,2015年10月底入职麦达可尔公司,负责人事行政工作。华阳公司与张某星、刘某签订了保密协议,保密范围含与客户业务、产品、服务有关的信息。自2016年年初,麦达可尔公司利用被告掌握的商业秘密开展与华阳公司同样的业务,组织生产与华阳公司相同和相似的几十种产品,大部分原料从华阳公司供应商处购买,并印制两公司产品对照表向华阳公司客户宣传产品的一致性,向部分客户低价销售。被告的侵权行为已使原告151家客户流失,给华阳公司造成直接经济损失300多万元。被告王某刚、张某星、刘某在负有保密义务的条件下,接触、使用华阳公司的客户名单,损害了华阳公司的利益;麦达可尔公司明知上述三人使用华阳公司的客户信息还加以使用,并对上述客户开展销售业务,使华阳公司经济利益遭受巨大损害,构成对原告商业秘密的共同侵犯,故诉至法院。

天津市第一中级人民法院(2017)津01民初50号民事判决书判决麦达可尔公司、王某刚、张某星、刘某立即停止侵犯华阳公司涉案客户名单商业秘密,即在涉案商业秘密不为公众知悉期间,不得披露、使用、允许他人使用该商业秘密;麦达可尔公司赔偿等。天津市高级人民法院(2018)津民终143号民事判决维持原判。最高人民法院于2019年12月16日作出(2019)最高法民再268号民事判决:驳回华阳公司诉讼请求。

最高人民法院认为,受商业秘密保护的客户名单,除由客户的名称、地址、联系方式及交易习惯、意向、内容等信息构成外,还应是区别于公知信息的特殊客户信息。根据华阳公司提交的证据,华阳公司对其客户名单采取了保密措施,也进行了相关的交易,但其是否属于《反不正当竞争法》保护的商业秘密,应根据法律和司法解释进行判断。本案中,根据麦达可尔公司提供的公证书,前述43家客户信息可以通过网络搜索得到。根据华阳公司提供的43家被侵权客户名单(2012—2015),客户名单主要内容为:订单日期,单号,品名,货品规格、单位(桶或个),销售订单数量,单价,未税本位币,联系人,电话,地址。根据该客户名单,该表格为特定时间段内华阳公司与某客户的交易记录及联系人。首先,在当前的网络环境下,相关需方信息容易获得,且相关行业从业者根据其劳动技能容易知悉;其次,关于订单日期,单号,品名,货品规格,销售订单数量,单价,未税本位币等信息均为一般性罗列,并没有反映某客户的交易习惯、意向及区别于一般交易记录的其他内容。在没有涵盖相关客户的具体交易习惯、意向等深度信息的情况下,难以认定需方信息属于《反不正当竞争法》保护的商业秘密。华阳公司称其43家客户名单交易信息能够反映不同客户的特殊产品需求和交易习惯。根据华阳公司提供的证据,华阳公司43家被侵权客户名单(2012—2015),其销售的产品品名及货品规格为SK-221(25L)、奥科斯-1(25L)、9600塑料喷壶(600mL)、SK-237(25L)、速可洁-Ⅰ(25L)、涤特纯-Ⅲ(20L)、SK-632(20L)、斯帕克(25L)等;43家客户中既有×××厨卫用具厂等制造生产类企业,又有宁波市×××有限公司等经营文具礼品类的公司,对于经营文具礼品类企业而言,难以说明采购的产品反映了客户的特殊需求。此外,根据前述证据,以SK-221(25L)和速可洁-Ⅰ(25L)为例,购买SK-221(25L)产品的有×××厨卫用具厂等,购买速可洁-Ⅰ(25L)的有宁波市×××有限公司等。以速可洁-Ⅰ产品为例,在华阳公司列出的43家客户中就有30家购买,占比为69.76%,难以证明其销售的产品反映了客户的特殊产品需求,更难以证明其反映了客户的特殊交易习惯。此外,根据麦达可尔公司提供的对比表,其43家客户名单中重要信息相关联系人及电话号码,与华阳公司请求保护的均不相同的占比约86%,联系电话不同的占比约93%,且26家客户提交证明其自愿选择麦达可尔公司进行市场交易。考虑到本案双方均为工业清洗维护产品研发、生产和销售的企业,产品范围主要包括清洗剂、润滑剂、密封剂等工业化学品。由于从事清洗产品销售及服务的行业特点,客户在选择与哪些供方进行交易时不仅会考虑相关产品的性能、价格等信息,也会考虑清洗服务的质量。在联系人、联系电话较大比例不相同的情况下,难以认定麦达可尔公司使用了华阳公司43家客户名单相关信息进行市场交易。

鉴于前述分析,结合华阳公司未与王某刚、张某星、刘某签订竞业限制协议的事实,麦达可尔公司并不承担相关竞业禁止义务。因此,在王某刚、张某星、刘某既没有竞业限制义务,相关客户名单又不构成商业秘密,且相关联系人、联系电话较大比例不相同的情况下,难以认定麦达可尔公司、王某刚等人之行为构成侵犯华阳公司商业秘密。

三、区分商业秘密与一般知识、经验和技术的方法

受雇人在雇佣期间学习、掌握的一般知识、经验、技术是其多年累积的结果,成为其人

格的一部分,不是商业秘密。如果将这些内容也作为商业秘密处理,势必侵害职工或雇员的劳动权和基本权利,是为法律所禁止的。问题的关键是如何划出区分一般知识、经验、技术与商业秘密的界限。

在许多国家,划分商业秘密与一般知识和技术的界限都是一个难点。许多国家都尝试着划分出一些可操作性的界限,并形成了一些基本看法。

(一)着重保护雇员的基本态度

在美国、英国等许多国家,在划分界限时一般都倾向于着重保护雇员。正如科恩法官在 Wexler v. Greenberg 案[1]中所说的那样,"如果我们通过权衡英国和美国的判决,以确定其法律原则是保护商人不受某些形式的竞争,还是保护个人不受限制地谋生,那么重心是偏向后者"。

(二)英国奈尔大法官的排除法

英国奈尔大法官(Neill L. J.)在上诉法院对 Facenda Chicken v. Fowler 案的判决中确定了认定商业秘密的4种不同方法。具体而言:(1)雇佣关系的性质。在经常接触秘密信息的雇佣关系中,可以确定较高的保密义务,因为这种雇佣关系中的雇员应当具有比偶尔接触秘密信息的雇佣关系中的雇员更高的敏感度。(2)信息本身的性质。只有确属商业秘密的信息,以及虽然称为商业秘密不恰当,但从其具有高度秘密性的总体情况来看,要求与商业秘密作同等保护的信息。(3)雇主是否使雇员感受到了信息的秘密性。(4)有关信息是否能够容易地与雇员可以自由使用或者披露的其他信息区别开来。该要素虽然不应当是决定性的,但属于法院应当考虑的因素。

按照这些标准不被认定为商业秘密的,即属于雇员的一般知识和技术,雇员在雇佣合同终止后可以为自己或者第三人的利益自由使用。[2]

(三)美国判例确立的一些具体划分方法

美国在判例中确立了以下几种区分方法:

1. 将信息区分为一般性的和特殊性的

商业秘密应当是一种具有特殊性的营业秘密,与一般性的营业秘密有所不同,该特殊营业秘密禁止雇员使用。这是由 Sarkes Tarzian Inc. v. Audio Devices Inc. 案所确立的方法。该案判决认为,在特殊的商业经营上并在长期雇佣关系中发展而来的特殊信息,是雇主的商业秘密。

2. 根据所有人是否在雇佣关系中禁止雇员使用来确定是否为商业秘密

在 California Intelligence Bureau v. Cunningham 案中,法官认为,所有人禁止雇员使用的其在雇佣关系中所取得的机密性知识为商业秘密,雇主未禁止雇员使用的机密性知识则不是商业秘密。对此,日本学者也认为进行机密性管理为商业秘密的要件,也是商业秘密与一般知识相区分的根据。

3. 根据雇员的能力(是否有足够的知识、经验自行发展商业秘密)判断是否为商业秘密

在 Levine v. E. A. Johnson 案中,法官认为,虽然证据已表明该信息非常复杂和困难,

---

[1] 125 U. S. P. Q 470,475,47(Decided in 1960).
[2] The Legal Protection of Trade Secreta, p. 28 – 29.

需要许多有能力的工程师经过长期的尝试和犯错误才能获得,但被告雇员具有丰富的知识和经验,具有足够的能力发展该信息,故驳回原告的禁令申请。这表明,越有能力的雇员,其一般知识、经验和技术就越高。在 Junker v. Plummer 案中,法官认为,雇员在受雇于原告之前并未曾获得与原告相同的商业秘密的有关知识、经验、技术,当然不得在离职后主张该商业秘密为其自己的技能和经验,复制含有原告所有商业秘密的机器。

在此,最有争议的商业秘密也是客户名单,即雇员与客户之间的交情是否能够或为雇员的一般知识和经验?美国的实务认为,雇主如果将客户名单的信息作为商业秘密,而雇员是通过记忆记住了一些客户,并与记忆中的客户交易,那么该记忆是一般的知识、经验;如果雇员以书面记载了该客户名单,则为盗用商业秘密。其理由是,法律不能消除一个人的记忆,因而不能禁止雇员与原来的雇主的客户做生意。例如,在 T. P. Laboratories, Inc. v. Huge 案中,法官认为,原告不能证明被告是以书面的方式还是以记忆的方式取得客户名单的,因此认定商业秘密不存在。法官还在判决中指出,不能排除雇员与其记忆中的客户进行交易。根据这一原则,似乎在雇员与客户熟悉后就无法禁止其使用这种资源。[1]但是,以雇员使用的方法作为区分标准似乎过于轻率,理由不充分。

商业秘密与一般知识、技术和经验并不总是能够被区分开,两者之间也存在密不可分的情形。此时前雇主不能完全禁止前员工从事同样工作,但如果能够证明前员工使用其特定知识和技术会使其遭受不可弥补的损害,法院通常可以禁止前员工披露此种信息。[2]

(四)日本判例中一般知识、经验和技术属于劳动者人格财产

日本法院在中部机械制作所设计师"跳槽"案中提出了下列观点,"劳动者在就业中获得的业务上的知识、经验和技能如果已成为劳动者人格财产的一部分,劳动者离职后如何利用是劳动者的自由,任何特别约定都不能拘束这种自由"。

该案的案情是:被告加藤于1964年4月1日受雇于原告中部机械制作所,月薪7万元,未约定雇佣时间。加藤的任务是设计更新换代产品,并对4名下属进行指导,不得将因职务所知的商业秘密泄露给他人。被告因处理其原来的债务,签约后3个月才进入公司,工作一个月后就托病住院,出院后就向公司提出辞职申请。原告认为被告尚未完成约定的设计工作,希望其撤回辞呈,但被告执意不从。经调查,被告于辞职前后已加入了与原告有竞争关系的富士机械制作所,违反了当初承诺的竞业禁止义务。原告要求被告承担因其离职造成的产品设计推迟上市给公司造成的经济损失471.2万元。

被告反驳了原告的主张,指出自己受雇之前曾自营一家机械设计所,自1958年原告就开始邀请自己加入该公司,1864年原告又提出新的优厚条件——让被告持有原告公司的股份,允许被告加入原告的领导层。当时被告的机械设计所月收入约130万元,而加入被告公司后的月收入只有7万元,这说明被告进入该公司除事业上的考虑外,为的就是原告的许诺。但是,在被告进入原告公司后,原告对其地位和入股问题闭口不谈,因此被告在病中前思后想后决定辞职。被告认为对自己而言原告的技术根本不存在商业秘密。

---

[1] See David Bender, Appropriation, Appropriation by Member. 转引自 Roger M. Milgrim, *Milgrim on Trade Secrets*, Vol. 2, Matthew Bender & Company, 1093, Appendin, p. 11014。

[2] See *Trade Secrets and the Skilled Employee in the Computer Industry*, Washington University Law Quarterly, Vol. 61, p. 823。

法院判决原告败诉,理由是雇佣合同没有约定期限,被告可以合理理由随时提出辞呈,而被告进入公司后也积极履行了义务。对于原告指控的被告在其竞争公司任职而违反竞业禁止义务的问题,法院特别指出:本案中的竞业禁止义务应以原告企业存在商业秘密为前提,原告的设计项目对于被告来说很难是商业秘密,因为被告在加入该公司之前就曾经设计过类似的设备,这种设计实质上是被告知识、经验和技能的一部分。为此,法院说出了上述一段精彩的话。[1]

(五)《反不正当竞争示范法》的规定

世界知识产权组织国际局在其《反不正当竞争示范法》的注释中指出:"离职后的雇员为了谋生,一般享有使用和利用其在以前的受雇期间所掌握的任何技术、经验和知识。众所周知,在雇佣关系存续期间取得的技术、知识和经验的合法使用与对前雇主的秘密信息的不正当披露或使用通常是很难区分的,尽管雇佣合同也许有特别的约定。但是,在雇员的行为涉及违反合同、违反保密义务、盗窃、盗用、工业间谍或与竞业者串通的情况下,其对信息的披露和使用显然是违法的。"

四、商业秘密与一般知识、经验和技能的一般区分

人的知识、经验和技能都是在学习、工作和其他经历中了解和掌握的,职工在企业中也必然会积累与工作有关的知识、经验和技能,而要胜任其工作,也必须学习和掌握知识、经验和技能。职工在工作中所掌握的一般知识、经验和技能是其人格的组成部分,构成其劳动能力和生存能力,不属于商业秘密。在一些职工"跳槽"纠纷中,企业有时以职工的知识、经验和技能来自企业,是在企业工作中掌握的,而认为属于企业的商业秘密,这种认识是错误的。当然,职工的知识、经验和技能有时与企业的商业秘密不易区分,导致"公说公有理,婆说婆有理"。因此,在商业秘密保护中应当注意区分商业秘密与一般知识、经验和技能。

商业秘密与一般技术和知识的区分经常会产生争议,需要结合案件事实审慎确定。认定属于一般技术和知识的通常做法是,其是否属于通过正式的教育和先前经验获取的技术和知识,以及是否属于具有同样努力程度的雇员共同的技术和知识。还有,雇员在另一公司获知的该公司不作为商业秘密的技术和知识。[2]事实上,一般技术和知识可以考虑纳入"一般知悉"的信息之内,因而应当作为界定商业秘密的一部分加以分析。但是,理论上可能存在雇员拥有特定领域的一般技术和知识,但并不为一般公众(甚至特定行业内)知悉,该规则仍被作为对于商业秘密权利范围的特别限制,其目的是保障雇员的流动性以及知识和经验的获取。从政策角度而言,雇员应当被允许成为其所在领域的专家,即使该领域是高技术的。

最高人民法院司法政策和裁判明确区分了商业秘密与一般的知识、经验和技能。例如,"妥善处理保护商业秘密与自由择业、涉密者竞业限制和人才合理流动的关系,维护劳动者正当就业、创业的合法权益"[3]。职工在工作中掌握和积累的知识、经验和技能,除属

---

[1] 参见郑成思:《知识产权保护实务全书》,中国言实出版社1995年版,第844页。
[2] See Sharon K. Sandeen & Elizabeth A. Rowe, *Trade Secret Law in an Nutshell*, 2nd edition, West Academic Publishing, 2018, p. 51.
[3] 最高人民法院《关于当前经济形势下知识产权审判服务大局若干问题的意见》(法发〔2009〕23号)。

于单位的商业秘密的情形外,构成其人格的组成部分,职工离职后有自主利用的自由。在既没有违反竞业限制义务,又没有侵犯商业秘密的情况下,劳动者运用自己在原用人单位学习的知识、经验与技能为其他与原单位存在竞争关系的单位服务的,不宜简单地以反不正当竞争法的原则规定认定构成不正当竞争。妥善处理商业秘密保护和竞业限制协议的关系,竞业限制协议以可保护的商业秘密存在为前提,但两者具有不同的法律依据和行为表现,违反竞业限制义务不等于侵犯商业秘密,竞业限制的期限也不等于保密期限。原告以侵犯商业秘密为由提起侵权之诉,不受已存在竞业限制约定的限制[1]。

前引马某庆案[2]中,最高人民法院裁定对于商业秘密保护、"跳槽"与职工在工作中掌握和积累的知识、经验和技能之间关系的阐述,非常清晰和准确。

《江苏省高级人民法院侵犯商业秘密民事纠纷案件审理指南(修订版)》(2020年12月29日江苏省高级人民法院审判委员会第36次全体会议讨论通过)第3.6.4条规定了"生存权利","员工在单位工作过程中掌握和积累的与其所从事的工作有关的知识、经验和技能,为其生存基础性要素。要注意将该知识、经验和技能与单位的商业秘密相区分。具体审查时,需注意:(1)员工在职期间掌握和积累的知识、经验、技能是否属于商业秘密,应当根据案件情况依法确定。(2)员工所掌握的知识、经验、技能中属于单位商业秘密内容的,员工不得违反保密义务,擅自披露、使用或者允许他人使用其商业秘密,否则应当认定构成侵权"。此处并未清晰地划分出商业秘密与一般知识、经验和技能的界限。例如,如果商业秘密约定超出了特定、具体的经营信息和技术信息的范围,将一般性知识、经验和技能纳入其中,显然不能因为其约定而当然认定属于商业秘密的范畴。而且,以人格利益为由保护一般知识、经验和技能本身就是利益平衡的产物,凡涉及基本生存和就业技能的事项,即使与商业秘密权利人的商业利益有交叉,也应当限制和牺牲商业秘密领域,优先保障生存权。

即使不存在商业秘密保护,但如果采取违反公共政策或者诚实信用的方式引诱其他经营者离职,以获取其竞争对手的经验和技能,有时也可能构成不正当竞争行为。因为争取能力出众的雇员虽然是竞争的一部分,但如果以违反公共政策或者违反合同的方式引诱他人的雇员离职,就是非法的。当然,仅提供较高的工资和其他工作条件,通常属于自由竞争的范畴,是被允许的。除非目的在于损害竞争对手,否则根据特定计划进行的引诱不是非法的。例如,按照奥地利等国家的不正当竞争判例,引诱前雇主的雇员以获取其竞争对手的经验和技能或者搜查使用其前雇员知识的客户往往是非法的。猎头对竞争对手的困扰不是通过有效竞争的后果,而是非法妨碍其经营,那么就是违法的。判断是否违法的因素主要是竞争对手各自的规模、劳动力市场的状况以及竞争的程度。[3]

总体上看,一般知识、经验和技术与商业秘密的划分标准有时难以把握,必须综合多种因素进行判断。美国判例将一般知识、经验和技术与商业秘密的划分标准区分为若干情况,其方法是可以借鉴的。但从整体上说,一般知识、经验和技术与商业秘密的区分关键还在商业秘密的界定上,即只有企业的有关信息构成商业秘密时,才可以从一般的知

---

[1] 最高人民法院《关于当前经济形势下知识产权审判服务大局若干问题的意见》(法发〔2009〕23号)。
[2] 最高人民法院民事裁定书,(2009)民申字第1065号。
[3] See Dennis Campbell, *Unfair Trading Practices*, Kluwer Law International, 1997, p. 22.

识、经验和技术中独立出来,按商业秘密进行保护。换言之,可以先对商业秘密进行界定,商业秘密的范围确定了,其此外的技能和知识就是一般的知识和技能。当然,这不过是原则性说法,在具体划分上还要具体情况具体分析,需要具体地根据案情进行探索。

第三节 竞业禁止与商业秘密保护

一、竞业禁止的含义

知识产权有时被用作超出其权利范围而限制自由竞争的基础。在商业秘密保护中,此类限制经常发生于超出保密承诺的范围,而承诺不进行竞争。例如,在美国,如果不竞争的承诺被用于保护合法的商业秘密,或者附随于营业的销售,这种承诺是允许的。但是,如果不竞争限制协议不合理地限制雇员流动,就不被允许。[1]这种不竞争的承诺或者协议,就是竞业禁止协议。

竞业禁止又称为竞业限制或者竞业避止,是指禁止或者限制与特定营业具有特定关系的特定人从事有竞争关系的营业活动。其特点是:禁止的客体虽然也是特定的营业活动,但被禁止的主体限于特定人,而且该特定人须与该特定营业具有特定的法律关系,如委任关系、雇佣关系等。[2]竞业禁止的结果是被禁止的特定人负有不为所禁止的特定竞业活动的义务。这种义务也称为避止竞业义务,性质上属于不作为义务的一种。

竞业禁止义务基于以下原因而发生:

一是依照法律的规定,即特定人的不竞业义务依照法律规定发生时,称为法定的不竞业义务。我国《公司法》所规定的董事、经理的不竞业义务即属于法定的不竞业义务。

二是依当事人的约定,即不竞业义务可以根据当事人的合同而发生,此为约定的不竞业义务。约定竞业禁止的合同被称为竞业禁止合同(竞业禁止协议)。根据契约自由原则,当事人可以自由作出不竞业义务的约定,使一方或者双方负或互负不竞业义务。但是,不竞业义务是对营业自由或者择业自由的一种限制,竞业自由属于基本权利和公共政策,因而对于竞业限制的约定无法完全纳入合同自由的范畴,而受到严格的法律限制。

二、商业秘密保护中的竞业禁止

(一)通过竞业禁止保护商业秘密的必要性

知悉商业秘密的职工离职后,若其从事与原单位相同或者相关的职业,如到与原单位有竞争关系的单位就职,或者自办与原单位有竞业关系的企业,就很可能会情不自禁地使

---

[1] Rochelle C. Dreyfuse & Katherine J. Standburg, *The Law and Theory of Trade Secret: A Handbook of Contemporary Research*, Edward Elgar, 2011, p. 562 – 563.

[2] 在理论上还有广义的竞业禁止的说法,指对于与特定的营业行为具有竞争性的特定行为予以禁止的制度。其特点是:禁止的客体是特定的行为;被禁止的主体不以特定人为限,不特定的人也包括在内。因此这是对于一般的任何人都加以禁止的制度。例如,商标法上的商标专用权,禁止他人使用其商标;专利法上的专利权,禁止他人侵害其专利;民法和公司法上的企业名称权,禁止他人使用相同或者类似的名称;反不正当竞争法上的不正当竞争行为的禁止。这种竞业禁止显然不是本节所介绍的竞业禁止,也即本节不在这种意义上使用竞业禁止。

用原单位的商业秘密,或者因其熟知原单位的经营情况而成为原单位可怕的竞争对手。此时,原单位为维护自己的利益,可以在职工离职时通过与其签订竞业禁止协议的方式保护自己的利益,即在竞业禁止协议中约定在一定期限内禁止该职工从事某项职业,同时给予其必要的补偿。

例如,企业可以在劳动合同、知识产权权利归属协议或者技术保密协议中,与对本单位技术权益和经济利益有重要影响的有关行政管理人员、科技人员和其他相关人员协商,约定竞业限制条款,约定有关人员在离开单位后一定期限内不得在生产同类产品或经营同类业务且有竞争关系或者其他利害关系的其他单位内任职,或者自己生产、经营与原单位有竞争关系的同类产品或业务。竞业限制条款一般应当包括竞业限制的具体范围、竞业限制的期限、补偿费的数额及支付办法、违约责任等内容。但与竞业限制内容相关的技术秘密已为公众所知悉,或者已不能为本单位带来经济利益或者竞争优势,不具有实用性,或负有竞业限制义务的人员有足够证据证明该单位未执行国家有关科技政策,其受到显失公平待遇以及本单位违反竞业限制条款,不支付或者无正当理由拖欠补偿费的,竞业限制条款自行终止。[1]

由于竞业禁止协议限制了职工的择业自由,对此类协议必须严加控制,主要是:企业要求职工承担竞业禁止义务时,必须给予补偿;竞业禁止的业务范围和时间必须适当,不能违反诚实信用原则和损害职工的生存。

《劳动合同法》第23条规定,"用人单位与劳动者可以在劳动合同中约定保守用人单位的商业秘密和与知识产权相关的保密事项。对负有保密义务的劳动者,用人单位可以在劳动合同或者保密协议中与劳动者约定竞业限制条款,并约定在解除或者终止劳动合同后,在竞业限制期限内按月给予劳动者经济补偿。劳动者违反竞业限制约定的,应当按照约定向用人单位支付违约金";第24条规定,"竞业限制的人员限于用人单位的高级管理人员、高级技术人员和其他负有保密义务的人员。竞业限制的范围、地域、期限由用人单位与劳动者约定,竞业限制的约定不得违反法律、法规的规定。在解除或者终止劳动合同后,前款规定的人员到与本单位生产或者经营同类产品、从事同类业务的有竞争关系的其他用人单位,或者自己开业生产或者经营同类产品、从事同类业务的竞业限制期限,不得超过二年"。此处明确规定了可以约定竞业限制的人员范围以及其他相关条件和要求,如被竞业限制的人员限于用人单位的高级管理人员、高级技术人员和其他负有保密义务的人员,而不能是其他人员;按照约定支付经济补偿;不得超过二年。

(二)竞业禁止与保护商业秘密的关系

竞业禁止协议与保密协议的性质不同。前者是限制特定的人从事某一职业或生产某

---

[1] 例如,《深圳经济特区企业技术秘密保护条例》曾作出规定:"企业可与知悉或可能知悉企业技术秘密的员工签订竞业限制协议。竞业限制协议,是指企业与员工约定从离开该企业后的一定期限内,不得在生产同类且有竞争关系的产品的其他企业内任职,企业则向该员工支付一定数额的补偿费。""竞业限制协议应当以书面形式单独签订,必须具备以下条款:(一)生产同类且有竞争关系的产品的企业具体范围;(二)竞业限制的期限;(三)补偿费的数额及支付方式;(四)违约责任。""竞业限制的期限最长不得超过三年。竞业限制协议中没有约定期限的,竞业限制的期限为三年。""竞业限制协议约定的补偿费,按年计算不得少于该员工离开企业前最后一个年度从该企业获得的报酬总额的三分之二。竞业限制协议中没有约定补偿费的,补偿费按照前款规定的最低标准计算。""发生下列情况之一的,竞业限制协议自行终止:(一)技术秘密自动公开;(二)负有竞业限制义务的员工实际上没有接触到技术秘密的;(三)企业违反劳动合同,提前解雇员工的;(四)企业违反竞业限制协议,不支付或无正当理由拖欠补偿费的"。

种产品,后者则是保守商业秘密。但是,竞业禁止协议可以成为保护商业秘密的一种手段。所谓的一种手段,即通过竞业禁止,可以在一定程度上预防他人泄露、使用其商业秘密的可能,此乃其在商业秘密保护上的作用。反过来说,即使没有竞业禁止,职工离职后到有竞争关系的企业任职或者自办有竞争关系的企业,也负有不泄露和不使用他人商业秘密的义务,如果擅自泄露或者使用,权利人完全可以依法追究。这也说明,竞业禁止的作用仅是减少侵权行为发生的可能。保护商业秘密只是竞业禁止的用途之一,它还有其他用途,如避免离职的职工因过于熟悉其情况而在竞争上给其原企业造成其他的不利等,这些目的未必与保护商业秘密有关。因此,竞业禁止协议与保密协议尽管有联系,但却不能将二者等同,即便将两者订在一个协议中也亦然。

有人说竞业禁止条款是保密协议的典型内容,这种说法是不正确的。这里以原告某食品有限公司诉被告李某违反保密协议侵犯其技术秘密纠纷案为例,说明商业秘密保护中的竞业限制问题。

1989年2月至1991年11月,李某受聘于某食品有限公司,任公司董事、总经理助理。1990年6月1日双方签订劳动合同。某食品有限公司得悉李某将离职后,又于1991年11月18日与李某签订了保密协议,并经公证处公证。保密协议的主要条款为为:"李某在某食品有限公司任职期间不得泄露公司机密,并在离职两年内不得生产经营类似产品或竞争产品的单位工作。"1991年11月28日双方解除劳动合同,某食品有限公司付给李某工资2580元。1991年12月,李某到发士德食品有限公司出任公司常务副总经理。1992年4月,发士德食品有限公司推出包装外观造型及内容质量与某食品有限公司"高乐高"饮品相近似的"发士德"巧克力饮品。某食品有限公司在市场上发现此种产品后,遂向法院提起诉讼,诉称:被告在其公司任职期间负责公司生产工作,并管理"高乐高"巧克力饮品的全部技术资料及配方,为此,双方签订有保密协议。现被告违约,在现供职公司生产与其相类似的产品,严重侵犯其专有技术秘密权,请求维护其合法权益,判令被告履行秘密协议,承担诉讼费用。

被告答辩称:在某食品有限公司任职期间,其从未管理过"高乐高"饮品的技术资料及配方。现所在公司生产的"发士德"产品与原告生产的"高乐高"配方不同,分别属于麦乳精类与巧克力类饮品,非属类似产品及竞争产品。保密协议的主要条款剥夺了其劳动就业权利,违背我国宪法。请求驳回原告的诉讼请求。

法院认为:原告系取得中国法人资格的中外合资企业,其合法权益受中国法律保护。原、被告双方于1990年6月1日签订劳动合同,1991年11月18日又续签保密协议。保密协议约定被告不得泄露原告的机密,并在离开某食品有限公司两年内不能在生产经营类似产品或竞争产品的单位工作。保密协议约定雇员应保守公司商业秘密是原告维护其合法权益的正当手段。保密协议中约定的被告"在离开公司两年内不能在生产经营类似产品或竞争产品的单位工作"的条款,仅在两年期限内限制了被告的就业范围,并未剥夺被告的就业权利,且被告不能证实签约之行为非属其真实意思。因此,被、原告订立保密协议的法律效力,应予以确认。被告应信守本人在协议中作出的承诺。协议中涉及的两年期限现已届满,被告不再负有履行此项义务之必要。由于原告在本院指定的期限内未能提供"高乐高"饮品技术资料和配方,本院不能认定被告在原告公司任职期间确曾管理过"高乐高"技术资料和配方,不能认定"发士德"饮品与"高乐高"饮品具有相似性,原告的诉讼请求不能支持。依据《民事诉讼法》第 128 条,《民法通则》(已失效)第 4 条、第 6 条、第 85 条之规定,判决驳回原告诉讼请求。[1]

在本案中,原告始终未能提供自己的商业秘密(原告拒不提供其饮品技术资料和配方),也即法院根本没有见到诉讼的商业秘密,因此其商业秘密是否存在还不清楚,更无从谈起其所主张的商业秘密是否构成商业秘密。因此,本案争议的焦点实际上并不是"原告拥有的'高乐高'巧克力饮品的技术资料和配方是否能作为商业秘密受到法律保护",而是其是否拥有商业秘密(其饮品技术资料和配方)的问题。因为前一问题是在原告提供其饮品技术资料和配方后才能根据商业秘密的要件进行判断的问题,而在原告未提供其饮品技术资料和配方的情况下,没有商业秘密可言,更无从判断其是否构成商业秘密。因此,本案原告之所以败诉,不是因为其主张的商业秘密是否构成商业秘密,而是其对自己的诉讼主张的最基本的证据——商业秘密是否存在都未能证实,属于缺乏事实根据导致的败诉。

但是,本案中提及原告在其与被告的保密协议中约定了竞业禁止条款,原告的诉讼理由和请求也是"双方签订有保密协议。现被告违约,在现供职公司生产与其相类似的产品,严重侵犯其专有技术秘密权,请求维护其合法权益,判令被告履行秘密协议"。其保密协议的主要条款为"李某在某食品有限公司任职期间不得泄露公司机密,并在离职两年内不得在生产经营类似产品或竞争产品的单位工作"。该保密协议只是约定李某在任职期间不得泄露公司机密及离职两年内要受竞业禁止的限制,也即并未约定离职后的保密义务,只约定了竞业禁止的义务。就竞业禁止条款而言,由于当事人约定的两年期限业已届满,被告到与原告有竞争关系的他人公司任职不存在违约问题;就技术秘密而言,虽然保密协议对于被告离职后的保密义务未作约定,但根据诚实信用原则,其对其任职期间所知悉的原告的商业秘密仍负有保密义务,但是由于原告没有证明其商业秘密的存在,被告是否侵害其商业秘密也就无从谈起了。

(三)如何看待竞业禁止协议

在商业秘密保护中,竞业禁止协议是一种约定的竞业禁止,这种约定是被允许的。

竞业禁止不同于保密义务。首先,竞业禁止必须有一定的期限。因为对离职职工的竞业禁止直接关系到其谋生问题,职工往往凭借其在以前的工作经历中获得的知识、经验和技能进行生存,如果赖以生存的技能不能使用,则会对其生存造成重大不便甚至损害,所以对其竞业限制不能持续过长。其次,竞业限制必须支付补偿费。因为受竞业限制的职工因竞业限制而必然遭受损失,其不作为义务是以付出经济牺牲为代价的,而这种牺牲给限制其竞业的企业带来了竞争上的好处,所以让对方支付补偿费是完全合理的。

长期以来,美国联邦与州层面的普通法和制定法认为,不合理的贸易限制协议可能违反反垄断法,或者因违反反不正当竞争法而不能实施。但是,竞业限制协议可能有多种形式,根据缔约方的需求和目的可能并不无效。竞业限制协议是否有效,关键取决于限制的合理性(通常根据限制的范围和期限决定),以及其限制是否有合法的商业目的,许多州

---

[1] 参见最高人民法院中国应用法学研究所编:《人民法院案例选:民事、经济、知识产权、海事、民事诉讼程序卷》(下册),人民法院出版社 1997 年版,第 1654~1656 页。

根据是否为了保护商业秘密和其他秘密信息而确定其是否有合法目的。[1]在雇佣关系之下,合理性分析经常取决于雇员在组织内部的地位。较高层级的雇员因为更可能比低层级的雇员更广泛地接触敏感性信息,可能受竞业限制协议的约束。竞业限制协议通常是雇主在雇员离开公司另谋职业时保护公司资产和利益的机制。但是,这种利益必须是确定的,能够与雇员自由谋生的利益和自由竞争的利益进行平衡。[2]如美国白宫一份报告称,"在有些案件中,不竞争协议在保护经营和促进革新中具有重要作用。它们也可以鼓励雇主投资于对雇员的训练。但是,如本报告所详述的,不竞争可以给工人、消费者和一般性的经济施加实质性成本"[3]。

值得关注的是,2024年4月24日美国联邦贸易委员会发布了一项最终的规则(之前曾经发布规则草案),规定在全国范围内禁止竞业限制协议、保障工人更换工作的基本自由、增加创新和培育新企业来促进竞争。

美国联邦贸易委员会主席莉娜·M. 可汗(Lina M. Khan)表示:"竞业限制条款使工资保持在较低水平,抑制新的创意,并剥夺美国经济的活力,包括禁止竞业限制后每年将创办8500多家初创企业的活力。""联邦贸易委员会禁止竞业限制的最终规则将确保美国人有追求新工作、开办新企业或将新想法推向市场的自由。"根据联邦贸易委员会的新规则,在规则生效后,现有的针对绝大多数工人的竞业限制协议将不再有效。根据联邦贸易委员会的最终规则,现有的高级管理人员(占员工比例不到0.75%)的竞业限制规定仍然有效。但是,即使涉及高级管理人员,雇主也不得参与或试图执行任何新的竞业限制规定。雇主将被要求向受现有竞业限制协议约束的高级管理人员以外的工人发出通知,表明雇主不会对他们强制执行任何竞业限制协议。根据新规则,雇主与工人签订竞业限制协议并强制执行是一种不公平的竞争方式,违反了《联邦贸易委员会法》第5条的规定。

联邦贸易委员会发现,竞业限制往往会抑制工人和雇主之间的有效匹配,从而对劳动力市场的竞争条件产生负面影响;竞业限制往往会对产品和服务市场的竞争条件产生负面影响,抑制新业务的形成和创新。还有证据表明,对消费者来说,竞业限制会导致市场集中度增加和价格上涨。联邦贸易委员会发现,除了竞业限制协议外,雇主还有多种选择,这些选择仍然可以使公司能够保护其投资,而无须执行竞业限制。

商业秘密法和保密协议(Non-disclosure Agreements, NDA)都为雇主提供了保护专有信息和其他敏感信息的完善手段。研究人员估计,超过95%的竞业限制员工已经签署了NDA。联邦贸易委员会还发现,希望留住雇员的雇主可以通过提高工资和工作条件,利用这一优势去争取劳动者的劳动服务,而不是利用竞业限制协议来锁定工人。根据最终规则,现有的高级管理人员的竞业限制协议仍然有效,但是雇主不得与高级管理人员签订或执行新的竞业限制协议。最终规则将高级管理人员定义为年收入超过151,164美元且担任决策职务的员工。根据最终规则,雇主只需向受现有竞业限制协议约束的工人发出通知,表明未来不会对他们执行竞业限制协议。为了帮助雇主遵守这一要求,委员会在

---

[1] See Sharon K., *Non-Competes and Trade Secrets*, 33 Santa Clara High Tech, L. J. 438(2017).

[2] See Sharon K. Sandeen & Elizabeth A. Rowe, *Trade Secret Law in an Nutshell*, 2nd edition, West Academic Publishing, 2018, p. 271.

[3] May 2016 White House Report titled, Non-Compete Agreets: Analysis of Usage, Potential Issues, and State Responses.

最终规则中纳入了雇主可以用来与工人沟通的示范语言。最终规则将于《联邦公报》公布后120天生效。[1]

三、违反竞业禁止义务的法律后果与救济途径

不竞业义务是一种法定的或者约定的义务,当事人违反其义务而为竞业行为时,应承担下列法律责任:(1)不作为请求权,即当事人违反其义务而为竞业行为时,权利人有权请求其停止行为。(2)损害赔偿权或介入权。例如,《公司法》第184条规定:"董事、监事、高级管理人员未向董事会或者股东会报告,并按照公司章程的规定经董事会或者股东会决议通过,不得自营或者为他人经营与其任职公司同类的业务。"第185条规定:"董事、监事、高级管理人员违反本法第一百八十一条至第一百八十四条规定所得的收入应当归公司所有。"此为对公司介入权的规定,又称归入权,是将董事违反不竞业义务的所得收归公司所有的权利,属于形成权的一种。一般而言,归入权的行使需经股东会的决议,由监事代表公司向董事行使。公司法这里的"所得收入"包括董事从事营利性活动所得的金钱、其他物品、报酬或者其他权利。

签订竞业禁止协议虽然通常是企业保护商业秘密的一项重要措施,但其未必以保护商业秘密为唯一目的,还可以出于其他目的,甚至与商业秘密无关,如为避免熟知其经营情况的离职职工在短期内成为企业的强劲竞争对手而订立竞业禁止协议。

例如,英语教师马某在合同期满离开原单位后,到与原单位有竞争关系的培训学校任职,其被判向原单位支付违约金5万元。具体案情是:近年来,大连市少儿英语教育竞争日趋激烈。大连沙河口盖伦启蒙教育培训中心(以下简称盖伦学校)是大连市教育界首家实施了"竞业避止"制度的机构,即每位聘用的教师必须与校方签订一份《竞业避止协议书》。协议约定:聘用教师在任职期间或离开后三年内不得在国内少儿教育领域从事任何与盖伦学校相同或相类似的职业,不得到与盖伦学校从事同类业务的其他用人单位任职。如违反约定,承担5万元违约金。作为补偿,校方每月要向签约的教师发放竞业避止补偿金600元。1999年11月,马某应聘到盖伦学校,聘期两年。双方签订劳动合同后,又于2000年11月签订了竞业避止协议书,马某此后领到了600元的竞业避止补偿金。合同期满后,马某到大连某教育培训学校从事少儿英语教育。盖伦学校发现后,以其违反《竞业避止协议书》约定、损害盖伦学校利益为由,起诉至大连市沙河口区人民法院,请求法院判令马某支付违约金5万元,并承担诉讼费。大连市沙河口区人民法院一审判决被告马某支付原告违约金5万元,并承担本案诉讼费。马某不服判决,上诉至大连市中级人民法院。大连市中级人民法院二审裁定,驳回上诉,维持原判。

总体而言,择业自由和自由竞争是广大劳动者的福音。在保护商业秘密等确定权利的前提下最大限度实现"跳槽"自由,严格限制竞业禁止协议的适用范围,有利于促进知识扩散、激励创新和增进社会总福利。

---

[1] FTC Announces Rule Banning Noncompetes, https://www.ftc.gov/news-events/news/press-releases/2024/04/ftc-announces-rule-banning-noncompetes. 2023年1月,FTC发布了一项拟议规则,该规则有90天的公众评议期。FTC收到了超过26,000条关于拟议规则的评论,其中超过25,000条评论支持FTC拟议的竞业限制禁令。这些评论为联邦贸易委员会的最终规则制定流程提供了信息,联邦贸易委员会仔细审查每一条评论,并根据公众的反馈对拟议规则进行修改。

四、劳动争议与侵犯商业秘密纠纷的交叉关系

人才流动中经常涉及用人单位与员工之间有关违反竞业限制违约责任与侵害商业秘密赔偿责任的交叉问题。这些争议涉及争议性质的认定、违约责任与侵权责任的并存关系等问题。

（一）员工侵犯商业秘密赔偿责任争议的性质

员工与用人单位在劳动合同中约定保密义务及违反保密义务的赔偿责任，在劳动合同履行过程中，员工将用人单位的商业秘密泄露给其他单位的，用人单位依据劳动合同约定追究员工的赔偿责任及侵害商业秘密的侵权责任，要求员工赔偿其全部经济损失时，该争议属于劳动争议，还是侵害商业秘密的侵权纠纷？司法实践中对此有不同的观点。一种观点认为，此类争议属于侵权争议，不属于劳动争议；[1]另一种观点认为，用人单位有权在"劳动争议"和"侵权争议"中进行选择，既可以依据"劳动争议"向劳动争议仲裁委员会申请仲裁，又可以依据"侵权争议"提起侵权诉讼。[2]《民法典》第186条规定，"因当事人一方的违约行为，损害对方人身权益、财产权益的，受损害方有权选择请求其承担违约责任或者侵权责任"。对"劳动争议"和"侵权争议"竞合的情形，应以允许当事人行使选择权为宜。特别是劳动合同约定保密义务的，员工违反该义务即属于违反劳动合同的行为。根据《劳动争议调解仲裁法》第2条[3]的规定，因"履行劳动合同"而发生的争议属于劳动争议的审理范围。因此，员工违反保密义务属于劳动争议的范围。

之前最高人民法院的裁判对此有所涉及。(2008)民三终字第9号化学工业部南通合成材料厂、南通星辰合成材料有限公司、南通中蓝工程塑胶有限公司诉南通市东方实业有限公司、陈某某、周某某、陈某、李某某、戴某某案中，最高人民法院认为，在涉及违约责任与侵权责任的竞合时，原告有权选择提起合同诉讼还是侵权诉讼，人民法院也应当根据原告起诉的案由依法确定能否受理案件以及确定案件的管辖；对于因劳动者与用人单位之间的竞业限制约定引发的纠纷，如果当事人以违约为由主张权利，则属于劳动争议，依法应当通过劳动争议处理程序解决；如果当事人以侵犯商业秘密为由主张权利，则属于不正当竞争纠纷，人民法院可以依法直接予以受理。

（二）违反竞业限制协议的违约金与侵犯商业秘密损失赔偿的关系

员工离职以后在竞业限制期间内入职竞争性企业，并在竞争企业中使用了原用人单位的商业秘密的，此时涉及竞业限制的违约责任与侵犯商业秘密责任的关系。

司法实践中对此存在不同观点。一种观点认为，竞业限制违约金不应在侵害商业秘

---

[1] 参见四川省成都市金牛区人民法院民事判决书，(2020)川0106民初10952号。
[2] 参见湖南省长沙市中级人民法院民事判决书，(2019)湘01民初286号。有人依据2018年至2023年7月可查询的法院判决，统计涉及该问题的案件共有11例，其中持第一种观点的有5例，占比45.5%，持第二种观点的有6例，占比54.5%。参见段海燕、王程凯：《劳动争议与侵害商业秘密纠纷交叉问题辨析》，载微信公众号"中伦视界"2023年7月26日。
[3] 《劳动争议调解仲裁法》第2条规定："中华人民共和国境内的用人单位与劳动者发生的下列劳动争议，适用本法：(一)因确认劳动关系发生的争议；(二)因订立、履行、变更、解除和终止劳动合同发生的争议；(三)因除名、辞退和辞职、离职发生的争议；(四)因工作时间、休息休假、社会保险、福利、培训以及劳动保护发生的争议；(五)因劳动报酬、工伤医疗费、经济补偿或者赔偿金等发生的争议；(六)法律、法规规定的其他劳动争议。"

密赔偿中予以扣除[1]。因为用人单位基于劳动者泄露、使用其商业秘密而提起的侵害商业秘密诉讼属于侵权诉讼,而用人单位基于劳动者违反竞业限制保密协议约定而提起的竞业限制争议属于违约诉讼,两者系不同的行为、不同的法律关系,并由此产生不同的法律后果,不存在法律责任竞合问题,竞业限制违约金不应在侵害商业秘密赔偿中予以扣除,可以同时主张。另一种观点认为,部分竞业限制违约金应在侵害商业秘密赔偿中予以扣除。[2]因为从竞业限制制度设定的目的看,用人单位的竞业限制制度保护的标的不仅包括"商业秘密",还包括"竞争优势",竞业限制违约金中应当包括了对这两个标的损失的赔偿,而商业秘密侵权赔偿金仅是对"商业秘密损失"的赔偿,竞业限制违约金中必然有部分与侵害商业秘密损失赔偿金之间存在重合,竞业限制违约金中至少已包含部分"商业秘密损失赔偿金"。此外,此类争议中用人单位不仅应当举证证明"员工的商业秘密侵权行为导致的全部经济损失金额",还需要区分并证明"竞业限制违约金"中的"竞争优势的损失金额"。如未能区分并证明,则用人单位承担不利后果,竞业限制违约金应从侵害商业秘密赔偿金中扣除。[3]虽然竞业限制和商业秘密均在于保护竞争优势,但其具体的竞争优势和保护路径并不相同,两种协议具有独立性,因此应以分别确定民事责任为宜。

(三)员工违反保密义务的违约金条款问题

用人单位与员工在劳动合同或者保密协议中约定员工违反商业秘密保密义务违约金的,如员工违反保密义务,用人单位能否基于前述违约金条款要求员工支付违约金?司法实践中对此存在不同的裁判。一种观点认为,违反保密义务的违约金条款无效。[4]其原因是,《劳动合同法》第25条明确规定,除了违反专业技术培训服务期以及违反竞业限制义务以外,用人单位不得与员工约定违约金。《劳动合同法》第25条为效力性强制性规定,违反保密义务的违约金条款因违反该规定而无效。另一种观点认为,违反保密义务的违约金条款有效。[5]因为《劳动合同法》第23条并未限制违反"保守用人单位的商业秘密"的违约金约定,这意味着用人单位基于保密义务而约定的违约责任被排除在外。

违反商业秘密保密义务的违约责任约定在性质上属于保护商业秘密的约定,也是当事人为保护商业秘密而约定的法律救济。该约定性质上相当于对于损害赔偿的预定,且客观上便于将损害赔偿数额具体化,有利于解决损害赔偿难以确定的问题。如果足以弥补侵犯商业秘密的损失,则可以该违约金确定损害赔偿;如果不足以弥补实际损失,仍可以按照实际损失赔偿。此类违约金约定符合商业秘密保护的法律规定,也即由《反不正当竞争法》商业秘密条款作为支撑,不应该被认为因违反《劳动合同法》而构成无效。

---

[1] 参见山东省青岛市中级人民法院民事判决书,(2020)鲁02民终1323号。
[2] 参见江苏省常州市中级人民法院民事判决书,(2016)苏04民初22号。
[3] 有人依据2018年至2023年7月可查询的法院判决,关注到涉及该问题的案件共有3例,其中持第一种观点的有2例,占比66.7%;持第二种观点的有1例,占比33.3%。参见段海燕、王程凯:《劳动争议与侵害商业秘密纠纷交叉问题辨析》,载微信公众号"中伦视界"2023年7月26日。
[4] 参见上海市第一中级人民法院民事判决书,(2020)沪01民终4577号。
[5] 依据2021年至2023年7月可查询的法院判决统计,涉及该问题的案件共有24例,其中持第一种观点的有20例,占比83.3%;持第二种观点的有4例,占比16.7%。参见段海燕、王程凯:《劳动争议与侵害商业秘密纠纷交叉问题辨析》,载微信公众号"中伦视界"2023年7月26日。

第十一章　侵犯商业秘密的举证责任与事实认定

第一节　侵犯商业秘密的事实认定与举证责任

一、侵犯商业秘密案件的事实认定

实践中经常提及商业秘密保护难，这首先与商业秘密本身的属性有关，即它是通过自我保密的方式保有权利的，这既使权利状况等在权利人自己的掌控之下，同时又面临对外举证和被采信的困难。法律本身不可能一如权利人所愿而给予权利人万无一失的保护，必然难免有权利自身的特性所带来的权利保护上的天然不足和弱点，但其仍然在力所能及的范围内尽可能解决保护障碍和给予充分保护。为此，有必要确定符合商业秘密特点的证据和程序制度，以利于查明案件事实，给予商业秘密恰如其分和最大限度的保护。

司法实践中一直致力于探索建立相应的证据和程序制度。在此通过最高人民法院的司法文件规定及司法裁判的发展，简略回顾一下探索的历程。

二、2019年《反不正当竞争法》修订以前的举证责任探索

虽然1993年《反不正当竞争法》及其2017年修订均未涉及侵犯商业秘密案件的证据规则问题，但是实践中始终存在侵犯商业秘密案件的举证难和认定难等问题，且试图寻求通过证据规则的恰当适用加以解决。

原告诉请保护的商业秘密存在和成立，以及被告使用相同或者近似经营或者技术信息，通常是必须证明而不能绕过的，争议的关键是是否采取不正当手段获取商业秘密。由于证明涉嫌侵权人采取的不正当手段常常较为困难，能否根据一定的前提事实进行推定成为实践中的一个突出问题。行政执法和司法一直在探索解决之道。

（一）行政规章规定的举证责任倒置

行政规章首先规定了举证责任倒置问题。原国家工商行政管理局《关于禁止侵犯商业秘密行为的若干规定》（1995年11月23日）第5条规定，"权利人（申请人）认为其商业秘密受到侵害，向工商行政管理机关申请查处侵权行为时，应当提供商业秘密及侵权行为存在的有关证据。被检查的单位和个人（被申请人）及利害关系人、证明人，应当如实向工商行政管理机关提供有关证据。权利人能证明被申请人所使用的信息与自己的商业秘密具有一致性或者相同性，同时能证明被申请人有获取其商业秘密的条件，而被申请人不能提供或者拒不提供其所使用的信息是合法获得或者使用的证据的，工商行政管理机关可以根据有关证据，认定被申请人有侵权行为"。这就是所谓的"接触＋近似－合法来源"的不正当手段推定模式。

按照举证责任的一般原则，申请人只有在证明被申请人的侵权行为成立时，才能够追究被申请人的法律责任,而要做到这一点,申请人至少必须证明:自己拥有商业秘密;被申请人拥有与自己的商业秘密相同的商业秘密;被申请人的商业秘密是通过不正当手段获得的,也即被申请人实施了侵权行为。但是,证明被申请人实施侵权行为往往是非常困难的。因为商业秘密不具有法律上的独占性和排他性,同一种商业秘密可以同时为多个权利主体所拥有,他人合法获取商业秘密的途径多种多样,如自行构思、善意受让和反向工程等,申请人认为他人侵犯其商业秘密时,往往只能提供一些被申请人具有取得其商业秘密的条件之类的证据,而常常难以举出直接的、"有形"的侵权证据,这就为认定侵权行为设定了很大的障碍。而根据上述规定的规定,申请人只须证明被申请人的商业秘密与其商业秘密具有相同性,以及被申请人具有获取其商业秘密的条件,就可使被申请人承担自己没有侵权的举证责任,倘若被申请人不能证明自己的商业秘密是合法取得的,就可认定其实施了侵权行为。

(二)《2007年反不正当竞争司法解释》否定举证责任倒置

司法涉及如何分配举证责任的问题。证明被告实施了侵犯商业秘密行为涉及多个环节,通常是被告被控侵权的信息与原告的商业秘密相同或者实质相同,且被告采取了不正当手段获取了该信息。但是,被告采取何种手段获取通常不为原告所确切获知,由原告证明被告采取的不正当手段经常较为困难,于是司法实践中通常采取推定的方式,即在证明一些前提事实以后,推定被告采取了不正当手段,而由被告对其未采取不正当手段提供反证。这就是"接触+近似-合法来源"的举证责任倒置。

《2007年反不正当竞争司法解释》草稿对于被告采取不正当手段曾采取类似的推定思路。例如,2005年4月22日草稿第40条规定:"原告举证证明被告接触了原告所掌握的商业秘密以及被告使用的商业秘密又与原告的商业秘密相同或者实质相同,根据案件的具体情况或者经验法则,能够判断被告具有违法获取商业秘密的较大可能性,可以推定被告以违法手段换取了商业秘密,但被告对其商业秘密的合法来源举证属实的除外。"直至2006年8月15日,草稿第18条第3款仍然写道:"原告举证证明被告有接触或者非法获取其商业秘密的条件,被告与原告的商业秘密相同或者实质相同,根据案件的具体情况或者已知事实和日常生活经验法则,能够判断被告具有违法获取商业秘密的较大可能性,可以推定被告以违法手段获取了商业秘密,但被告能够证明其商业秘密具有合法来源的除外。"但是,最后的提请审判委员会讨论的送审稿文本中删除了该条款。[1]

《2007年反不正当竞争司法解释》最终未采纳举证责任倒置的规定,而是按照"谁主张,谁举证"的普遍规则确定举证责任。该解释第14条规定:"当事人指称他人侵犯其商业秘密的,应当对其拥有的商业秘密符合法定条件、对方当事人的信息与其商业秘密相同或者实质相同以及对方当事人采取不正当手段的事实负举证责任。其中,商业秘密符合

---

[1] 据笔者的记忆,删除的原因是时任最高人民法院知识产权审判庭的主要负责人认为,司法解释规定举证责任倒置需要《民事诉讼法》或者其他法律有明文规定,如《专利法》对于方法专利中的法定举证责任倒置有明文规定。《反不正当竞争法》和《民事诉讼法》均未对侵犯商业秘密举证责任倒置作出明文规定,司法解释不能创设。笔者当时认为,这种举证责任倒置是基于日常生活经验的推定,《民事诉讼法》对此类事实推定有明文规定,司法解释只是将此种规定在侵犯商业秘密案件中的适用具体化,有法律依据。事实上,司法解释草稿也强调"根据案件的具体情况或者经验法则"。但是,报请审判委员会的司法解释送审稿最后采取的是主要负责人的意见。

法定条件的证据,包括商业秘密的载体、具体内容、商业价值和对该项商业秘密所采取的具体保密措施等。"在此,该司法解释将拥有的商业秘密符合法定条件、对方当事人的信息与其商业秘密相同或者实质相同以及对方当事人采取不正当手段的举证责任均分配给原告。其中,将"对方当事人采取不正当手段的事实"纳入了原告的举证范围。这种笼统的举证责任分配方式决定了原告的举证责任很重,也成为商业秘密权利人维权难的重要原因。

根据举证责任分配的一般规则,原告主张被告侵犯其商业秘密的,应当对其具有商业秘密(商业秘密符合法定条件)以及被告采取的侵犯商业秘密行为负举证责任。换言之,在侵犯商业秘密案件中,原告必须首先证明其具有商业秘密,其次需要证明被告实施了侵权行为。这是侵犯商业秘密案件中原告举证责任的两个基本方面。

具体而言,侵犯商业秘密行为成立的条件包括三个方面:一是商业秘密符合法定条件,二是被告的信息与原告的信息相同或者实质相同,三是被告采用了不正当手段,即1993年《反不正当竞争法》第10条第1款规定的手段。认定侵犯商业秘密行为符合三个要件的事实(要件事实)时,要提供相应的证据。据此,根据"谁主张,谁举证"的原则,《2007年反不正当竞争司法解释》第14条前段规定"当事人指称他人侵犯其商业秘密的,应当对其拥有的商业秘密符合法定条件、对方当事人的信息与其商业秘密相同或者实质相同以及对方当事人采取不正当手段的事实负举证责任"。

原告指控被告侵犯商业秘密的,首先需要证明自己主张权利的商业秘密符合法定条件,也即确有商业秘密的存在。倘若不能证明其主张权利的商业秘密确实存在,其诉讼请求即成为无源之水,无本之木。为此,《2007年反不正当竞争司法解释》第14条后段规定,"商业秘密符合法定条件的证据,包括商业秘密的载体、具体内容、商业价值和对该项商业秘密所采取的具体保密措施等"。

例如,在宗宗公司与马某华、俊德公司不正当竞争纠纷案中,因宗宗公司未能明确其商业秘密为何物,其主张未获支持。本案中,上诉人宗宗公司主张,"上诉人与马某华签订的合约书中约定保密条款和竞业禁止条款本身就表明上诉人存在商业秘密,并且已经通过合约的方式对相关商业秘密采取了保密措施。马某华自1996年1月1日起担任宗宗公司副总经理职务,其工作领域不仅全面涉及宗宗公司的生产、销售、管理等各个方面,还长期深入参与宗宗集团的高层管理讨论和决策,马某华所具有的身份优势足以使其掌握上诉人的一切商业秘密和信息。一审判决将此商业秘密认定为马某华在该行业中自行积累的'经验、阅历和知识',并可以'自由利用熟知原企业的经营策略、管理模式等知识从事与原企业的竞争业务',实为不妥"。宗宗公司仅以约定保密和竞业禁止条款及被告接触业务信息的广泛性为由,显然并不能证明商业秘密本身的存在。对此,二审判决指出,"关于马某华、俊德公司是否侵犯了宗宗公司的商业秘密问题。宗宗公司认为马某华、俊德公司的行为对其商业秘密构成了侵犯,其主张得以成立的前提在于宗宗公司首先应当举证证明其存在商业秘密。本案中,宗宗公司主张其商业秘密包括经营策略、管理模式等,但却始终不能对其所主张商业秘密的具体内容予以明确,致使本院无法对其所主张商业秘密的法律属性予以审查,亦无法确定宗宗公司是否拥有我国《反不正当竞争法》所认可的商业秘密。鉴于宗宗公司无法举证证明其商业秘密的存在,其关于马某华、俊德公司侵犯其商业秘密的诉讼主张缺乏事实和法律依据,本院不予采纳"[1]。

司法实践中习惯上所称的原告必须证明其商业秘密点,实际上就是要证明哪些信息是请求保护的商业秘密。商业秘密点是需要由原告举证证明的。法院也必须首先审查原告是否具有商业秘密。如在一个侵犯商业秘密案件中,法院认为,"在一审中,东南公司并未对其主张的商业秘密所包含的具体信息进行阐述,原判主文中亦未见有相应的描述。在二审中,经合议庭释明,东南公司主张其商业秘密的具体内容为天然纤维工艺墙纸生产工艺流程:网漂白—网烘干—选网—(纸染色)墙纸整理复合—烘干胶压—墙纸染色—产品检验—切边—包装,并对上述工艺流程作了具体解释。在二审庭审中,东南公司明确其商业秘密不包括产品检验和包装"。该案一审法院未能让原告指明其主张权利的商业秘密的具体内容,显然在审理商业秘密案件的基本思路上存在问题。

当然,除此之外,原告还需要对损害赔偿等民事责任要件事实承担举证责任。

对于侵犯商业秘密行为举证责任分配在实践中的具体应用,这里以上诉人成都佳灵电气制造有限公司(以下简称佳灵公司)与被上诉人成都希望电子研究所(以下简称希望研究所)、成都希望森兰变频器制造有限公司(以下简称希望森兰公司)、胡某云、余某祥、郑某斌、邓某方侵犯商业秘密纠纷案的二审判决的阐述和认定为例,最高人民法院二审判决指出:[2]

"本院经审理认为,根据《反不正当竞争法》第 10 条的规定,构成侵犯商业秘密必须同时具备三个条件:一是权利人合法掌握一项符合法律条件的商业秘密;二是行为人实施了获取、披露、使用或者允许他人使用该项商业秘密的行为;三是行为人获取、披露、使用或者允许他人使用该项商业秘密的行为违法。权利人指控他人侵犯其商业秘密,必须对上述三个条件成立的事实负有举证责任,其中任何条件不能证明成立的,被控侵权人都不构成侵犯商业秘密。

"具体到本案而言,佳灵公司主张的 JP6C 变频器的 19 项技术秘密点和三个供应商、两个经销商客户名单是否为其合法控制的商业秘密,则是本案的争议焦点问题之一。从原审法院查明的事实看,JP6C 变频器技术成果即佳灵公司所主张的 19 项技术秘密点,是由佳灵研究所于 1994 年完成并通过四川省科学技术委员会组织的技术鉴定的,其成果权应属于佳灵研究所所有。其后,该项技术成果一直由佳灵公司独家使用,1997 年 11 月佳灵研究所被吊销企业法人营业执照后,该项技术成果经过原佳灵研究所的法定代表人吴某林事实上的认可,已实际处于佳灵公司的合法掌控之下。因此,佳灵公司应当属于 JP6C 变频器技术成果的合法权利人。希望森兰公司等被上诉人以 JP6C 变频器技术成果系由佳灵研究所开发完成为由,认为佳灵公司并非 JP6C 变频器技术秘密的合法权利人的答辩理由,显然不能成立。关于佳灵公司主张的 JP6C 变频器技术成果中的 19 项技术秘密点,是否构成《反不正当竞争法》第 10 条第 3 款规定的商业秘密,即不为公众所知悉、能为权利人带来经济利益、具有实用性并经权利人采取保密措施,需要由人民法院根据查明的事实依法作出认定。由于佳灵公司主张的 19 项技术秘密点是否属于'不为公众所知悉'涉及专业技术问题,经双方当事人协商同意,原审法院委托华科鉴定中心组织本技术

---

[1] 江苏省高级人民法院民事判决书,(2006)苏民三终字第 0018 号。
[2] 参见最高人民法院民事判决书,(2001)民三终字第 11 号。

领域的专业技术人员对佳灵公司主张的该19项技术秘密点是否为公知技术进行了技术鉴定。鉴定结论认为,佳灵公司所主张的19项技术秘密点中的理论和技术均属于公知技术,佳灵公司利用这些公知技术进行一些工艺设计和参数的确定以及一些元器件的选择是其非公知技术。佳灵公司对上述非公知技术采取了合理的保密措施,同时这些技术对佳灵公司的经济价值也显而易见。因此,应当认定其为佳灵公司的商业秘密。一项技术信息只要具备法律规定的商业秘密的条件,就应依法受到保护,不以该项技术信息是否被列为国家级秘密为前提。所以,双方就佳灵公司的上述商业秘密是否为国家级秘密的争论与本案纠纷的解决并没有直接的关系。关于佳灵公司所提及的供应商和经销商客户名单,由于这些客户与佳灵公司之间存在的特定供货或者经销关系不为公众所知悉,佳灵公司也采取了合理的保密措施,这些名单也能够为佳灵公司带来经济利益,佳灵公司所主张的上述客户名单应当认定为该公司的商业秘密。

"希望森兰公司等被上诉人是否使用了本院认定的佳灵公司的上述商业秘密,是处理本案的另一个关键问题。佳灵公司根据希望森兰公司生产的BT40S和BT12S两种变频器的使用说明书所记载的产品功能参数分别与自己所生产的JP6C－T9和JP6C－J9Z变频器的功能参数基本相同,原为佳灵公司职工且掌握佳灵公司JP6C变频器技术秘密的胡某云等人违反劳动合同到希望森兰公司从事相同的工作等事由,推定希望森兰公司通过胡某云等人获取并使用佳灵公司的JP6C变频器技术秘密生产BT40S和BT12S系列变频器。这一结论是否真实,同样涉及专业技术问题,原审法院一并委托华科鉴定中心组织本技术领域的专业技术人员进行鉴定。从该中心提供的鉴定意见可知,希望森兰公司变频器使用的技术与佳灵公司JP6C变频器中的非公知技术部分不同。这就表明了希望森兰公司和希望研究所没有通过胡某云等4个自然人获取并使用佳灵公司的技术秘密。而希望森兰公司、希望研究所提供的有关其自行研究开发变频器产品的证据,足以使本院相信他们有足够的能力自行研制开发自己的变频器产品技术。关于希望森兰公司是否使用了佳灵公司的供应商、经销商客户名单等商业秘密问题,从本院查明的事实看,佳灵公司并未能举证证明希望森兰公司从三家元器件供应商处购买与佳灵公司变频器专用元器件相同的元器件;××亚大电子工程有限公司、××钢铁股份有限公司虽然也是希望森兰公司变频器产品的经销商,但这两家经销商是通过资料查阅、会展等渠道与希望森兰公司建立业务联系的,且这两家经销商经营变频器产品也是向社会公众公开的,因此,该两家经销商经销希望森兰公司生产的变频器产品,也不存在希望森兰公司使用佳灵公司客户名单等商业秘密问题,而是希望森兰公司自行开发的客户。所以,佳灵公司仅凭产品说明书记载的产品功能参数的对比、本单位原职工到对方从事相同的工作等事由,即推定希望森兰公司等被上诉人使用其商业秘密,显然证据不足。需要特别阐明的是,以两个产品的功能或者功能参数相同推定两个产品所采用的技术方案也一定相同,显然是一种缺乏科学依据的做法,相同功能的产品完全可能采用不同的技术方案来实现。其实,省质检站的《产品技术鉴定报告》表明,两家产品的部分功能并不相同。希望森兰公司BT40S产品具有而佳灵公司JP6C－T9产品没有的功能共计15个;佳灵公司产品具有而希望森兰公司产品不具有的功能共计26个;希望森兰公司产品与佳灵公司产品都有但具体含义和处理方式不同的功能共计28个;希望森兰公司产品与佳灵公司产品都有但功能参数范围不同的功能共计24个;希望森兰公司产品与佳灵公司产品都有但不能直接得出二者区别的功能共计22个。显然,两家产品功能真正完全相同的只有22个。

"关于希望森兰公司等被上诉人是否采用了违法手段,也即希望森兰公司、希望研究所是否采用了佳灵公司所指控的高薪利诱、恶意串通等手段,胡某云等4个自然人是否在希望森兰公司、希望研究所的高薪利诱下,违反佳灵公司关于保守商业秘密的要求向希望森兰公司、希望研究所披露佳灵公司的商业秘密并允许希望森兰公司、希望研究所使用,从而构成共同侵权,则是本案的另一个争议焦点问题。应当说,在已经能够认定希望森兰公司、希望研究所没有通过胡某云等4个自然人获取并使用佳灵公司的商业秘密的情况下,由于已不能满足构成侵犯商业秘密的必要条件,完全可以判定佳灵公司指控的侵犯商业秘密不成立,并且也能表明希望森兰公司等被上诉人没有采用不正当竞争手段。但是,为了对侵犯商业秘密的构成条件有个完整的表述,本院仍有必要对该焦点问题作出评判。从原审法院查明的事实看,佳灵公司没有提供有关希望森兰公司、希望研究所采用高薪利诱胡某云等4个自然人或者与该4个自然人恶意串通的手段获取佳灵公司商业秘密的具体证据。胡某云、余某祥、郑某斌3人与培研所签订的劳动合同以及他们与希望森兰公司签订的劳动合同有合同双方的签名或者盖章,并且有鉴证机关的鉴证;邓某方与成都通达自动化控制工程有限公司以及希望森兰公司签订的劳动合同,亦有合同双方当事人的签字或者盖章,并且有鉴证机关的鉴证或者加盖有关部门的推荐章。佳灵公司称这些合同是虚假合同,缺乏足够的证据佐证,更不能证明希望森兰公司、希望研究所与胡某云等4个自然人之间存在恶意串通的行为。胡某云等4个自然人虽然与佳灵公司签订有保守商业秘密的协议,但佳灵公司未能举证证明该4个自然人违反了佳灵公司保守商业秘的协议,向希望森兰公司、希望研究所披露并允许该两被上诉人使用其所掌握的商业秘密。而希望森兰公司生产的变频器与佳灵公司生产的变频器不同的事实反倒证明了胡某云等4个自然人并没有向希望森兰公司、希望研究所披露并允许该两被上诉人使用他们所掌握的佳灵公司的商业秘密。虽然希望森兰公司自认胡某云等4个自然人在与希望森兰公司正式签订劳动合同前即零星到希望森兰公司工作,但是在本院能够认定胡某云等4个自然人没有违反佳灵公司保守商业秘密的协议向希望森兰公司、希望研究所披露并允许该两被上诉人使用他们所掌握的佳灵公司的商业秘密的情况下,胡某云等4个自然人什么时间到希望森兰公司工作已不重要。同理,胡某云等4个自然人由于受其知识、工作经验和技能的局限而在到希望森兰公司后从事其原在佳灵公司基本相同的工作,也是无可厚非的。至于他们离开佳灵公司是否违反其与佳灵公司签订的劳动合同的问题,则属另一法律关系,不属本案审理的范围。因此,佳灵公司上诉称胡某云等4个自然人违反劳动合同,于1998年下半年即到希望森兰公司工作,并不能证明胡某云等4个自然人违反保守商业秘密的协议向希望森兰公司、希望研究所披露并允许该两被上诉人使用他们所掌握的佳灵公司的商业秘密的事实。而且这个时间所依据的证据是希望森兰公司的质量分析会纪要、月度工作计划安排、联络书及图纸等资料,二审庭审结束后,佳灵公司又向本院提交了这些证据材料。但是由于这些证据材料的内容可能涉及希望森兰公司的商业秘密,并且这些资料是佳灵公司通过希望森兰公司的职工米某睿私自获得的,希望森兰公司辩称这些材料属于其商业秘密,原审法院以证据来源不合法未采信上述证据是正确的。本院注意到虽然佳灵公司在二审证据交换后提交了米某睿关于向佳灵公司提供上述证据材料的经过说明及成都市武侯区公证处公证员舒某华出具的证明书,证明米某睿向佳灵公司提供上述证据材料的经过,但是仍不能证明上述证据材料不属于希望森兰公司的商业秘密和这些证据材料来源的合法性,故本院不予采信。

"鉴于佳灵公司仅根据某些间接证据即推定希望森兰公司等被上诉人侵犯其商业秘密,但是有关的直接证据则证明希望森兰公司、希望研究所以及胡某云等4个自然人未侵犯佳灵公司的商业秘密,且希望森兰公司和希望研究所提供了足够的证据证明其具有研究开发变频器技术的能力。因此,原审法院认定佳灵公司指控希望森兰公司等被上诉人侵犯其商业秘密不能成立,本院予以维持。"

(三)司法实践对于举证责任倒置的适用

《2007年反不正当竞争司法解释》草稿有关违法手段推定和举证责任倒置的思路和精神是司法实践的经验总结。此前的司法实践中对于侵犯商业秘密不正当手段的认定也多已采取举证倒置。

最高人民法院《关于全国部分法院知识产权审判工作座谈会纪要》(1998年7月20日)第二部分第(三)项"举证责任和证据的审查认定问题"指出,"在举证过程中,人民法院应当注意举证责任的转移问题,即在当事人一方举证证明自己的主张时,对方对该项主张进行反驳的,应当提出充分的反证,这时,举证责任就转移到由对方承担。此外,人民法院对于当事人的某些主张,应当根据法律并从实际情况出发,实行'举证责任倒置'的原则,即一方对于自己的主张,由于证据被对方掌握而无法以合法手段收集证据时,人民法院应当要求对方当事人举证。例如,在方法专利和技术秘密侵权诉讼中的被告,应当提供其使用的方法的证据,被告拒不提供证据的,人民法院可以根据查明的案件事实,认定被告是否构成侵权"。

在许多侵犯商业秘密案件中,证明被告采取不正当手段获取的行为通常是很困难的,在具体的证明方式上,通常是先由原告证明特定的前提事实,再根据该前提事实和日常生活经验,推定被告采取了不正当手段。这种做法有法律依据。首先,根据当时有效的最高人民法院《关于适用〈中华人民共和国民事诉讼法〉若干问题的意见》第75条的规定,根据法律规定或已知事实,能推定出的另一事实,当事人无须举证。最高人民法院《关于民事诉讼证据的若干规定》第9条第1款第2项和第2款进一步规定,"根据法律规定或者已知事实和日常生活经验法则,能推定出的另一事实",当事人无须举证证明,但"当事人有相反证据足以推翻的除外"。这里规定了推定的两种情形,即根据"法律规定"进行的推定,以及根据"已知事实和日常生活经验法则"推定的事实,因而"法律规定"不是推定的唯一依据。就后一种推定而言,"已知事实"通常都是需要举证证明的事实,而"已知事实"和"日常生活经验法则"是"推定出另一事实"的前提。就侵犯商业秘密案件中的"不正当手段"的认定而言,倘若原告能够证明被告的信息与其商业秘密相同或者相似,且被告有接触原告商业秘密的条件,那么根据日常生活经验,被告从原告处获取商业秘密的盖然性就很高,因此,可以推定其采取了不正当获取手段。同时,允许被告就其获取信息的正当性提供反证,有相反证据足以推翻该推定的,当事人须举证。这种推定过程是符合《关于民事诉讼证据的若干规定》的上述规定精神的,也应该适用该规定。其次,无论是证据证明还是推定,都是认定案件事实的具体方式。就侵犯商业秘密案件中不正当手段的证明而言,《2007年反不正当竞争司法解释》第14条虽然将其举证责任分配给原告,但就具体的证明方式而言,先由原告证明特定的前提事实,再据此推定不正当手段,只是免除了其中的部分举证内容,而仍然由原告承担前提事实的举证责任。因此,这种认定方式与该司法解释第14条的举证责任分配规定并不抵触。这种对非法手段的推定就是实践中通称的"接触+近似-合法来源"的认定方法。这种方法是根据个案情况对于证据规则的具体应用,符合举证难的实际。

由此可见,"接触+近似-合法来源"的认定"公式"虽然不是法定的,但所依据的已知事实和日常生活经验法则符合民事诉讼证据规则的要求,仍然可以根据案件的具体情况进行适用。换言之,在满足接触条件和信息相同或者近似,而被告又不能证明其合法来源的情况下,根据日常生活经验和案件具体情况,被告从原告处获取商业秘密的盖然性较高,可以根据证据规则推定被告实施了侵权行为。

这种推定的方法已经在司法实践中得到较为广泛的运用。尽管《2007年反不正当竞争司法解释》对此未提及,但其并不排斥司法实践按照证据规则认定案件事实。

例如,在原告上海总瑞税务咨询信息中心、上海国瑞税务师事务所有限公司诉被告上海朴凡企业管理顾问有限公司、李某和洪某侵害经营秘密纠纷案中,对于本案三被告的行为是否侵犯两原告的商业秘密,法院作出了如下认定:

"对于从被告朴凡公司电脑中保全到的'企业名录',本院注意到其所显示的首次入网年月绝大部分早于被告朴凡公司成立的时间,被告李某亦称附在《公证书》后第63页'企业名录'是他人给其公司的,被告李某和洪某还当庭认可在原告处'看到过一小部分类似的东西'。基于此,本院将'企业名录'与原告提供的电脑打印表格作了对照,前者1-783号的企业信息与后者1-792号的企业信息内容和顺序基本相同,由于被告李某和洪某曾在两原告处工作过,有机会接触到两原告的商业秘密,故在三被告未能提供相关证据证明其所获得的'企业名录'有合法来源的情况下,可以判断涉讼'企业名录'前783号企业信息来自于两原告。"[1]

在该案中,法院据以认定"'企业名录'前783号企业信息来自于两原告"的根据是,原、被告的企业信息内容和信息基本相同,两被告有机会接触该信息且未能提供证据证明其合法来源,这就符合了基本相同、接触和无合法来源反证等按照经验法则进行推定的三个基本要素,同时,还结合了"所显示的首次入网年月绝大部分早于被告朴凡公司成立的时间",以及被告李某亦称附在《公证书》后第63页"'企业名录'是他人给其公司的,被告李某和洪某还当庭认可在原告处'看到过一小部分类似的东西'"的案件具体情况。因此,按照经验法则和案件的具体情况,两被告具有从原告处不正当获取商业秘密的盖然性,因而其不正当获取行为可以推定的方式予以认定。

在某机电公司与天地公司、陈某、徐某、李某商业秘密侵权纠纷案中,一审判决指出:"无论是鉴定结论还是出庭专家咨询意见,均可以证明本案所涉及的技术要点实际上是一个多解的过程,不同的设计者如果事先未经沟通,不可能取得一致的答案。被告既不能证明其取得与原告相同的技术要点是独立开发的结果,又不能证明其还有其他的能够让人相信的合法来源,因此应当认定被告采取了不正当的手段获取和使用了原告的商业秘密。"[2]该案判决是在认定构成商业秘密、被告的技术要点与商业秘密相同和被告有获取

---

[1] 上海市第一中级人民法院民事判决书,(2003)沪一中民五(知)初字第220号。
[2] 江苏省高级人民法院民事判决书,(2006)苏民三终字第0103号。

条件之后，在被告不能证明合法来源的情况下，认定被告采取了不正当手段。

最高人民法院司法政策和裁判也都肯定了"接触+近似－合法来源"的认定方式。例如，在前述一得阁墨汁商业秘密侵权案中，最高人民法院认为，当事人基于其工作职责完全具备掌握商业秘密信息的可能和条件，为他人生产与该商业秘密信息有关的产品，且不能举证证明该产品系独立研发，根据案件具体情况及日常生活经验，可以推定该当事人非法披露了其掌握的商业秘密。该案中，高某茂具有接触墨汁的保密配方的可能或条件。高某茂是传人公司最大的股东，其妻是该公司的法定代表人。高某茂、传人公司未能证明独立开发研制墨汁产品。通过公知资料中对生产墨汁的配方组分进行有机的排列组合，生产出符合市场需要的高质量的墨汁必定需要大量的劳动和反复的实验可知，传人公司在成立后短短时间内凭借几个没有相关技术背景的个人就很快开始生产出产品，并在北京、深圳等地销售，在没有现成的成熟配方前提下是不可能的。一审庭审中，传人公司的股东曾陈述，其问过高某茂关于墨汁的材料、配方等问题。高某茂有接触一得阁公司商业秘密的条件，根据一得阁公司的相关墨汁作为国家秘密的事实，结合传人公司设立情况及主张独立研发的证据不能成立的事实，依据日常生活经验，原审法院认定高某茂向传人公司披露了一得阁公司生产墨汁的配方，传人公司非法使用了高某茂披露的墨汁配方，并无不当。

在西安航天华威化工生物工程有限公司与扬州永锋工业设备安装有限公司侵害技术秘密纠纷案中，最高人民法院二审判决[1]指出，"技术秘密权利人提供证据证明被诉当事人具有接触或者非法获取该技术秘密的条件且被诉信息与技术秘密相同或者实质相同，根据案件具体情况或者已知事实以及日常生活经验，能够认定被诉当事人具有采取不正当手段的较大可能性，可以推定被诉当事人采取不正当手段获取技术秘密的事实成立，但被诉当事人能够证明其通过合法手段获得该信息的除外"。这段表述来自最高人民法院2011年发布的司法文件。[2]

在再审申请人天信公司、刘某、张某与被申请人化工公司侵犯商业秘密案中，最高人民法院驳回再审申请裁定[3]，对被诉侵权行为是否侵害化工公司的商业秘密进行了分析认定。该裁定认为，本案化工公司的商业秘密包括"合成浆料选用原料及配比的技术方案""合成浆料工艺流程的技术方案"，该商业秘密已为生效判决所确认。首先，刘某、张某有接触商业秘密的条件，天信公司存在获取化工公司商业秘密的高度可能性。刘某和张某曾经在化工公司前身从事与商业秘密相关的工作。张某担任法定代表人的福达公司和刘某因侵犯化工公司商业秘密被判决承担有关民事责任。本案中的天信公司系2006年3月由张某的弟弟和刘某的妹妹出资成立，成立后不久即生产与化工公司涉案产品功能用途相同的产品，且天信公司亦承认张某担任该公司工程师及业务经理，刘某帮助整理账目，考虑他们之间的亲属关系，天信公司从张某、刘某处获取化工公司的商业秘密存在高度可能性。其次，被诉侵权产品所采用的原料配比、工艺流程与化工公司商业秘密存在实质性相似。最后，天信公司并未提交有力证据证明其被诉侵权产品有合法来源。故原

---

[1] 参见最高人民法院民事判决书，(2020)最高法知民终9号。
[2] 最高人民法院《关于充分发挥知识产权审判职能作用推动社会主义文化大发展大繁荣和促进经济自主协调发展若干问题的意见》(法发〔2011〕18号)。
[3] 参见最高人民法院民事裁定书，(2019)最高法民申57号。

审法院认定天信公司、刘某和张某侵犯化工公司的涉案商业秘密事实清楚,适用法律正确。

(四)举证责任倒置的具体操作

在具体操作中,如何认定侵犯商业秘密行为涉及证明程度(证明标准)问题,即原告提供的证据达到何种证明程度时,就可以认定证明成立。司法实践总结出来的"相同+接触"方法解决了该问题。在原告举证证明被告有知悉(接触)商业秘密的条件,且能够证明被告的商业秘密与其商业秘密相同或者实质相同的情况下,被告实施侵犯商业秘密行为的可能性就较大,甚至可以说侵权的盖然性很高,此时完全可以认定原告提供了被告侵权的优势证据,举证责任也就转换为由被告承担。倘若被告不能举证推翻原告的这种举证优势,就可以认定侵权行为成立。在这种情况下,由被告承担其不侵权的举证责任也不苛刻,因为这不是由被告证明纯粹的否定事实(不侵权事实),而是通过证明其商业秘密合法取得的方式否定原告的举证优势。倘若被告是通过独立开发、反向工程等合法方式取得的商业秘密,通常情况下都能够证明。

这种"相同+接触"的方法虽然是根据盖然性认定侵权行为的,但却不是对侵权行为的具体方式的直接认定,而是根据特定的前提条件对侵权行为进行的推论,也即侵权行为是推论出来的,而不是直接证明出来的,根据已证明的前提事实认定的盖然性,乃是推定侵权行为的基础。因此,我们仍然将这种认定称为推定。

"相同+接触"中的"接触"不是一般性"接触"商业秘密,而是足以知悉商业秘密的"接触",即具有足以获取商业秘密的条件。例如,在一起侵犯商业秘密案中,被告曾任原告的业务员和翻译,尽管被告曾到原告仓库领取过样品,但在其工作范围内,其无法接触到原告技术秘密的有关信息,故原告主张被告侵犯其技术秘密的诉讼请求被驳回。在该案中,被告到原告仓库取过样品的行为,尚不足以达到使其获取被告技术信息的"接触"程度。

三、举证责任的转换

由于民事诉讼经常采取优势证据的原则,负有举证责任的一方当事人提供相应的证据达到优势时,应当认定其初步或者基本上完成了举证责任。对方当事人不提供反驳证据或者反驳证据不足以支持其反驳主张的,应当认定负举证责任的一方当事人完成了举证责任,可以按照其优势证据认定案件的事实。高度盖然性的证明标准亦然。负有举证责任的一方当事人的举证达到优势程度而由对方当事人提供反驳证据,就是所谓的举证责任转换,即提供证据的责任发生了转移,在没有反驳证据或者反驳证据不足以推翻负举证责任的当事人的举证时,就认定负举证责任的一方当事人完成了举证责任,法院按照其形成优势的举证认定事实。

举证责任的转换显然不同于举证责任倒置。举证责任倒置是一种与常规举证责任分配相对应的举证责任分配规则,不仅包括提供证据责任的转移,还包括败诉后果的承担的转移。举证责任转换并不改变举证责任的分配,只是在负有举证责任的一方当事人初步完成举证责任时,给对方当事人提供反驳证据的机会,在没有反驳证据或者反驳证据不足以形成优势时,按照已形成的证据优势认定案件事实。因此,举证责任的转换本质上仍然是根据优势证据认定案件事实的。

《2007年反不正当竞争司法解释》第14条规定了侵犯商业秘密案件的举证责任分

配,即原告主张他人侵犯商业秘密的,应当对这些事实负举证责任。只有当其举证达到了优势程度时,才可以根据被告未提供反驳证据或者反驳证据不足以推翻原告的证据优势,根据原告的举证认定案件事实。倘若原告仅是提出了主张,仅以被告未提供足够的反驳证据即认定事实就违反了《2007年反不正当竞争司法解释》第14条规定的举证责任分配规则。

例如,在一个侵犯商业秘密案件中,二审判决认定,"从东南公司在二审中的阐述及其在一审中提供的证据来看,其主张的商业秘密具有实用性,能为权利人带来经济利益,东南公司也采取了厂规厂纪及签订劳动合同等形式的保密措施,中兴公司、金某某、姚某某并无相应的证据可以证明东南公司主张的商业秘密的具体信息已为公众所知悉,因此东南公司主张的天然纤维工艺墙纸生产工艺流程基本具备商业秘密的要件,东南公司对于本案诉争的技术信息拥有商业秘密"[1]。根据该判决的表述,二审法院是在主张权利的一方当事人提供证据的前提下,考虑对方当事人的反驳证据情况,这种基本思路是符合证据规则的。

考虑到对方当事人的反驳证据必须以负举证责任的一方当事人对于待证事实的举证已达到优势的程度为基础,因此只有在基本上可以认定其待证事实时,才可结合对方当事人提供反驳证据的情况最终认定案件事实。

四、侵犯商业秘密行为的推定

(一)侵犯商业秘密行为推定的合理性

推定是指从已知的事实推断未知的事实。它可以区分为事实上的推定和法律上的推定。事实上的推定,是指根据已经确定的或者众所周知的事实,根据经验法则推论出有争执的待证事实;法律上的推定,则是按照法律的规定由已知的事实推断出未知的争议事实。事实上的推定并不免除当事人的举证责任,但法律上的推定可以免除当事人的举证责任。上述行政规章有关商业秘密侵权行为的推定就属于法律上的推定。

法律上的推定,是指法律所推想、推断或拟制的事实,在其未被反证推翻之前使其发生一定的法律效果。换言之,依照法律的规定,当某项法律规定的事实需要证明时,通常就该事实易于证明的前提事实获得证明后,如无相反的证据,就认为该事实已获得证明。在推定的结构中,推定其他事实的事实称为前提事实,被推定出来的事实称为推定事实。推定事实依赖前提事实的证明而获得证明。

法律之所以设定推定制度,是因为实践中客观存在这样一些事实,其事实真相不易明了,难以举证,或者由于这些事实的欠缺就使其他法律后果无从发生。对于这些事实,不能不顾及公平正义和举证负担的均衡,以法律推想、假定或拟制其内容,从而使法律的适用为之简化,并使享受推定利益的当事人无须对推定的事实举证。因此,推定的重要意义在于引起程序规范的变化,即法律上的推定免除了受其利益的当事人一方的举证责任,但法律一般又允许对方提出反证。法律上的推定由此带来了举证责任的倒置。

例如,在商业秘密侵权行为的推定中,"被申请人所使用的信息与自己的商业秘密具有一致性或者相同性",以及"被申请人有获取其商业秘密条件",是推定侵权行为的两个前提事实;"被申请人提供或者拒不提供其所使用的信息是合法获得或者使用的证据

---

[1] 浙江省高级人民法院民事判决书,(2005)浙民三终字第82号。

的",反过来讲是让被申请人对其取得或使用商业秘密的合法性进行举证,此即在程序上倒置给被申请人的举证责任;"根据有关证据认定被申请人有侵权行为"则是推定的事实。

首先,具有推定的基础。如前所述,由于商业秘密的特殊属性,证明被申请人实施侵权行为往往是非常困难的,申请人往往只能提供一些被申请人具有取得其商业秘密的条件之类的证据,而常常难以举出直接的、"有形"的侵权证据,如因此不能得到合理的法律救济,对于权利人将是不公平的。于是,设定推定制度就有了推定的法理基础。

其次,具有推定的合理性。尽管商业秘密不具有法律上的独占性和排他性,同一种商业秘密可以同时为多个权利主体所拥有,但是,多人拥有同样的商业秘密的情况毕竟是少数的例外的情况,在权利人证明涉嫌侵权人的商业秘密与其商业秘密具有相同性,以及涉嫌侵权人具有获取其商业秘密的条件的前提下,绝大多数情况下确实是涉嫌侵权人实施了侵权行为,也即这种推定与大多数事实情况是相符的,一般不会冤枉被涉嫌侵权人。因此,这种推定具有客观的现实基础。在这种情况下,将不侵权的举证责任转换给被告,也符合举证责任转换的要求。

最后,具有平衡涉嫌侵权人利益的办法。在此种情况下,涉嫌侵权人毕竟存在合法获取商业秘密的可能,如自行构思、善意受让和反向工程,因此,这种推定留给涉嫌侵权人提供反证的机会,即若涉嫌侵权人不能证明自己的商业秘密是合法取得的,才根据前提事实推定其实施了侵权行为。由此,在使权利人(原告)享受推定利益的同时,又为涉嫌侵权人(被告)提供了免责的机会,以免冤枉涉嫌侵权人。而且,只要商业秘密是涉嫌侵权人确实通过合法途径取得的,他就必然能举出反证,举不出反证就必然是没有合法根据。因此,通过举证责任转换的方式给涉嫌侵权人举出反证的机会,就使权利人与涉嫌侵权人的利益得到了平衡,既解决了事实的认定难题,又保护了当事人的合法权益。

(二)商业秘密保护中的推定运用

推定通常是以特定的前提事实推论另一不能直接证明的事实,且推理的基础和合理性在于具备前提事实的情况下,发生结论事实的可能性较大,同时又允许对方提供反证推翻推定结论。

侵犯商业秘密行为确实有难以举证的客观情形,适当的推定有利于加强商业秘密保护,但不能适用过度,否则会导致双方权益关系的失衡。

香兰素案二审判决在事实认定中较多地使用了推定。例如,在被诉侵权人使用涉案技术秘密范围的认定问题上,一审法院认为被诉侵权人获取的图纸涉及40个设备,明显少于权利人主张以及香兰素生产线所需的设备数量,在被诉侵权人尚未获取权利人生产线全部设备图纸的情况下,其全套复制权利人生产装置的客观条件并不充分,故本案不足以推定被诉侵权人使用了其获取的全部技术秘密。而二审法院却认为香兰素生产设备和工艺流程通常具有配套性,被诉侵权人已经实际建成香兰素项目生产线并进行规模化生产,故其必然具备制造香兰素产品的完整工艺流程和相应的装置设备。在本案中,被诉侵权人不仅未提交证据证明其对香兰素产品生产工艺流程和相应装置设备进行了研发和试验,对于其在非法获取了涉案技术图纸后短时间内即上线香兰素项目生产线并实际投产这一事实亦未提供合理解释,并且在法院要求其提交定制生产香兰素产品专用设备的图纸时,被诉侵权人始终声称除了公安机关查获的部分图纸外,其并未向相关设备生产方提供图纸。这明显不合常理,被诉侵权人存在举证妨碍及不诚信诉讼行为。因此,在一审法院认定被诉侵权人使用的涉案技术秘密包括 17 个设备的设计图和 5 张工艺流程图的基础上,二审法院根据现有证据进一步认定被诉侵权人从权利人处非法获取的涉案技术秘密,即 185 张设备图和 15 张工艺流程图均已被实际使用。

在权利人已经提供证据证明被诉侵权人非法获取了涉案技术秘密,且一审法院已认定被诉侵权人使用了部分涉案技术秘密的情况下,二审法院责令被诉侵权人提供其向相关设备生产方定制生产专用设备时所用的图纸,被诉侵权人没有正当理由拒不提供并作虚假陈述,故二审法院结合已知事实以及日常生活经验,作出了被诉侵权人同时使用了其他涉案技术秘密的合理推定。二审法院基于证据妨碍规则作出了对被诉侵权人不利的推定,准确认定了涉案技术秘密的侵权使用情况,充分保护了权利人的合法权益。

二审法院关于本案计算赔偿数额的论述也充分体现了举证妨碍制度的运用。本案中,因被告拒不提交相关的财务账册等获利证据,原告无法直接依据被告实际销售数据计算销售利润,故原告计算被告销售利润的方式为:被告生产/销售侵权产品的数量×原告同期产品销售价格×销售利润率。最高人民法院认为在被告侵权数据缺失的情况下,原告产品的相关销售价格及销售利润率可以作为参考,从而认可了原告的计算方式,并将该计算结果认定为被告的侵权获利确定赔偿。在商业秘密案件中,侵权人生产销售的是基于与权利人同一技术而成的同一产品,具有高度可替代性,其侵权产品单位价格、利润率等数据应与原告产品的利润率、销售价格等相对接近,故在被告拒不提供而无法查明被告确切数据的情况下,以原告产品相关数据计算被告获利具有合理性。

第二节 举证责任倒置新规的适用

一、《反不正当竞争法》第 32 条规定的由来

2019 年修订的《反不正当竞争法》第 32 条对于举证责任的规定,与当时正在进行的经贸谈判有关。

2020 年,中美政府签署的《中华人民共和国政府和美利坚合众国政府经济贸易协议》(以下简称《经济贸易协议》)第 1.5 条"民事程序中的举证责任转移"有如下明确规定:

"一、双方应规定,在侵犯商业秘密的民事司法程序中,如商业秘密权利人已提供包括间接证据在内的初步证据,合理指向被告方侵犯商业秘密,则举证责任或提供证据的责任(在各自法律体系下使用适当的用词)转移至被告方。

"二、中国应规定:(一)当商业秘密权利人提供以下证据,未侵犯商业秘密的举证责任或提供证据的责任(在各自法律体系下使用适当的用词)转移至被告方:1. 被告方曾有渠道或机会获取商业秘密的证据,且被告方使用的信息在实质上与该商业秘密相同;2. 商业秘密已被或存在遭被告方披露或使用的风险的证据;或 3. 商业秘密遭到被告方侵犯的其他证据;以及(二)在权利人提供初步证据,证明其已对其主张的商业秘密采取保密措施的情形下,举证责任或提供证据的责任(在各自法律体系下使用适当的用词)转移至被告方,以证明权利人确认的商业秘密为通常处理所涉信息范围内的人所普遍知道或容

易获得,因而不是商业秘密。"

2019年《反不正当竞争法》修正于上述政府间协议签订之前,但修订过程中正在进行的中美经贸谈判,2019年《反不正当竞争法》第32条举证责任规定显然与上述政府间协议第1.5条相一致。

2019年《反不正当竞争法》第32条第1款规定:"在侵犯商业秘密的民事审判程序中,商业秘密权利人提供初步证据,证明其已经对所主张的商业秘密采取保密措施,且合理表明商业秘密被侵犯,涉嫌侵权人应当证明权利人所主张的商业秘密不属于本法规定的商业秘密。"与该款规定相对应的是《经济贸易协议》第1.5条第2项中"(二)"的规定,即"在权利人提供初步证据,证明其已对其主张的商业秘密采取保密措施的情形下,举证责任或提供证据的责任(在各自法律体系下使用适当的用词)转移至被告方,以证明权利人确认的商业秘密为通常处理所涉信息范围内的人所普遍知道或容易获得,因而不是商业秘密"。

2019年《反不正当竞争法》第32条第2款规定,"商业秘密权利人提供初步证据合理表明商业秘密被侵犯,且提供以下证据之一的,涉嫌侵权人应当证明其不存在侵犯商业秘密的行为:(一)有证据表明涉嫌侵权人有渠道或者机会获取商业秘密,且其使用的信息与该商业秘密实质上相同;(二)有证据表明商业秘密已经被涉嫌侵权人披露、使用或者有被披露、使用的风险;(三)有其他证据表明商业秘密被涉嫌侵权人侵犯"。该款规定显然对应于《经济贸易协议》[1]第1.5条第2项中"(一)"的内容。

2019年《反不正当竞争法》第32条在很大程度上是回应中美经贸谈判要求的产物,是急就章和因应之举,在制度建构上明显缺乏常规立法中的具体博弈。美国在中美经贸关系涉及的知识产权保护中,经常以中国对其为权利方以及其权利保护不足的"受害者"心态自居,要求中国构建的制度侧重于权利人的视角,要求中国建立亲权利的相应制度,因而制度构建的基点可能有所倾斜,不一定完全中立、超脱和公允,所确立的标准可能有所缺失和失衡,可能有先天不足。至少就该法第32条的设计而言,其明显存在制度失衡的问题。正义是举证责任分配规则设计的根本目标和指针,平衡则是是否正义的表征和呈现。尽管古往今来人们对正义进行了广泛深入的探讨,但平等对待和各得其所是其核心含义。[2]理想的侵犯商业秘密举证责任分配制度,应该是中立、超脱和公允的设计,能够维护和实现双方当事人的利益平衡,使利益与风险相一致,并充分考虑举证的积极性、举证的能力以及各种相关情况,使各方各得其所、各就各位。换言之,这种制度对于权利的保护不应当先入为主,而应当将当事各方均置于平等、平衡和正义的解读之中,从而进

---

[1] 《经济贸易协议》,见财政部、发展改革委、农业农村部、商务部、人民银行:"关于发布中美第一阶段经贸协议的公告"(2020年1月16日发布)。
[2] 对正义的探讨大多从亚里士多德的主张开始。亚里士多德认为,同等情况同等对待、"不同情况"根据其不平等的比例区别对待就是正义。他还区分了矫正正义(矫正一方对另一方犯下的错误)和分配正义(试图根据每个人应得的程度给予其应得的一份)。罗马时代的《民法大全》将正义解释为,"给予每个人其应得之物的永恒不变的意志";法律规则被界定为"诚实地生活、不去伤害他人并给予每个人其应得之物"。这些表述包含了任何正义都具备的三个重要特征:(1)个体的重要性;(2)个人应当受到始终如一地无偏见对待;(3)个人应当受到平等对待。对正义的现代论述倾向于关注社会如何能够公平地分配社会生活的负担和利益。参见[英]雷蒙德·瓦克斯:《法哲学:价值与事实》,谭宇生译,译林出版社2013年版,第58~61页。

行权利义务均衡和正义的制度设计。[1]

一般而言,主张权利者对其权利的存在及其被侵犯应当负举证责任,在其举证达到相应的证明程度(如优势或者高度可能性等)时,举证责任转移给对方当事人。即便有举证责任倒置之类的特殊举证规则,也仅限于特殊情况,也即针对特殊情况而采取的公平处置。但是,在整个商业秘密保护领域,2019 年《反不正当竞争法》第 32 条却是一般性减轻权利人对其商业秘密是否存在以及侵权行为是否成立的举证责任,属于全方位地引入减轻权利人举证责任而加重被诉侵权人侵权风险的举证责任分配规则。值得研究的是,这种制度设计是否契合商业秘密保护的本质,能否切实实现权利人与被诉侵权人权利义务关系的平衡? 也就是说,这是否属于一种均衡的和正义的制度设计? 尤其是举证责任分配直接决定商业秘密保护的法律门槛、实际操作和保护力度,"商业秘密涉及经营者利益和公共利益两个方面,商业秘密的认定标准过低,可能限制自由竞争、阻碍技术发展;认定标准过高,又违背了保护经营者合法权益的立法本意",分配规则在很大程度上决定了相关利益的平衡。[2]因此,2019 年《反不正当竞争法》第 32 条在举证责任分配上属于重大的制度改变,更加突显了对商业秘密保护的政策性倾向,契合了当前严厉打击知识产权侵权、优化营商环境的大背景。但是,在实践中如何具体把握和适用,如何平衡各方当事人的利益,仍有待在案件审理过程中进行进一步的探索研究。[3]

2019 年修订的《反不正当竞争法》施行以后,有的判决仍认为,"商业秘密是通过权利人自己保护的方式而存在的法定权利,其法定性体现为两方面:一方面,商业秘密必须符合特定的法定条件,只有符合条件的技术信息和经营信息才可以成为商业秘密;另一方面,《反不正当竞争法》对商业秘密的保护不是通过赋予权利人排他的独占权方式实现的,而是以规制他人不正当行为的方式实现的,具体而言,商业秘密的保护是通过禁止他人采用不正当手段或者违反合同约定获取、披露、使用、允许他人使用其商业秘密的方式实现的。根据'谁主张,谁举证'的一般原则,在侵犯商业秘密民事案件中,请求商业秘密保护的原告除应就其主张的商业秘密符合法定条件进行举证外,还应就对方实施了法律禁止的不正当行为进行举证"[4]。

总之,完善商业秘密保护的证据规则是 2019 年《反不正当竞争法》修正的核心内容,并为此增加了第 32 条举证责任专条,由此足见举证规则在商业秘密保护中的突出地位。但是,该法第 32 条的规定比较模糊,且存在先天缺憾,因此通过恰当的阐释确保其准确适用非常重要。

二、美国和欧盟成员国的侵犯商业秘密举证责任

(一)美国侵犯商业秘密中的举证责任

美国的商业秘密诉讼具有两项基本内容,即商业秘密的存在及其被侵犯,也即具有商

---

[1] 参见王艳芳:《侵犯商业秘密举证责任的规范分析》,载《知识产权》2023 年第 7 期。
[2] 参见北京市高级人民法院知识产权庭课题组:《〈反不正当竞争法〉修改后商业秘密司法审判调研报告》,载《电子知识产权》2019 年第 11 期。
[3] 参见北京市高级人民法院知识产权庭课题组:《〈反不正当竞争法〉修改后商业秘密司法审判调研报告》,载《电子知识产权》2019 年第 11 期。
[4] 北京知识产权法院民事判决书,(2020)京 73 民初 1114 号。

业秘密及存在侵犯商业秘密的行为。原告对两者均负举证责任。[1]例如,依据美国《统一商业秘密法》和《保护商业秘密法》提起诉讼时,原告有如下提出主张和证明的责任(the burden of pleading and proving):(1)其拥有商业秘密(或者具有其他原告资格的原因);(2)其商业秘密被被告侵犯或者有被侵犯的危险;(3)其有权获得救济。[2]

  美国商业秘密诉讼中,原告必须(有义务)充分表明其主张权利的商业秘密的具体内容是什么(to identify its trade secrets with specificity),在大多数州,这些规则是由判例法和诉讼程序规则确立的。[3]加利福尼亚州更是如此。达到多大程度的充分性才可以构成商业秘密的充分表明(adequate identification),取决于商业秘密的性质、案件事实及案件的司法辖区。[4]要求充分表明的一个原因是防止原告将诉讼程序作为一种竞争策略,假借民事发现程序获取对方的商业秘密。此外,它还具有正当程序的目的,让被告知道被起诉的具体请求内容。同时,充分表明的义务还必须与保护商业秘密不因诉讼程序而被公开披露相平衡。因此,如何和何时进行披露是法院和当事人的一项重要考量。原告显然不想在诉讼请求中充分披露其主张权利的商业秘密,因而可能因为司法程序的公开性而放弃寻求司法保护。正当程序原则及联邦和州法院的诉讼规则一般要求原告必须提供充分的事实,使被告知道对其提出的诉求。实践中,原告提起诉讼时,必须以初步事实(prima facie)表明其商业秘密是什么。这就使商业秘密具有可能在诉讼程序中被暴露的明显风险。这也是为什么原告要审慎决定是否提起商业秘密侵权诉讼的重要原因,也正因如此,许多原告不愿意在案件早期表明其商业秘密,并努力争取拖延披露有关商业秘密信息的时间。原告的充分表明义务不仅是诉辩和证据的要求,还是一种实际需要。除非原告能够具体表明其商业秘密,否则无法认定其所主张保护的信息是否符合商业秘密三要件。对于商业秘密进行宽泛的或者模糊的信息类型主张及所谓的组合型商业秘密而言,充分表明义务对其权利人尤其具有挑战性。如果不能表明其商业秘密,原告就难以证明其主张的信息不为一般知悉和具有独立的经济价值。不能或者不愿表明商业秘密的具体内容,也表明原告未采取合理措施保护商业秘密。[5]

  例如,加利福尼亚州要求原告在发现程序之前必须将其商业秘密描述得有"足够的独特性"(sufficient particularity)。[6]美国联邦第九巡回上诉法院在判决中认为,"足够详细"的要求同样适用于依据《保护商业秘密法》提起的民事诉讼。[7]如在一个商业秘密案

---

[1] Peter K. Yu, *Intellectual Property and Information Wealth*: *Issues and Practices in the Digital Age*, Vol. 2, Patents and Secrets, PRAEGER, 2007, p. 402, 407.

[2] See Clorox Co. v. S. C. Johnson & Son, Inc. , 627 F. Supp. 2d 954, 968, E. D. Wis. 2009.

[3] See Elizabeth A. Rowe & Sharon K. Sandeen, *Trade Secrecy and International Transactions*, Edwar Elgar, 2015, p. 110.

[4] See Elizabeth A. Rowe & Sharon K. Sandeen, *Trade Secrecy and International Transactions*, Edwar Elgar, 2015, p. 110 – 111.

[5] See Elizabeth A. Rowe & Sharon K. Sandeen, *Trade Secrecy and International Transactions*, Edwar Elgar, 2015, p. 111.

[6] "I Spy a Trade Secret: Conducting Proper Trade Secret Asset Management Review to Avoid Sufficiency Failure in Litigation", April 05, 2023 | Mintz – Nicholas W. Armington, Michael T. Renaud, Jonathan J. Engler, 参见大岭IP团队:《美国最新商业秘密案件的教训:没有进行商业秘密管理,导致诉讼失败》,载微信公众号"大岭IP" 2023年4月11日。

[7] InteliClear, LLC v. ETC Global Holdings, Inc. , 978 F. 3d 653 (9th Cir. 2020).

件中，一家医疗诊断公司起诉其竞争对手及其软件产品主管。该软件产品主管是原告公司的前员工，原告公司指控其在离职时带走了外部硬盘，以硬盘内含数以万计的文件，其中有商业秘密信息。法官就原告公司请求初步禁令的听证中，批评原告公司对其主张商业秘密的描述太过模糊不清。[1]

根据美国联邦法院的判例，在依照《保护商业秘密法》提起的侵害商业秘密诉讼中，原告必须证明：（1）商业秘密的存在；（2）他人侵害了商业秘密；（3）商业秘密与用于或者打算用于与州际或者国外有关的商品或者服务相关。[2]原告必须证明"商业秘密的客体具有与交易中或者特定技术领域专业人员的一般知识区别开的足够独特性，并能够让被告至少确定商业秘密的边界"。[3]如果原告仅主张宽泛的种类或者结论性陈述，该诉讼请求即为未将商业秘密描述为具有"足够独特性"的情形。[4]在 Am. Biocarbon v. Keating 案[5]中，法院认定原告未能证明商业秘密具有独特性。该案中，原告主张的商业秘密包括 studies（研究）、know how、product development research（产品开发研究）、market research and strategies（市场研究和策略）、client research（客户研究）、plant designs（工厂设计）及 company financial information（公司财务信息）。法院认为原告主张的是模糊的和宽泛的种类，故驳回其请求。在 Dong Phuong Bakery, Inc. v. Gemini Soc'y, LLC 案[6]中，被告主张的商业秘密包括新的正在形成的市场的综合策略、社交媒体、产品设计和开发、推销、走向市场计划、电商平台、卖方关系、市场研发、命名和产品生命策略、焦点销售、销售努力和确定交叉机会的路线图以及其他秘密商业信息。法院认为被告主张的商业秘密是模糊宽泛的种类，无法让原告确定商业秘密的边界，因而被告未能证明商业秘密的独特性，故驳回其请求。

在 Betz. Inc. v. Moffitt - Johnston 案[7]中，法院指出，提起侵害商业秘密诉讼的原告，必须证明其存在商业秘密。Bureau Veritas Commodities & Trade, Inc. v. Cotecna Insp. SA 案[8]是依据《保护商业秘密法》和《得克萨斯州统一商业秘密法》而提起的侵犯商业秘密诉讼案件。根据《保护商业秘密法》和《得克萨斯州统一商业秘密法》，"商业秘密"包含所有形式或者类型的"商业、科学、技术、经济或者工程信息"，其需符合以下条件：（1）所有人采取合理措施进行保密；（2）因不为广泛知悉或者通过正当方式不容易获得而具有独

---

[1] "I Spy a Trade Secret: Conducting Proper Trade Secret Asset Management Review to Avoid Sufficiency Failure in Litigation", April 05, 2023 | Mintz - Nicholas W. Armington, Michael T. Renaud, Jonathan J. Engler, 参见大岭 IP 团队：《美国最新商业秘密案件的教训：没有进行商业秘密管理，导致诉讼失败》，载微信公众号"大岭 IP"2023 年 4 月 11 日。

[2] Complete Logistical Servs., LLC v. Rulh, 350 F. Supp. 512, 517 (E. D. La. Oct. 15, 2018) [citing 18 U. S. C. § 1836(b)(1)].

[3] Am. Biocarbon v. Keating, 2020 U. S. Dist. LEXIS 232752, at 10 (M. D. La. Dec. 10, 2020) [quoting Vendavo, Inc. v. Price f(x) AG, 2018 U. S. Dist. LEXIS 48637, at 4 (N. D. Cal. Mar. 23, 2018)].

[4] Bureau Veritas Commodities & Trade, Inc. v. Nanoo, 2021 U. S. Dist. LEXIS 99497, at 6 (Nov. 10, 2021).

[5] The Court found that the plaintiff failed to allege the existence of trade secrets with particularity. 2020 U. S. Dist. LEXIS 232752, at 10.

[6] 2022 U. S. Dist. LEXIS 54958 at 17 - 18 (E. D. La. Mar. 28, 2022).

[7] 885 F. 3d 318, 326 (5th Cir. 2018).

[8] 2022 U. S. Dist. LEXIS 57408, at *14 - 18 (S. D. Tex. Mar. 29, 2022).

立的经济价值。[1]是否属于商业秘密通常是一个事实问题。[2]该案的问题是原告提供的事实是否足以支持其商业秘密的存在。原告依据商业秘密保护法主张保护的商业秘密是"利润和亏损信息,财务信息,经营计划,战略性增长战略,销售信息,运作缺陷,营销策略,客户信息,定价,定价策略,销售规模,运营计划,雇员补偿,卖主和独立承包商信息,测试程序,证书,实验技术";依据《得克萨斯州统一商业秘密法》主张的商业秘密包括分支机构的财务信息等。被告认为原告主张的上述信息属于"模糊的和宽泛的"种类,应当要求原告认定"构成商业秘密的是哪些客户合同信息汇编,哪些成本和价格数据,哪些客户历史和偏好……什么样的试验设备清单,检测程序"。法院认为原告的主张在提出请求阶段已经满足举证要求。法院认为,"原告在公开的诉讼请求中必须公开其商业秘密的详细描述,而缺乏任何保护令的保护,将可能会损坏在第一阶段保护这些商业秘密的整体目的"。[3]因此,被告的主张不能支持。

根据 USA Power, LLC v. Pacifi Corp. 案[4]和 Bimbo Bakeries USA, Inc. v. Sycamore 案[5]的法院判决,依据犹他州法律为证成侵犯商业秘密请求,原告必须证明:(1)存在商业秘密;(2)依据明示的或者默示的限制披露协议,披露了商业秘密;(3)被告使用商业秘密侵害了原告。

Bimbo Bakeries USA, Inc. v. Sycamore 案[6]中涉及认定争议的信息集合是否构成商业秘密的问题。美国第十巡回上诉法院指出,信息集合是否构成商业秘密适用"一般知悉或者容易取得"标准。"原告主张信息集合构成商业秘密的,仅'指出宽泛的技术领域和这种东西应当是商业秘密和已被侵害'是不够的,还要做的更多。"[7]他必须界定商业秘密,使"事实认定者(能够)决定所主张的商业秘密信息是否因不为能够'从其披露中获得经济价值的那些人''一般知悉或者容易取得'而'具有独立经济价值'"。"原告承担证明存在商业秘密的负担,不存在对其有利的推定。"

Masimo Corp. v. True Wearables, Inc. 案[8]中涉及《加利福尼亚州统一商业秘密法》对于商业秘密界定的事实认定的问题。加利福尼亚州的法律规定,信息受商业秘密保护的适格性条件是:(1)该信息因不为公众或者可以从其披露或者使用中获取经济价值的其他人所一般知悉,而具有现实的或者潜在的独立经济价值;(2)根据信息的具体情形采取了保持秘密性的合理努力。被告认为,原告未能就涉案信息(TSS)是否为可以从其披露或者使用中获取经济价值的人所一般知悉而满足举证要求。在被告看来,原告提供的涉案信息 TSS 不为一般知悉的仅有证据是原告的一个雇员 Jesse Chen 的证言,该雇员陈述他"不知道任何出版物包含(TSS)的来源信息或者描述(TSS)的实施"。但是,除此之

---

[1] See 18 U. S. C. § 1839(3); Tex. Civ. Prac. & Rem. Code § 134A.002(6).
[2] GlobeRanger Corp. v. Software AG United States of Am., Inc., 836 F. 3d 477, 492 (5th Cir. 2016) [citing Wellogix, Inc. v. Accenture, L. L. P., 716 F. 3d 867, 874(5th Cir. 2013)].
[3] Digital Assurance Certification, LLC v. Pendolino, No. 6:17-CV-72-ORL-41TBS, 2017 WL 10084904, at *2(M. D. Fla. Sept. 27, 2017).
[4] 372 P. 3d 629, 648(Utah 2016) ("USA Power Ⅱ").
[5] 39 F. 4th 1250, 1259-1264(10th Cir. 2022).
[6] 39 F. 4th 1250, 1259-1264(10th Cir. 2022).
[7] USA Power Ⅰ, 235 p. 3d at 760.
[8] 2022 U. S. App. LEXIS 1923 at *12(Jan. 24, 2022).

外,原告还提供了其他证据,包括拉梅戈(Lamego)博士在原告工作期间曾经将 TSS 作为商业秘密加以保护,如 Lamego 给其他雇员的邮件中指出 TSS 是"从文献中不能获取,是一个商业秘密"。Lamego 在建立工作日志之后,将 TSS 记载为商业秘密。Lamego 向美国专利及商标局陈述过 TSS 是商业秘密。根据《加利福尼亚州统一商业秘密法》,所有人如何将信息作为商业秘密及侵害行为人如何对待该信息,是信息是否为一般知悉的关联证据。[1]

虽然原告举出了上述证据,但被告认为 TSS 为能够从其披露中获取价值的人们所一般知悉。特别是,被告指出 IEEE 会议论文中所披露的算法与 TSS 相当,该论文被引用达 1200 多次。除此之外,被告还提供了托马斯·戈尔茨坦(Thomas Goldstein)的专家证言,早在 20 世纪 60 年代早期,统计学教科书中即存在 TSS 的变体(variants),这种等同于 TSS 的算法等同物在原告主张的商业秘密出现之前"在统计学领域广泛知晓和广泛运用"。地区法院未能被 IEEE 出版物的证据说服。巡回法院认为,尽管出版物"并非不清晰",但出版物的存在并不意味着"其中记载的特定技术为能够从开发非介入性血液内容检测中获取经济价值的人们'一般知悉'""该文章至多只能作为确定 TSS 是否'容易取得'的基础"。地区法院只是认定有关 IEEE 出版物的证据不能决定性地表明 TSS 在能够从其披露中获取经济价值的人们所一般知悉,且承认其与认定是否容易取得有关。被告因为未能证明 Lamego 基于 IEEE 的出版物获取其知识,且与原告主张的商业秘密无关,而未能提出确定性的抗辩。巡回法院认为地区法院的认定并不存在法律错误。

被告援引该巡回法院以前的一些判例之后认为,"原告所主张的商业秘密在一个出版物中整体性展示,是为一般知悉的确定性证据"。巡回法院不支持被告的主张观点,认为此案与被告援引的判例不同。巡回法院认为,在 Ultimax Cement Manufacturing Corp. v. CTS Cement Manufacturing Corp. 案[2]中,"在专利中披露"的信息是符合《加利福尼亚州统一商业秘密法》规定的"为一般公众所知悉"。该案"水泥行业的相关公众"大概率知悉原告所主张的水泥中使用特定成分的商业秘密已在日本专利中披露。在 Convolve, Inc. v. Compaq Computer Corp. 案[3]中,巡回法院认为在两篇学术论文中披露的信息已为公众知悉而不构成商业秘密。该案原告研发一项用于计算机硬盘驱动的技术,该两篇学术论文向原告所属领域的其他人披露了原告主张的商业秘密。就 TSS 而言,被告提供的证据虽表明 TSS 在统计学领域被广泛知悉,但其却并无证据证明统计学原则特别适用于原告所述的领域或者相关领域。虽然在某些情况下,所主张的商业秘密的公布足以清楚地表明该信息为一般知悉,但是如果属于完全不同的领域,公开商业秘密的某种载体并不必然导致法院认定该信息不能再保持商业秘密的状态。

巡回法院认为,不需要精确地确定可以从 TSS 的披露中获取经济价值的人群的边界。在一个类似案件中,此类人群被描述为"经营上的竞争对手或者信息对其具有某种经济价值的其他人"。[4]"相关人群"是"潜在的竞争对手或者信息会对其具有某种经济价

---

[1] See Altavion, Inc. v. Konica Minolta Sys. Lab'y, Inc. , 226 Cal. App. 4th 26,63(Ct. App. 2014).

[2] 587 F. 3d 1339,1355 – 1356(Fed. Cir. 2009).

[3] CUTSA. No. 00 CIV. 5141,2011 WL 7144803, at *10 – 11(S. D. N. Y. Oct. 6,2011), aff'd in Relevant Part, 527 F. App'x 910,922(Fed. Cir. 2013).

[4] Syngenta Crop Prot. , Inc. v. Helliker, 138 Cal. App. 4th 1135,1172(Ct. App. 2006).

值的其他人"。[1]"在相关行业内为公众或者人群一般知悉的信息,不是商业秘密"。[2]根据"行业客户"确定信息是否为"行业内的广泛知悉"。[3]本案能够从TSS披露中获得经济价值的相关群体,完全可以广于研发非介入性血液内容探测器的群体。例如,TSS的公开披露针对相关领域内工作的人群,如一般的保健领域,以及其他领域。但是,地区法院未被要求确定TSS至少在统计行业为能够从中获得经济价值的人群所知悉,因而认定原告大概率成功地证明了TSS属于商业秘密。这种认定并无错误。

在商业秘密的"秘密性"认定中,如何提供"一般知悉"和"容易获得"的证据是商业秘密诉讼的一个特殊问题。原告对于商业秘密的存在有举证责任,即原告要举证证明其所主张的商业秘密属于"秘密",不为一般知悉或者容易获得。通常情况下,原告需要描述商业秘密如何形成以及提供商业秘密形成之前的技术状况的专家证言,证明其所主张的商业秘密不为一般知悉。[4]例如,对于其所主张的商业秘密是否为一般知悉,原告需提供如下证据:(1)他是使用所主张的秘密工艺的唯一的制造商;(2)其他竞争对手曾经尝试但未能将竞争产品推向市场;(3)所主张工艺的一些元素此前不为人知。[5]原告还可以提供其为保密所采取的措施的证据,特别是原告为保密所采取的安全措施,从而证明其商业秘密不为一般知悉。也就是说,此类保密措施的证据可以兼有证明秘密性的意义。当然,这种证据更多的是一种间接证据。证明所主张的商业秘密不容易获得,可以让一个本领域的熟练技术人进行测试,即通过寻找现有可得的相关资源,不能获得此类信息。或者提供复制所诉商业秘密需要付出的时间、努力和费用的证据,证明其不容易获得。[6]

秘密性(不为公众知悉或者不容易获得)不易于证明,其原因之一是,该要求由原告(假定的商业秘密所有人,the putative trade secret owner)负责举证证明所主张的商业秘密不属于一般知悉或者容易获得的信息。但实际上,经常由被告对于属于一般知悉或者容易取得的信息提供证据。[7]

实践中,一旦原告通过一些证据证明其所主张的商业秘密不为一般知悉或者容易获得,就需要被告提供反证。而且,证明商业秘密为一般知悉和容易获得的证据没有时间上的限制,商业秘密形成之前和之后的证据均无不可。商业秘密案件中,原告的一个重要策略是首先确定主张权利的商业秘密是什么,然后收集公开的知识和行业知识,确定是否在他处存在商业秘密信息,包括原告非保密的信息之中是否包含所主张权利的商业秘密信息。[8]

---

[1] DVD Copy Control Assn. ,Inc. v. Bunner, 116 Cal. App. 4th 241,251(Ct. App. 2004).
[2] All Am. Semiconductor, LLC v. APX Tech. Corp. , No. G046605, 2013 WL 4434345 (Cal. Ct. App. Aug. 14, 2013),as modified on denial of reh'g(Sept. 10,2013).
[3] Kittrich Corp. v. Chilewich Sultan,LLC, No. CV1210079,2013 WL 12131376, at *4(C. D. Cal. Feb. 20,2013).
[4] See Sharon K. Sandeen & Elizabeth A. Rowe, *Trade Secret Law in an Nutshell*, 2nd edition, West Academic Publishing, 2018, p. 79.
[5] Rohm and Haas Co. v. Adco Chem Co. ,689 F. 2d 424(3d Cir. 1982).
[6] See Sharon K. Sandeen & Elizabeth A. Rowe, *Trade Secret Law in an Nutshell*, 2nd edition, West Academic Publishing, 2018, p. 79 - 81.
[7] See Elizabeth A. Rowe & Sharon K. Sandeen, *Trade Secret Law:Cases and Materials*, 2nd edition, West Academic Publishing, 2017, p. 92.
[8] See Sharon K. Sandeen & Elizabeth A. Rowe, *Trade Secret Law in an Nutshell*, 2nd edition, West Academic Publishing, 2018, p. 81.

原告需要通过证据证明其采取了保密措施。[1]为满足这一要求，原告应当提供其经营中的一般保密措施及涉及所主张信息的特别保密措施。除此之外，原告还要考量如何和在哪里使用商业秘密，因为公司内部和外部所采取的保密措施并不相同。[2]

当然，在具体案件中，证据和事实的认定分析可能涉及各种具体的复杂的情况，不是简单的举证与反驳之类的交锋，往往还涉及一系列相关的论证。在此以 Pioneer HI – Bred Int'L v. Holden Foundation Seeds. , Inc. 案[3]的事实认定为例，展示证据和事实认定的过程。

该案是两个相互竞争的玉米种子繁殖者之间的商业秘密争议。地区法院认定被告 Holden 侵犯了原告 Pioneer 争议的特定种子的基因组合商业秘密，并对被告科以巨额赔偿。被告不服提起上诉，联邦巡回上诉法院维持原判。

玉米杂交种子销售是一个巨大的产业。原告是一家综合性玉米种子公司，它开展了一项繁殖项目，研发出了专利种子，并为零售市场生产杂交玉米种子。原告研发的种子优良，占有较大的零售市场份额，而这得益于其每年对于玉米种子研发的巨额研发投入。Holden 是一家纯原种公司，开发亲本种子系并向其客户销售，包括玉米种子公司，这些公司用以生产与 Pioneer 有竞争的杂交种子。两者之间有间接的竞争关系。

原告起诉被告利用侵犯其受商业秘密保护的 H3H 或者 H43SZZ 开发其 LH38 – 39 – 40 亲本种子系。被告认为，这些被诉种子系与原告所述的 H3H、H43SZ7 虽然有一些相同性，但其研发的 LH38 – 39 – 40 是基于其内部种子系 L120。地区法院认为原告主张的 H3H/H43SZ7 基因组合是原告受保护的商业秘密。地区法院基于专家证言以及被告未能提供其"L120 叙事"的充分的证据，认为原告主张的 H3H/H43SZ7 基因组合是原告受保护的商业秘密。虽然 LH38 – 39 – 40 与 H3H/H43SZ7 在有些方面有所不同，但前者是基于侵犯后者的材料而取得的。初审判决赔偿损失。被告不服提起上诉。

上诉法院认为案件的争点是被告是否侵犯原告的商业秘密。根据爱达荷州的法律，在商业秘密诉讼中，原告要想胜诉，一般需要证明三个要素：(1)存在商业秘密；(2)因保密关系而取得商业秘密；(3)未经授权使用秘密。本案被告在上诉时未质疑原告所述的本案基因信息构成商业秘密，而是认为其不承担侵权责任，理由是：被告未能对其基因信息保持秘密；未能证明被告实际拥有受保护的基因信息；未能证明被告通过不正当手段获得基因信息材料。地区法院对这些主张均已一一驳回。被告认为 H3H/H43SZ7 因原告未能保持其秘密性而不是商业秘密。地区法院认为 H3H/H43SZ7 的"组方"在原告及其独立承包商之外并无存在，原告采取了合理的措施保持了其秘密性。在培育过程中，原告与种植者约定禁止披露种子。种植基地不标注种子名称，所有种子袋均设置密码以防被识别出来。原告将雄性自交系移开，与其他玉米混在一起，防止他人获取种子。上诉法院认为，虽然有关原告保密措施的证据冲突之处，但有足够的证据支持初审法院对于采取了合理保密措施的认定。被告认为经营信息被"广泛扩散"，因为可以从种子粮仓获得，农民的种子袋的情况也被夸大了。尽管原告的员工托马斯·厄本(Thomas Urban)承认雄性

---

[1] See Gillis Associated Indus. , Inc. v. Cari – All , Inc , ,564 N. E. 2d 881 ,886(Ⅲ. App. Ct. 1990).

[2] See Sharon K. Sandeen & Elizabeth A. Rowe, *Trade Secret Law in an Nutshell*, 2nd edition, West Academic Publishing ,2018 , p. 103.

[3] United States Court of Appeals , Eighth Circuit ,1994. 35 F. 3d 1226.

玉米可以放进污染的种子袋,但他又讲"这是不可能的"。Thomas Urban 解释,"许多的员工都在观看玉米植株,那种情况发生的机会不是太大"。Thomas Urban 不知有此种情况发生的任何一个实例。而且,袋子和仓库中的种子是混合的,种植者没有办法轻易地从整体上混合的众多其他种子中识别出所需要的雄性种子。"困难越大,研发信息的时间和成本越大,'容易'获得的可能性也就越小。"与此相关的是,被告识别获取 H3H/H43SZ7 的可能手段不是其所声称的开发 LH38 – 39 – 40 的手段。许多法院业已认为,某人"能够"合法获得商业秘密,不是其并未实际使用正当手段获取信息的抗辩。这种证据不足以导致上诉法院认定地区法院关于采取必要措施保持秘密的认定错误。

被告还主张原告的商业秘密主张无效,因为其没有充分的证据证明被告拥有其所主张的商业秘密。被告认为这些测试均不能确定地证明亲缘关系。上诉法院认为有足够的证据能够认定被告的 LH38 – 39 – 40 来自原告的 H3H/H43SZ7。被告没有质疑专家证人的适格性,上诉法院审查其证言以后认为专家确认了此种来源关系的优势性。根据原告提供的专家证言,多种测试表明相比于前者未来源于后者,前者来源于后者的可能性更大。其中一个专家 Duvick 表明,被告独立研发 L120 的可能性接近万亿分之一。Sprague 认为接受被告的 L120 叙事"极度困难"。尽管专家的观点可能有多种原因导致的差异,但其证言能够使法院获得比"推测或者猜想"更多的东西。综合考量所有这些标准,足够证明被告拥有这些信息。

针对被告关于原告未能证明其所主张的商业秘密符合商业秘密诉讼的第二个要素,即"保密关系"的主张。尽管通常如此列举,但"保密关系"事实上不是商业秘密诉讼的前提条件。被告承认,合同的或者保密的关系不是进行商业秘密诉讼所要求的。地区法院认为且双方当事人同意,通过表明商业秘密以不正当手段获取,原告在缺乏这种关系上可能占优势。[《侵权法重述》(1939 年)第 757 条(a),关键的问题是被告是否通过不正当手段获取商业秘密]

并非非法的行为可以是不正当的。(Dupont v. Christopher 案,使用航空器观察未完全覆盖的但受保护的竞争者的建筑,被认为是不正当的)但是,原告并未证明不正当手段。为支持其请求,被告认为没有侵权行为或者不正当手段的证据,仅拥有商业秘密不能支持本案裁决。[《侵权法重述》(1939 年)第 757 条注释 a,"利用不正当手段获取商业秘密,而不仅仅是复制或者使用,才是责任的基础"]"(商业秘密法)并不针对通过独立发明、意外披露或者所谓的反向工程之类的公平和诚实手段进行的发现给予保护"[Kewanee Oil Co. v. Bicron Corp. ,416 U. S 470,94 S. Ct. 1879(1974).]在考虑被告的主张之后,地区法院认定"原告已经满足有关侵犯行为的举证责任"。尽管地区法院并未详细列举支持其认定被告采取了不正当手段的具体事实,但此种详细列举并无要求。

虽然原告并未提供直接证据证明被告是如何获取 H3H/H43SZ7 的,但是鉴于"工业间谍的直接证据罕有取得",其并未被要求。"不正当获取商业秘密可以通过间接证据进行认定。"而且,被告对于原告的商业秘密可能进行的改造并不阻却其责任。对竞争者受保护的商业秘密的轻微改变与直接的侵犯行为被同样对待。

案卷展示了被告试图获取原告基因材料的长期历史。被告公司的创始人 Roland Holden 一直试图获得原告的种子。如地区法院所说,"很清楚,多年以来,Roland Holden 千方百计寻找原告的更多东西和进行原告的种植"。这些努力包括寻找"友好农场"里的散落杂交植物,且庭审过程中 Roland Holden 也承认其获得了几个原告的杂交系。尽管法院认为"原告没有特别表明"这些努力恰恰是 L120 的来源,但被告的证言支持了这种猜测。根据被告不能充分解释其有错误的记录以及其对所有 L120 种子的未及时处理,也能推论其侵犯行为。根据有限的事实进行侵犯行为的推论,对于因具有异常的独特性而导致任何形式的复制均可能不正当的商业秘密而言,具有特别的合理性。换言之,如果原告能够表明被告通过正当手段获取商业秘密的可能性很小,那么在商业秘密诉讼中,这"就为证明其必须证明的事项"迈出了一大步。与竞争者被认定拥有一种类似于原告的"秘密"的制造方法、产品或者事实不同,本案中的被告涉及拥有来源为受保护商业秘密的产品。被告拥有来源于受保护商业秘密的产品的证据消除了被告独立研发的可能性,进一步支持了地区法院关于被告侵犯了源于原告的基因材料的认定。

地区法院在认定原告满足其对于侵犯行为或者不正当手段的举证责任之后又表明,由于原告"满足其举证要求,被告有义务证明 H3H/H43SZ7 系其合法取得",但被告对此未能在举证上满足要求。这是一种原告证明被告获取或者使用商业秘密之后的举证责任转移。虽然适用举证责任转移的分析的案件典型地涉及违反信任关系的情形,但是像本案这样被告积极寻求原告的秘密、舍弃高度相关性的信息、一直否认通过任何手段获取受保护的材料以及拥有可能来自原告的秘密的情形,适合适用这种举证责任转移。

基于以上讨论的证据,在审查全部案卷之后,上诉法院不能认定地区法院认定侵犯行为明显错误。

综上,"谁主张,谁举证"是美国侵犯商业秘密举证责任的常态。

(二)欧盟成员国侵犯商业秘密的举证责任

通常而言,在欧盟成员国,在侵犯商业秘密民事诉讼中,原告若要胜诉,必须提出如下证据:(1)存在受保护的商业秘密;(2)被侵犯的是同一商业秘密;(3)被告侵犯或者使用行为的非法性。根据侵权诉讼的不同情况,还可能有其他的要求。如果按照侵权行为提起诉讼,原告需要证明被告具有过错、其因侵权行为遭受的损害以及侵害行为与损害之间的因果关系。如果以不正当竞争提起诉讼,原告通常被要求证明侵权人与商业秘密所有人进行市场竞争的意图。如果基于违反合同而提起诉讼,原告必须非常明显地表明存在可诉的合同义务及其违反行为。[1]随着《欧盟商业秘密保护指令》的施行,欧美之间的商业秘密救济也逐渐更多地趋于一致。

三、举证责任的一般性设定

2019 年《关于〈《中华人民共和国建筑法》等 8 部法律的修正案(草案)〉的说明》指出,此次修订增加的第 32 条是"对侵犯商业秘密的民事审判程序中举证责任的转移作了规定"。值得研究的是,此种举证责任转移是行为意义上的转移还是结果意义上的转移?

民事诉讼中的举证责任即证明责任,是当事人对自己提出的主张有提供证据进行证明的责任,包括行为意义上的举证责任和结果意义上的举证责任两层含义。行为意义上的举证责任又称为主观上的举证责任,是当事人为避免败诉风险而向法院提出证据证明其主张的一种行为责任;结果意义上的举证责任又称客观上的证明责任,是当待证事实的

---

[1] See Study on Trade Secrets and Confidential Business Information in the Internal Market (Final Study), April 2013, prepared by the European Commission, p. 5.

存在与否不能确定、真伪不明时,对不利后果进行负担的责任和风险。行为意义上的举证责任是一种动态的举证责任,随着双方当事人证据证明力的强弱变化以及法官对待证事实的心证程度的变化而在当事人之间发生转移。结果意义上的举证责任是一种不能转移的举证责任,属于待证事实真伪不明时法官如何裁判的问题,只有在待证事实真伪不明时,才能发挥作用。最高人民法院《关于适用〈中华人民共和国民事诉讼法〉的解释》未使用举证责任或者证明责任的概念,而使用举证证明责任的表述,实际上同时涵盖了两种意义上的举证责任。[1] 举证责任通常是分配给一方当事人的,而且如果对于特定待证事实的举证责任为单方责任,即法律规范预先设定由哪一方当事人承担举证责任,则在诉讼中不存在对该举证责任在不同当事人之间转移的问题。同样,举证责任的不利后果也只能由一方承担,无法由双方分担或共担。但是,不负有举证责任的当事人可以对相关案件事实提供证据进行反驳。最高人民法院《关于适用〈中华人民共和国民事诉讼法〉的解释》第108条第2款规定:"对一方当事人为反驳负有举证证明责任的当事人所主张事实而提供的证据,人民法院经审查并结合相关事实,认为待证事实真伪不明的,应当认定该事实不存在。"据此,不负有举证责任的当事人为反驳而提供证据,可以起到证明防御的作用,使负有举证责任的当事人所举证据的证明力下降,也即不负有举证责任的当事人可以提供相应证据进行反驳,使该事实处于确定状态。

从其措辞和法律后果来看,2019年《反不正当竞争法》第32条规定的不是单方而是双方举证责任,即对权利人和涉嫌侵权人各分配了举证责任,且通过特定条件下的举证责任转移,实现这种双方举证责任的分配。首先,权利人承担初步证据证明和合理表明的举证责任,即如果不能提供初步证据证明和合理表明,则由权利人承担败诉风险。也就是说,此种举证责任虽然证明标准较低,但不仅仅是行为责任。其次,符合初步证明和合理表明的条件时,不存在商业秘密(第32条第1款)和不侵权(第32条第2款)的举证责任被转移给涉嫌侵权人。涉嫌侵权人承担的不是反驳责任,而是在举证不能时的败诉风险。此种双方举证责任的架构使举证责任转移成为可能。

侵犯商业秘密的事实证明涉及两个基本环节,即商业秘密是否存在以及侵权行为是否发生。《反不正当竞争法》第32条第1、2款是分别针对商业秘密及侵权行为的证明,即第1款旨在解决商业秘密的证明问题;第2款旨在解决侵权行为的证明问题。这说明第32条旨在全面解决侵犯商业秘密的举证责任,而不是针对特殊情形的举证责任处置。[2] 如江苏省高级人民法院所解读的,根据《反不正当竞争法》第32条的规定,在原告提供初步证据,证明其已经对所主张的商业秘密采取保密措施,被告侵权可能性较大的情况下,

---

[1] 最高人民法院《关于适用〈中华人民共和国民事诉讼法〉的解释》(2022年修正)第90条规定:"当事人对自己提出的诉讼请求所依据的事实或者反驳对方诉讼请求所依据的事实,应当提供证据加以证明,但法律另有规定的除外。在作出判决前,当事人未能提供证据或者证据不足以证明其事实主张的,由负有举证证明责任的当事人承担不利的后果。"

[2] "侵犯商业秘密民事纠纷案件一般遵循逐段审理的思路:第一步:在原告明确其主张的商业秘密内容的前提下,审查和认定原告是否有权就该内容主张权利、该内容是否符合商业秘密构成要件,以及被告的抗辩理由;第二步:在商业秘密成立且原告有权主张权利的前提下,审查和认定侵权是否成立,以及被告不侵权的抗辩理由;第三步:在被告侵权成立的情况下,审查和认定被告应当承担的民事责任。"《江苏省高级人民法院侵犯商业秘密民事纠纷案件审理指南(修订版)》(2020年12月29日江苏省高级人民法院审判委员会第36次全体会议讨论通过)。

应当由被告举证证明原告主张的信息不构成商业秘密、被告不存在侵犯商业秘密的行为。在审理过程中,应当综合案件事实,合理确定原告提供初步证据的证明标准,降低原告的举证难度,及时运用举证责任转移,解决原告维权难、审理难、周期长等问题。同时,如果根据原告提供的现有证据,侵权明显不成立的,也可以直接驳回原告的诉讼请求,无须按照上述一般思路审理。[1]

例如,在四十五所与顾某洋、古某、众硅公司侵害技术秘密纠纷案[2]中,四十五所向一审法院起诉,请求判令顾某洋、古某、众硅公司立即停止侵害四十五所商业秘密的行为、连带赔偿因侵害商业秘密而给四十五所造成的经济损失等。事实与理由是,四十五所创立于1958年,是国内专门从事集成电路关键装备研发及产业化的国家重点科研生产单位。四十五所作为项目责任单位参与了国家科技重大专项"极大规模集成电路制造装备及成套工艺"(国家02科技重大专项)的子项目"28-14nm抛光设备及工艺、配套材料产业化",是国内极少能自主研发并制造化学机械抛光(CMP)设备的专业供应商。由于CMP设备技术的门槛较高,在很长一段时间内国内CMP设备应用处于空白状态。顾某洋、古某均曾在四十五所工作,分别担任CMP事业部总经理和CMP设备事业部质量管理经理。2018年1月和4月,顾某洋、古某先后从四十五所离职,后进入众硅公司工作。众硅公司于2018年5月23日在杭州成立,顾某洋系该公司实际控制人。根据顾某洋在接受媒体采访时所述及众硅公司的相关宣传材料,一般的CMP设备从研发期到产业化需要三年时间,而众硅公司却在成立后7个月内便完成了首台8寸TENMS® 200CMP设备的组装,并在成立后9个月就拿到了订单,中标4台CMP设备。众硅公司在其网站上宣称其是一家高端化学机械平坦化抛光设备公司,为半导体行业及其他高科技领域提供先进技术和高效服务,众硅公司目前已经大规模制造并对外销售了CMP设备。众硅公司在获取顾某洋、古某掌握的涉案技术秘密后,相继委托古贺公司及其他零部件加工商按照其非法获取的涉案技术秘密代工生产CMP设备的关键零部件,并由众硅公司负责CMP设备最终的组装。2019年年初,四十五所收到与其长期合作的零部件供应商古贺公司提供的若干零部件(用于CMP设备)及内附的RCRinse图纸。经过对比分析,众硅公司交给古贺公司的RCRinse图纸中所涉及的技术信息与四十五所此前提供给古贺公司的零部件图纸中的相应技术信息基本一致。众硅公司通过非法手段获取和使用四十五所的涉案技术信息,极大地节省了研发成本、缩短了研发周期,使众硅公司在CMP设备市场快速取得了竞争优势,众硅公司也因此获得了巨大的非法利益,同时顾某洋、古某、众硅公司的行为也扰乱了正常的市场经济秩序,给四十五所造成了巨大的经济损失。

一审法院审理查明:四十五所提交的民事起诉状中载明的案由虽为侵害技术秘密纠纷,但并没有明确界定其在本案中主张的技术秘密的具体内容和范围,也未提交相应的技术信息文档。顾某洋、古某、众硅公司答辩认为四十五所没有明确技术信息和技术秘点,诉讼请求不明,无法进行答辩。2021年6月10日,一审法院组织第一次庭前会议。四十五所提交了秘密点。2021年9月26日,一审法院组织第二次庭前会议。四十五所当庭明

---

[1]《江苏省高级人民法院侵犯商业秘密民事纠纷案件审理指南(修订版)》(2020年12月29日江苏省高级人民法院审判委员会第36次全体会议讨论通过)。
[2] 参见最高人民法院民事裁定书,(2021)最高法知民终2526号。

确其在本案侵害技术秘密纠纷中所主张的技术信息包括三个部分:第一个部分是已经提交的涉及硬件结构的相关技术信息,包括一些图纸及相应的附件,即《对于相关秘密点说明》中涉及的内容;第二个部分是涉案设备相关的计算机软件的技术信息,即《软件秘点说明》中的内容;第三个部分是证据保全申请中提及的被诉侵权产品的相关技术资料。2021年9月30日,四十五所向一审法院提交新的图纸,表示这些图纸为其技术信息。一审法院释明,图纸仅是技术信息的载体,要求四十五所对其主张的技术信息进行阐述。2021年10月5日,四十五所提交了部分图纸,没有提交这些图纸所涉及的技术信息内容。2021年10月12日、13日,一审法院组织第三次庭前会议,四十五所没有提交部分图纸所涉及的技术信息内容。

一审法院认为,审理侵害技术秘密案件,应当首先界定原告所主张权利的边界和范围,故应当先由原告明确其主张的技术信息具体内容。只有在确定其技术信息的具体内容后,才能继续审查和认定该技术信息是否符合法律保护的技术秘密的构成要件,继而审查和认定被告是否实施了侵权行为及侵权成立的责任认定等。法院要求当事人将其请求保护的技术信息具体化,还具有在程序上给予对方当事人进行针对性答辩和举证便利的价值。四十五所要求保护其技术秘密,应当先由四十五所明确其主张的技术秘密的具体内容和范围。然而,四十五所分多次提交多份图纸,主张图纸内容全部是其技术秘密,并且在诉讼中坚持主张以众硅公司的图纸作比对以展现四十五所的技术信息。四十五所主张图纸构成技术秘密的,应当具体指出图纸的哪些内容、技术环节、步骤、数据等构成技术秘密,应当明确该技术秘密的具体构成、具体理由等,并将其与公众所知悉的信息予以区分和说明。图纸仅是固定技术信息的载体,仅凭图纸并不能确定四十五所主张技术秘密的具体内容和范围。故在四十五所主张的技术秘密内容无法确定的情况下,无法确定四十五所诉求的保护范围,一审法院无法就四十五所主张的技术信息是否构成技术秘密进行审理。此外,一审法院多次向四十五所释明并组织庭前会议要求四十五所明确其请求保护技术信息的具体内容,但四十五所始终未予全部明确,也不同意对已明确的部分先行审理。综上,一审法院认为四十五所未明确其所主张权利的客观内容,其起诉不符合法定条件,对其起诉予以驳回。

一审判决后,四十五所不服,向最高人民法院提起上诉。最高人民法院审理后认为,商业秘密具有秘密性、价值性和保密性三个特征。"不为公众所知悉"即秘密性,一般是指特定信息未在本行业内众所周知,而不是指绝对无人知悉。在证明责任上,"不为公众所知悉"虽是权利人即案件原告需要证明的内容,但不宜对权利人施以过重的证明负担。技术秘密与专利虽同为知识产权,但技术秘密保护与专利权保护并不相同,技术秘密要获得法律保护,并无新颖性、创造性等要求,只要其符合法定的秘密性、价值性、保密性即可。即便技术秘密中的部分信息已经存在于公共领域,但只要该技术信息组合整体上符合法律要求,仍可以按照技术秘密予以保护。即便图纸的部分技术信息已经存在于公共领域,如果信息持有人对公开信息进行了整理、改进、加工以及组合、汇编而产生新信息,他人不经一定努力无法轻易获得,该新信息经采取保密措施同样可以成为技术秘密而受到法律保护。

商业秘密权利人起诉他人侵犯其技术秘密的,应当对其所称技术秘密符合法定条件及被诉侵权人采取不正当手段等事实负初步举证责任。商业秘密权利人在完成该特定初步举证责任后,有关技术秘密的秘密性、侵权行为等事实的举证责任转由被诉侵权人承担。因此,不宜要求商业秘密权利人对其所主张的技术秘密与公知信息的区别作过于严苛的证明。权利人提供了证明技术信息秘密性的初步证据,或对其主张的技术秘密之"不为公众所知悉"作出合理的解释或说明,即可初步认定秘密性成立。权利人初步举证后,即由被诉侵权人承担所涉技术秘密属于公知信息的举证责任,其亦可主张将公知信息从权利人主张范围中剔除,从而在当事人的诉辩对抗中完成涉案技术秘密信息的事实认定。

权利人应当在一审法庭辩论结束前明确其所主张的商业秘密具体内容。本案中的四十五所主张,其技术秘密(除软件相关的以外)以图纸为载体,根据图纸可进行 CMP 设备的生产,图纸所记载的技术信息具有实用性,亦能为四十五所带来经济利益;图纸所载技术信息需要通过计算、试制才能完成,不是简单的汇编,他人不经过努力不能形成;图纸并未公开,无法从公开渠道获取图纸。权利人主张图纸记载的技术信息构成技术秘密的,其既可以主张图纸记载的全部技术信息的集合属于技术秘密,又可以主张图纸记载的某个或某些技术信息属于技术秘密。图纸是技术秘密的载体,依据图纸可以确定其主张的技术秘密的内容和范围,因此本案中四十五所主张保护的技术秘密内容是明确的,其起诉有具体的诉讼请求,一审法院应当审查其主张的技术信息是否具备秘密性、价值性、保密性,并进一步审查对方当事人是否采取不正当手段予以获取、披露、使用等。一审裁定以四十五所主张的技术秘密内容无法确定,无法确定四十五所诉求的保护范围,无法就四十五所主张的技术信息是否构成技术秘密进行审理为由,裁定驳回起诉,系适用法律错误。

综上,四十五所的上诉请求成立,最高人民法院裁定指令一审法院继续审理。

本案的焦点是原、被告之间举证责任的分配问题。首先是原告举证责任的范围和程度。根据《反不正当竞争法》第 32 条第 1 款的规定,原告对于其商业秘密的存在仅负有提供初步证据和合理表明的责任,至于原告所主张的商业秘密是否符合"不为公众所知悉"等实体要件,则由被告提供反证加以证明。本案一审判决将本应由被告承担反证的举证责任转由原告承担,并以原告举证不能驳回起诉,显然误读了举证责任分配规则。当然,不论哪一方是否尽到举证责任,均属于诉讼请求能否在实体上得到支持的问题,而不属于有无程序意义上的诉权的问题,一审法院以裁定方式驳回起诉,显然误读了程序意义上的诉权与实体意义上的诉权。

四、《反不正当竞争法》第 32 条第 1 款的适用

(一)《反不正当竞争法》第 32 条第 1 款的举证责任分配结构

《反不正当竞争法》第 32 条第 1 款将权利人的举证责任规定为,"商业秘密权利人提供初步证据,证明其已经对所主张的商业秘密采取保密措施,且合理表明商业秘密被侵犯"。权利人完成举证责任之后,"涉嫌侵权人应当证明权利人所主张的商业秘密不属于本法规定的商业秘密",这是将是否构成商业秘密的举证责任转移给涉嫌侵权人。就权利人的举证责任而言,首先是提供初步证据证明"其已经对所主张的商业秘密采取保密措施",同时要"合理表明商业秘密被侵犯",即不需要初步证据证明,只要合理地说明或者显示其商业秘密被侵犯即可。而且,该款归结为"涉嫌侵权人应当证明权利人所主张的商业秘密不属于本法规定的商业秘密",这说明其所解决的是权利人主张的商业秘密是否属于商业秘密的问题,而不仅仅是解决是否具有秘密性的问题。

例如，在四十五所与顾某洋、古某、众硅公司侵害技术秘密纠纷案[1]中，根据本案二审判决，商业秘密权利人起诉他人侵犯其技术秘密的，应当对其所称技术秘密符合法定条件及被诉侵权人采取不正当手段等事实负初步举证责任。商业秘密权利人在完成该特定初步举证责任后，有关技术秘密的秘密性、侵权行为等事实的举证责任转由被诉侵权人承担。因此，不宜要求商业秘密权利人对其所主张的技术秘密与公知信息的区别作过于严苛的证明。权利人提供了证明技术信息秘密性的初步证据，或对其主张的技术秘密之"不为公众所知悉"作出合理的解释或说明，即可初步认定秘密性成立。权利人初步举证后，即由被诉侵权人承担所涉技术秘密属于公知信息的举证责任，其亦可主张将公知信息从权利人主张范围中剔除，从而在当事人的诉辩对抗中完成涉案技术秘密信息事实的认定。

至少从字面规定来看，《反不正当竞争法》第32条第1款只是要求权利人对所主张的商业秘密采取保密措施提供初步证据，以及"合理表明商业秘密被侵犯"，并不要求对于商业秘密的其他要件提供初步证据，而四十五所与顾某洋、古某、众硅公司侵害技术秘密纠纷案的二审判决则扩张了这种要求，认为商业秘密权利人起诉他人侵犯其技术秘密的，应当对其所称技术秘密符合法定条件及被诉侵权人采取不正当手段等事实负初步举证责任。

例如，在济南思克测试技术有限公司、济南兰光机电技术有限公司案[2]中，最高人民法院二审认为，本案焦点问题为思克公司对其主张保护的涉案技术秘密是否采取了"相应保密措施"。为此，应明确"相应保密措施"与思克公司关于兰光公司侵害其技术秘密的主张能否成立的关联性，这一关联性应从实体上法律要件与程序上举证责任两个方面予以关注。第一，从法律要件来看，"相应保密措施"构成思克公司主张保护的技术秘密能否成立的法律要件之一。根据《反不正当竞争法》第9条第4款的规定，"相应保密措施"与"不为公众所知悉"以及"具有商业价值"共同构成商业秘密成立的法律要件。第二，从举证责任来看，"相应保密措施"是在侵害商业秘密民事案件中判断举证责任转移的法定要件之一。一般情况下，权利人在民事侵权案件中应当对其主张保护的权利真实存在、合法有效承担举证责任，故最高人民法院《关于审理不正当竞争民事案件应用法律若干问题的解释》第14条规定："当事人指称他人侵犯其商业秘密的，应当对其拥有的商业秘密符合法定条件、对方当事人的信息与其商业秘密相同或者实质相同以及对方当事人采取不正当手段的事实负举证责任。其中，商业秘密符合法定条件的证据，包括商业秘密的载体、具体内容、商业价值和对该项商业秘密所采取的具体保密措施等。"但是，由于商业秘密具有保护客体不为公众所知悉的秘密属性，其天然地不具备"可对抗不特定第三人的绝对权应予公示"的法律属性，加之"不为公众所知悉"这一事实为消极事实，商业秘密权利人难以证明，为了适当减轻商业秘密权利人的举证责任，《反不正当竞争法》修改了上述举证责任分配的一般原则，其第32条第1款作出特别规定，"在侵犯商业秘密的民事审判程序中，商业秘密权利人提供初步证据，证明其已经对所主张的商业秘密采取保密措施，且合理表明商业秘密被侵犯，涉嫌侵权人应当证明权利人所主张的商业秘密不属于本法规定的商业秘密"。根据这一规定，在侵害商业秘密民事案件中，商业秘密权利人应当首

---

[1] 参见最高人民法院民事裁定书，(2021)最高法知民终2526号。
[2] 参见最高人民法院民事判决书，(2020)最高法知民终538号。

先提供初步证据证明其对主张保护的商业秘密采取了"相应保密措施",以及被诉侵权人存在"侵犯行为"。在此基础上,商业秘密权利人无须举证证明其主张保护的商业秘密"不为公众所知悉",而转由被诉侵权人举证证明权利人主张保护的商业秘密不具备"不为公众所知悉"这一要件,进而不属于《反不正当竞争法》规定的商业秘密。

具体到本案,关于思克公司对其主张保护的涉案技术秘密是否采取了符合《反不正当竞争法》规定的"相应保密措施"的问题。根据思克公司主张保护的涉案技术秘密及其载体的性质,综合审查本案现有证据,应认定思克公司未采取符合《反不正当竞争法》规定的"相应保密措施",思克公司主张保护的涉案技术秘密因缺乏"相应保密措施"而不能成立。

此外,应当指出的是,根据《反不正当竞争法》第32条第1款的规定,在侵犯商业秘密的民事审判程序中,商业秘密权利人除了应提供初步证据证明其对主张保护的商业秘密采取了"相应保密措施"外,还应当提供初步证据证明被诉侵权人存在"侵犯行为"。本案中,思克公司诉称,兰光公司利用另案诉讼的证据保全措施拆解了思克公司的GTR-7001气体透过率测试仪,从而非法获取了思克公司的技术秘密。对此,最高人民法院认为,兰光公司在另案诉讼中诉称思克公司制造的GTR-7001气体透过率测试仪侵害了兰光公司的专利权,因而申请人民法院进行证据保全,该申请行为具有合法性;证据保全过程中,因侵权比对涉及产品内部结构,故在人民法院主持下对位于罗欣公司处的GTR-7001气体透过率测试仪进行拆解并拍照、录像,亦未超出证据保全的目的与范围,具有合法性;同时,本案现有证据亦不能证明,在证据保全过程中,罗欣公司提出了被保全的产品涉及兰光公司的技术秘密、证据保全应采取限制取证方式、限定知悉范围等保密措施的主张,故在另案诉讼中的证据保全行为具有合法性,并无不当。因此,根据本案现有证据,亦不能认定兰光公司对思克公司主张保护的技术秘密存在"侵犯行为"。

卡波技术秘密案[1]同时适用2019年《反不正当竞争法》和《2007年反不正当竞争司法解释》。一审判决[2]认为,根据《2007年反不正当竞争司法解释》的规定,权利人对于商业秘密的三个构成要件即秘密性、价值性和保密性负举证责任,即"解释(指《2007年反不正当竞争司法解释》——引注)不仅明确了权利人对三要件逐一举证的义务,还明确了具体的举证要求"。但是,"根据反不正当竞争法第三十二条第一款,在侵犯商业秘密的民事审判程序中,商业秘密权利人提供初步证据,证明其已经对所主张的商业秘密采取保密措施,且合理表明商业秘密被侵犯,涉嫌侵权人应当证明权利人所主张的商业秘密不属于本法规定的商业秘密。该条款与解释上述规定相比有三个变化:首先,该条款虽坚持了权利人对三要件的举证义务,但并未要求必须逐一举证。根据该条,权利人可就三要件一并举证。其次,该条款并未要求权利人的举证必须达到足以证明的程度,而仅要求初步证据、合理表明。最后,该条款规定了举证义务的转移。根据该条款,在权利人提供初步证据、合理表明的情况下,举证义务转移至涉嫌侵权人。由此可见,相比于在先施行的解释相关条款,反不正当竞争法第三十二条第一款明显降低了权利人对技术秘密三要件的举证要求"。该案一审判决认为,《反不正当竞争法》第32条第1款仍坚持权利人对商业秘

---

[1] 参见最高人民法院民事判决书,(2019)最高法知民终562号。
[2] 参见广州知识产权法院民事判决书,(2017)粤73民初2163号。

密三要件负举证义务,只是并未要求必须逐一举证,而可就三要件一并举证。但是,这种解读显然并没有《反不正当竞争法》第32条第1款法条文义的支撑,即法条文义只是要求权利人对保密措施提供初步证据,并合理表明商业秘密被侵犯,其中保密措施仅是商业秘密的构成要件之一,而商业秘密被侵犯不属于商业秘密的构成要件范畴。而且,卡波技术秘密案一审判决事实上也未先严格按照原告提供保密措施的初步证据和合理表明商业秘密被侵犯,再转由被告对于商业秘密不存在进行举证的步骤,认定商业秘密的存在,而是基于原告提供的保密措施证据和另案刑事判决的鉴定结论对于秘密性的认定,认定原告的举证成立和被告的反驳不成立,未再将"合理表明"单独作为前提之一进行考量。二审判决直接结合案件证据对于商业秘密的存在进行认定,亦未清晰地阐释和适用原告的"提供初步证据"和"合理表明"以及被告证明商业秘密不存在的两个步骤。这同样与本案原告提供的证据远超初步证据的程度,以及另有生效刑事判决已认定相关事实有关。

该案一审判决认为:关于广州天赐公司、九江天赐公司卡波工艺、流程、设备的技术信息是否符合三要件的问题。其为证明已对所主张的技术秘密采取保密措施,且合理表明商业秘密被侵犯,提交了《劳动合同》、《商业保密、竞业限制协议》、《专项培训协议》、《员工手册》和《技术信息安全管理制度》等证据。这些证据中都有员工必须保守公司商业秘密的内容。其中,《劳动合同》和《员工手册》明确约定员工必须保守公司商业秘密;保密协议明确约定员工即便离职也要保守秘密;管理制度明确规定了技术信息保密的基本原则和分级管理。显然,这些证据可以初步证明其采取了保密措施。关于华某主张未签订2010~2013年劳动合同,故广州天赐公司2012年管理制度的保密规定对其不适用的问题。根据《专项培训协议》,华某的培训服务期直至2014年8月31日为止,如培训服务期长于劳动合同服务期,则劳动服务期以培训服务期为准。故即便广州天赐公司未提交2010~2013年劳动合同原件,甚至双方从未签订该合同,现有证据也足以证明双方劳动合同关系约定至2014年8月31日为止。故广州天赐公司管理制度的保密规定应适用于华某。而且,华某的保密义务并非仅见于劳动合同,其他证据也均有具体提及,所以也无对该劳动合同真伪进行鉴定的必要性。关于朱某良主张竞业限制期为两年,其离职三年后才入职安徽纽曼公司,已没有保密义务的问题。原审法院认为,竞业限制义务和保密义务的内容并不相同,不能混为一谈。根据《劳动合同法》第23条、第24条的规定,前者是员工离职后不得从事与原单位具有竞争关系的业务,期限不超过两年;后者是指员工应当保守公司的商业秘密,期限依约定,可以约定至秘密公开时止。根据保密协议,朱某良离职后也须保守公司秘密,保密时间按成果完成时间开始计算,5年后双方根据实际商定或直接解除保密协议。但现有证据不能证明该保密协议已经解除,故朱某良的主张依据不足,原审法院不予采纳。关于安徽纽曼公司主张广州天赐公司管理制度和《员工手册》规定过于笼统,未能指明具体保密内容的问题。原审法院认为保密性证据的证明力应综合判断。无论是劳动合同还是保密协议,都对何为商业秘密作了约定。保密协议还明确工艺流程、技术指标、图纸和操作手册是保密义务内容。显然,卡波工艺、流程、设备的技术信息属于约定的保密义务内容。

广州天赐公司、九江天赐公司还提交了京洲科技司鉴中心[2017]号知鉴字第045号司法鉴定书(以下简称第45号鉴定意见)以及关联刑事案件生效判决书。根据第45号鉴定意见,卡波工艺、流程、设备的技术信息具有秘密性。生效刑事判决采纳了该鉴定意见。

根据最高人民法院《关于适用〈中华人民共和国民事诉讼法〉的解释》第93条的规定,已为人民法院发生法律效力的裁判所确认的事实,当事人无须举证证明,但对方当事人有相反证据足以反驳的除外。由此可见,生效判决具有很强的证明力。要推翻其认定的事实,应当提交充分的反证证明。而且,鉴定意见是否笼统应当结合整个鉴定意见书来判断,不能断章取义。根据第45号鉴定意见,鉴定组不仅将广州天赐公司、九江天赐公司主张的信息归纳为十几个具体的技术方案,还逐一对其秘密性进行了检索、比较、分析,最后才得出结论。故第45号鉴定意见具体明确,不存在过于笼统无法指明秘密性内容的问题。

通过上述分析可以得出结论,广州天赐公司、九江天赐公司的举证满足提供初步证据、合理表明的要求。此时,应由华某、刘某、安徽纽曼公司提交反证证明广州天赐公司、九江天赐公司技术信息不构成技术秘密。华某、刘某、安徽纽曼公司的反证包括两份发明专利申请文件、采用美国药典标准证书及中国药典。关于两份发明专利申请文件。"增稠能力强及透明度高的聚羧酸"专利涉及不饱和羧酸和其他共聚单体聚合的方法,说明书中主要涉及的是两种单体的聚合,一种为不饱和羧酸,其选自丙烯酸、甲基丙烯酸及其混合物;另一种为共聚单体,其选自丙烯酸烷基酯。说明书中提及的"聚合温度取决于所选用的引发剂种类,以约40-85℃为佳",该条件是在两种单体的聚合体系下的聚合温度。而广州天赐公司、九江天赐公司卡波树脂仅包含×××一种单体,故该专利中的聚合温度无法对应于广州天赐公司、九江天赐公司技术聚合反应中升温至×××~×××℃。另外,该专利实施例中的聚合温度为50℃,也与涉案技术的聚合温度不同。"易分散性聚羧酸增稠剂"专利主要涉及一种烯属不饱和羧酸或酐的聚合,其虽然公开了"聚合反应可为间歇的,半间歇的或连续的"等工艺,但这些工艺都属于上位的不饱和羧酸聚合的领域,并没有涉及广州天赐公司、九江天赐公司以特定的×××为原料制备卡波的工艺。该专利实施案例中涉及了丙烯酸和甲基丙烯酸硬脂酰基脂的共聚反应,并非广州天赐公司、九江天赐公司单一×××的聚合。该专利全文都没有涉及单一的×××聚合的参数和工艺。关于采用美国药典标准证书。首先,刘某、安徽纽曼公司未能提交美国药典的具体内容,无法证明其与广州天赐公司、九江天赐公司卡波工艺、流程、设备技术信息的关联性。其次,该证书仅记载了卡波340型号,而广州天赐公司、九江天赐公司技术信息除涉及340型号外,还涉及380型号。关于中国药典,其内容仅是卡波定义及其性状、鉴别、检查、含量测定、类别、贮藏的简单介绍,与广州天赐公司、九江天赐公司卡波工艺、流程、设备的技术信息无关。故华某、刘某、安徽纽曼公司的反证不足以推翻广州天赐公司、九江天赐公司技术信息的秘密性。综合考虑双方举证情况,原审法院认定广州天赐公司、九江天赐公司卡波工艺、流程、设备的技术信息符合三要件,构成技术秘密。

上述一审判决对于《2007年反不正当竞争司法解释》第14条举证责任条款与2019年《反不正当竞争法》第32条第1款的差异进行了分析,即后者虽坚持了权利人对三要件的举证义务,但并未要求必须逐一举证。根据该条,权利人可就三要件一并举证;该条款并未要求权利人的举证必须达到足以证明的程度,而仅要求初步证据、合理表明;该条款规定了举证义务的转移,即在权利人提供初步证据、合理表明的情况下,举证义务转移至涉嫌侵权人。两者相比,《反不正当竞争法》第32条第1款明显降低了权利人对技术秘密三要件的举证要求。但是,基于本案的具体情况,一审判决虽然对照2019年《反不正当竞争法》第32条第1款的要求分析了双方的举证责任,但却仅流于表面形式,在举证责任的对待上并无实质性改变。对于是否构成商业秘密,原告提供的证据已超过初步证明和合理表明的程度,实质上已达到证据充分的程度,适用 2019 年《反不正当竞争法》第 32 条第 1 款规定的初步证明和合理表明只是流于形式。同样,原告提供的侵权行为证据也已达到了充分的程度。因此,一审判决对于 2019 年《反不正当竞争法》第 32 条第 1 款的适用并不典型,至少没有展现本条规定的适用真谛。

二审判决指出,《反不正当竞争法》第 9 条第 4 款规定,"本法所称的商业秘密,是指不为公众所知悉、具有商业价值并经权利人采取相应保密措施的技术信息、经营信息等商业信息"。由此可见,技术信息构成商业秘密需要同时具备三个法定条件:(1)不为公众所知悉;(2)能为权利人带来经济利益,具有商业价值;(3)权利人采取了保密措施,即通常所称的秘密性、价值性和保密性。《2007 年反不正当竞争司法解释》第 9 条至第 11 条以及《2020 年商业秘密司法解释》第 3 条至第 7 条,分别就秘密性、价值性和保密性进行明确规定,并详细列举了可以认定为采取保密措施的情形。因此,最高人民法院将在此基础上结合《反不正当竞争法》第 32 条第 1 款的规定,就广州天赐公司、九江天赐公司主张的技术信息是否属于技术秘密进行论述。

涉案技术信息是否具有秘密性的问题。在关联刑事案件程序中,公诉机关已经委托鉴定机构进行了鉴定,即北京京洲科技知识产权司法鉴定中心所作出的第 45 号鉴定意见,并由此认定卡波工艺、流程、设备的技术信息属于不为公众所知悉的技术信息,具有秘密性。华某、刘某认为涉案信息在刑事案件开庭审理时即已公开,根据已查明事实可知,关联刑事案件在开庭审理时并未就广州天赐公司、九江天赐公司主张的技术秘密信息进行详细披露,且华某、刘某均在庭审笔录上签名确认,因此在无相反证据证明的情况下,对相关技术秘密在刑事案件审理时已公开的理由依法不予支持。本案二审阶段,华某向最高人民法院提交证据欲证明广州天赐公司相关技术信息已被公开,不属于技术秘密。华某提交的材料未能完整反映广州天赐公司主张的涉案技术信息,也无法给出启示,因此对广州天赐公司涉案技术信息已被公开、不属于技术秘密的主张,不予支持。

关于广州天赐公司、九江天赐公司主张的卡波配方属于技术秘密的意见。关联案件生效裁判文书及本案一审因检索范围不符合规定而未将广州天赐公司主张的卡波配方认定为技术秘密,本案二审中广州天赐公司、九江天赐公司也未进一步提交足以证明卡波配方属于技术秘密的证据,因此最高人民法院在结合在案证据和已查明事实的基础上,认定卡波配方在本案中不属于技术秘密,广州天赐公司关于卡波配方属于技术秘密的主张,尚依据不足。

涉案技术信息是否具备价值性的问题。结合广州天赐公司、九江天赐公司原审阶段提交的审计报告、年度报表等证据,可知根据涉案技术信息生产的卡波产品所带来的经济效益,即涉案技术信息具备《2007 年反不正当竞争司法解释》第 10 条及《2020 年商业秘密司法解释》第 7 条规定的"商业价值"的性质,即具有价值性。

涉案技术信息是否具备保密性的问题。根据《2007 年反不正当竞争司法解释》第 11 条第 2 款的规定,人民法院应当根据所涉信息载体的特性、权利人保密的意愿、保密措施的可识别程度、他人通过正当方式获得的难易程度等因素,认定权利人是否采取了保密措施。该条第 3 款规定:"具有下列情形之一,在正当情况下足以防止涉密信息泄露的,应当认定权利人采取了保密措施:(一)限定涉密信息的知悉范围,只对必须知悉的相关人员告知其内容;(二)对于涉密信息载体采取加锁等防范措施;(三)在涉密信息的载体标有保密标志;(四)对于涉密信息采取密码或者代码等;(五)签订保密协议;(六)对于涉密的机器、厂房、车间等场所限制来访者或者提出保密要求;(七)确保信息秘密的其他合理措施。"《2020年商业秘密司法解释》第6条也对何种措施属于保密措施进行了规定。本案中,根据已查明的事实,华某与广州天赐公司签订的《劳动合同》《专项保密协议》《商业秘密、竞业限制协议》等均对保守技术信息秘密进行了约定。胡某春、朱某良与广州天赐公司签订的《劳动合同》《商业秘密、竞业限制协议》《商业秘密技术协议》等文件亦有保密约定。由此可见,广州天赐公司已通过多种方式采取了保密措施,符合上述司法解释关于保密性的情形。最高人民法院综合考虑技术信息特性、权利人保密的意愿、保密措施的可识别程度、他人通过正当方式获得的难易程度等因素,认定广州天赐公司已经采取了合理的保密措施。

综上,二审法院认为涉案广州天赐公司、九江天赐公司主张的卡波工艺、流程、设备的技术信息"不为公众所知悉、能为权利人带来经济利益、具有商业价值并经权利人采取保密措施",属于《反不正当竞争法》规定的商业秘密。华某提出广州天赐公司相关信息不属于技术秘密,且鉴定程序不合法,并提交广东省司法厅行政复议决定书、广州市司法局复函。对此,二审法院认为,上述行政机关出具的材料并未将涉案技术信息公开,并驳回了华某的行政投诉,因此华某的该项理由依据不足,二审法院依法不予支持。

由上可见,二审判决同时适用2019年《反不正当竞争法》、《2007年反不正当竞争司法解释》和《2020年商业秘密司法解释》,但其是直接结合双方的举证认定事实的,并未结合2019年《反不正当竞争法》第32条的规定,基于初步证明和举证责任转移等进行具体分析。因此,从二审判决看不出最高人民法院对于2019年《反不正当竞争法》第32条的具体适用态度。

具体而言,卡波技术秘密案对于举证责任的运用并不典型,并没有2019年《反不正当竞争法》第32条第1款法条文义的支撑,即法条文义只是要求权利人对保密措施提供初步证据,并合理表明商业秘密被侵犯,其中保密措施仅是商业秘密的构成要件之一,而商业秘密被侵犯不属于商业秘密的构成要件范畴。而且,卡波技术秘密案一审判决事实上也未先严格按照原告提供保密措施的初步证据和合理表明商业秘密被侵犯,再转由被告对于商业秘密不存在进行举证的步骤,认定商业秘密的存在,而是基于原告提供的保密措施证据和另案刑事判决的鉴定结论对于秘密性的认定,认定原告的举证成立和被告的反驳不成立,未再将"合理表明"单独作为前提之一进行考量。二审判决则直接结合案件证据对于商业秘密的存在进行认定,亦未清晰地阐释和适用原告的"提供初步证据"和"合理表明"以及被告证明商业秘密不存在的两个步骤。这或许与本案原告提供的证据远超初步证据的程度,以及另有生效刑事判决已认定相关事实有关。2019年《反不正当竞争法》第32条第1款的积极作用或许存在于原告仅能提供初步证据的举证困难场合,此时减轻和转移其举证责任才显得更为重要。

在北京富可复投资咨询有限公司与刘某远侵害商业秘密纠纷案中,法院指出,"商业秘密具有不为公众所知悉、具有商业价值、权利人采取相应保密措施三个法定要件。富可复公司应当对其主张的商业秘密符合法定要件负举证责任。关于不为公众所知悉。富可复公司虽主张涉案QQ号中包含其公司创意、管理、销售、财务、客户信息、数据等经营信息具有秘密性,但其未提交相关证据予以证明,故其该项上诉主张不予支持。一审法院认定富可复公司提交的相关证据仅能证明富可复公司所称的客户名单包含客户姓名、手机联系方式正确,本院予以确认。关于权利人采取相应保密措施。《最高人民法院关于审理侵犯商业秘密民事案件适用法律若干问题的规定》第五条第二款规定人民法院应当根据商业秘密及其载体的性质、商业秘密的商业价值、保密措施的可识别程度、保密措施与商业秘密的对应程度以及权利人的保密意愿等因素,认定权利人是否采取了相应保密措施。富可复公司上诉主张,其与刘某远之间通过系列协议中的禁止性规定实施了保密措施。经查,涉案保密协议中未明确商业秘密范围及具体内容,富可复公司与刘某远之间签订的一系列合作协议中亦不存在富可复公司所主张的经营秘密的具体内容。故富可复公司的该项上诉理由因缺乏充分证据证明而不予支持。至于富可复公司主张其对刘某远讲课进行了监督管理,即在刘某远直播时有专门的管理人员监控讲课内容,属于保密措施。一方面,富可复公司未提交证据证明该事实;另一方面,富可复公司亦未能证明该措施为法律规定的合理且有效的措施,故对于富可复公司的该项上诉主张,二审法院亦不予支持。富可复公司上诉提出,涉案 QQ 号是其为刘某远配备的工作专用内部号。关于该项主张,本院注意到涉案 QQ 号显示的密保手机号为刘某远个人手机号,且富可复公司未提供有力证据证明其实施了保密措施,故对其该项上诉主张,本院不予支持。现有证据无法认定富可复公司对其所主张信息采取了相应保密措施,故富可复公司所主张的信息不符合商业秘密的法定构成要件。因此,富可复公司的上诉主张缺乏事实和法律依据,本院不予支持"[1]换言之,法院同样要求原告应当对其主张的商业秘密符合不为公众所知悉、具有商业价值、权利人采取相应保密措施三个法定要件负举证责任。

2019 年《反不正当竞争法》第 32 条第 1 款未要求权利人对其主张的商业秘密符合法定要件进行一一举证,只要求权利人先对采取保密措施提供初步证据,再基于合理表明被侵犯,而将所主张的商业秘密不属于《反不正当竞争法》规定的商业秘密的举证责任转移给涉嫌侵权人的规定,很显然是将除此以外的商业秘密构成要件事实的举证责任转移给涉嫌侵权人。例如,由涉嫌侵权人证明权利人主张的商业秘密并不存在、不具有秘密性或者保密性程度不够。这种解读至少符合《反不正当竞争法》第 32 条第 1 款的文义。这种商业秘密构成要件举证责任转移的裁判思路也体现在现实的司法裁判中,如前引济南思克测试技术有限公司、济南兰光机电技术有限公司二审民事纠纷案,最高人民法院对此进行了详细阐述。[2]

在郭某等与北京华彦邦科技股份有限公司侵害商业秘密纠纷案中,法院指出,北京华彦邦科技股份有限公司(以下简称华彦邦公司)主张的商业秘密具体范围包括客户信息、人员信息、营销计划、销售策略。华彦邦公司向深圳市鹏为软件有限公司所购买的客户关系管理系统软件中,显示有相关项目、设计院等客户单位联系人的信息、机会概要、机会状态、客户名称、机会来源、客户需求、历次联系的具体内容、预期金额等信息,上述信息显然不是能够在公开领域内轻易获得的信息。清水蓝天公司、郭某并未举证证明可从公开渠道获取客户具体联系人、客户需求等重要信息。而上述信息的获取,需要经营者付出长期

---

[1] 北京知识产权法院民事判决书,(2022)京 73 民终 1195 号。
[2] 最高人民法院民事判决书,(2020)最高法知民终 538 号。

努力,并体现出其经营智慧和策略。同时,华彦邦公司对上述经营信息采取了包括与入职员工签订包含保密条款的劳动合同、保密协议,与离岗人员签订保密协议等强调其继续履行保密义务和竞业禁止义务的文件,以及对客户关系管理系统软件设置密码及权限等保密措施,足以证明其对涉案商业秘密的重视且采取了较为严格的保密及防范泄密的措施。由此可以认定,华彦邦公司所主张的经营信息符合商业秘密的法定条件,属于《反不正当竞争法》保护的商业秘密。[1]

(二)大而化之的举证责任转移

2019年《反不正当竞争法》第32条第1款未要求权利人对其主张的商业秘密符合法定要件进行一一举证,只要求对采取保密措施提供初步证据,再基于合理表明商业秘密被侵犯,而将所主张的商业秘密不属于《反不正当竞争法》规定的商业秘密的举证责任转移给涉嫌侵权人的规定,很显然是将除此以外的商业秘密构成要件事实的举证责任转移给涉嫌侵权人。例如,由涉嫌侵权人证明权利人主张的商业秘密并不存在、不具有秘密性或者保密性程度不够。这种解读至少符合2019年《反不正当竞争法》第32条第1款的文义。而且,实践中也可能存在这种可以大而化之进行举证责任转移的情形。

例如,惠普公司的两个员工在辞去惠普公司的职务的几个月后在市场上推出一种新产品,而这种产品与他们在惠普公司所研究的产品非常相似。惠普公司宣称这两个员工在新任职的企业里不恰当地使用了惠普公司的秘密信息。该两个员工对此坚决否认。但是,合理的怀疑是,如果没有使用惠普公司的商业秘密,其不可能这么快地就将其产品推向市场。该事件最后未形成诉讼。[2]国内也有类似的事例。甲公司负责无人驾驶汽车研发的副总裁丙跳槽到乙公司以后,乙公司本来不进行无人驾驶汽车的研发,但在丙任职以后很短时间内即研发出无人驾驶汽车。[3]这些事例都可能存在一种情事,即权利人可以举证其对于所描述的技术信息采取了保密措施,且涉嫌侵权人跳槽到其他公司之后很快就产出类似的产品,可以合理表明有侵犯商业秘密的存在,此时应让涉嫌侵权人对权利人没有商业秘密进行举证。此种情形下,如果让权利人对其拥有的商业秘密举证,在诉讼程序中涉嫌侵权人可以通过质证获知权利人主张的商业秘密内容,权利人维护其权利时可能投鼠忌器,影响其寻求救济,而法律基于保护权利的考量将相应的举证责任转移给涉嫌侵权人,可以解除权利人对于因诉讼而二次泄密的风险的担忧。这或许是设置像2019年《反不正当竞争法》第32条第1款举证规则的重要初衷。在诸如上述事例的场景下,适用此类举证责任移转规则具有较大的合理性。

如在济南华重机械设备有限公司等侵害商业秘密纠纷案中,济南华重机械设备有限公司(以下简称华重公司)的员工离职后加入了某一新企业并从事与原企业相竞争的业务,导致原企业向该员工提起诉讼,最终法院按照合理推断并判定员工需要承担相应的侵

---

[1] 参见北京知识产权法院民事判决书,(2020)京73民终1959号。
[2] 正如参与该事件的一位律师所说:"您想让我对法官说些什么?难道您要我主张这两位年轻人是白手起家,在某人的地下室用二手设备工作了9个月,制造出了连惠普公司训练有素的研发团队花费了3年时间也研制不出来的复杂产品?"参见[美]加里·L. 里巴克:《美国的反省:如何从垄断中解放市场》,何华译,东方出版社2011年版,第45页。
[3] 这是笔者在某互联网头部企业调研时听该公司介绍的事例。为说明此处研究的问题,这些事例都是大而化之的描述。

权责任。具体而言,法院指出,"焦某在华重公司工作期间,负责与Ichiban公司在内的多家公司沟通业务、开发客户关系,知晓Ichiban公司的业务构成情况、商业需求、沟通渠道、产品偏好等信息,其离职后并未遵守与华重公司的保密协议,进入与华重公司经营类别交叉的集鑫公司工作。2017年,集鑫公司与Ichiban公司签订多份出口合同,销售的产品与华重公司前期出售产品的类别基本一致。焦某虽辩称其公司行为与个人无关,但焦某作为集鑫公司员工,2017年尚未离职,拥有帮助集鑫公司与Ichiban公司建立客户关系的有利条件,焦某并未提供证据证明系客户自愿选择与集鑫公司进行市场交易,也没有提出证据证明集鑫公司对Ichiban公司的客户名单等经营信息拥有合法来源。综上,依照《中华人民共和国反不正当竞争法》第九条第一款第(三)项的规定,'违反约定或者违反权利人有关保守商业秘密的要求,披露、使用或者允许他人使用其所掌握的商业秘密',根据本案查明的事实及商业秘密侵权的特性,可以推定焦某侵害了华重公司的商业秘密"。[1]

在诸如上述事例的场景下,适用举证责任移转规则具有一定的合理性。因为如果要求当事人严格遵循举证要求,最终往往可能因权利人无证据证明员工从原企业非法获取商业秘密而无法认定侵犯商业秘密成立。例如,在南方中金环境股份有限公司诉浙江南元泵业有限公司、赵某高等侵害商业秘密纠纷案中,法院指出"经庭审比对,南元公司的技术图纸×××有22份图纸所载总计47处尺寸公差、6处形位公差与中金公司享有商业秘密的对应技术信息构成实质性相同,对此南元公司并未提交证据证明上述技术信息系其自行研发取得或具有其他合法来源,故法院认定南元公司的被诉侵权技术图纸实际使用了原告的涉案商业秘密,构成商业秘密侵权。由于中金公司并未提供有效证据证明被告赵某高、吴某忠、金某明、姚某保具体实施了非法获取原告的涉案商业秘密并披露给被告南元公司使用的行为,故对于原告关于该四被告的侵权主张,法院未予支持"[2]。

(三)权利人的举证标准——"初步证据"与"合理表明"

提供初步证据的要求是清晰的,而"合理表明商业秘密被侵犯"的内涵和范围则具有一定的弹性和模糊性。首先,权利人应当对其主张的商业秘密属于何种商业信息进行适当描述,至少使涉嫌侵权人知道其对什么样的商业信息主张权利,有的放矢地对其不属于法律规定的商业秘密的范围以及不具有秘密性、价值性或者采取的保密措施程度不够的事实提供反证,证明"所主张的商业秘密不属于本法规定的商业秘密"。事实上,有些法院认为,侵犯商业秘密民事纠纷案件一般遵循逐段审理的思路,在原告明确其主张的商业秘密内容的前提下,审查和认定原告是否有权就该内容主张权利、该内容是否符合商业秘密构成要件,以及被告的抗辩理由。原告对其拥有的信息构成商业秘密负有举证责任。[3]其次,权利人还需要"合理表明商业秘密被侵犯"。"合理表明"指通过初步证据和相关情事能够说明涉嫌侵权人具有较大的侵权可能性,[4]如表明涉嫌侵权人曾有接触和

---

[1] 山东省济南市中级人民法院民事判决书,(2019)鲁01民终2546号。
[2] 浙江省杭州市中级人民法院民事判决书,(2020)浙01民初287号。
[3] 《江苏省高级人民法院侵犯商业秘密民事纠纷案件审理指南(修订版)》第1.2、2.1条。
[4] 《江苏省高级人民法院侵犯商业秘密民事纠纷案件审理指南(修订版)》第2.8.1条规定,"如原告提供初步证据,证明其已经对所主张的商业秘密采取保密措施,且被告侵犯的可能性较大的,由被告证明原告主张的信息不是商业秘密"。

获取商业秘密的条件,如不侵犯商业秘密即不太可能在短期内生产出相关产品等,正如前述惠普公司和无人驾驶汽车技术的事例所呈现的情形。"合理表明"之后才形成有较大可能性发生被诉侵权行为的客观情势,转移举证责任才具有合理性。

(四)2019年《反不正当竞争法》第32条第1款的灵活适用

鉴于2019年《反不正当竞争法》第32条第1款规定的要件和针对的对象存在逻辑上的不周延和混乱,如将采取保密措施和有侵权可能作为让对方承担举证责任的条件,多少有些不匹配,因而严丝合缝地能够适用第32条第1款的情形很少。或者说,如果严格把握其适用条件,其适用范围必然极为狭窄。实践中不妨把握其适用精神,灵活解决真正的举证难问题。

例如,在浙江华章科技有限公司诉唐某超、嘉兴绿方舟环保技术有限公司侵害商业秘密纠纷案[1]中,员工任职期间即参股、成立与原单位有同业竞争关系的公司并攫取了公司商业机会,非离职后实施竞业行为。一、二审法院从降低商业秘密权利人维权难度的角度出发,在权利人已经初步举证的前提下,准确运用证据规则,依法灵活转移举证责任,认定侵权成立。如果员工在任职期间即参股、成立与原单位有同业竞争关系的公司,对员工不侵权的认定应当从严把握。员工在职期间成立与所在单位有同业竞争关系的公司的,如果不能举证证明公司交易机会的具体来源,结合相关事实,可以推定该交易系剥夺了其所任职单位的交易机会,构成侵害所任职单位客户名单的不正当竞争行为。

浙江华章科技有限公司(以下简称华章公司)成立于2001年7月19日,经营范围为污泥干化机等污染防治设备的研究开发、设计、制造、安装及技术咨询服务等。2004年以来,唐某超先后与华章公司及其关联企业签订劳动合同,并担任华章公司的监事、副总经理兼采购总监、带机产品经理、高级工程师等。2012年5月12日,华章公司与唐某超签订保密协议,约定:后者在服务关系存续期间,保密义务人未经授权,不得以竞争为目的、或出于私利、或为第三人牟利、或为故意加害公司,擅自披露、使用商业秘密、取走与商业秘密有关的物件。该协议还对技术信息、经营信息以及其他商业秘密的范围进行了列举式说明,并对违约责任进行了约定。2013年9月1日起,华章公司实施新员工手册,该手册附则《华章科技违纪违规管理细则》约定不得透露公司保密材料等,唐某超对此收悉。

2013年2月19日,唐某超及其配偶张某燕受让了嘉兴绿方舟环保技术有限公司的部分股权。在此基础上,两人与其他两名股东重新组建公司,并将公司更名为绿方舟公司,选举张某燕为执行董事,任公司法定代表人,唐某超任公司经理,两人为控股股东。唐某超未将以上事实告知华章公司。

华章公司曾与华南理工大学洽谈科研合作,结识了在该校任职的朱某林。2014年7月29日,朱某林与其他人投资成立了博依特公司。后华章公司指派唐某超等人与博依特公司进行业务洽谈,博依特公司对华章公司承接的同类项目进行了考察。出于对华章公司实力的信任,博依特公司愿意全部采购华章公司的设备,后经唐某超建议,其分别与绿方舟公司、华章公司签订了市政污泥深度处理设备供货合同,约定绿方舟公司向博依特公司提供3台预脱水过滤机和饼泥破碎机(合同总金额100万元),华章公司向博依特公司

---

[1] 浙江省桐乡市人民法院民事判决书,(2018)浙0483民初4627号;浙江省嘉兴市中级人民法院民事判决书,(2020)浙04民终512号。唐某超、绿方舟公司不服二审判决,向浙江省高级人民法院申请再审,后被驳回。

提供3台钢带式压榨过滤机(合同总金额160万元),前述设备属于同一流水线的前后道设备,其中钢带式压榨过滤机为主要设备,其他为辅助设备。

华章公司认为唐某超及绿方舟公司侵犯了其商业秘密,故起诉至桐乡市人民法院。桐乡市人民法院一审认为,因采取了合理有效的保密措施,可认为华章公司的客户资料(包括客户名称、联络人姓名、联系方式等)、项目合同、技术资料构成商业秘密。根据《反不正当竞争法》第32条第2款的规定,华章公司已经提供证据表明唐某超任职期间有渠道及机会获取华章公司的经营信息、技术信息等商业秘密,其与配偶入股并实际控制绿方舟公司,两公司在环保研发(如污泥处置)方面存在重合业务,已经使华章公司的相关商业秘密处于被披露、使用的风险中,加之两公司同一时间与同一客户签订了同一项目中的关联设备的供货合同,华章公司已完成了其商业秘密被侵犯的初步举证责任,唐某超与绿方舟公司应当证明其不存在侵犯商业秘密的行为,但唐某超与绿方舟公司未能提供相关证据。据此,认定唐某超的行为构成《反不正当竞争法》第9条第1款第3项规定的"违反保密义务或者违反权利人有关保守商业秘密的要求,披露、使用或者允许他人使用其所掌握的商业秘密"行为,绿方舟公司的行为属于该条第3款规定的"第三人明知或者应知商业秘密权利人的员工、前员工或者其他单位、个人实施本条第一款所列违法行为,仍获取、披露、使用或者允许他人使用该商业秘密的,视为侵犯商业秘密"行为,唐某超、绿方舟公司均构成对华章公司商业秘密的侵害。

嘉兴市中级人民法院二审认为,华章公司在一审庭审中明确其主张保护的商业秘密主要是经营信息包含客户信息。华章公司属于生产型企业,对外销售污泥处理设备等机械设备,由于市场经济条件下企业间的竞争激烈,掌握客户资源能够给经营者带来竞争优势,公司的客户名单等经营信息属于商业秘密的范畴。华章公司在员工守则中对其商业秘密保护做了规定,其还通过与员工签订保密协议对商业秘密保护进一步采取了措施,可认定其已经采取了法律规定的保密措施。因此,其客户名单等商业秘密应受法律保护。唐某超就职华章公司期间,有条件接触到华章公司的客户、了解客户的需求。特别是,2014年其作为华章公司工作人员参与了与博依特公司污泥深度处理系统项目的业务洽谈,了解该公司的产品需求。此后,几乎在同一时间,博依特公司分别与华章公司、唐某超夫妇担任大股东的绿方舟公司签订了合同价160万元、100万元的合同,而合同标的均属于与该污泥处理项目相关的机械设备。结合当时博依特公司污泥深度处理系统项目的参与者朱某的电话录音、电子邮件,在唐某超和绿方舟公司并未提供充分的反驳证据的情况下,可以认定绿方舟公司100万元合同的交易机会源于唐某超实施了向绿方舟公司披露华章公司商业秘密的不当行为。唐某超、绿方舟公司截取了原本属于华章公司的交易机会,构成不正当竞争。

二审法院认为,根据"法不溯及既往"的一般法律适用原则,本案侵权行为发生于2014年,故应当适用侵权行为发生时的法律,即修订前的《反不正当竞争法》(1993年制定)。原审适用《反不正当竞争法》(2019年4月23日修正)有误。

上述案件中,权利人能够提供证据证明对其客户信息等经营信息采取保密措施,且能够合理表明被诉侵权人侵犯其商业秘密,而被诉侵权人又不能证明权利人所主张的商业秘密不属于商业秘密,故法院认定商业秘密的存在及侵权行为的成立。顺便指出,该案被诉行为发生于2014年,二审法院据此认为不适用2019年《反不正当竞争法》第32条。但是,尽管理论界对于举证责任属于程序规则和实体规则存在争议,但2019年《反不正当竞争法》第32条首先属于程序规则,程序规则与实体法规则不同,不存在溯及既往的问题,即有所谓的"实体从旧、程序从新"的法律适用规则,因此其可以适用于正在进行的诉讼,即一审法院依据第32条裁判并无问题。

五、《反不正当竞争法》第32条第2款的适用

《反不正当竞争法》第32条第2款规定:"商业秘密权利人提供初步证据合理表明商业秘密被侵犯,且提供以下证据之一的,涉嫌侵权人应当证明其不存在侵犯商业秘密的行为:(一)有证据表明涉嫌侵权人有渠道或者机会获取商业秘密,且其使用的信息与该商业秘密实质上相同;(二)有证据表明商业秘密已经被涉嫌侵权人披露、使用或者有被披露、使用的风险;(三)有其他证据表明商业秘密被涉嫌侵权人侵犯。"该条款规定了侵犯商业秘密行为的举证责任转移,即商业秘密权利人提供初步证据合理表明商业秘密被侵犯,并对该款列举的三种情形之一提供证据的,涉嫌侵权人应当证明其不存在侵犯商业秘密的行为。两者构成举证责任转移的前提条件。其中,"初步证据合理表明商业秘密被侵犯"与该条第1款的规定重合,原因是像诸如前述惠普公司和无人驾驶汽车技术的事例所呈现的客观情事,既具有存在商业秘密的较大可能性,同时又具有较大的侵犯商业秘密的可能性,尽管在概念、观念和法条上可以进行清晰的区分,但两者实际上是相互交织或者先后相继的。前述《经济贸易协议》"一"也是如此设计的。当然,证明侵犯商业秘密行为在序位上排在证明商业秘密之后。

《反不正当竞争法》第9条第1款规定的侵犯商业秘密行为包括不正当获取行为和不正当披露、使用行为。[1]《反不正当竞争法》第32条第2款列举的几种情形中,第一种情形应该是针对不正当获取行为的规定,且是对"接触+近似"的传统推定的采用,其中"有证据表明涉嫌侵权人有渠道或者机会获取商业秘密"又是第2款序文中所称"提供初步证据合理表明商业秘密被侵犯"的最为常见的情形。第二种情形应当针对的是不正当披露、使用行为,法律只要求权利人有证据表明商业秘密已经被涉嫌侵权人披露、使用或者有被披露、使用的风险,也即将本应证明有实际行为的举证要求,降低为仅有证据表明存在披露、使用的风险。

《2020年商业秘密司法解释》对于2019年《反不正当竞争法》第32条涉及的关键术语进行了解释。第12条规定:"人民法院认定员工、前员工是否有渠道或者机会获取权利人的商业秘密,可以考虑与其有关的下列因素:(一)职务、职责、权限;(二)承担的本职工作或者单位分配的任务;(三)参与和商业秘密有关的生产经营活动的具体情形;(四)是否保管、使用、存储、复制、控制或者以其他方式接触、获取商业秘密及其载体;(五)需要考虑的其他因素。"第13条规定:"被诉侵权信息与商业秘密不存在实质性区别的,人民法院可以认定被诉侵权信息与商业秘密构成反不正当竞争法第三十二条第二款所称的实质上相同。人民法院认定是否构成前款所称的实质上相同,可以考虑下列因素:(一)被诉

---

[1] 《反不正当竞争法》第9条第1款规定:"经营者不得实施下列侵犯商业秘密的行为:(一)以盗窃、贿赂、欺诈、胁迫、电子侵入或者其他不正当手段获取权利人的商业秘密;(二)披露、使用或者允许他人使用以前项手段获取的权利人的商业秘密;(三)违反保密义务或者违反权利人有关保守商业秘密的要求,披露、使用或者允许他人使用其所掌握的商业秘密;(四)教唆、引诱、帮助他人违反保密义务或者违反权利人有关保守商业秘密的要求,获取、披露、使用或者允许他人使用权利人的商业秘密。"

侵权信息与商业秘密的异同程度;(二)所属领域的相关人员在被诉侵权行为发生时是否容易想到被诉侵权信息与商业秘密的区别;(三)被诉侵权信息与商业秘密的用途、使用方式、目的、效果等是否具有实质性差异;(四)公有领域中与商业秘密相关信息的情况;(五)需要考虑的其他因素。"

例如,在前文引述的融七牛公司与智源享众公司侵害商业秘密纠纷案[1]中,一审法院认为商业秘密权利人已提供初步证据合理表明商业秘密被侵犯,且有证据表明涉嫌侵权人有渠道或者机会获取商业秘密,且其使用的信息与该商业秘密实质上相同,涉嫌侵权人应当证明其不存在侵犯商业秘密的行为。该案中,赵某姣明确否认其曾主动向智源享众公司披露融七牛公司的涉案商业秘密,智源享众公司作为同行业竞争者,在明知赵某姣系融七牛公司员工且实际掌握融七牛公司涉案商业秘密的情况下,通过见面方式创造了直接接触赵某姣电脑和手机的机会;从最终结果来看,智源享众公司实际掌握了融七牛公司的涉案商业秘密。智源享众公司在获悉涉案商业秘密后,存在主动联系其中记载的渠道商寻求商务合作的行为,同时也构成对于其获取的涉案商业秘密的使用。根据《反不正当竞争法》第32条之规定,融七牛公司已经提供初步证据证明其商业秘密被侵犯,智源享众公司应当就其不存在侵害商业秘密的行为进行举证,但智源享众公司未就其掌握的涉案商业秘密说明其他合理来源。结合智源享众公司与赵某姣同时期的实际接触情况,法院认定智源享众公司获取的融七牛公司的商业秘密来自赵某姣。虽现无证据证明智源享众公司采取了盗窃、贿赂或其他不正当手段通过赵某姣获取融七牛公司涉案商业秘密的行为,但其行为仍然构成对《反不正当竞争法》第9条第3款的违反,属于明知赵某姣系融七牛公司员工身份且实际持有涉案商业秘密的情况下,仍然获取并使用融七牛公司商业秘密的行为,构成对融七牛公司涉案商业秘密的侵害。

在上诉人程某卓、成都爱兴生物科技有限公司与被上诉人科美博阳诊断技术(上海)有限公司侵害技术秘密纠纷案[2]中,博阳公司没有直接证据证明程某卓获取并向爱兴公司披露了涉案技术秘密以及爱兴公司使用涉案技术秘密的事实,博阳公司主张程某卓、爱兴公司侵害其技术秘密的理由是程某卓接触了涉案技术秘密,爱兴公司生产、销售的被诉侵权产品与涉案技术秘密构成实质相同,并且爱兴公司主张的自行研发的事实不能成立。据此,最高人民法院按照"接触+实质相同-合法来源"的审理思路对该问题进行分析。

1. 关于程某卓是否接触涉案技术秘密的问题。首先,程某卓在博阳公司从事微料研发与制备工作。程某卓在博阳公司工作期间,在ATG(Advanced Technology Group,先进技术小组)的微粒组担任研发工程师,根据程某卓与博阳公司工作人员的往来邮件可以看出,程某卓负责微粒的质量控制,掌握微粒的理化性质,参与微粒包被工作并了解详细步骤。根据本案已查明的事实可知,微粒(包括感光微粒、发光微粒)是影响光激化学发光检测所使用的通常液质量的重要成分,微粒的研发本身即属于涉案技术秘密研发的重要组成部分。其次,程某卓在博阳公司参与了涉案技术秘密的研发工作。根据在案证据,程

---

[1] 参见北京市朝阳区人民法院民事判决书,(2019)京0105民初2200号;北京知识产权法院民事判决书,(2020)京73民终2581号。
[2] 参见最高人民法院民事判决书,(2020)最高法知民终1889号。

某卓参与了"光激化学发光分析系统通用液（LiCA 通用液）"的研发,特别是担任 ATG 研发工程师,每两周参与"优化感光微粒工艺"会议,并参与"通用液缓冲溶液配方"的进一步优化。此外,2012 年 12 月 2 日程某卓向博阳公司的赵某国发送的邮件内容还表明,程某卓从事的工作并不仅限于微粒研发与制备。程某卓与博阳公司的赵某国合作发表论文《基于光激化学发光技术开发的多表位检测 cTnI 的方法》,该文章涉及使用 LiCA 技术检测肌钙蛋白 I,进一步佐证了程某卓参与 cTnI 项目、了解并知悉与涉案技术秘密相关的知识。程某卓、爱兴公司为证明程某卓未接触涉案技术秘密,提交了博阳公司前员工金某、张某的书面证言并申请证人出庭作证。经审查,金某的离职时间早于程某卓,因此对于其离职之后程某卓的情况并不知悉;书证证言称程某卓在博阳公司任职时只负责乳胶微球制备和染色,但是张某作证时称程某卓不负责微球染色,前后证言不符;张某称其在工作中均未测过粒径,但博阳公司的《发光微粒过程检验报告》记载了粒径和 CV 值的检测及结果,张某作为审核人签字。因此,上述证人证言存在前后不一致之处,不足以证明程某卓未接触博阳公司涉案技术秘密。

2. 关于爱兴公司生产、销售的被诉侵权产品是否与涉案技术秘密构成相同或实质相同。程某卓、爱兴公司认为,博阳公司自行委托的《司法鉴定意见书》不能证明被诉侵权信息与博阳公司主张的技术秘密实质相同,理由是:首先,鉴定意见系博阳公司在一审起诉前单方委托,检材未经程某卓、爱兴公司确认,分析检测的过程也未经爱兴公司参与,未经公证启封程序,博阳公司与鉴定单位之间存在利益关系,无法保证鉴定单位和鉴定程序的中立、客观、公正性。鉴定专家没有免疫诊断领域以及化学发光技术的研究背景,对光激化学均相发光检测技术并不熟悉,不了解该技术的背景和公知常识。其次,博阳公司提交的鉴定资料中的对照品选用不准确,应该选用和爱兴公司相同表面性质的感光微球试剂,而不是用表面性质完全不同的乳胶微球进行对比,因对照品不同,结果没有可比性。再次,鉴定意见书中关于爱兴公司产品粒径 CV 值的检测结果不准确。鉴定机构使用英国马尔文公司生产的粒度仪对爱兴公司的微粒粒径 CV 值进行检测。而博阳公司提交的用以证明其拥有 CV 值的"生产工艺规程""发光微粒过程检验报告""博阳发光质量标准（QS06/YL-001）"中使用的粒度仪却是美国 PSS 公司的 NICOMP 仪器。由于英国马尔文公司和美国 PSS 公司的仪器算法、测试方法、测试硬件不同,检测结果存在偏差。同一厂家的仪器,同样的试剂样品,测试的 CV 值都有很大的波动性,不同厂家的仪器测得微粒试剂 CV 波动性只会更大。最后,博阳公司主张粒径 CV 的取值范围为其技术秘密,原审法院进而认定"将 CV 值的上限设定为 20%"具有商业价值。按此逻辑,博阳公司并未举证程某卓、爱兴公司从指标上将 20% 设定为其微粒 CV 值的上限,事实上博阳公司也无法作出该举证,因为微粒的 CV 值本不是爱兴公司的一个技术指标。爱兴公司某个产品的具体检测值与博阳公司主张的取值范围上限并不具有可比性,也无法证明爱兴公司使用了博阳公司的取值范围上限的技术信息。

对此,二审法院认为,首先,最高人民法院《关于民事诉讼证据的若干规定》（2019 年修正）第 41 条规定:"对于一方当事人就专门性问题自行委托有关机构或者人员出具的意见,另一方当事人有证据或者理由足以反驳并申请鉴定的,人民法院应予准许。"根据该司法鉴定意见书,委托人博阳公司提供的产品为南京公证处公证封存的由爱兴公司生产的"肌钙蛋白 I 测定试剂盒（均相化学发光免疫分析法）",产品批号与公证书显示的批号一致,故鉴定材料来源的真实性能够确认。其次,关于对照品的选用,相关检测系针对被诉侵权产品多糖含量进行的鉴定,使用的阴性对照品和阳性对照品是为了进一步说明检测结果的准确性,程某卓、爱兴公司主张应选用与检材完全相同表面性质的感光微球试剂没有相关依据,其所提异议不能成立。再次,关于CV值测量值的准确性,根据司法鉴定意见书,该测量值是由鉴定机构委托北京市理化分析测试中心使用英国马尔文公司的粒度仪进行的检测,参考标准为国家标准《粒度分析动态光散射法(DLS)》,而北京市理化分析测试中心即该标准的起草单位之一。因此,对于具备检测资质的检测机构根据国家标准进行的检测,在没有相反证据足以推翻的情况下,应当认定上述检测结果的客观真实性。最后,关于程某卓、爱兴公司就不同厂家的粒度仪检测数值存在较大偏差的异议,程某卓、爱兴公司工作人员与英国马尔文公司及美国PSS公司的沟通内容本身并非上述厂家对于实际存在偏差的确认。对于程某卓、爱兴公司自行委托鉴定机构分别使用两家公司的粒径仪所测的结果,因爱兴公司提供的产品系形成于本案诉讼之后,与博阳公司公证取证的被诉侵权产品在技术方案上的同一性无法保证,因此对程某卓、爱兴公司自行委托作出的检测结果不予采信。

本案中,博阳公司请求保护8项技术方案。在此情况下,某一技术方案的所有技术信息对于确定技术秘密的范围均有限定作用,而非以某一技术信息或技术指标请求保护。并非只要被诉侵权产品的CV值采取了与涉案技术秘密相同的范围或者没有采取包糖工艺一项或几项技术信息,即认为两者构成相同或实质相同,而是当两技术方案的各项技术信息均对应相同或实质相同时,才认定两技术方案相同或实质相同。并且,根据前述博阳公司技术文件中关于CV值的记载,该CV值应当对应包被亲和素之前的感光微粒,而被诉侵权产品中的感光微粒已经包被亲和素,通常情况下其CV值会在原有基础上进一步增大。故判断被诉侵权产品的技术方案与涉案技术秘密之间是否相同或实质相同,CV值只是参考因素之一,不能简单地以CV值落入或未落入博阳公司主张的范围来判断爱兴公司是否使用了涉案技术秘密。由于CV值的控制指标与感光微粒是否包糖存在关联,应当综合考虑被诉侵权产品的各指标与涉案技术秘密中相关技术信息的关系。根据博阳公司委托作出的检测结果,被诉侵权产品的感光微粒CV值小于20%,仍在涉案技术秘密的范围以内。除此之外,被诉侵权产品的微粒粒径、平均粒径、溶液PH值、微球材质、糖含量、亲和素种类等成分及指标均与涉案技术秘密8项技术方案包含的技术信息一一对应相同。据此,被诉侵权产品体现的技术信息与涉案技术秘密的技术方案相同,原审法院认定无误,二审法院予以确认。程某卓、爱兴公司就司法鉴定意见书提出的异议缺乏足够证据及理由,对其要求重新鉴定的申请,二审法院不予准许。

3. 爱兴公司主张的自行研发抗辩是否成立。爱兴公司认为,LOCI(均相化学发光)的技术难点并非在于博阳公司本案中主张的技术秘密,而在于核心染料的合成技术、仪器的巧妙设计、检测项目对应抗体的筛选、解决微球特异性吸附的具体手段。为支持其主张,爱兴公司在二审中提交了相关研发资料予以佐证。博阳公司对爱兴公司提供的研发证据均不予认可,且认为存在"证据突袭"。对此,二审法院认为,当事人应当在合理期限内积极、全面、正确、诚实地完成举证。爱兴公司提交的研发资料证据均系本案一审前即已形成,并非二审阶段出现的新证据,爱兴公司完全能够在一审阶段提交而未提交,并且二审中仍多次补充证据,存在怠于举证行为,由此造成的不利法律后果,应由其承担。经审查上述证据可以看出,爱兴公司的被诉侵权产品研发资料没有出现程某卓的姓名,对此爱兴公司称程某卓所在的上海研究院未参与研发过程,但程某卓于2016年2月成为爱兴公司的股东,并担任上海研究院主任从事微粒方面的研究。根据爱兴公司提供的资料,其通用液研发开始于2016年2月,程某卓入职爱兴公司以后,既是公司股东,又是微粒方面的专家,根据本案查明的事实,程某卓在博阳公司期间即全程参与了LiCA通用液研发过程,可见微粒的制备及质量控制是该技术中的重要环节,爱兴公司称程某卓未参与研发,与常理不符。从爱兴公司的研发过程来看,其于2016年开始进行调研,至2017年生产出相应产品,研发时间也短于博阳公司同类产品。基于上述因素,二审法院认为,即使爱兴公司二审中提交的研发证据真实,也未能全面、完整地反映其研发过程,其关于程某卓未参与研发的主张违反常理,其所主张的自行研发抗辩难以成立。

综上,根据《反不正当竞争法》(2019年修正)第32条第2款第1项的规定,商业秘密的权利人提供初步证据表明涉嫌侵权人有渠道或者机会获取商业秘密,且其使用的信息与该商业秘密实质上相同,涉嫌侵权人应当证明其不存在侵犯商业秘密的行为。博阳公司提供的证据证明,程某卓在博阳公司任职期间参与了涉案技术秘密的研发工作,并且存在接触全部技术秘密的可能性;爱兴公司生产的被诉侵权产品的技术方案与涉案技术秘密实质相同。在此情况下,爱兴公司提供的证据又不足以证明其技术方案系自行研发而成。因此原审法院依据民事诉讼高度盖然性的证明标准,认定程某卓、爱兴公司侵害了博阳公司涉案技术秘密,于法不悖。

在滨海公司与星航公司、刘某侵害技术秘密案[1]中,对于星航公司、刘某是否实施了被诉侵权行为,最高人民法院二审判决认为,不正当手段的认定既可以根据直接证据予以认定,又可以通过间接证据进行事实推定。通常,商业秘密侵权行为不会大张旗鼓地进行,权利人很难了解被诉侵权人使用的信息的确切来源,不正当手段采用事实推定方式予以认定较为常见。根据案件具体情况或者已知事实以及日常生活经验,权利人可通过间接证据来证明被诉侵权人采取了不正当手段获取、披露、使用商业秘密。不正当手段的事实推定可采用"接触+实质相同-合法来源"的规则,即商业秘密的权利人证明被诉侵权人有获取其商业秘密的条件、被诉侵权人所用的信息与权利人商业秘密信息具有一致性或实质相同、被诉侵权人不能提供或拒不提供其所使用信息的正当来源,比如自行研发或反向工程等的证据。本案中,林某、高某、刘某三人曾在滨海公司工作,林某、高某系图纸设计人和审核人,具有获取图纸的机会,三人从滨海公司离职后进入星航公司工作。高某在2019年10月25日的原审庭审中亦称曾将罩式炉吊具图纸交给林某、星航公司使用。经对滨海公司、星航公司提交的图纸进行比对,总图及各部件图的内容均一一对应,包括形状、样式、布局、尺寸、序号、技术参数、工艺要求;性能参数表格下的项目名称均相同;6项技术要求的文字内容、顺序基本相同;总图中滨海公司序号错误编号为"1、2、3、3、4",星航公司错误亦相同;滨海公司、星航公司闭式导向架、开式导向架中部件序号2代表不同部件,但序号2的展开图相同。双方提交的图纸内容复杂,但高度雷同,且图纸中的错误亦相同,因此,滨海公司称星航公司所制图纸系在盗用滨海公司图纸的基础上进行修改而得的主张较为可信。对此,星航公司不能提供其图纸正当来源比如

---

[1] 最高人民法院民事判决书,(2022)最高法知民终719号。

自行研发绘制、反向工程等的证明。综上,可以认为星航公司实施了不当获取滨海公司涉案图纸的行为。原审法院认为滨海公司未能明确说明案外人林某、高某是否获取该公司生产技术图纸以及如何获取图纸的情况且未提供证据,滨海公司承担举证不能的后果,系适用法律错误。

该案判决依据"接触+实质相同-合法来源"的规则认定被诉侵权人采取不正当手段获取、披露、使用技术秘密。虽然法律条文总是清晰的类型化抽象,但在具体事实认定中往往会综合考量多种因素。

在再审申请人徐某、会凯公司与被申请人三乐公司侵害商业秘密纠纷案[1]中,最高人民法院驳回再审申请裁定指出,徐某及会凯公司主张,三乐公司未对客户名单采取保密措施。对此,保密措施是权利人对特定经营信息和技术信息采取的防止泄密的合理措施,与商业秘密的性质适当、价值相当即属于"合理"。该保密措施应当使得他人施以一般的注意力且能够意识到权利人的保密意图,并且客观上也采取了相应的措施。本案中三乐公司主张构成商业秘密的客户名单是生产经营过程中频繁使用的经营信息,具有无形性,并不拘泥于某一特定载体。三乐公司主张该客户名单仅存在于徐某的电脑中,并与徐某签订了《员工保密及竞业禁止限制协议》,约定徐某负有保守秘密的义务,并发放了补偿金,由此可以认定三乐公司完成了初步的举证责任。徐某作为三乐公司的前高级管理人员,熟悉三乐公司客户名单的保管情况,具有举证的能力,但徐某并未提供证据证明该客户名单处于任何人想接触即可接触到的情形,因此,可以认定三乐公司对客户名单提供了合理的保密措施。徐某在离职之前就成立了会凯公司,与三乐公司从事相同的业务。2014年12月31日徐某离职,其仅在半年内的时间里就与商业秘密涉及的相关公司完成了交易。会凯公司在短时间内建立了客户关系,其利用三乐公司商业秘密的可能性较大,徐某及会凯公司提交的用以证明未利用商业秘密的证据仅为证人未到庭的证人证言,证明力较弱。根据优势证据的原则,二审判决认定徐某及会凯公司与相关公司的交易行为构成侵犯三乐公司商业秘密的行为并无不当。

六、初步证据及其证明标准的界定

《反不正当竞争法》第32条虽以"提供初步证据"的规定减轻举证责任和降低证明标准,但其问题是如何界定"提供初步证据合理表明商业秘密被侵犯"。"初步证据"虽偶尔出现于法律规定中,但在司法解释和司法实践中并不陌生。初步证据必须结合民事证明标准加以界定。

《民事诉讼法》并未规定证明标准,[2]但其司法解释将常规的证明标准规定为"具有高度可能性",同时还规定了特殊情况下或高或低的其他证明标准,以及法律规定的证明

---

[1] 最高人民法院民事裁定书,(2019)最高法民申2794号。
[2] 在民事诉讼中,只有一项事实主张被证明到证明标准以上的确定程度,法官才能认定其为真;否则,就只能认定其为伪,或者真伪不明。达到何种确定程度才能认定一项事实为真即属于民事诉讼证明标准。20世纪90年代,学者一般认为我国民事诉讼与刑事诉讼一样,实行事实清楚、证据确实充分的证明标准。如李浩:《民事证明责任研究》,法律出版社2003年版,第234页;王圣扬:《论诉讼证明标准的二元制》,载《中国法学》1999年第3期;刘学在:《略论民事诉讼中的证明标准》,载《西南民族大学学报》2006年第6期。自20世纪90年代后期,学者对该理论展开了批评。参见吴泽勇:《中国法上的民事诉讼证明标准》,载《清华法学》2013年第1期。

标准优先。[1]例如,排除合理怀疑[2]和初步证据证明的证明标准分别高于和低于"高度可能性"标准。民事诉讼中曾经使用过优势证据证明标准,且通常理解为一方提供证据的效力优于对方,而达到50%以上的优势可能性。实际上,"高度可能性"(相当于欧陆国家的"高度盖然性")标准是一种大陆法标准,而优势证据标准则是英美法标准。在字面含义上,"高度可能性"的证明要求似乎高于优势证据标准,但高多少不好量化,究竟达到多大的可能性比例才是"高度可能性"需要界定。《反不正当竞争法》第32条规定的"提供初步证据"采纳的是初步证据证明标准,应当明显低于"高度可能性",甚至可以低于通常理解的优势证据。《经济贸易协议》中"初步证据"的英文表述为"prima facie evidence",即表面证据,也即证明具有某种事实外观的证据。据笔者的司法经验,司法实践中可以将初步证据理解为最起码的、能够达到证明30%以上可能性的证据,即可以达到初步证明标准,满足提供初步证据的法律要求。前述《经济贸易协议》第1.5条对于"举证责任或提供证据的责任"转移条件的概括规定是,"商业秘密权利人已提供包括间接证据在内的初步证据,合理指向被告方侵犯商业秘密,则举证责任或提供证据的责任(在各自法律体系下使用适当的用词)转移至被告方"。这种"包括间接证据在内"及"合理指向"的措辞明显表明要求提供的初步证据达到"合理指向"的程度即可,也即"合理指向"是提供初步证据程度的衡量标准。此外,《经济贸易协议》第1.5条还进一步规定了侵权行为和商业秘密存在的举证责任转移的提供证据具体要求,这些要求可以视为对于提供初步证据和"合理指向"的具体化。这些规定显然是解读《反不正当竞争法》第32条初步证据证明标准的直接参照。

鉴于此,《反不正当竞争法》第32条规定的"初步证据"证明程度较低,可以低于优势证据的证明标准。虽然法律又要求初步证据要达到"合理表明商业秘密被侵犯"的程度,但该"合理表明"也只是一定程度的可能性或者有可能,也不要求达到优势证据的标准(如50%以上的可能性)。《反不正当竞争法》第32条通过设定初步证明和合理表明的前提条件实现举证责任转移,其目的是减轻权利人的举证责任,而其效果在于,在满足这些条件之后,涉嫌侵权人如果不提供或者不能提供足够的反证,则权利人的主张即获得支持。这本身也是一种满足前提条件之下的事实推定。

实践中对于初步证据的把握也可能结合案件具体情况,比较灵活。如在百年梦公司、翔鹰公司与三六零公司、柳某、刘某某、金某某不正当竞争纠纷案[3]中,金能公司董事长朱某某于2014年7月经人介绍认识柳某,双方约定柳某团队以马斯特公司的名义代为履行技术入股,朱某某团队由金能公司代为履行出资入股。双方于2014年12月25日注册成立百年梦公司。2015年11月30日,经评估,"一种锂离子正极材料生产技术"评估结

---

[1] 最高人民法院《关于适用〈中华人民共和国民事诉讼法〉的解释》(2022年修正)第108条规定:"对负有举证证明责任的当事人提供的证据,人民法院经审查并结合相关事实,确信待证事实的存在具有高度可能性的,应当认定该事实存在。对一方当事人为反驳负有举证证明责任的当事人所主张事实而提供的证据,人民法院经审查并结合相关事实,认为待证事实真伪不明的,应当认定该事实不存在。法律对于待证事实所应达到的证明标准另有规定的,从其规定。"

[2] 最高人民法院《关于适用〈中华人民共和国民事诉讼法〉的解释》(2022年修正)第109条规定:"当事人对欺诈、胁迫、恶意串通事实的证明,以及对口头遗嘱或者赠与事实的证明,人民法院确信该待证事实存在的可能性能够排除合理怀疑的,应当认定该事实存在。"

[3] 最高人民法院民事判决书,(2021)最高法知民终814号。

论为该技术价值为5000万元。三六零公司于2016年1月知悉了锂电池项目。后柳某与三六零公司接触,并携锂电池正极材料等制备技术与三六零公司合作,组建翔鹰公司。柳某于2016年3月1日从百年梦公司辞职,同年6月12日入职翔鹰公司。百年梦公司于2017年11月29日向一审法院起诉,请求判令翔鹰公司、三六零公司、柳某等人(五个被诉侵权人)停止侵害百年梦公司商业秘密的行为,连带赔偿百年梦公司经济损失人民币2亿元。

一审法院判决认为,百年梦公司主张的技术信息或者其内容部分已被翔鹰公司提交的公开出版物、国家标准等证据内容所披露,属于相关领域技术人员容易推导计算的内容,为公众所知悉;部分内容无法确定技术信息的权利归属于百年梦公司;部分信息仅为相关技术的一般原理、原料及工艺流程介绍,并非具体的可用于实施的技术方案。百年梦公司无直接证据证明其主张的侵权行为,未展示翔鹰公司的具体产品或产品实施的技术,亦未提供证据说明翔鹰公司如何使用了其具体经营信息,在案证据亦未完整展示商业秘密可能转移的具体节点。据此,百年梦公司提交的初步证据尚不能合理表明商业秘密被侵犯,其侵权主张无事实依据,不予支持,驳回百年梦公司的诉讼请求。最高人民法院二审判决也未支持百年梦公司关于翔鹰公司等构成及侵犯其商业秘密的请求。

该案一审判决对于百年梦公司提交的初步证据尚不能合理表明商业秘密被侵犯的判断似乎是结合案件的整体情况作出的。

第三节 《反不正当竞争法》第32条法律规范设计的评价与完善

一、《反不正当竞争法》第32条第1款的评价

在历来的司法实践中,证明商业秘密的存在和构成都是权利人的责任。权利人主张权利,首先必须证明其权利的存在。在证明存在权利之前,所谓的权利人只是主张权利的人即提出权利主张的人,还不是已经确定的权利人,因而不存在对其权利进行倾斜性保护的问题。此时如果推定其权利存在和进行倾斜性保护,显然是无的放矢和对权利保护上的基本平衡的破坏。而且,就举证责任分配的事实基础和合理性而言,商业秘密在权利人掌控之下,只有权利人才最为方便证明其权利的存在,由权利人证明才符合公平原则。因此,是否存在和构成商业秘密当然是权利人主张权利的前提,也当然由其承担举证责任。《反不正当竞争法》第32条第1款将不构成商业秘密的举证责任一般性地倒置给被告,不符合公平原则和举证规则分配的基本法理。

《反不正当竞争法》第32条第1款关于"涉嫌侵权人应当证明权利人所主张的商业秘密不属于本法规定的商业秘密"的规定是将构成商业秘密的举证责任倒置给涉嫌侵权人。当然,这种倒置是有条件的,即"商业秘密权利人提供初步证据,证明其已经对所主张的商业秘密采取保密措施,且合理表明商业秘密被侵犯"。从该规定的措辞来看,涉嫌侵权人承担"证明权利人所主张的商业秘密不属于本法规定的商业秘密"的举证责任,其前提是提供初步证据,首先是证明其已经对所主张的商业秘密采取了保密措施,其次是其初步证据"合理表明商业秘密被侵犯"。其中,初步证据是要求原告举证达到的证明程度,而"证明其已经对所主张的商业秘密采取保密措施,且合理表明商业秘密被侵犯"是需要原告举证证明的两个要件事实,也是需要证明的对象即待证事实。

但是,即便文字上可以如此解读,但适用该款规定的具体场景仍是很难设想的。《反不正当竞争法》第 32 条第 1 款令人费解的根本原因是,其将提供初步证据证明采取保密措施和合理表明商业秘密被侵犯,作为将不构成商业秘密的举证责任进行倒置的前提条件和要件事实,但其前提条件似乎不周延,与举证责任倒置之间似乎缺乏逻辑对应性,即这些前提事实不足以支持或者导致举证责任的倒置,两者之间的逻辑对应性并不周延。对此下文再做阐述。

总之,商业秘密是否存在或者是否符合法定条件是不太适宜进行推定的。首先,不具有推定的事实基础。商业秘密是由原告主张并处其控制之下的,只有原告才具有举证的事实基础。其次,不具有推定的正当性。主张权利者首先证明自己权利的存在,这是天经地义的基本义务。让被告为原告承担证明商业秘密存在的举证责任,不具有基本的正当性。最后,即便是在美国,商业秘密侵权诉讼中是否存在商业秘密也是由权利人证明。因此,《反不正当竞争法》第 32 条第 1 款的制度设计存在重大缺陷。正确的做法是,仍由主张权利的原告对其商业秘密的存在负举证责任,这是其主张权利的逻辑起点,举证责任不能倒置给对方。

二、《反不正当竞争法》第 32 条第 2 款的评价

《反不正当竞争法》第 32 条第 2 款规定:"商业秘密权利人提供初步证据合理表明商业秘密被侵犯,且提供以下证据之一的,涉嫌侵权人应当证明其不存在侵犯商业秘密的行为:(一)有证据表明涉嫌侵权人有渠道或者机会获取商业秘密,且其使用的信息与该商业秘密实质上相同;(二)有证据表明商业秘密已经被涉嫌侵权人披露、使用或者有被披露、使用的风险;(三)有其他证据表明商业秘密被涉嫌侵权人侵犯。"该规定似乎是侵犯商业秘密行为的举证责任移转而不是举证责任倒置,即商业秘密权利人对于侵犯商业秘密行为负举证责任,只是减轻了其举证责任,只需提供该款所要求提供的证据并达到初步证明的程度,之后即可将举证责任移转给对方,由对方证明不存在侵犯商业秘密行为;如果被告不能举证证明不构成侵权,则侵权行为成立。

有疑问的是,首先,"商业秘密权利人提供初步证据合理表明商业秘密被侵犯"与"提供以下证据之一"是什么关系?从《反不正当竞争法》第 32 条第 2 款的表述来看,是将两者作为同时具备的并列关系,即"提供初步证据合理表明商业秘密被侵犯"是提供第 32 条第 2 款第 1、2、3 项证据以外的其他证据。但是,从其内容来看,似乎又是交叉关系,如该款第 1、2、3 项规定的情形都属于商业秘密可能被侵犯的情形,恰可以归入"提供初步证据合理表明商业秘密被侵犯"之中。显然,"商业秘密权利人提供初步证据合理表明商业秘密被侵犯"与"提供以下证据之一"之间的关系是混乱和交叉的。其次,"提供初步证据合理表明商业秘密被侵犯"如何理解?通常而言,"初步证据"证明程度较低,低于优势证据的证明标准,但法律又要求初步证据要达到"合理表明商业秘密被侵犯"的程度,该"合理表明"只是一定程度的可能性或者有可能,还是要达到优势证据的标准(如 50% 以上的可能性)?这种高度模糊性的标准殊难把握。最后,《反不正当竞争法》第 32 条第 2 款规定的"商业秘密权利人提供初步证据合理表明商业秘密被侵犯","有证据表明商业秘密已经被涉嫌侵权人披露、使用或者有被披露、使用的风险",以及"有其他证据表明商业秘密被涉嫌侵权人侵犯",均不是对于构成侵权行为的具体要件事实的细分,而是对于整个侵犯行为存在可能性的证明要求,这些事实更适宜作为证明程度(标准)的规定,而不宜作为推定和举证责任转移的前提事实。

当然,越是模糊和逻辑关系不清的条款,越需要发挥解释的作用。对于《反不正当竞争法》第 32 条第 2 款的解释可以不拘泥于文义和形式逻辑关系,尽可能作出符合逻辑和恰当的解释。尤其是,对于"商业秘密权利人提供初步证据合理表明商业秘密被侵犯"与"提供以下证据之一"的关系应当作相互结合的整体解释。

首先,《反不正当竞争法》第 32 条第 2 款规定了原告的证明程度和举证责任的移转。其规定的"商业秘密权利人提供初步证据合理表明商业秘密被侵犯,且提供以下证据之一的,涉嫌侵权人应当证明其不存在侵犯商业秘密的行为"可以解读为包含以下两层基本含义:一是明确了权利人的举证责任和证明程度,即权利人对于商业秘密被侵犯的事实仍负举证责任,但只需达到提供初步证据和达到"合理表明"的程度;二是明确了举证责任转移,即达到初步证明和合理表明的证明程度之后,由涉嫌侵权人证明不存在侵犯商业秘密行为,即将由权利人证明的举证责任移转给涉嫌侵权人。举证责任移转与倒置的区别在于,移转的前提是原告尽到了法律要求的举证责任,完成了举证,而将提供反证的责任交由对方,在对方不能提供足够的反证时,原告的举证责任完成。

其次,举证责任移转的前提是权利人对于要件事实负举证责任,尽到举证责任且满足证明标准时,即将提供反证的责任移转给对方。举证责任倒置是推定事实存在的程序外观,即推定特定事实存在,允许对方提供反证推翻该推定事实,也即在前提事实成立时,原告对特定的拟证明对象无须举证,而由对方对于不存在该事实负举证责任。《反不正当竞争法》第 32 条第 2 款仍是立足于权利人对于侵权行为负举证责任,只是通过设定初步证明和合理表明的证明标准以及举证责任移转,减轻了权利人对于由其承担举证责任的侵权事实的证明责任。前述《关于审理不正当竞争民事案件应用法律若干问题的解释》第 14 条规定的权利人的举证责任,在适用《反不正当竞争法》第 32 条第 2 款时仍可以适用和参考,即当事人指称他人侵犯其商业秘密的,在证明存在商业秘密的情况下,至少还应当对对方当事人的信息与其商业秘密相同或者实质相同以及对方当事人采取不正当手段的事实负举证责任,只是证明标准和证明程度适用新的初步证据和合理表明的规定。

最后,《反不正当竞争法》第 32 条第 2 款第 1、2、3 项可以视为针对各类侵权行为进行的粗放列举。例如,其第 2 款第 1 项主要针对的是《反不正当竞争法》第 32 条第 1 款第 1 项规定的不正当获取商业秘密行为,其第 2 款第 2 项可以针对第 2 款第 2、3 项规定中的行为。但是,第 32 条第 2 款第 2、3 项规定的"有证据表明商业秘密已经被涉嫌侵权人披露、使用或者有被披露、使用的风险"以及"有其他证据表明商业秘密被涉嫌侵权人侵犯"显然都是针对整个侵权行为的证明要求。这种规定是笼统的,司法实践中需要根据个案情况细化待证事实。例如,《反不正当竞争法》第 9 条第 1 款第 3 项规定的行为,需要权利人证明被告违反保密义务或者保密要求的事实。

《反不正当竞争法》第 32 条第 2 款的初衷虽然是减轻权利人举证责任和向权利人倾斜,但如果不能很好地把握和诠释,可能会产生严重的适用问题。首先,初步证据及合理表明这样的举证要求和证明标准过于模糊笼统,适用中会导致司法的裁量余地太大,致使此类诉讼结果的预见性较差,尤其是可能导致权利的过度保护。为防止《反不正当竞争法》第 32 条第 2 款规定的证据规则被滥用,尤其要注意本条款有关"提供初步证据"和

"有证据表明"之类的要求。"合理表明"需要证据的支持,不能简单地进行纯粹裁量性的合理表明,而忽略对原告的举证要求。其次,没有在举证责任倒置与移转之间划出清晰的界限。构成倒置的情形都是在推定特定待证事实的存在,只是在前提事实成立后,负举证责任者对拟推定的待证事实不再负举证责任,由对方通过待证事实提供其不存在侵权行为的证据。推定和举证责任倒置的事实,其待证前提事实更为确定和明确,适用标准更为清晰,结论和风险更为确定,对于权利人更为有利。《反不正当竞争法》第32条第1款第2项规定的情形,实质上是在解决"接触＋实质近似－合法来源"的举证责任倒置和推定问题,不正当获取方式证明难也确实是商业秘密保护的最突出问题之一,也是最适宜且完全可以独立设计为举证责任倒置和推定的规定。《反不正当竞争法》第32条第1款第2项未单独规定,而与其他模糊性情形混在一起,可能会使本来可以清晰的问题更加模糊,不如直接推定对权利人更为有利。

三、问题的症结

"谁主张,谁举证"是《民事诉讼法》规定的基本举证原则,减轻或者免除举证责任则属于特别的和例外的规定。商业秘密保护有其特殊性,可以根据特殊性设定举证责任,但由于其同样具有权利保护的一般性,仍应遵循举证责任的一般规律,在肯定一般原则和规律之下设定减免举证责任的特殊情形。商业秘密保护中的举证难不能被简单地作为普遍进行减免举证责任的借口,因为举证难主要不是举证规则造成的,而主要是由商业秘密的权利属性造成的,即此类权利客体具体秘密性,且虽然经济价值可能很重要,但从权利保护强度上其有天然的弱性,是一种天然的弱权利,举证难恰是由其秘密性等造成的。如果强行通过制度设计改变权利的保护属性,如以不周延的前提事实推定商业秘密的存在,很可能背离商业秘密保护的本性和初衷,扭曲权利的保护,导致权利义务关系的失衡。《反不正当竞争法》第32条似乎对于"谁主张,谁举证"的一般举证原则有所忽略,而直接全面地减免权利人的举证责任,在证据规则的基本设定上可能有误区和易于造成误导。而且,《反不正当竞争法》第32条设计举证责任制度的初衷虽是减轻和免除权利人的举证责任,但其所采纳的处理方式却是不周延、含含糊糊或者模糊不清的。问题的症结在于其并未对侵犯商业秘密的相关要件事实进行细分,并根据各个要件事实的情况设定举证责任。

侵犯商业秘密的认定分为两个基本环节,即商业秘密的构成以及对商业秘密的侵犯行为。《反不正当竞争法》第32条第1、2款也是按照该两个环节设定举证责任的。就商业秘密的构成而言,主张权利者需要证明其权利的存在,这是侵权诉讼的基本要求,也是侵权诉讼能够成立的基础。权利人首先应当对存在特定商业信息并符合商业秘密构成要件进行举证证明。具体言之,商业秘密由前述几个要件构成,用以证明符合各个要件的事实即商业秘密法律要件事实,这些要件事实整体上由权利人即原告举证证明,但是因为各个要件事实以及各个案件具体事实的差异,实践中可以由法院酌情减免相应要件事实的举证责任。《反不正当竞争法》第32条第2款直接采取推定商业秘密存在的方式,这显然与商业秘密构成在此类侵权诉讼中的定位不协调,也使推定的前提事实与推定结论缺乏支撑性、周延性和内在协调性。

侵犯商业秘密行为的构成也是基于《反不正当竞争法》第9条规定的各种行为类型,确定相应的要件事实并据此分配举证责任。例如,《反不正当竞争法》第9条第1款第1项规定的行为要件事实包括获取了权利人商业秘密,以及采取的是盗窃、贿赂、欺诈、胁迫、电子侵入或者其他不正当手段;第2项规定的行为要件事实是在证明第1项事实的基础上,证明对于权利人的商业秘密的披露、使用或者允许他人使用以前项手段获取的事实;第3项规定的行为要件事实是违反保密义务或者违反权利人有关保守商业秘密的要求,以及披露、使用或者允许他人使用其所掌握的商业秘密的事实。通常情况下,原告需要对构成相应侵犯行为的要件事实负举证责任,但考虑到原告对于特定事实证明上的困难,法律或者司法采取减轻或者倒置举证责任的方式。需要减轻或者倒置举证责任的情况均需针对具体特定的要件事实,而不是笼统地设定不清晰的一般条件,将待证要件事实的举证责任倒置或者移转给被告。就其一般构成而言,在存在商业秘密的前提下,举证的难点在于证明被告获取商业秘密的不正当手段,因此在符合一定的前提事实(接触+实质近似)时,将举证责任倒置给被告,让被告证明合法来源,成为国内外普遍的选择。其他的行为要件事实通常没有倒置举证责任的必要。例如,《反不正当竞争法》第32条第1款第1项规定的行为方式可以倒置给被告,但原告需要证明自己的商业秘密及被告使用的商业信息与其相同近似,且被告有获取条件,具有不正当获取的较大可能性,此时即产生倒置举证责任的基础,可以倒置举证责任;第2项规定的侵犯行为均是积极作为,应该由原告举证证明;第3项规定的行为需由原告证明被告负有保密义务或者原告提出了保密要求,以及被告存在披露等积极行为。

倒置举证责任的前提事实应当清晰,且前提事实已足以证明和表明拟认定事实具有较大存在可能性,但对某些待证事实再要求原告予以证明,对于原告而言过于苛刻或者不公平,所以设计出举证责任倒置的举证制度,将举证责任倒置给被告,在被告不能举出反证时推定待证事实成立。就侵犯商业秘密而言,前提事实是存在商业秘密以及被告对于商业秘密的不正当侵犯行为,但由于实践中突出的问题是不正当手段难以认定,于是就出现了"接触+实质近似－合法来源"的公式,即原告只需证明被告有获取商业秘密的条件,被告使用的信息与其商业秘密实质相同,就可以推定被告采取了不正当手段获取商业秘密,从而将具有合法来源的举证责任倒置给被告。这种推定公式已是国内外商业秘密保护中的共识。这种举证责任倒置也是以清晰的前提事实为推定基础的。

四、立法立场错位与制度设计缺憾[1]

(一)《反不正当竞争法》第32条立法立场的错位

"谁主张,谁举证"是民事举证责任的一般原则,[2]并基于法律要件事实分配举证责任。[3]但在特殊情况下,为符合事实证明的客观实际(如当事人的证据持有情况、举证能力等)以及公平正义,法律也可以另设特别的举证责任分配规则。无论是举证责任倒置还

---

[1] 参见王艳芳:《侵犯商业秘密举证责任制度的缺陷与重构》,载《中国法律评论》2023年第3期。
[2] 《民事诉讼法》第67条第1款规定:"当事人对自己提出的主张,有责任提供证据。"最高人民法院《关于适用〈中华人民共和国民事诉讼法〉的解释》(2022年修正)第90条规定:"当事人对自己提出的诉讼请求所依据的事实或者反驳对方诉讼请求所依据的事实,应当提供证据加以证明,但法律另有规定的除外。在作出判决前,当事人未能提供证据或者证据不足以证明其事实主张的,由负有举证证明责任的当事人承担不利的后果。"
[3] 最高人民法院《关于适用〈中华人民共和国民事诉讼法〉的解释》(2022年修正)第91条规定:"人民法院应当依照下列原则确定举证证明责任的承担,但法律另有规定的除外:(一)主张法律关系存在的当事人,应当对产生该法律关系的基本事实承担举证证明责任;(二)主张法律关系变更、消灭或者权利受到妨害的当事人,应当对该法律关系变更、消灭或者权利受到妨害的基本事实承担举证证明责任。"

是转移,都是应特殊之需。[1]《反不正当竞争法》第 32 条属于"法律另有规定"[2]的举证责任分配规则,是适应特殊需求而创设的特殊规则,只是制度创设的正当性不一定尽是常规理由,而涉及特别的立法立场。

第一,商业秘密权利人受害者心态的立场偏差。

如前所述,《反不正当竞争法》第 32 条的创设首先是回应中美经贸谈判的要求,或者说是满足谈判中美方提出的要求。笔者赞同一些学者的分析,即不排除这样的可能性:在中美协商过程中,中方为了经济贸易协议签署的大局,单方面作出更多的让步,明确同意倒置上述两项事项的证明责任。这也并非完全不能理解的政策选择。《经济贸易协议》原本可能并没有关注美方自身的法律实践,事实上,这也似乎不太可能成为中方的重要关切。后来,在协议谈判的最后阶段,出于政治需要而加强文本形式上的均衡性,中国要求美国在协议中承诺美国法律也符合上述要求。美国谈判代表可能在没有时间仔细研究美国法律与协议文本的一致性的情况下就匆匆作出了上述承诺,从而出现这一意外缺陷。[3]遵从国家间的承诺本身并不必然存在问题,但是在商业秘密保护上,美方很可能一直持有中国商业秘密保护不力、美国企业是损害极大的"受害者立场"。"受害者立场"很容易影响诉求的中立和超然,决定了对于权利保护的格外或者额外关照,而设定了不利于权利人的举证规则,其中不排除有过度之举。

美国谈判者在《经济贸易协议》中宣称,上述侵犯商业秘密举证规则也符合美国现有实践,但是美国相关法律并没有规定减轻权利人的举证负担,也没有倒置证明责任或降低证明标准。在匆忙之中,美国谈判者可能并没有留意到美国法律的细节,并对中方提出超越美国法律的要求。[4]出现这样的问题不太可能是因为法律概念使用之类的技术性原因,[5]更可能是美方认为其商业秘密保护充分,只须关注对中国的施压和要求,中方则迫于压力而在是否接受上没有太多的讨价余地,或许也不太关注此类立法制度上的细节性规定。《经济贸易协议》商业秘密举证条款就是由此而来的,因而出发点首先不是基于举证规则的妥当性。

事实上,在美国商业秘密保护中,原告对其诉讼请求负有全面的证明责任(the plaintiff who bears the burden of pleading and proving a claim for relief)。[6]根据美国《统一商业秘密法》和《保护商业秘密法》,对于商业秘密侵占行为的成立,原告负有如下证明责任:(1)他拥有商业秘密(或者具有原告资格);(2)被告对其商业秘密有侵害或者侵害之虞;(3)他有权获得救济。[7]此外,在各类侵犯行为构成要素的具体证明中,还存在复杂的

---

[1] 最高人民法院《关于知识产权民事诉讼证据的若干规定》(法释〔2020〕12 号)第 2 条规定:"当事人对自己提出的主张,应当提供证据加以证明。根据案件审理情况,人民法院可以适用民事诉讼法第六十五条第二款的规定,根据当事人的主张及待证事实、当事人的证据持有情况、举证能力等,要求当事人提供有关证据。"
[2] 最高人民法院《关于适用〈中华人民共和国民事诉讼法〉的解释》(2022 年修正)第 91 条。
[3] 参见崔国斌:《商业秘密侵权诉讼的举证责任分配》,载《交大法学》2020 年第 4 期。
[4] 参见崔国斌:《商业秘密侵权诉讼的举证责任分配》,载《交大法学》2020 年第 4 期。
[5] 有学者认为出现这样的问题的原因是美国商业秘密领域的证明责任(说服责任)和举证义务的区别不明。很多人将原告提供初步证据后,举证义务向被告的转移当成所谓的证明责任转移。参见崔国斌:《商业秘密侵权诉讼的举证责任分配》,载《交大法学》2020 年第 4 期。
[6] See Sharon K. Sandeen & Elizabeth A. Rowe, *Trade Secret Law in an Nutshell*, 2nd edition, West Academic Publishing, 2018, p. 107.
[7] See Clororx Co. v. S. C. Johnson & Son, Inc., 627 F. Supp. 2d 954, 968 (E. D. Wisc. 2009).

具体情况,原告根据具体情况承担相应的证明责任。[1]例如,原告必须确认其商业秘密的特征。[2]大多数州的判例法和诉讼规则对此明确要求,如《哥伦比亚民事诉讼法》对此有明文规定,[3]威斯康星州《统一商业秘密法》要求,原告请求商业秘密的禁令救济的,"必须向对方当事人详细澄清其所主张的商业秘密"。[4]原告澄清其商业秘密的要求是正当程序的要求,同时也是防止原告通过商业秘密诉讼获取竞争对手的商业情报的需要,因而需要关注双方之间的利益平衡。[5]由此可见,在美国侵犯商业秘密诉讼中,原告在承担全面的证明责任上没有特殊性,不存在像我国《反不正当竞争法》第32条全面减轻举证责任的情况。中美经贸谈判中对于中方的举证责任要求,体现了其对待同一问题上的国内外双重标准。

第二,将假定权利人当作权利人的立场错位。

侵犯商业秘密的认定分为两个基本环节,即商业秘密的构成以及对商业秘密的侵犯行为。《反不正当竞争法》第32条第1、2款就是按照该两个环节设定举证责任的。就商业秘密的构成而言,主张权利者需要证明其权利的存在,这是诉讼正义的基本要求,也是侵权诉讼能够成立的基础。权利人首先应当对存在特定商业信息并符合商业秘密构成要件进行举证证明。具体言之,商业秘密由秘密性、价值性和保密性的要件构成,且属于技术信息和经营信息等商业信息。用以证明符合各个要件的事实即为商业秘密构成的法律要件事实整体上是由权利人即原告举证证明的,只是因为各个要件事实以及各个案件具体事实的差异,实践中可以由法院酌情减免相应要件事实的举证责任。《反不正当竞争法》第32条第2款直接采取推定商业秘密存在的方式,显然与商业秘密构成在此类侵权诉讼中的基本定位不协调,也使得推定的前提事实与推定结论缺乏支撑性、周延性和内在协调性。

在历来的司法实践中,证明商业秘密的存在和构成是权利人的责任。权利人主张权利,首先必须证明其权利的存在。在证明存在权利之前,所谓的权利人只是主张权利的人即提出权利主张的人,还不是已经确定的真正权利人,因而不存在对其权利进行倾斜性保护问题。即使对其进行倾斜性保护,也是因为不加以倾斜即不符合其权利属性,遵循常规的路径必然导致非公平。如果不属于此类应予倾斜的例外情形,但却轻易地推定其权利存在和进行倾斜性保护,则会出现立场不中立、不公正的问题,必然会无的放矢和破坏权利保护上的基本平衡。在商业秘密保护的场景下,就举证责任分配的事实基础和合理性而言,商业秘密在权利人掌控之下,只有权利人才最为方便证明其权利的存在,一般不存在事实上的证明权利存在的特殊困难,因此由权利人证明才符合公平原则。例如,虽然"不为公众所知悉"(秘密性)经常被认为是消极事实,但实践中并未简单地否认权利人的

---

[1] See Sharon K. Sandeen & Elizabeth A. Rowe, *Trade Secret Law in an Nutshell*, 2nd edition, West Academic Publishing, 2018, chapter 4.

[2] See IDX Systems Corp. v. Epic Systrms Corp., 285 F. 3d 581, 583–584 (7th Cir. 2002).

[3] See Sharon K. Sandeen & Elizabeth A. Rowe, *Trade Secret Law in an Nutshell*, 2nd edition, West Academic Publishing, 2018, p. 157.

[4] Wisc. Stat. Ann, § 134.90(3)(a)(2017).

[5] See Sharon K. Sandeen & Elizabeth A. Rowe, *Trade Secret Law in an Nutshell*, 2nd edition, West Academic Publishing, 2018, p. 158.

举证能力和举证责任。如有的法院规定,鉴于"不为公众所知悉"属于消极事实,原告对此举证难度较大,一般而言,原告可以说明其主张的信息与为公众所知悉的信息的区别,或者提供鉴定书、检索报告证明其请求保护的信息不为公众所知悉。[1]因此,就《反不正当竞争法》第 32 条第 1 款而言,将是否存在和构成商业秘密的责任在多大程度上进行举证责任转移,或者说在多大程度上减轻权利人的举证责任而加重涉嫌侵权人的举证责任,不能建立于将假定权利人或者主张权利的人当作真正权利人的假定之上,而应当从客观实际和公正合理的角度出发。基于这种考量,《反不正当竞争法》第 32 条第 1 款似乎在权利人和权利的立场上有偏颇,过分倾向于还处于主张权利阶段的假定权利人的人,可能有悖基本的平等对待原则。

第三,"举证难、保护难"归因上的错位。

举证难和保护难的直观表现是原告的败诉率高。例如,根据北京高院知识产权庭课题组对于全国各地法院 2013 年至 2017 年审理的商业秘密案件中胜败诉比例的梳理,原告败诉的案件数明显大于胜诉的案件。在以判决方式审结的案件中,原告主张的商业秘密未获得司法保护的案件数量占比为 65%,明显大于原告主张获得支持的案件数量。原告主张保护的客体能否有明确的秘密点、是否采取保密措施、被告是否接触原告的秘密、原告主张的秘密与被告使用信息之比对等因素,均影响原告能否胜诉。根据检索结果,在原告败诉的 210 件案件中,法院认定不构成商业秘密的有 140 件。据此,课题组认为,在司法实践中,原告主张保护的客体不构成商业秘密系其败诉的主要原因。[2]除主张保护的商业秘密确属不适格外,也有将原告败诉的原因归咎于举证责任规则等制度有缺陷,影响了权利保护。如有的学者所说,在中国一般认为商业秘密侵权比较严重,但真正诉诸法院的案件并不多见。其原因可能是商业秘密保护制度对权利人不够友好,导致权利人举证困难,没有诉讼积极性。从上述调研报告的实证数据看,法院否认商业秘密存在的比例不低,这意味着秘密性证明责任是个问题。[3]由此,改造举证责任规则、减轻原告举证负担成为加强商业秘密保护的重要关注和举措。[4]在这种社会呼声和制度改造中,难免会有夸大举证规则缺陷的倾向,致使制度设计中过于向假定的或者有待证明的权利人倾斜,导致制度的扭曲。《反不正当竞争法》第 32 条源于解决举证难、保护难问题的初衷,其中

---

[1] 例如,最高人民法院《关于充分发挥知识产权审判职能作用推动社会主义文化大发展大繁荣和促进经济自主协调发展若干问题的意见》(法发〔2011〕18 号)第 25 条规定"权利人提供了证明秘密性的优势证据或者对其主张的商业秘密信息与公有领域信息的区别点作出充分合理的解释或者说明的,可以认定秘密性成立";《江苏省高级人民法院侵犯商业秘密民事纠纷案件审理指南(修订版)》(2020 年 12 月 29 日江苏省高级人民法院审判委员会第 36 次全体会议讨论通过)第 2.8.1 条。

[2] "本次调研在梳理全国各地法院 2013 年－2017 年涉及侵犯商业秘密案例的基础上,通过案例研究、数据统计、资料分析、专题讨论等方式,梳理、总结目前涉及侵犯商业秘密案件的基本特点、法律难点等问题,旨在归纳、总结法院审理此类案件中的已有做法。"参见北京市高级人民法院知识产权庭课题组:《〈反不正当竞争法〉修改后商业秘密司法审判调研报告》,载《电子知识产权》2019 年第 11 期。

[3] 参见崔国斌:《商业秘密侵权诉讼的举证责任分配》,载《交大法学》2020 年第 4 期。

[4] 例如,最高人民法院《关于充分发挥知识产权审判职能作用推动社会主义文化大发展大繁荣和促进经济自主协调发展若干问题的意见》(法发〔2011〕18 号)在"依法加强商业秘密保护"中强调,"根据案件具体情况,合理把握秘密性和不正当手段的证明标准,适度减轻商业秘密权利人的维权困难"。最高人民法院《关于全面加强知识产权司法保护的意见》(法发〔2020〕11 号)第 5 条规定,"正确把握侵害商业秘密民事纠纷和刑事犯罪的界限。合理适用民事诉讼举证责任规则,依法减轻权利人的维权负担"。

既有减轻权利人举证责任的合理成分,又不排除在度的把握上有过于亲权利的过度和偏激之举。

其实,败诉率与保护不力并不当然画等号。商业秘密能否得到有效保护,关键取决于其应否受到保护,这才是衡量是否保护不力的前提。例如,我们似乎从来没有说过或者怀疑美国商业秘密保护的不力,但事实上其权利人的败诉率也是很高。美国一项专门研究表明,在美国的商业秘密诉讼中,原告败诉的比例达到53%。[1]当然,这一数据包含临时禁令的案件,与中国的数据不具备直接的可比性。在诉前禁令阶段,如果秘密性存在争议,则秘密性被否的比例是43%,进入即决判决(summary judgment)阶段后,秘密性被否的比例达到61%。如果我们更多地考虑进入即决判决阶段的案件,同时考虑到中国部分法院可能对秘密性有过高要求,则美国这一比例与中国商业秘密被否定的比例的差别并不是很大。在美国,要求减轻权利人举证责任的呼声并不明显。因此,商业秘密的证明困难很可能并非导致商业秘密维权困难的主要原因。过高的证明标准、有限的损害赔偿数额、不及时的禁令救济等可能是更大的问题。[2]

举证难是否为真问题以及属于何种真问题还涉及谁是最为有利和最有能力的举证者问题。商业秘密权利人对其权利状况最为心中有数,最了解其权利是否存在以及是否被侵犯。即便是作为商业秘密构成要件之一的"不为公众所知悉",其虽通常被归入所谓的消极事实,但商业秘密权利人对其拥有的商业信息在相关领域是否构成众所周知(公知知识)通常也会心中有数,至少能够清楚地加以说明。况且,所谓的消极事实与积极事实本身的界限并不绝对清晰,换一种表达方式就可以转换。比如,"不为公众所知悉"可以以积极的方式表达为"区别于公知信息",消极事实由此摇身变为积极事实。这也是权利人对于"不为公众所知悉"并非完全不能举证或者一定属于举证难的原因。权利人对于商业秘密被侵犯通常也会清楚地知道。如果这种基本判断能够成立,那么将是否存在商业秘密及是否侵权的举证责任大幅转移给被诉侵权人,难免产生相应的举证责任分配规则是否均衡和符合正义的问题。

(二)举证责任转移制度设计正当性的检讨

举证责任转移(或者倒置)与推定是一体两面,或者说举证责任转移导致推定的产生。法律之所以设定举证责任转移或者推定之类的制度,是因为实践中客观存在这样一些事实,即其事实真相不易明了,难以举证,或者这些事实的欠缺导致其他法律后果无从发生。对于这些事实,不能不顾及公平正义和举证负担的均衡,以法律推想、假定或拟制其内容,使法律的适用为之简化,并使享受推定利益的当事人毋庸对推定的事实举证。因此,举证责任转移和推定的重要意义在于引起程序规范的变化,即法律上的举证转移和推定免除或者减轻了受其利益的当事人一方的举证责任,但法律一般又允许对方提出反证。法律上的推定由此带来了举证责任的转移或者倒置。推定和举证责任转移的设置必须具有正当性。首先,具有转移的基础。例如,由于商业秘密的特殊属性,证明被申请人如何具体实施侵权行为往往非常困难,权利人往往只能提供一些涉嫌侵权人具有取得其商业

---

[1] See David S. Almeling, Darin W. Snyder, Michaell Sapoznikow, Whitney E. McCollum and Jill Weader, *A Statistical Analysis of Trade Secret Litigation in Federal Courts*, 46 Gonzaga Law Review 291, 313 (2009).

[2] 参见崔国斌:《商业秘密侵权诉讼的举证责任分配》,载《交大法学》2020年第4期。

秘密的条件之类的证据,而难以举出直接的、"有形"的侵权证据,如因此不能得到合理的法律救济,对于权利人不公平。由此设定举证责任转移制度就有了法理基础。其次,具有转移的合理性。尽管商业秘密不具有法律上的独占性和排他性,同一种商业秘密可以同时为多个权利主体所拥有,但是多人拥有同样的商业秘密的情况是少数的例外情况。在权利人提供初步证据,且合理表明商业秘密被侵犯的前提下,存在被申请人实施侵权行为的较大可能性,此时举证责任转移和推定与大多数事实情况相符。因此,这种转移和推定具有客观的现实基础。在这种情况下,将不侵权的举证责任转换给被告,符合举证责任转换的要求。最后,具有平衡被申请人利益的办法。在此种情况下,涉嫌侵权人存在合法获取商业秘密的可能,如自行构思、善意受让和反向工程等。因此,涉嫌侵权人有提供反证的可能,即若涉嫌侵权人不能证明自己的商业秘密是合法取得的,则根据前提事实推定其实施了侵权行为。由此,在使权利人(原告)享受举证责任转移和推定利益的同时,又为涉嫌侵权人(被告)提供了免责的机会,防止冤枉涉嫌侵权人。只要商业秘密是涉嫌侵权人通过合法途径取得的,其通常都能够举出反证。因此,通过举证责任转移的方式给涉嫌侵权人提供反证的机会就使权利人与涉嫌侵权人的利益得到了平衡,既解决了事实的认定难题,又保护了当事人的合法权益。

举证责任转移的条件取决于证明标准的设定,即只有达到法律设定的证明标准,才发生举证责任的转移。例如,如果民事诉讼采取优势证据(或者高度可能性)的标准,负有举证责任的一方当事人提供相应的证据达到优势(高度可能性)时,即完成其举证责任。对方当事人不提供反驳证据或者反驳证据不足以支持其反驳主张的,应当认定负举证责任的一方当事人举证成立,据此认定案件的事实。同样,如果民事诉讼采取初步证明和合理表明的标准,完成初步证明和合理表明即符合举证转移的要求。当然,举证责任转移的条件设定不是随意的,只有实质上符合上述举证转移设定的正当理由和合理基础能够平衡双方当事人利益,才属于正当的举证责任转移制度设计。否则,制度设计可能出现问题。

(三)《反不正当竞争法》第32条第1款的制度设计缺憾

正如《2007年反不正当竞争司法解释》第14条规定的,侵犯商业秘密诉讼的举证对象涉及商业秘密符合法定条件、对方当事人的信息与其商业秘密相同或者实质相同(所谓的"同一性")以及对方当事人采取不正当手段的事实。其中,商业秘密符合法定条件的证据包括商业秘密的载体、具体内容、商业价值和对该项商业秘密所采取的具体保密措施等。虽然此处的采取不正当手段针对的是不正当获取行为,但侵犯商业秘密的行为不以此为限,其还包括不正当使用、披露行为。其中,商业秘密符合法定条件旨在解决是否存在商业秘密的问题,而"同一性"和不正当手段等针对的是是否存在侵犯行为的问题,两者恰与《反不正当竞争法》第32条第1款和第2款分别针对商业秘密与侵犯行为的举证规定相对应。

根据《反不正当竞争法》第32条第1款的规定,原告只需提供初步证据证明其采取了保密措施,且合理表明商业秘密被侵犯,即完成举证责任,而将不存在商业秘密的举证责任转移给涉嫌侵权人。由此导致的问题是,在被告不知道证明对象是什么的情况下,如何要求被告证明其不存在或者不构成侵犯他人商业秘密的行为?是否导致无的放矢?通常而言,只有在前提事实的成立可以在一定或者较大程度上推论出存在商业秘密的情况下,才有转移举证责任的必要性和合理性。《反不正当竞争法》第 32 条第 1 款仅将前提事实规定为提供初步证据证明采取保密措施,且合理表明商业秘密被侵犯,而这些前提事实还不足以在一定或者较大程度上证明或者表明权利人确实存在商业秘密,因此也就不存在将商业秘密的举证责任转移给涉嫌侵权人的情形。《反不正当竞争法》第 32 条第 1 款以笼统和不周延的前提事实倒置举证责任与推定事实,显然是令人费解和难以适用的。

(四)《反不正当竞争法》第 32 条第 2 款的制度缺憾

《反不正当竞争法》第 32 条第 2 款将"商业秘密权利人提供初步证据合理表明商业秘密被侵犯,且提供以下证据之一"作为将不存在侵犯商业秘密行为的举证责任转移给涉嫌侵权人的前提条件。该条款在制度设计上的问题如下:

首先,"提供初步证据合理表明商业秘密被侵犯"的要求太笼统模糊,裁量和伸缩余地太大,除能够给出减轻权利人举证责任的立法指令信息外,在操作性上相对较差,在具体把握上可能会有较大出入。

其次,"商业秘密权利人提供初步证据合理表明商业秘密被侵犯"与"提供以下证据之一"是什么关系?是交叉关系、并列关系还是递进关系?似乎三种关系都有那么一点,但又不都全是,两者之间的关系比较模糊。从《反不正当竞争法》第 32 条第 2 款表述来看,是将两者作为同时具备的并列关系,即"提供初步证据合理表明商业秘密被侵犯"是提供《反不正当竞争法》第 32 条第 2 款第 1、2、3 项证据以外的其他证据。但是,从其内容来看,似乎又是交叉关系,如该款第 1、2、3 项规定的情形都属于商业秘密可能被侵犯的情形,可以归入"提供初步证据合理表明商业秘密被侵犯"之中。显然,"商业秘密权利人提供初步证据合理表明商业秘密被侵犯"与"提供以下证据之一"之间的关系是混乱和交叉的。

最后,《反不正当竞争法》第 32 条第 2 款规定的"商业秘密权利人提供初步证据合理表明商业秘密被侵犯","有证据表明商业秘密已经被涉嫌侵权人披露、使用或者有被披露、使用的风险",以及"有其他证据表明商业秘密被涉嫌侵权人侵犯",均不是对于构成侵犯行为的具体要件事实的细分,而是对于整个侵犯行为存在可能性的证明要求,这些事实更适宜作为证明程度(标准)的规定,而不宜作为推定和举证责任转移的前提事实。

五、《反不正当竞争法》第 32 条的立法完善

(一)《反不正当竞争法》完善第 32 条的总体定位

"谁主张,谁举证"是《民事诉讼法》规定的基本举证原则,减轻或者免除举证责任则属于特别的和例外的规定。商业秘密保护有其特殊性,可以根据其特殊性设定举证责任,但由于其同样具有权利保护的一般性,仍应遵循举证责任的一般原则,其制度架构应该是在确定一般原则的基础上设定减免举证责任的特殊情形。特别是,如前所述,商业秘密保护中的举证难不能被简单地作为普遍进行减免举证责任的借口,举证难主要不是举证规则造成的,而主要是商业秘密的权利属性所致,即此类权利客体具有秘密性和保密性,且虽然其经济价值可能很重要,但在权利保护强度上有天然的弱性,是一种天然的弱权利,举证难恰是由其秘密性和保密性等固有特质造成的。如果强行通过制度设计改变权利的保护属性,如以不周延的前提事实推定商业秘密的存在,很可能背离商业秘密保护的本性和初衷,扭曲权利的保护,导致权利义务关系的失衡。《反不正当竞争法》第 32 条似乎对于"谁主张,谁举证"的一般举证原则有所忽略,而直接全面地减免权利人的举证责任,在

证据规则的基本设定上可能有误区和易于造成误导。而且,《反不正当竞争法》第32条设计举证责任制度的初衷虽是减轻和免除权利人的举证责任,但其所采纳的处理方式又不周延、含含糊糊或者模糊不清。问题的症结在于其并未对侵犯商业秘密的相关要件事实进行细分,并根据各个要件事实的情况设定举证责任。

《反不正当竞争法》第32条对于举证责任减轻和转移的规定仍应针对商业秘密是否存在以及侵权行为是否成立的待证事实,且定位于设定特殊规则,不属于特殊规则调整事项的情形,仍适用"谁主张,谁举证"的一般规则。以前的司法实践足以表明,通常情况下采用"谁主张,谁举证"原则并未使权利人不堪重负和导致极大的不公平,反而能够保障案件事实的认定。如北京市高级人民法院课题组的调查显示,法院通常采取的做法是在适用"谁主张,谁举证"这一原则的同时,根据案件的具体情况灵活把握证明标准,即由原告就其主张的秘密区别于公众所知悉的信息进行初步举证,在此基础上,法院结合被告的抗辩以及社会公知常识、行业普遍认知等进行综合认定。[1]这表明,商业秘密保护中的事实认定情形复杂和头绪繁多,不一定是简单的单项举证和举证转移,单项举证和举证责任转移只解决特殊问题,不能泛化为一般性规则。

综上,在侵犯商业秘密举证责任规则的总体定位上,《反不正当竞争法》第32条首先应当是在坚持"谁主张,谁举证"原则的前提下,对于确有必要减轻原告举证责任和进行举证责任转移的特殊情形,设定举证责任转移规则,避免将举证责任转移作为侵犯商业秘密举证责任的一般规则。也就是说,举证责任转移适用于特殊情形,并以准确规定前提条件的方式限定其适用范围,防止其适用的扩大化。其次,举证责任转移应当基于中立的、客观的和公正的理由。无论是涉及商业秘密的证成还是侵权行为的是否存在,都要注意防止前述举证责任规则设计上的立场偏差。举证责任适用的场景和前提条件的确定,主要考量商业秘密权利的属性、当事人的举证能力等因素。

(二)《反不正当竞争法》第32条第1款的完善

基于上述,《反不正当竞争法》第32条第1款可以改为:"在侵犯商业秘密的民事审判程序中,商业秘密权利人对其主张权利的商业秘密负举证责任。权利人对其商业秘密的存在提供初步证据加以证明或者能够合理说明,且合理表明商业秘密被侵犯,涉嫌侵权人应当证明权利人所主张的商业秘密不属于本法规定的商业秘密。"简言之,就举证责任转移的情形而言,只有有初步证据证明或者合理表明其主张权利的商业秘密存在,且合理表明涉嫌侵权人侵犯商业秘密,才能够将商业秘密是否存在的举证责任进行转移。

这种改造的要点,首先,是原告仍需对其商业秘密的存在负举证责任,而不是想当然地适用举证责任转移。其次,在符合两个前提条件时发生举证责任转移。其中之一是,举证责任转移原告对其商业秘密的存在需要提供初步证据证明,或者进行合理说明,而不再是仅对保密措施举证。也就是说,证明或者说明的内容可以涉及商业秘密的构成要件,只是要求提供初步证据和合理说明,以此减轻原告的举证责任。最后,重点是能够"合理表明商业秘密被侵犯",即这种合理表明要达到能够说明权利人存在商业秘密的较大可能,正如前述惠普公司和无人驾驶汽车技术的事例所呈现的情形。如果不具有这种可能性,

---

[1] 参见北京市高级人民法院知识产权庭课题组:《〈反不正当竞争法〉修改后商业秘密司法审判调研报告》,载《电子知识产权》2019年第11期。

仍应该遵循常规的举证责任规则分配,无须减轻和转移权利人的举证责任。

综上,主张权利商业秘密的存在通常仍由权利人负举证责任,这是其主张权利的逻辑起点。商业秘密存在与否的举证责任转移只能发生于特殊情形,不能泛化。商业秘密是否存在或者是否符合法定条件的举证责任,能否或者在多大程度上可以转移给涉嫌侵权人,不能简单化处理,而要符合实际。首先,不具有一般性转移的事实基础。商业秘密是由权利人主张并处于其控制之下,只有权利人才具有举证的事实基础。其次,不具有一般性转移的正当性。主张权利者首先要证明自己权利的存在,这是天经地义的基本义务。让涉嫌侵权人为原告承担证明商业秘密存在的举证责任,不具有基本的正当性。

(三)《反不正当竞争法》第32条第2款的完善

侵犯商业秘密行为的构成是基于《反不正当竞争法》第9条规定的各种行为类型,确定相应的要件事实并据此分配举证责任。在常规的情况下,权利人需要对构成相应侵犯行为的要件事实负举证责任,但考虑到其对于特定事实证明上的困难,法律或者司法采取减轻或者转移举证责任的方式。需要减轻或者转移举证责任的情况均需针对具体特定的要件事实,而不是笼统地设定不清晰的一般条件,将待证要件事实的举证责任转移给被告。激发举证责任转移的前提事实应当清晰,且前提事实已足以证明和表明拟认定事实具有较大存在可能性,但对某些待证事实再要求权利人予以证明,对于权利人而言过于苛刻或者不公平,所以设计出举证责任转移制度,在被告不能举出反证时推定待证事实成立。

侵犯商业秘密案件事实情况多种多样,且客观上权利人有尽力举证的积极性,加之侵权行为举证责任转移应限于特殊情形,涉侵犯商业秘密行为的举证责任转移的划分应当进一步具有针对性,增强其实际操作意义。侵犯商业秘密行为举证责任转移大致可以分为以下情形:(1)与商业秘密的举证责任转移相交叉的情形,即商业秘密权利人对其商业秘密提供初步证据加以证明或者进行合理说明,且合理表明商业秘密被侵犯,涉嫌侵权人应当证明其不存在侵犯商业秘密的行为。在此种情形下,如果前提事实成立,无论是涉嫌侵权人证明商业秘密不存在,还是能够证明有不侵权的事实或者事由(如反向工程、独立研发等),均可以导致侵权行为不成立。但是,前提是举证责任转移给涉嫌侵权人。此种情形正如前述惠普公司和无人驾驶汽车技术的事例所呈现的情形。(2)权利人有证据表明(证明)涉嫌侵权人使用的信息与其商业秘密实质上相同,且有渠道或者有机会获取商业秘密,涉嫌侵权人应当证明其不存在侵犯商业秘密的行为。此种情形采用"接触+实质近似"的规则。此种情形的前提事实具有较大的确定性,适用于权利人举证证明其商业秘密的存在,且涉嫌侵权人获取或者使用的信息与其商业秘密实质相同的情形。(3)权利人有初步证据证明商业秘密已经被涉嫌侵权人披露、使用,或者合理表明有被披露、使用的风险。《反不正当竞争法》第32条第2款第2项规定的情形中使用的"有证据表明"不是一个证明程度的确定概念,而"有初步证据证明"的表述则将其证明标准定位于初步证据证明。而且,披露、使用的风险只能合理表明,通常不能以证据证明。(4)有其他证据表明商业秘密被涉嫌侵权人侵犯的情形。《反不正当竞争法》第32条第2款对于侵犯商业秘密行为举证责任移转的规定,可按照上述情形进行改造和完善。

第四节 侵犯商业秘密案件中的鉴定和质证

一、侵犯商业秘密案件中的鉴定

对于侵犯商业秘密案件中涉及的专业技术问题，必要时可以通过鉴定的方式加以解决。如原告主张的技术秘密是否为公众所知悉、是否具有实用性以及被告的信息与原告的信息是否相同或者实质相同，都可以通过鉴定予以认定。当然，鉴定不是认定商业秘密的必经方式，通过专家证人、法院技术辅助人员等作证和质证方式能够认定技术事实的，可以不需要鉴定。即便是对于鉴定结论，也需要按照民事诉讼程序加以质证，而不是简单地加以接受。

不属于专业技术问题的事项，如是否采取了保密措施、不正当手段的认定等，都不属于鉴定的范围。据说对于客户信息非公知性的认定，个别公安机关要求出具鉴定报告，但根据司法部《鉴定程序通则》等文件，经营信息不应在鉴定内容之内，最高人民法院有相关判例明确了经营信息不需要鉴定确定非公知性。其实，客户名单之类的经营信息纯属事实判断问题，不具有鉴定所需要的专业性，无须寻求鉴定。特别是，对于是否属于商业秘密的整体判断，属于法律问题和法官的职责，不属于提请鉴定的范围，倘若将该问题提请鉴定机构决定，等于放弃了法官的职责。

（一）认识的偏差与纠偏

前些年，实务中对于技术秘密案件中的鉴定问题有些认识和行动上的偏差。例如，公安机关曾经将鉴定作为刑事侦查立案的必要条件。民事诉讼中也曾经有过度依赖鉴定结论的现象，后来经最高人民法院纠正，才逐渐端正对于鉴定结论的司法态度。

例如，前些年最高人民法院强调对于鉴定问题的重视，并不断明确一些态度，特别是始终强调对于鉴定结论的质证和审查。最高人民法院《关于全国部分法院知识产权审判工作座谈会纪要》（1998年7月20日）对于"专业鉴定问题"进行了专门总结。该纪要指出，审理知识产权民事纠纷案件往往涉及对专业技术事实的审查认定，人民法院必须充分重视专业鉴定。组织专业鉴定的做法主要有：（1）人民法院可以根据审理案件的实际需要，决定是否进行专业鉴定。（2）如果没有法定鉴定部门，可以由当事人自行协商选择鉴定部门进行鉴定；协商不成的，人民法院根据需要可以指定有一定权威的专业组织为鉴定部门，也可以委托国家科学技术部或各省（自治区、直辖市）主管部门组织专家进行鉴定，但不应委托国家知识产权局、国家工商行政管理局商标局、国家版权局进行专业鉴定。（3）鉴定部门和鉴定人应当鉴定专业技术问题，对所提交鉴定的事实问题发表意见。（4）人民法院应当就当事人争议的专业技术事实，向鉴定部门提出明确的鉴定事项和鉴定要求；应当将当事人提供的与鉴定事项有关的全部证据、材料提交给鉴定部门；对当事人提交并要求保密的材料，鉴定部门和鉴定人员负有保密义务。人民法院应当向当事人告知鉴定部门的名称以及鉴定人的身份，当事人有权对鉴定部门提出异议，也有权要求鉴定人回避。（5）当事人有权就鉴定项目的有关问题向鉴定部门和鉴定人提出自己的意见，鉴定部门和鉴定人应当认真研究答复。（6）人民法院应当监督鉴定部门和鉴定人在科学、保密、不受任何组织或者个人干预的情况下作出专业鉴定结论。(7)鉴定部门和鉴定人应当将鉴定结论以及作出结论的事实依据和理由、意见以书面形式提交给人民法院。鉴定结论应当经过当事人质证后决定是否采信;当事人有权要求鉴定人出庭接受质询。未经当事人质证的鉴定结论不能采信。

最高人民法院《关于全面加强知识产权审判工作为建设创新型国家提供司法保障的意见》(2007年1月11日印发,法发〔2007〕1号)第15条规定:"妥善处理专业技术事实认定。注重发挥人民陪审员、专家证人、专家咨询、技术鉴定在解决知识产权审判专业技术事实认定难题中的作用。注意把具有专业技术特长和一定法律知识、普遍公认的专家,通过所在城市的基层法院推荐、提请任命为人民陪审员;支持当事人聘请具有专门知识的人员作为诉讼辅助人员出庭就案件的专门性问题进行说明,不受举证时限的限制;复杂、疑难知识产权案件,可以向相关领域的技术和法律专家咨询;对于采取其他方式仍难以作出认定的专业技术事实问题,可以委托进行技术鉴定。"

最高人民法院《关于充分发挥知识产权审判职能作用推动社会主义文化大发展大繁荣和促进经济自主协调发展若干问题的意见》(2011年12月16日印发,法发〔2011〕18号)第25条规定,完善商业秘密案件的审理和质证方式,对于涉及商业秘密的证据,要尝试采取仅向代理人展示、分阶段展示、具结保密承诺等措施限制商业秘密的知悉范围和传播渠道,防止在审理过程中二次泄密。妥善处理商业秘密民事侵权诉讼程序与刑事诉讼程序的关系,既注意两种程序的关联性,又注意其相互独立性,在依法保护商业秘密的同时,也要防止经营者恶意启动刑事诉讼程序干扰和打压竞争对手。

2001年全国法院知识产权审判工作会议指出,要正确进行专业鉴定。人民法院审理知识产权纠纷案件需要进行专业鉴定时,一是要按照《民事诉讼法》规定的程序办理。属于法定鉴定部门鉴定的专业问题,应当委托法定鉴定部门鉴定;没有法定鉴定部门的,由当事人协商提供鉴定单位或者鉴定人员的人选,由人民法院指定;当事人协商不成的,由人民法院委托有关专业人员或有关机构进行鉴定。在专业技术鉴定中,人民法院也可以请求省级以上科技行政部门推荐鉴定所需专业领域的人员或单位进行鉴定。指定的鉴定人员不能与本案或本案当事人有任何的利害关系。二是人民法院委托鉴定的事项必须是技术事实问题,不能将是否构成侵权等法律问题也作为专业技术问题委托鉴定。三是人民法院委托鉴定时,所提交的鉴定材料等证据应当是经过证据交换或庭审质证的证据;鉴定过程中,当事人又追加提供的证据,也要经过证据交换,当事人对证据真伪发表意见或质证后方能作为鉴定材料使用。四是鉴定意见或者结论必须经过当庭质证方能作为定案的依据。

2002年全国法院知识产权审判工作座谈会指出,为保证人民法院查明案件的专业技术事实,根据证据规定和最高人民法院的《人民法院司法鉴定工作暂行规定》,对知识产权案件的鉴定问题提出以下参考意见:(1)人民法院对当事人申请鉴定的,要根据查明案件事实的需要审查决定是否鉴定。当事人申请鉴定的对象及其范围与其诉讼主张所依据的事实无关的,人民法院驳回其申请。一般情况下,人民法院不主动进行鉴定,也不主动超过当事人申请的范围进行鉴定。人民法院应当向对鉴定事项负有举证责任的当事人说明举证要求及其法律后果和预缴鉴定费的责任等,由当事人决定是否申请鉴定和确定申请鉴定的范围。根据案件情况确需鉴定而当事人没有提出申请的,人民法院可以依职权进行司法鉴定,鉴定结论经质证后决定是否采信。(2)人民法院同意当事人鉴定申请的,由当事人协商确定鉴定机构、鉴定人员,当事人不愿意协商或者协商不成的,由人民法院指定。为避免鉴定结论因鉴定机构、鉴定人员的资格、回避等问题不能采信,影响办案效率,人民法院在指定鉴定机构、鉴定人员后,应当告知当事人在指定期限内对鉴定机构、鉴定人员的资格或者申请回避等问题提出意见。(3)人民法院决定同意当事人申请鉴定的,应当委托中级以上人民法院设立的独立的司法鉴定机构进行鉴定。司法鉴定机构可以决定自行鉴定或者对外委托鉴定。司法鉴定机构进行鉴定前,应当按照前述第2项的要求,通知委托法院确定的鉴定机构和鉴定人员的资格情况。在目前独立司法鉴定机构设立数量较少的情况下,地方人民法院可以委托最高人民法院人民法院司法鉴定中心组织鉴定。(4)审理案件的法院委托司法鉴定机构鉴定的,应当要求当事人明确申请进行鉴定的事项,并在指定期限内提交完整的资料供鉴定使用。当事人未在法庭指定的期限内提交资料,致使鉴定结论对其不利的,由该当事人承担相应的法律后果。法院委托鉴定机构和鉴定人员进行鉴定,只能就专业技术事实提出委托,不得就是否构成侵权、是否构成商业秘密等委托鉴定。(5)鉴定人应当出庭接受当事人质询。当事人申请由一至二名具有专门知识的人员出庭就案件的专门性问题进行说明的,该人员可以询问鉴定人。鉴定人申请不出庭的,法庭参照证据规定关于证人申请不出庭的规定进行审查,准许其不出庭而当事人提出质询的,鉴定人应当在法庭指定的期限内给予书面答复。(6)鉴定结论有最高人民法院《关于民事诉讼证据的若干规定》第27条第1款规定的鉴定机构或者鉴定人员不具备相关的鉴定资格、鉴定程序违法、鉴定结论明显依据不足、经过质证认定不能作为证据使用等情形的,当事人申请重新鉴定的,应当准许,不得通过补充鉴定、重新质证、补充质证等方式处理。

2005年全国法院知识产权审判工作座谈会指出,注意发挥专家证人的作用。根据有关证据规则,当事人可以向法院申请由一至二名具有专门知识的人员出庭就案件的专门性问题进行说明。这些专业人员可以被称为专家证人,但他们又与事实证人不同,其出庭作说明,不受举证时限的限制,二审中也可提供。专家证人之间以及与对方当事人、鉴定人之间,可以相互进行询问。

2007年全国法院知识产权审判工作座谈会指出,要妥善处理专业技术事实认定问题。要充分发挥人民陪审员的作用,针对知识产权审判专业性强的实际,积极推行在专业人员中"随机抽取"参审的办法,选好用好人民陪审员,保障他们依法、有效地行使职权,充分调动他们参与案件审理的主动性和积极性,发挥他们在解决专业技术问题上的独特作用和案件调解中的积极作用,弘扬司法民主、促进司法公正、强化司法监督、增强司法权威。要重视专家证人制度,积极支持当事人聘请具有专门知识的人员作为专家证人出庭就案件的专门性问题进行说明,不受时限限制。

2008年全国法院知识产权工作会议指出,要着力解决专业技术事实认定问题。要从知识产权审判实际出发,根据实践需要采取特殊的政策和措施,通过多种途经和渠道有效地解决专业技术事实认定问题。要充分吸收各类技术专家作为人民陪审员参与知识产权案件审判,并可以根据具体情况和特殊需求,探索聘任技术专家担任陪审员的特殊措施。要积极探索和完善专业技术人员辅助审判的途径,可以适当鼓励当事人聘请具有专门知识的人员出庭说明有关专业技术问题,促使当事人及其聘请专家进行充分有效的对质,更好地帮助认定专业技术事实。专业技术人员可以是外部人员,也可以是当事人内部人员,在涉外案件中还可以是外国专业技术人员。可以建立专家咨询制度,但专家咨询意见只能作为法官认定事实的参考,不能作为证据使用。要规范技术鉴定问题,只有对于穷尽其他证据调查方法难以查明的涉案关键事实才需要委托鉴定,鉴定对象也应当是当事人确有争议的具体技术问题,并要加强对鉴定结论的质证和审查判断。

2008年全国法院知识产权工作座谈会指出,要加强诉讼制度创新。要针对知识产权审判的现实情况和具体问题,建立和完善有关知识产权司法鉴定、专家证人、技术调查、诉前临时措施等诉讼制度。尤其要创新专家证人、技术调查等工作机制,切实解决知识产权审判中科学技术事实认定问题。

以上司法文件和会议精神一直在强调重视和规范鉴定,强调对于鉴定结论的审查。而且,随着知识产权审判的发展,越来越强调解决专业技术问题的多样化途径,其目的是更好地查明技术事实。随着鉴定问题的日趋规范以及民事诉讼程序规则的不断完善,2008年以后的全国法院知识产权工作会议和司法文件虽逐渐不再专门强调鉴定问题,但对于技术事实认定的制度探索却始终没有停止,如后来法院逐步建立的专家辅助人制度。

(二)是否准许鉴定的申请

在上诉人四川某化工公司与被上诉人山东某化工公司、宁波某咨询公司、宁波某设计公司、尹某某侵害技术秘密纠纷案[1]中,对于当事人提出的鉴定申请是否应予准许问题,最高人民法院二审判决指出,根据2021年修正的《民事诉讼法》第67条第1款的规定,当事人对自己提出的主张,有责任提供证据。司法鉴定是指在诉讼活动中鉴定人运用科学技术或者专门知识对诉讼涉及的专门性问题进行鉴别和判断并提供鉴定意见的活动。而鉴定结论属于民事诉讼证据的一种,需先经各方当事人质证,再由人民法院决定是否予以采纳。当事人申请鉴定并不必然启动鉴定程序,人民法院仍需根据对相关事实的认定需要作出是否启动鉴定程序的决定。鉴定程序启动与否的关键在于法官是否在审理案件过程中对相关专门性问题缺乏判断认定能力,需要委托相关鉴定机构通过科学的方法和手段来查明该专门性问题的相关事实。对于当事人提出的鉴定申请,既要避免当事人滥用申请鉴定的权利,又要避免不当剥夺其相关的诉讼权利,对此,法院一般应着重从以下四个方面予以审查:一是关联性,申请鉴定的事项与案件有待查明的事实是否具有关联;二是必要性,即是否必须通过特殊技术手段或者专门方法确定相应的专门性问题,是否已经通过其他的举证、质证手段,但仍然对专门性问题无法查明;三是可行性,对于待鉴定的专门性问题,是否有较为权威的鉴定方法和相应有资质的鉴定机构,是否有明确充分的鉴定材料;四是正当性,鉴定申请的提出是否遵循了相应的民事诉讼规则,在启动鉴定之前是否已充分听取各方当事人的意见,以确保程序上的正当性。

具体到本案,关于山东某化工公司提出的技术秘密鉴定申请,最高人民法院二审判决指出,分别于2020年、2022年修正的最高人民法院《关于适用〈中华人民共和国民事诉讼法〉的解释》第121条第1款均规定,"当事人申请鉴定,可以在举证期限届满前提出。申请鉴定的事项与待证事实无关联,或者对证明待证事实无意义的,人民法院不予准许"。本案于2017年8月28日由原审法院立案,四川某化工公司提交了其主张作为技术秘密

---

[1] 最高人民法院民事判决书,(2022)最高法知民终541号。

保护的技术信息证据,至原审判决作出时止,在四年的审理过程中,原审法院分别于2019年2月18日至20日、2019年3月20日至22日、2020年1月14日至15日、2020年7月28日至29日、2021年3月2日至4日、2021年5月27日至28日、2021年9月22日至24日组织了七次庭前会议,组织各方当事人在签署保密协议的前提下进行举证、质证,并于2021年10月20日、21日开庭审理本案。在此期间,原审法院亦多次询问山东某化工公司、宁波某咨询公司是否查阅本案保密证据,但山东某化工公司均明确拒绝查阅四川某化工公司提交的保密证据并无故中途退出七次庭前会议及两次庭审。直至2021年9月28日,山东某化工公司才向原审法院提出书面《司法鉴定申请书》,该申请书载明,"鉴定事项:1. 原告主张作为商业秘密保护的技术信息是否不为公众所知悉;2. 原告主张作为商业秘密保护的技术信息是否具有经济性、实用性",其提出该鉴定申请的时间已明显超过举证期限。二审期间,在原审法院已经对涉案技术信息的秘密性、价值性作出认定的情况下,山东某化工公司虽然坚持提出鉴定申请,但是仍拒绝查阅四川某化工公司提交的载有其技术信息的保密证据或发表质证意见,也未就原审判决的有关认定提出有针对性的反驳意见。换言之,山东某化工公司因其自身原因,实质上已放弃了对四川某化工公司提交的载有四川某化工公司主张的技术信息的保密证据进行质证的诉讼权利,其在原审所提鉴定申请既无准许之必要,又因过于迟延提出而缺少鉴定申请提出的程序正当性。同理,最高人民法院对其二审提出的鉴定申请亦不予准许。

  关于山东某化工公司、宁波某咨询公司提出的对电脑操作痕迹的鉴定申请,最高人民法院二审判决指出,山东某化工公司、宁波某咨询公司上诉均主张原审法院未准许其提出的此项鉴定申请,损害了其诉讼权利。原审期间,山东某化工公司、宁波某咨询公司、宁波某设计公司申请对存储四川某化工公司原审证据30的笔记本电脑的操作痕迹进行鉴定。原审法院经审查认为,根据在案证据,可以认定该证据是在正常业务活动中形成、传输和存储的电子数据,且与网易邮箱储存的电子数据互相印证,在没有反驳或相反证据的情况下,可以确认其真实性,故未准许鉴定申请。对此,最高人民法院认为,原审中四川某化工公司提供了存储有证据30电子图纸的载体,原审法院通过随机抽取对相应文件夹内的若干文档、逐一查看证据30中所有电子图纸的文档属性,并结合与在案其他证据的关联性已可确定其所记载的创建时间与修改时间的真实性。山东某化工公司、宁波某咨询公司虽然对真实性提出异议但并未提供反驳证据,宁波某咨询公司提出的可以通过修改操作系统时间的方式来修改文档创建时间、修改时间的意见亦不足以推翻原审法院通过上述方式的验证对相关证据真实性所作的判定。因此,通过四川某化工公司的举证、组织现场勘验的方式已足以对该证据的真实性作出判断,在山东某化工公司、宁波某咨询公司、宁波某设计公司未提供证据支持其质疑的情况下,并无启动鉴定程序之必要,故原审法院对该鉴定申请不予准许,并无不当。基于相同的理由,最高人民法院对山东某化工公司、宁波某咨询公司二审再次提出的该项鉴定申请亦不予准许。

  关于山东某化工公司、宁波某咨询公司提出的对眉山市公安局扣押的笔记本电脑、调取的电子数据载体以及眉山市中级人民法院保全的电子数据载体等进行痕迹鉴定的申请,最高人民法院二审判决指出,原审中经四川某化工公司申请,原审法院分别向眉山市中级人民法院、眉山市公安局调取了(2016)川14民初8号案全部案卷材料及尹某某涉嫌犯侵犯商业秘密罪的侦查阶段部分案卷材料,其中包括了眉山市公安局扣押的笔记本电脑、眉山市中级人民法院在宁波某设计公司保全的电子数据、眉山市公安局在宁波某设计公司调取的电子数据。上述证据材料均系相关部门依照法定程序调取或保全,山东某化工公司、宁波某咨询公司虽主张上述证据材料被篡改、不具有真实性,但并未提供任何证据支持其提出的该质疑,未能对鉴定的必要性提供相应证据佐证,故最高人民法院对山东某化工公司、宁波某咨询公司提出的上述鉴定申请不予准许。

(三)司法裁判对于鉴定的审查认定

司法裁判对于鉴定问题一直进行着探索和解决。

例如,在上诉人四川省广汉市三丰科技实业有限公司与被上诉人四川省环保建设开发总公司、高某明、四川省绿色环保产业发展有限公司、四川省内江机械厂侵害技术秘密纠纷案[1]中,最高人民法院二审判决指出,"人民法院在审理侵犯技术秘密等案件中,应当对双方当事人所争议的技术方案是否为技术秘密进行审查。被审查的技术尽管在诉讼前或许进行过有关技术鉴定或被行政管理部门颁发过相关证书,但都不能构成抗辩人民法院在审判中依据国家法律对某项技术作出是否为技术秘密、是否应获得法律保护最终司法认定的正当理由。对于一项技术是否构成技术秘密的认定,属于人民法院行使司法审判权进行法律适用的范围。专业技术人员在受委托的技术鉴定中,主要是利用其专业知识就该项技术是否为公知公用技术等技术事实问题作出判断。原审法院在鉴定委托中将当事人所争议的技术是否为受法律保护的技术秘密也委托给专业技术人员鉴定,不尽妥当。但在本案鉴定中专业技术人员主要是对所争议的技术是否为公知公用技术作出判断,故一审法院的鉴定委托虽有不妥,但此点对本案的实体判决却没有影响"。

对于涉及商业秘密的鉴定结论,法官应当在质证的基础上,对其鉴定程序的合法性和鉴定内容的可采性予以分析认定,而不能盲目地接受。法官甚至还可以通过专业人员辅助等方式对鉴定结论进行分析判断。

在上诉人小小科技公司与被上诉人链条厂、张某飞、冯某洲侵犯商业秘密纠纷案中,最高人民法院二审判决对本案争议较大的鉴定结论问题作出了如下详尽分析,并在此基础上予以认定和采纳:

"本案的争议焦点是小小科技公司的商业秘密是否存在,而认定的关键在于原审法院委托有关机构所作的鉴定能否采信。原审法院就本案所涉及的小小科技公司生产链条套筒的技术是否在国内公开使用过或者为公众所知以及该公司与链条厂所使用的图纸是否相同等两个专业技术问题,委托吉林工业大学链传动研究所组织有关专业技术人员进行技术鉴定,是经过双方当事人协商同意的。鉴定单位作出《鉴定意见》后,原审法院公开开庭对该《鉴定意见》予以质证,鉴定单位指派鉴定小组成员金某副研究员到庭接受了询问,并于庭后又针对小小科技公司对鉴定意见所提出的异议进行了书面的答复,并再次开庭进行质证。因此,无论是原审法院,还是鉴定单位和参加鉴定的专业技术人员,对于本案的鉴定都是持慎重、认真和负责的态度。综合鉴定单位出具的《鉴定意见》及其附件《鉴定意见的说明》《对安徽省小小科技实业有限责任公司异议书的回复意见》以及鉴定小组成员金某副研究员在一审庭审中就有关鉴定问题所作的陈述来看,鉴定人员通过对公开文献和国内套筒卷制模具技术现状的分析,以及通过对小小科技公司的模具图纸与

---

[1] 最高人民法院民事判决书,(2000)知终字第2号。

链条厂的模具图纸进行对比分析,而得出小小科技公司所主张的一次成形的四工位模具等5项技术内容与冲压行业已有技术及链条行业现有技术相比,其主要结构与关键工序相同或相仿及双方的套筒卷制模具图纸并不完全相同的结论,因此不能认定链条厂的模具是按小小科技公司的图纸制造的。该鉴定意见与小小科技公司所主张的上述技术为其技术秘密,以及链条厂使用了其技术秘密的观点相比,其依据和论证的理由更加充分和翔实。因此,制作《鉴定意见》程序合法,鉴定内容基本正确,应当予以采信。小小科技公司上诉称《鉴定意见》存在缺乏科学和事实依据等五个方面的问题,明显不足以推翻《鉴定意见》的结论,其认为该《鉴定意见》不能作为证据采信的上诉理由,本院不予采纳。当然,该《鉴定意见》有其不足之处,如《鉴定意见》中出现了'不能认定为专有技术'字样。首先,该结论超出了原审法院委托的范围,而且含义不明;其次,即使这里使用的'专有技术'是指技术秘密,也应由人民法院查清事实后运用司法程序予以认定,而不应由专业技术人员认定。但这一不足之处并不如小小科技公司在上诉理由中所说,《鉴定意见》没有否定该公司的技术信息为商业秘密。事实上,《鉴定意见》认为小小科技公司的套筒卷制模具与工艺技术和冲压行业已有技术及链条行业现有技术主要结构与关键工序相同或相仿,即已说明其上述技术已成为公知公用技术,《鉴定意见的说明》也进一步阐明了这一观点,该说明明确称小小科技公司使用的四工位模具的关键工序过程和模具主要结构与链条行业现有技术没有实质性差别,'可看作为现行公众所知技术的一种'。因此,这一不足之处并不影响鉴定意见在总体上的正确性。"[1]

在上诉人四川省广汉市三丰科技实业有限公司与被上诉人四川省环保建设开发总公司、高某明、四川省绿色环保产业发展有限公司、四川省内江机械厂侵害技术秘密纠纷案中,最高人民法院二审判决从程序和实体两个方面对于涉及的鉴定结论进行了审查判断。该判决指出:

"受我国《反不正当竞争法》、原《技术合同法》等法律保护的专有技术,即技术秘密,应当具有不为公众所知悉、能为权利人带来经济利益、具有实用性并经权利人采取保密措施的基本法律特征。为了准确判断上诉人所要求保护的技术是否符合上述法律规定,一审法院在上诉人的请求下,邀请该领域专业技术人员进行了有关专业技术鉴定。该鉴定的鉴定单位、人员事先均经当事人协商同意,上诉人事先也了解其中3位专家曾与对方当事人有过工作接触,并未提出异议。二审中上诉人以3位专家鉴定人未予回避而质疑鉴定程序是否公正,主张所作的《技术认定意见》无效。经审查,上诉人提出鉴定人回避的理由难以服人,也不构成法律意义上应当回避的条件。所以,原审法院委托进行的此次鉴定程序上并无不当,上诉人的主张不能予以支持。

"本院为了查实鉴定的实质内容是否准确,特通知鉴定人到庭,为双方当事人质证特别是为上诉人对鉴定人发问创造了条件。经过庭审,5位专业技术人员对上诉人所主张的11项技术秘密要点逐项与公开出版物、行业标准等载明的及实际公开使用的相应技术进行了具体、详细、耐心地对比。他们陈述的根据确实、理由充分、内容完整。而上诉人的举证和辩解却显得不足和无力。因此,原审法院采信该《技术认定意见》并无不妥。"[2]

---

[1] 最高人民法院民事判决书,(2000)知终字第10号。
[2] 最高人民法院民事判决书,(2000)知终字第2号。

在上诉人佳灵公司与被上诉人希望电子研究所、希望森兰公司、胡某云、余某祥、郑某斌、邓某方侵犯商业秘密纠纷案中,最高人民法院二审判决对于一审采纳的鉴定结论及当事人对其提出的异议作出了如下详尽和富有说服力的论述:

关于原审法院委托华科鉴定中心组织有关专业技术人员对本案所涉及的两个专业技术问题所作的鉴定意见能否采信,双方当事人围绕这一争议焦点进行了充分的辩论。佳灵公司认为该鉴定意见不能采信,除在上诉状中已经提出的异议之外,其还在《上诉人对一审〈鉴定意见〉的意见》《关于一审〈鉴定意见〉的效力》中系统具体地提出了书面异议。

异议之一是佳灵公司认为原审法院委托鉴定的事项不完整、不准确。对此,最高人民法院倒并不如此认为。由于佳灵公司所主张的 19 项技术秘密点是否属于"不为公众所知悉"、希望森兰公司等被上诉人是否获取、披露、使用了佳灵公司的技术秘密,也就是希望森兰公司的变频器产品与佳灵公司的产品是否相同,均涉及专业技术问题,原审法院就这两个事项委托鉴定机构进行鉴定并无不妥之处。事实上,双方当事人对原审法院委托的鉴定事项于事前都是知道的,佳灵公司事前不提异议,在鉴定意见作出后才提出这样的异议,难以使人信服。

异议之二是鉴定所依据的资料不全面、不真实,鉴定的样机只是 46 个规格中的一种,根本无法反映佳灵公司的技术秘密要点。对此,最高人民法院查阅了佳灵公司向原审法院提交的《民事起诉状》《追加被告请求书》《证据保全申请书》以及佳灵公司在原审中向法庭所作的陈述的有关笔录,证实鉴定机构所鉴定的希望森兰公司生产的 BT40S2.2KWI 变频器样机属于佳灵公司指控的被控侵权产品的范围,以该样机代表所有的被控侵权产品是佳灵公司的本意。该样机是原审法院根据佳灵公司的证据保全申请所保全的产品,鉴定机构通知双方提供鉴定样机也是经过原审法院征求了双方当事人无意见后才提供的。佳灵公司在提供样机时不提出异议,在鉴定结果出来并对其不利的情况下,又提出鉴定的样机只是 46 个规格产品中的一个,甚至认为上诉人的技术秘密主要被运用在希望森兰公司 1999 年 1 月以前生产的产品中,而该样机是希望森兰公司 1999 年以后生产的产品,不能反映佳灵公司的技术秘密要点,更难令人信服。其实,佳灵公司自己对希望森兰公司生产的变频器产品也没有确切的指控范围。一方面,其没有明确指出希望森兰公司何种产品使用了佳灵公司的何种技术秘密;另一方面,佳灵公司的指控也缺乏一致性。佳灵公司的补充上诉状中所称的被控侵权产品是希望森兰公司生产的 50 个规格的产品,而在佳灵公司《上诉人对一审〈鉴定意见〉的意见》及《关于一审〈鉴定意见〉的效力》中,其又称是 46 个规格的产品。事实上,从省质检站的《产品技术鉴定报告》来看,鉴定中心不仅对希望森兰公司生产的 BT40S2.2KWI 变频器进行了对比鉴定,还对该公司生产的 BT12S5.5KWI 变频器进行了对比鉴定,但结论仍然是"两公司产品技术除国际或国内通用的技术外,无相同性或一致性"。因此,佳灵公司该项异议不能成立。

异议之三是鉴定机构不具有鉴定资格,没有司法部颁发的司法鉴定许可证。对此,最高人民法院一方面对华科鉴定中心的鉴定资格问题做了核实,另一方面也查阅了原审法院有关委托鉴定机构进行鉴定的事实经过的笔录。证实华科鉴定中心于 2000 年 10 月 19 日经司法部批准获得从事知识产权司法鉴定业务的批复,但原审法院委托该中心对本案进行鉴定时,该中心的司法鉴定许可证尚在办理之中,原审法院已将这一情况向双方当事人说明,双方当事人对此均予以认可。2002 年 7 月 9 日,该中心获得司法部颁发的司法鉴定许可证。另须指出的是,在《人民法院司法鉴定工作暂行规定》于 2001 年 11 月 16 日颁布实行前,原审法院按照最高人民法院的有关规定确定鉴定机构并经过双方当事人协商同意,不存在华科鉴定中心不具有鉴定资格的问题。由于华科鉴定中心是中国科学技术法学会的内设机构,其组织鉴定所形成的鉴定意见以该学会的名义盖章行文,不影响该鉴定意见的实质内容。

异议之四是鉴定专家组组成人员不合理,没有软件专家和变频器技术专家,难以对本案技术问题特别是软件技术问题作出全面正确的鉴定。鉴定专家组成员李某俊的身份不真实,从鉴定专家组进行鉴定工作时至今,李某俊并不是中国机电一体化协会常务理事。最高人民法院注意到本案技术鉴定专家组 5 位组成人员的构成,他们大部分属于自动化或者机电一体化技术领域的专业技术人员,而这一领域里的专业技术人员不仅具有机械、电子专业知识背景,还具有计算机软、硬件方面的专业知识,否则不能从事这个领域的专业研究工作,这是由该技术领域的性质所决定的。而本案所涉及的变频器产品,应当属于机电技术领域,对于本案技术鉴定专家组由自动化和机电领域的专业技术人员组成,应当认为其人员组成专业结构合理。此外,上述技术鉴定专家组在组成前,其名单已由组织鉴定单位提交原审法院,并由该院征求双方当事人的意见,双方当事人也均表示没有异议。佳灵公司在二审中提交了有关原审鉴定专家组成员杨某元、郑某智、乔某之、刘某中的个人简历等证据材料,试图证明原审鉴定专家组的组成人员不合理。但是这些证据材料并不能证明上述人员不是自动化或者机电领域的专业技术人员,因此最高人民法院对这些证据不予采纳。虽然佳灵公司提供的中国机电一体化技术应用协会第三届理事会常务理事名单中确实没有李某俊的名字,但李某俊曾经担任过该协会第二届理事会常务理事,后换届改选。而这一变化对于鉴定意见的形成并无实质性影响。因此,佳灵公司有关鉴定专家组组成人员结构不合理的异议不能成立。

异议之五是鉴定专家对重要的软件技术秘密没有进行鉴定,所下结论是推定的。对此,最高人民法院审查了鉴定意见和所依据的鉴定资料,包括佳灵公司和希望森兰公司的软盘各一张。在该鉴定意见的技术对比分析部分,鉴定中心所述 4、7、10、11、12、13、14、15 等各点均涉及对软件技术的对比分析,特别是第 4 点已明确指出"由于双方样机中采用的电路不同,导致软件是不同的"。鉴定专家组的专业技术人员根据对变频器的电路、软件实物的对比分析,以及基于他们的专业知识和经验,得出双方的软件不同的结论,有充分的依据。佳灵公司认为鉴定意见没有对软件技术进行鉴定,所下结论是推论的,显然与实际情况不符。

异议之六是鉴定意见认为佳灵公司的部分技术为公知技术的依据不充分。具体指佳灵公司在《上诉人对一审〈鉴定意见〉的意见》中所称的主电路元器件的选择技术,启动过程中的过流和减速过程中的过压失速采用软、硬件结合的方法来实现,经济的电流检测技术采用康铜丝来完成,变频器出厂检验是否合格的关键参数,各种元器件参数的确定值等五项技术信息。最高人民法院注意到鉴定意见对上述五项技术信息是否为公知技术的表述。关于主电路元器件的选择,鉴定意见认为变频器主电路元件的选择方法为公知技术,并列举了相应的参考文献,但同时又认为各企业利用此公知技术进行选择的元器件参数可能不同。关于启动过程中的过流和减速过程中的过压失速采用软、硬件结合的方法来实现,鉴定意见认为采用软、硬件结合的思想进行各种保护和处理的技术为公知技术,是通用的设计思路,但又认为具体实施的方法是不同的。关于经济的电流检测技术采用康铜丝来完成,鉴定意见认为利用康铜丝测量电流的技术为公知技术,并列举了相应的参考文献。根据变频器的规格选用康铜丝的阻值,是本行业的一般技术人员应该具备的常识。关于变频器出厂检验是否合格的关键参数和各种元器件参数的确定值两项技术信息,鉴定意见并没有说是公知技术。鉴定专家组的成员们根据相关的参考文献、普遍运用的设计思想以及本行业的一般技术人员具备的常识,认为变频器主电路元件的选择方法,采用软、硬件结合的思想进行各种保护和处理的技术与利用康铜丝测量电流的技术为公知技术,其依据和论证都是充分的,并且得到了省质检站《产品技术鉴定报告》的印证。佳灵公司的此异议同样不能成立。

异议之七是鉴定意见采用断章取义的态度,先把一个完整的技术体系进行肢解,再将分散的部分鉴定为公知技术,技术鉴定方法错误。最高人民法院的看法是,作为受法律保护的商业秘密,可以是技术信息或者经营信息的一个整体或者就其各部分的精确排列和组合,关键是权利人请求保护什么。就本案来说,佳灵公司将其请求保护的 JP6C 变频器技术秘密限定为 19 项技术秘密点,鉴定意见对其是否属于公知技术进行逐项对比分析并作出结论,并不存在断章取义、肢解技术体系的问题。所以,对于佳灵公司的此异议,最高人民法院不能赞同。

异议之八是鉴定意见的鉴定结论中有关"希望公司也利用上述的公知技术作了相似的工作"的表述用词含糊。最高人民法院注意到这句话的表述,但结合鉴定意见全文的精神实质和该句话的字面意思来理解,其含义是明确的,即希望森兰公司的变频器技术和佳灵公司的变频器技术都是利用公知技术各自独立开发研究出来的,"相似的工作"也仅指这个层面上的工作"相似",而并非像佳灵公司所说的那样,该句话中的"相似的工作"就是指佳灵公司的"非公知技术",希望森兰公司从事了"相似的工作",就是使用了佳灵公司的"非公知技术"。

异议之九是原审法院对鉴定结论中"希望公司也利用上述的公知技术作了相似的工作"和"从样机对比看,所得到的结果与佳灵公司非公知技术不同"两句话理解有误,判定被上诉人未使用上诉人的技术秘密依据不足。对此,最高人民法院已在异议之三和异议之八中阐明了理由,原审法院对上述两句话的理解是正确的,佳灵公司的此异议不能成立。

异议之十是原审法院未进行严格的质证程序,对省质检站所作的《产品技术鉴定报告》未经上诉人质证;上诉人对鉴定意见提出的合理意见未得到鉴定专家的解释,鉴定意见质证程序形同虚设。为此,最高人民法院查阅了原审法院的有关庭审笔录。关于《产品技术鉴定报告》,原审法院 2000 年 11 月 6 日的质证笔录上明确记载有对该份鉴定报告质证的经过和双方当事人陈述的意见,并且有佳灵公司的两名委托代理人在笔录上的签名。关于鉴定意见的质证情况,原审法院 2001 年 9 月 15 日的庭审笔录上也清楚地作了记载。鉴定单位指派了技术鉴定专家组成员刘某中、李某俊两位高级工程师及鉴定单位工作人员谢某斌到庭接受询问。法院在庭审时宣读了该鉴定结论,并将鉴定意见文本交双方当事人阅读。到庭的两位专家组成员回答了当事人提出的有关问题。原审法院审判人员在法庭上征求佳灵公司对鉴定意见的客观性和公正性有无异议的意见时,佳灵公司的法定代表人吴某林表示无异议,但对所鉴定的样机不具有代表性等方面陈述了自己的意见。

该笔录有佳灵公司的委托代理人的签名。由此可见,佳灵公司关于原审法院未进行严格的质证程序的说法,显然与事实不符。

佳灵公司在二审证据交换后向最高人民法院提交了佳灵公司 JP6C 变频器技术秘密在希望森兰公司 BT 系列变频器产品中的体现对照表及附件,中国测试技术研究院 20010148 号检测报告,希望森兰公司与佳灵公司 110kW 变频器实物比较照片,清华大学机电工程系教授、博士生导师李某东对一审鉴定意见的咨询意见、四川省电工技术学会认定意见等证据材料,目的是要证明原审鉴定意见错误。由于佳灵公司当庭提交的这些证据材料是在证据交换后提交的,经征求希望森兰公司等被上诉人的意见,庭审中没有组织双方当事人进行质证,希望森兰公司等被上诉人于庭审后提供了书面质证意见。综合双方的意见,最高人民法院认为,中国测试技术研究院 20010148 号检测报告是佳灵公司单方委托进行的,不仅检测项目不全,如对涉及软件的技术部分均没有检测,而且内容也存在明显错误,如在"主要元件对比"一项,检测的 29 个元件中只有 4 个相同,但得出的结论却是"绝大部分相同",甚至把"技术性能相同"、个数相同也认为是元件相同,这样的检测报告显然不能采信。清华大学机电工程系教授、博士生导师李某东对一审鉴定意见的咨询意见,主要是认为原审鉴定意见没有对软件程序进行对比,这与原审鉴定意见的内容不符,本院已在异议之五中作了阐述。李某东的个人咨询意见与原审法院依照法律程序委托鉴定单位组织的专家组所作出的鉴定意见相比,证明力较弱,也不能作为证据采信。四川省电工技术学会的认定意见是在"听取了中国测试技术研究院检测报告介绍"的情况下作出的,但这个检测报告在内容上有明显错误,所以在这个检测报告的影响下作出的认定意见的根据也不扎实,另外,这个认定意见内容含糊,也是由佳灵公司单方委托作出的,很难作为证据采信。在中国测试技术研究院的检测报告等证据不能采信的情况下,佳灵公司提供的有关其 JP6C 变频器技术秘密在希望森兰公司 BT 系列变频器产品中的体现对照表及附件和双方变频器产品的实物照片,不能证明所要证明的案件事实,最高人民法院亦不予采信。

鉴于佳灵公司对该鉴定意见所提出的各项异议不能成立,所提供的有关证据不能否定鉴定意见,而原审法院对本案委托的技术鉴定程序合法,鉴定意见依据充分,论证合理,结论正确,并且得到了省质检站《产品技术鉴定报告》的印证,原审法院将其作为本案的定案依据并无不当之处。在佳灵公司没有充分理由否定该鉴定意见的情况下,其向最高人民法院提出的对本案重新组织技术鉴定的请求,不予准允。[1]

在本案中,一审法院依据某质量技术监督检测研究院的鉴定报告,认定原告主张的专有技术构成商业秘密。对此,二审判决指出:

"原判认定中兴公司、金某某、姚某某构成侵权的主要依据是鉴定报告,但一审鉴定过程及报告存在以下诸问题:首先,整个一审中东南公司都未能明确其技术秘密的具体内容,从而使鉴定报告缺乏基本依据。其次,原审法院委托鉴定的内容是:东南公司现有设备的生产技术是否属于专业技术;中兴公司现有的生产墙纸设备生产线与东南公司的设备生产线在生产工艺方面,特别是铗子复合压机、墙纸染色机、纸染色机、网烘干机、纸烘干压机、网漂白机在功能、原理上是否一致。上述委托鉴定的内容明显不当,因为本案为

---

[1] 参见最高人民法院民事判决书,(2001)民三终字第 11 号。

商业秘密纠纷案件,技术是否专有在本案中并无异议,同时技术是否专有也是一个法律问题,并非技术问题;至于功能、原理上是否一致,应该先判断两者在技术特征(或工艺特征)上是否一致,只有涉及等同或相似性判断时才需要就功能是否一致进行判断,而原理上是否一致并无太大意义。最后,原判在鉴定程序上也存在一定问题,如鉴定机构的选择上,本案鉴定机构是一个质量监督机构,所作的是《质量鉴定报告》;鉴定人员也以并不合理的理由未出庭接受当事人的质询。"

(四)技术事实的多途径认定

当前的司法实践中,包括鉴定在内的涉技术事实认定仍存在诸多问题。例如,仍存在对于非公知性鉴定过于依赖第三方商业秘密检索报告的问题。尽管《反不正当竞争法》第32条的立法本意为减轻权利人的举证责任,但法院极少会支持原告关于非公知性的推定请求,导致原告只能向法院申请就涉案技术信息作出非公知性司法鉴定。无论是原告单方委托还是法院委托,知识产权鉴定机构通常都会委托第三方进行文献检索,第三方常为中国专利检索中心,第三方最终会向鉴定机构出具一份商业秘密检索报告,后者会以该检索报告为基础,分析给出涉案技术信息是否构成非公知信息的结论。商业秘密检索报告的准确性在一定程度上决定了非公知性的结论。司法实务中,对于商业秘密检索报告的准确性,除非诉讼各方提交充分的反证,否则法院不会支持其请求。[1]

总体上说,随着专家辅助人、技术调查官等制度的完善,技术事实的认定应当尽可能通过诉讼程序内进行解决。对于鉴定,也应当在诉讼程序中加强多元化的审查司法审查,避免懈怠审查和简单采纳鉴定结论。

二、商业秘密案件中的证据质证

侵犯商业秘密案件中,原告胜诉率较低的一个重要原因是,原告因担心举证质证导致"二次泄密"而对举证和质证心存疑虑,甚至"知难而退"。甚至有人反映,有的原告为获取竞争对手的商业秘密而故意将竞争对手告上法庭,通过质证获悉其商业秘密。因此,商业秘密的举证质证问题成为商业秘密保护中的一个"瓶颈"。

鉴于实践中各方对商业秘密质证问题的反映较为强烈,在拟订《2007年反不正当竞争司法解释》送审稿时,曾尝试写了如下一条条文:"涉及商业秘密内容的证据,应当在不公开开庭时出示,并由当事人相互质证。交换和出示涉及技术秘密内容的证据可能给权利人造成重大损失,或者有其他特殊事由的,经当事人申请和人民法院准许,可以不在开庭审理前交换和开庭时出示,但应交由双方当事人协商确定的或者人民法院指定的鉴定机构和鉴定人进行对比鉴定。鉴定结论应当在开庭时出示和质证。"当时考虑到,这与以前的做法并不一致,是否可行仍需慎重斟酌,特别是要考虑质证问题是否已成为保护商业秘密的"瓶颈",当事人是否因为不愿在质证时将商业秘密披露给对方而无法有效地保护权利,甚至出现为探知竞争对手的商业秘密而恶意起诉对方的现象。如果仅从法条和司法解释规定来看,似乎可以找到依据。如《民事诉讼法》第71条规定,"证据应当在法庭上出示,并由当事人互相质证。对涉及国家秘密、商业秘密和个人隐私的证据应当保密。需要在法庭上出示的,不得在公开开庭时出示",该规定的反面解释似乎是,不需要在法庭上出示的,可以不出示。最高人民法院《关于适用〈中华人民共和国民事诉讼法〉的解释》

---

[1] 参见陈军:《当前技术秘密侵权诉讼实务中的疑难点问题》,载微信公众号"知产力"2023年10月17日。

第 103 条第 1 款似乎也体现了这种意思,证据应当在法庭上出示,由当事人互相质证。未经当事人质证的证据,不得作为认定案件事实的根据。但是,由于存在所有证据均应一律质证的观念,上述设想未能写入送审稿。

后来的司法文件仍试图着力解决"二次泄密"等保护难题,如"完善商业秘密案件的审理和质证方式,对于涉及商业秘密的证据,要尝试采取仅向代理人展示、分阶段展示、具结保密承诺等措施限制商业秘密的知悉范围和传播渠道,防止在审理过程中二次泄密"[1]。

作为定案依据的证据,原则上都要质证。在商业秘密案件中,为防止庭审中出现"二次泄密"等情形,可以通过承诺保证书、司法制裁等方式予以尽量避免。至于是否确属不宜质证,又可以找到替代性办法的情形,仍可以加以研究。

---

[1] 最高人民法院《关于充分发挥知识产权审判职能作用推动社会主义文化大发展大繁荣和促进经济自主协调发展若干问题的意见》(法发〔2011〕18 号)第 25 条。